国家职业技能培训与鉴定教材

全国高等职业院校、技师学院、技工及高级技工学校规划教材

汽车维修工

国家职业技能培训与鉴定教程

中级、高级 / 国家职业资格四级、三级

彭义军 主 编

吴东阳 陈光忠 马才伏 副主编

蒋瑞斌 主 审

電子工業出版社

Publishing House of Electronics Industry

北京 • BEIJING

内 容 简 介

本书以《国家职业标准——汽车修理工》为依据，按照标准、教材、题库相衔接的原则组织编写，对参加汽车修理工（国家职业资格四级、三级）鉴定考试的考生梳理知识、强化训练、提高应试能力有直接的帮助和指导作用。

本书在保证知识连贯性的基础上，着眼于操作技能，力求浓缩精练，体现了汽车修理工的职业特色，突出针对性、典型性、实用性，涵盖了相应级别考核的主要理论知识和操作技能。

本书是参加汽车修理工（国家职业资格四级、三级）鉴定考试的必备参考指导用书，可作为高等职业院校、技师学院、技工及高级技工学校、中等职业学校相关课程的教材，也可作为企业技师培训教材和汽车维修从业人员的自学用书。

图书在版编目（CIP）数据

汽车维修工国家职业技能培训与鉴定教程：中级、高级 / 国家职业资格四级、三级 / 彭义军主编.
—北京：电子工业出版社，2012.10
国家职业技能培训与鉴定教材　全国高等职业院校、技师学院、技工及高级技工学校规划教材

ISBN 978-7-121-17888-7

Ⅰ. ①汽… Ⅱ. ①彭… Ⅲ. ①汽车－车辆修理－职业技能－鉴定 Ⅳ. ①U472.4

中国版本图书馆 CIP 数据核字（2012）第 187136 号

策划编辑：关雅莉　杨　波
责任编辑：郝黎明　　　　文字编辑：裴　杰
印　　刷：北京七彩京通数码快印有限公司
装　　订：北京七彩京通数码快印有限公司
出版发行：电子工业出版社
　　　　　北京市海淀区万寿路 173 信箱　邮编　100036
开　　本：787×1 092　1/16　印张：28　字数：716.8 千字
版　　次：2012 年 10 月第 1 版
印　　次：2024 年 8 月第 10 次印刷
定　　价：51.00 元

凡所购买电子工业出版社图书有缺损问题，请向购买书店调换。若书店售缺，请与本社发行部联系，联系及邮购电话：（010）88254888，88258888。

质量投诉请发邮件至 zlts@phei.com.cn，盗版侵权举报请发邮件至 dbqq@phei.com.cn。

本书咨询联系方式：（010）88254617，luomn@phei.com.cn。

国家职业技能培训与鉴定教材
全国高等职业院校、技师学院、技工及高级技工学校规划教材
汽车维修工　教材编写委员会

主 任 委 员：史术高　　湖南省职业技能鉴定中心（湖南省职业技术培训研究室）

副主任委员：（排名不分先后）

彭义军	湖南生物机电职业技术学院
曹虎山	湖南生物机电职业技术学院
楚琼湘	湖南生物机电职业技术学院
吴爱民	嘉兴职业技术学院
杨培刚	湖南生物机电职业技术学院
吴宗保	天津交通职业学院
尹立贤	湖南信息职业技术学院
顾　瑄	天津交通职业学院
冯明源	柳州市交通学校
崔静波	湖南机电职业技术学院
马云贵	湖南交通职业技术学院
杜宝成	文县职业中等专业学校

委　　　员：（排名不分先后）

白长城	湖南生物机电职业技术学院
吴东阳	湖南生物机电职业技术学院
蒋瑞斌	湖南生物机电职业技术学院
熊少华	湖南生物机电职业技术学院
施　进	嘉兴职业技术学院
张国栋	天津交通职业学院
赵　宏	天津交通职业学院
陈光忠	湖南信息职业技术学院
陈文才	湖南信息职业技术学院
韦家壮	柳州市交通学校
曹向红	天津交通职业学院
马才伏	湖南交通职业技术学院
李丽云	湖南机电职业技术学院

秘　书　处：甘昌意、刘南、杨波、刘学清

出版说明

人才资源是国家发展、民族振兴最重要的战略资源，是国家经济社会发展的第一资源，是促进生产力发展和体现综合国力的第一要素。加强人力资源开发工作和人才队伍建设是加快我国现代化建设进程中事关全局的大事，始终是一个基础性的、全面性的、决定性的战略问题。坚持人才优先发展，加快建设人才强国对于全面实现小康社会目标、建设富强民主文明和谐的社会主义现代化国家具有决定性意义。党和国家历来高度重视人力资源开发工作，改革开放以来，尤其是进入新世纪新阶段，党中央和国务院做出了实施人才强国战略的重大决策，提出了一系列加强人力资源开发的政策措施，培养造就了各个领域的大批人才。但当前我国人才发展的总体水平同世界先进国家相比仍存在较大差距，与我国经济社会发展需要还有许多不适应。为此，《国家中长期人才发展规划纲要（2010—2020 年）》提出："坚持服务发展、人才优先、以用为本、创新机制、高端引领、整体开发的指导方针，培养和造就规模宏大、结构优化、布局合理、素质优良的人才队伍，确立国家人才竞争比较优势，进入世界人才强国行列，为在本世纪中叶基本实现社会主义现代化奠定人才基础。"

职业教育培训是人力资源开发的主要途径之一，加强职业教育培训，创新人才培养模式，加快人才队伍建设是人力资源开发的重要内容，是落实人才强国战略的具体体现，是实现国家中长期人才发展规划纲要目标的根本保证。

职业资格鉴定是全面贯彻落实科学发展观，大力实施人才强国战略的重要举措，有利于促进劳动力市场建设和发展，关系到广大劳动者的切身利益，对于企业发展和社会经济进步以及全面提高劳动者素质和职工队伍的创新能力具有重要作用。职业资格鉴定也是当前我国经济社会发展，特别是就业、再就业工作的迫切要求。

国家题库的建立，对于保证职业资格鉴定工作的质量起着重要作用，是加快培养一大批数量充足、结构合理、素质优秀的技术技能型、复合技能型和知识技能型的高技能人才，为各行各业造就出千万能工巧匠的重要具体措施。但目前相当一部分职业资格鉴定题库的内容已经过时，湖南省职业技能鉴定中心（湖南省职业技术培训研究室）组织鉴定站所、院校和企业专家开发了新的题库，并经过人力资源和社会保障部职业技能鉴定中心审核，获准可以按照新的题库开展相应工种的职业资格鉴定工作。

职业教育培训教材是职业教育培训的重要资源，是体现职业教育培训特色的知识载体和教学的基本工具，是培养和造就高技能人才的基本保证。为满足广大劳动者职业培训鉴定需要，给广大参加职业资格鉴定的人员提供帮助，我们组织参加这次国家题库开发的专家，以及长期从事职业资格鉴定工作的人员编写了这套“国家职业资格技能培训与鉴定教材”。本套丛书是与国家职业标准、国家职业资格鉴定题库相配套的。在本套丛书的编写过程中，贯彻了“围绕考点，服务考试”的原则，把编写重点放在以下几个主要方面。

第一，内容上涵盖国家职业标准对该工种的知识和技能方面的要求，确保达到相应等级技能人才的培养目标。

第二，突出考前辅导的特色，以职业资格鉴定试题作为本套丛书的编写重点，内容上紧紧围绕鉴定考核的内容，充分体现系统性和实用性。

第三，坚持“新内容”为编写的侧重点，无论是内容还是形式上都力求有所创新，使本套丛书更贴近职业资格鉴定，更好地服务于职业资格鉴定。

这是推动培训与鉴定紧密结合的大胆尝试，是促进广大劳动者深入学习、提高职业能力和综合素质、促进人才队伍建设的一项重要基础性工作，很有意义，是一件大好事。

组织开发高质量的职业培训鉴定教材，加强职业培训鉴定教材建设，为技能人才培养提供技术和智力支持，对于提高技能人才培养质量，推动职业教育培训科学发展非常重要。我们要适应新形势新任务的要求，针对职业培训鉴定工作的实际需要，统一规划，总结经验，加以完善，努力把职业培训鉴定教材建设工作做得更好，为提高劳动者素质、促进就业和经济社会发展做出积极贡献。

电子工业出版社　职业教育分社

2012 年 8 月

前　言

本套教材的编写符合职业学校学生的认知和技能学习规律，形式新颖，职教特色明显；在保证知识体系完备，脉络清晰，论述精准深刻的同时，尤其注重培养读者的实际动手能力和企业岗位技能的应用能力，并结合大量的典型任务和项目来使读者更进一步灵活掌握及应用相关的技能。

为满足汽车修理工职业技能培训和职业技能鉴定需要，更好地服务于汽车修理工国家职业资格证书制度的推行工作，湖南省人力资源和社会保障厅职业技能鉴定中心、湖南省职业技术培训研究室组织行业专家、职业教育专家和职业技能培训与职业技能鉴定专家，成立了汽车修理工职业技能鉴定研究与题库开发课题组，对职业技能培训教程、职业技能鉴定试题库和职业技能鉴定指南等进行了深入的研究，撰写了《汽车维修工 国家职业技能培训与鉴定教程 基础知识、初级 / 国家职业资格五级)》、《汽车维修工 国家职业技能培训与鉴定教程 中级、高级 / 国家职业资格四级、三级》、《汽车维修工 国家职业技能鉴定指南 初级、中级、高级 / 国家职业资格五级、四级、三级》3 种图书，并通过了湖南省人力资源和社会保障厅的审定。

● **本书内容**

本书以《国家职业标准——汽车修理工》为依据，按照标准、教材、题库相衔接的原则组织编写，对参加汽车修理工（国家职业资格四级、三级）鉴定考试的考生梳理知识、强化训练、提高应试能力有直接的帮助和指导作用。本书在保证知识连贯性的基础上，着眼于操作技能，力求浓缩精炼，体现了汽车修理工的职业特色，突出针对性、典型性、实用性，涵盖了相应级别考核的主要理论知识和操作技能。

本书是参加汽车修理工（国家职业资格四级、三级）鉴定考试的必备参考指导用书，可作为高等职业院校、技师学院、技工及高级技工学校、中等职业学校相关课程的教材，也可作为企业技师培训教材和汽车维修从业人员的自学用书。

在培训、教学实践中，老师可根据不同培养目标所对应的技能要求，适当选择和增补相关的培训、教学内容。

● **配套教学资源**

本书提供了配套的立体化教学资源，包括教学指南、电子教案等必需的文件，读者可以通过华信教育资源网（www.hxedu.com.cn）下载使用或与电子工业出版社联系（E-mail：yangbo@phei.com.cn）。

● **本书主编**

本书由湖南生物机电职业技术学院彭义军主编，湖南生物机电职业技术学院吴东阳、湖南信息职业技术学院陈光忠、湖南交通职业技术学院马才伏副主编，湖南生物机电职业技术学院蒋瑞斌主审，湖南生物机电职业技术学院白长城、杨培刚、熊少华、湖南信息职业技术学院陈文才等参与编写。由于时间仓促，作者水平有限，书中错漏之处在所难免，恳请广大读者批评指正。

● **特别鸣谢**

特别鸣谢湖南省人力资源和社会保障厅技能鉴定中心、湖南省职业技术培训研究室对本书编写工作的大力支持，并同时鸣谢柳州交通职业学院韦家壮对本书进行了认真的审校及建议。

主　编

2012 年 10 月

目　录

中级篇

第一部分　相关知识

第二部分　技能要求

高 级 篇

第一部分 相关知识

第二部分　技能要求

中 级 篇

第一部分 相关知识

第1章 发动机维护

学习目标

- 掌握二级维护前发动机的检测与附加作业的确定
- 掌握发动机二级维护附加作业内容与技术要求

1.1 二级维护前发动机检测与附加作业确定

1.1.1 汽车二级维护前检测作业程序

汽车进厂进行二级维护前应先进行检测作业。首先根据汽车技术档案（包括车辆运行记录、维修记录、检测记录、总成修理记录等）和驾驶员反映的车辆技术状况（包括汽车动力性、异响、转向、制动及燃料消耗等）确定所需检测项目。然后根据检测结果及车辆实际技术状况进行故障诊断，从而确定附加维护作业内容。在二级维护过程中要进行过程检验，过程检验项目的技术要求应满足有关的技术标准或规范。二级维护作业完成后由维修企业进行竣工检验。竣工检验合格的车辆，在维修企业填写好《汽车维护竣工出厂合格证》后，方可出厂。

1.1.2 二级维护前发动机的检测诊断项目与技术要求

以EQl092F型汽车发动机为例，讲述二级维护前发动机的检测诊断项目和技术要求。

1. 发动机功率检测

发动机功率应不小于额定值的80%。

2．检查配气相位

发动机转速为 800r/min、气门间隙为 0.25mm 时，进气门提前角为 20°，滞后角为 56°；排气门提前角应为 38.5°，滞后角为 20.5°，开闭角度误差应不大于 2°。

3．察听发动机异响

曲柄连杆机构和配气机构无异响。

4．检查汽缸压力

当压缩比为 6.75∶1 时应为 0.83MPa，当压缩比为 7.2∶1 时应为 0.725MPa。另外，所测汽缸压力应不小于规定值的 85%，各汽缸压力差应不大于 10%。

5．检测曲轴箱窜气量

发动机的转速为 2000r/min 时，曲轴箱窜气量应不大于 70L/min。

6．检测汽缸漏气量

汽缸漏气量检验仪指示的气压值应不大于 0.25MPa。

7．检测进气歧管的真空度

在发动机处于怠速运转转速为 500～600r/min 时，真空度应为 50～70kPa，波动值应不大于 5kPa。

8．检查冷却系

冷却系统无泄漏，水泵工作无异响、无过热现象，水泵轴不松旷。

9．检查机油压力

怠速时，机油压力应不小于 0.1MPa；中速时，机油压力应不小于 0.3MPa。

10．检测润滑油质量

润滑油污染指数（或斑痕）、开口闪点及水分中有一项不符合技术要求，均应更换润滑油。

1.1.3　二级维护前发动机的技术评定目的与方法

二级维护前对发动机的技术状况进行评定，其目的是为了全面掌握发动机的技术状况，从而为确定二级维护重点作业项目和附加作业项目提供依据。二级维护前对发动机的技术评定主要采取以下方法：

（1）听取驾驶员的反映（包括汽车动力性、异响、转向、制动及燃润料消耗等）；

（2）外观检查；

（3）路试；

（4）查阅技术档案（包括车辆运行记录、维修记录、检测记录、总成修理记录等）；

（5）查阅保养手册；

（6）检测。

通过以上方法的综合运用，能够准确地确定二级维护重点作业项目和附加作业项目，为二级维护质量提供了保证。

1.1.4 发动机二级维护竣工检验项目与技术要求

汽车在维修企业进行二级维护后，必须进行竣工检验，并且各检验项目参数应符合国家或行业及地方标准。竣工检验合格的车辆填写好《维护竣工出厂合格证》后，方可出厂。检验不合格的车辆应做进一步的检测、诊断和维护，直到达到维护竣工技术要求为止。现以桑塔纳轿车为例，介绍汽车发动机二级维护竣工检验项目的具体要求，见表 1-1。

表 1-1 二级维护竣工检验项目的具体要求

检验项目	技术要求	备注
发动机工作状况	发动机能正常启动，低、中、高速运转均匀、稳定，水温正常，加速性能良好，无断缸、回火、放炮等现象，发动机运转稳定后应无异响	路试
发动机功率	无负荷功率不小于额定值的 80%	检测
发动机装置	齐全有效	检视

1.1.5 发动机二级维护附加作业项目的确定依据

车辆进行二级维护前，用检测仪器检测或人工检查作业项目，若被检项目的检测或检查结果超过技术要求，则可结合车辆运行和维修技术资料，对汽车的技术状况进行综合评定，诊断其相关故障并确定相应的附加作业项目。现以 EQl092F 型汽车为例，介绍对发动机进行相关故障的评定及相应附加作业项目的确定。具体内容见表 1-2。

表 1-2 发动机二级维护附加作业项目的确定

项目	检测结果	相关故障诊断	附加作业项目
点火系统	（1）检测出闭合角不符合规定，点火提前角失准； （2）点火高压达不到规定值，点火波形失常； （3）分电器重叠角超过技术要求	（1）分电器调整不当； （2）无触点电子点火系统信号发生器气隙失准； （3）点火元件工作性能变差； （4）分电器轴及凸轮磨损，松旷	（1）检修分电器、霍尔发生器总成； （2）视情况更换有故障的元件
发动机动力性	（1）发动机功率低于原厂规定值的 80%； （2）单缸转速降小于 90r/min，各缸转速降相差大于发动机转速的 25%	（1）气门与气门座之间的密封性变差； （2）汽缸衬垫，进、排气歧管衬垫漏气； （3）活塞环磨损、断裂； （4）汽缸与活塞磨损造成配合间隙过大； （5）正时齿轮、凸轮轴磨损引起配气正时失准； （6）点火系统故障； （7）燃油系统故障	（1）研磨气门； （2）更换损坏衬垫； （3）更换活塞或视情况镗缸； （4）更换活塞环； （5）更换正时齿轮或凸轮轴； （6）检修、调整或更换有关故障元件
汽缸压力	（1）压力低于规定值的 85%； （2）各缸压力差大于各缸规定值的 10%	（1）汽缸与活塞磨损造成配合间隙过大； （2）活塞环磨损、断裂	（1）研磨气门； （2）视情况更换故障元件； （3）视情况镗缸或更换活塞； （4）更换活塞环； （5）更换磨损零件或调整配气正时

续表

项　目	检 测 结 果	相关故障诊断	附加作业项目
曲轴箱窜气量	（1）发动机转速：100r/min（CAl091）>40L/min；（2）发动机转速：2000r/min（EQl090）>70L/min	（1）汽缸与活塞磨损造成配合间隙过大；（2）活塞环磨损、黏结、断裂；（3）气门杆与导管磨损，气门密封性差	视情况镗缸或更换活塞
汽缸漏气量	测量表压力值<0.25MPa	汽缸垫漏气	更换
进气歧管真空度	真空度<57kPa 波动值>5kPa	（1）汽缸与活塞磨损造成配合间隙过大；（2）活塞环磨损、黏结、断裂；（3）气门杆与导管磨损，气门密封性差；（4）汽缸垫漏气	（1）视情况镗缸或更换活塞；（2）研磨气门
配气相位	配气相位角度偏移超过规定值		重新安装，调整、更换磨损零件
汽缸内部窥查	活塞烧顶，汽缸壁拉伤		更换活塞，视情况镗缸
发动机异响	（1）曲轴主轴承、连杆轴承响；（2）活塞敲缸响；（3）活塞销响；（4）配气机构响	（1）轴承与轴颈磨损、烧蚀；（2）活塞与汽缸磨损引起配合间隙增大；（3）曲轴及连杆变形；（4）活塞销与活塞及与连杆衬套间间隙过大；（5）气门间隙调整不当；（6）摇臂及轴、气门挺杆与轴承孔磨损；（7）凸轮轴轴承间隙超差；（8）气门座圈脱落、气门弹簧折断、正时齿轮损坏	应视情况拆检相关部位，更换磨损零件
发动机其他部位	（1）水泵异响，渗漏；（2）空气压缩机异响，漏油；（3）曲轴前、后油封漏油；（4）发动机过热；（5）机油压力低；（6）排气管、消声器工作状况不良	（1）水泵轴轴承损坏，水泵轴断裂及各处密封差；（2）空气压缩机活塞与汽缸磨损，配合间隙大，轴承损坏，油封失效；（3）散热器结垢严重，节温器工作不正常；（4）点火正时调整不当；（5）机油泵磨损；（6）曲轴主轴承、连杆轴承、凸轮轴轴承与其相关零件的配合间隙过大；（7）油道漏油，限压阀失灵，仪表或传感器工作不正常；（8）排气管连接处松动或开裂，排气管堵塞	（1）检修水泵；（2）渗漏部位可更换油封；（3）视情况检修，更换密封件；（4）拆检冷却系统相关零件；（5）调整；（6）其他部位可视情况修理
检测燃烧效果		尾气排放超标	（1）检修活塞、活塞环、汽缸；（2）研磨气门，拆洗燃油系统部件（如喷油器）

1.1.6　发动机常用诊断设备功能

1. 汽油机电器性能检测仪

CEET-2 型多功能汽车电器检测仪的功能：可对 6V、12V、24V 等各电动车辆所用的电器产品进行一般性质量检测。可测试开磁路普通型、闭磁路干式点火线圈。可检测各类闪光器、继电器及各类开关、电喇叭、蜂鸣器和报警器等。

2．润滑油脂分析仪

润滑油脂分析仪的功能：主要是分析润滑油的污染性质和程度。一种是通过测量一定厚度润滑油膜的不透明度来反映润滑油内碳物质的含量，以表示润滑油的污染程度。另一种是通过测定润滑油的介电常数反映润滑油的污染程度。

3．曲轴箱窜气测量仪

曲轴箱窜气测量仪的功能：测量汽缸内的工作介质和燃气从汽缸与活塞间不密封处窜入曲轴箱的量。一般采用国产CQ/A型发动机窜气量测量仪进行测量。

4．汽缸漏气量检测仪

汽缸漏气量检测仪的功能：测量充入汽缸内的压缩空气在压缩终了活塞处于上止点时（此时进排气门均处于关闭状态）汽缸内压力的变化情况，来表征汽缸活塞组的密封性。汽油发动机一般采用QLY-1型发动机汽缸漏气量检测仪进行测量。

5．真空表

真空表的功能：测量发动机进气歧管真空度。进气歧管真空度可以用来诊断汽缸活塞组的磨损情况、配气机构的技术状况及点火和供油系统的调整状况。

6．废气分析仪

（1）不分光红外线（NDIR）气体分析仪的功能：测量汽油车怠速污染物，主要污染物为CO、HC。

（2）滤纸式烟度计的功能：测量柴油车自由加速烟度。

1.1.7 汽车维护工艺规范

汽车维护工艺规范不同型号的汽车不尽相同，不同型号的发动机也有差异，一般根据《汽车保养手册》来确定。下面是一汽大众捷达系列轿车的发动机二级维护工艺规范（见表1-3）。

表1-3 捷达轿车发动机二级维护工艺规范

维护项目	作业内容	技术要求
发动机机油、机油滤清器	（1）更换机油； （2）更换机油滤清器； （3）检查机油压力及报警机构工作状况	（1）机油规格为APISG；机油黏度等级（SAE）根据环境温度选择； （2）机油总量为4L； （3）液面高度（冷车状态）应在油尺标记上限与下限之间； （4）机油滤清器在安装前应先注入机油，并在密封圈上抹一层机油；总成安装固定可靠、密封良好，无堵塞，发动机预热后，在冲击载荷作用下，不应有渗、漏油现象； （5）机油压力报警系统性能良好、可靠

续表

维护项目	作业内容	技术要求
空气滤清器、恒温进气装置及进气预热装置	（1）清洁空气滤清器壳，清洁或更换空气滤清器滤芯； （2）检查恒温进气装置； （3）检查冷却液加热导管和热敏开关； （4）检查进气歧管电加热器线路和热敏开关	（1）空气滤清器清洁、有效，密封良好、安装可靠； （2）恒温进气装置温控开关真空软管无破损、连接可靠，冷热空气转换开关工作灵敏、准确； （3）冷却液预热加热导管无老化、破损，连接可靠； （4）冷却液温度低于70℃热敏开关接通；冷却液温度高于70℃热敏开关关闭
燃油喷射系统	（1）检查燃油箱、燃油管路及接头密封情况； （2）更换燃油滤清器； （3）检查燃油泵； （4）检测燃油压力和系统保持压力	（1）油箱及盖完好，安装可靠、密封良好，燃油管无老化、裂损，接头无破损、渗漏，紧固可靠； （2）燃油滤清器安装可靠； （3）燃油泵工作正常，无异响； （4）燃油压力标准值为260kPa； （5）燃油系统油道清洁、畅通
燃油蒸发控制装置	（1）检查软管及接头； （2）检查单向阀； （3）检查活性炭罐、储油罐外观及密封性	（1）软管无老化、裂损，连接可靠，无泄漏； （2）单向阀和燃油箱压力真空释压盖畅通，工作正常； （3）活性炭罐、储油罐完好、密封，滤网内部清洁、畅通，工作正常
曲轴箱通风（PCV）装置	检查、清洁PCV阀和PCV滤清器、通气软管	（1）PCV阀不堵塞，单向阀关闭严密，开关灵活，无卡滞现象； （2）PCV滤清器清洁、工作正常； （3）通风系统管路清洁、畅通，连接可靠，不漏气
冷却系统	（1）检查散热器； （2）检查膨胀水箱及箱盖压力阀； （3）检查冷却液品质及液面高度； （4）检查水泵； （5）检查节温器工作状况； （6）检查冷却风扇工作状况	（1）冷却系统各部分无变形、破裂及渗漏，散热器盖压力阀开启压力为130±10kPa； （2）膨胀水箱盖结合表面良好，散热器盖压力阀压力在120～150kPa开启； （3）冷却液液面高度在储液罐上、下标线之间，冷却系统容量为6.0L； （4）水泵无异响、渗漏； （5）节温器工作灵敏、准确，在88±2℃开启（系统正常工作温度为90～108℃），冷却液温度表指示正确； （6）冷却风扇运转平稳、无异响，热敏开关工作灵敏、准确
发动机传动带及带轮	（1）检查传动带及带轮外观； （2）调整传动带挠度	（1）传动带无龟裂和过量磨损，表面无油污； （2）带轮无明显端面圆跳动，轮槽无明显磨损，运转无异响； （3）正时带更换规定：5气门发动机每6万km更换正时带及张紧轮；2气门发动机每8万km更换正时带，检查或更换张紧轮
配气机构	检查配气机构工作状况	发动机以2800r/min转速运转2min，配气机构不应有异响
三元催化转化器	（1）检查外观及连接状况； （2）检查三元催化转化器内部是否破损、堵塞； （3）检查三元催化转化器的作用	（1）三元催化转化器上的保护壳应完整，连接牢固；内部无破损，不堵塞； （2）各连接导管连接完好，无泄漏； （3）三元催化转化器工作有效

注：1．适用车型为捷达（CL、GL）、新捷达（CEX、GEX）、都市先锋（AT）系列轿车。

2．捷达轿车二级维护周期为1.5万km。

1.2 发动机二级维护附加作业

1.2.1 气门座修理技术要求

1. 气门座铰削研磨的技术要求

1）密封环带位置与宽度的技术要求

要求铰削后的气门座密封环带在与其相配的新气门密封锥面中部略偏向气门杆部，且宽度要符合要求，如桑塔纳发动机进气门宽度为2.0mm，排气门宽度为2.4mm。

2）密封性要求

经研磨后的气门与气门座配合要密封，不能有漏气现象。

2. 气门座圈更换的技术要求

（1）当出现下列情况之一时，必须更换气门座圈。

① 气门座圈表面有裂纹、严重烧蚀。

② 气门座圈工作面低于汽缸盖平面1.5mm。

③ 气门座圈松动。

（2）气门座圈压入座孔后，上端平面应与汽缸盖平面齐平。

（3）气门座圈座孔的圆柱度误差应小于0.05mm，圆度误差应小于0.02mm，表面粗糙度值小于*Ra*1.25μm。

（4）气门座圈与座孔过盈量应符合技术要求，一般过盈量为0.075～0.125mm。

1.2.2 曲轴连杆轴承间隙调整要点

（1）轴承松紧度的检查方法，通常是在轴承上涂一层薄机油，将连杆装在相应的轴颈上，按规定力矩拧紧轴承盖螺栓，然后用手转动连杆，连杆应能转动数圈。

（2）连杆轴承应与轴承座密合，凸点完好，轴瓦两端的挤压高度值不小于0.03mm。

（3）连杆轴颈与轴承的配合间隙应符合原厂规定。

（4）用手工刮削的轴承要求接触面积不小于轴承总面积的75%。

（5）在轴承表面上涂以清洁的机油，将轴承装在连杆轴颈上，按规定拧紧螺母。将连杆放平，以杆身的重量徐徐下垂，用手握住连杆小端，沿轴向扳动时应无松旷感。

1.2.3 活塞环装配技术要点

（1）活塞环漏光度应符合技术标准。

① 一般要求活塞环外围工作面在开口处30°范围内不许漏光。

② 其他部位每处的漏光弧长所对应的圆心角不得超过25°。

③ 同一环上漏光弧长所对应的圆心角总和不超过45°。

④ 漏光处的缝隙应不大于0.03mm。

（2）活塞环的侧隙、背隙和端隙应符合技术标准。

（3）活塞环端面平整，装入环槽内应能转动灵活，无卡滞。

1.2.4　曲轴主轴承与连杆轴承修理技术要点

（1）曲轴主轴承的刮削。

① 清洁曲轴轴承座孔，检查座孔的磨损情况。

② 检查主轴承座孔同轴度误差。

③ 同时分次刮配轴承。

④ 检查曲轴主轴承的配合间隙。

（2）连杆轴承的刮削。

① 清洁连杆轴承的座孔，检查座孔的磨损情况。

② 检查接触痕迹，确定刮削部位。

③ 逐道多次刮削轴承。

④ 检查轴承刮削后的松紧度。

（3）曲轴主轴承与连杆轴承刮削时不允许垫背，但允许垫肩。

（4）技术要求。

轴承刮削后要求与轴颈的配合间隙合适，接触面均匀且接触面积不小于轴承几何接触面积的 75%。

第2章　发动机修理

学习目标

- 掌握发动机零件的检验与分类技术
- 了解汽缸盖与配气机构修理技术要求及注意事项
- 掌握汽缸体与曲柄连杆机构的检修方法、操作要点及注意事项
- 了解燃油喷射系统执行元件的结构及工作原理，检修时的注意事项
- 了解冷却系统工作性能检查方法，掌握节温器、电动风扇和机油泵的结构及工作原理
- 了解微机控制点火系统的工作原理

2.1 零件检验与分类

2.1.1 发动机拆卸、解体和零件清洗注意事项

1. 发动机拆卸注意事项

（1）用举升机或千斤顶举起汽车时，一定要平稳，注意安全。

（2）热车时放掉发动机机油，因为这样能较彻底放净机油。

（3）热车拆卸进、排气歧管和消声器时，要小心，以免烫伤。

（4）发动机冷却后再放掉散热器和冷却水道里的冷却液，以免烫伤人。

（5）拆卸发动机时，如果对线路和管路不太熟悉，要做好记号，以免今后装错。

（6）从车上吊下发动机前，要检查绳索是否牢固可靠，绳索放置的吊装部位是否正确，以免吊下过程中发生安全事故。

（7）开始吊装时，发动机要慢慢升高，查看所有螺栓、导线和管子是否全部拆开，以免拉断导线和管子。

（8）吊下后的发动机要放置平稳，避免侧翻，也方便下一步的解体。

2. 发动机解体注意事项

（1）在发动机解体时，尽量采用专用工具，多用套筒扳手和梅花扳手，尽量少用活动扳手。

（2）扳手要套稳螺母再用力，且不能用力过猛。

（3）对于不太熟悉的发动机，在拆卸汽缸盖、主轴承盖和连杆轴承盖等重要部位的螺栓时，要记下拧紧力矩，以便今后装配发动机时作参考。

（4）拆卸汽缸盖、主轴承盖螺栓时，一定要注意拆卸顺序，否则会引起汽缸盖、曲轴的变形。

（5）拆卸配气机构、主轴承盖和连杆轴承盖时要注意观察是否有记号，若没有，要做好记号。

（6）拆下来的活塞连杆组，其连杆轴承盖要一一对应装到连杆上，以免出错。

（7）从曲轴上拆下飞轮前，要注意观察是否有记号，若没有，要做好记号，以免破坏其动平衡。

（8）拆下来的曲轴、凸轮轴和汽缸盖要放置好，否则会引起变形。

3. 发动机零件清洗注意事项

（1）发动机解体后，应对其零件进行初步清洗，以去除零件表面大量的油泥、锈蚀物、积炭等。发动机有许多零件是铝制的，所以，清洗时不应用有腐蚀作用的清洗剂。

（2）发动机零部件在修理过程中，要对未彻底清除的积炭、表面黏着物做进一步清除。

（3）发动机在装配前应彻底清洗汽缸体和曲轴，油道必须用清水冲洗干净，最后用压缩空气吹干，以保证润滑油道的畅通、清洁。

2.1.2 零件测量技术

1. 圆度与圆柱度的测量

圆度是指在轴线的任意横截面上，实际圆轮廓必须位于半径差为公差值的符合最小条件的两同心圆的区域内，圆度公差是在同一垂直截面上实际圆所允许的最大变动量。圆度误差通常采用多点法进行测量，在汽车维修生产中常以同一横截面上的最大与最小直径差的一半，作为圆度误差值。

圆柱度是指实际圆柱面必须位于以半径差为公差值的符合最小条件的两同轴圆柱面的区域内，圆柱度公差是沿轴线长度上实际圆柱面对理想圆柱面所允许的最大变动量。圆柱度误差也用多点法测量，在汽车维修生产中常以沿轴线长度上任意方位和截面最大最小直径差的一半，作为圆柱度误差值。

圆度和圆柱度常用于孔形和轴类零件的测量，如发动机的汽缸承孔或汽缸的磨损，就是利用内径量缸表或内径千分尺测量其圆度和圆柱度误差的。

2. 平面度的测量

平面度表示实际平面的不平程度，是零件表面的形状误差。平面度是指被测平面在其垂直的任意方向的形状误差，是指被测平面必须位于距离为公差值符合最小条件的两个平行平面的区域内。实际平面的状况要影响到配合零件的位置精度和密封效果。

在汽车维修企业中对汽缸体和汽缸盖平面的检验，多采用厚薄规和刀形样板尺法。该法检验误差虽然较大，测量结果是近似值，但由于设备简单，方法简便，使用较为普遍。

3. 平行度的测量

平行度是衡量被测要素（直线或平面）与基准平行的程度。平行度是指被测要素（直线或平面）必须位于距离为公差值且与基准（轴线或平面）平行并符合最小条件的两平行平面的区域内。平行度的检验是在基准要素和实际要素之间进行的，其误差是相对于基准要素而言的，基准要素则是确定被测要素公差带方位的根据。在汽车维修测量平行度误差时，通常多用模拟法体现基准，例如，以检验平板平面模拟基准平面，用心轴轴线模拟基准轴线。

平行度可以分为平面对平面、轴线对平面、平面对轴线和轴线对轴线的平行度四种。平行度是指被测要素（直线或平面）必须位于与基准（轴线或平面）平行的符合最小条件的两平行平面区域内。不同的平行度要求有不同的检验基准，基准不同，其检验的方法也不同。因此，在平行度的检验中，确定基准的工作极为重要。作为基准使用的要素（平面或轴线）在检验前应消除其形状误差的影响，按最小条件确定测量基准。

4. 垂直度的测量

垂直度属于位置公差中的定向公差，用来控制被测要素相对于基准要素在法向上的垂直度要求。其测量也是在被测零件的两个要素间进行的。垂直度是指被测要素（直线或平面）必须位于距离为公差值且与基准（轴线或平面）垂直的符合最小条件的两平行平面区域内。

垂直度常用的检验方法有垂直度检验仪法和测圆跳动误差检验法。

5. 同轴度及圆跳动的测量

同轴度是指被测轴线对基准轴线的位置误差，是指被测轴线位于以公差值为直径的圆柱面的区域内。同轴度包括被测轴线的形状误差，也包括两者的位置误差。

同轴度的检验，常用径向圆跳动法代替。在基准和被测轴线的圆度较小时，径向圆跳动接近同轴度，故可把最大径向圆跳动当成同轴度。

圆跳动也是位置误差。它包括径向跳动和端面跳动。

轴类零件的径向跳动一般使用 V 形支承，置于平台上进行测量。用这种方法检验的结果，除要受到 V 形架角度和基准的实际要素形状误差的影响外，另外在检验径向跳动时，基准轴线自身还有同轴度误差的影响，因而径向跳动是这些形状和位置误差综合反映的结果。

2.1.3 汽车零件检验分类技术条件

汽车零件检验的分类，是汽车修理工艺的一个重要环节，它直接影响到汽车修理的质量和成本。通过技术检验，可将零件分为可用件、待修件和报废件三类。

（1）可用件是指使用后耗损轻微的零件，其尺寸、形状、位置公差和配合关系均在大修技术标准中的许用尺寸和许用配合要求范围内，不经修理尚可继续使用。

（2）待修件是指通过各种修理工艺，可恢复基本尺寸、几何形状和位置、力学性能及配合关系的零件。

（3）报废件是指耗损严重，其尺寸、形状、位置和配合关系，不仅超过了许用尺寸或许用配合要求，甚至接近或超过维修技术数据中规定的使用极限，是无修复价值的零件。

2.1.4　汽缸盖与汽缸体检测要点

（1）清除汽缸盖、汽缸体各结合面上的衬垫残留物，用漂洗性能好、稳定性高且具有一定消泡性的清洗剂作进一步地清洗。

（2）检查汽缸盖、汽缸体表面裂纹及破损。

（3）检测汽缸体与汽缸盖结合面的平面度。

（4）测量各汽缸磨损情况。在测量汽缸磨损情况时，要分析磨损性质，是属于正常磨损还是非正常磨损（如拉缸）。汽缸测量的内容主要是它的最大磨损直径、圆度和圆柱度。

（5）测量主轴承座孔同轴度。

2.1.5　曲轴与凸轮轴检测要点

1．曲轴检测要点

（1）曲轴裂纹较明显的，通过观察即可发现。不可见的微细裂纹可用磁力探伤的方法检测。

（2）曲轴变形主要利用百分表及表架检测弯曲变形量和扭曲变形量。

（3）轴颈磨损利用外径千分尺测量磨损直径，然后计算出最大磨损量、圆度及圆柱度。

2．凸轮轴检测要点

（1）凸轮的擦伤和疲劳脱落，通过观察即可发现。凸轮的磨损可用外径千分尺测量凸轮的全高 H 与凸轮基圆直径 D 的差值来确定凸轮的磨损程度。

（2）凸轮轴弯曲变形通过百分表及表架检测。

（3）凸轮轴轴颈磨损可用外径千分尺检测。

（4）凸轮轴上齿轮磨损检测。

（5）凸轮轴键槽磨损检测。

2.1.6　汽车发动机汽缸体与汽缸盖修理技术要求

对于发动机汽缸体与汽缸盖修理的技术要求，在 GB 3801《汽车发动机汽缸体与汽缸盖修理技术条件》中作了详细说明，具体内容如下：

（1）汽缸体与汽缸盖不应有油污、积炭、水垢及杂物。

（2）水冷式汽缸体与汽缸盖用 0.35～0.45MPa 的压力做持续 5min 水压试验，不得渗漏。

（3）汽油发动机汽缸体上平面到曲轴轴承孔轴线的距离，不小于原设计基本尺寸 0.40mm。

（4）所有结合平面不应有明显凸起、凹陷、划痕或缺损。汽缸体上表面和汽缸盖下表面的平面度公差应符合相关规定。

（5）汽缸体曲轴、凸轮轴轴承孔的同轴度公差应符合原设计规定。凡能用减磨合金补偿同轴度误差的，以汽缸体两端曲轴轴承孔公共轴线为基准，所有曲轴轴承孔的同轴度公差为 ϕ0.15mm；以汽缸体两端凸轮轴轴承孔公共轴线为基准，所有凸轮轴轴承孔的同轴度公差为 ϕ0.15mm。

（6）汽缸体后端面对曲轴两端轴承孔公共轴线的端面全跳动量不大于 0.20mm。

（7）燃烧室容积不小于原设计最小极限值的 95%，同一台发动机的汽缸盖燃烧容积之差应符合原设计规定。

（8）汽缸体、汽缸盖各结合面经加工后的表面粗糙度值应低于 *Ra*1.6μm。

（9）汽缸盖上装火花塞或喷油嘴和预热塞的螺孔螺纹损伤不多于一牙，汽缸体与汽缸盖上其他螺孔螺纹损伤不多于两牙。修复后的螺孔螺纹应符合装配要求。各定位销、环孔及装配基准面的尺寸和形位公差应符合原设计规定。

（10）选用的汽缸套、气门导管、气门座圈及密封件应符合相应的技术要求，并应满足本标准的有关装配要求。

（11）气门导管孔内径应符合原设计尺寸或分级修理尺寸。一般气门导管与孔的配合过盈为 0.02～0.06mm。

（12）进、排气门座圈孔内径应符合原设计尺寸或修理尺寸。气门座圈孔的表面粗糙度值低于 *Ra*3.2μm，圆度公差为 0.0125mm，与座圈的配合过盈一般为 0.07～0.17mm。

（13）镶装干式汽缸套的孔内径应为原设计尺寸或同一级修理尺寸。

① 孔的表面粗糙度值应低于 *Ra*1.6μm，圆柱度公差为 0.01mm。

② 汽缸套与孔的配合过盈应符合原设计规定，无规定者，一般为 0.05～0.10mm。

③ 有突缘的汽缸套配合过盈可采用 0.05～0.07mm，无突缘的汽缸套可采用 0.07～0.10mm。

④ 汽缸套上端面应不低于汽缸体上平面，也不得高出 0.10mm。

（14）湿式汽缸套孔的内径应为原设计尺寸或同一级修理尺寸。湿式汽缸套与孔的配合间隙为 0.05～0.15mm，安装后汽缸套上端面应高出汽缸体上平面，并应符合原设计规定。

（15）同一汽缸体各汽缸或汽缸套的内径应为原设计尺寸或同一级修理尺寸，缸壁表面粗糙度值低于 *Ra*1.6μm。干式汽缸套的汽缸圆度公差为 0.005mm；圆柱度公差为 0.0075mm；湿式汽缸套的汽缸圆柱度公差为 0.0125mm。

（16）加工后，汽缸的轴线对汽缸体两端曲轴轴承孔公共轴线的垂直度公差为 0.05mm。

（17）对某些特殊结构或有特殊技术要求的汽缸体及汽缸盖除此标准规定外，其他可参照原设计的技术文件执行。

2.1.7 汽车发动机曲轴修理技术要求

对于发动机曲轴修理的技术要求，在 GB 3802《汽车发动机曲轴修理技术条件》中作了详细说明，具体内容如下：

（1）曲轴修复前应进行探伤检查，不得有裂纹。但轴颈上沿油孔四周有长度不超过 5mm 的短浅裂纹或有未延伸到轴颈圆角和油孔处的纵向裂纹（轴颈长度小于或等于 40mm，裂纹长度不超过 10mm；轴颈长度大于 40mm，裂纹长度不超过 15mm）时，仍允许修复。

（2）曲轴滑动轴承轴颈磨损后，应按曲轴分级修理尺寸修理。组合式曲轴滚动轴承轴颈磨损超限，滑动轴承轴颈超过其允许的使用极限尺寸时，允许进行补偿修理，恢复至原设计尺寸。

（3）补偿修复轴颈时，可采用金属丝喷涂，电振动堆焊，镀铁、镀铬等方法。其他部位磨损超限后，根据情况，除可采用上述方法外，也可以采用手工电弧焊等方法进行恢复性修理。补偿修复层应均匀适当，力学性能满足使用要求。

（4）曲轴修磨后，同名轴颈必须为同级修理尺寸。

（5）曲轴主轴颈及连杆轴颈端面磨损超限后，应予修复至原设计规定的轴颈宽度。

（6）曲轴修复后，以两端主轴颈的公共轴线为基准时：

① 中间各主轴颈的径向圆跳动公差为 0.05mm。

② 各连杆轴颈轴线对主轴颈轴线的平行度公差：整体式曲轴为ϕ0.01mm，组合式曲轴为ϕ0.03mm。

③ 与止推轴颈及正时齿轮配合端面的端面圆跳动公差为 0.05mm。

④ 飞轮突缘的径向圆跳动公差为 0.04mm；外端面的端面圆跳动公差为 0.06mm。

⑤ 带轮的轴颈径向圆跳动公差为 0.05mm。

⑥ 正时齿轮的轴颈径向圆跳动公差为 0.03mm。

⑦ 变速器第一轴轴承孔的径向圆跳动公差为 0.06mm。

⑧ 油封轴颈的径向圆跳动公差，采用回油槽防漏的为 0.10mm，采用油封圈防漏的为 0.05mm。

（7）各主轴颈及连杆轴颈的圆柱度公差为 0.005mm。

（8）连杆轴颈的回转半径应符合原设计规定的基本尺寸，整体式曲轴的极限偏差为±0.15mm，但同一曲轴各回转半径差不得超过 0.20mm，组合式曲轴的极限偏差应符合原设计要求。

（9）以装正时齿轮的键槽中心平面为基准，连杆轴颈的分配角度偏差为±30°。

（10）启动爪螺孔螺纹损伤不得多于两牙。

（11）主轴颈及连杆轴颈表面粗糙度值应低于 *Ra*0.4μm，圆角处表面粗糙度值低于 *Ra*0.8μm。

（12）主轴颈和连杆轴颈两端的圆角半径应符合原设计规定。但采用金属丝喷涂和电镀修复的曲轴，修竣后的圆角半径允许适当减小。

（13）组合式曲轴必须按原位装配，装合后各滚动轴承轴颈的同轴度公差应符合原设计规定。

（14）曲轴油道应清洁畅通，油孔应有倒角。

（15）曲轴须进行平衡试验，其不平衡量应符合原设计规定。

（16）本标准未规定的其他技术要求，应符合原设计规定。

2.2 汽缸盖与配气机构检修

2.2.1 拆卸正时带（链）和正时齿（链）轮注意事项

（1）用钳子夹住张紧轮一侧的张紧轮弹簧的端部，从张紧轮支架钩上卸下弹簧。

（2）松开张紧轮安装螺栓，并卸下正时带。

（3）拆卸凸轮轴正时带轮螺栓时，应先利用专用工具固定凸轮轴正时带轮，然后再拆下凸轮轴正时带轮螺栓。

（4）拆下正时带张紧轮之后，绝不能转动曲轴和凸轮轴，否则会使活塞与气门互相冲撞，导致这些零件损坏。

（5）切勿使用旋具之类的工具拆卸正时带，切勿以很小半径急剧弯曲正时带，以防损坏。

（6）为保证按原方向组装，应用粉笔在正时带背面标上转动方向。

2.2.2 修磨气门与气门座的技术要求

（1）气门与座圈工作锥面角度应基本一致。

（2）气门与座圈的密封环带位置在中部靠里。过于靠外使气门的强度降低，过于靠里，会造成与座圈接触不良。

（3）气门与座圈的密封带宽度应符合原设计规定，一般为1.2～2.5mm。排气门大于进气门的宽度；柴油机的宽度大于汽油机的宽度。密封带宽度过小，将使气门磨损加剧；环宽度过大，容易烧蚀气门。

（4）气门工作锥面与杆部的同轴度和座圈与导管的同轴度应不大于0.05mm。

（5）气门杆与导管的配合间隙应符合原厂规定。

2.2.3 安装汽缸盖注意事项

（1）在安装汽缸盖之前，要将曲轴转动到第一缸的上止点位置。

（2）更换所有密封条和密封衬垫，并注意衬垫的位置。

（3）汽缸盖衬垫上刻有“OPEN TOP”字样的一面应正对着汽缸盖安装，朝向上方。

（4）汽缸盖、气门罩盖螺栓应按规定力矩，分3～4次对称拧紧。

2.2.4 配气机构装配与调整注意事项

（1）装配前必须对各机件进行清洗、检验。

（2）各零件必须按原位装入，不得装错。

（3）安装凸轮轴时，第一汽缸凸轮必须朝上。凸轮轴转动时，活塞不可置于上止点，以防损坏气门及活塞顶部。

（4）安装凸轮轴油封及气门杆油封时，在油封外周及唇边涂上润滑油，用专用工具装到合适位置。

（5）各紧固件必须按规定的顺序和拧紧力矩拧紧。

2.3 汽缸体与曲柄连杆机构检修

2.3.1 汽缸体裂纹检查方法

汽缸体裂纹的检查方法是水压试验法。试验时，用专用的盖板封住水道口，用水压机加压，要求在0.35～0.45MPa的压力下，保持5min时间，检查汽缸体外表面及汽缸等部位，应无任何渗漏现象。

2.3.2　汽缸体接合面检修方法

（1）汽缸体接合面变形可采用直尺（或桥型平尺）与接合面靠合，利用塞尺测量两者之间间隙的方法来检查，如图 2-1 所示。

（2）局部金属凸起变形，例如，螺纹孔周围金属凸起，可采用铲（刮）削法修复。

（3）整体翘曲变形不是太大，可采用平面磨削法修复。

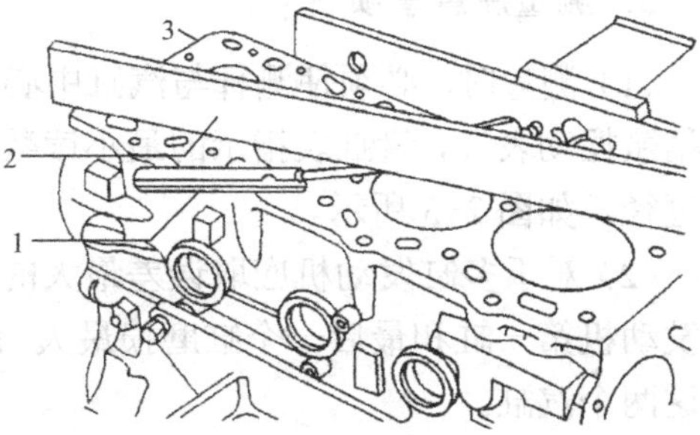

1—塞尺；2—直尺；3—汽缸体

图 2-1　汽缸体接合面检查方法

2.3.3　汽缸磨损检测要点

汽缸磨损测量是用量缸表测量汽缸的最大磨损直径、圆度和圆柱度三个指标。

1．量缸部位

测量时用适当量程的量缸表按如图 2-2 所示的部位和要求进行测量，即在汽缸上部距汽缸上平面 10mm 处、汽缸中部和汽缸下部距缸套下平面 10mm 处这三点，按 *A*、*B* 两个方向分别测量一次。

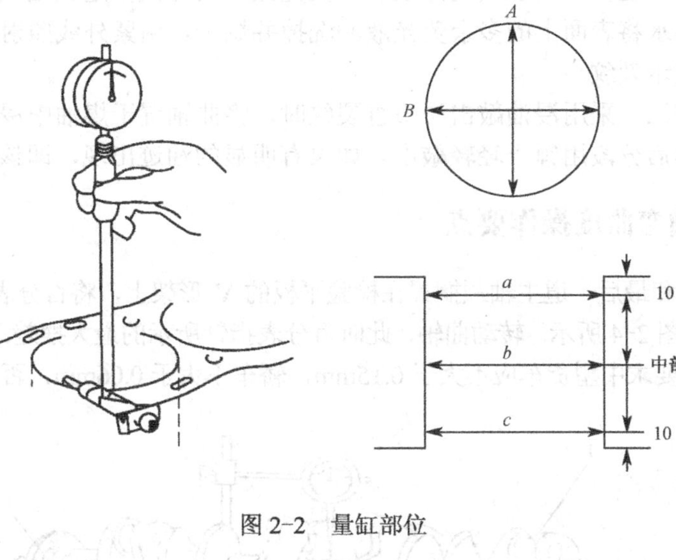

图 2-2　量缸部位

2．量缸的方法

测量汽缸时，先按汽缸标准尺寸将量缸表调整到指针对准刻度 0 处（应使量缸表测杆压缩 1～2mm 以留出测量余量），然后测量缸径。这样测出的读数加上汽缸的公称尺寸即为磨损后的汽缸直径。

3．测量注意事项

（1）测量时，必须使测杆与汽缸中心线垂直。测量时应稍微摆动表杆，量缸表指示的最小读数，即为正确的汽缸直径，如图 2–3 所示。

（2）对于多缸发动机应取误差最大的一个缸为准。一般发动机第一缸和最后一个缸磨损最大，测量时可重点测量这两个汽缸。

（3）不要在发动机修理台架上测量汽缸的内径，以防因缸体被夹紧变形而测量不准。

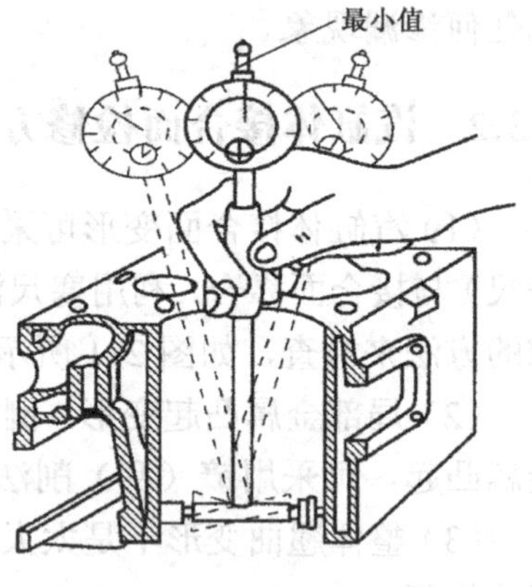

图 2–3　测量汽缸磨损

2.3.4　曲轴裂纹检测方法

曲轴裂纹一般出现在应力集中部位。在主轴颈或连杆轴颈与曲柄臂相连的过度圆角处，一般出现横向裂纹；在轴颈表面的油孔附近一般出现沿轴向延伸的纵向裂纹。曲轴轴颈表面不允许有横向裂纹。对纵向裂纹，其深度如果在曲轴轴颈修理尺寸以内，可通过磨削磨掉，否则曲轴应予以报废。常用的检查方法有磁力探伤、荧光探伤和浸油敲击法等。

（1）磁力探伤。采用磁力探伤检查裂纹时，使磁力线通过被检查的部位，如果轴颈表面有裂纹，在裂纹处磁力线会偏散而形成磁极，将磁性铁粉撒在表面上，铁粉会被磁化并吸附在裂纹处，从而显现出裂纹的位置和大小。

（2）荧光探伤。在曲轴的表面刷涂上一层荧光液，荧光液渗透到曲轴表面微细裂纹里。若半小时后，用温水将表面上的多余荧光液冲洗掉并烘干。用紫外线照射，便能发出鲜明的荧光，较清晰地显示裂纹。

（3）浸油敲击法。采用浸油敲击法检查裂纹时，将曲轴置于煤油中浸一会儿，取出后擦净并撒上白粉，然后分段用锤子轻轻敲击。如果有明显的油迹出现，即该处有裂纹。

2.3.5　测量曲轴弯曲度操作要点

将曲轴第一道和最后一道主轴颈搁置在检验平板的 V 形架上，将百分表触头垂直地触及中间一道主轴颈，如图 2–4 所示。转动曲轴，此时百分表指针所示的最大摆差，即为曲轴主轴颈的弯曲度偏差。一般要求中型货车应不大于 0.15mm，轿车不大于 0.06mm，否则，应予以校正。

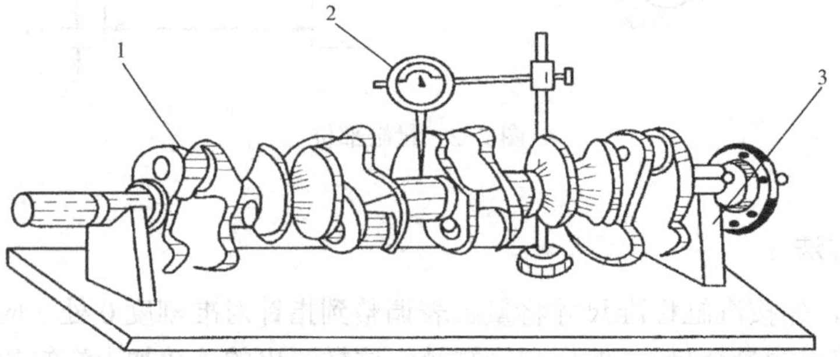

1—曲轴；2—百分表；3—V 形架

图 2–4　曲轴弯曲度的检测

2.3.6　主轴颈与连杆轴颈磨损测量操作要点

测定主轴颈及连杆轴颈的圆度和圆柱度误差，其目的在于决定轴颈是否需要修磨及修磨的修理尺寸。当曲轴主轴颈与连杆轴颈的圆度和圆柱度误差大于 0.025mm 时，应按修理尺寸修磨轴颈。桑塔纳、捷达轿车发动机曲轴轴颈修理分为三级尺寸规格，每 0.25mm 为一个级别。富康轿车发动机曲轴尺寸为标准尺寸和修理尺寸两种，当曲轴磨损超过 0.05mm 时，则应选择加大+0.30mm 级磨削曲轴，装用+0.30mm 的轴承，否则更换曲轴。测量操作要点如下：

（1）用外径千分尺先在油孔两侧测量，然后旋转 90° 再测量，最大直径与最小直径之差的 1/2 为圆度误差。

（2）轴颈两端测量的直径差的 1/2 为圆柱度误差。

2.3.7　曲轴和连杆轴承选配方法

（1）轴承选配前，应先检查轴承孔是否符合标准：要求轴承孔的圆柱度误差应不大于 0.025mm。当轴承孔的圆柱度误差超过标准时，可在轴承盖两端面堆焊加工。

（2）根据轴颈选配轴承。轴承的修理尺寸与轴颈一样，具有相应的修理级别。因此，在选配轴承时要根据曲轴轴颈的修理尺寸，按修理级别选用相应缩小尺寸的新轴承。

（3）轴承在自由状态下并非正圆，要求轴承的曲率半径大于轴承孔的半径，这样轴承装入座孔后，可借轴承自身的弹性与轴承座及盖密合，以保证合适的过盈量。为防止轴承在座孔内产生轴向位移，要求定位凸点完整。轴承两端应高出轴承座及盖的结合平面 0.03～0.06mm。检验时，将轴承及盖装好，适度拧紧螺栓至轴承外圆与底座密合为止，在轴承盖结合处，插入塞尺，测量轴承盖与汽缸体座孔两端接触面的间隙，插入 0.10mm 塞尺感觉合适，而 0.15mm 塞尺不能插入为合格。

2.3.8　连杆变形的原因及校正操作要点

1. 原因

连杆在工作过程中承受着活塞传来的气体冲击力、旋转时的离心力和惯性力的作用，尤其当发动机工作不正常时（如超负荷、爆燃、用汽车惯性启动发动机等），会引起连杆弯曲、扭曲及双重弯曲变形。

另外，镗缸时如果定位不准确，会遗留下连杆弯曲的隐患。连杆弯曲会导致发动机活塞偏缸，引起敲缸、拉缸、偏磨等故障。

2. 操作要点

（1）校正时要记住弯曲和扭曲的方向，千万不能搞错。

（2）先校正扭曲，后校正弯曲。

（3）弯曲在压床或弯曲校正器上校正。

（4）扭曲可将连杆夹在老虎钳上，用扭曲校正器、长柄扳钳或管子钳校正。

（5）要有一定的过校正。

（6）要进行时效处理。

2.3.9 活塞连杆组组装注意事项

（1）必须把同一缸号的活塞连杆，按活塞顶部箭头和连杆铸造标记朝前的正确方向，组装成活塞连杆总成。

（2）活塞销装入活塞销座孔时，要用木锤（或铜锤）适当敲击，切记用铁锤敲击或用大力敲击，以免活塞裙部变形。

（3）活塞销卡环距离环槽要有适当的间隙：0.10～0.25mm，否则活塞销卡环将被顶出造成拉缸。

（4）安装活塞环时，要用专用工具安装，以免将环折断。

（5）活塞环安装方向不能错。用做刮油的正扭曲环，其内缺口或内倒角朝上，外缺口或外倒角朝下，否则活塞环的泵油作用得到加强，机油大量窜入燃烧室而积炭。用做布油的反扭曲环，其安装方向与上相反。活塞环的端部侧面制有装配标记的，有标记的一面朝上安装。

（6）活塞环的安装位置不能错。有镀铬的活塞环一般安装在第一道活塞环槽内。因为镀铬环能增强环的耐磨性，延长环的使用寿命。环的标记常有“0”、“00”和“T1”、“T2”等，除环上有标记的一面朝上外，它们的安装顺序分别为第一、第二道。从活塞环的包装用纸颜色也可以辨别安装位置。例如，RIK 活塞环的色彩是第一道气环为蓝色，第二道气环为黄色，第一、二道的形状相同时均为蓝色；第三道气环为白色，第四道气环为红色，第三、四道形状相同时均为白色；第一道油环为绿色，第二道油环为红色，第一、二道油环形状相同时均为绿色。

2.3.10 曲轴扭转减振器工作原理

为了消除曲轴的扭转振动，在曲轴前端装有扭转减振器。常用的扭转减振器有橡胶摩擦式、干摩擦式和黏液（硅油）式等几种，如图 2-5 所示。小型发动机多采用橡胶摩擦式扭转减振器。

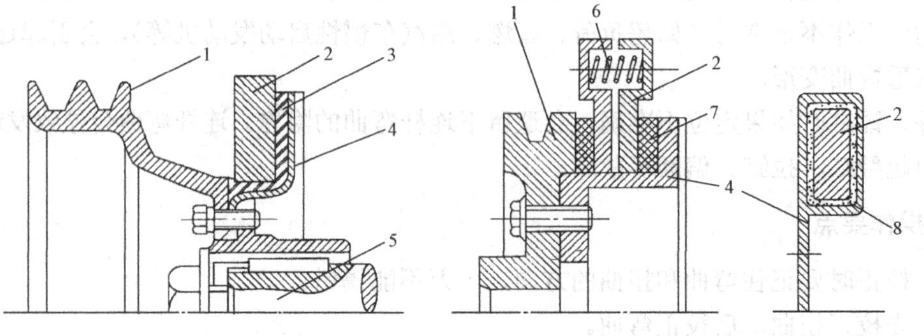

（a）橡胶摩擦式减振器　（b）摩擦片式减振器　（c）硅油黏液式减振器

1—V 带盘；2—惯性盘；3—橡胶垫圈；4—减振器圆盘；5—曲轴前端轴；6—弹簧；7—摩擦片；8—硅油

图 2-5　曲轴扭转减振器

例如，橡胶摩擦式扭转减振器，它的转动惯量较大的惯性盘 2 和用薄钢片冲压制成的减振器圆盘 4 之间黏结着一层橡胶垫圈 3。减振器圆盘 4 用螺栓与带轮及轮毂紧固在一起。当曲轴发生扭转振动时，曲轴前端的角振幅最大，并和装成一体的减振器圆盘 4 一起振动。惯性盘 2 则因转动惯量较大而相当于一个转速比较均匀的小飞轮。这样，减振器圆盘 4 相对于惯性盘 2 就产生了相对运动，而使橡胶垫圈 3 产生正反方向交替变化的扭转变形。因变形而产生的橡胶内部的分子摩擦生热，消耗了扭转振动能量，使曲轴的扭转振幅减小，把曲轴共振转速移向更高的转速区域内，从而避免在常用转速内出现共振。

2.3.11　曲轴飞轮组的动平衡

曲轴属于高速旋转的轴类零件，一定要做动平衡试验。飞轮是一种高速旋转的圆盘类零件，一定要做静平衡试验。曲轴、飞轮组装在一起，成为一个总成，同样要做动平衡试验。零件是静平衡的，不一定是动平衡的；零件是动平衡的，则一定是静平衡的。如果曲轴飞轮组达不到动平衡的要求，将严重影响发动机的工作性能，甚至导致曲轴断裂。

（1）曲轴的动平衡试验应在专用的动平衡机上进行，曲轴一般都带有平衡重。进行动平衡试验时，可在曲轴平衡重或曲柄臂上用钻孔或铣削的方法取得平衡。曲柄臂上钻孔深度不宜过深，否则使平衡效果减小。应在曲柄臂外缘表面上对称钻孔，深度一般不超过 15mm。

（2）飞轮做静平衡试验时，是在飞轮较重一侧去除一部分金属。

（3）把分别处于平衡状态的曲轴和飞轮组装在一起，再做动平衡试验，直到符合要求为止。

（4）拆卸曲轴飞轮组时，要观察平衡标志并记住。若没有平衡标志，拆卸时要做好平衡记号，以便今后的装配。

2.3.12　汽缸体与曲柄连杆机构装配与调整注意事项

（1）曲轴与汽缸体在装配前必须彻底清洁，各油道应看不到油污存在。

（2）将已清洗干净的汽缸体倒置在工作台上。

（3）把轴承按原来的位置安装在轴承座上，衬瓦上油孔应和座上的油孔对准，其偏差不得超过 0.5mm。轴承全部装复后，用手扳动曲柄臂，曲轴应能转动。

（4）各道轴承间隙应符合规定。复查曲轴轴向间隙应符合规定。

（5）要注意曲轴上推片的安装方向，不能装错。

（6）为防止漏油，应注意以下几点：

① 曲轴轴颈与轴承之间的间隙不得过大，如间隙过大，会使润滑油大量从间隙流失，并造成曲轴后端漏油，在装配时对轴承的松紧度应逐道检查。

② 安装定位油封前，应检查油封与曲轴是否同心，如不同心，会因松紧不一致而漏油。

③ 油封松紧度应适当，过松会漏油，过紧会使轴颈摩擦阻力增大而发热，严重时会烧坏油封。

2.4 电控燃油喷射系统检修

2.4.1 燃油喷射系统执行器结构与工作原理

1. 电动燃油泵

目前，电控发动机燃油喷射系统趋向于采用平板叶片式电动燃油泵，简称叶片泵，其结构如图2-6所示，主要由平板叶片转子与泵体组成。叶片泵的转子是一块圆形平板，在平板的圆周上制有小槽，叶片上的小槽与泵体之间的空间便形成泵油腔室。

当燃油泵电动机运转时，电动机轴带动油泵转子一同旋转。由于转子转速较高，因此，在叶片小槽与泵体进油口之间就会产生真空。当叶片小槽转到进油口B处时，在真空吸力的作用下，燃油被吸入泵体内；当叶片小槽转到油泵出油口A处时，在离心力和燃油压力的共同作用下，燃油便从出油口压出并流向电动机。叶片泵出燃油越多，电动机壳体内的燃油压力就越高。当油压超过油泵单向阀弹簧的压力时，单向阀阀门打开，燃油便从单向阀经输油管输送到燃油分配管和喷油器。

2. 油压调节器

油压调节器结构如图2-7所示，主要由弹簧、阀体、阀门和铝合金壳体组成。阀体固定在金属膜片上，阀体与阀门之间安装有一个球阀。球阀用弹片托起，球阀与阀体之间设有一个弹力较小的弹簧，使球阀与阀门保持接触。在铝合金壳体上，设有油管接头和真空管接头，进油口接头与燃油分配管连接，回油口接头连接回油管并与油箱相通，真空管接头与节气门至进气支管之间的真空管连接。

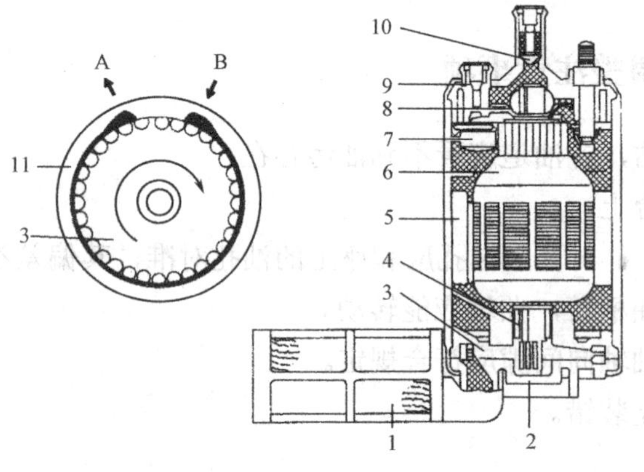

1—滤网；2—橡胶缓冲垫；3—平板叶片转子；4、8—轴承；5—永久磁铁；6—电枢；7—电刷；9—限压阀；10—单向阀；11—泵体；A—出油口；B—进油口

图2-6 叶片泵的结构与原理

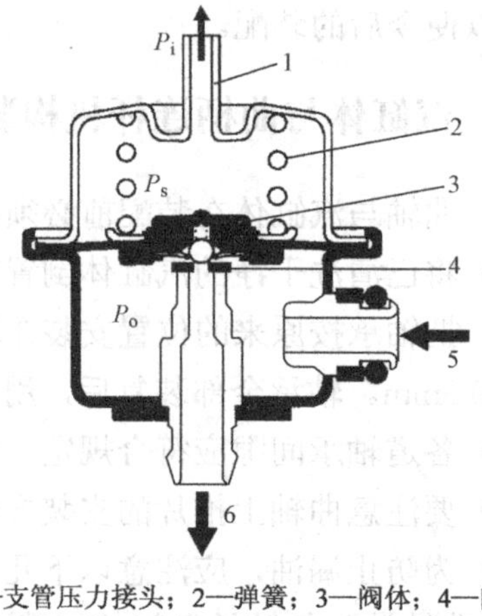

1—支管压力接头；2—弹簧；3—阀体；4—阀门；5—进油口；6—回油口

图2-7 捷达AT、GTX型轿车油压调节器的结构

油压调节器的调压原理与输出特性：供油系统的燃油从油压调节器进油口进入调节器油腔，燃油压力作用到与阀体相连的金属膜片上。当燃油压力升高使油压作用到膜片上的压力

超过调节器弹簧的弹力时，油压推动膜片向上拱曲，调节器阀门打开，部分燃油从回油口经回油管流回油箱，使燃油压力降低。当燃油压力降低到调节器控制的系统油压时，球阀关闭，使系统燃油保持一定压力值不变。

在油压调节器上接有一个真空管，该真空管将发动机进气支管的真空度引入油压调节器的真空室。由于进气支管的压力始终低于大气压力，因此，当进气支管的压力随节气门开度变化而变化时，进气压力将对调节器膜片产生一个吸力，从而改变供油系统的燃油压力。

当发动机怠速运转时，进气支管的压力 P_i 约为−54kPa，燃油压力 P_f 为

$$P_f=P_s+P_i=300+(-54)=246(kPa)$$

当发动机全负荷运转时，进气支管的压力 P_i 约为−5kPa，燃油压力 P_f 为

$$P_f=P_s+P_i=300+(-5)=295(kPa)$$

由此可见，由于进气支管负压的作用，当发动机怠速运转，燃油压力达到 246kPa 时，油压调节器的球阀就会打开泄压；当发动机全负荷运转，燃油压力达到 295kPa 时，球阀才打开泄压。通过油压和进气负压的共同作用，使燃油分配管中的油压与进气支管中的气压之间压力差保持 300kPa 不变，如图 2-8 所示。其目的是保证喷油器喷油量的多少只与喷油器开启时间有关，而与系统油压和进气支管的负压等参数无关。

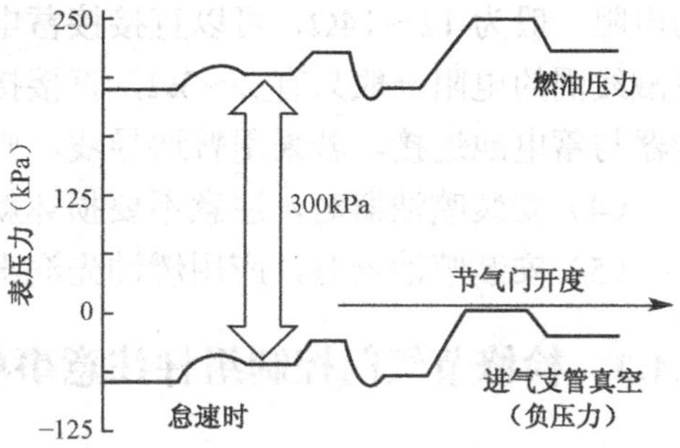

图 2-8　油压调节器输出特性

3．怠速控制阀（ISCV）

脉冲电磁阀式 ISCV 的结构如图 2-9 所示，它主要由电磁线圈、复位弹簧、阀芯、阀座、固定铁芯、活动铁芯、进气口和出气口等组成。

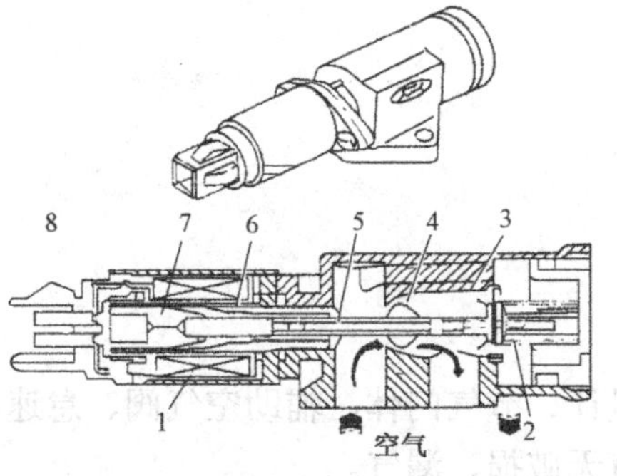

1—电磁线圈；2—复位弹簧；3—阀座；4—阀芯；5—阀杆；6—固定铁芯；7—活动铁芯；8—插座

图 2-9　脉冲电磁阀式 ISCV 的结构

阀芯固定在阀杆上，阀杆一端与固定铁芯连接，另一端设置有复位弹簧。进气口与节气门前端的进气管相通，出气口与节气门后端的进气管相通。

电磁线圈接通电流时就会产生电磁吸力。当线圈产生的电磁吸力超过复位弹簧的弹力时，活动铁芯在电磁吸力的作用下就会向固定铁芯方向移动，同时通过阀杆带动阀芯向右移动，使阀芯离开阀座将旁通空气道开启。当电磁线圈断电时，活动铁芯与阀芯在复位弹簧弹力的作用下左移复位，将旁通空气道关闭。

旁通空气道开启与关闭的时间由电子控制单元（ECU）发出的占空比信号控制。发动机工作时，ECU 根据怠速转速高低，向脉冲电磁阀发出频率相同而占空比不同的控制脉冲信号，通过改变阀芯开启与关闭时间来调节旁通进气量。

占空比在 0～100%范围内变化。当怠速转速过低时，ECU 将自动增大占空比，使电磁线

圈通电时间增长，断电时间缩短，阀门开启时间增长，旁通进气量增多，怠速转速将升高。反之，当怠速转速过高时，ECU 将减小占空比，使电磁线圈通电时间缩短，断电时间增加，阀门开启时间缩短，旁通进气量减少，怠速转速将降低。

2.4.2 检测或更换电动燃油泵及喷油器注意事项

（1）旧油泵不能干试。当油泵拆下后，由于泵壳内有剩余汽油，因此，在通电试验时，一旦电刷与换向器接触不良产生火花，引燃泵壳内汽油而引起爆炸，其后果不堪设想。

（2）新油泵也不能干试。由于油泵电动机密封在泵壳内，干试时通电产生的热量无法散发，电枢过热就会烧坏电动机，因此，必须将油泵浸泡于汽油中进行试验。

（3）在检查喷油器喷油性能时，一定要清楚喷油器是高电阻型还是低电阻型。高电阻型的电阻一般为 12～14Ω，可以直接接蓄电池来进行喷油器喷油性能试验。但低电阻型喷油器电磁线圈的电阻一般只有 2～3Ω，直接接蓄电池会因电流过大而烧坏喷油器，须采用专用连接器与蓄电池连接。若采用普通导线，则需串联一个 8～10Ω的电阻。

（4）安装喷油器时，注意不要损坏新更换的 O 形圈，以免影响喷油器的密封性。

（5）安装喷油器时，应用燃油先润滑 O 形圈，切勿采用机油和齿轮油等润滑。

2.4.3 检修节气门控制组件注意事项

检修桑塔纳 2000GSi，捷达 AT、GTX，红旗 CA7220E 型轿车节气门控制组件注意事项。

（1）节气门控制组件为一整体结构，壳体不能打开。

（2）怠速参数的基本设定已由制造厂设定在电控单元中，不需要人工调整。

（3）拆装或更换节气门组件后，必须用专用检测仪 V·A·G1551 或 V·A·G1552 重新进行一次基本设定。进行基本设定时，如有下列情况，则发动机怠速仍不能正常工作。

① 节气门轴因油泥沉积等原因而转动不灵活时。

② 节气门拉索调整不断时。

③ 蓄电池电压过低（低于 11V）时。

④ 节气门控制组件线束或连接器不良时。

2.4.4 燃油与进气系统其他部件检修注意事项

（1）遇有发动机工作不良时，应注意检查空气流量计、节气门体、辅助空气阀、怠速稳定阀及废气再循环阀等有无松动，空气软管及其接头有无破损、漏气。

（2）发动机熄火后，输油管中还存有一定压力的燃油压力，所以，拆卸油管时应防止燃油喷出而造成危险。

（3）输油管路中的密封垫圈为一次性的，装配时应重新更换，切勿重复使用。

（4）拆下空气流量计后要稳拿轻放，不要解体空气流量计，以免损坏或影响其检测精度。

（5）清洁空气流量计时，切勿用水或清洗液冲洗。

（6）空气流量计上的调整螺钉是用于调整怠速时一氧化碳的含量。一般情况下不应去动它，调整不当将会引起发动机的动力下降，油耗增加。

（7）水温传感器长期使用后，性能会发生变化。水温传感器这种性能参数的改变往往不被自诊断系统所识别。因此，当发动机工作不正常（如不能启动、怠速不稳、油耗增加等），而故障自诊断系统又未指示水温传感器故障代码时，不要忽略对水温传感器的检查。

（8）检修氧传感器时，要注意不要让氧传感器跌落碰撞其他物体。更换时，一定要用专用的防粘胶刷涂螺纹，以免下次拆卸困难。

2.5 冷却润滑系统检修

2.5.1 冷却系统工作性能的检查方法

1. 外观检查

外观检查主要是察看散热器、水泵、水管、水套、放水开关等部位是否漏水，冷水水量是否足够，风扇和散热器的距离是否正确，皮带两侧面有否磨损。外观检查应在静止的冷发动机上进行，因为冷却系统的外部渗漏在冷态时容易被发现，当发动机热态时，这种泄漏因蒸发而不易被发现。对那些不容易接近的部位（汽缸体后部、放水阀及水泵的密封圈等）可以通过留在地面上的水迹判断泄漏部位。检查风扇皮带松紧度可用拇指压在风扇和发电机皮带轮中间的皮带上，施加 20～50N 的力，皮带压进距离应在 10～20mm 之间。

2. 密封性检查

密封性检查一般采用气压试验法，主要检查内部渗漏，一般常见的内部渗漏有汽缸垫漏气、缸盖螺栓松脱及缸盖或缸体上有裂纹等。下面介绍两种气压试验方法。

（1）汽缸漏气试验。可用旧的火花塞壳制成一个连接器，通过它依次对每个火花塞孔输入 700kPa 的压缩空气，这时活塞应处于压缩行程的上止点。如果将缸盖上的出水软管拆去，汽缸漏气时冷却水中将有气泡冒出，或从出水口水位升高反映出来。这种方法，也是检验气门漏气的有效方法。另外，还可以采用 QLY-1 型汽缸漏气量检验仪进行检验。

（2）冷却系统密封性试验。在发动机不工作时，将 50kPa 的压缩空气从散热器放水阀引入（见图 2-10），如果气压不降低，表示散热器加注口密封正常。启动发动机，在发动机热起后，再通入 20kPa 的压缩空气，若冷却系统工作正常，气压表指针应抖动，不抖动表示节温器阻塞。气压表指针迅速上升至 50kPa，表示散热器阻塞或汽缸垫漏气，此时不应立即停止发动机。停歇发动机后，压力表指针不立即下降，故障属于散热器水管阻塞；指针迅速下降，说明汽缸垫漏气，应查看有无漏水处。

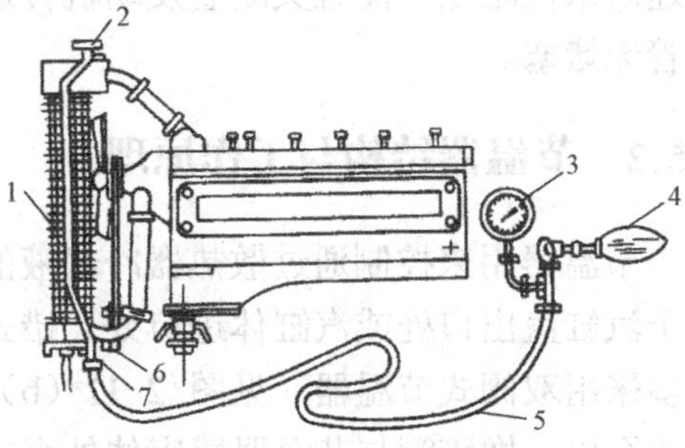

1—散热器；2—水箱盖；3—压力表；4—橡皮球；5—软管；6—放水开关；7—蒸汽引出管

图 2-10　冷却系统密封性检查

3．水泵性能检查

（1）水泵工作状态检查。打开散热器加水口盖，使发动机缓慢加速，察看加水口内冷却水的循环：若不断加快，则水泵工作正常，叶轮也不打滑；反之，水泵有问题。当不易从加水口观察冷却水的循环情况时，可用另一方法，让发动机在水温高时熄火，并迅速拆下汽缸盖通往散热器上水室接头的胶管，再用布团将上水室接头塞住，从加水口向散热器内加注冷却水，再启动发动机，如果汽缸水套内和散热器中的水，被水泵泵出胶管口外200mm左右，说明水泵工作正常，叶轮也不打滑。反之则异常。

（2）水泵流量试验。水泵流量试验须在专用试验台上进行，由试验台驱动装置带动水泵转动，观察排水量是否符合制造厂的标准或者是否有漏水现象。

4．水温表故障检查

正常的水温表，在打开点火开关后，指针应从100℃向40℃方向偏转，然后逐渐指示正确水温。当打开点火开关，仪表板上的其余仪表正常，水温表如果不动，可能有两种情况：一是水温表已坏；二是水温表未坏，而水温传感器已坏。用旋具将水温传感器接线柱与机件短路，若产生水温表指针从100℃向40℃转动，说明水温表正常，传感器有故障。如水温表指针仍然不动，说明水温表本身有故障。当打开点火开关，水温表指针迅速从100℃位置移至40℃位置，但发动机温度升高后，指针仍然在40℃位置不动，此时可拆下传感器导线，若指针迅速从40℃位置回到100℃位置，则说明水温表传感器内部有搭铁短路之处；若指针仍然在40℃位置不动，则说明水温表至传感器的连接导线有搭铁之处。诊断时若发现传感器内部有故障，接线与发动机机体间发生断路，应立即关掉点火开关，以免烧坏水温表。

5．散热器水管堵塞检查

散热器水管因杂质、油污、积垢多而堵塞时，就会因冷却水循环受阻而使水温过高。检查的方法是打开散热器加水口盖，使上水室的水位低于加水口10mm左右，然后启动发动机，先以怠速运转，注意观察水流和水位，随后使发动机转速提高到1200r/min，仔细观察转速提高时的水位变化，如果比怠速时水位升高，甚至冷却水溢出加水口，说明管道堵塞；如果比怠速时水位略低，而且又随着发动机转速的稳定，水位相对保持不变，则表示散热器畅通，水管无堵塞。

2.5.2 节温器结构与工作原理

节温器用来控制通过散热器冷却液的流量。目前，多数发动机采用的是蜡式节温器，安装于汽缸盖出口处或汽缸体进口处。蜡式节温器分为单阀式和双阀式两种（见图2-11），现在多采用双阀式节温器（见图2-11（b））。中心杆的上端固定于支架上，下端插入橡胶管的中心孔内。橡胶管与节温器感应体外壳之间形成的腔体内装有石蜡，感应体外壳上套装有阀门，在主阀门与支架下底之间装有主阀门弹簧。

蜡式节温器的工作原理如图2-12（a）所示。常温下石蜡呈固态，主阀门弹簧压紧在阀座上，处于关闭状态，此时冷却液只能进行小循环。发动机汽缸盖出水口的冷却液，经水泵流回汽缸体水套中。当冷却液温度达到76℃时，固态石蜡变成液态，体积膨胀，迫使橡胶管收缩，对推杆产生向上举力。固定不动的推杆对橡胶管、节温器外壳产生向下反推力，当反推力克服弹簧的预紧力时，主阀门开始打开。冷却液温度超过86℃时，主阀门全部开启，副阀门关闭。汽缸盖出水口处的冷却液全部流进散热器，冷却液进行大循环，如图2-12（b）所示。

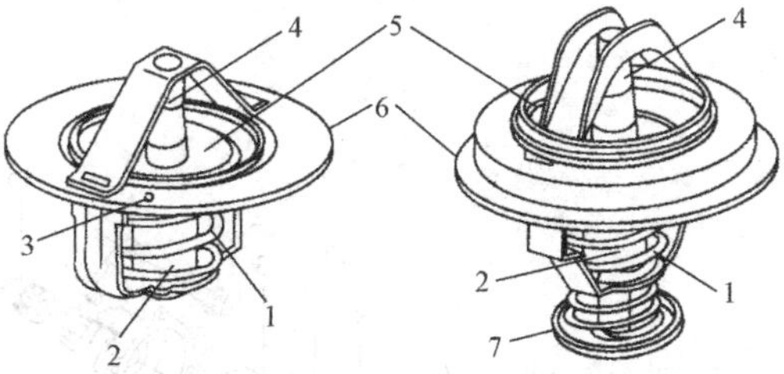

（a）单阀式　（b）双阀式

1—主阀门弹簧；2—感应体；3—通气孔；

4—中心杆；5—主阀门；6—阀座；7—副阀门

图2-11　蜡式节温器结构

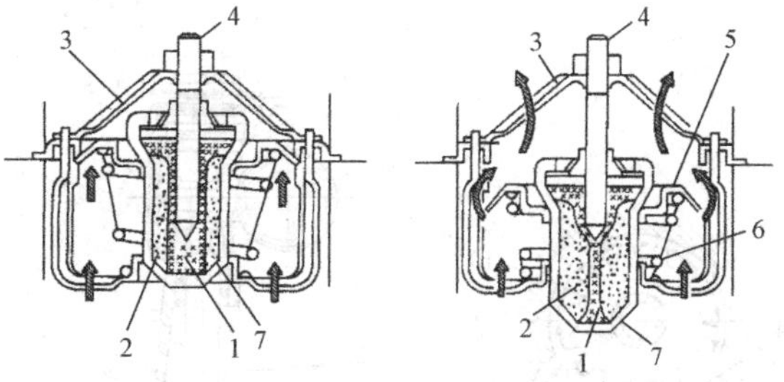

（a）　（b）

1—橡胶管；2—石蜡；3—支架；4—中心杆；

5—主阀门；6—主阀门弹簧；7—感应体

图2-12　蜡式节温器工作原理

当发动机水温处于76～86℃之间时，主副阀门都部分开启，冷却水大小循环同时存在，该冷却水的循环为混合循环。

2.5.3　电动风扇结构与工作原理

目前，轿车发动机广泛采用电动风扇，其叶片多用塑料或铝合金铸成翼形断面。风扇不再与水泵同轴，经热敏开关和点火开关控制并直接由电动机驱动。

桑塔纳2000型轿车的AJR型四缸电喷发动机装有两个温控电动风扇。风扇电动机由装在散热器一侧的双速热敏开关控制，其原理如图2-13所示，当冷却液温度为84～91℃时，风扇停转；当冷却液温度为92～98℃时，风扇以2300r/min的低速运转；当温度升至99～105℃时，风扇以2800r/min的高速运转；当冷却液温度降至92～98℃时，风扇又改为低速运转。

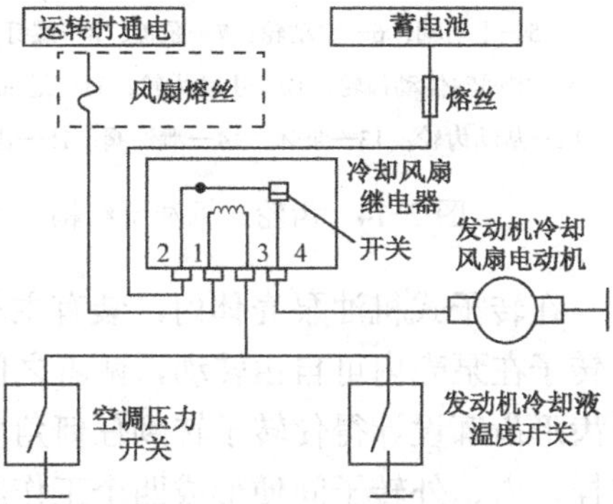

图2-13　电动风扇控制原理

2.5.4　机油泵分类、结构与工作原理

机油泵是将一定流量和压力的机油通过油道送往各润滑点。汽车上常用的机油泵有齿轮式和转子式两种。

1. 齿轮式机油泵

齿轮式机油泵的结构如图2-14所示，它由两个互相啮合的齿轮组成。当机油泵工作时，进油腔内的机油沿着齿槽和泵壁之间的空间被送到出油腔，由于轮齿向啮合方向运动而使容积减小，因此，油压升高，机油经出油口进入发动机润滑油道。

2. 转子式机油泵

转子式机油泵由内转子、外转子、主动轴、泵体、泵盖等组成，其结构如图 2-15 所示。机油泵进、出口之间还装有柱塞限压阀。

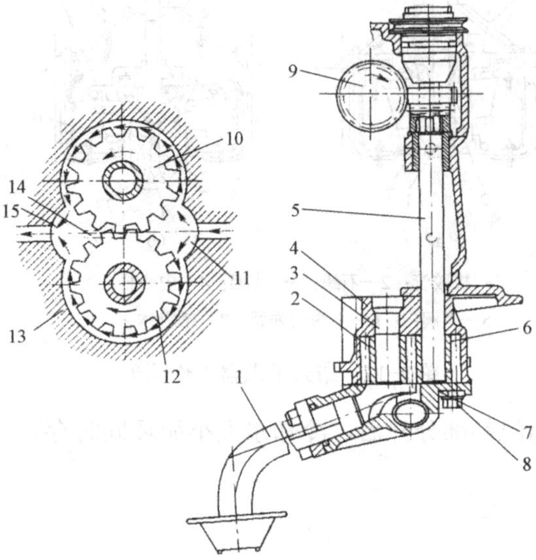

1—集滤器；2—从动轮；3—从动轴；4—油泵壳；
5—主动轴；6—主动轮；7—泵盖；8—螺钉；
9—中间轴传动齿轮；10—主动齿轮；11—进油腔；
12—从动齿轮；13—泵体；14—泄油阀；15—出油腔

图 2-14　齿轮式机油泵结构

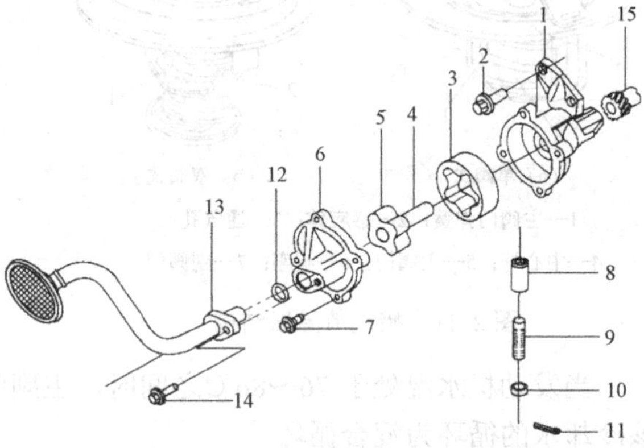

1—机油泵壳体；2—组合螺栓；3—机油泵外转子；
4—机油泵主动轴；5—机油泵内转子；6—机油泵盖；
7—组合螺栓；8—柱塞、机油泵限压阀；
9—弹簧、机油泵限压阀；10—堵盖、机油泵限压阀；
11—开口销；12—O 形橡胶密封环；13—机油集滤器总成；
14—螺栓；15—齿轮驱动机油泵与分电器

图 2-15　转子式机油泵结构

在转子式机油泵壳体内，装有主动的内转子和从动的外转子。内转子固定在主动轴上，外转子在泵壳内可自由转动，两者之间有一定偏心距，内转子旋转时，带动外转子旋转，转子齿形齿廓设计得使转子转到任何角度时，内、外转子每个齿的齿形齿廓线上总能互相接触，这样，内、外转子间便形成四个工作腔。某一工作腔从进油孔转过时容积增大，产生真空，机油经进油孔吸入。转子继续旋转，当该工作腔与出油孔相通时，腔内容积减小，油压升高，机油经过出油孔压出。

2.6 点火系统维修

2.6.1　微机控制点火系统的控制原理

微机控制点火系统的控制原理如图 2-16 所示，曲轴位置传感器（CPS）向 ECU 提供发动机转速、曲轴转角信号，转速信号用于计算确定点火提前角，转角信号用于控制点火时刻（点火提前角）。空气流量传感器（AFS）和节气门位置传感器（TPS）向 ECU 提供发动机负荷信号，用于计算确定点火提前角。冷却液温度传感器（CTS）、进气温度传感器（IATS）、车速传感器（VSS）、空调开关信号（A/C）及爆燃传感器（DS）等，用于修正点火提前角。

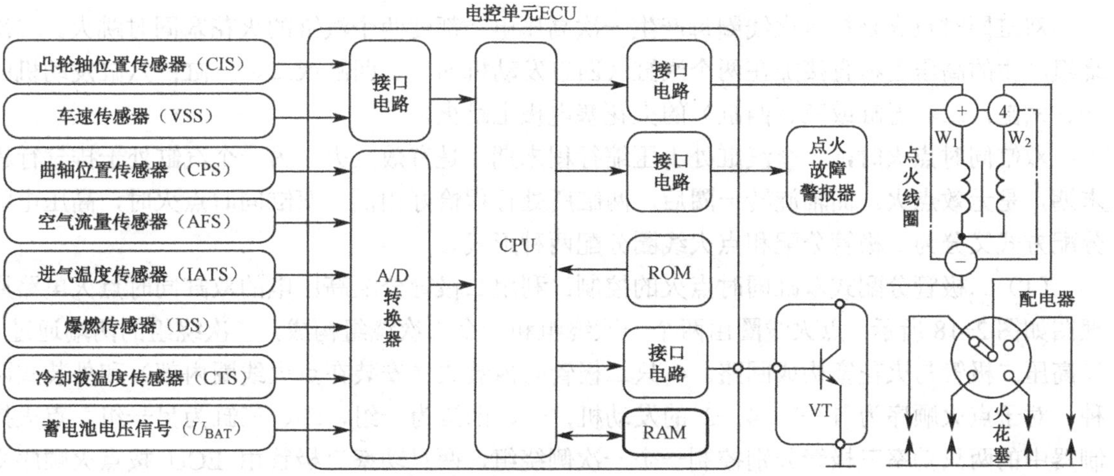

图 2-16　微机控制点火系统的控制原理

发动机工作时，CPU 通过上述传感器把发动机的工况信息采集到随机存储器中，并不断检测凸轮轴位置传感器信号（标志位信号），判定是哪一缸即将到达压缩上止点。当接收到标志信号后，CPU 立即开始对曲轴转角信号进行计数，以便控制点火提前角。同时，CPU 根据反映发动机工况的转速信号、负荷信号及与点火提前角有关的传感器信号，从只读存储器中查询出相应工况下的最佳点火提前角。在此期间，CPU 一直在对曲轴转角信号进行计数，判断点火时刻是否到来。当曲轴转角等于最佳点火提前角时，CPU 立即向点火控制器发出控制指令，使功率三极管截止，点火线圈一次绕组电流切断，二次绕组产生高压电，并按发动机点火顺序分配到各缸火花塞跳火点着可燃混合气。

上述控制过程是指发动机在正常状态下点火时刻的控制过程。当发动机启动、怠速或汽车滑行工况时，设有专门的控制程序和控制方式进行控制。

2.6.2　微机控制点火系统的配电方式

电子配电方式是指在点火控制器控制下，点火线圈的高压电按照一定的点火顺序，直接加到火花塞上的直接点火方式。常用电子配电方式分为双缸同时点火和各缸单独点火两种配电方式，如图 2-17 所示。

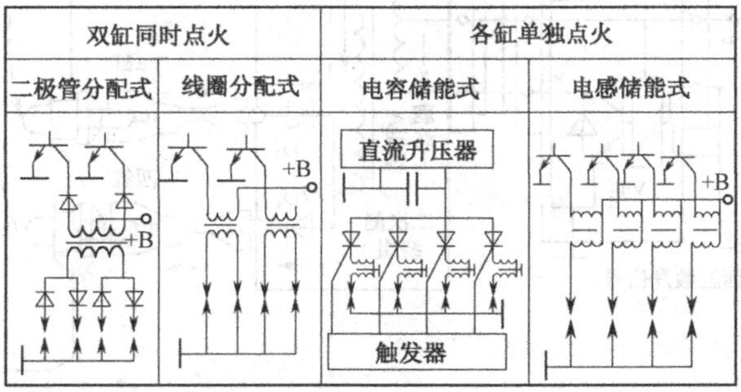

图 2-17　高压电子配电方式的类型

1．双缸同时点火的控制

双缸同时点火是指点火线圈每产生一次高压电，都使两个汽缸的火花塞同时跳火。二次绕组产生的高压电将直接加在两个汽缸（四缸发动机的一、四缸或二、三缸；六缸发动机的一、六缸，二、五缸或三、四缸）的火花塞电极上跳火。

双缸同时点火时，一个汽缸处于压缩行程末期，是有效点火，另一个汽缸处于排气行程末期，是无效点火。曲轴旋转一圈后，两缸所处行程恰好相反。双缸同时点火时，高压电的分配方式又分为二极管分配和点火线圈分配两种形式。

（1）二极管分配式双缸同时点火的控制：利用二极管分配高压电的双缸同时点火电路原理图如图 2-18 所示。点火线圈由两个一次绕组和一个二次绕组构成，二次绕组的两端通过 4 只高压二极管与火花塞构成回路。4 只二极管有内装式（安装在点火线圈内部）和外装式两种。对于点火顺序为 1—3—4—2 的发动机，一、四缸为一组，二、三缸为另一组。点火控制器中的两只功率三极管分别控制一个一次侧绕组，两只功率三极管由 ECU 按点火顺序交替控制其导通与截止。

当 ECU 将一、四缸的点火触发信号输入点火控制器时，功率三极管 VT_1 截止，一次绕组 A 中的电流切断，二次绕组中就会产生高压电动势，方向如图 2-18 中实线箭头方向所示。在该电动势的作用下，二极管 VD_1、VD_4 正向导通，一、四缸火花塞电极上的电压迅速升高直至跳火，高压放电电流经图中实线箭头所指方向构成回路；VD_2、VD_3 反向截止，不能构成放电回路，因此，二、三缸火花塞电极上无高压火花放电电流而不能跳火。

当 ECU 将二、三缸点火触发信号输入点火控制器时，三极管 VT_2 截止，一次绕组 B 中的电流切断，二次绕组产生高压电动势，方向如图 2-18 中虚线箭头方向所示。此时二极管 VD_1、VD_4 反向截止，VD_2、VD_3 正向导通，因此，二、三缸火花塞电极上的电压迅速升高直至跳火，高压放电电流经图中虚线箭头所指方向构成回路。

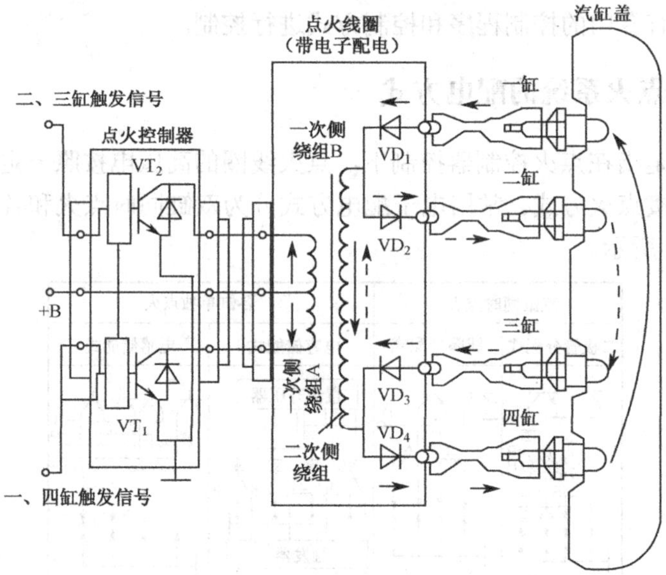

图 2-18　二极管分配高压电的双缸同时点火电路原理图

（2）点火线圈分配式双缸同时点火的控制：利用点火线圈直接分配高压的同时点火电路原理图如图 2-19 所示。点火线圈组件由两个（四缸发动机）或三个（六缸发动机）独立的点火线圈组成，每个点火线圈供给成对的两个火花塞工作（四缸发动机的一、四缸和二、三缸分别共用一个点火线圈；六缸发动机一、六缸，二、五缸和三、四缸分别共用一个点火线圈）。点火控制组件中设置有与点火线圈数量相等的功率三极管，分别控制一个点火线圈工作。点火控制器根据 ECU 输出的点火控制信号，按点火顺序轮流触发功率三极管导通与截止，从而控制每个点火线圈轮流产生高压电，再通过高压线直接输送到成对的两缸火花塞电极间隙上跳火点着可燃混合气。

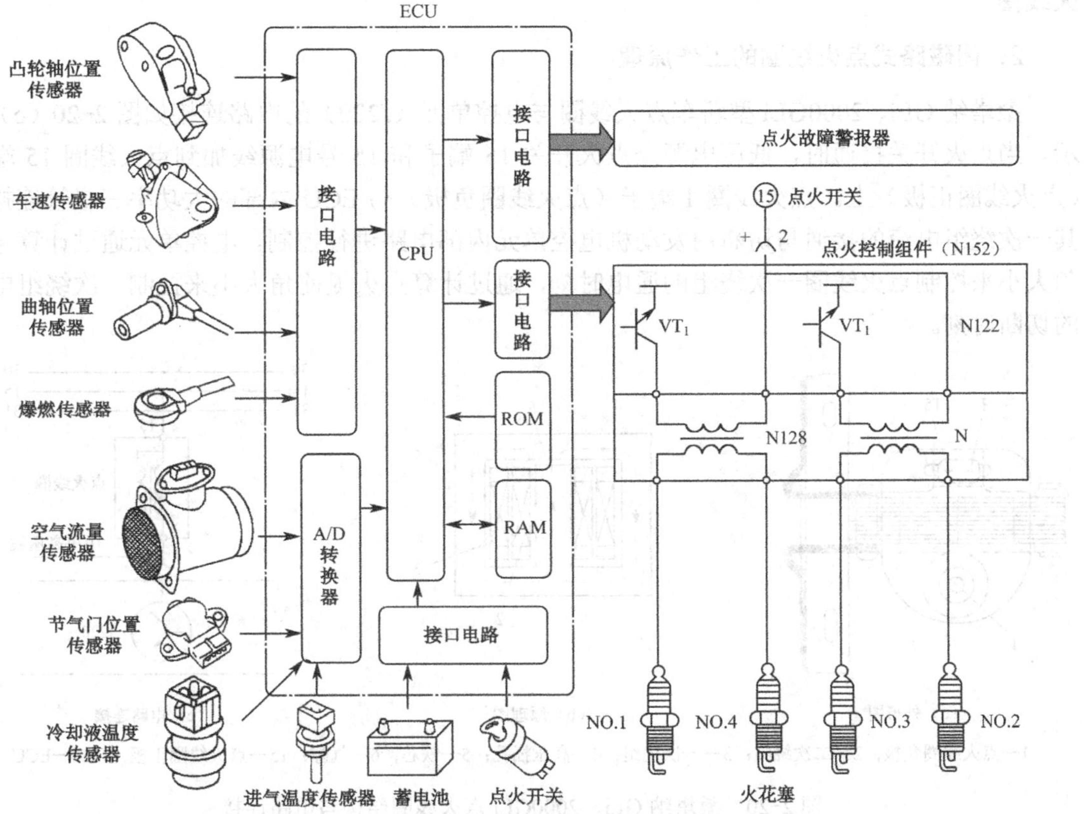

图 2-19　点火线圈分配高压同时点火电路原理图

2．各缸单独点火的控制

点火系统采用单独点火方式时，每一个汽缸都配有一个点火线圈，并安装在火花塞上方。在点火控制器中，设置有与点火线圈相同数目的大功率三极管，分别控制每个线圈二次绕组电流的接通与切断，其工作原理与双缸同时点火方式相同。单独点火的优点是省去了高压线，点火能量损耗进一步减少；此外，所有高压部件都可安装在发动机汽缸盖上的金属屏蔽罩内，点火系统对无线电的干扰可大幅度降低。

2.6.3 点火线圈结构与工作原理

1．闭磁路式点火线圈的结构

汽车用闭磁路式点火线圈的结构基本相同，图 2-20（a）所示为桑塔纳 GLi、2000GLi 型轿车微机控制点火系统闭磁路式点火线圈的结构，主要由铁芯、一次绕组和二次绕组构成。

铁芯由浸有绝缘漆的片状“山”字形硅钢片叠合成“日”字形，如图 2-20（b）所示。铁芯上先绕二次绕组，一次绕组绕在二次绕组的外面，以利散热。为了减小磁滞现象，铁芯设有一个微小的气隙 6。由于铁芯构成的磁路几乎是闭合回路，因此，称为闭磁路式点火线圈。

2．闭磁路式点火线圈的工作原理

桑塔纳 GLi、2000GLi 型轿车点火线圈与电控单元（J220）的电路连接如图 2-20（c）所示。当点火开关接通时，低压电源经点火开关 15 端子和 15 号电源线加到点火线圈 15 端子（点火线圈正极）上。点火线圈 1 端子（点火线圈负极）与 ECU 内部的大功率三极管连接。其一次绕组电流的接通与切断由发动机电控单元内部电路进行控制。电控单元通过计算导通角大小来控制点火线圈一次绕组的通电时刻，通过计算点火提前角大小来控制一次绕组电流的切断时刻。

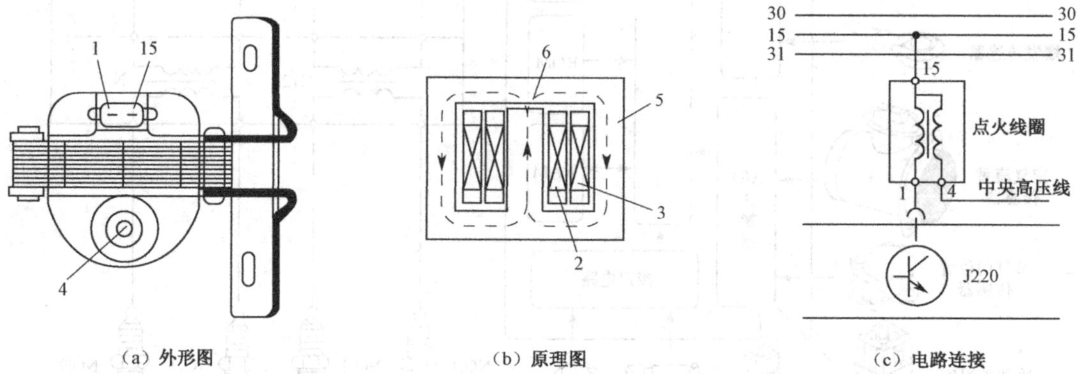

1—点火线圈负极；2—二次绕组；3—一次绕组；4—高压插孔；5—铁芯；6—气隙；15—点火线圈正极；J220—ECU

图 2-20 桑塔纳 GLi、2000GLi 点火线圈结构与电路连接

第3章 诊断排除发动机故障

学习目标

- 掌握油电路引起的发动机启动困难故障现象及原因
- 掌握油路引起的发动机怠速不稳故障现象及原因
- 掌握发动机过热故障现象及原因
- 掌握点火系统引起的发动机缺火故障现象及原因
- 掌握发动机爆震故障现象及原因
- 掌握油电路引起的发动机功率不足故障现象及原因
- 掌握点火系统引起的排放超标故障现象及原因
- 掌握连杆主轴承、正时齿轮（或齿带、链条）及气门异响故障现象及原因

3.1 油电路引起的发动机启动困难故障现象及原因

1. 故障现象

发动机启动时曲轴转动速度正常，但需要较长时间才能启动；或有明显着车征兆而不能启动；或需要连续多次转动启动机才能启动（注：对于启动困难的故障，应分清是在冷车时出现还是在热车时出现，或者是冷车、热车时均出现）。

2. 故障原因

（1）燃油压力太低。

（2）冷启动喷油器不工作（冷车启动困难）。

（3）冷启动喷油器一直工作（热车启动困难）。

（4）喷油器故障（不工作、漏油、堵塞）。

（5）点火正时不正确。

（6）启动开关至 ECU 的连接线断路。

（7）ECU 故障。

（8）水温传感器故障。

（9）空气流量计故障。

（10）怠速控制阀或附加空气阀故障。

（11）温度时间开关故障。

3.2 油电路引起的发动机怠速不稳故障现象及原因

1．故障现象

不论冷车或热车，怠速转速过低，发动机易熄火；发动机怠速运转时，转速忽高忽低；发动机怠速运转时，转速过高。

2．故障原因

（1）油路压力太低。

（2）喷油器雾化不良、漏油或堵塞。

（3）怠速开关（节气门位置传感器）调整不当，在怠速时怠速开关触点不闭合。

（4）怠速控制阀或怠速自动控制电路有故障。

（5）闭环控制的燃油喷射系统氧传感器失效或反馈控制电路有故障。

（6）冷却液温度传感器信号不正确。

3.3 发动机过热故障现象及原因

1．故障现象

车辆行驶过程中水温表指针指向 100℃以上；水温报警灯闪烁；有些老式车辆发动盖前端冒热气；冷却液沸腾，俗称发动机“开锅”。

2．故障原因

（1）风扇 V 形带过松或折断；风扇叶变形或装反；电动风扇失效。

（2）冷却液不足。

（3）百叶窗不能完全打开。

（4）散热器外部污物太多，内部堵塞、积垢过多。

（5）发动机水套局部堵塞。

（6）汽缸盖、汽缸体水套与汽缸衬垫不密封。

（7）点火过迟或柴油机供油过迟。混合气过稀。部分火花塞工作不良。

（8）环境温度高，顺风方向低速行车时间过长。

（9）水泵皮带打滑或断裂。

（10）节温器损坏。

（11）曲轴箱通风装置损坏。

（12）机油量太少。

（13）汽车长时间低速大负荷行驶。

3.4 点火系统引起的发动机缺火故障现象及原因

1．故障现象

发动机启动困难；发动机运转不平稳，振动大，转速低时尤为明显；怠速时熄火；噪声增大。

2．故障原因

（1）个别高压分线松脱或漏电。

（2）分电器盖个别旁插孔漏电或窜电。

（3）个别火花塞工作不良，如积炭，电极间隙过大或过小，潮湿或油污，裙部破裂等。

（4）相邻两高压分线插错。

3.5 爆震故障现象及原因

1．故障现象

（1）发动机启动后即有振抖现象，转速越高，振抖越激烈。

（2）发动机发出清脆而有节奏的金属敲击声，急加速时声响更大，排气管冒黑烟。

（3）有时也发出无节奏或低沉不清晰的敲击声，并且冒黑烟。

2．故障原因

（1）抖动原因。

① 发动机支架螺栓松动，支架断裂，减振垫老化、破损、脱落。

② 发动机支撑位置不当。

（2）敲击和冒烟的原因。

① 喷油时刻过早或过迟。

② 喷油雾化不良或喷油器滴漏，会出现有规律的敲击声，并伴随放炮和冒烟现象。

3.6 油电路引起的发动机功率不足故障现象及原因

1．故障现象

发动机无负荷运转时基本正常，但提速缓慢；汽车上坡无力，加速踏板踩到底时仍感到动力不足；良好水平路面上行驶时加速缓慢，达不到预期车速。

2. 故障原因

（1）空气滤清器堵塞。
（2）节气门调整不当，不能全开。
（3）燃油压力过低。
（4）蓄电池电压过低。
（5）喷油器堵塞或雾化不良。
（6）冷却液温度传感器故障。
（7）空气流量计故障。
（8）点火正时不当或高压火花太弱。

3.7 点火系统引起的排放超标故障现象及原因

1. 故障现象

发动机动力良好，但耗油量过大，加速时排气管冒黑烟。

2. 故障原因

（1）蓄电池电压过低。
（2）点火控制组件的电源电压不符合要求。
（3）电控单元工作不正常。
（4）点火线圈有故障。
（5）曲轴位置传感器有故障，或调整不断（点火提前角）。
（6）火花塞火花能量太小。

3.8 连杆主轴承异响故障现象及原因

1. 故障现象

发动机运转时，缸体下部曲轴位置，产生连续而短促的“铛铛”声，比曲轴轴承响得略轻。发动机转速增高，响声增大。发动机负荷增大，响声增大。机油压力下降或无压力。

2. 故障原因与处理方法

（1）连杆轴承合金脱落，同时连杆轴颈有轻微烧蚀、黏结、起毛，应用砂纸打磨轴颈后，更换新的轴承。

（2）若连杆轴颈圆度误差过大或表面磨损严重，应用曲轴磨床按相应修理尺寸进行修磨，换上新的相同型号的修理级别轴承。

（3）连杆轴承盖螺栓有松动，应按规定力矩拧紧。

3.9 正时齿轮（或齿带、链条）异响故障现象及原因

1. 故障现象

发动机怠速时，在正时齿轮室盖处，发出“嘎啦”的响声。

2. 故障原因与处理方法

（1）正时齿轮啮合间隙过大或过小（发出连续不断的“呜呜”声），应进行调整或更换新件。

（2）正时齿轮啮合不均匀（高速时发出有节奏、周期性的“哽哽”声），应通过垫片进行调整或更换新件。

（3）凸轮轴轴向间隙过大（高速时发出连续、强烈的“嘎嘎”声），应检查凸轮轴止推板固定螺栓或重新调整凸轮轴轴向间隙。

（4）正时齿轮润滑不良，应拆检正时齿轮啮合处的喷油嘴，若有堵塞，应疏通油道后更换润滑油。

（5）齿带或链条没有张紧。

（6）正时齿轮和链条磨损严重。

3.10 气门异响故障现象及原因

1. 故障现象

（1）发动机怠速时，在汽缸盖气门室处，发出连续不断的有节奏的“嗒嗒”声。

（2）气门弹簧折断时，则有明显的“嚓嚓”声。

2. 故障原因与处理方法

（1）气门间隙过大，需重新调整气门间隙。

（2）配气机构润滑不良，应用压缩空气疏通油道，或分解后清洗、疏通油道并更换润滑油。

（3）气门座圈松动，应拆下重新镶配。

（4）气门弹簧折断或气门与导管配合间隙过大，应更换新件后重新装配。

第4章 底盘维护

学习目标

- 熟悉汽车底盘二级维护前检测项目、附加作业项目的确定依据、竣工检验项目及技术要求
- 熟悉汽车 GB7258《机动车安全技术条件》关于制动性、稳定性的有关要求
- 理解车轮定位及其作用，熟悉车轮定位仪、车轮动平衡仪的功能、常用类型
- 掌握手动变速器的拆装工艺

4.1 二级维护前的检测与附加作业的确定

4.1.1 二级维护前底盘的检测诊断项目与技术要求

（1）路试检查车辆操纵稳定性，方向应不跑偏、不发抖、不摆头、转向灵活。

（2）路试检查离合器，应不打滑、不发抖，分离彻底、接合平稳、无异响。

（3）路试检查变速器，应换挡轻便，无异响、乱挡、跳挡，漏油等现象，各部连接螺栓可靠。

（4）传动轴无异响和异常的振动，防尘罩完好，轴承不松旷，传动轴无损伤，连接螺栓紧固可靠。

（5）制动性能良好，制动时不跑偏、不侧滑。路试检查制动主缸、真空助力器，应密封良好，工作正常。制动性能应符合 GB 7258—2004 的有关要求。

（6）检查驻车制动器，应工作可靠，其生效齿数应符合要求。

（7）检测转向盘自由转动量，标准值为 15°～30°。

（8）齿轮油中水分含量、铁含量和 100℃运动黏度有一项不符合技术要求时，均应更换齿轮油。

（9）检视前悬架，所有球形节、衬套、轴承不松动，减振器不漏油；检视后悬架，后梁不变形，减振器不漏油，后轮轴承不松旷、无异响。

（10）检视前横梁，应无裂纹、变形，连接紧固。

（11）检视轮胎，应无异常磨损。花纹深度应大于 1.6mm；轮胎气压应符合规定。

（12）检测车轮定位，应符合要求。

4.1.2 汽车底盘二级维护附加作业项目的确定依据

车辆进行二级维护前，用检测仪器检测或人工检查作业项目，若被检项目的检测或检查结果超过技术要求，可综合车辆运行和维修的技术资料，对汽车的技术状况进行评定诊断，确定其相关故障和相应的附加作业项目。现主要以 EQ1092F 型汽车为例，介绍对底盘进行相关故障评定、确定相应附加作业的内容。

（1）检测的前轮定位超过规定值、转向沉重、方向跑偏或振抖，应从下述部位进行诊断故障：转向节主销及衬套磨损松旷，车架、前轴变形，悬架、转向机构异常。对于轿车，应从球形节磨损松旷，摇臂稳定杆变形，转向齿轮齿条啮合间隙过大，转向助力泵漏油、失效，减振器失效等项目处进行检查。附加作业项目内容为对变形件进行校正，更换磨损的零件，并进行必要的修理和调整。

（2）对于离合器分离轴承响、工作不良引起离合器打滑、分离不彻底、接合不平顺等不正常现象，可以拆检离合器，检查、更换离合器轴承，更换离合器摩擦片或压盘、弹簧等，以保证离合器工作恢复正常。

（3）操纵时变速器异响，乱挡、跳挡、换挡困难及漏油，则可能是由于齿轮、轴、轴承间隙过大，致使齿轮啮合不良；各轴承孔同轴度、平行度超差，同步器失效，油封老化，变速器操纵机构失效引起的。对于以上故障，应视情况更换或修理有关零件。

（4）检查传动轴或前驱动汽车的驱动轴时，如存在异响、振抖、松旷等异响现象，一般是由于中间轴承、万向节轴承松旷，驱动轴损伤、变形，等速万向节磨损，凸缘叉、滑动叉花键配合松旷等引起的故障。可拆检、视情更换和修理有关零件。

（5）主减速器、差速器存在异响、漏油等故障，主要是由于齿轮磨损或轮齿折断、轴承损坏、油封老化等引起，可通过更换零件予以修理。

（6）在路试中，驻车制动器不能有效制动、主缸漏油、真空助力器漏气等故障，则可通过拆检、更换有关零件等来解决。

（7）检查悬架、轮胎时，若存在悬架机构异响、轮胎异常磨损等现象，一般是由于悬架中钢板弹簧错位、钢板弹簧座孔磨损、减振器失效引起的。可通过修整变形件，更换或视情况修理来恢复。

（8）若检查车身总成中有钣金件开裂、锈蚀、脱漆等缺陷，可采用修整、补漆的方法修理。

4.1.3 车轮定位与车轮动平衡

1．车轮定位

汽车的转向车轮、转向节和前轴三者之间的安装具有一定的相对位置，这种具有一定相对位置的安装称为转向车轮定位，又称前轮定位。前轮定位包括主销后倾角 γ、主销内倾角 β、

前轮外倾角 α 和前轮前束四个内容。有的轿车对两个后轮来说也同样存在与后轴之间安装的相对位置，称为后轮定位。后轮定位包括车轮外倾（角）和后轮前束。前轮定位和后轮定位总称四轮定位。

四轮定位的作用是使汽车保持稳定的直线行驶和转向轻便，改善操纵性能，并减少汽车在行驶中轮胎和转向机件的磨损。由于各汽车生产厂家对四轮定位原设计、制造的不同，使得各轮的各种倾角和束值就各有不同，并且有可调部分和不可调部分之分。做四轮定位就是通过车轮定位仪，检测出被测车辆的各轮倾角和束值是否符合原厂标准，如不符合可做随机调整。一般新车在驾驶 3 个月后就应做四轮定位，以后每行驶 10000km 换轮胎或减振器、发生碰撞后都应及时做四轮定位。

车轮定位仪的功能是用来检测汽车车轮定位参数值，即检测主销后倾角 γ、主销内倾角 β、前轮外倾角 α 和车轮前束值。车轮定位检测是底盘二级维护作业前的检测项目。

目前，国内外生产的四轮定位仪多以微机式车轮定位仪为主，可同时检测前、后轮的车轮定位参数。微机式车轮定位仪由于采用微计算机技术和精密传感测量技术，并备有完整齐全的配套附件，所以具有测量准确和操作简便等优点。它一般由微机主机、彩色显示器、操作键盘、传感器、转盘、自中式支架、打印机和遥控器等组成，往往制成可移动台式的，如图 4-1 所示。它由安装在车轮上的传感器把车轮定位角的几何关系转变成电信号，送入微机处理、分析和判断，然后由显示屏显示和打印机打印输出。在测试过程中，可通过操作全功能红外线遥控器，在汽车的任何位置实现远距离的测试控制。

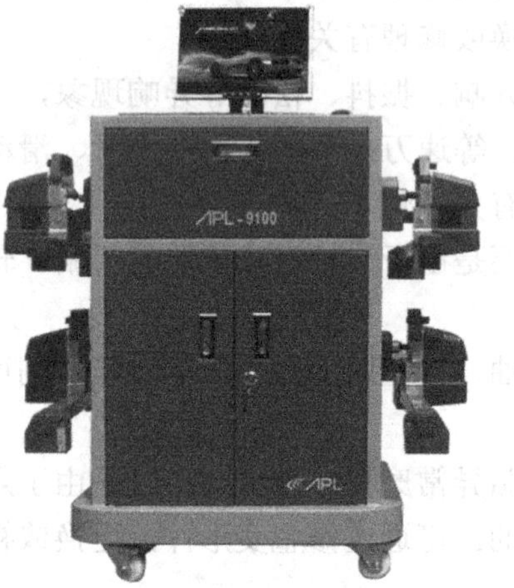

图 4-1　微机式四轮定位仪

2. 车轮动平衡

车轮动平衡仪的功能是检测车轮动平衡。由于车轮动不平衡对汽车危害很大，因此，必须对车轮的动不平衡进行试验，并进行调平衡工作。车轮的不平衡包括静不平衡和动不平衡，由于动平衡的车轮一定处于静平衡状态，因此，只要检测了动平衡，就没有必要再检测静平衡。车轮的动平衡试验有离车式和就车式两种方法。

（1）离车式车轮动平衡仪。利用离车式车轮动平衡机对车轮进行动平衡检测时，需将车轮从车上拆下。图 4-2 所示为常见的车轮动平衡机。该动平衡机主要由驱动装置、转轴与支撑装置、显示与控制装置、制动装置及防护罩组成。

（2）就车式车轮动平衡仪。可以在汽车不拆卸车轮的前提下对汽车进行车轮平衡检测，其结构如图 4-3 所示。

4.1.4　对车辆制动性能、稳定性能的有关要求

GB 7258—2004《机动车安全运行技术条件》关于制动性能、稳定性能的有关要求如下。

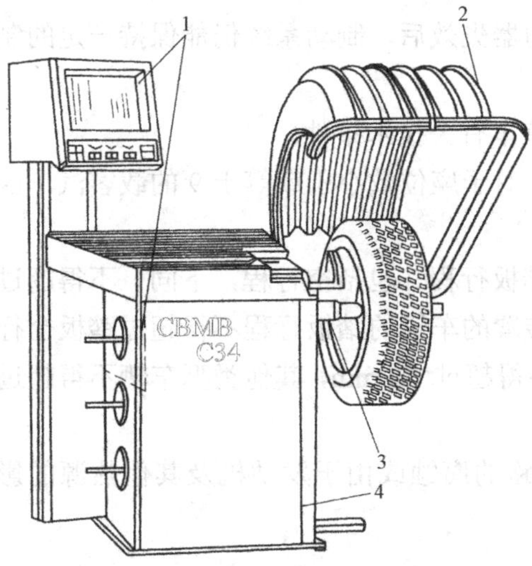

1—显示与控制装置；2—车轮防护罩；3—转轴；4—机箱

图 4-2 离车式车轮动平衡机

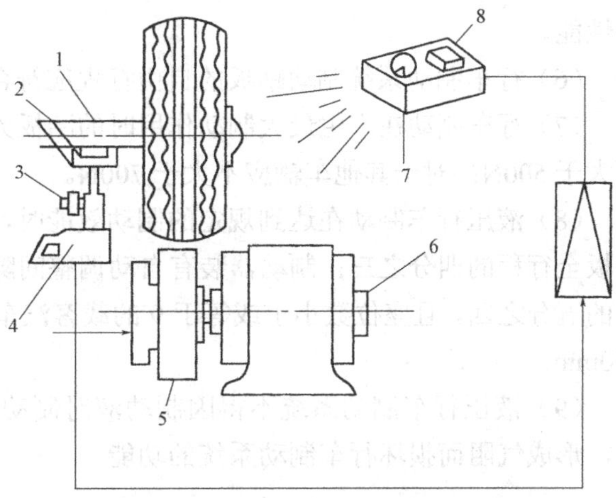

1—转向节；2—传感器头；3—可调支杆；4—底座；
5—转轮；6—电动机；7—频闪灯；8—不平衡表

图 4-3 就车式车轮动平衡仪

1．制动性能的基本要求

机动车应设置足以使其减速、停车和驻车的制动系统。

（1）机动车应具有行车制动系。

（2）汽车应具有应急制动功能。

（3）机动车（两轮、边三轮摩托车和轻便摩托车除外）应具有驻车制动功能。

（4）汽车行车制动、应急制动和驻车制动的各系统以某种方式相连，它们应保证当其中一个或两个系统的操纵机构的任何部件失效时（行车制动的操纵踏板、操纵连接杆件或制动阀的失效除外）仍具有应急制动功能。

（5）制动系统应经久耐用，不能因振动或冲击而损坏。

2．行车制动性能

行车制动必须使驾驶员能控制车辆行驶，使其安全、有效地减速和停车。

（1）汽车、挂车、无轨电车、四轮农用运输车、摩托车和轻便摩托车的所有车轮都应装备制动器。

（2）行车制动装置的作用应能在各轴之间合理分配。

（3）机动车（两轮、边三轮摩托车和轻便摩托车除外）行车制动装置的作用应能在每根轴的左、右车轮之间对称分配。

（4）制动器必须有磨损补偿装置。制动器磨损后，制动间隙必须易于通过手动或自动调节装置来补偿。制动控制装置及其部件及制动器总成必须具备一定的储备行程，当制动器受热或制动摩擦片磨损达到一定程度时，在不必立即做调整的情况下，仍应保持有效制动。

（5）采用真空助力的行车制动系统，当真空助力器失效后，制动系统仍能保持一定的制动性能。

（6）行车制动系统制动踏板的自由行程应符合该车有关技术条件。

（7）行车制动在产生最大制动作用时的踏板力，对于座位数小于或等于 9 的载客汽车应不大于 500N；对于其他车辆应不大于 700N。

（8）液压行车制动在达到规定的制动效能时，踏板行程（包括空行程，下同）不得超过踏板全行程的四分之三；制动器装有自动调整间隙装置的车辆的踏板行程不得超过踏板全行程的五分之四，且座位数小于或等于 9 的载客汽车不得超过 120mm，其他类型车辆不得超过 150mm。

（9）液压行车制动系统不得因制动液对制动管路的腐蚀或由于发动机及其他热源的影响，形成气阻而损坏行车制动系统的功能。

3．应急制动性能

（1）应急制动必须在行车制动系统有一处管路失效的情况下，在规定的距离内将车辆停住。

（2）应急制动可以是行车制动系统，具有应急特性或是与行车制动分开的独立系统。

（3）应急制动系统的布置应使驾驶员容易操作，驾驶员在座位上至少用一只手握住转向盘的情况下，就可以实现制动。它的操纵机构可以与行车制动系统的操纵机构结合，也可以与驻车制动系统的操纵机构结合，但三个操纵机构不得结合在一起。

4．驻车制动性能

（1）机动车（两轮、边三轮摩托车和轻便摩托车除外）应设置驻车制动系统。驻车制动应能使车辆即使在没有驾驶员操纵行车制动的情况下，也能使车辆停在上、下坡道上。驾驶员必须在座位上就可以实现驻车制动。

（2）驻车制动应通过纯机械装置把工作部件锁止，并且施加于操纵装置上的力：手操纵时，座位数小于或等于 9 的载客汽车应不大于 400N，其他车辆应不大于 600N；脚操纵时，座位数小于或等于 9 的载客汽车应不大于 500N，其他车辆应不大于 4700N。

（3）驻车制动操纵装置的安装位置要适当，其操纵装置必须有足够的储备行程，一般应在操纵装置全行程的三分之二以内产生规定的制动效能；驻车制动机构装有自动调节装置时允许在全行程的四分之三以内达到规定的制动效能。棘轮式制动操纵装置应保证在达到规定驻车制动效能时，操纵杆往复拉动的次数不得超过三次。不允许利用液压、气压或电力驱动来获得规定的驻车制动效能。

（4）采用弹簧储能制动装置做驻车制动时，应设置在紧急状态下，无须使用专用工具，就能快速解除驻车状态的装置。

5．汽车制动稳定性能

（1）采用气压制动的机动车当气压升至 600kPa 且不使用制动的情况下，停止空气压缩机 3min 后，其气压的降低值应不大于 10kPa。在气压为 600kPa 的情况下，将制动踏板踩到底，待气压稳定后观察 3min，单车气压降低值不得超过 20kPa；列车气压降低值不得超过 30kPa。

（2）采用液压制动的机动车在保持踏板力为 700N 达到 1min 时，踏板不得有缓慢向地板移动的现象。

（3）气压制动系统必须装有限压装置，确保储气筒内气压不超过允许的最高气压。

（4）采用气压制动系统的机动车，发动机在 75%的标定功率转速下，4min（汽车列车为 6min，城市铰接公共汽车和无轨电车为 8min）内气压表的指示气压应从零开始升至起步气压（未标起步气压者，按 400kPa 计算）。

（5）汽车、无轨电车和四轮农用运输车的行车制动必须采用双管路或多管路，当部分管路失效时，剩余制动效能仍能保持原规定值的 30%以上。

（6）机动车在运行过程中，不应有自行制动现象。当挂车（由轮式拖拉机引的载质量 3t 以下的挂车除外）与牵引车意外脱离后，挂车应能自行制动，牵引车的制动仍然有效。

（7）制动管路和制动软管的设计构造应是专用的。它的安装必须保证其具有良好的连续功能、足够的长度和柔性，以免响应与之相连接的零件所需要的正常运动，而不致造成损坏；它们必须有适当的安全防护，以避免擦伤、缠绕或其他机械损伤，同时应避免安装在可以与车辆排气或高温源接触的地方。

（8）储气筒。

① 压缩空气与真空保护。装备储气筒或真空罐的机动车均应采用单向阀或相应的保护装置，以保证在筒（罐）与压缩空气（真空）连接失效或漏损的情况下，由筒（罐）提供的压缩空气（真空度）不致全部丧失。

② 储气筒的容量应保证在调压阀调定的最高气压下，且在不继续充气的情况下，机动车在连续五次踩到底的全行程制动后，气压不低于起步气压（未标起步气压者，按 400kPa 计算）。

③ 储气筒应有排污阀。

（9）制动报警装置。

① 采用液压制动的汽车，其储液器的加注口必须易于接近，从结构设计上必须保证在不打开容器的条件下就能很容易地检查液面。若不能满足此条件，则必须安装制动液液面过低报警装置。

② 采用气压制动的机动车，当制动系统的气压低于空气压缩机调压器限制动力至少一半的规定压力时，报警装置应能连续向驾驶员发出容易听到或看到的报警信号。

4.2 底盘二级维护附加作业

4.2.1 自动变速器油的种类及其选用原则

自动变速器的工作特点要求自动变速器油必须具有较高的品质，其性能指标一般应具备以下几点：适当的黏度和低温流动性、抗磨性、热氧化安定性、抗泡沫性、密封材料适应性、摩擦特性、剪切安定性及防腐性等。

自动变速器油的型号很多，各国的用油规定也不同，一般应按汽车使用说明书的规定选用。我国一般使用兰州、上海炼油厂生产的液力传动油，按其 100℃运动黏度分为 6 号、8 号两种规格，其中，6 号液力传动油用于内燃机车或载货汽车的液力变矩器，8 号液力传动油用于各种轿车、轻型客车的液力自动变速器，可以替代国外的同类产品。目前，世界各国普遍使用美国生产的自动变速器油，主要有通用公司生产的 Dexron、DexronI、DexronⅡ型和福特公司生产的 E、F 型。我国的部分国产汽车和进口汽车多采用美国通用公司生产的 DexronII 型和福特公司生产的 F 型自动变速器油。

4.2.2 手动变速器的拆装工艺

手动变速器分三轴式和二轴式，不同型号手动变速器因结构差异，拆装工艺有所不同。轿车上手动变速器一般采用二轴式形式，这里以奥迪 100 型轿车手动变速器为例介绍其拆装工艺，奥迪 100 型轿车手动变速器为远距离操纵的二轴式变速器。

1．操纵机构的拆卸与装配

（1）外操纵机构的拆卸。图 4-4 所示为外操纵机构分解图，其拆卸顺序如下：

① 在拆变速器前，先拆下固定螺栓，然后把换挡铰链总成及连动杆一起拆下。

② 拆下固定螺栓 5，根据需要拆下换挡后连杆 6 和变速杆总成。

（2）内操纵机构的拆卸（见图 4-5）。

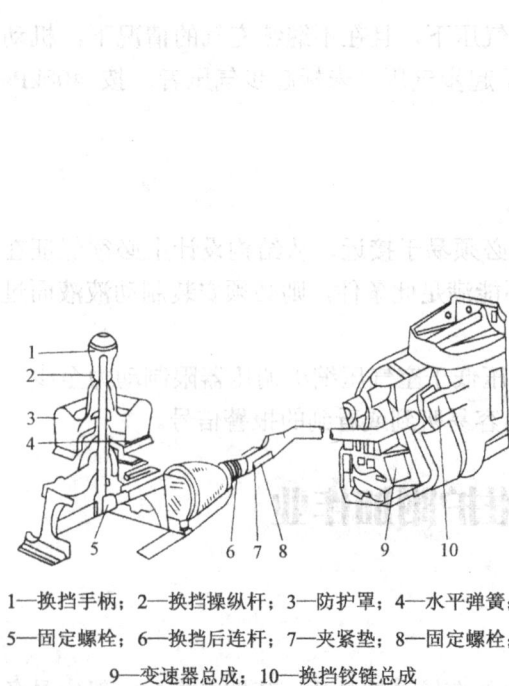

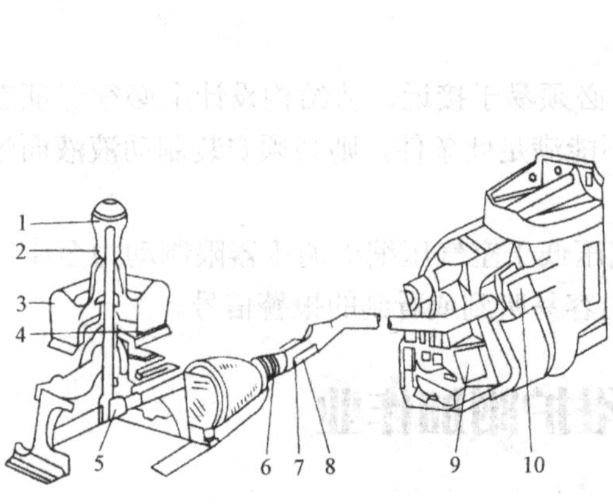

1—换挡手柄；2—换挡操纵杆；3—防护罩；4—水平弹簧；5—固定螺栓；6—换挡后连杆；7—夹紧垫；8—固定螺栓；9—变速器总成；10—换挡铰链总成

图 4-4 外操纵机构分解图

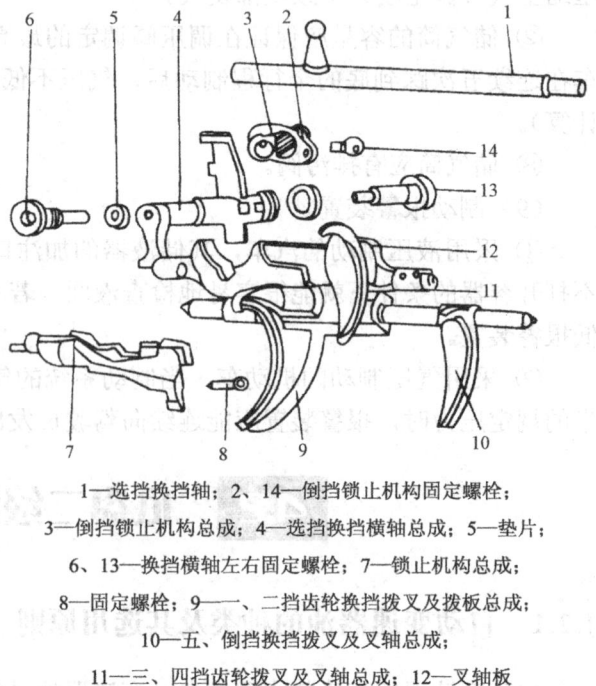

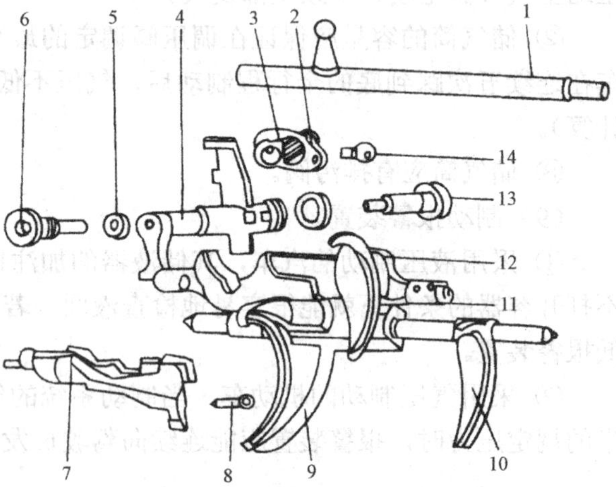

1—选挡换挡轴；2、14—倒挡锁止机构固定螺栓；3—倒挡锁止机构总成；4—选挡换挡横轴总成；5—垫片；6、13—换挡横轴左右固定螺栓；7—锁止机构总成；8—固定螺栓；9—一、二挡齿轮换挡拨叉及拨板总成；10—五、倒挡换挡拨叉及叉轴总成；11—三、四挡齿轮拨叉及叉轴总成；12—叉轴板

图 4-5 内操纵机构分解图

① 拆下换挡横轴左、右固定螺栓，拆下换挡横轴和选挡轴。
② 拆下一、二、五挡和倒挡换挡轴及拨叉总成，拆下三、四挡换挡轴及拨叉总成。
③ 拆下固定螺栓 8，拆下挡位自锁机构。
④ 拆下倒挡锁的固定螺栓，拆下倒挡锁。
(3) 装配对拆卸后零件进行查检和修复后，按与拆卸相反的顺序分别装配内、外操纵机构。

2. 变速器变速传动机构的拆装

图 4-6 所示为奥迪 100 型轿车变速器结构图。拆装步骤如下：

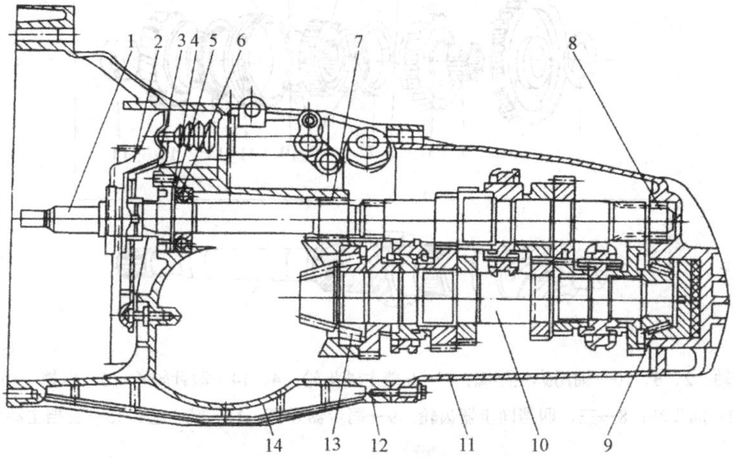

1—输入轴总成；2—离合器分离杠杆；3、12—固定螺栓；4—调整垫片；5—轴用弹性挡圈；6—输入轴球轴承；7—输入轴带套滚柱轴承；8—带导油套滚柱轴承；9—输出轴小圆锥轴承；10—输出轴总成；11—后壳体；13—输出轴大圆锥轴承；14—差速器壳体

图 4-6 奥迪 100 型轿车变速器结构图

(1) 变速器总成的拆卸。
① 拆下变速箱后壳体的固定螺栓 12，拆下变速箱后壳体。
② 按内操纵机构拆卸顺序拆卸内操纵机构的各部件及总成。
③ 拆下输出轴总成。
④ 拆下离合器分离杠杆 2 及分离轴承。
⑤ 拆下固定螺栓 3，取下输入轴导向套。
⑥ 拆下补偿垫圈及轴用弹性挡圈，用专用顶拔器拉下输入轴球轴承。
⑦ 拆下输入轴总成。
(2) 输入轴总成的拆卸（见图 4-7）。
① 拆下轴用弹性挡圈 2，用压床或顶拔器拆下五挡主动齿轮。
② 拆下四挡主动齿轮及滚针轴承 4、四挡同步器同步环和同步器弹簧。
③ 拆下轴用弹性挡圈 6、拆下同步器啮合套、同步器齿毂、同步器弹簧和同步环。
④ 拆下轴用弹性挡圈 10，拆下三挡主动齿轮及滚针轴承 14。
(3) 输出轴总成的拆卸（见图 4-8）。
① 用顶拔器拉下输出轴后圆锥滚子轴承 30 的内圈。

② 拆下倒挡从动齿轮 28 及滚针轴承 29。

③ 拆下轴用弹性挡圈 27，卸下五、倒挡同步器总成。

④ 拆下轴用弹性挡圈 24，卸下五挡从动齿轮 21 及滚针轴承 20。

⑤ 拆下轴用弹性挡圈 19，用顶拔器拆下四挡从动齿轮 18。

⑥ 拆下轴用弹性挡圈 17，卸下三挡从动齿轮 16。

⑦ 拆下轴用弹性挡圈 15，卸下二挡从动齿轮 13 和滚针轴承 14。

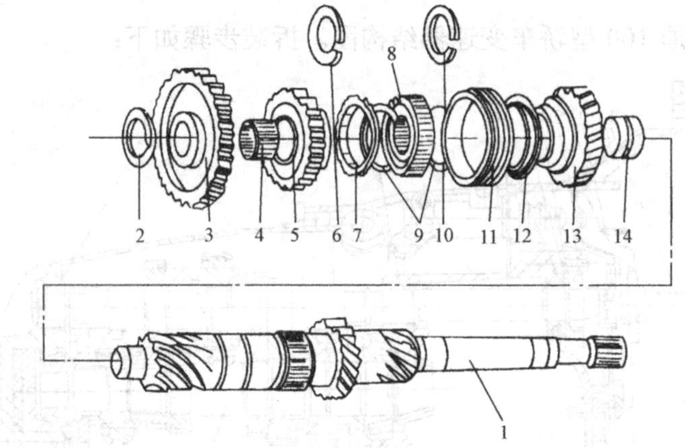

1—输入轴；2、6、10—轴用弹性挡圈；3—五挡主动齿轮；4、14—滚针轴承；5—四挡主动齿轮；
7、12—同步环；8—三、四挡同步器齿轮；9—同步器弹簧；11—啮合套；13—三挡主动齿轮

图 4-7　输入轴总成分解图

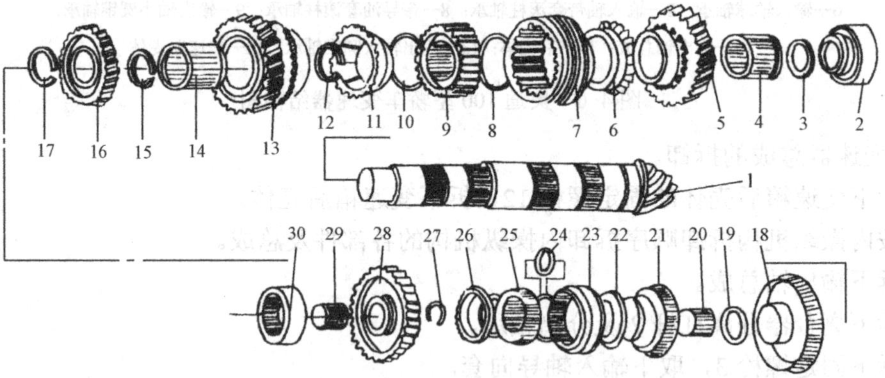

1—输出轴；2—圆锥滚子轴承；3、12、15、17、19、24、27—轴用弹性挡圈；4、14、20、29—滚针轴承；5—一挡从动齿轮；
6、11—一、二挡同步器同步环；7—啮合套；8、10—一、二挡同步器弹簧；9—同步器齿毂；13—二挡从动齿轮；
16—三挡从动齿轮；18—四挡从动齿轮；21—五挡从动齿轮；22、26—五、倒挡同步器同步环；23—五、倒挡啮合套；
25—同步器齿轮；28—倒挡从动齿轮；30—输出轴后圆锥滚子轴承

图 4-8　输出轴总成分解图

⑧ 拆下轴用弹性挡圈 12，卸下一、二挡同步器齿毂 9、弹簧 8 和 10、啮合套 7 及同步环 6 和 11。

⑨ 拆下轴用弹性挡圈 3，卸下一挡从动齿轮 5 和滚针轴承 4。

⑩ 用压床将输出轴前轴承拆下。

（4）倒挡惰轮的拆卸。

① 拆下碟形垫圈和倒挡惰轮压板。

② 拆下倒挡惰轮和后压板、滚针轴承。

③ 拆下倒挡惰轮轴固定螺栓。

④ 用专用工具拉下倒挡惰轮轴。

（5）装配倒挡惰轮、输出轴总成、输入轴总成及变速器总成的组装均按与拆卸相反的顺序进行。在安装时需注意以下几点：

① 同步器的齿毂在拆装过程中不要硬打，可借助顶拔器和压床。

② 各种轴用弹性挡圈的拆装应采用专用夹钳。

③ 在装配五挡主动齿轮时，应先将其加热到80～100℃。

④ 装配后各齿轮的轴向间隙、同步器同步环的间隙应符合技术要求。

⑤ 输出轴两端锥轴承的预紧度应合适；操纵机构应灵活可靠。

第5章　汽车底盘修理

学习目标

- 掌握膜片式离合器的结构与工作原理，掌握检修从动盘、压盘及装配调整离合器的操作要点
- 掌握手动变速器的组成、工作原理，熟悉同步器的种类、结构与工作原理，熟悉手动变速器修理技术条件
- 熟悉自动变速器的组成、分类，理解电控自动变速器的控制原理，掌握自动变速器试验的有关注意事项
- 熟悉驱动桥的构造与工作原理，掌握主减速器、差速器组装调整项目及其操作要点、技术要求，了解驱动桥修理技术条件
- 掌握十字刚性万向节等速传动条件，掌握等速万向节等速传动原理，熟悉传动轴装配技术要求
- 掌握汽车转向器的分类、结构与工作原理，了解前桥及转向器修理技术条件
- 掌握悬架的分类、组成与典型结构
- 掌握车轮定位参数的含义、作用，了解车轮定位的调整方法
- 掌握鼓式车轮制动器的分类、结构与工作原理，熟悉空气压缩机的结构原理，熟悉气压制动控制阀的分类、结构与工作原理，掌握装配、调整鼓式制动器的操作要点，了解鼓式制动器修理技术条件
- 掌握盘式制动器的分类、结构与工作原理，掌握制动主缸、真空助力器的构造与工作原理，了解液压制动传动装置修理技术条件，熟悉 ABS 使用与检修一般注意事项
- 掌握驻车制动器的分类、结构与工作原理，熟悉驻车制动器检修技术要求

5.1　离合器检修

5.1.1　膜片弹簧离合器的构造及工作原理

1. 膜片弹簧离合器的构造

膜片弹簧离合器采用膜片弹簧作为压紧弹簧，膜片弹簧压紧力分布均匀且当压盘和从动

盘磨损时能自动调节压紧力。由于膜片弹簧离合器具有轴向尺寸小、结构简单、质量轻、操纵轻便和工作可靠等优点，在轿车等小型汽车上普遍采用，在一些载货汽车上也有应用（如解放 CA1092 汽车）。膜片弹簧离合器可分为推式膜片弹簧离合器和拉式膜片弹簧离合器两种形式。推式膜片弹簧离合器的结构如图 5-1 所示。

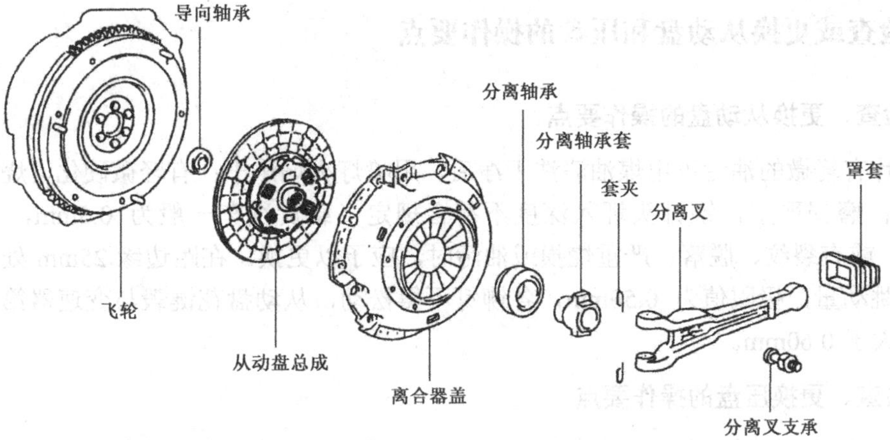

图 5-1　推式膜片弹簧离合器的结构

离合器盖及压盘总成由离合器盖、枢轴环、膜片弹簧、压盘和传动钢片等组成，如图 5-2 所示。其中，膜片弹簧既是压紧装置，也是分离机构。

2．膜片弹簧离合器的工作原理

膜片弹簧离合器的工作原理如图 5-3 所示。

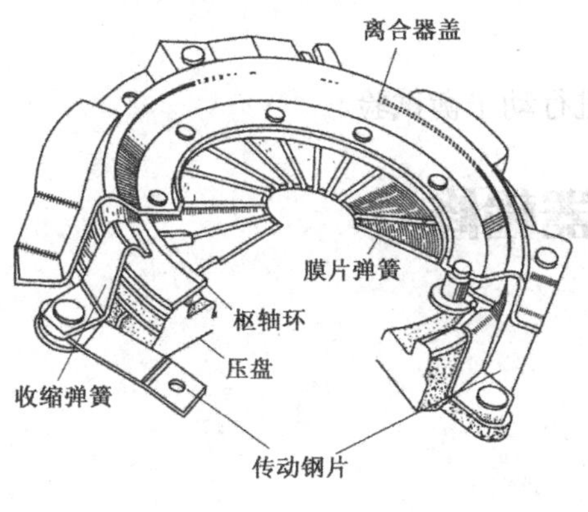

图 5-2　膜片弹簧离合器盖及压盘总成结构

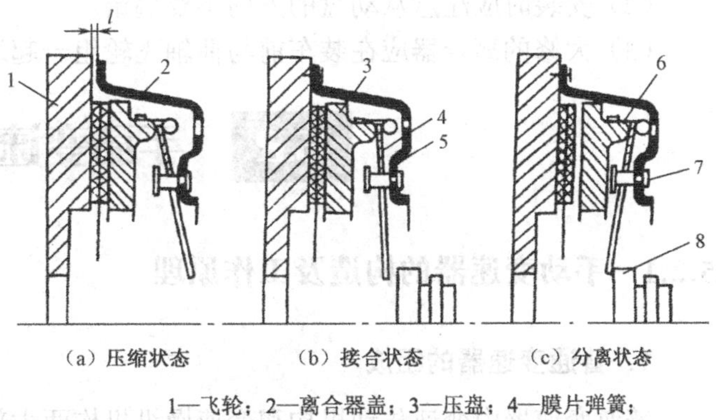

1—飞轮；2—离合器盖；3—压盘；4—膜片弹簧；
5—钢丝支承环；6—分离钩；7—铆钉；8—分离轴承

图 5-3　膜片弹簧离合器的工作原理

离合器盖及压盘总成及从动盘在未固定到飞轮上时，离合器盖平面与飞轮支撑平面有一段距离 l，膜片弹簧处于自由状态，膜片弹簧不受力，这段距离就是离合器完合接合时膜片弹簧的压缩量，如图 5-3（a）所示。

当离合器盖总成被固定到飞轮上时，膜片弹簧大端受压后移而产生位移，对压盘产生压力，使从动盘摩擦片被压紧在飞轮和压盘之间，此时离合器处在接合状态，如图 5-3（b）所示。

当分离离合器时，借助踏板机构的操纵使分离轴承前移，推动离合器膜片弹簧小端前移，膜片弹簧以支承环为支点顺时针转动，膜片弹簧大端后移，通过分离钩拉动压盘离开从动盘，于是便完成了分离动作，使离合器处于分离状态，如图 5-3（c）所示。

5.1.2 检查或更换从动盘和压盘的操作要点

1. 检查、更换从动盘的操作要点

摩擦片有轻微的油污可用煤油清洗干净后，用喷灯火焰烘干；有轻微硬化、烧蚀，可用砂布打磨；磨损严重，铆钉头埋入深度不符合规定（载货汽车一般为 0.5mm，桑塔纳为 0.30mm），或有裂纹、脱落、严重烧损或油污时，应予以更换。在距边缘 25mm 处测量从动盘的端面跳动量，极限值为 0.50mm，各铆钉不得松动，从动盘花键毂与变速器第一轴的配合间隙不大于 0.60mm。

2. 检查、更换压盘的操作要点

压盘工作平面烧蚀、龟裂、划伤不严重时，可用油石打磨光滑。沟槽深度超过 0.50mm 或平面度超过 0.12～0.20mm 时应磨削修复，但磨削总量不超过限度，一般为 1.0～1.5mm。磨削后的压盘应重新进行平衡。

5.1.3 装配与调整离合器的注意事项

（1）注意离合器盖与压盘间、平衡片与压盘间、离合器盖与飞轮间的装配记号，以免破坏动平衡。

（2）安装时应注意从动盘的方向不要搞错。

（3）大修的离合器应在装车前与曲轴飞轮组一起进行动平衡试验。

5.2 手动变速器检修

5.2.1 手动变速器的构造及工作原理

1. 普通变速器的组成

普通变速器由变速传动机构和变速操纵机构两大部分组成。

变速传动机构主要由输入轴、输出轴、中间轴、齿轮组、同步器、轴承和变速器壳等组成。变速操纵机构主要由变速操纵杆、拨叉、拨叉轴、锁止装置和变速器盖等组成。

2. 普通变速器的工作原理

普通齿轮式变速器是利用不同齿数的齿轮啮合传动实现转速和转矩的改变。由齿轮传动原理可知，一对齿数不同的齿轮啮合传动时可以变速，而且两齿轮的转速与齿轮的齿数成反比。

如图 5-4（a）所示，当小齿轮为主动齿轮带动大的从动齿轮转动时，则输出轴（从动齿轮）的转速降低，称为减速传动。如图 5-4（b）所示，当以大齿轮为主动齿轮，带动小的从动齿轮转动时，则输出轴（从动齿轮）的转速升高，称为加速传动。这就是齿轮变速的基本原理。一对齿轮传动只能得到一个固定的传动比，从而得到一种输出转速，并构成一个挡位。为了扩大变速器输出转速的变化范围，普通齿轮式变速器通常都采用多级大小不同的齿轮啮合传动，这样就构成了多个不同的挡位。

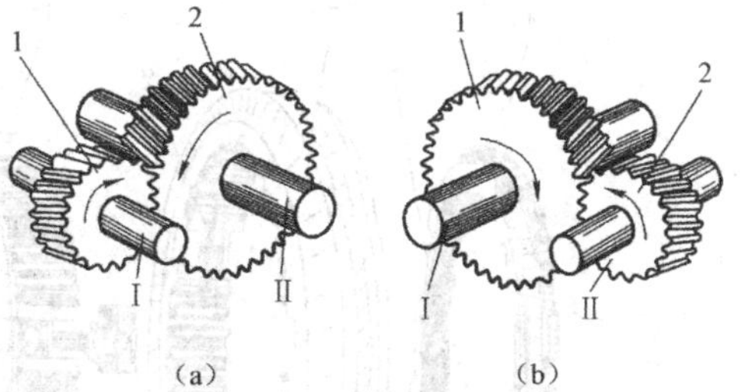

1—主动齿轮；2—从动齿轮

图 5-4　齿轮变速基本原理

多级齿轮传动的传动比 i 为

i=所有从动齿轮齿数的连乘积/所有从动齿轮齿数的连乘积=各级齿轮传动比的乘积

5.2.2　变速器输入轴、输出轴、中间轴和倒挡轴检修操作要点

（1）用百分表测量各轴中部径向跳动量。放在垫有平板的 V 形架上，用百分表测量变速器各轴径向跳动量，输入轴、输出轴及中间轴和倒挡轴的径向跳动量要求不大于 0.025mm，使用极限为 0.06mm，如超过使用极限，说明轴的直线度超差，应予以校正或更换。

（2）轴颈的磨损可用外径千分尺测量，各轴颈及轴承的配合应符合要求，如超过使用极限，可堆焊后修磨、镀铬修复或更换。

（3）将变速器轴的花键插入与之配合的机件中，用手检查不应有松旷过大的感觉。也可用百分表检查，配合间隙不大于 0.8mm；用游标卡尺测量花键厚度，磨损不大于 0.4mm。（手动变速器修理技术条件规定：各轴花键与滑动齿轮键槽的侧隙允许比原设计规定增加 0.15mm）

5.2.3　检修变速器齿轮的方法

（1）齿轮的工作面腐蚀斑点及剥落面积超过齿面的 1/4，或齿轮出现裂纹，应予以更换。

（2）常啮合齿轮齿厚磨损不得超过 0.25mm，不常接合齿轮齿厚磨损不得超过 0.40mm，齿轮内花键齿厚磨损不得超过 0.20mm，齿长磨损不得超过原齿长的 30%，否则，应予以更换。

（3）用塞尺检查第二轴与倒挡轴齿轮的花键侧隙，如果超过使用极限，应予以更换。

（4）齿面有轻微斑点、划痕、磨损台阶或边缘破损，可用油石或砂轮修磨。

5.2.4　同步器的构造与工作原理

1．锁环式惯性同步器

各种汽车变速器所采用的锁环式同步器的具体结构因车型不同存在差异，但其构造和工作原理基本相同。解放 CA1092 型汽车六档变速器中的五、六挡同步器如图 5-5 所示。

（1）构造。该锁环式惯性同步器由花键毂 15、接合套 7、锁环（又称同步环）4、8、三个滑块 5 及其定位销 6 和弹簧 16 等组成。

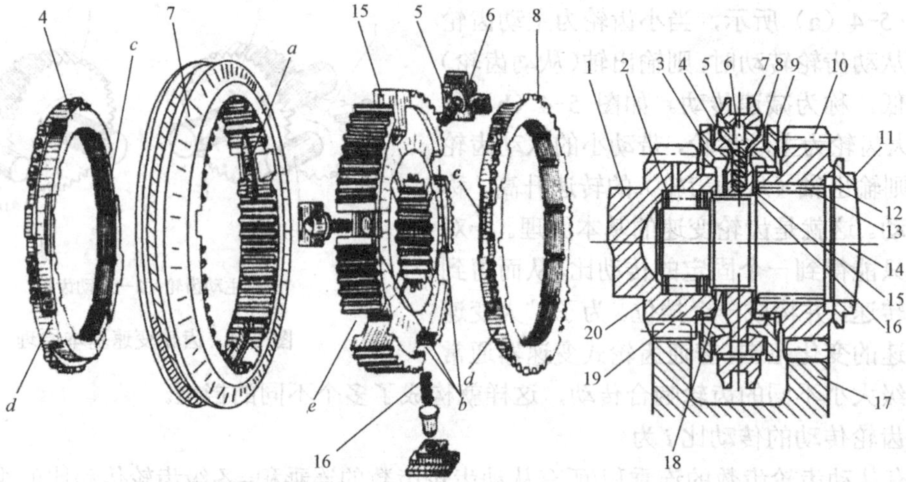

图 5-5　锁环式惯性同步器构造

（2）工作原理。以由五挡升入六挡（直接挡）的换挡过程（见图 5-6）为例，说明锁环式惯性同步器的工作原理。

① 空挡位置。图 5-6（a）所示为接合套 7 刚从五挡退到空挡时的情况。此时，接合套 7 及滑块 5 都处于中间位置，并由定位销 6 予以定位。锁环的内锥面与六挡接合齿圈 3 的外锥面之间不相接触，即锁环在轴向是自由的。在圆周方向上，接合套通过滑块 5（靠在锁环缺口右侧）带动锁环一起在花键毂 15 的推动下同步旋转。这时，接合套 7 和花键毂 15 连同锁环 4（与第二轴相联系）及待啮合的六挡接合齿圈 3（与第一轴相联系），都在其自身及其所联系的一系列运动件的惯性作用下，继续沿原方向（图中箭头所示方向）旋转。

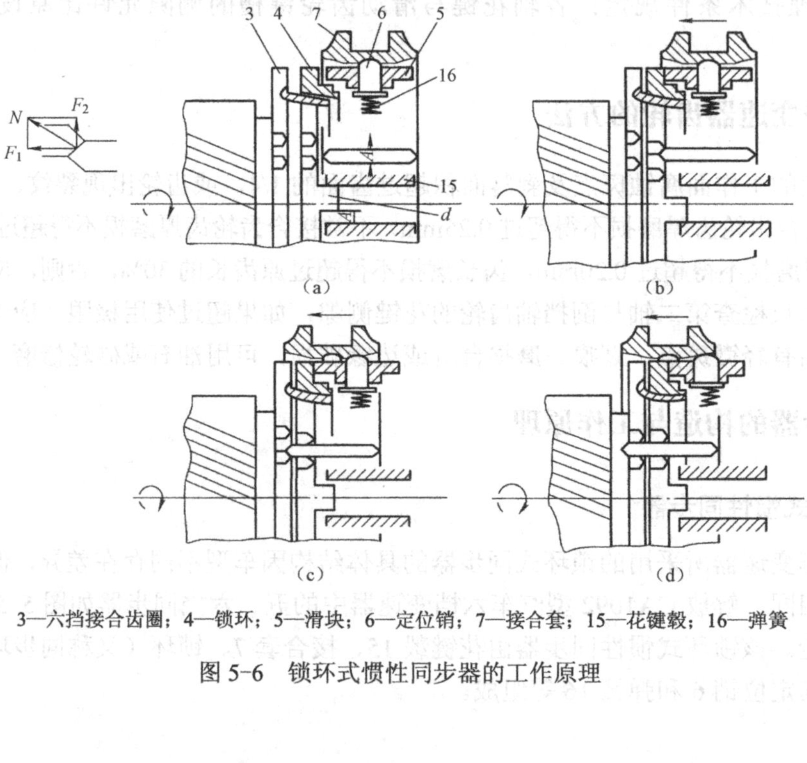

3—六挡接合齿圈；4—锁环；5—滑块；6—定位销；7—接合套；15—花键毂；16—弹簧

图 5-6　锁环式惯性同步器的工作原理

② 滑块接触锁环状态。要挂入六挡时，通过变速杆使拨叉推动接合套 7，并通过定位销带动滑块 5 一起向六挡接合齿圈 3 移动。滑块 5 左端面与锁环的缺口端面接触时，便同时推动锁环 4 移向六挡接合齿圈 3，使两者锥面相接触（见图 5-6（b））。由于六挡接合齿圈 3 与锁环 4 转速不相等，所以在其接触锥面之间产生摩擦力矩。六挡接合齿圈 3 便通过摩擦力矩的作用带动锁环 4 相对于接合套 7 及花键毂 15 超前转过一个角度，使锁环缺口一侧与滑块压紧，缺口另一侧与滑块另一侧出现较花键齿宽略大一些的间隙。此时接合套的齿与锁环的齿相互错开约半个齿厚，即使得接合套的齿端倒角与锁环齿端的倒角恰好互相抵住，因而接合套不能再向左移动进入啮合。

③ 锁止状态。如果要使接合套齿圈与锁环齿圈进入啮合，则必须使锁环相对接合套倒转一个角度。由于在接合套与锁环齿端倒角相抵触时，驾驶员始终对接合套施加一个轴向推力，此轴向力通过接合套作用于锁环齿端倒角上，形成倒角斜面上的法向正压力，并产生切向分力（见图 5-6（a））。切向力便形成一个力图拨动锁环相对于接合套向后倒转的力矩，称为拨环力矩。但是，轴向力则使锁环 4 与齿圈的锥面进一步压紧，产生摩擦力矩，迫使待啮合的齿圈相对于锁环 4 迅速减速以尽快与锁环同步。由于齿圈 3 及与其相联系的第一轴等零件的减速旋转，根据惯性原理，便产生一个与其旋转方向相同的惯性力矩，此惯性力矩通过摩擦锥面以摩擦力矩的形式作用到锁环上，阻止锁环相对于接合套向后倒转，此时处于锁止状态。在待六挡接合齿圈 3 与锁环 4 未达到同步之前，摩擦锥面的摩擦力矩在数值上就等于此惯性力矩。

④ 达到同步完成换挡。当驾驶员继续对接合套施加推力，摩擦锥面之间的摩擦力矩就会使六挡接合齿圈 3 的转速迅速降低，直至六挡接合齿圈 3 与锁环 4 的相对角速度为零，因而其惯性力矩也就消失。但是，拨环力矩仍然存在，于是在拨环力矩的作用下，锁环连同六挡接合齿圈 3 及与其相联系的第一轴等零件都一起相对于接合套向后倒转一个角度，接合套 7 与锁环的花键齿不再相抵触，锁环不再起锁止作用，接合套便在驾驶员所施加的轴向推力作用下，压下定位销 6 继续向左移动，而与锁环的花键齿圈进入啮合（见图 5-6（c））。

接合套与锁环进入啮合后，轴向力不再作用于锁环上，因此，锁环与齿圈锥面间的摩擦力矩也就消失。此时，驾驶员还要继续向前拨动接合套，使接合套最终与待啮合的六挡接合齿圈进入啮合。但是，如果此时接合套的花键齿恰好与六挡接合齿圈 3 的花键齿发生抵触（见图 5-6（c）），则作用于接合套上的轴向力在六挡接合齿圈 3 的倒角面上也将会产生一个切向分力，靠此切向分力便可拨动六挡接合齿圈 3 及与其相联系的零件相对于接合套转过一个角度，从而使接合套 7 与六挡接合齿圈 3 进入啮合（见图 5-6（d）），即最终完成换入六挡的过程。

2．锁销式惯性同步器

中型及大型载货汽车上普遍采用锁销式惯性同步器。现以东风 EQ1090E 型汽车变速器的四、五挡同步器为例，说明锁销式惯性同步器的结构和工作原理。

（1）结构。东风 EQ1090E 型汽车变速器的四、五挡同步器的结构如图 5-7 所示。

（2）工作原理。锁销式惯性同步器工作原理与锁环式惯性同步器类似，图 5-7 所示为由四挡退入空挡的位置。接合套由定位销和定位钢球定位在中间位置。当要挂上五挡时，向左拨动接合套，接合套便通过定位钢球和定位销推动左侧摩擦锥环 3 向左移动，使之与左侧的摩擦锥盘 2 相接触。由于此时摩擦锥环 3 与摩擦锥盘 2 转速不相同，所以两者一接触，便在其锥面摩擦力矩的作用下，使摩擦锥环 3 连同锁销 8 一起相对于接合套 5 转过一个角度，使锁销中部环槽倒角与接合套销孔端倒角的锥面互相抵触，从而产生锁止作用，阻止接合套向左移动。与锁环式同步器一样，在锁止倒角上的切向分力也形成一个拨环力矩，力图使锁销及锥环倒转，但在锥环与锥盘未达到同步前，由摩擦锥盘 2 所形成的摩擦力矩总是大于拨环力矩，因而可以阻止接合套 5 与齿圈在同步之前进入啮合。而只有达到同步后惯性力矩消失，拨环力矩便可拨动锁销及摩擦锥环、锥盘和齿圈等一起相对于接合套转过一个角度，使锁销重新与接合套的销孔对中，接合套便在轴向推力的作用下，压入定位钢球 10 而沿定位销和锁销向左移动，与五挡（直接挡）第一轴齿轮 1 进入啮合，即完成挂入五挡的换挡过程。

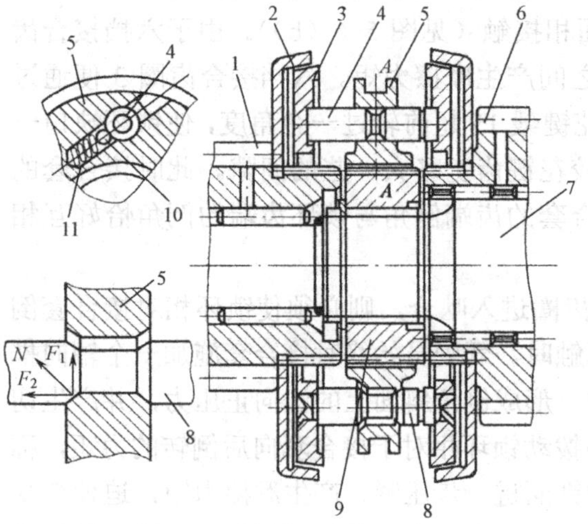

1—第一轴齿轮；2—摩擦锥盘；3—摩擦锥环；4—定位销；
5—接合套；6、7—第二轴；8—锁销；9—花键毂；
10—钢球；11—弹簧

图 5-7　锁销式惯性同步器的结构

5.3 自动变速器检修

5.3.1　自动变速器的组成与分类

1. 自动变速器的组成

电控自动变速器主要由液力变矩器、齿轮变速机构、液压控制系统、电控系统等几部分组成。

2. 自动变速器的类型

（1）按汽车驱动方式不同；分为后驱动自动变速器和前驱动自动变速器。

（2）按前进挡位数不同；分为 3 个前进挡、4 个前进挡、5 个前进挡等自动变速器。

（3）按齿轮变速器类型不同；分为普通齿轮式自动变速器和行星齿轮式自动变速器。

（4）按变矩器类型不同；分为有锁止离合器自动变速器和无锁止离合器自动变速器。

（5）按控制方式不同可；分为液力控制自动变速器和电子液控制自动变速器。

5.3.2　电控自动变速器的基本控制原理

自动变速器是通过传感器和开关信号监测汽车和发动机的运行状态，接收驾驶员的指令，将发动机转速、节气门开度、车速、发动机冷却液温度、自动变速器油温等参数转变为电信号，并输入 ECU。ECU 根据这些信号，按照设定的换挡规律，向换挡电磁阀、油压电磁阀等发出电子控制信号；换挡电磁阀和油压电磁阀再将 ECU 发出的控制信号转变为液压控制信号，阀板中的各个控制阀根据这些液压控制信号，控制换挡执行元件（离合器与制动器）的动作，从而实现自动换挡，如图 5-8 所示。

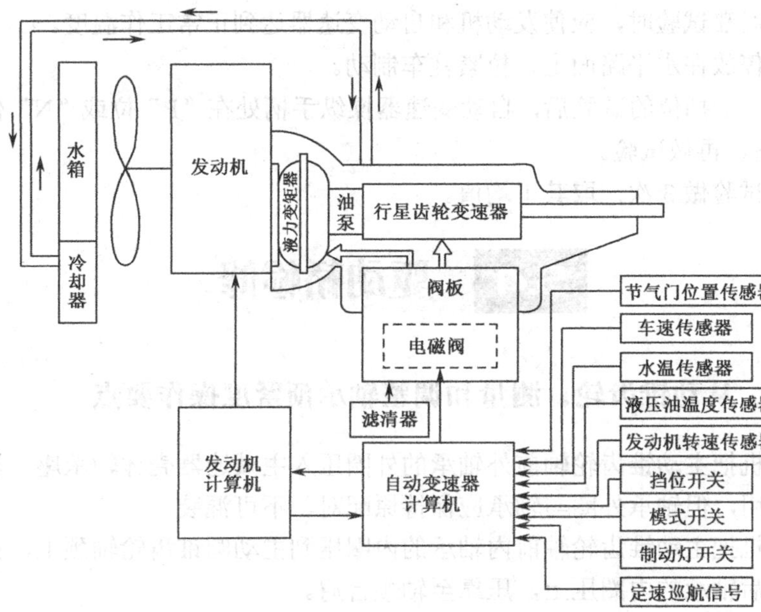

图 5-8 电控自动变速器基本控制原理图

5.3.3 自动变速器油压试验注意事项

（1）试验时，发动机和自动变速器应达到正常工作温度。

（2）将汽车停放在水平地面上，检查发动机怠速和自动变速器液压油的油面高度。如不正常，应进行调整。

（3）拉紧驻车制动器，并用三角木块将 4 个车轮挡住。

（4）要有两个人配合，一人在驾驶室进行操作，另一人在车外做观察记录。

（5）必须保证油压表、油管等的连接良好，不能渗漏。并将油压表放在便于观察的位置。

（6）连接油管及导线要远离汽车或发动机的旋转部件。

5.3.4 自动变速器失速试验注意事项

（1）失速试验时，时间不得超过 5s，以免油温过高而变质，以及造成密封件损坏。

（2）进行完一个挡位的试验后，不得立即进行下一挡位的试验，应在空挡或停车挡位运行 1min 左右时间，待油温下降后才能进行。

（3）试验结束后不要立即熄火，应将选挡杆拨入空挡或停车挡，让发动机怠速运转 1min 以上，以使自动变速器油温度正常。

（4）如果在试验中发现驱动轮因制动力不足而转动，应立即松开加速踏板，停止试验。

（5）试验要由两人配合进行，一人在驾驶室进行试验，另一人在车外观察车轮或车轮垫木的情况。

5.3.5 自动变速器时滞试验注意事项

（1）在进行时滞试验时，应使发动机和自动变速器达到正常工作温度。

（2）将汽车停放在水平路面上，拉紧驻车制动。

（3）进行完一个挡位的试验后，自动变速器操纵手柄处在“P”位或“N”位，发动机怠速运转 1min 左右，再做试验。

（4）同一项试验做 3 次，取其平均值。

5.4 驱动桥检修

5.4.1 组装主、从动锥齿轮，测量和调整轴承预紧度操作要点

（1）用压力机把主动锥齿轮轴前外轴承的外圈压入主减速器壳体轴承座。若原零件没有损伤，可重新装用，但轴承外圈与轴承应保持原配对，不可混装。

（2）用压力机把主动锥齿轮轴前内轴承的内圈压到主动圆锥齿轮轴颈上，使其紧靠齿轮大端端部，并把后轴承的内圈压上，压靠至轴颈台肩。

（3）在主动锥齿轮轴颈上依次装上隔套、原有调整垫片、轴承座、前外轴承，放入止推垫圈和主动圆锥齿轮连接凸缘，先不装油封座及油封。在装好连接凸缘以后，再装上垫圈和槽形螺母，用规定力矩将螺母拧紧。此时用弹簧秤钩在凸缘螺孔处沿切线方向拉动，若能以规定的力（东风 EQ1090E 汽车为 16.7～33.3N）使其转动，轴承的预紧度是合适的。若不符合上述要求，可增减前轴承内圈的调整垫片，调整垫片厚度减小，则轴承预紧度增加，反之轴承预紧度减小。调整垫片的厚度有 0.50mm、0.25mm、0.15mm、0.10mm 共 4 种。

主动圆锥齿轮轴承预紧度的经验检查。其方法是用手转动凸缘应转动灵活无阻滞，沿轴向推拉凸缘，应无间隙感为合适。

（4）轴承预紧度调好后，拆下连接凸缘。把内外油封及导向环装入油封座内，再将油封座及衬垫、连接凸缘、垫圈和槽形螺母依次装到主动圆锥齿轮轴上，然后按规定力矩拧紧槽形螺母，插入开口销并将其锁好。

5.4.2 差速器总成的装复及部分元件的检查与调整

1. 差速器总成的装配与调整

（1）用压力机将轴承内圈压入左右差速器壳的轴颈上。

（2）把左差速器壳放在工作台上，在与行星齿轮、半轴齿轮相配合的工作表面涂上机油，将半轴齿轮支撑垫圈连同半轴齿轮一起装入，将已装好的行星齿轮及其支撑垫圈的十字轴总成装入左差速器壳的十字柄中，并使行星齿轮与半轴齿轮啮合。

（3）在行星齿轮上装上右边的半轴齿轮、支撑垫圈，将从动圆柱齿轮、差速器右壳合到左壳上，注意对准壳体上的标记。从右向左装入螺栓，以规定力矩拧紧螺母。

（4）检查半轴齿轮与支撑垫片之间的间隙，此间隙应不大于 0.05mm，如不符合要求，更换新的支撑垫片。

（5）将调整好的差速器总成装入主减速器壳中，装上两端的轴承外圈、轴承盖及调整螺母，通过调整螺母调整差速器轴承的预紧度。使轴承滚子处于正确位置，且轴承上应涂抹适量润滑油。正确的预紧度应当是用 0.98～3.4N·m 的力矩能灵活转动差速器总成（用弹簧秤钩在从动圆锥齿轮紧固螺栓上测量时的切向拉力应为 11.3～25.9N)，最后用锁片将螺栓锁紧。

2．行星齿轮、行星齿轮轴、半轴齿轮、止推垫圈和壳体的检查与调整

差速器壳应无裂损，壳体与行星齿轮、半轴齿轮的接触面应光滑无沟槽。十字轴承孔的垂直度误差应不大于 100:0.05。两轴线应相交，其位置度误差应不大于 0.20mm。每一轴线应与半轴齿轮承孔轴线位于同一平面，其位置度误差均应不大于 0.30mm。如以差速器壳与从动圆柱（锥）齿轮结合的圆锥面及端面为基准测量，半轴齿轮承孔及差速器轴承轴颈表面的径向圆跳动一般应不大于 0.08mm。半轴齿轮及轴承之间结合端面对壳体轴承轴颈轴线的端面跳动均应不大于 0.05mm。半轴齿轮轴颈与差速器壳的配合间隙及十字轴轴颈与差速器壳、行星齿轮的配合间隙均应符合原厂或修理技术条件的规定。

5.4.3 主、从动锥齿轮啮合间隙与啮合印痕测量及调整要点

1．标准印痕和啮合间隙

主、从动锥齿轮应沿齿长方向接触，其位置应控制在轮齿的中部偏向小端，离小端端部 2～7mm，接触印痕的长度不小于齿长的 50%，齿高方向的接触痕应不小于齿高的 50%，一般应距齿顶 0.80～1.60mm，啮合间隙为 0.15～0.50mm。每一对锥齿轮副啮合间隙的变动量不得大于 0.15mm。

2．啮合印痕的检查方法

在从动齿上相隔 120° 的三处，用红丹油在轮齿的正、反面各涂三个齿，再用手对从动齿轮稍施加阻力并正、反向各转动主动齿轮数圈。观察从动齿轮的啮合印痕，应符合要求。

3．主减速器的调整要点

（1）先调整轴承预紧度，再调整啮合印痕，最后调整啮合间隙。

（2）对啮合印痕和啮合间隙调整的过程中不得变更轴承预紧度。

（3）在保证啮合印痕的前提下调整啮合间隙，不符合要求应成对更换。

5.5 万向传动装置检修

5.5.1 普通十字刚性万向节等速传动条件

万向节的不等速性是指从动轴在转动一周内其角速度的不均匀性。单个十字轴刚性万向节的不等速性会使从动轴及与其相连的传动部件产生扭转振动，产生附加的交变载荷及振动

噪声，影响零部件使用寿命。为避免这一缺陷，在汽车上均采用两个普通万向节，且中间以传动轴相连，利用第二个万向节的不等速效应来抵消第一个万向节的不等速效应，从而实现输入轴与输出轴等角速传动，但要达到这一目的，必须满足两个条件：

（1）第一个万向节的从动叉和第二个万向节的主动叉应在同一平面内，即传动轴两端的万向节叉在同一平面内。

（2）输入轴、输出轴与传动轴的夹角相等，即 $\alpha_1=\alpha_2$，如图 5-9 所示。

满足上述两条件的等速传动有两种排列方式：平行排列，如图 5-9（a）所示；等腰三角形排列，如图 5-9（b）所示。

上述条件（1）通过正确的装配工艺可以保证与传动轴两端相连接的万向节叉在同一平面内。但条件（2）只有采用驱动轮独立悬架时，才有可能通过整车的总体布置来实现。若驱动轮采用非独立悬架时，由于弹性悬架的振动，主减速器输入轴与变速器输出轴的相对位置不断变化，不可能在任何情况下都保证 $\alpha_1=\alpha_2$，此时万向传动装置只能做到使传动的不等速尽可能小。

等速传动是指传动轴两端的输入轴和输出轴而言。对传动轴来说，只要传动轴两端的输入轴和输出轴的夹角不为零，它就是不等角速转动，与传动轴的排列方式无关。

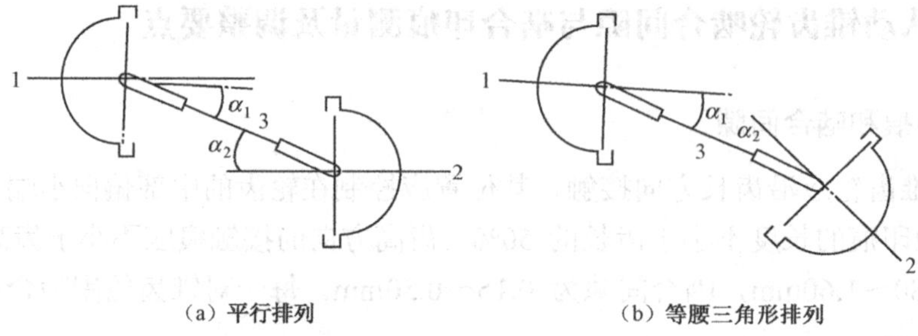

（a）平行排列　　（b）等腰三角形排列

图 5-9　双万向节等速排列方式

5.5.2　等速万向节传动原理

等速万向节的基本原理是从结构上保证万向节在工作过程中两轴的传力点永远位于两轴交点的平分面上。这一原理可用两个大小相同的锥齿轮传动说明，如图 5-10 所示。两个大小相同的锥齿轮的接触点 P 位于两齿轮轴线交角 α 的平分面上，由于 P 点到两轴的垂直距离都等于 r。P 点处两齿轮的圆周速度相等，两齿轮的角速度也相等，可见若万向节的传力点在其交角变化时，始终位于两轴夹角的平分面上，就能保证等速传动。

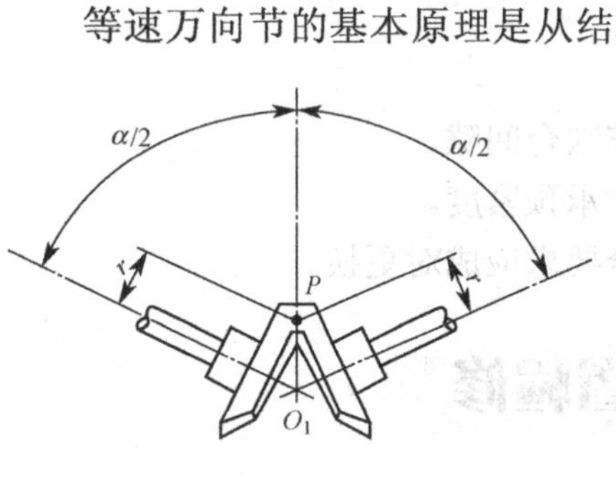

图 5-10　等速万向节的工作原理

等速万向节的常见类型有球叉式、球笼式和三叉式。

5.5.3　传动轴装配要求

万向传动装配时，应注意装配位置对其传动速度特性的影响，装配时应注意以下问题。

（1）清洁零件。待装零件应彻底清洗，特别是十字轴的油道、轴颈和滚针轴承，最好用清洁的煤油清洗后，再用压缩空气吹干。装配时，在轴颈和轴承上涂适量的润滑脂；应避免磕碰，并注意传动轴管两端点焊的平衡片是否脱落。

（2）核对零件的装配标记。应认真校对十字轴及万向节叉、十字轴及短传动轴和滑动叉及花键轴管等的装配标记，按原标记装配。在安装滑动叉时，特别要保证传动轴两端万向节叉的轴承孔轴线位于同一平面上，其位置误差应符合原厂规定。

（3）十字轴的安装。十字轴上的润滑脂嘴要朝向传动轴以便注油；两偏置油嘴应间隔 180°，以保持传动轴的平衡。

（4）中间支承的安装。将中间支承轴承对正后压入中间传动轴的花键凸缘内。压入时，不允许用手锤敲打轴承，以防止轴承内圈挡边破裂。紧固中间支承的前后轴盖上的三个紧固螺栓时，应支起后轮，边转动驱动轮边紧固，以便自动找正中心；也可以先不拧紧到规定力矩，待走合一段时间，自动找正中心后再按规定力矩拧紧。但在走合中，一定要注意紧固螺栓的松脱。

（5）加注润滑脂。用油枪加注汽车通用的锂基 2 号或二硫化钼锂基脂。注油时，既要充分又不过量，以从油封刃口处或中间支承的气孔能看到有少量新润滑脂被挤出为宜。

5.6 机械转向器检修

1. 机械转向器分类

普通机械转向器种类较多，一般常按转向器中啮合传动副的结构形式分类。目前，应用较广泛的有齿轮齿条式、循环球式和蜗杆曲柄指销式等几种。

2. 齿轮齿条式转向器的结构和工作原理

齿轮齿条式转向器的结构如图 5-11 所示。齿轮齿条式转向器主要由转向器壳体 8、转向齿轮 9、转向齿条 5 等组成。转向器通过转向器壳体 8 的两端用螺栓固定在车身（车架）上。齿轮轴 6 通过球轴承 7、滚柱轴承 10 垂直安装在壳体中，其上端通过花键与转向轴上的万向节相连，其下部是与轴制成一体的转向齿轮 9。转向齿轮与转向齿条 5 相啮合，齿条背面装有压簧垫块 4。在压簧 3 的作用下，压簧垫块 4 将转向齿条 5 压靠在齿轮 9 上，保证两者无间隙啮合。调整螺塞 1 可用来调整压簧的预紧力。压簧 3 不仅起消除啮合间隙的作用，而且还是一个弹性支撑，可以吸收部分振动能量，缓和冲击。转向齿条 5 的中部通过拉杆支架 12 与左、右转向横拉杆 11 连接。转动转向盘时，转向齿轮 9 转动，与之相啮合的转向齿条 5 沿轴向移动，从而使左、右转向横拉杆带动转向节 13 转动，使转向轮偏转，实现汽车转向。

3. 循环球式转向器构造和工作原理

循环球—齿条齿扇式转向器，如图 5-12 所示。它有两级传动副，第一级传动副是转向螺杆 12 与转向螺母 3；转向螺母 3 的下平面加工成齿条，与齿扇轴 21 内的齿扇相啮合，构成齿条—齿扇第二级传动副。转向螺母 3 既是第一级传动副的从动件，也是第二级传动副的主动件。通过转向盘转动转向螺杆 12 时，转向螺母 3 不能随之转动，而只能沿杆 12 轴向移动并驱使齿扇轴（摇臂轴）21 转动。转向螺杆 12 支撑在两个推力球轴承 10 上，轴承的顶紧度可用调整垫片 14 调整。在转向螺杆 12 上松套着转向螺母 3，为了减少它们之间的摩擦，两者的螺纹并不直接接触，其间装有许多钢球 13，以实现滚动摩擦。当转动转向螺杆时，通过钢球将力传给转向螺母，使螺母沿转向螺杆 12 轴向移动。随着螺母 3 沿转向螺杆 12 做轴向移动，其齿条便带动齿扇绕着转向摇臂轴 21 做圆弧运动，从而使转向摇臂轴 21 连同摇臂产生摆动，通过转向传动机构使转向轮偏转，实现汽车转向。

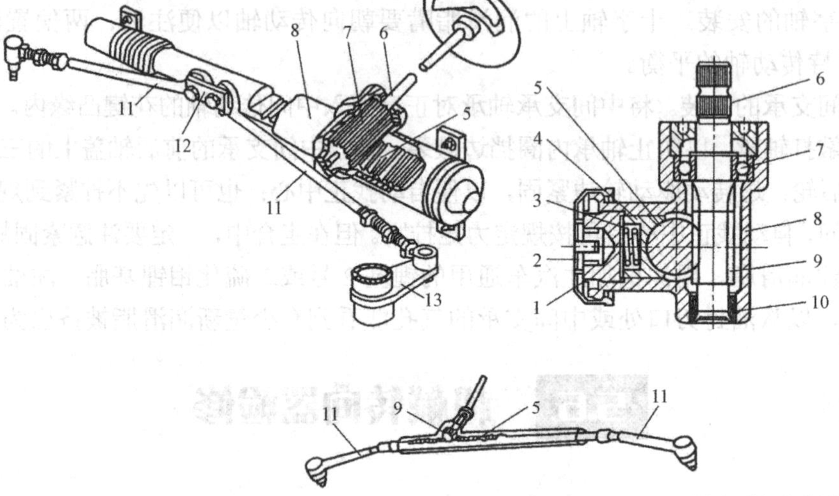

1—调整螺塞；2—罩盖；3—压簧；4—压簧垫块；5—转向齿条；6—齿轮轴；7—球轴承；8—转向器壳体；9—转向齿轮；10—滚柱轴承；11—转向横拉杆；12—拉杆支架；13—转向节

图 5-11　齿轮齿条式转向器的结构

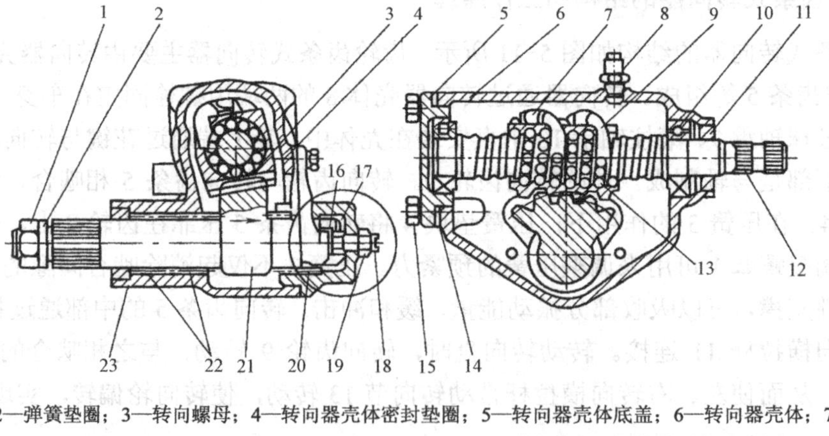

1—螺母；2—弹簧垫圈；3—转向螺母；4—转向器壳体密封垫圈；5—转向器壳体底盖；6—转向器壳体；7—导管夹；8—加油螺塞；9—钢球导管；10—球轴承；11、23—油封；12—转向螺杆；13—钢球；14—调整垫片；15—螺栓；16—调整垫圈；17—侧盖；18—调整螺钉；19—锁紧螺母；20、22—滚针轴承；21—齿扇轴

图 5-12　解放 CA1092 型汽车的循环球—齿条齿扇式转向器

4．蜗杆曲柄指销式转向器构造和工作原理

图 5-13 所示为东风 EQJ1090E 型汽车所用的蜗杆曲柄指销式转向器，它主要由转向器壳

体、转向蜗杆、转向摇臂轴、曲柄和指销、上下盖、调整螺塞和螺钉、侧盖等组成。传动副中主动件是转向蜗杆，从动件是装在摇臂曲柄端部的指销。具有梯形截面螺纹的转向蜗杆支撑在转向器壳体两端的两个蜗杆轴承 19 上。转向器下盖上装有调整螺塞，用于调整蜗杆轴承 19 的预紧度，调整后用螺母锁住。蜗杆与两个锥形的指销相啮合，构成传动副。两个指销均用双列圆锥滚子轴承支撑在曲柄上，并可绕自身轴线转动，以减轻蜗杆与指销啮合传动时的磨损，提高传动效率。销颈上的螺母用来调整轴承的预紧度，以使指销能自由转动而无明显的轴向间隙为宜，调整后用锁片（图中未示出）将螺母锁住。

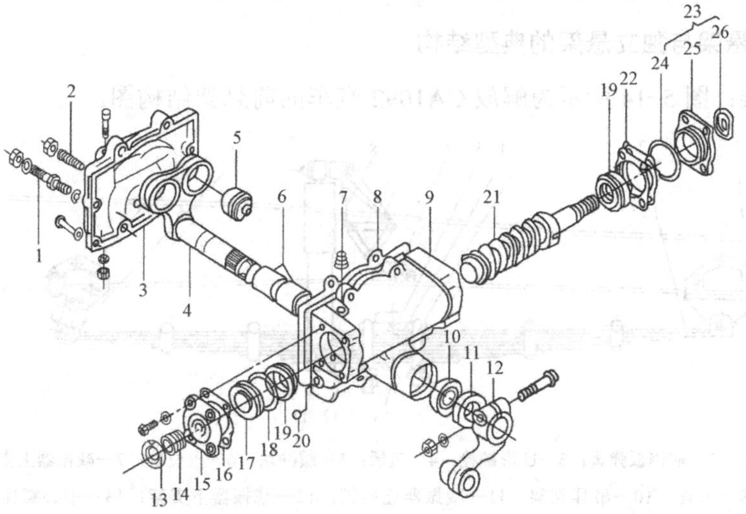

1—螺栓、螺母；2—摇臂轴调整螺钉及螺母；3、11—侧盖；4—转向器摇臂轴；5—指销轴承总成；6—摇臂轴承调整螺塞；7—加油螺塞；8—侧盖衬垫；9—转向器壳体；10—油封；12—转向垂臂；13—螺母；14—蜗杆轴承调整螺塞；15—下盖；16—下盖衬垫；17—蜗杆轴承垫块；18、24—密封圈；19—蜗杆轴承；20—放油螺塞；21—转向蜗杆；22—调整垫片；23—上盖总成；25—上盖；26—蜗杆油封

图 5-13　东风 EQJ090E 型汽车所用的蜗杆曲柄指销式转向器

安装指销和双排圆锥滚子轴承的曲柄制成叉形，与摇臂轴制成一体。摇臂轴用粉末冶金衬套支撑在壳体中。转向器侧盖上装有调整螺钉，旋入（或旋出）调整螺钉可以改变摇臂轴的轴向位置，以调整指销与蜗杆的啮合间隙，从而调整转向盘的自由行程，调整后用螺母锁紧。摇臂轴伸出壳体的一端通过花键与转向摇臂连接。

汽车转向时，驾驶员通过转向盘转动转向蜗杆（主动件），与其相啮合的指销（从动件）一边自转，一边以曲柄为半径绕摇臂轴轴线在蜗杆的螺纹槽内做圆弧运动，从而带动曲柄，进而带动转向摇臂摆动，实现汽车转向。

5.7 悬架系统检修

1. 悬架的功用与组成

悬架是车架（或承载式车身）与车桥（或车轮）之间一切传力连接装置的总称。其功用是弹性连接车桥与车架或车身；把路面作用于车轮上的垂直反力、纵向反力和侧向反力及这些反力所形成的力矩都传递到车架上；衰减由于弹性系统引起的振动，以保证汽车的正常行驶。

现代汽车悬架结构形式多种多样，但一般都是由弹性元件、减振器和导向机构三部分组成。

2．悬架的种类

（1）按控制形式不同，悬架可分为被动式悬架和主动式悬架两大类。

（2）按汽车导向机构的不同，分为非独立悬架和独立悬架。

3．非独立悬架与独立悬架的典型结构

非独立悬架：图 5-14 所示为解放 CA1092 汽车的前悬架结构图。

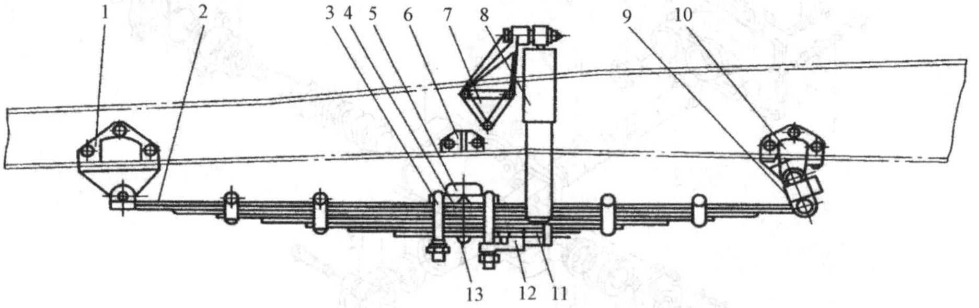

1—钢板弹簧前支架；2—前钢板弹簧；3—U 形螺栓；4—盖板；5—缓冲块；6—限位块；7—减振器上支架；8—减振器；9—吊耳；10—吊耳支架；11—减振器连接销；12—减振器下支架；13—中心螺栓

图 5-14　解放 CA1092 汽车的前悬架结构图

独立悬架：图 5-15 所示为红旗 CA7500 型轿车的前悬架结构图。

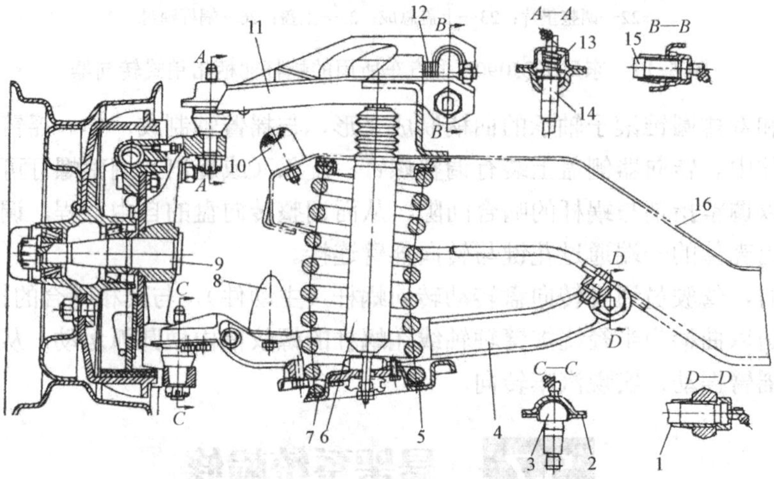

1—下摆臂轴；2—垫片；3—下球头销；4—下摆臂；5—螺旋弹簧；6—筒式减振器；7—橡胶垫圈；8—下缓冲块；9—转向节；10—上缓冲块；11—上摆臂；12—调整垫片；13—弹簧；14—上球头销；15—上摆臂轴；16—车架横梁

图 5-15　红旗 CA7500 型轿车的前悬架结构图

5.8 车轮定位检查与调整

5.8.1 车轮定位的含义与诊断参数

1. 车轮定位的含义

为了保证汽车直线行驶的稳定性和操纵轻便性，减小轮胎及其他机件的磨损，汽车的转向车轮、转向节和前轴三者与车架安装应保持一定的相对位置关系，这种具有一定相对位置的安装称为转向车轮定位，又称前轮定位。前轮定位包括主销后倾角、主销内倾角、前轮外倾角和前轮前束四项内容。有些轿车两个后轮也同样存在后轮与后轴之间安装的相对位置，称为后轮定位。后轮定位包括车轮外倾（角）和后轮前束。前轮定位和后轮定位总称四轮定位。

2. 车轮定位的诊断参数

1）主销后倾角 γ

安装在前轴上的主销，其上端略向后倾斜，称为主销后倾。在汽车纵向平面内，主销轴线与铅垂线之间的夹角 γ 称为主销后倾角，如图 5-16 所示。主销后倾角的作用是保持汽车直线行驶的稳定性，并使汽车转弯后车轮自动回正。一般为 $\gamma<3°$。

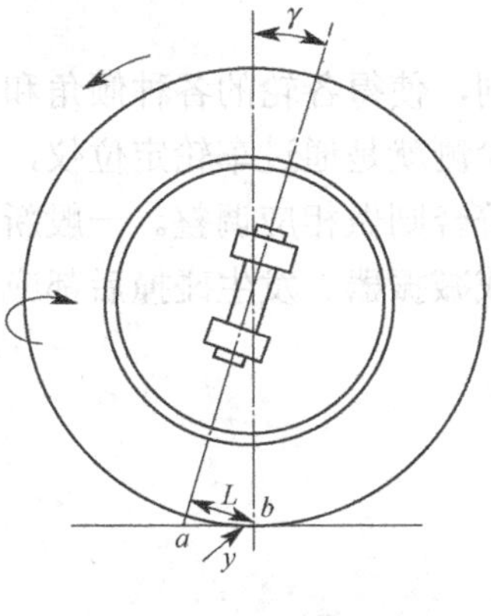

图 5-16　主销后倾

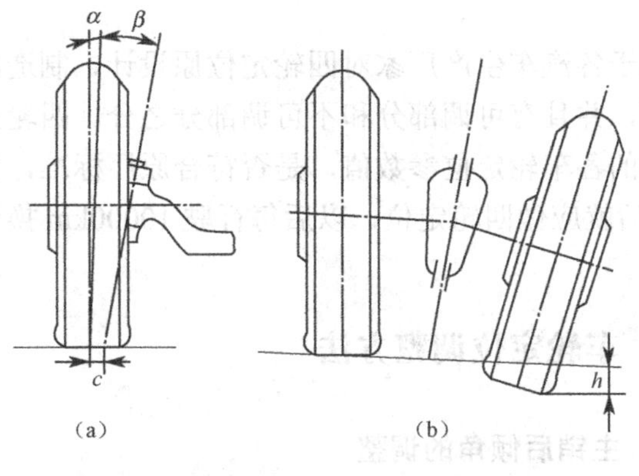

图 5-17　主销内倾

2）主销内倾角 β

在汽车横向平面内，主销上部向内倾斜称为主销内倾。在横向平面内主销轴线与铅垂线之间的夹角，称为主销内倾角 β。主销内倾角的作用：一是使转向轻便，可从图 5-17（a）分析得出；二是使车轮自动回正，可由图 5-17（b）分析得出。主销内倾角一般不大于 8°，但在一些发动机前置前轮驱动的轿车上，为了使汽车具有良好的操纵稳定性，其主销内倾角较大。

3）前轮外倾角 α

在汽车横向平面内，前轮中心平面向外倾斜一个角度，称为前轮外倾角 α，如图 5-18 所示。前轮外倾角的作用是提高转向操纵轻便性和车轮工作安全性。现代汽车前轮外倾角一般设计在 1° 左右。某些车辆甚至采用负外倾角。

4）车轮前束

汽车两个前轮的旋转平面不平行，前端略向内收，称为前束，两轮前端距离为 B，后端距离为 A，其差值即为前束值，如图 5-19 所示。前轮前束的作用是减小或消除汽车前进中因车轮外倾和纵向阻力致使车轮前端向外滚开而造成滑移。前束的调整通过改变横拉杆的长度来调整。

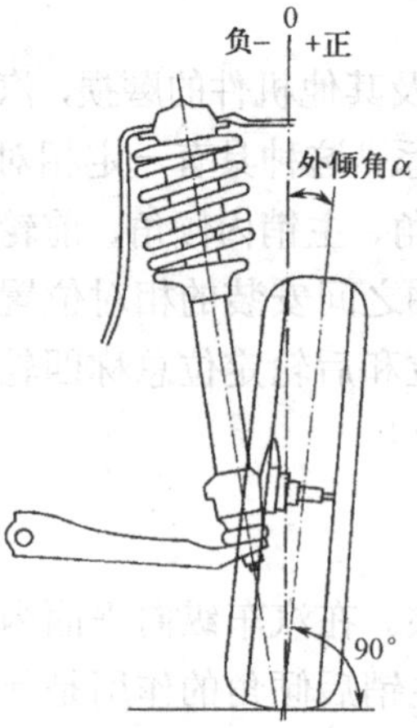

图 5-18　前轮外倾

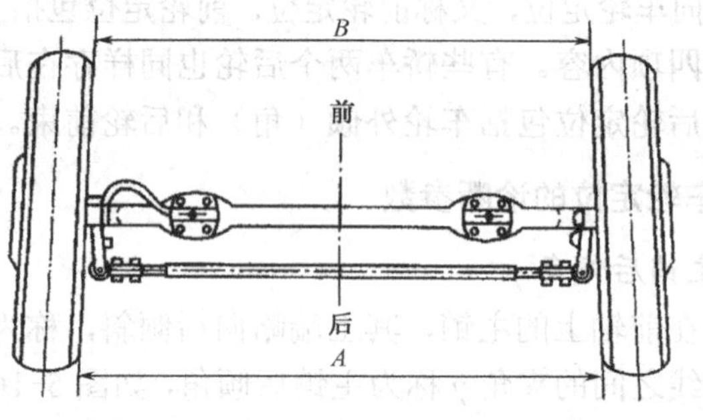

图 5-19　车轮前束

由于各汽车生产厂家对四轮定位原设计、制造的不同，使得各轮的各种倾角和束值就各有不同，并且有可调部分和不可调部分之分。四轮定位检测就是通过车轮定位仪，检测出被测车辆的各车轮定位参数值，是否符合原厂标准，如不符合则做相应调整。一般新车在驾驶 3 个月后就应做四轮定位，以后每行驶 10000km 换轮胎或减振器、发生碰撞后都应及时做四轮定位。

5.8.2　车轮定位调整方法

1. 主销后倾角的调整

非独立悬架主销后倾角一般不可调整，独立悬架主销后倾角的调整方法因车型而异。双横臂式独立悬架的调整一般是通过调整横臂销处垫片，使横臂沿车身纵向产生位移，从而改变主销后倾角。

2. 主销内倾角的调整

主销内倾角的调整，对于不同的悬架其方式不同。非独立悬架的车轴左右两端的转向节主销孔轴线有固定的内倾角度值，内倾角不符合规定时，需对前轴进行校正。对于独立悬架的汽车，主销内倾角可通过调整摆臂长度来实现。有的车型的摆臂轴为偏心轴，可松开螺母转动偏心轴来改变摆臂长度，从而改变主销内倾角；有的则是通过垫片来调整（见图 5-15 红旗 CA7500 型轿车的前悬架），通过增减摆臂支架与车架（车身）垫片，使摆臂伸出长度发生变化。

3. 车轮外倾角的调整

主销内倾角和车轮外倾角是由转向节的结构确定的，因此，调整过车轮外倾角后，主销内倾角也就随之确定下来，不需另作调整。如主销内倾角符合要求，车轮外倾角却不符合规定时，需检查轮毂轴承是否松旷、转向节铜套是否磨损和转向节轴是否变形等，根据故障情况予以修复或更换。

4. 车轮前束的调整

车轮前束值的大小，可通过改变转向梯形机构的横拉杆长度来实现。调整时，需先松开横拉杆锁紧螺母，然后用管钳转动调整螺母套管，该套管左右两端螺旋线方向相反，转动时使横拉杆向两端伸长或缩短，依此来调节横拉杆的长度。

5.9 鼓式制动器与传动装置维修

5.9.1 鼓式车轮制动器的分类、结构与工作原理

1. 分类

鼓式制动器是制动蹄片挤压随车轮同步旋转的制动鼓的内侧而获得制动力，所以又称内部扩张双蹄鼓式制动器。按张开机构的不同，鼓式车轮制动器又可分为轮缸式车轮制动器、凸轮式车轮制动器和楔式车轮制动器；按制动过程中两制动蹄产生的制动力矩的不同，鼓式车轮制动器可分为领从蹄式、双领蹄式、双向双领蹄式、单向自增力式和双向自增力式等几种形式；按制动时两制动蹄对制动鼓径向力的平衡情况，鼓式车轮制动器可分为非平衡式、平衡式（单向助势、双向助势）和自动增力式三种形式。

2. 非平衡式制动器的结构与工作原理

非平衡式制动器的结构图如图 5-20 所示。制动鼓与轮毂连接随着车轮旋转。制动底板用螺栓固定在后桥壳的凸缘（前桥在转向节凸缘）上不能转动。其上部装有制动轮缸或凸轮，下部装有两个偏心支承销。制动蹄下端圆孔活套在偏心支承销上，上端嵌入制动轮缸活塞凹槽中或顶靠在凸轮上，两制动蹄通过回位弹簧紧压住轮缸活塞或凸轮。

图 5-21 所示为制动时，两制动蹄在相等张力 F_s 的作用下，分别绕各自的支承点向外偏转紧压在制动鼓上，同时旋转的制动鼓对两蹄分别作用法向反力 F_{N1} 和 F_{N2}，以及相应的切向反力 $F_{\tau1}$ 和 $F_{\tau2}$。F_s 和 $F_{\tau1}$ 绕支承销对前制动蹄作用的力矩是图示顺时针方向，因此，前制动蹄对制动鼓的压紧力由于 $F_{\tau1}$ 的作用而增大，即 F_{N1} 变得更大。这种情况称为“助势”作用，相应的前制动蹄称为助势蹄。与此相反，$F_{\tau2}$ 则使后制动蹄有放松制动鼓，使 F_{N2} 减小的趋势，故后制动蹄具有“减势”作用，称为减势蹄，两制动蹄对制动鼓所施加的制动力矩是不相等的，一般助势蹄的制动力矩约为减势的 2～2.5 倍。

上述非平衡式制动器又称领从蹄式制动器，其制动蹄对制动鼓施加的法向力不平衡。

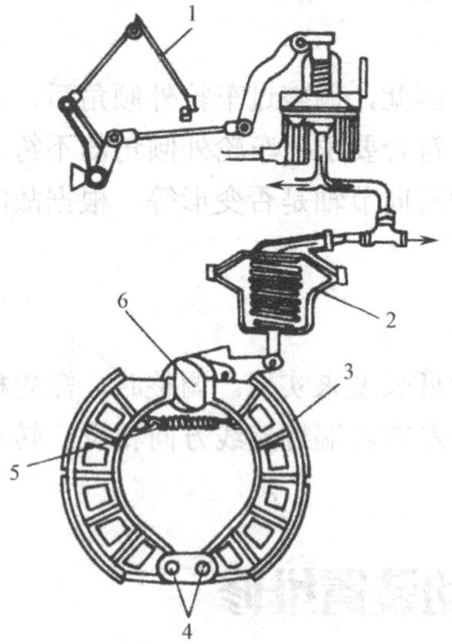

1—制动踏板；2—制动气室；3—制动蹄片；
4—支承销；5—回位弹簧；6—凸轮

图 5-20　非平衡式制动器结构图

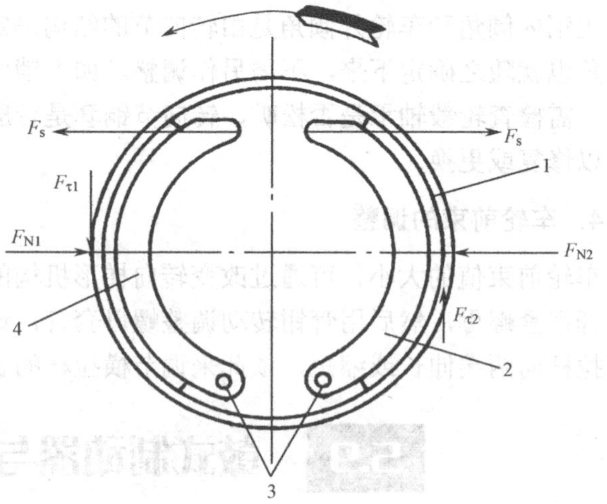

1—制动鼓；2、4—制动蹄；3—支承销

图 5-21　非 s 平衡式制动器的制动蹄受力分析图

3. 平衡式制动器

为提高制动效能，将前后制动蹄均设计为助势蹄的制动器称为平衡式制动器。若只在前进制动时两蹄为助势蹄，倒车时为减势蹄，称为单向助势平衡式制动器；在前进和倒车制动时两蹄都为助势蹄的，称为双向助势平衡式制动器。

（1）单向助势平衡式制动器结构图如图 5-22 所示，两制动蹄各用一个单向活塞制动轮缸，且前后制动蹄与其轮缸、调整凸轮等零件在制动底板上的布置是中心对称的，两轮缸用油管连接使其油压相等。前进制动时两蹄均为助势蹄，提高了前进制动时的制动效能，并使蹄片的磨损趋于相等，如图 5-23（a）所示，但倒车制动时两蹄均为减势蹄，导致倒车时的制动效能比前进时低，如图 5-23（b）所示。

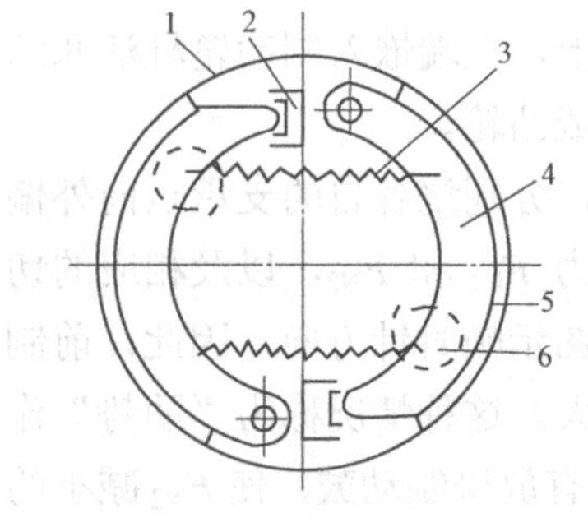

1—制动底板；2—制动轮缸；3—回位弹簧；
4—制动蹄；5—磨擦衬片；6—调整凸轮

图 5-22　单向助势平衡式
制动器结构图

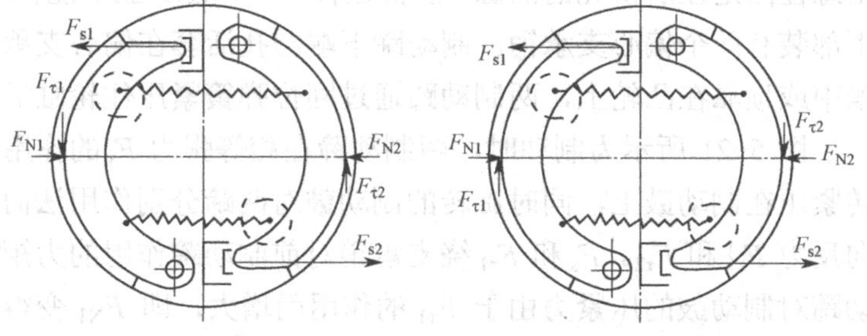

（a）前进制动时　　（b）倒车制动时

图 5-23　单向助势平衡式制动器受力分析示意图

（2）双向助势平衡式制动器结构图如图 5-24 所示。制动底板上的所有固定元件、制动蹄、制动轮缸、回位弹簧等都是成对称布置，两制动蹄的两端采浮式支承，且支点在周向位置浮动。

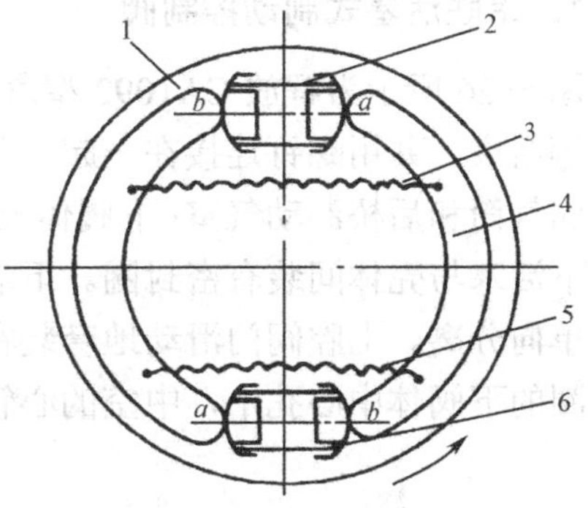

1—制动底板；2、6—制动轮缸；3、5—回位弹簧；4—制动蹄

图 5-24　双向助势平衡式制动器结构图

4. 自动增力式制动器

自动增力式制动器可分单向自动增力式和双向自动增力式两种。单向自动增力只是在汽车前进时起自动增力作用，使用单活塞式轮缸；双向自动增力式在前进和倒车制动时都能起自动增力作用，使用双活塞轮缸。

图 5-25 所示为双向自动增力式制动器的结构。制动蹄的上端两侧铆有夹板，用回位弹簧将夹板拉靠在支承销上，两蹄的下端由拉紧弹簧拉靠在支承销上，两蹄下端由拉紧弹簧拉靠在可调顶杆体两端。可调顶杆体是浮动的。轮缸处于支承销稍下的位置。

自动增力式制动器的增力原理是将两制动蹄用可调顶杆体浮动铰接代替固定的偏心销，利用前蹄的助势推动后蹄，使总的摩擦力矩得以增大，起至自动增力作用。

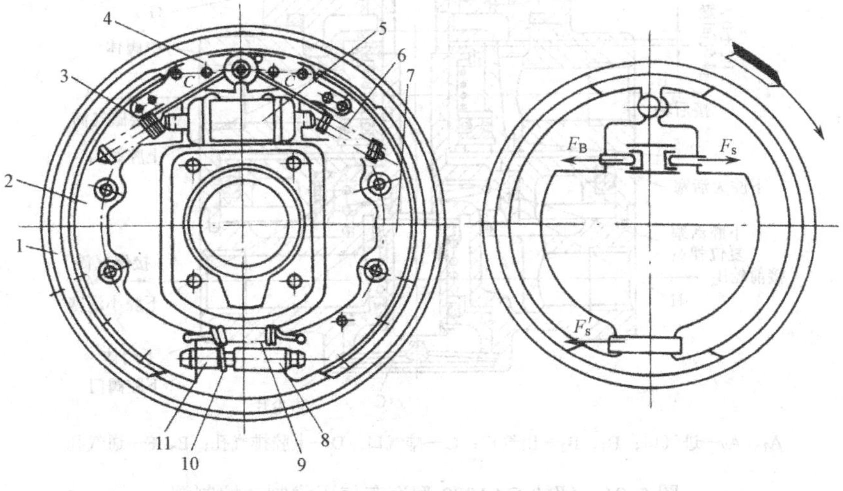

1—制动底板；2—后制动蹄；3—后蹄回位弹簧；4—夹板；5—制动轮缸；6—前蹄回位弹簧；7—前制动蹄；8—可调顶杆体；9—拉紧弹簧 10—调整螺钉；11—顶杆套

图 5-25　双向自动增力式制动器的结构

5.9.2　制动控制阀的分类、结构与工作原理

制动控制阀的作用是控制从储气筒充入制动气室和挂车制动控制阀的压缩空气量，从而控制制动气室中的工作气压，并有逐渐变化的随动作用，即保证制动气室的气压与踏板行程有一定的比例关系。制动控制阀常见结构有串联活塞式和并联膜片式。

1. 串联活塞式制动控制阀

图 5-26 所示为解放 CA1092 型汽车气压式制动控制阀。它由上盖、上阀体、中阀体和下阀体等组成，并用螺钉连接在一起，其间装有密封垫。中阀体上的通气口 A_1 和 B_1，分别接后桥储气筒和后桥制动气室；下阀体上的通气口 A_2 和 B_2 分别接前桥储气筒和前桥制动气室。上、下活塞与壳体间装有密封圈。下活塞由大、小两个活塞套装在一起，小活塞对大活塞能进行单向分离。上腔阀门滑动地套装在心管上，其外圆有密封隔套。下腔阀门滑动地套在有密封圈的下阀体中心孔中，中空的心管和小活塞制成一体。

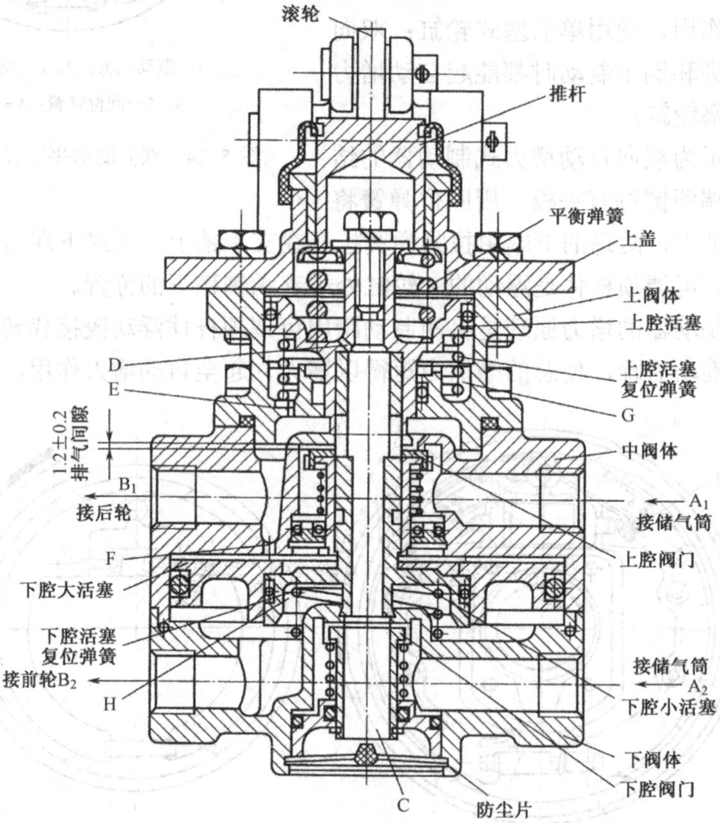

A_1、A_2—进气口；B_1、B_2—出气口；C—排气口；D—上腔排气孔；E、F—通气孔

图 5-26　解放 CA1092 型汽车气压式制动控制阀

图 5-27 所示为制动时，驾驶员将制动踏板踩下到一定距离，通过滚轮、推杆使平衡弹簧及上腔活塞向下移动，消除排气间隙（上腔阀门与上腔活塞之间）而推开上腔阀门，此时，从储气筒来的压缩空气经 A_1 阀门与中阀体上的进气阀座间的进气间隙进入 G 腔，并经出气口 B_1 进入后制动气室，使后轮制动。与此同时，进入 G 腔的压缩空气通过通气孔 F 进人大活塞及下腔小活塞的上方，使其下移推开下腔阀门，此时，从前桥储气筒来的压缩空气经下腔阀门与下体阀座之间形成的进气间隙进入H腔，并经出气口 B_2 充入前制动气室，使前轮制动。

当制动踏板保持在某一位置（维持制动状态）时，压缩空气在进入 G 腔的同时由通气孔 E 进入上腔活塞的下方，并推动上腔活塞上移，使 G 腔中气压作用与复位弹簧的张力之和与平衡弹簧的压紧力相平衡，此时上腔阀门和下腔阀门均关闭，G 腔和 H 腔中的气压保持稳定状态，即为制动阀的平衡位置。

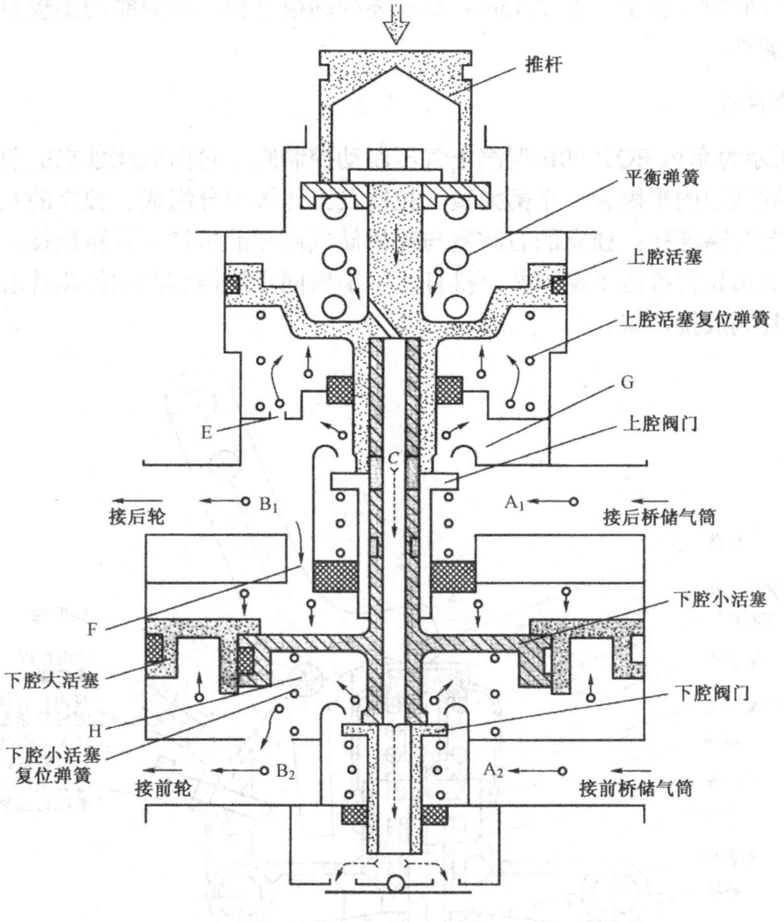

图 5-27 双腔串联活塞气压式制动控制阀工作原理图

若驾驶员感到制动强度不足，可将制动踏板再踩下一些，此时上腔阀门和下腔阀门又重新开启，使中阀体的 G 腔和下阀体的 H 腔及制动气室进一步充气，直至 G 腔中气压又一次达到与平衡弹簧的压力平衡，而 H 腔中的压缩空气对下腔活塞向上的压力重新与下腔活塞上方的压缩空气对下腔活塞向下作用的压力相平衡。在此新的平衡状态下，制动气室所保持的稳定压力比以前更高。同时，平衡弹簧的压缩量和踏板力也比以前更大。

当放松制动踏板时，操纵摇臂复位，心管上移，平衡弹簧恢复到原来装配长度，上腔活塞上移到使下端与上腔阀门之间形成排气间隙。后制动气室的压缩空气经 G 腔排气间隙和其下面的排气口 C 排入大气；与此同时，下腔大活塞及下腔小活塞受复位弹簧的张力的作用而上升，使下腔阀门与下阀体的阀座接触，从而关闭储气筒与前制动气室的通路；另一方面，由于下腔大活塞及下腔小活塞的上移，使小活塞的下端与下腔阀门之间也形成排气间隙，前制动气室的压缩空气经 H 腔及所形成的排气间隙，以及下腔阀门和排气口 C 排入大气中。

若前桥管路失效，控制阀的上腔室仍能按上述方式工作，因此，后桥管路照常工作。当后桥管路失效时，由于下腔室的大活塞上方建立不起控制气压而无法动作，上腔平衡弹簧将通过上活塞推动小活塞及心管使小活塞与大活塞单向分离而下移，推开下阀门使前桥控制管路建立制动气压、并利用小活塞和平衡弹簧的张力相互平衡起随动作用。为了消除上活塞与上阀门间的排气间隙（图示 1.2±0.2mm）所需要的踏板行程，称为制动踏板自由行程。排气间隙亦可进行调整。

2. 并联膜片式

图 5-28 所示为东风 EQ1090E 型汽车气压制动控制阀。它由彼此独立的前腔制动阀和后腔制动阀及两阀共用的平衡管、平衡弹簧、拉臂及上体等部分组成。独立的左腔室与后桥储气筒和后桥控制管路连接；独立的右腔室与前桥储气筒和前桥控制管路连接。膜片组件的驱动形式是通过叉形拉臂推压平衡弹簧、推杆、平衡臂同步地控制两腔的膜片心管。平衡弹簧无预紧力，膜片制成挠曲型。

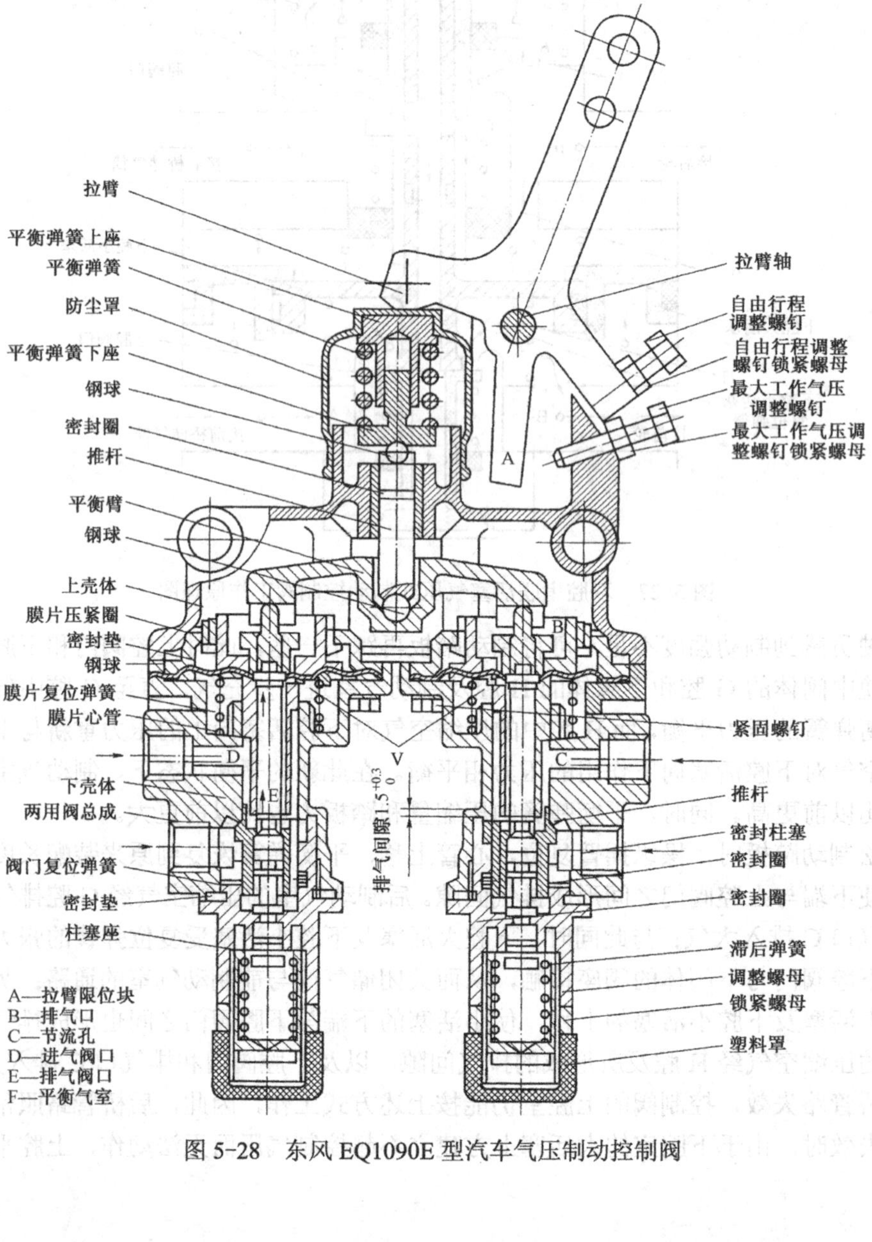

图 5-28　东风 EQ1090E 型汽车气压制动控制阀

前桥腔室中有滞后机构，两腔室制动时，有时间差和气压差，且能调整其大小，使得前后桥制动能协调一致。滞后机构总成由推杆、密封柱塞、可调的滞后弹簧、调整螺母等机件组成，其壳体通过螺纹装于阀体下端的螺纹孔内，并用密封圈密封，下端螺纹孔装有调整螺母，并用锁紧螺母锁紧。旋转调整螺母，可调整滞后弹簧的预紧力。在滞后弹簧的张力作用下，经密封柱塞使位于心管中心孔的推杆上端支撑着心管，心管下端面与进气阀上端面保持 $1.5_0^{+0.3}$ mm 的排气间隙。后桥腔室的下部，也装有和前桥腔室滞后机构相同的机件和相同的排气间隙，只是少了推杆使其滞后机构不起作用。

图 5-29 所示为制动时，杠杆使拉臂绕轴转动，拉臂将平衡弹簧和平衡臂压下，推压两腔室的膜片和心管。由于后桥腔室中无推杆和滞后弹簧的作用力，因此，心管首先将排气阀口 E 关闭，继而打开进气口 D，压缩空气便经进气阀口充入后桥控制管路。此后，由于后桥腔室中平衡气室 V 不断充气（经节流孔 C 进入），气压升高，随着膜片和心管下移各复位弹簧的变形量增加，反抗平衡臂下移的作用力将相应增大。与此同时，平衡臂对前桥腔室膜片心管组的压力也随之增大，当足以克服前桥膜片心管组下移的阻力时，平衡臂右端也开始下移，并推开前桥腔室的进气阀，使前桥控制管路充气。压缩空气在充入前、后制动气室的同时，还经节流孔 C 进入膜片的下腔，推动两腔的心管上移，促使平衡臂等零件向上压缩平衡弹簧，此时两用阀将进气阀口 D 和排气阀口 E 同时关闭，制动阀处于平衡状态，压缩空气保留在制动气室中，即维持制动。当需增加制动强度，可继续踩下制动踏板到某一位置，制动气室进气量增加，气压升高，当气压升高到进、排气阀口又同时关闭时，制动阀又处于新的平衡状态。

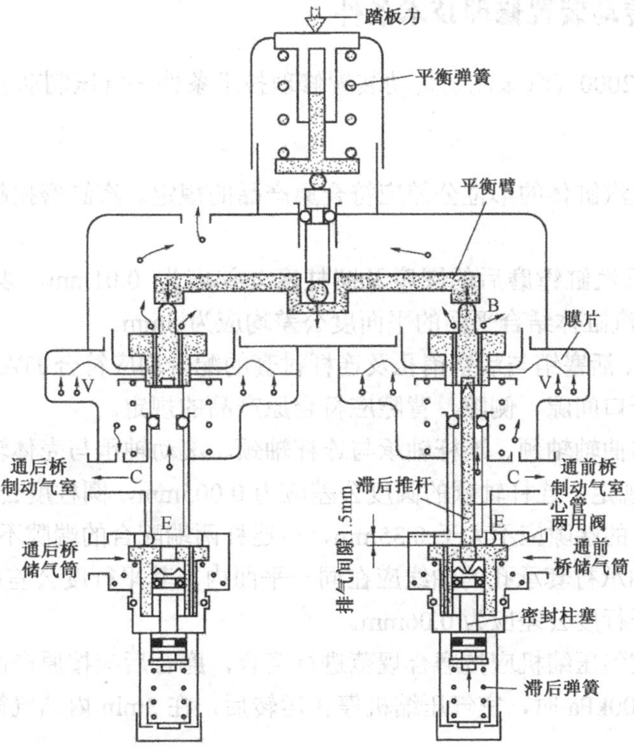

图 5-29　双腔并联膜片气压式制动控制阀工作原理示意图

放松制动踏板，两腔室的膜片心管上移，排气阀口 E 被打开。由于气压差的关系，排气将按后桥、前桥的顺序依次将压缩空气经心管和上体的排气口 B 进入大气，解除制动。通过自由行程调整螺钉，可使心管上下移动，使排气间隙达到规定值，从而保证制动踏板自由行程。通过最大工作气压调整螺钉，可限定摆臂的最大摆动位置，从而限制最大工作气压。

5.9.3 装配、调整鼓式制动器的操作要点

桑塔纳 LX 型轿车后轮制动器可按以下步骤进行装配。

（1）将复位弹簧及压力杆装到制动蹄上，并装好楔形件（突块朝向制动底板）。

（2）将两制动蹄组装在一起，并装好上复位弹簧。

（3）在驻车制动臂上装好拉索，然后将制动蹄上端放入轮缸活塞切槽中。

（4）挂好下复位弹簧，将制动蹄下端装到其支座上。

（5）挂好楔形件弹簧，装上制动蹄定位销、复位弹簧及弹簧座。

（6）在内、外轴承及轮毂内注满润滑脂，然后依次将内油封、内轴承、轮毂及制动鼓、外轴承、止推垫片安装到车轮支撑短轴上，并调整轮毂轴承预紧度：先拧紧调整螺母，同时转动车轮，避免车轮轴承轧住，正确的轴承间隙应该是用旋具在手指的压力下，刚好用推力拨动。

（7）装上锁紧螺母及开口销。

（8）踏下制动踏板，使制动器恢复正常间隙（其间隙自动调整）。

5.9.4 汽车制动传动装置修理技术条件

GB/T 18275.1—2000《汽车制动传动装置修理技术条件—气压制动》如下。

1．空气压缩机

（1）空气压缩机汽缸体的形位公差应符合原产品的规定。汽缸磨损超过分级理尺寸时应予以镶套。

（2）空气压缩机汽缸镗磨后的圆度及圆柱度公差应为 0.01mm，表面粗糙度应不大于 *Ra*0.8μm，汽缸盖、汽缸体结合平面的平面度公差均应为 5mm。

（3）活塞与汽缸、活塞销与活塞销孔及连杆衬套的配合均应符合 JTA/T3101 的有关规定。空气压缩机活塞环开口间隙、侧隙、背隙应符合原产品的规定。

（4）滚动轴承与曲轴轴颈、连杆轴承与连杆轴颈、滚动轴承与壳体轴承孔的配合均应符合 JT/T3101 的有关规定。连杆轴颈的圆度公差应为 0.005mm，圆柱度公差应为 0.0075mm。

（5）曲轴装合后的端隙应不大于 0.35mm，与连杆两端配合的端隙不大于 0.25mm。连杆活塞销承孔与连杆轴承衬套承孔的轴线应在同一平面内，其平行度公差应为 0.04mm，在与此平面垂直方向的平行度公差应为 0.06mm。

（6）修理后的空气压缩机应按磨合规范进行磨合，磨合后应按原产品规定的技术要求进行检查。当压力为 700kPa 时，空气压缩机停止运转后，在 3min 内储气筒的压力下降不应超过 10kPa。

2. 压力控制器

压力控制器应密封良好，工作可靠，所有弹簧自由长度应不低于规定值，不应有断裂或变形。压力控制器的控制压力，进气、排气压力应符合原产品规定。单向阀不得有回气现象。

3. 油水分离器

油水分离器进气口与各出气口压力应相等。安全阀气压应按原产品的规定调整，并作用良好。滤芯必须清洗干净，作用良好，工作可靠；所有阀门及密封垫不得有裂纹、老化现象。

4. 储气筒

储气筒内部应清洁，无漏气现象，用 1300～1500kPa 压力做水压试验，不得有变形和渗漏现象。

5. 制动阀

（1）制动阀零件。

① 膜片及阀门橡胶件不应有变形、裂纹或老化现象，否则应予以更换。

② 进、排气阀门和阀座如有刮伤、凹痕或磨损过度，应予以更换；如有轻微磨损，应予以研磨修复。

③ 制动阀的各弹簧弹力应符合其技术条件，否则应予以更换。

④ 制动阀壳体及阀盖不得有裂纹、变形和缺损，否则应予以更换。

（2）制动阀的装配与调整。

① 平衡弹簧的预紧力应符合使用说明书的规定，平衡弹簧装配后，平衡弹簧的两端面应与其中心轴线相垂直，允许误差不超过 2°。

② 进气阀装配之前，检查进气阀座与阀杆端部之间的距离，应符合原产品技术要求。

③ 排气阀阀壳端面至阀杆端部之间的距离应在 4～5mm，阀杆实际工作行程应为 1.2～1.7mm。

④ 制动阀拉臂的自由行程应调整到 1～3mm，制动踏板的最大行程应能保证制动气室的稳定工作气压。

（3）制动阀密封性能。

① 密封性指数的定义按相关规定。

② 按规定的试验方法试验，制动阀处于解除制动状态，在额定气压下，密封性指数应不大于 10kPa。

③ 按规定的试验方法试验，制动阀处于全制动状态，在额定气压下，密封性指数应不大于 20kPa。

（4）静特性。

① 静特性应符合设计要求，在特性范围内应能保持随动平衡。其试验方法按规定进行。

② 最初平衡气压不得大于 50kPa。

6. 制动气室

（1）制动气室的膜片或活塞密封圈不得有裂纹、变形、油污或老化现象，否则应予以更换。

（2）同轴上安装的制动气室弹簧弹力应一致，弹簧自由长度应不低于规定值，弹簧不得有断裂、变形或严重锈蚀等缺陷，否则应予以更换。

（3）制动气室的壳与盖，不得有裂纹、凹陷及推杆孔磨损过大现象；固定盖和膜片凸缘接触面平面度公差应为 0.2mm。

（4）活塞式制动气室缸筒内表面应光滑，不允许有刮伤及凹凸不平等缺陷。

（5）当压缩空气充入气室，推杆的行程应达到规定的最大行程，且左右制动气室动作应同步一致。

（6）制动气室的密封性按规定的试验方法，在额定工作压力作用下，保压 5min。膜片式制动气室不得漏气，活塞式制动气室和储能弹簧室的气压下降不大于 10kPa。

7．制动连接件及制动管路

制动连接件不得有裂纹或损伤，制动管路应完好无损，制动软管无裂纹、老化等现象，管路内应清洁。管接头应密封，接头连接螺母及螺纹应完好。管路安装应牢固可靠。

8．制动踏板

制动踏板活动自由，踏板轴不松旷，踏板的衬套和踏板轴的间隙应不大于 0.3mm。制动踏板总成在正常装配和使用条件下，应保证制动灵活、轻便，不得发生阻碍或卡死现象。制动踏板的自由行程应符合原车使用说明书的规定。

9．整车制动系统密封性

当气压升至 600kPa 且不使用制动的情况下，停止空气压缩机 3min 后，其气压降低应不大于 10kPa。在气压为 600kPa 的情况下，将制动踏板踩到底，待气压稳定后观察 3min，单车气压降低值不得超过 20kPa；列车气压降低值不得超过 30kPa。

5.10 盘式制动器与传动装置维修

5.10.1 盘式制动器的种类、结构与工作原理

盘式制动器是由摩擦衬块从两侧夹紧与车轮共同旋转的制动盘后产生制动，其旋转元件是以端面为工作面的制动盘。根据其固定元件的结构形式，盘式制动器可分为钳盘式制动器和全盘式制动器。由于钳盘式制动器散热能力强，热稳定性好，故被大多数轿车前轮所采用。全盘式制动器主要用于重型汽车。这里仅介绍应用广泛的钳盘式制动器。

钳盘式制动器可分为定钳盘式和浮钳盘式两种。

（1）定钳盘式制动器。定钳盘式制动器的结构原理图如图 5-30 所示。制动盘固定在轮毂上。横跨在制动盘上的制动钳固定安装在车桥上，它既不能旋转也不能沿制动盘轴线方向移动。制动钳内装有两个活塞，分别位于制动盘两侧。活塞后面有充满制动油液的制动轮缸。踩下制动踏板以后，制动轮缸的液压上升，活塞被微量顶出，制动块夹紧制动盘产生制动。

（2）浮钳盘式制动器。浮钳盘式制动器的特点是只在制动盘的内侧设置液压缸，而外侧的制动块则附着在钳体上，制动钳体通过导向销与车桥相连，可以相对于制动盘轴向移动，

其结构原理图如图 5-31 所示。制动时，在液压力作用下，推动活塞及其上的制动块向左移动，并压到制动盘上，于是制动盘给活塞一个向右的反作用力，使活塞连同制动钳体整体沿销钉向右移动，直到制动盘左侧的制动块也压到制动盘上。此时，两侧制动块都压在制动盘上，夹住制动盘并使其制动。

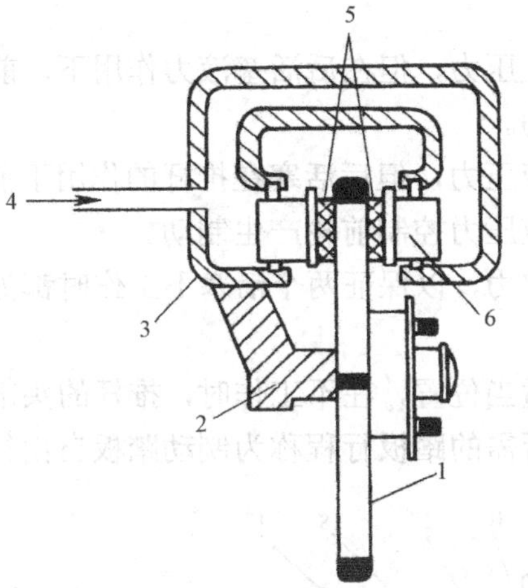

1—制动盘；2—车轿；3—制动钳体；4—进油口；5—活塞；6—制动块

图 5-30 定钳盘式制动器的结构原理图

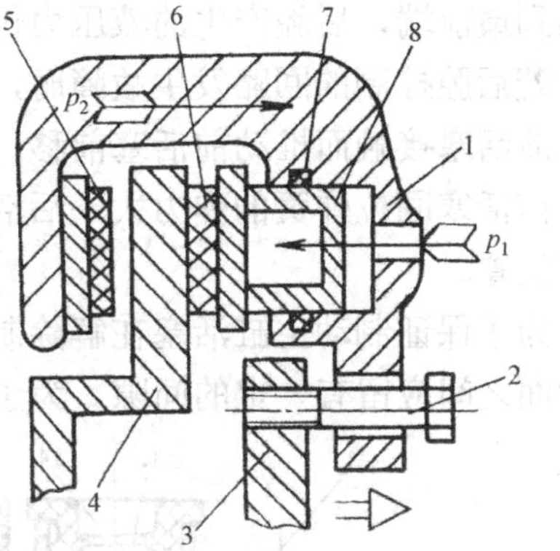

1—制动钳体；2—导向销；3—制动钳支架；4—制动盘；5—固定制动块；6—活动制动块；7—活塞密封圈；8—活塞

图 5-31 浮钳盘式制动器结构原理图

（3）盘式制动器的特点。

① 摩擦表面为平面，不易发生较大变形，制动力矩较稳定。

② 热稳定性好，受热后制动盘只在径向膨胀，不影响制动间隙。

③ 受水浸渍后，在离心力的作用下水很快被甩干，摩擦片上的剩水也由于压力高而较容易被挤出。

④ 制动力矩与汽车行驶方向无关。

⑤ 制动间隙小，便于自动调节间隙。

⑥ 摩擦片容易检查，维护和更换。

5.10.2 盘式制动器传动装置的结构与工作原理

盘式制动器传动装置由制动踏板、制动主缸、轮缸、油管等组成，有真空助力的制动系统还包括真空助力器或真空增压器。

1. 双腔式制动主缸

制动主缸的作用是将由踏板输入的机械推力转换成液压力。图 5-32 所示为串联式双腔式制动主缸的结构示意图。主缸的壳体内装有前活塞、后活塞及前、后活塞弹簧，前、后活塞分别用皮碗密封，前活塞用挡片保证其正确位置。两个储液筒分别与主缸的前、后腔相通，前出油口、后出油口分别与前后制动轮缸相通，前活塞靠后活塞产生的液力推动，而后活塞直接由推杆推动。

踩下制动踏板，推杆推动后活塞向前移动，当皮碗掩盖住储液筒进油口后，后腔压力升高。在后腔液压和后活塞弹簧力的作用下，推动前活塞向前移动，前腔压力也随之提高。当继续下踩制动踏板时，前、后腔输出压力制动液通过管路进入相应轮缸。

放松制动踏板，主缸中的活塞和推杆分别在前、后活塞弹簧的作用下回到初始位置，从而解除制动。

若前腔控制的回路发生故障时，前活塞不产生液压力，但在后活塞液力作用下，前活塞被推到最前端，后腔产生的液压力仍使后轮产生制动。

若后腔控制的回路发生故障时，后活塞不产生液压力，但后活塞在推杆的作用下前移，并与前活塞接触而推动前活塞前移，前腔仍能产生液压力控制前轮产生制动。

前活塞回位弹簧的弹力大于后活塞回位弹簧的弹力，以保证两个活塞不工作时都处于正确的位置。

为了保证制动主缸活塞在解除制动后能退回到适当位置，在不工作时，推杆的头部与活塞背面之间应留有一定的间隙。为了消除这一间隙所需的踏板行程称为制动踏板自由行程。

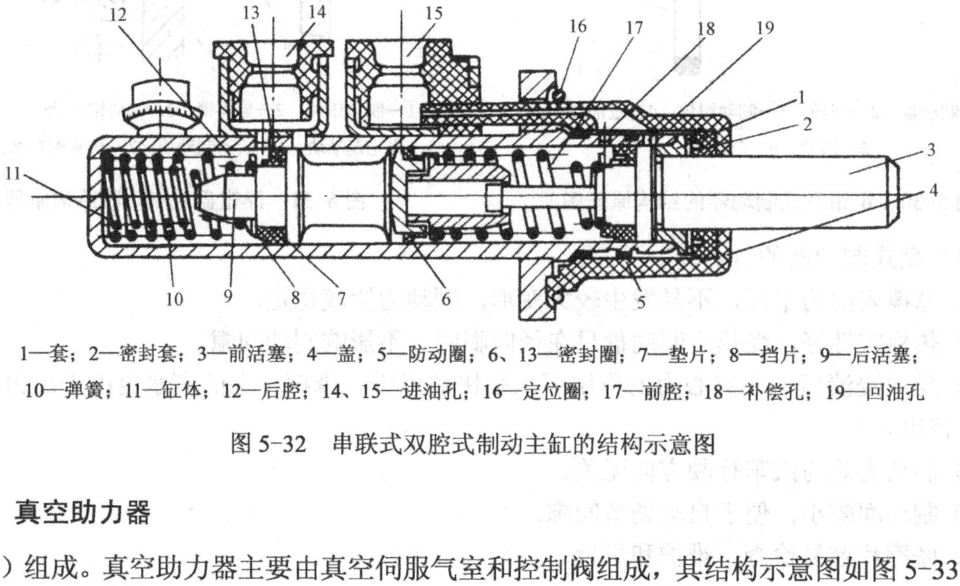

1—套；2—密封套；3—前活塞；4—盖；5—防动圈；6、13—密封圈；7—垫片；8—挡片；9—后活塞；10—弹簧；11—缸体；12—后腔；14、15—进油孔；16—定位圈；17—前腔；18—补偿孔；19—回油孔

图 5-32　串联式双腔式制动主缸的结构示意图

2. 真空助力器

（1）组成。真空助力器主要由真空伺服气室和控制阀组成，其结构示意图如图 5-33 所示。

（2）工作原理。制动时，踩下制动踏板，踏板力推动控制阀推杆 12 和控制阀柱塞 18 向前移动，在消除柱塞与橡胶反作用盘 7 之间的间隙后，再继续推动制动主缸推杆 2，主缸内的制动液压油以一定压力流入制动轮缸。与此同时，在阀门弹簧 16 的作用下，真空阀 9 也随之向前移动，直到压靠在膜片座 8 的阀座上，从而使通道 A 与 B 隔绝。进而空气阀 10 离开真空阀 9 而开启，空气经过滤环 11、空气阀的开口和通道 B 充入伺服气室后腔。伺服气室前、后腔压差而产生推力，此推力通过膜片座 8、橡胶反作用盘 7 推动制动主缸推杆 2 向前移动，此时制动主缸推杆上的作用力（踏板力）和伺服气室反作用盘推力的总和，使制动主缸输出压力成倍增高。

解除制动时，控制阀推杆弹簧 15 使控制阀推杆和空气阀向右移动，真空阀离开膜片座 8 上阀座，真空阀开启。伺服气室前、后腔相通，均为真空状态。膜片座和膜片在回位弹簧作用下回位，制动主缸解除制动。

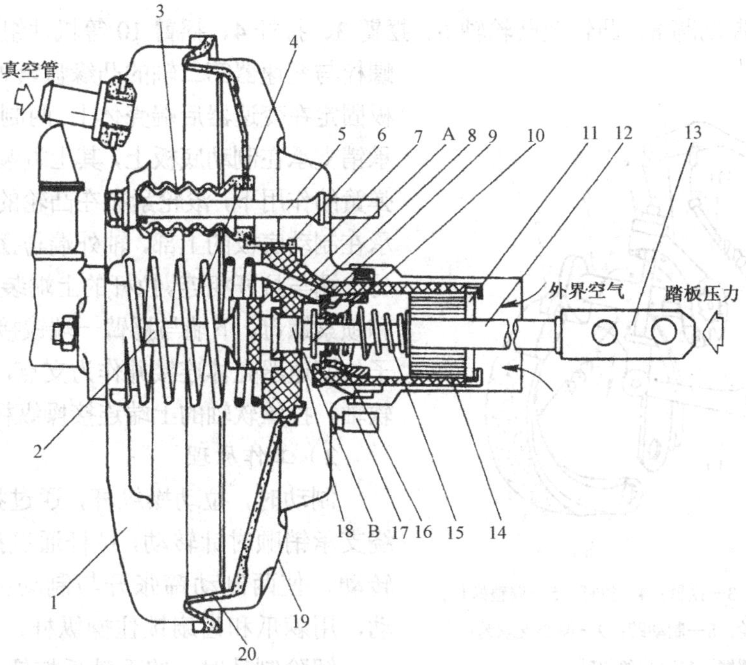

1—伺服气室前壳体；2—制动主缸推杆；3—密封圈；4—膜片回位弹簧；5—导向螺栓；6—控制阀 7—橡胶反作用盘；8—膜片座；9—真空阀；10—空气阀；11—过滤环；12—控制阀推杆；13—调整叉 14—毛毡过滤环；15—控制阀推杆弹簧；16—阀门弹簧；17—螺栓；18—控制阀柱塞；19—伺服气室后壳体；20—伺服气室膜片

图 5-33　真空助力器结构示意图

5.11　驻车制动器维修

5.11.1　驻车制动器的分类、结构与工作原理

驻车制动器又称手制动器，其主要作用是使汽车停放可靠，便于在坡道上起步，并可在行车制动器失效后临时使用或配合行车制动器进行紧急制动。

1．驻车制动器的分类

（1）按驻车制动器的安装位置，可分为中央制动式和车轮制动式两种。中央制动式通常安装在变速器的后面，其制动力矩作用在传动轴上；车轮制动式通常与车轮制动器共用一个制动器总成，只是传动机构是相互独立的。

（2）按驻车制动器的结构形式，可分为鼓式、盘式和带式。

2．鼓式驻车制动器的结构与工作原理

1）结构

鼓式驻车制动器的基本结构与前面所述的车轮制动器相同，常用的有凸轮张开式和自动增力式两种。

图 5-34 所示为东风 EQ1092 型汽车凸轮张开式驻车制动器结构示意图。它主要由驻车制动

操纵杆 2、左右制动蹄 8、凸轮及凸轮轴 6、摆臂 3、拉杆 4、摇臂 10 等机件组成。制动鼓通过螺栓与变速器第二轴的凸缘盘紧固在一起，制动底板固定在变速器后端壳体上。两制动蹄通过偏心支承销支承在制动底板上，其上端装有滚轮，在回位弹簧的作用下，滚轮紧靠在凸轮的两侧。凸轮轴支承在制动底板的上部，轴外端与摆臂连接，摆臂的另一端与拉杆相连。拉杆的上端装有球面调整螺母和锁紧螺母，下端与摇臂一端铰接。摇臂中部用销子与变速器壳体连接并作为支点，另一端连接拉丝软轴。拉丝软轴的上端连接操纵杆。

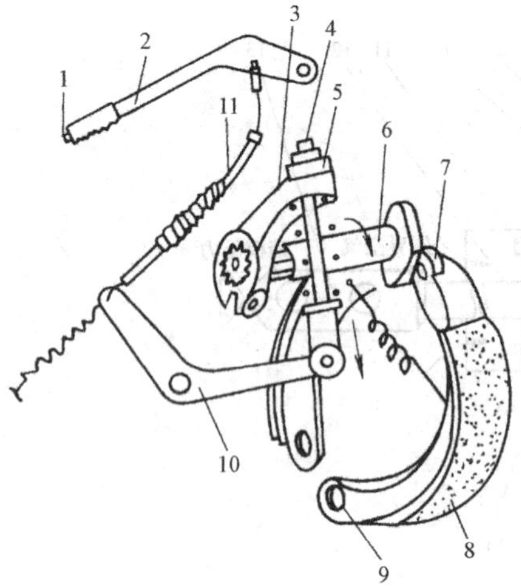

1—按钮；2—操纵杆；3—摆臂；4—拉杆；5—调整螺母；6—凸轮轴；7—滚轮；8—制动蹄；9—偏心支承销；10—摇臂；11—拉丝软轴

图 5-34　东风 EQ1092 型汽车凸轮张开式驻车制动器结构示意图

2）工作原理

制动时，拉动操纵杆，通过拉丝软轴使摇臂绕支承销顺时针转动，拉杆通过摆臂带动凸轮轴转动，使两制动蹄张开与制动鼓压紧而产生制动，用棘爪和齿扇锁住操纵杆，保持制动状态。

解除制动时，按下棘爪按钮，将操纵杆推向前的极限位置，两制动蹄片在回位弹簧作用下回位，解除制动。

制动蹄片与制动鼓的间隙通过可调拉杆上的调整螺母进行调整，若间隙过大，需调整摆臂与凸轮的相对位置。

3．蹄盘式驻车制动器的结构与工作原理

蹄盘式驻车制动器有散热性好、摩擦片更换方便、安全可靠、使用寿命长等优点。

1）结构

图 5-35 所示为蹄盘式驻车制动器示意图。制动蹄支架 1 用螺栓固定在变速器壳体后壁。铸铁的通风式制动盘 2 用螺栓与变速器第二轴后端的凸缘盘连接。制动蹄 3 通过销轴与制动蹄臂 7 和 10、支架、拉杆臂 11 连接，并利用拉簧 6 和定位弹簧 8 使制动蹄和制动盘之间保持一定的间隙。驻车制动杆 15 用销轴与固定于变速器壳上的齿扇 14 及传动拉杆 12 铰接，其下端装有棘爪 13，利用棘爪拉杆和手柄上的弹簧，能将制动器锁止在某一位置。

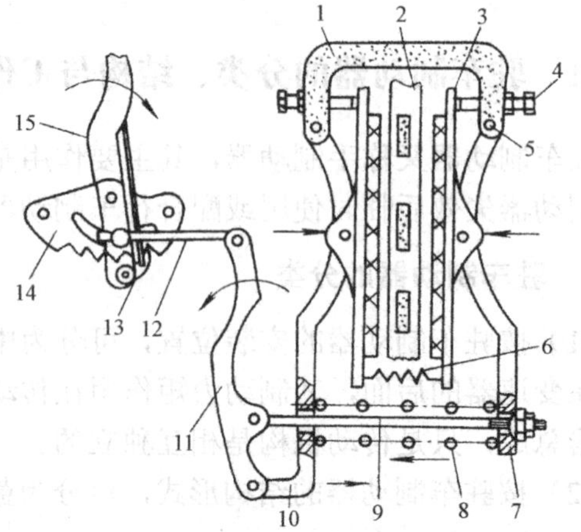

1—制动蹄支架；2—通风式制动盘；3—制动蹄；4—调整螺钉；5—销；6—拉簧；7—后制动蹄臂；8—定位弹簧；9—蹄臂拉杆；10—前制动蹄臂；11—拉杆臂；12—传动拉杆；13—棘爪；14—齿扇；15—驻车制动杆

图 5-35　蹄盘式驻车制动器示意图

2）工作原理

不制动时，驻车制动杆 15 处于最前位置。在定位弹簧 8 及拉簧 6 的作用下，两制动蹄摩擦片与制动盘之间保持一定间隙，制动器无制动作用。

制动时，将制动杆 15 上端向后扳动，传动拉杆 12 前移，使拉杆臂 11 逆时针方向摆动，推动前制动蹄臂 10 后移压向制动盘。同时通过蹄臂拉杆 9 拉动后制动蹄臂 7 压缩定位弹簧 8，使后制动蹄前移，两制动蹄即夹紧制动盘，产生制动作用，并由棘爪 13 将手制动杆锁止在制动位置。

解除制动时，按下制动杆上端的拉杆按钮，使下端棘爪脱出，然后将制动杆扳向最前端位置，前、后两蹄在定位弹簧作用下回位到不制动位置。

5.11.2　驻车制动器检修技术要求

（1）制动蹄摩擦片铆钉头埋入深度不小于 0.50mm，无裂纹、油污及烧焦等现象。

（2）制动蹄及制动鼓无裂纹，表面无油污。

（3）制动蹄回位弹簧无裂纹及弹力无明显下降现象。

（4）手制动操纵杆从放松的极限位置往上拉，应具有两响的自由行程，第三响开始有制动，第五响汽车应能在规定的坡道上停车。

第 6 章　诊断排除汽车底盘故障

学习目标

- 熟悉汽车离合器异响、手动变速器异响、传动轴异响及抖振、驱动桥异响的故障现象及原因
- 熟悉汽车转向沉重、转向盘自由行程过大的故障现象及原因
- 熟悉汽车制动跑偏、制动失效的故障现象及原因
- 熟悉汽车行驶系统减振器失效、车轮摆振、轮胎异常磨损的故障现象及原因

6.1 离合器异响故障现象及原因

1．故障现象

离合器分离或接合时，或在汽车行驶中，离合器发出不正常的响声。

2．故障原因

（1）分离轴承磨损严重、缺油或损坏；轴承回位弹簧过软、折断或脱落。

（2）从动盘铆钉松动或外露；从动片减振弹簧疲劳或折断。

（3）从动盘花键孔与轴配合松旷。

（4）分离杠杆与离合器盖的连接松旷或分离杠杆支撑弹簧疲劳、折断或脱落。

（5）踏板回位弹簧过软、脱落或折断。

（6）分离杠杆与分离轴承内端之间没有间隙。

（7）飞轮上的传动销与压盘上的传力孔或离合器盖上的驱动孔与压盘上的凸块配合间隙过大。

6.2 手动变速器异响故障现象及原因

1．故障现象

变速器发响是指变速器工作时发出的不均匀的碰撞声。由于变速器内相对运动的机件较

多，故发出不均匀的响声也较复杂。

2．故障原因

（1）齿轮发响。齿轮牙齿磨损过甚变薄，间隙过大，运转中有冲击；齿面啮合不良，如修理时没有成对更换齿轮，新、旧齿轮搭配，齿轮不能正确啮合；齿面有金属疲劳剥落或个别牙齿损坏折断；齿轮与轴上的花键配合松旷，或齿轮的轴向间隙过大；轴弯曲或轴承松旷引起齿轮啮合间隙改变。

（2）轴承响。轴承磨损严重，润滑油过稀、过稠或品质变坏；轴承内（外）座圈与轴颈（孔）配合松动；轴承弹子碎裂或有烧蚀麻点。

（3）其他原因发响。如变速器内缺油，润滑油过稀、过稠或品质变坏；变速器内掉入异物；某些紧固螺栓松动；里程表软轴或里程表齿轮发响等。

6.3 传动轴高速振动故障现象及原因

1．故障现象

在万向节和伸缩叉技术状况良好时，汽车行驶中发出周期性的响声；速度越高响声越大，甚至伴随有车身振动，握转向盘的手感觉麻木。

2．故障原因

（1）传动轴上的平衡块脱落。

（2）传动轴弯曲或传动轴管凹陷。

（3）传动轴管与万向节叉焊接不正或传动轴未进行过动平衡试验和校准。

（4）伸缩叉安装错位，造成传动轴两端的万向节叉不在同一平面内，不满足等角速传动条件。

（5）中间支承吊架固定螺栓松动或万向节凸缘盘连接螺栓松动，使传动轴偏斜。

6.4 传动轴异响故障现象及原因

1．传动轴动不平衡导致的异响

（1）故障现象。

在万向节和伸缩叉技术状况良好时，汽车行驶中发出周期性的响声；速度越高响声越大，甚至伴随有车身振动，握转向盘的手感觉麻木。

（2）故障原因。

① 传动轴上的平衡块脱落。

② 传动轴弯曲或传动轴管凹陷。

③ 传动轴管与万向节叉焊接不正或传动轴未进行过动平衡试验和校准。

④ 伸缩叉安装错位，造成传动轴两端的万向节叉不在同一平面内，不满足等角速传动条件。

⑤ 中间支承吊架固定螺栓松动或万向节凸缘盘连接螺栓松动，使传动轴偏斜。

2．万向节、伸缩叉松旷导致的异响

（1）故障现象。

在汽车起步和突然改变车速时，传动轴发出“吭”响声；在汽车缓行时，发出“咣当、咣当”的响声。

（2）故障原因。

① 万向节凸缘盘连接螺栓松动。

② 万向节主、从动部分游动角度太大。

③ 万向节轴承、十字轴磨损严重。

④ 万向节、伸缩叉磨损松旷。

3．中间支承松旷引起的异响

（1）故障现象。

汽车运行中出现一种连续的“呜呜”响声，车速越高响声越大。

（2）故障原因。

① 滚动轴承缺油烧蚀或磨损严重。

② 中间支承安装方法不当，造成附加载荷而产生异常磨损。

③ 橡胶圆环损坏。

④ 车架变形，造成前后连接部分的轴线在水平面内的投影不同线而产生异常磨损。

6.5 驱动桥异响故障现象及原因

1．故障现象

驱动桥在运行时发出不正常的响声，可分为驱动时发出异响、滑行时发出异响及转弯行驶时发出异响，以及上坡或下坡时有异响等。

2．故障原因

（1）齿轮油油量不足、油质变差，特别是油内有较大金属颗粒。

（2）各类轴承损伤、严重磨损松旷或齿轮齿面磨损、点蚀、轮齿变形或折断。

（3）主减速器锥齿轮严重磨损、啮合面调整不当、啮合间隙不符合标准（太大或太小），啮合间隙不均或未成对更换。

（4）差速器壳与十字轴、行星齿轮轴孔与十字轴配合松旷。

（5）半轴齿轮与行星齿轮啮合间隙不符合标准（过大或过小）或半轴齿轮与半轴花键配合松旷。

6.6　转向沉重故障现象及原因

1. 故障现象

在汽车行驶中，驾驶员向左、右转动转向盘时，感到沉重费力，无回正感；当汽车以低速转弯行驶或掉头时，转动转向盘非常吃力，甚至打不动。

2. 故障原因

（1）轮胎气压不足。

（2）转向节与主销配合过紧或缺油。

（3）纵、横拉杆球头连接调整过紧或缺油。

（4）转向器主动部分轴承预紧力太大或从动部分与衬套配合太紧。

（5）转向器主、从动部分的啮合调整得太紧。

（6）转向器无油或缺油。

（7）转向节推力轴承缺油或损坏。

（8）转向器转向轴弯曲或其套管凹瘪造成刮碰。

（9）主销后倾过大、主销内倾过大或前轮负外倾。

（10）前梁、车架变形造成前轮定位失准。

6.7　转向盘自由行程过大故障现象及原因

1. 故障现象

汽车保持直线行驶位置静止不动时，轻轻来回晃动转向盘，感到游动角度很大。

2. 故障原因

（1）转向器内主、从动啮合部位松旷或主、从动部位的轴承松旷。

（2）转向盘与转向轴的连接部位松旷。

（3）转向器摇臂轴与摇臂连接部位松旷。

（4）纵、横拉杆球头连接部位松旷。

（5）纵、横拉杆与转向节臂的连接部位松旷。

（6）转向节与主销松旷。

（7）轮毂轴承松旷。

6.8　制动跑偏故障现象及原因

1. 故障现象

汽车制动时，车辆行驶方向向一边发生偏斜。

2．故障原因

汽车制动跑偏的根本原因是左、右车轮制动力不相等，具体表现如下：

（1）左、右车轮制动间隙不一。

（2）左、右车轮轮胎气压、直径、花纹或花纹深度不一。

（3）左、右车轮制动蹄摩擦片与制动鼓（盘）的接触面积、材料或新旧程度不一。

（4）左、右车轮轮缸的技术状况、制动气室推杆外露长度、伸张长度不等，造成起作用时间或张开力大小不等。

（5）左、右车轮制动蹄复位弹簧拉力不一。

（6）左、右车轮制动鼓的厚度、直径、变形和磨损程度不一。

（7）单边制动管凹瘪，阻塞或漏油，单边制动管路或轮缸内有气阻，单边制动器进水或油污。

（8）单边制动蹄与支承销配合紧或锈蚀。

（9）两边钢板弹簧刚度不等，两边轴距不等，车架变形及前束不对。

6.9 液压制动系统制动失效故障现象及原因

1．故障现象

踩下制动跳板，车辆不减速，即使连续几脚制动也无明显减速作用。

2．故障原因

（1）主缸内无制动液。

（2）主缸皮碗严重破裂或制动系统有严重的泄漏之处。

（3）制动软管或金属管断裂。

（4）制动踏板至主缸的连接脱开。

6.10 气压制动系统制动失效故障现象及原因

1．故障现象

踩下制动踏板，车辆不减速，即使连踩几脚制动也无明显减速作用。

2．故障原因

（1）制动踏板至制动控制阀的连接脱开。

（2）储气筒无压缩空气。

（3）制动控制阀的进气阀打不开或排气阀严重关闭不严。

（4）制动控制阀膜片、制动气室膜片严重破裂或制动软管断裂。

（5）制动管路内结冰或油污严重而阻塞。

6.11 减振器失效故障现象及原因

1. 故障现象

汽车在不平路面行驶时车身强烈振动并连续跳动；有时在一定速度范围内发生“摆头”现象。

2. 故障原因

（1）减震器连接销脱落或橡胶衬套磨损破裂。

（2）减震器油量不足或渗入空气。

（3）减震器密封阀门密封不良，阀门与阀座贴合不良。

（4）减震器活塞与缸筒磨损配合松旷。

6.12 车轮摆振故障现象及原因

1. 故障现象

汽车在某低速范围内或某高速范围内行驶时，出现（或有时出现）两前轮各自绕主销发生角振动，转向盘发抖，握方向盘的手有麻木感，甚至车头在横向平面内左右晃动、行驶不稳等现象。

2. 故障原因

（1）前轮动不平衡。前轮轮胎、轮辋、制动鼓或盘、轮毂等旋转件质量不平衡前轮动不平衡。

（2）前轮毂轴承松旷，前轮端面圆跳动过大。

（3）前轮使用翻新胎。

（4）前轮外倾角太小、前束太大；主销内倾角过小、主销后倾角过小或主销负后倾；两前轮转向轮定位角不一致。

（5）转向传动机构与悬架运动的干涉。

（6）车架、车桥发生弯、扭变形。

（7）转向器松旷、啮合间隙过大或转向器在车架上连接松旷。

（8）转向传动机构球头销等部位松旷，或转向系部件刚度太低。

（9）转向节与主销配合松旷或转向节与前梁拳形部沿主销轴线方向配合松旷。

（10）悬架装置出现故障，如左、右悬架刚度不等，减振器失效，导向装置失效等。

6.13 轮胎异常磨损故障现象及原因

1. 故障现象

轮胎出现两肩磨损、胎冠中部磨损、内（外）侧磨损、锯齿形磨损及波浪形磨损等。

2．故障原因

（1）前车轮外倾角及前束不符合要求。

（2）前轴、车架或转向节变形、松动。

（3）横直拉杆球头、座磨损松旷。

（4）钢板弹簧 U 形螺栓松动。

（5）车轮轮毂轴承磨损、松旷。

（6）轮胎不平衡量过大，轮胎气压不正常。

（7）左右轮胎规格尺寸不一致。

（8）减振器失效，轮辋变形。

3．轮胎不正常磨损原因分析

（1）胎肩或胎面中间磨损，如图 6-1 所示。

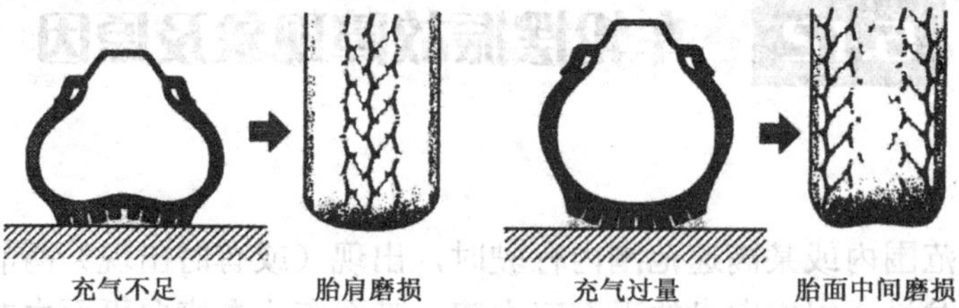

图 6-1　胎肩或胎面的磨损

① 集中在胎肩上或胎面中间的磨损，主要是由于未能正确保持充气压力所致。如果轮胎充气压力过低，轮胎的中间便会凹入，将载荷转移到胎肩上，使胎肩磨损快于胎面中间。

② 如果充气压力过高，轮胎中间便会凸出，承受了较大的载荷，使轮胎中间磨损快于胎肩。

（2）内侧磨损或外侧磨损，如图 6-2 所示。

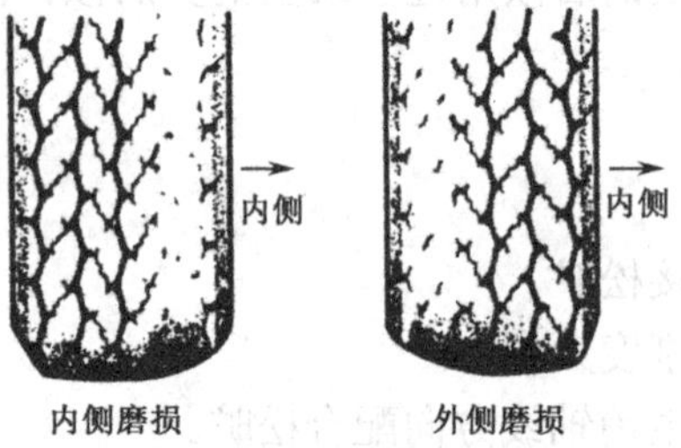

图 6-2　轮胎单侧磨损

① 在过高的车速下转弯，轮胎滑动，便产生了斜形磨损。

② 悬架部件变形或间隙过大，会影响前轮定位，造成不正常的轮胎磨损。

③ 如果轮胎面某一侧的磨损快于另一侧的磨损，其主要原因是外倾角不正确，由于轮胎与路面接触面积大小因载荷而异，对具有正外倾角的轮胎而言，其外侧直径要小于其内侧直径。因此，胎面必须在路面上滑动，以便其转动距离与胎面的内侧相等。这种滑动便造成了外侧胎面的过量磨损。反之，具有负外倾角的轮胎，其内侧胎面磨损较快。

（3）前束磨损和后束磨损（羽状磨损或锯齿状磨损），如图 6-3 所示。

① 胎面的羽状磨损，主要是由于前束调节不当所致，过量的前束，会迫使轮胎向外滑动，并使胎面的接触面在路面上朝外拖动，造成前束磨损。如图 6-3（a）所示，胎面呈明显的羽毛状。用手指从轮胎的内侧至外侧划过胎面，便可加以辨别。

② 另一方面，过量的后束，会将轮胎向内拉动，并使胎面的接触面在路面上朝内拖动，造成如图 6-3（b）所示的后束磨损。

（4）前端和后端磨损，如图 6-4 所示。

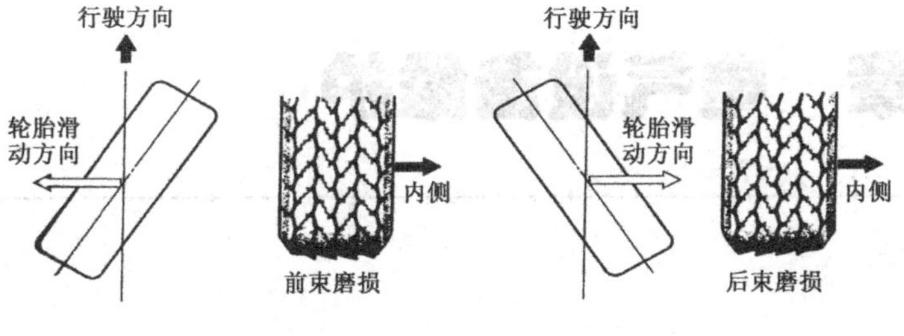

（a）前束磨损　（b）后束磨损

图 6-3　前束磨损和后束磨损

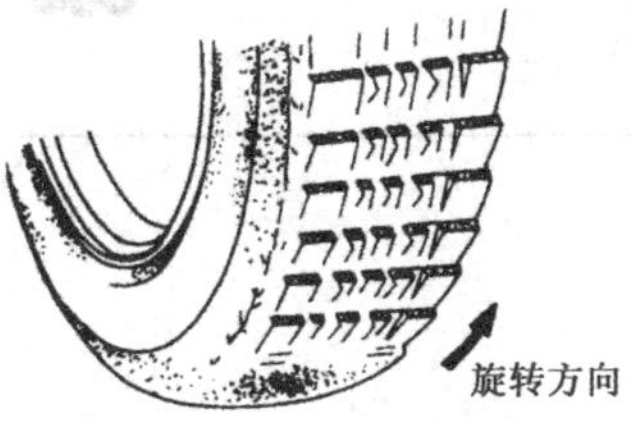

图 6-4　前端和后端磨损

① 前端和后端磨损是一种局部磨损，常常出现在具有横向花纹和区间花纹的轮胎上，胎面区间发生斜向磨损（与鞋跟的磨损方式相同），最终变成锯齿状。如车辆经常在铺路道路上行驶，轮胎便会磨损较快。这是由于轮胎向上转动并离开铺面，胎面区间在刹那间打滑所致（由于路面很坚硬，当胎面区间试图掘入地面时，路面不凹陷）。因此，最后离开路面的胎面区间部分受到较大的磨损。

② 具有纵向花纹的胎面，磨损时会产生波状花纹。

③ 非驱动轮的轮胎只受制动力的影响，而不受驱动力的影响，因此，往往会有前、后端形式的磨损，如反复使用和放开制动器，便会使轮胎每次发生短距离滑动而磨损，前、后端磨损的形式便与这种磨损相似。

④ 另一方面，如果是驱动轮的轮胎，则驱动力所造成的磨损，会在制动力所造成的磨损的相反的方向上出现，所以驱动轮轮胎极少出现前、后端磨损。大客车和大货车，由于制动时产生了大得多的摩擦力，故具有横向花纹的轮胎，便会出现与非驱动轮相似的前、后端磨损。

（5）斑状磨损（蝶片状磨损）。

① 斑状磨损是车辆高速行驶时产生的，其特点是在胎面上一处或多处的杯形凹陷。

② 如果车轮轴承、球节、转向横拉杆端头等部件的间隙过大，或者轴颈弯曲，则轮胎高速旋转时，便会在某些特定的点上摆振，施加产生滑动的强大摩擦力，这两者均可导致斑状磨损。

③ 制动鼓变形或不规则磨损，会造成按一定周期制动，导致轮胎沿圆周方向相对较宽的面积上，出现斑状磨损。

第 7 章　电气设备维护

学习目标

➢ 掌握汽车电气设备二级维护前的检测项目及技术要求
➢ 掌握汽车电气设备二级维护及附加作业的内容

7.1 二级维护前电气设备检测与附加作业确定

7.1.1 二级维护前电气设备检测项目及技术要求

1. 空调系统工作状况检查

空调系统工作时，制冷效果应良好，整个系统工作无异响。系统无泄露，高低侧压力符合要求。一般，发动机转速 2000r/min，空调正常工作时，高压侧压力为 1.37～1.67MPa，低压侧压力为 0.15～0.19MPa。

2. 电器系统工作情况

（1）检查点火提前角：发动机的转速为 800r/min 时，点火提前角为 9°；转速为 1200r/min 时，点火提前角应为 13°±1°。

（2）检查点火电压：转速为 1200r/min 时，点火电压应为 8～10kV，且各缸差值不大于 2kV，点火波形正常。检查单缸转速降：转速为 1200r/min 时，单缸发动机断火转速下降应不小于 90r/min，且各缸相差不超过 25%。

（3）检查启动电压、电流：启动前蓄电池电压不小于 12V；启动电流稳定值应该为 100～150A，蓄电池内阻不大于 20mΩ；稳定电压不小于 9V。

（4）检查蓄电池充电电压及电流：充电电流为 10～25A，充电电压为 13.8～14.2V。

7.1.2 汽车电气设备二级维护竣工检验项目和技术要求

汽车电气设备二级维护竣工检验项目和技术要求见表 7-1。

表 7-1　汽车电气设备二级维护竣工检验项目和技术要求

检验项目	技术要求	检验方法
蓄电池	电解液液面高度应符合规定；通气孔畅通，电桩夹头清洁、牢固；电压符合规定值	检查外表，用高率放电计检查电压、用密度计检测电解液密度
发电机、空调机皮带	符合规定	检查皮带磨损、老化程度，调整皮带松紧度
灯光、仪表、信号装置	齐全有效，安装牢固	就车检查
启动机	符合规定	检查启动电压、电流
发电机	符合规定	检查输出电压、充电电流大小

7.2 二级维护汽车电气设备附加作业

7.2.1　蓄电池充电

1．蓄电池充电方法及种类

1）蓄电池充电方法

（1）定电流充电法。在充电过程中，使充电电流保持恒定的充电方法称为定电流充电法。充电时，不论被充电蓄电池的电压为 12V 还是 14V 均可串联在一起充电。其通用性好，可选择和调整充电电流，有利于延长蓄电池使用寿命。充电时间长，且需经常调节充电电流，充电效率低，易造成过充电。

（2）定电压充电法。在充电过程中，充电电压始终保持不变的充电方法称为定电压充电法。采用此方法充电时，充电电压一般按单格蓄电池电压约 2.5V 来选取，即 6V 电池为 7.5V，12V 蓄电池充电电压为 15V。如同时对多个蓄电池充电，则要求各蓄电池电压等级相同。充电效率高，充电时间短，但充电电流不能调整，且初期电流过大，易造成蓄电池损伤。

（3）快速充电法。上述两种方法称为常远规充电法，完成一次充电需 60～70h。快速充电就是指在较短的时间内向蓄电池充入大量电荷的一种充电方法。主要用于补充充电，充电效率高，蓄电池补充充电时间只需 1h 左右。

2）蓄电池充电种类

（1）初充电。对新蓄电池或更换了极板后的蓄电池，在使用之前首先对蓄电池进行的首次充电，称为初充电。随着新型蓄电池（如干式荷电蓄电池、免维护蓄电池）等的广泛应用，一般来说新蓄电池可直接投入使用或只需进行补充充电即可投入使用。

（2）补充充电。蓄电池在使用过程中，常有充电不足现象，应根据需要进行补充充电。如有下列情况，则需进行补充充电。

① 电解液密度下降到 1.15g/cm^3 以下。

② 冬季放电超过 25%，夏季超过 50%。

③ 汽车灯光暗淡，启动机运转无力。

④ 用高率放电计检查蓄电池电压在9.6～11.2V之间。

⑤ 储存时间过长的干式荷电蓄电池或MF蓄电池首次使用。

2．常用充电设备

（1）就车充电时，可利用发电机进行充电。

（2）实验室充电时，可采用硅整流充电机和快速充电机充电。

3．充放电终了标志

（1）充电终了标志。

① 蓄电池内产生大量气泡，出现沸腾现象。

② 电压上升到最大值，并在2h内不再增加。

③ 密度上升至最大值，且2h内不再增加。

（2）蓄电池放电终了标志。

① 电压下降的终止电压（此电压与放电电流有关，电流越大，此电压越低）。

② 电解液密度降低到最小许可值（约1.11g/cm³）。

7.2.2 点火系统传感器类型与功用

随着汽车技术的发展，目前汽车上广泛采用电子点火系统和微机控制点火系统，又称电控点火系统，它由传感器、ECU和执行器组成。传感器向ECU提供点火信号，并能监测发动机运行工况。

信号发生器应用于电子点火系统当中，主要产生点火信号输送给点火控制模块，从而切断点火初回路，在点火线圈中产生高压使火花塞跳火。常用的主要有两种方式：磁感应式和霍尔式。

磁感应式信号发生器的结构如图7-1所示。由定时转子1、永久磁铁2、铁芯3及绕制在铁芯上传感线圈5组成。当定时转子转动时，气隙6发生变化而使得传感线圈5中的磁通4发生变化，从而产生感生电压，并以此作为信号传送到点火模块来控制点火。

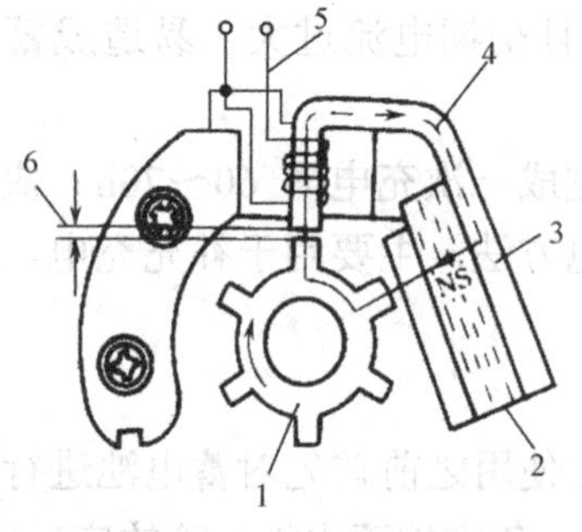

1—定时转子；2—永久磁铁；3—铁芯；
4—磁通；5—传感线圈；6—气隙

图7-1 磁感应式信号发生器的结构

霍尔式发生器由永久磁铁1、触发叶轮2、磁轭3和霍尔集成电路4组成。霍尔集成电路中有霍尔元件，当电流通过放在磁场中的霍尔元件（半导体基片），且电流方向和磁场方向垂直时，在垂直于电流和磁场的霍尔元件的横向侧面上产生一个与电流和磁场强度成正比的电压，称为霍尔电压。所以，当触发叶轮的叶片进入磁铁和磁轭之间时，通过霍尔元件的磁场被切断，霍尔电压为0，如图7-2（a）所示。而当叶片不在磁铁和磁轭之间时，如图7-2（b）所示，霍尔元件处于磁场之中，从而产生霍尔电压。霍尔电压值很小，约为20mV。需经电路放大后（约为9V）才能作为控制信号输出。

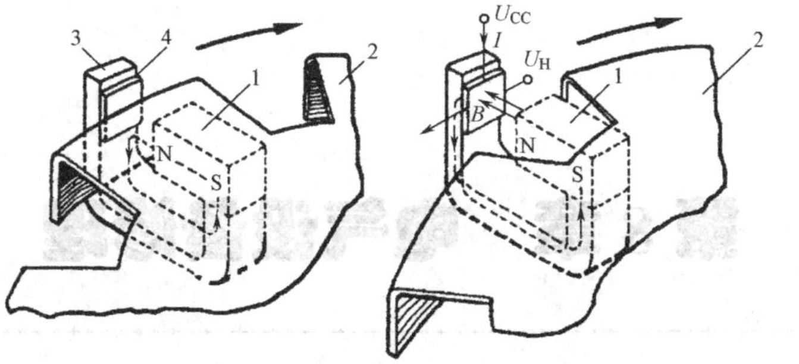

（a）　　（b）

1—永久磁铁；2—触发叶轮；3—磁轭；4—霍尔集成电路

图 7-2　霍尔式信号发生器

第8章 电气设备修理

学习目标

- 掌握启动机的检修及性能检测方法
- 掌握发电机的检修及性能检测方法
- 掌握汽车空调系统的基本结构及检修方法

8.1 启动机检修

8.1.1 启动机分类与工作原理

1. 启动机分类

启动机一般可分为以下三类：

（1）电磁操纵（强制啮合）式，这是最常见的一种方式。

（2）永磁式启动机，其电动机磁极为永久磁铁，简化了启动机结构，提高了使用寿命。

（3）减速启动机，其传动机构内装有减速齿轮，能进一步提高启动力矩。

2. 启动机工作原理

启动机主要由直流电动机、传动机构和电磁控制开关组成。

（1）直流电动机。启动机使用直流串激式电动机，其内部励磁绕组和电枢绕组串联，在启动时能提供最大的扭矩，带动发动机转动。

（2）传动机构。传动机构主要由单向离合器和传动拨叉组成。部分启动机还具有减速传动装置。在发动机启动时，传动机构保证启动机与发动机飞轮齿圈啮合，带动发动机转动。启动后又能顺利地自动脱离啮合。

（3）电磁控制开关。开关内有吸拉线圈和保位线圈，当启动电路接通时，吸拉线圈和保位线圈产生吸力，驱动主触盘与主接柱接合，接通启动机主电路。同时，驱动拨叉工作，使单向离合器与发动机相啮合。

8.1.2　启动机性能参数

1. 启动机空载性能参数

启动机空载性能是指启动机不带负荷，接通电源，所测量启动机的空载转速和启动电流。启动机型号不一样，其空载性能参数也有所不同。例如，桑塔纳轿车所用的 QD1225 启动机，空载转速不低于 5000r/min，电流不大于 45A；而对微型车启动机而言，由要求空载车速不低于 3500r/min，启动电流不大于 50A。

2. 启动机全制动性能参数

启动机全制动性能是指启动机全制动时的电流和转矩。同样，启动机型号不一样，其性能参数也不一样。如桑塔纳轿车所用的 QD1225 启动机，全制动时，电压为 7V，电流不大于 480A，转矩不小于 13N • m；而对微型车启动机而言，由要求全制动电压为 8.5V，电流不大于 480A，转矩不小于 11N • m。

3. 启动机标准电压和功率

启动机电压标准分为 12V 系统和 24V 系统。启动机型号不一样，功率也不一样。如一般轿车的启动机功率为 2～3W，而微型车的启动机功率则不到 1W。

8.2 发电机检修

8.2.1　发电机与调节器工作原理

1. 交流发电机工作原理

转子总成上有激磁绕组，当接通激磁绕组回路时，在发电机中产生一个旋转变化的磁场。定子总成中有一个呈星形连接的三相定子绕组，在变化的磁场中产生出三相交流电。整流器由 6 个二极管组成，根据二极管中心引线的极性，分为三个正二极管和三个负二极管。6 个二极管组成一个桥式整流电路，将定子总成产生的三相交流电转化为直流电，作为发电机的输出电压。

2. 交流发电机调压原理

为了维持发电机输出电压的恒定，发电机激磁回路中需加入电压调节器，在发电机工作时，通过接通和切断激磁回路来保持发电机输出电压的稳定。目前广泛采用的是集成电路调节器。根据安装位置不一样，可分为内装式（装于发电机内）和外装式两种。按其搭铁形式又可分为内搭铁和外搭铁两种，选用时，调节器的搭铁极性和电压等级必须与发电机相一致。

8.2.2 发电机性能参数

发电机的性能参数包括发电机的标定电压、调节电压额定功率和额定转速等。目前，汽车上应用的发电机的标定电压主要有 14V 和 28V 两种，其调节电压分别为 13.5～14.5V 和 27.5～28.5V。发电机型号不同，其额定功率和额定转速也不一样，一般来说，14V 发电机的功率接近 1000W，额定转速为 800～1000r/min。

8.3 空调制冷系统检修

8.3.1 汽车空调系统分类与组成

1. 空调系统分类

现在广泛使用的空调制冷系统主要有以下两种方式：孔管—积累器式制冷系统和膨胀阀储液干燥器式制冷系统，如图 8-1 和图 8-2 所示。

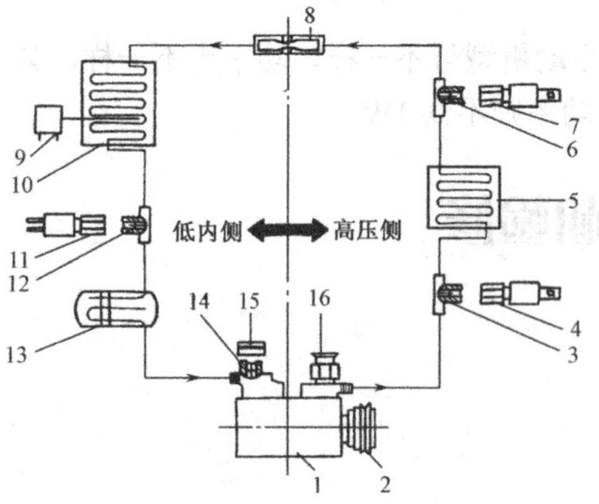

1—压缩机；2—电磁离合器；3、6、12、14—单向阀；
4—高压保护开关；5—冷凝器板；7—高压调整开关；
8—孔管具；9—防霜开关；10—蒸发器；
11—低压保护开关；12—积累器；13—堵塞

图 8-1 孔管—积累器式制冷系统汽车空调

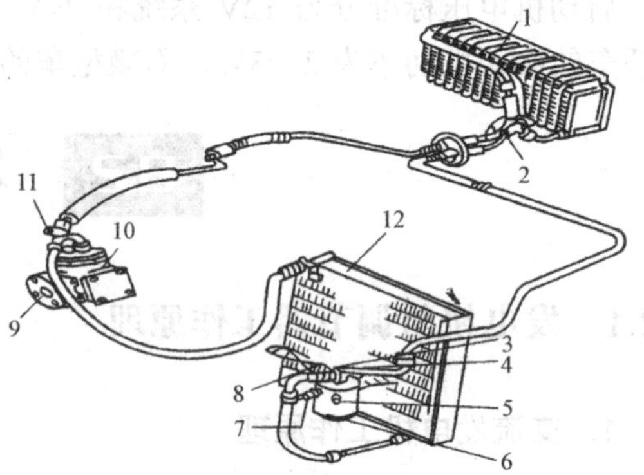

1—蒸发器；2—膨胀阀；3—窥视孔；4—易熔塞；
5、11—充放气阀；6—储液干燥器；
7—低压开关；8—高压开关；9—电磁离合器；
10—压缩机；12—冷凝器

图 8-2 膨胀阀储液干燥器式制冷系统汽车空调

2. 空调系统组成

汽车空调系统主要由压缩机、冷凝器、储液干燥器（或各累器）、膨胀阀（或孔管）蒸发器和电气控制系统等组成。它们由以下三种管道连成制冷系统。

高压蒸气软管：用于连接压缩机和冷凝器。

高压液体管路：用于连接冷凝器和蒸发器。

低压蒸气软管：用于连接蒸发器和压缩机。

8.3.2　制冷剂分类

作为汽车制冷剂的冷媒主要有R12和R134a两种。由于R12中含有氯原子，分离出氯离子导致大气臭氧层的破坏，因此，R12已经被禁止使用。目前广泛采用的制冷剂为R134a。

R134a分子式为CH2FCF3（四氟乙烷），其毒性非常低，在空气中不可燃，安全类别为A1，是很安全的制冷剂。R134a的化学稳定性很好，然而由于它溶水性比R22高，所以对制冷系统不利，即使有少量水分存在，在润滑油等作用下，将会产生酸、二氧化碳或一氧化碳，将对金属产生腐蚀作用，或产生“镀铜”作用，所以，R134a对系统的干燥性和清洁度要求更高。

第9章　诊断排除电气设备故障

学习目标

- 掌握汽车电气设备常见故障的产生原因和故障现象
- 掌握汽车电气设备常见故障的诊断与排除方法

9.1　诊断排除电气设备故障

9.1.1　诊断排除发电机充电电流不稳故障

1．故障现象

发电机充电电流不稳是指充电电流忽大忽小，电流表指针不停摆动或充电指示灯不停闪烁。

2．故障原因

（1）发电机输出电压不稳定。可能为发电机电枢绕组有断路、短路和接触不良现象。电刷与滑环接触不良。

（2）导线接触不良或松动，行驶中受汽车震动的影响时断时续，造成充电电流不稳。

（3）风扇皮带没有张紧、皮带上有油污或皮带磨损严重。

（4）电压调节器工用不良。

3．故障处理

（1）检查皮带张紧度和皮带表面及磨损情况。

（2）检查连接电路中各插接器和接线柱有无松动。

（3）检查电压调节器工作情况，有问题则更换。

（4）检查或更换发电机总成。

9.1.2 诊断排除发电机异响故障

1. 故障现象

发电机工作时，有“嗒嗒”或“咔咔”响声产生。

2. 故障原因

（1）发电机工作时产生电磁噪声，只在某一负载和转速下产生。
（2）机械噪声。
① 发电机装配不当，使发电机风扇、转子等运动件产生运动干涉而产生异响。
② 发电机轴承损坏。
③ 发电机皮带损坏或磨损严重。

3. 故障诊断

（1）检查发电机皮带的张紧度和磨损情况。
（2）改变发电机转速和负荷，查看异响是否消失。
（3）拆检发电机。

9.1.3 诊断排除启动机运转无力故障

1. 故障现象

发动机启动时，发动机断续转动或转速太低而不能启动。

2. 故障原因

（1）蓄电池亏电。
（2）启动电路中有线路接触不良或接线柱被氧化现象。
（3）启动机工作不良。
（4）发动机转动阻力太大。

3. 故障诊断

（1）检查发动机机油量和机油品质。
（2）检查蓄电池是否亏电；检查其桩头连接是否紧固。
（3）检查连接电路中各插接器是否有松动和接触不良现象。
（4）若启动电路中含有启动继电器，则检查继电器的工作情况。
（5）检查启动机电磁开关。
（6）检修或更换启动机。

9.1.4 诊断排除火花塞间隙性跳火故障

1. 故障现象

发动机工作时，火花塞产生不规律跳火，跳火时断时续，发动机产生“游车”现象并产生黑烟。站在排气管位置时能闻到明显的汽油味。

2. 故障原因

（1）火花塞工作不良。
（2）高压线工作不良。
（3）点火线线圈工作不良。
（4）传感器或信号发生器工作不良。
（5）点火控制器或 ECU 工作不良。

3. 故障诊断

（1）将车辆于举升器上举升。启动发动机，抖动油门，模仿发动机在各工况下的运行。

（2）将点火正时枪的感应夹正确地依次分别夹在每一根高压线上，变换车速并观察正时灯闪动中有无间断现象；当个别缸有间断时，故障大都在此缸高压线及火花塞上；若多缸均有间断现象，则除检查高压线、火花塞外，还应检查点火线圈、点火模块、信号发生器等。

（3）检查分电器。

9.1.5 诊断排除高压缺火故障

1. 故障现象

发动机工作时，加速无力，怠速不稳，排气冒黑烟，尾气中有汽油味。

2. 故障原因

发动机有一个或几个缸缺火。其原因如下：
（1）火花塞不工作。
（2）分高压线工作不良。
（3）分电器或点火模块工作不良。
（4）油路或发动机内部机械故障。

3. 故障诊断

（1）检查缺火缸火花塞工作情况。
（2）检查缺火缸分高压线。
（3）若为分电器式点火系统，则检查分电器盖和分火头。若为无分电器点火系统，则检查缺火缸点火模块。
（4）检查其油路及机械部分是否有故障。

9.1.6 诊断排除高压无火故障

1. 故障现象

发动机不能启动，将高压线试火时，没有火花产生。

2. 故障原因

(1) 点火线圈损坏。
(2) 点火器不工作。
(3) 信号发生器不工作。
(4) 线路故障。
(5) 分电器损坏。

3. 故障诊断

(1) 检查蓄电池电压和连接线路是否有松动、断路和短路现象。
(2) 检查点火线圈初、次级绕组电阻是否正常。
(3) 检查点火器工作情况。
(4) 检查信号发生器的信号输出情况。
(5) 检查分电器和高压线技术状况。

9.1.7 诊断排除启动机齿轮不能与飞轮齿圈啮合故障

1. 故障现象

发动机启动后，启动机空转，不能与飞轮齿圈啮合。

2. 故障原因

(1) 蓄电池电压不足。
(2) 启动机啮合机构卡死。
(3) 启动机电磁开关损坏。
(4) 启动机调整不当。

3. 故障诊断

(1) 检查蓄电池是否亏电。
(2) 检查启动时启动机是否发卡。
(3) 检查启动机啮合器与启动机壳体间的间隙是否符合规定。

9.1.8 诊断排除启动机齿轮无法分离故障

1. 故障现象

发动机启动后，启动机齿轮不能自动与飞轮分离。

2. 故障原因

(1) 启动机啮合机构卡死。

（2）电磁开关中线圈中有短路现象。
（3）启动继电器工作不良。
（4）电路连接错误。

3．故障诊断

（1）关闭点火开关，检查启动机啮合机是否回位。
（2）检查启动继电器。
（3）检查启动机电磁开关。
（4）检查点火开关和启动电路。

9.1.9　诊断排除喇叭工作不良故障

1．故障现象

按下喇叭按钮时，喇叭不响或声音嘶哑。

2．故障原因

（1）喇叭接触不良或调整不当。
（2）蓄电池亏电。
（3）喇叭继电器工作不良。
（4）喇叭电路有断路或短路。
（5）喇叭按钮工作不良。

3．故障诊断及处理

（1）检查蓄电池技术状况。
（2）检查喇叭继电器技术状况，有问题时更换。
（3）检查喇叭按钮技术状况，及时修复或更换。
（4）检查、调整喇叭，或更换喇叭总成。

9.2　诊断排除空调系统故障

9.2.1　空调制冷系统控制电路

汽车车型不一样，其空调控制电路也有差别。空调制冷系统控制电路由以下部分组成：电源电路、温度控制电路、鼓风机控制电路、冷凝器风扇电路、怠速控制电路和压力控制电路。一般来说，空调的控制电路有两种类型：控制电源型和控制搭铁型，如图 9-1 所示。

汽车车型不一样，其空调控制所采用的控制形式也不一样。图 9-2 所示为桑塔纳轿车的空调电路图。

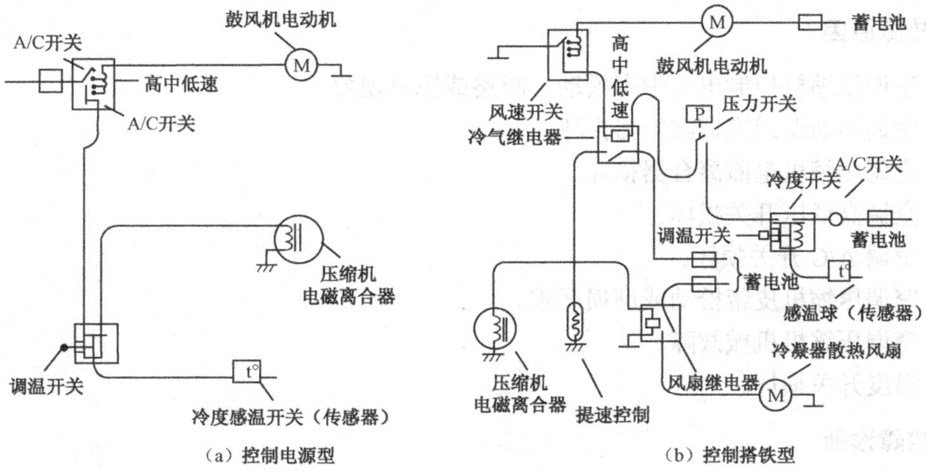

图 9-1　空调压缩机控制电路

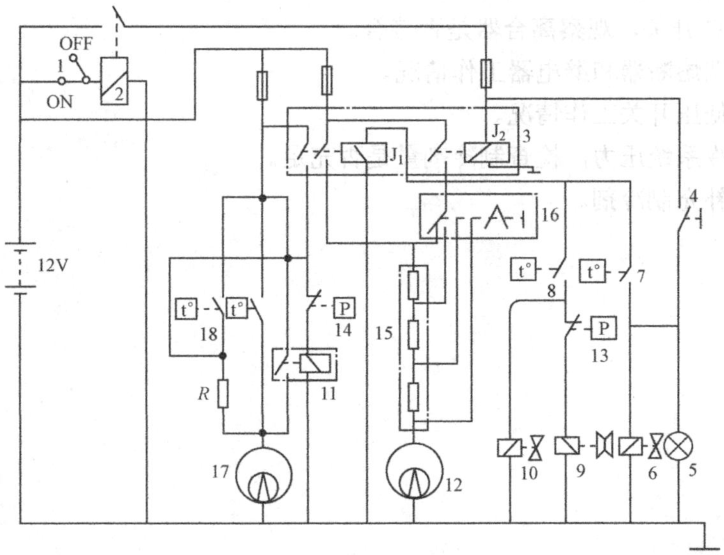

1—点火开关；2—减负荷继电器；3—主继电器；4—空调 A/C 开关；5—空调开关指示灯；6—新鲜空气翻板电磁阀；7—环境温度开关 8—恒温器；9—电磁离合器；10—怠速转换阀；11—冷却风扇继电器；12—鼓风机；13—低压保护开关；14—高保护开关；15—风机调速电阻；16—鼓风机开关；17—冷却电风扇

图 9-2　桑塔纳轿车空调电路图

9.2.2　诊断排除空调系统压缩机不转故障

1．故障现象

启动发动机，在怠速时打开空调 A/C 开关和鼓风机开关，此时，发动机转速无变化，空调电磁离合器不工作，出风口无冷气吹出。

2. 故障原因

（1）空调压缩机控制电路中有松动、断路或短路现象。
（2）空调熔断器或空调继电器损坏。
（3）空调压缩机电磁离合器损坏。
（4）空调高低压开关损坏。
（5）空调 A/C 开关损坏。
（6）空调压缩机皮带松动或磨损严重。
（7）空调压缩机机械故障。
（8）温度开关损坏。

3. 故障诊断

（1）检查压缩机皮带张紧度和磨损情况。
（2）启动发动机，保持怠速运转，拨动温度开关至制冷挡。
（3）打开 A/C 开关，观察离合器是否接合。
（4）检查空调熔断器和继电器工作情况。
（5）检查高低压开关工作情况。
（6）检查制冷系统压力，检查制冷剂量是否充足。
（7）视情况补充制冷剂。

第二部分　技能要求

第10章　发动机维护

学习目标

➢　能够对发动机进行二级维护前的相关检测并确定附加作业项目
➢　能够对发动机进行二级维护附加作业

10.1　二级维护前发动机检测与附加作业确定

10.1.1　检测汽油发动机点火提前角

以桑塔纳 LX 型轿车为例，检测汽油发动机点火提前角。

（1）通过变速器壳体上的观察窗，将发动机第一缸置于压缩行程上止点。

（2）将点火正时灯的触发线接在第一缸的高压线上，将正时灯的两个电源接头接在蓄电池的正、负极上。

（3）启动发动机，运转到正常工作温度，保证在怠速转速（JV 型发动机怠速转速应在 800±50r/min）下稳定运转。用正时灯照射正时记号处，应使记号对正上止点前 11°～13°的位置。

（4）检测出的点火提前角应与标准值（桑塔纳 LX 型轿车 JV 型发动机点火提前角标准值为 11°～13°）进行对照，判断点火提前角的大小是否符合要求。不符合要求，应调整点火提前角。

10.1.2 检测发动机功率及单缸转速降

1. 检测发动机功率

检测发动机功率主要采用无负荷测功方法。使用设备为无负荷测功仪，以 QFC-4 型为例，操作步骤如下：

（1）按下 J_{02} 的“调试”键，用模拟信号将 n_1、n_2 校准。

（2）启动发动机至正常工作温度后，将发动机稳定在怠速状态。

（3）按下 J_n 的 ΔT 测量键，然后将油门猛加到最大，并记录 ΔT 数值。

（4）重复以上操作数次后，取最好的重复性数据即可。

（5）查表，相应换算出功率值。

2. 检测发动机单缸转速降

检测发动机单缸转速降使用设备为发动机综合测试仪、点火提前角测试仪或发动机转速表。操作步骤如下：

（1）启动发动机至正常温度。

（2）调整怠速至正常平稳运转状态，观察发动机转速表并记录该值。

（3）拔下被测缸的分缸高压线，观察并记录转速表数据，求其差值即为单缸转速降。

10.1.3 检测发动机密封性

1. 检测汽缸压缩压力

检测汽缸压缩压力使用仪器为汽缸压力表。测量前应使发动机运转至正常工作温度（发动机冷却液温度为 80～90℃时熄火）。操作步骤如下：

（1）拆下全部火花塞（柴油机拆下全部喷油器），加速踏板全部踏下。

（2）将汽缸压力表的锥形橡皮头压紧在待测汽缸的火花塞孔上。

（3）点火开关位于启动位置，用启动机带动发动机运转，转速要求为 150～180r/min（柴油机要求为 500r/min），使曲轴转动 3～5s，记录压力表上的读数。

（4）为使测得的数据准确，各缸应测量 2～3 次。汽油机不低于标准值的 90%，柴油机不低于标准值的 80%。

2. 检测曲轴箱窜气量

1）测量前的准备

（1）检查发动机窜气量测量仪，使之处于正常工作状态。

（2）启动发动机预热至正常工作温度。

（3）密封曲轴箱通风系统，只留加润滑油口，曲轴箱内气体通过软管从加润滑油口处导出，输入窜气量测量仪。

2）测量

（1）在底盘测功机上测量。

在底盘测功机上对发动机加载，使其转速稳定在 1200～1600r/min，节气门全开。记录下窜气量测量仪的读数。

（2）在道路上测量。

汽车需重载，选择大坡度道路低挡上坡行驶，必要时可以用脚制动器配合加载。使其转速稳定在 1200～1600r/min，节气门全开，记录下窜气量测量仪的读数。

3．检测汽缸漏气量

汽缸漏气量的检测可采用 QLY-1 型汽缸漏气量检验仪进行，检验仪示意图及面板如图 10-1 所示。

1）仪器的组成与工作原理

该仪器利用充入汽缸内的压缩空气，用气压表测量压缩终了活塞处于上止点时（此时进排气门均处于关闭状态）汽缸内压力的变化情况，来表征汽缸活塞组的密封性。该仪器仅适用于汽油机。

从图中可以看出，QLY-1 型汽缸漏气量检验仪是由减压阀、进气压力表、测量表、校正孔板、橡胶软管、快换管接头和充气嘴等组成，此外，还得配备外部气源、指示活塞位置的指针和活塞定位盘（见图 10-2）。

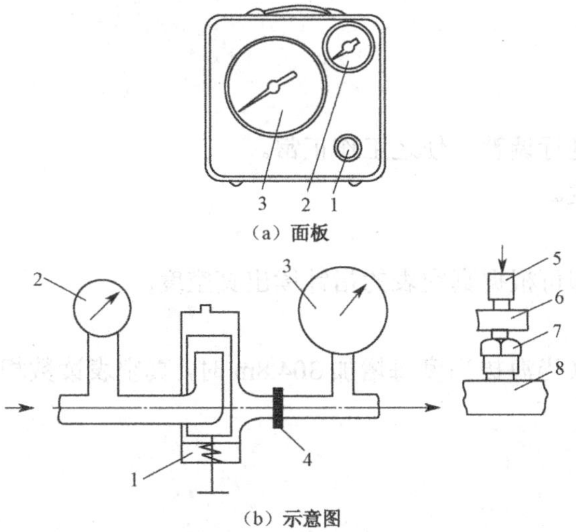

1—减压阀；2—进气压力表；3—测量表；4—校正孔板；5—橡胶软管；6—快换管接头；7—充气嘴；8—汽缸盖

图 10-1　汽缸漏气量检验仪

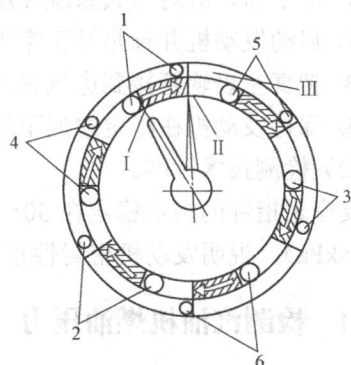

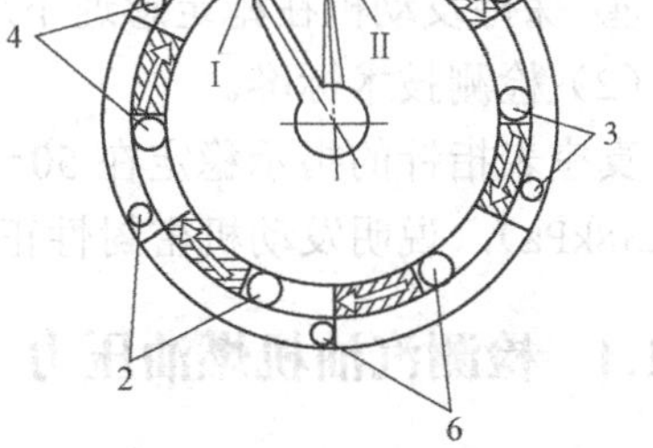

Ⅰ—压缩行程开始位置；Ⅱ—压缩行程上止点；Ⅲ—1 缸上止点位置；1—5—3—6—2—4—发动机工作顺序

图 10-2　活塞位置指示器

外部气源的压力应相当于汽缸压缩压力，一般为 588.40～882.60kPa。压缩空气按箭头方向进入汽缸漏气量检验仪，其压力由进气压力表显示。随后，它经由减压阀、校正孔板、橡胶软管、快换管接头和充气嘴进入汽缸，汽缸内的压力变化由测量表显示。

2）汽缸漏气量的检测步骤

（1）先将发动机预热到正常温度，然后用压缩空气吹净缸盖，特别要吹净火花塞孔上的灰尘，最后拧下所有火花塞，装上充气嘴。

（2）将仪器接上气源，在仪器出气口完全密封的情况下，通过调节减压阀，使测量表指针指在 392.27kPa 位置上。

（3）卸下分电器盖和分火头，装上指针和活塞定位盘，按照点火顺序和定位盘的刻度，便能确定各缸的上止点位置。

（4）摇动曲轴，先使第 1 缸活塞处于压缩终了上止点位置，然后转动活塞定位盘使刻度"1"对正指针，变速器挂低速挡，拉紧驻车制动器手柄。

（5）把第 1 缸充气嘴接上快换管接头，向第 1 缸充气，测量表上的读数便反映了该缸的密封性。在充气的同时，可从空气滤清器、排气消声器口、散热器加水口和加润滑油口等处，察听是否有漏气声，以便找出故障部位。

（6）摇转曲轴，使指针对正活塞定位盘上下一缸上止点的刻度线，按以上方法检测下一缸漏气量。

（7）按以上方法和点火顺序，检测其他各缸的漏气量，为使数据可靠，各缸应重复测量 1 次。仪器使用完毕后，减压阀应退回到原来位置。

3）检测技术标准

当测量表气压指示大于等于 0.25MPa 时，表示汽缸密封正常，当小于 0.25MPa 时，表示密封性差。

4．检测进气管真空度

（1）进气管真空度的检测步骤。

① 测定前，应对点火系统和燃油系进行调整，使之工作正常。

② 启动发动机并预热至正常工作温度。

③ 把真空表软管接到进气管上。

④ 保持发动机在稳定怠速下运转，即可根据真空表的指针读出真空度。

（2）检测技术标准。

真空表指针的指示稳定在 50～70kPa（当海拔高度每增加 304.8m 时，真空表读数相应降低 3.38kPa），说明发动机密封性正常。

10.1.4　检测汽油机燃油压力

以桑塔纳 2000GSi 型轿车为例，检测汽油机燃油压力步骤如下。

1．检测前的准备

（1）检查电源电压是否高于 12V。

（2）从蓄电池的负极端拆下电缆。

（3）断开冷启动喷油器接头。

（4）将适当的容器或擦车布放在冷启动喷油器管道（2 号燃油管）下面。

（5）拆下油管接头螺栓及两个密封垫，从冷启动喷油器上将冷启动喷油器管拆下。

（6）用三个新的密封垫及油管接头螺栓，将压力表连接在冷启动喷油器上。

（7）擦净所有溅出的汽油。

（8）使用跨接线，连接检查接口的+B 和 FP 接口。

（9）重新接上蓄电池负极电缆。

2．检测

（1）测量静态燃油压力。

① 将点火开关打到“ON”位，测量静态燃油压力。

② 记录下燃油压力表的读数。正常燃油压力应为 265～304kPa。

（2）测量怠速时燃油压力。

① 拆下跨接线。

② 从燃油压力调节器中拆下真空检测管，并将管口堵住。

③ 启动发动机，测量怠速时燃油压力。

④ 记录下燃油压力表的读数。正常燃油压力应为 265～304kPa。

⑤ 发动机熄火，将真空检测管重新接到燃油压力调节器上。

⑥ 再次启动发动机。测量怠速时燃油压力。

⑦ 记录下燃油压力表的读数。正常燃油压力应为 265～304kPa。

⑧ 将发动机熄火。5min 后检查燃油压力，是否保持 147kPa 或更高。

3．扫尾工作

（1）检查油压之后，拆下蓄电池负极电缆，并小心地拆下压力表，以防汽油飞溅出来。

（2）用两个新的密封垫和油管接头螺栓将冷启动喷油器（2 号燃油管）重新装上。

（3）重新接上冷启动喷油器接头。

（4）重新接上蓄电池负极电缆。

（5）检查有无燃油泄漏。

10.1.5　检测供油提前角

（1）拧松喷油泵的第一缸高压油管接头螺母。

（2）用手摇把或其他可以使曲轴转动的工具顺时针慢慢转动曲轴，直至出油阀的油面开始有动作为止。

（3）观察 V 带轮减振器上的刻度盘与上止点指针所指的刻度值是否在 16°～20°之间。

（4）松开空气压缩机与喷油泵之间联轴器的两个紧固螺栓。

（5）缓缓地转动供油自动提前器，如果想加大供油提前角，则将供油自动提前器向外旋转，反之向里旋转。

10.1.6　检测发动机机油压力和机油品质

1．发动机机油压力检测

（1）拔下机油压力开关导线。

（2）拧下机油压力开关，并拧上机油压力表。

（3）启动发动机（机油温度约 80℃）。若正常，则在怠速时机油压力最低为 0.15MPa；当转速为 2000r/min 时，机油压力为 0.25～0.45MPa。

2．机油品质的检测

（1）观察透明度。若色泽通透略带杂质，说明还可以继续使用；若色泽发黑，闻起来带有酸味应更换机油。因为机油已经变质，不能再对发动机零件起保护作用。

（2）检查黏稠度。沾一点机油在食指上，用拇指与食指检查机油是否还具有黏性。如果手指感觉没有一点黏性，像水一样，则说明机油已达到使用极限，需要更换机油。

10.1.7 检测发动机启动电流和启动电压

1．发动机启动电压的检测

（1）按下仪表面板上的“50V”开关。将测试线的红、黑插片分别接到仪器的直流电压正、负极接线柱上。

（2）将测试线另一端的红、黑夹子分别接到蓄电池的正极和搭铁线上。

（3）接通启动机开关，此时仪表读数值即为发动机启动电压（正常启动电压汽油机一般为 12V）。

2．发动机启动电流检测

（1）按下仪表面板直流电流“300A”开关。先将仪器的两根粗备用线的一端（区别正、负）牢固地拧在仪器直流电流 300A 的接线柱上。

（2）备用线的另一端分别牢固地拧在备用的 300A 分流器的两端。

（3）再自备两根粗备用线，其一端分别与 300A 分流器的两端牢固连接，然后将自备的备用线区分极性与被测启动机串联。

（4）接通启动开关使启动机运转，300A 仪表指针应指示在规定的范围内。否则说明启动机绕组有短路或搭铁故障。

10.1.8 检测发动机的排放量

1．检测汽油机怠速工况 CO、HC 的排放量

1）仪器准备

（1）按仪器使用说明书的要求对仪器进行各项检查工作。

（2）接通电源，对分析仪预热 30min 以上。

（3）仪器校准。

① 用标准气样校准。先让分析仪吸收清洁空气，用零点调整旋钮把仪表指针调到零点。然后把标准气样从标准气样注入口灌入，再用标准调整旋钮把仪表指针调到标准值。（注意：在灌注标准气样时，要关掉分析仪上的泵开关。）

CO 校准的标准值就是标准气样瓶上标明的 CO 浓度值；HC 校准的标准值，由于是用丙烷作为标准气样，因而要求出正已烷的换算值作为校准的标准值，其换算公式为

校准的标准值（正己烷换算值）=标准气样（丙烷）浓度×换算系数

校准气样（丙烷）浓度即标准气样瓶上标明的浓度值；换算系数是分析仪的给出值，一般为 0.472～0.578。

② 简易校准。接通简易校准开关，对于有校准位置刻度线的分析仪，用标准调整旋钮将指示仪表的指针调整到正对校准刻度线即可。如果没有校准位置刻度线，则要在标准气样校准时，在标准指示值作上记号，然后立即进行简易校准，使仪表指针与标准指示值记号重合即可。

（4）把取样探头和取样导管安装到分析仪上。此时如果仪表指针超过零点，则表明导管内吸附有较多的 HC，需要用压缩空气或布条等清洁取样探头和导管。

2）待检车辆准备

（1）进气系统应装有空气滤清器，排气系统应装有排气消声器，并不得有泄漏。

（2）应保证取样探头插入排气管的深度为 400mm，并能固定于排气管上。

（3）发动机冷却液和润滑油温度应达到规定的热状态。

（4）按汽车制造厂使用说明书规定的调整法，调整好怠速和点火正时。

3）检测

（1）发动机由怠速工况加速至 0.7 倍的额定转速，维持 60s 后降至怠速状态。

（2）把指示仪表的读数转换开关置于最高量程挡位。

（3）将取样探头插入汽车排气管中，深度等于 400mm，并固定于排气管上。

（4）一边观看指示仪表，一边用读数转换开关选择适于所测废气浓度的量程挡位。发动机在怠速状态维持 15s 后开始读数，读取 30s 内的最高值和最低值，取其平均值为测量结果。若为多排气管时，取各排气管测量结果的算术平均值。

（5）检测工作结束后，把取样探头从排气管里取出来，让它吸入新鲜空气工作 5min，待仪器指针回到零位后再关掉电源。

2．检测柴油机怠速工况的烟度

1）仪器准备

（1）检查滤纸式烟度计的指示仪表在通电前指针在机械零点，通电后用标准烟样予以校准。检查取样探头和软管无破损、堵塞和污染。检查滤纸进给机构、空气吹洗机构、抽气泵及各种导线应完好无损。

（2）接通电源，预热 5min 以上。

（3）检查控制、清洗用的压缩空气压力应符合要求。

（4）检查滤纸应洁白、无污染。

2）待检车辆准备

（1）启动、预热发动机到规定的热状态，检查排气系统不得有泄漏。

（2）检查柴油不得有消烟剂。

（3）将取样探头插入排气管内，深度为 300mm。

3）检测

（1）利用加速踏板使发动机急加速 2～3 次，把积存在排气管内的炭渣吹掉。

（2）发动机怠速运转时，迅速将加速踏板踩到底，维持 4s 后迅速松开；按下测量键后，烟度计自动完成取样和检测的全过程，记录下读数。

（3）求出这样三次测试结果的平均值就是所要的烟度值。

4）注意事项

（1）抽气泵用软管连接取样探头后，应放置在高处，以防止冷凝水流进弄湿滤纸。

（2）烟度计使用的环境应避开雨淋和强光照射。

（3）妥善保管滤纸和标准烟样。

10.1.9 发动机二级维护前附加作业项目的确定

车辆进行二级维护前，用检测仪器检测或人工检查作业项目，若被检项目的检测或检查结果超过技术要求，则可综合车辆运行和维修的技术资料，对汽车的技术状况进行评定，诊断其相关故障并确定相应的附加作业项目。现以 EQ1092F 车为例，介绍对发动机进行相关故障的评定及相应附加作业项目的确定。具体内容见表 10-1。

表 10-1 发动机二级维护前附加作业项目的确定

序 号	项 目	检 测 结 果	相关故障诊断	附加作业项目
1	点火系统	（1）检测出闭合角不符合规定，点火提前角失准； （2）点火高压达不到规定值，点火波形失常； （3）分电器重叠角超过技术要求	（1）分电器调整不当； （2）无触点电子点火系统信号发生器气隙失准； （3）点火元件工作性能变差； （4）分电器轴及凸轮磨损，松旷	（1）检修分电器、霍尔发生器总成； （2）视情况更换有故障的元件
2	发动机动力性	（1）发动机功率低于原厂规定值的 80%； （2）单缸转速降小于 90r/min，各缸转速降相差大于发动机转速的 25%	（1）气门与气门座之间的密封性变差； （2）汽缸衬垫、进排气歧管衬垫漏气； （3）活塞环磨损、断裂； （4）汽缸与活塞磨损造成配合间隙过大； （5）正时齿轮、凸轮轴磨损引起配气正时失准； （6）点火系统故障； （7）化油器、汽油泵及管路故障	（1）研磨气门； （2）更换损坏衬垫； （3）更换活塞或视情况镗缸； （4）更换活塞环； （5）更换正时齿轮或凸轮轴； （6）检修、调整或更换有关故障元件
3	汽缸压力	（1）压力低于规定值的 85%； （2）各缸压力差大于各缸规定值的 10%	（1）汽缸与活塞磨损造成配合间隙过大； （2）活塞环磨损、断裂	（1）研磨气门； （2）视情况更换故障元件； （3）视情况镗缸或更换活塞； （4）更换活塞环； （5）更换磨损零件或调整配气正时
4	曲轴箱窜气量	（1）发动机转速：100r/min（CAl091）>40L/min； （2）发动机转速：2000r/min（EQl090）>70L/min	（1）汽缸与活塞磨损造成配合间隙过大； （2）活塞环磨损、黏结、断裂； （3）气门杆与导管磨损，气门密封性差	视情况镗缸或更换活塞
5	汽缸漏气量	测量表压力值<0.25MPa	汽缸垫漏气	更换

续表

序号	项目	检 测 结 果	相关故障诊断	附加作业项目
6	进气歧管真空度	真空度小于 57kPa 波动值大于 5kPa	（1）汽缸与活塞磨损造成配合间隙过大； （2）活塞环磨损、黏结、断裂； （3）气门杆与导管磨损，气门密封性差； （4）汽缸垫漏气	（1）视情况镗缸或更换活塞； （2）研磨气门
7	配气相位	配气相位角度偏移超过规定值		重新安装，调整、更换磨损零件
8	汽缸内部窥查	活塞烧顶，汽缸壁拉伤		更换活塞，视情况镗缸
9	发动机异响	（1）曲轴主轴承、连杆轴承响； （2）活塞敲缸响； （3）活塞销响； （4）配气机构响	（1）轴承与轴颈磨损、烧蚀； （2）活塞与汽缸磨损引起配合间隙增大； （3）曲轴及连杆变形； （4）活塞销与活塞及与连杆衬套间隙过大； （5）气门间隙调整不当； （6）摇臂及轴、气门挺杆与轴承孔磨损； （7）凸轮轴轴承间隙超差； （8）气门座圈脱落、气门弹簧断、正时齿轮损坏	应视情况拆检相关部位，更换磨损零件
10	发动机其他部位	（1）水泵异响，渗漏； （2）空气压缩机异响，漏油； （3）曲轴前、后油封漏油； （4）发动机过热； （5）机油压力低； （6）排气管、消声器工状不良	（1）水泵轴轴承损坏，水泵轴裂纹及各处密封差； （2）空气压缩机活塞与汽缸磨损，配合间隙大，轴承损坏，油封失效； （3）散热器结垢严重，节温器工作不正常； （4）点火正时调整不当； （5）机油泵磨损； （6）曲轴主轴承、连杆轴承、凸轮轴轴承与其相关零件的配合间隙过大； （7）油道漏油，限压阀失灵，仪表或传感器工作不正常； （8）排气管连接处松动或开裂，排气管堵塞	（1）检修水泵； （2）渗漏部位可更换油封； （3）视情况检修，更换密封件； （4）拆检冷却系统相关零件； （5）调整； （6）其他部位可视情况修理
11	检测燃烧效果		尾气排放超标	（1）检修活塞、活塞环、汽缸； （2）研磨气门，拆洗化油器

10.2 发动机二级维护附加作业

10.2.1 修配气门座

在发动机二级维护前，对发动机进行检测后，经过综合分析，发现发动机的功率下降主要是由于气门与气门座关闭不严所致。从经济和发动机的大修里程两方面考虑，决定修配气门座。

（1）就车拆卸汽缸盖。

（2）拆下气门。

（3）以购买的新气门为标准，铰削、研磨气门座（或更换新的气门座圈后，再进行铰削、和研磨）。

（4）安装气门。

（5）安装汽缸盖。

10.2.2 更换气门

在发动机二级维护前，对发动机进行检测后，经过综合分析，发现发动机的功率下降主要是由于气门严重损坏所致。从经济和发动机的大修里程两方面考虑，决定更换气门。

（1）就车拆卸汽缸盖。

（2）拆下旧气门。

（3）安装新气门。

（4）安装汽缸盖。

10.2.3 检查调整曲轴轴向间隙

1．曲轴轴向间隙的检查

1）不解体发动机的检查

（1）拆下离合器壳底盖。

（2）把磁性表架固定在飞轮壳上，将百分表测头抵在飞轮表面。

（3）用旋具轴向撬动飞轮，同时观察百分表指针摆动值，也可用塞尺进行测量。

2）解体发动机的检查

发动机解体后再检查时，可直接前后撬动曲轴，用塞尺或百分表进行测量。若轴向间隙超过规定极限时，就必须检查止推片。

2．曲轴轴向间隙的调整

曲轴轴向间隙是靠更换不同厚度的止推垫片来调整的。对于曲轴前端装止推垫片的发动机，曲轴轴向间隙因磨损而增大时，应在保证前止推片为标准厚度的情况下，加厚后止推垫片的厚度，以满足发动机曲轴轴向间隙的要求。

3. 相关技术参数

（1）桑塔纳发动机曲轴轴向间隙是靠第 3 道主轴承的止推片来保证的。检查时应先将曲轴用撬棒撬至一端，再用塞尺测量第 3 道曲柄与推力轴承之间的间隙。轴向间隙应为 0.14～0.35mm。

（2）捷达发动机新轴的轴向间隙应为 0.07～0.17mm，磨损极限为 0.25mm。

（3）富康发动机新轴的轴向间隙应为 0.007～0.027mm，止推垫片分为 4 种厚度。

10.2.4 更换活塞环

在发动机二级维护前，对发动机进行检测后，经过综合分析，发现发动机的功率下降主要是由于活塞环磨损严重所致。从经济和发动机的大修里程两方面考虑，确定就车更换活塞环。

（1）就车拆卸汽缸盖、油底壳和活塞连杆组（曲轴、凸轮轴、正时机构等不拆卸）。

（2）从拆下的活塞连杆组上取下旧活塞环，换上同一级（或加大一级）修理尺寸的活塞环。

（3）安装更换了新活塞环的活塞连杆组。

（4）把其他拆卸件按与拆卸顺序相反的顺序原位装回。

10.2.5 调整曲轴轴承、连杆轴承间隙或更换轴承

发动机二级维护前进行检查时，若机油压力偏低或轴瓦响，应调整曲轴轴承、连杆轴承间隙或更换轴承。以 CA1092 型汽车发动机为例，调整曲轴轴承间隙，步骤如下。

1. 检查

（1）检查欲拆检的轴承盖有无位置、方向标记，没有标记的应做好标记。

（2）取下锁销或剔开锁片，用扭力扳手拆下轴承盖紧固螺栓，取下轴承盖。

（3）用干净的抹布擦净轴瓦表面油污，取长度等于轴瓦宽度的ϕ0.5mm 的熔丝沿曲轴轴向放置在轴瓦上，将轴承盖装复，按规定转矩拧紧螺栓。

（4）将轴承盖拆下，取出经过挤压的熔丝，用 0～25mm 千分尺测量其厚度，并做记录。

（5）在轴瓦表面涂抹新鲜机油后，将检查过的轴承盖装复，按规定力矩拧紧螺栓，锁好销子或锁片。轴承间隙的检查应拆检装复一个后再拆装另一个。

（6）最后，用扭力扳手按规定力矩全部检查紧固主轴承螺栓和连杆轴承螺栓，上好锁销或锁片。

2. 调整

根据检查的结果确定是否需要调整（或更换），一般边检查边调整（或更换）。

（1）拆下轴承盖，适当增减轴承盖两边的调整垫片，按规定力矩拧紧轴承盖螺栓。

（2）转动曲轴（卸去全部火花塞），若用力不大，转动灵活即为合适。若感到费力，说明间隙过小，可在轴承盖两边同时加上同等厚度的垫片再试；若感到太松，则可在轴承两边减去同等厚度的垫片再试，直到合适为止。

（3）在轴瓦表面涂抹机油后，将调整后的轴承盖装复，按规定力矩拧紧螺栓，锁好销子或锁片。

（4）全面调整轴承间隙须从中间开始，五道主轴承按 2、3、5、1、4 的顺序；七道主轴承按 3、4、5、2、6、1、7 的顺序。

（5）若间隙过大，不能通过调整恢复正确间隙的，需更换轴承。

10.2.6 更换飞轮齿圈

（1）由于飞轮齿圈具有对称性，一般可以翻边使用，但齿和内圆需修正倒角。如果飞轮上齿圈的齿严重损坏，应更换飞轮齿圈。

（2）拆装飞轮齿圈，必须使用液压式压力机，因飞轮与齿圈是过盈配合。装配齿圈前，必须先将齿圈放在废机油中加热到大约 300℃，并将其内圆有倒角的一面朝向飞轮放置，趁热用压力机压装好。

10.2.7 调整喷油泵供油提前角

检查供油正时时，如果发现供油提前角过小或过大，要进行调整，常用调整方法如下。

1．转动泵体调整

Ⅰ号喷油泵是用法兰盘与机体相连，法兰盘上有三个弧形长孔。调整供油提前角时，只需松开法兰盘与机体相连的三个固定螺栓，将泵体逆着凸轮轴旋向转动一个角度，就可使供油提前角增大；如将泵体顺着凸轮轴旋向转动一个角度则可使供油提前角减小。调整完毕，拧紧三个固定螺栓即可。

2．转动泵轴调整

用联轴器驱动的喷油泵，在连接盘上有两个弧形长孔。调整供油提前角时，可松开连接盘上的两个固定螺栓，将喷油泵凸轮轴顺旋向转动一个角度，便可增大供油提前角；逆旋向转动一个角度，则可减小供油提前角。调整完毕，拧紧连接盘上的两个固定螺栓即可。

第11章 发动机修理

学习目标

- 能够进行发动机总成的拆卸、解体和零件清洗
- 能够检修汽缸盖与配气机构
- 能够检修汽缸体与曲柄连杆机构
- 能够检修燃油与进气系统
- 能够检修冷却润滑系统
- 能够检修EFI点火电路

11.1 发动机总成拆卸、解体和零件清洗

11.1.1 发动机总成拆卸

以上海桑塔纳轿车为例，拆卸步骤如下：

（1）从蓄电池上拆下搭铁线。

（2）将暖风开关拨到“暖气”位置。

（3）打开散热器盖，通过冷却液软管放出冷却液并加以收集。

（4）从汽缸盖上拔下冷却液软管，拆去热敏开关和电扇上的连接线，松开散热器支架，并将散热器连同风扇和护风罩整体取出，拆下交流发电机插头。

（5）拔出燃油管和回油管，从分电器上拔下高压线和插头，拆下空气滤清器，并用布或板遮住化油器。再拆下化油器油门操纵拉索和片簧插片，从真空罐上拔下真空管。

（6）取下下列电线或脱开连接管。

① 有空调装置时，应拆下空调机的固定架。

② 拆除妨碍吊下发动机的电器配线，包括发动机配线、启动机配线、分电器配线、机油和水温感应塞、化油器等配线及搭铁线。

（7）从汽缸盖上拔下冷却液软管。

（8）松开支架螺母，取下离合器操纵钢绳。松开发动机前支架缓冲橡胶上的固定螺栓。

（9）拆下发动机固定螺栓，旋出发动机和变速器的连接螺栓，拧下飞轮壳固定螺栓。

（10）将托架置入变速器下部车架之中，向上旋起托台，直至将变速器托住。

（11）用吊杆挂上发动机，前端挂入皮带盘上部吊孔，后端挂入飞轮上部吊孔，吊杆横杆分别锁在第三和第八孔，插销用弹簧开口销保险。

（12）缓缓将发动机吊出，在吊出的过程中应轻轻摆动发动机，并注意不要与其他机件相碰。

11.1.2 发动机解体

1）放出油底壳内的机油

2）发动机附件的拆卸

（1）拆卸水泵上尚未拆卸的连接管。

（2）拆卸水泵、发电机、启动机、分电器、汽油泵、燃油滤清器、机油滤清器、化油器、进排气歧管、火花塞等。

3）齿形带的拆卸

（1）拆下齿形带上的防护罩，注意观察正时标记。

（2）旋松齿形带张紧轮紧固螺母，转动张紧轮的偏心轴，使齿形带松弛，取下齿形带。

（3）拆下曲轴齿形带轮、中间轴齿形带轮。

4）发动机机体的解体

（1）拆卸离合器总成。

（2）拆卸气门室罩。

（3）拆下汽缸盖（注意：螺栓应从两端向中间分次、对称拧松）。

（4）拆下油底壳、机油泵。

（5）拆活塞连杆组。

（6）拆下曲轴。

11.1.3 零件清洗

发动机完全解体后，应进行零件的清洗，包括清除油污、积炭和水垢等。可用钢丝刷与金属清洗剂刷洗积炭、油污，也可将零件置于碱溶液中加热至70～90℃浸煮10～15min，取出后用清水冲洗干净，再用压缩空气吹干。

水垢的主要成分是碳酸钙、硫酸盐和硅酸盐等。碳酸盐类水垢可用苛性钠溶液或盐酸溶液清除；硫酸盐类水垢应先用碳酸钠溶液处理后，再用盐酸溶液清除；硅酸盐水垢可加入适当氟化钠或氟化铵的盐酸溶液进行循环酸洗，或用浓度为2%～5%的磷酸三钠溶液清除。

由于碱溶液对铝合金零件及散热器的黄铜管具有强烈的腐蚀作用，而且碱洗比酸洗除垢能力差，目前多采用酸洗法清除水垢。

对于铸铁的汽缸体和汽缸盖，可采用8%～10%的盐酸溶液，并加入适量的缓蚀剂（六亚甲四胺、若丁及O_2缓蚀剂）进行浸泡1h，再用清水逆冷却液流动方向冲洗。清洗时溶液的加热温度应不超过 80℃，以防止缓蚀剂分解降低缓蚀作用。清洗后还应用 2%～3%的苛性钠溶液对残留在水套中的酸液中和。最后以清水冲洗水套。

对于铝合金汽缸体及汽缸盖，应采用弱酸性的磷酸溶液清洗，以减轻对零件的腐蚀。清洗后，再用 0.3%的重铬酸钾溶液做防锈处理后并吹干。

11.2 汽缸盖与配气机构检修

11.2.1　拆卸正时带（链）和正时齿（链）轮

以桑塔纳轿车发动机为例，拆卸步骤如下：

（1）按顺序拆下 V 形带，水泵带轮，曲轴带轮，正时齿带上、下罩盖。

（2）转动曲轴，使第一缸活塞位于压缩行程的上止点位置，此时，曲轴正时齿轮、凸轮轴正时齿轮及正时齿带上的正时标记均应对正。若正时标记不清，则应重新打印标记。

（3）拆下正时齿带张紧轮弹簧，拧下固定螺栓，卸下正时张紧轮。

（4）拆下正时带。拆下正时带前，应用粉笔在齿带的背面标出其正常旋转方向。

（5）按规定的方法，拆下曲轴正时齿轮。

（6）拆下凸轮轴正时齿轮固定螺栓，然后拆下凸轮轴正时齿轮。

11.2.2　拆卸汽缸盖

以桑塔纳轿车发动机为例，拆卸步骤如下：

（1）拆下同步带前护罩，拧下气门罩盖的螺母。

（2）取下压条、支架、同步带护罩和气门罩盖。

（3）拔下在水温传感器上的插头。

（4）拔下机油温度传感器的插头。

（5）拔下氧传感器的插头。

（6）旋下同步带后护罩的螺栓。

（7）拔出火花塞插头，并放置在一边。

（8）按照规定顺序松开汽缸盖螺栓。

（9）将汽缸盖与汽缸垫一起拆下。

11.2.3　拆卸和清洗汽缸盖上的配气机构

1. 拆卸（以桑塔纳轿车发动机为例）

（1）将拆除外围附件的汽缸盖置于工作台架上。

（2）从汽缸盖上拆下凸轮轴各道轴承盖的紧固螺母（先松 1、4 道，再松 2、3 道），取下轴承盖及凸轮轴，在轴承盖上打上装配标记或按顺序摆放，不得错乱。

（3）取出液压挺柱，按顺序摆放或在内壁上做出标记。

（4）用专用工具压下气门弹簧，取出气门锁片、气门弹簧座、气门弹簧及进、排气门各零件。按顺序摆放或做出标记，不得错乱。

（5）用专用工具拆下气门杆油封。

（6）把汽缸盖倒置，用外径略大于气门导管内径的铜冲冲出气门导管。

2．清洗

用专用金属清洗剂溶液清洗各零部件的油污、积炭和水垢。重点清除汽缸盖燃烧室的积炭和水道内的水垢。

11.2.4　检修气门组件及气门旋转机构零部件

1．更换气门

对发动机进行修理时，气门一般不进行修理，只作更换。

（1）将新气门对号入座插入气门导管。

（2）放置好气门弹簧座和气门弹簧。

（3）用专用工具将气门弹簧压下，安放好气门锁片，然后放松气门弹簧即可。

2．检测气门弹簧

1）外观检查

观察洗净后的气门弹簧外表有无变形、裂纹等缺陷，如果有则应更换。

2）气门弹簧自由长度的检查

（1）新旧对比法。

将标准新弹簧与被测弹簧置于同一平板上，比较其长度是否一致，如果不一致，则应更换。

（2）游标卡尺测量法。

如图 11-1 所示，如长度不符合规定尺寸应予以更换。

3）气门弹簧弹力测量

用检测仪测量弹力，如图 11-2 所示，将弹簧压至规定长度，台秤上所示弹力大小即为所测弹簧弹力。若弹力不符合规定，则更换气门弹簧。

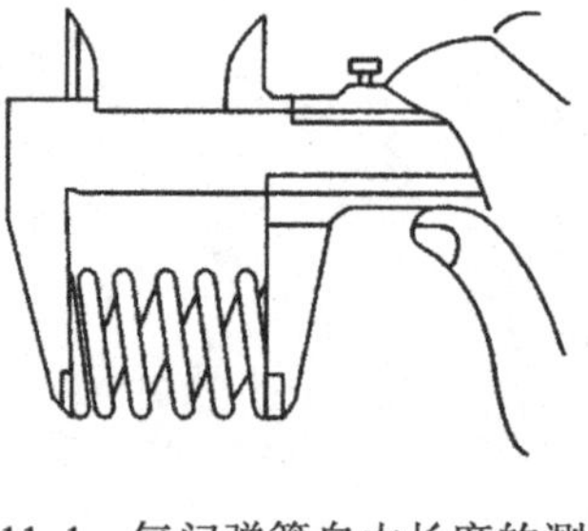

图 11-1　气门弹簧自由长度的测量

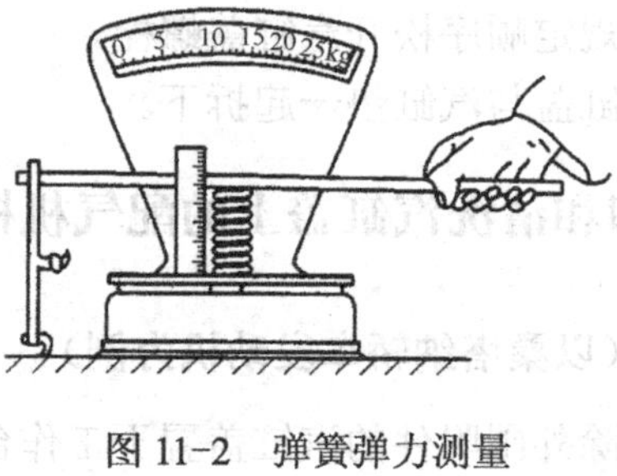

图 11-2　弹簧弹力测量

3．检测气门挺杆

气门挺杆一般用外径千分尺来进行检测，如图 11-3 所示。气门挺杆直径的圆度和圆柱度误差应不大于 0.03mm，气门挺杆直径的磨损量应不超过 0.05mm，否则，应更换新件。

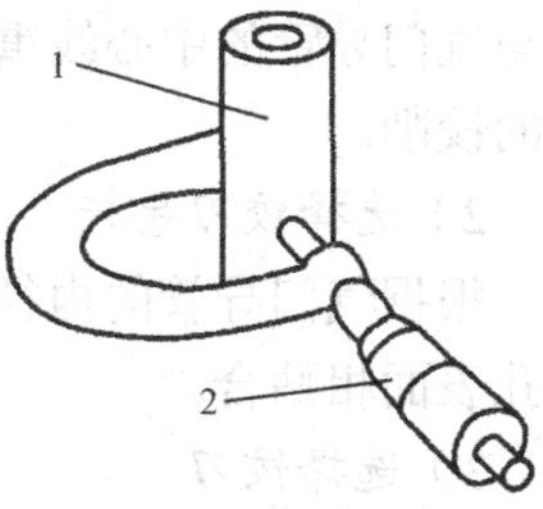

1—气门挺杆；2—外径千分尺

图 11-3 气门挺杆的测量

4. 检修气门推杆

气门推杆易产生弯曲，测量方法如图 11-4 所示。测量其直线度误差应不大于 0.30mm，如果超过规定值，应进行冷压校正。杆身表面应光滑、平直，不得有锈蚀及裂纹等现象。

5. 检修摇臂及摇臂轴

1）检修摇臂轴

（1）检测摇臂轴轴颈磨损。

摇臂轴轴颈磨损大于 0.02mm，与摇臂的配合间隙大于 0.10mm，应更换新件。测量摇臂与摇臂轴间隙如图 11-5 所示。

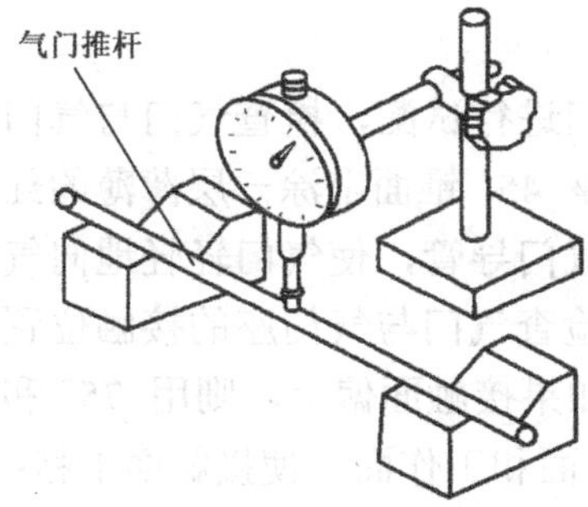

图 11-4 气门推杆弯曲的测量

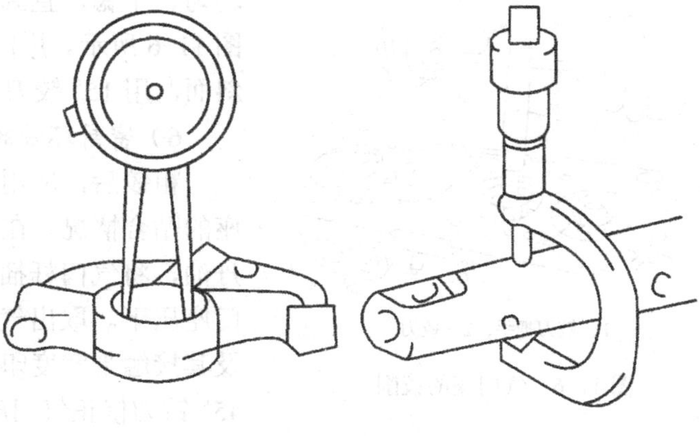
图 11-5 摇臂与摇臂轴间隙的测量

（2）检查摇臂轴弯曲变形。

摇臂轴直线度误差应不大于 0.20mm。如超过此值，应冷压校正。校正后的直线度误差在 100mm 长度上应不大于 0.03mm。

2）检修摇臂损伤

摇臂组件损伤主要有摇臂头部磨损、摇臂轴承孔的磨损、调整螺钉的损坏。

（1）摇臂头部磨损后，其凹陷应不大于 0.50mm，如超过规定，应更换新件或采用堆焊修复。

（2）摇臂上的调整螺钉、螺纹孔损坏，应更换新件。

11.2.5 铰削和研磨气门座

1. 铰削气门座

1）铰削前的准备工作

铰削时，铰刀是以插入气门导管内的铰刀导杆来确定中心的，以保证铰出的气门座中心线与气门导管的中心线重合。因此，要求镶入的气门导管和气门杆相配合适后，再进行气门座的铰削。

2）选择铰刀导杆

根据气门导管的内径，选择相适应的铰刀导杆，并插入气门导管内，使导杆与气门导管内孔表面相贴合。

3）选择铰刀

根据气门直径选用合适的气门座铰刀。

4）砂磨硬化层

由于气门座存在硬化层，在铰削时，往往使铰刀滑溜，遇此情况时，可用铰刀状砂磨石砂磨气门座，或用粗砂布垫在铰刀下面先进行砂磨，然后再进行铰削。

5）粗铰

先将45°铰刀套在导杆上，进行铰削。铰削时，导杆应与汽缸盖平面垂直，两手用力要均匀、平稳，直到将烧蚀、斑点等缺陷铰去为止，如图11-6所示。用同样的方法，用75°铰刀铰削15°上斜面，用15°铰刀铰削75°下斜面。

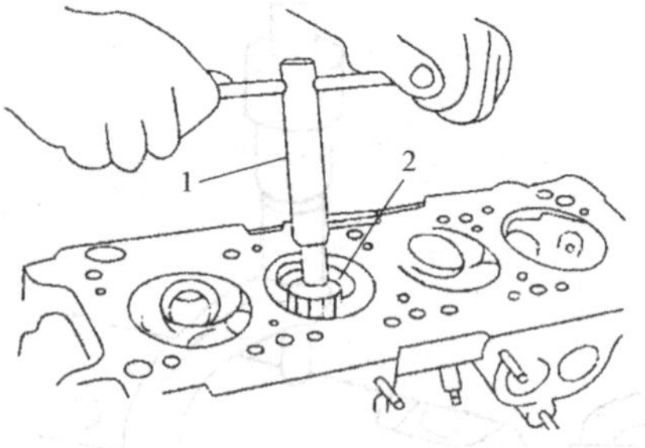

1—铰刀把手；2—铰刀

图11-6　气门座的铰削

6）密封环带的调整

粗铰后，应用新气门进行试配，检查气门与气门座的贴合情况。在气门座45°锥面上涂一层薄薄的红丹油，将气门杆插入进气门导管，使气门轻轻地向气门座压下。取出气门，检查气门与气门座的接触位置及其接触带宽度印痕。如果接触面偏上，则用75°和45°铰刀修正气门座上斜面和工作面，使接触面下移；如果接触面偏下，则用15°和45°铰刀修正气门座下斜面和工作面，使接触面上移。初铰时应尽量使气门工作面接触在其中部偏气门杆部（通常称为中下部），应边铰边试配。

7）精铰

最后用45°的精刃铰刀或铰刀上垫以细砂布再次精细修铰气门座工作面，以降低接触面的粗糙度。气门座铰削顺序如图11-7所示。

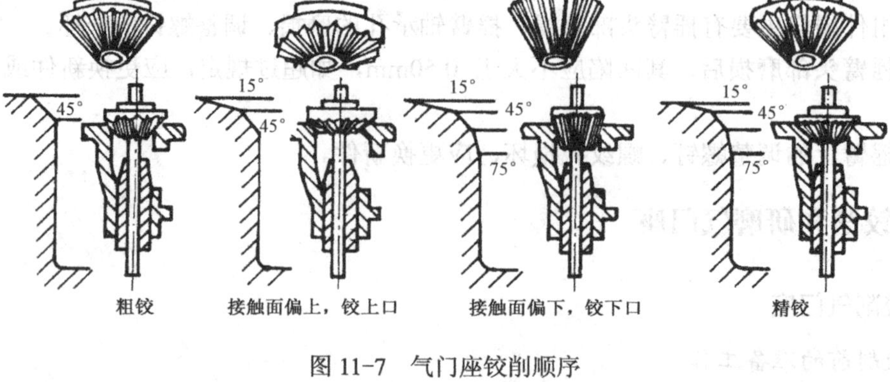

图11-7　气门座铰削顺序

2. 研磨气门座

气门座的研磨一般采用手工研磨。其步骤如下：

（1）研磨前，应清洁气门、气门座和气门导管，并在气门上按汽缸或气门顺序做出记号，以免错乱。

（2）在气门座与气门工作锥面上涂一薄层粗研磨砂剂，不宜过多，以免流入气门导管内。同时在气门杆上涂一薄层机油。

（3）放进气门座及气门导管内，进行手工研磨。

（4）研磨时，使用橡胶捻子将气门在座上往复旋转和提升，如图 11-8 所示，变换气门与座的相对位置，以保证研磨均匀。研磨时，不应过分用力，也不要提起气门用力在气门座上敲打，否则会将气门工作面磨宽或磨成凹形槽痕。

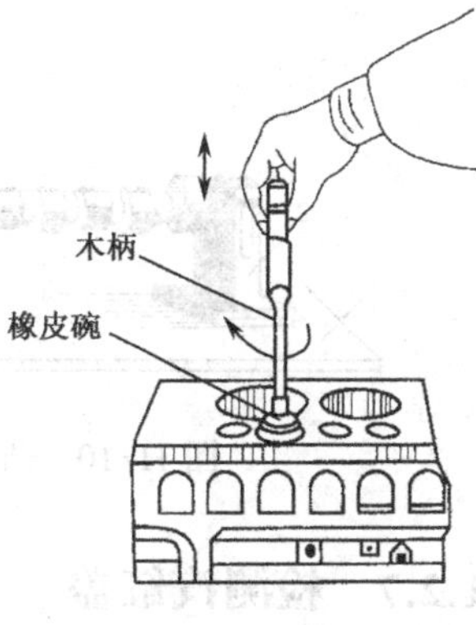

图 11-8　手工研磨气门座

（5）当气门工作面与气门座工作面研磨出一条整齐而无斑痕、麻点的完整的接触环带时，可换用细质研磨砂继续研磨，直到工作面上出现一条整齐的灰色无光的环带时，洗去研磨砂，涂以机油，再研磨几分钟即可。

3. 检查气门座密封性

气门座密封性检查一般采用汽油渗漏法进行检验。将汽缸盖翻过来放置在操作台上，燃烧室朝上，安装好火花塞，再将研磨好的某一缸进、排气门插入气门导管，并用手将其压放在气门座上，最后往燃烧室窝内倒满汽油，若无汽油渗漏说明密封良好。

11.2.6　检测凸轮轴和正时齿轮

1. 凸轮轴检测操作步骤

1）凸轮损伤的检测（以丰田小轿车为例）

（1）凸轮的擦伤和疲劳剥落的检查。一般可用目视的方法，检查其表面是否有擦伤和剥落的现象。

（2）凸轮升程的检测。用外径千分尺测量凸轮全高，如图 11-9 所示，即凸轮顶点中心线到基圆最低点距离。

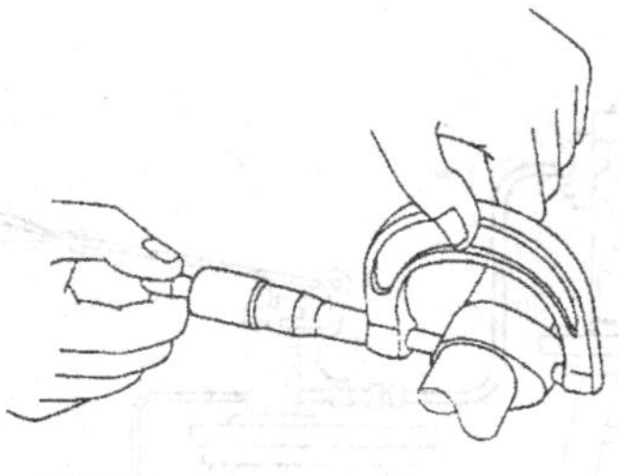
图 11-9　凸轮升程的检测

2）凸轮轴弯曲变形的检测

（1）将凸轮轴安装于车床两顶针之间，或以 V 形铁块安放于平板上，以两端轴颈作为支点，如图 11-10 所示。

（2）用百分表测杆触点与中间轴颈表面接触，并缓慢转动凸轮轴一圈，测得百分表最大摆差，即为凸轮轴弯曲度。

3）凸轮轴轴颈磨损的检测

（1）用外径千分尺测量轴颈直径，如图 11-11 所示。

（2）计算轴颈的圆度和圆柱度误差。

2. 正时齿轮检测

察看正时齿轮轮齿及键槽磨损情况，若磨损严重，则需更换正时齿轮。

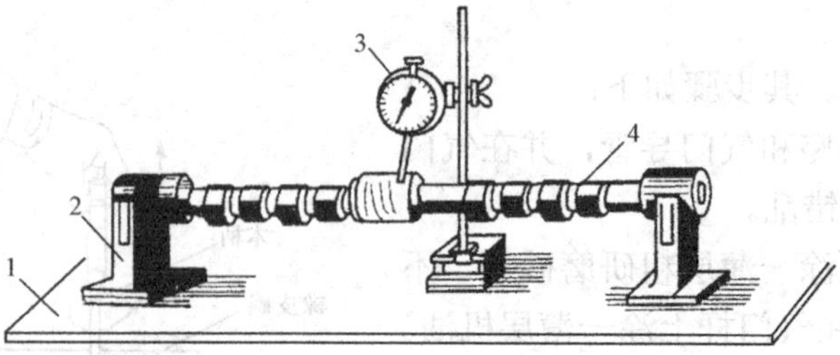

图 11-10　凸轮轴弯曲变形的检测

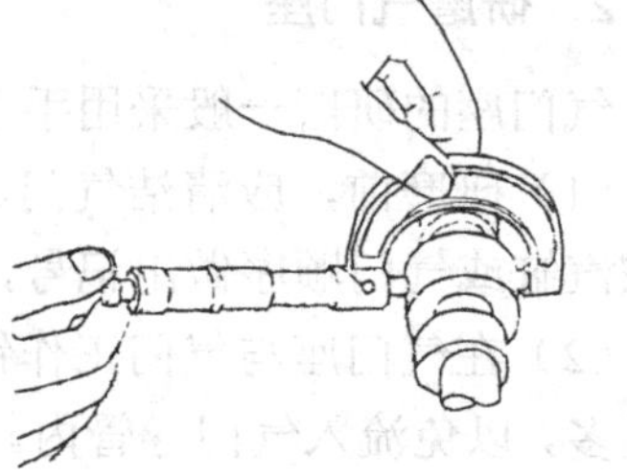

图 11-11　凸轮轴轴颈直径的测量

11.2.7　检测汽缸盖

1. 汽缸盖变形的检测

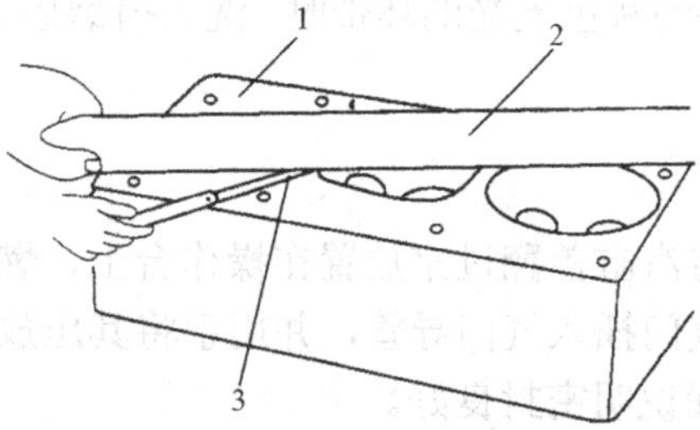

1—汽缸盖；2—直尺；3—塞尺

图 11-12　汽缸盖变形的检测

汽缸盖的变形主要表现为翘曲变形，其变形程度可通过检测汽缸盖平面的平面度误差获得，如图 11-12 所示。

（1）将所测汽缸盖倒放在检测平台上。

（2）将直尺或刀形尺沿两条对角线和纵轴线贴靠在汽缸盖下平面上。

（3）在直尺或刀形尺与汽缸盖下平面间的缝隙处插入塞尺，所测数值即为汽缸盖的变形量。

（4）汽缸盖下平面的平面度误差在整个平面上应不大于 0.05mm。

2. 汽缸盖裂纹的检测

汽缸盖裂纹的检测常采取水压试验法，如图 11-13 所示。

操作步骤：

（1）将汽缸盖、汽缸体、汽缸垫按要求装合在一起。

（2）水压机水管接在汽缸体进水口处。

（3）用水压机将水压入水套，压力在 0.2～0.4MPa 时保持 5min。汽缸盖表面、燃烧室等部位无水珠出现，表明无裂纹。

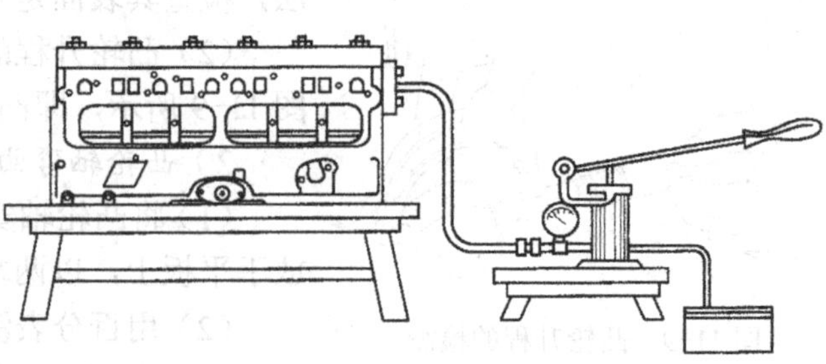

图 11-13　水压试验法

（4）在受力和受热不大的部位若出现裂纹，采用环氧树脂黏结法。受力较大的部位出现裂纹时，应采用焊接法。

3. 燃烧室容积的检测

（1）装上汽缸盖上的全部火花塞，并将待测汽缸盖倒放在检测平台上，使其保持水平。

（2）用量杯向燃烧室注入 80%煤油和 20%机油的混合液。

（3）加入量约为燃烧室容积的 95%时，停止加注，用中间带有圆孔的玻璃板盖在燃烧室平面上。

（4）再用注射器或滴管注入混合油，直至液面与玻璃板相接触。

（5）总注入量即为燃烧室容积，若活塞顶部有凹坑，还应测量并加上凹坑的容积。

4．汽缸盖厚度的检测

（1）将待测汽缸盖平放在检测平台上。

（2）用高度游标卡尺测量汽缸盖的厚度。

（3）若汽缸盖厚度仍在规定范围内，可对汽缸盖进行修磨，若过小则应更换。

5．汽缸盖与进、排气歧管结合平面（侧平面）的检测

平面度误差应大于 0.05mm，当超过此范围时应进行修磨。

11.2.8　汽缸盖的装配

以桑塔纳 LX 型轿车 JV 型发动机为例。装配调整步骤如下。

1．装配汽缸盖总成

（1）安装各气门油封。装配气门、气门弹簧及气门锁夹座圈，用专用工具 2037 压下气门弹簧，装上气门锁夹。

（2）安装液压挺柱总成。将第一缸凸轮八字朝上装在轴承座上，对正安装好凸轮轴轴承盖，紧固轴承盖的紧固螺栓。

（3）装好凸轮轴油封后，紧固凸轮轴正时齿轮螺栓。

2．将汽缸盖安装到汽缸体上

（1）安装汽缸盖衬垫，将汽缸盖衬垫有标号（配件号）的一面朝上放置在汽缸体上平面上，安装汽缸盖及缸盖螺栓，并稍微拧紧。

（2）按图 11-14 所示的顺序，将汽缸盖螺栓分 4 次拧紧，发动机冷态时，汽缸盖紧固螺栓的拧紧力矩见表 11-1。

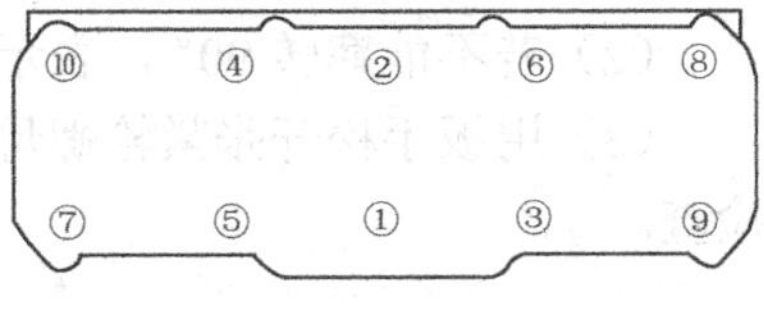

图 11-14　汽缸盖螺栓的拧紧顺序

表 11-1　汽缸盖螺栓拧紧力矩

次　数	拧紧力矩/N·m	次　数	拧紧力矩/N·m
第 1 次	40	第 3 次	75
第 2 次	60	第 4 次	再用扳手拧紧 1/4 圈

3．安装其他零件

（1）安装机油反射罩、气门罩盖衬垫。

（2）安装气门罩盖、气门罩盖压条，由中间向两边顺序拧紧气门罩盖紧固螺母。

（3）安装火花塞及其垫圈，进、排气管等汽缸盖附件。

11.2.9 配气机构装配与调整

以桑塔纳 LX 型轿车 JV 型发动机为例。装配调整步骤如下。

1．凸轮轴的装配

（1）安装凸轮轴之前，先装上各轴承盖，检查凸轮轴孔是否错位。

（2）安装凸轮轴时，1 缸的凸轮必须向上，不压迫气门。装上轴承盖后，先按对角线交替旋紧第 2、第 5 道的轴承盖，力矩为 20N • m。

（3）然后再装上第 1、第 3 道的轴承盖，最后装上第 4 道的轴承盖，旋紧全部轴承盖螺栓，力矩为 20N • m。

（4）安装凸轮轴油封，装上凸轮轴半圆键和正时齿轮，旋紧螺栓，拧紧力矩为 80N • m。

2．汽缸盖的装配

（1）将新汽缸盖垫上有标记“OPEN TOP”的一面朝向汽缸盖。

（2）转动曲轴，使各缸活塞均不在上止点位置，以防与气门相撞。

（3）装上汽缸盖，按照从中间到两边交叉拧紧的顺序拧紧汽缸盖螺栓，分四步拧紧。

3．正时同步带的安装

（1）在曲轴和曲轴正时齿轮上放上斜切键后装在一起，旋上螺栓。并临时装上曲轴带轮。

（2）曲轴正时齿轮和中间轴正时齿轮上套上同步带，让曲轴带轮上的标记与中间轴正时齿轮上标记对准。

（3）将正时同步带套在凸轮轴正时齿轮上，让凸轮轴正时齿轮上的标记对准汽缸盖的上边沿。装上张紧轮。旋转张紧轮使同步带张紧，最后旋紧螺母，力矩为 45N • m。

4．正时同步带的检查与调整

（1）用拇指和食指捏住在凸轮轴正时齿轮和中间轴正时齿轮之间的同步带，将其扭转 90°。

（2）若不能翻转 90°，表示太紧；若翻转大于 90°，表示太松。

（3）用扳手松开张紧轮螺母，对张紧轮再进行调整。调好后，要转动曲轴两转，再进行检查。

11.3 汽缸体与曲柄连杆机构检修

11.3.1 汽缸体检修

1．检查汽缸体裂纹和腐蚀

1）汽缸体裂纹的检修

汽缸体裂纹一般采用水压试验法检查。根据裂纹的具体情况，可采用焊接法、补板法、堵漏剂堵漏法和黏结法。但一般都更换。

2）汽缸体腐蚀的检修

腐蚀部位从冷却液孔向四周呈辐射状延伸，最终导致发动机漏水，使发动机无法正常工作。遇到此种情况，一般应更换。但是，也可采用钻孔铆填金属等方法修复。

2. 检查油道和水道

一般采用压缩空气吹通。

3. 测量汽缸体上平面的平面度

1）测量

（1）清洁汽缸体上平面，汽缸体上平面必须清洁，无水垢、积炭、毛刺、凸起等。

（2）选择测量部位：在汽缸体上平面横向、纵向、对角线方向各选择两个测量部位。

（3）在所选测量部位侧立钢直尺，用塞尺测量最大间隙，记录下间隙值。

（4）6 个测量部位中间隙值最大的一个值即为该汽缸体上平面的平面度。

2）修理

（1）汽缸体上平面的平面度误差不大于 0.10mm。汽缸体上平面变形量超出标准值较小且属局部，可用“铲刮法”。

（2）在缸体与缸盖间均匀涂抹研磨砂往复推拉缸盖，使之互研。这种方法称为“互研法”。

（3）螺纹孔周边凸起处可用“锉磨法”，即用细平锉锉平再用油石修磨平整。

（4）汽缸体上平面变形量在 0.20mm 以内可用“磨铣法”，用机床磨削或铣削，磨铣量不大于 0.40mm。磨铣量大于 0.40mm 时应报废。

4. 测量汽缸的磨损

（1）选择合适的测杆固定在量缸表下端，用千分尺校对量缸表。

（2）测杆需有 2mm 的压缩量，旋转表盘使表针对准零位。

（3）清洁汽缸内表面。

（4）在汽缸上、中、下 3 个截面上的纵向和横向测量汽缸直径，记录测量结果。

5. 确定汽缸修理尺寸

（1）计算圆度误差：根据测量结果计算出上、中、下 3 个截面的圆度误差，其中，最大值即为该汽缸的圆度误差（圆度误差≤0.05mm）。

（2）计算圆柱度误差：根据测量结果计算出各汽缸的圆柱度误差，其中，最大值即为该汽缸体的圆柱度误差（圆柱度误差≤0.20mm）。

（3）汽缸最大磨损量：所有测量尺寸中的最大值减去标准值即为该汽缸的最大磨损量（最大磨损量≤0.40mm）。

（4）确定汽缸修理尺寸：汽缸磨损的最大直径加上加工余量（加工余量一般取 0.10～0.20mm）之和与某一修理尺寸级别相近，即按该级别修理。

11.3.2　曲轴检修

1. 曲轴轴颈磨损的检测

（1）在每一道轴颈上选取两个截面Ⅰ-Ⅰ和Ⅱ-Ⅱ，在每一道截面上取与曲柄平行及垂直的两个方向 A-A 和 B-B，用外径千分尺进行测量，如图 11-15 所示。

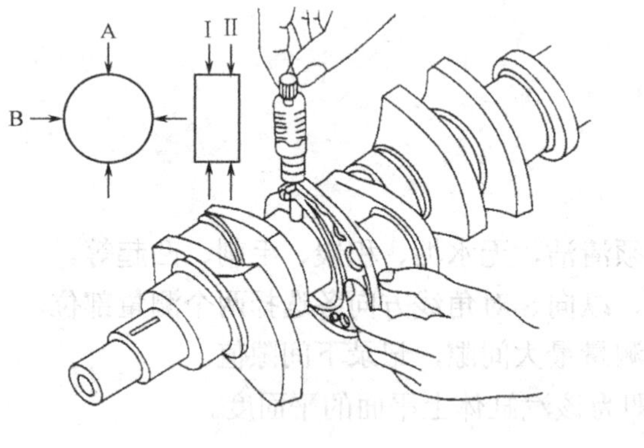

图 11-15　轴颈磨损的检测

（2）计算曲轴轴颈的圆度和圆柱度。

圆　度=（D_{max}−D_{min}）/2，D_{max} 和 D_{min} 分别为同一横截面内最大和最小测量直径。

圆柱度=（D_{max}−D_{min}）/2，D_{max} 和 D_{min} 分别为全部测量值中的最大和最小直径。

（3）检测技术标准：轴颈直径在 80mm 以下的圆度、圆柱度误差不得大于 0.025mm；轴颈直径在 80mm 以上的圆度、圆柱度误差不得大于 0.040mm。超过该值，则需按修理尺寸对轴颈进行光磨。

2．曲轴弯曲的检测

（1）将曲轴两端未磨损的部位放于平板上的 V 形铁块上，如图 11-16 所示；或将曲轴支持在车床的前后顶针上，以前端正时齿轮轴颈（未发生磨损部分）及后端装飞轮的凸缘为基准面。

（2）校对中心水平后，用百分表进行测量。

（3）百分表的量头应对准曲轴中间的一道（通常此道变形量最大）主轴颈，用手慢慢转动曲轴一圈后，百分表指示的最大摆差的一半，即为曲轴的弯曲度。

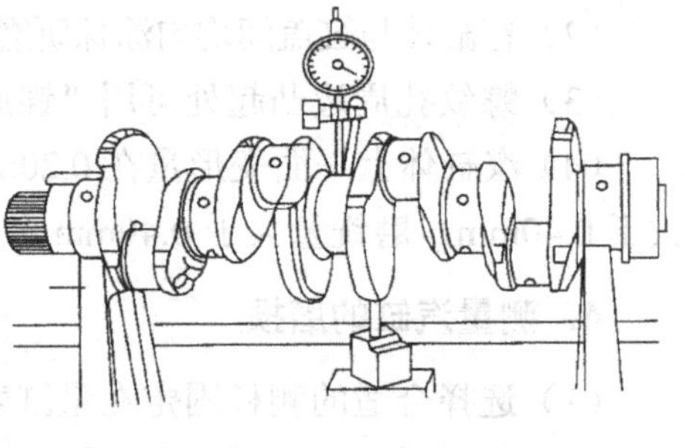

图 11-16　曲轴弯曲的检测

（4）测量时，不可将百分表的量头放在轴颈的中间，而应放在轴颈的一端，否则由于轴颈不圆，而对曲轴的弯曲量做出不正确的结论。

（5）检测技术标准（以小轿车为例）：弯曲度未超过 0.05mm，曲轴可不必校正；若超过 0.05mm 以上直至 0.10mm 时，可在轴颈磨削时一并予以修正；若超过 0.10mm，则须加以校正。

3．曲轴扭曲的检测

（1）曲轴弯曲检测以后，将相对应的两个连杆轴颈（如六缸曲轴的 1、6 连杆轴颈；四缸曲轴的 1、4 连杆轴颈）转到水平位置。

（2）用百分表测出相对应的两个连杆轴颈的高度差ΔA，即为扭转度。

（3）计算扭转变形的扭转角 θ：

$$\theta=57\Delta A/R$$

式中　R——曲柄半径，mm。

（4）曲轴扭转一般很微小，可在修磨曲轴轴颈时予以修正。

11.3.3 连杆检修

1．外观检查

观察连杆外表面是否有损伤或裂纹、腐蚀等现象，如有严重的缺陷，应予以更换。

2．弯扭变形的检验

连杆的弯扭变形应在连杆衬套修复后用连杆检验器进行检验。检验时将连杆大头装到连杆检查器的心轴上，并通过调整螺钉使定心张开，将连杆固定在检验器上。然后将棱形支撑轴下移，使其下平面靠在活塞销上，拧紧棱形支撑轴固定螺钉，如图 11-17 所示。

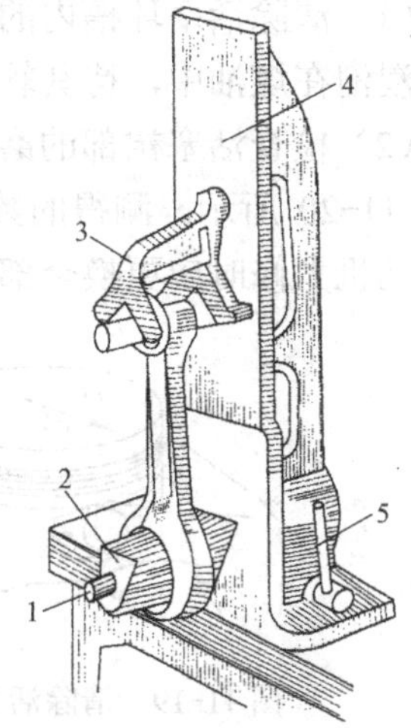

1—调整螺钉；2—棱形支撑轴；3—三点规；4—检验平板；5—锁紧支撑轴扳杆

图 11-17 连杆检验器

此时便可观察或用塞尺检查销子两端与小角铁之间的间隙。两间隙之差反映了弯曲变形的方向和程度，连杆大小头孔轴线的平行度误差，应不大于极限值 0.05mm。再将小角铁下移，观察和测量活塞销两端与小角铁侧平面间的间隙，就可检查出连杆扭曲变形的情况。即连杆大小头孔中心线在另一方向的平行度误差，应不大于极限值 0.10mm。

3．弯扭变形的校正

（1）连杆弯曲变形的校正。如图 11-18（a）所示，将弯曲的连杆置于压器上，使弯曲的部位朝上，并对正丝杆部位放好垫块，施加压力，使连杆向已弯的反方向发生变形，并使连杆变形量达到已弯曲部位变形量的数倍以上，停止一定时间，等金属组织稳定后，再去掉外载荷。重新复查校正情况，确定是否需要再校正。

（2）连杆扭曲变形的校正。将连杆大端盖装好，套在检验器的心轴上，然后用扳钳进行校正，直到合格为止，如图 11-18（b）所示。为防止弹性失效，校正量较小时，校正施力过程应保持一段时间；校正量较大时，可用喷灯稍许加温。

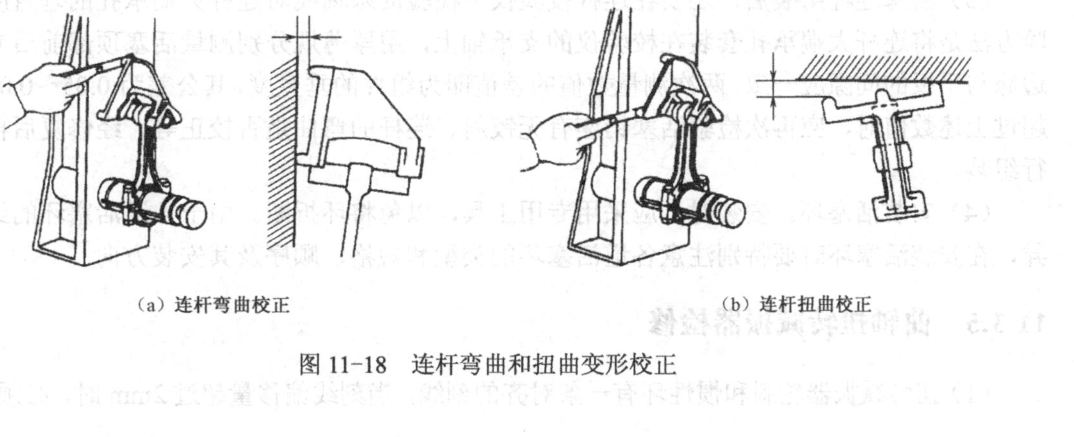

（a）连杆弯曲校正　　（b）连杆扭曲校正

图 11-18 连杆弯曲和扭曲变形校正

11.3.4　活塞连杆组检修

1. 活塞的检测

（1）清除活塞环槽内的积炭。如果积炭导致活塞环嵌在活塞环槽中不能转动，可将活塞总成浸泡在煤油中，待其软化后再进行清除和拆卸，如图 11-19 所示。

（2）检查活塞裙部的磨损。在与活塞销垂直的方向，用外径千分尺测量活塞裙部直径，如图 11-20 所示。测得的数值与标准尺寸的最大偏差量不得超过 0.04mm。超过规定值时，在发动机大修时应更换全部活塞。

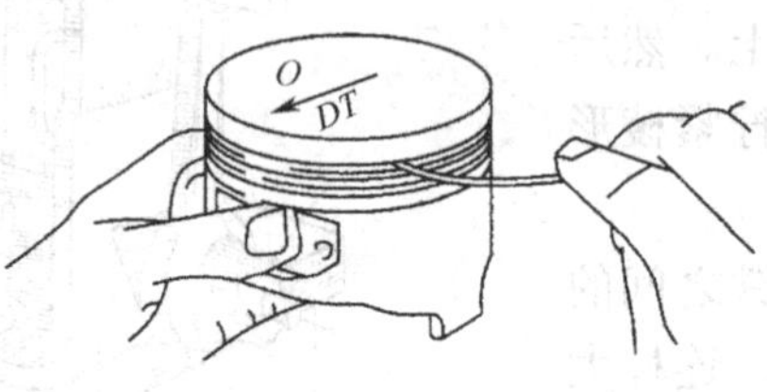

图 11-19　清除活塞环槽内的积炭

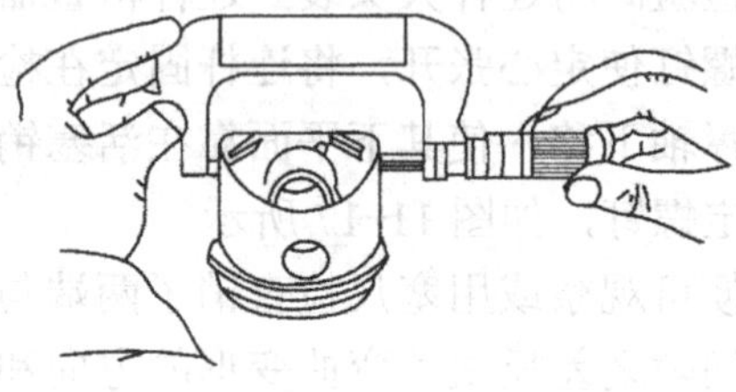

图 11-20　测量活塞裙部尺寸

2. 活塞连杆组的组装

活塞连杆组的零件经修复、检验合格后，方可进行组装。

（1）组装前应对待装零件进行清洗，并用压缩空气吹干。

（2）活塞与连杆的装配。通常采用热装合方法进行。活塞置入水中加热至 353～373K，取出后迅速擦净，将活塞销涂以机油，插入活塞销座推过连杆衬套，直至另一端销座的外边缘，然后装入卡环。两卡环的内端应与活塞销有 0.10～0.25mm 的间隙。否则卡环将被顶出造成拉缸。

活塞与连杆组装时，要注意两者的缸序和安装方向，不得错乱。活塞与连杆一般都标有装配标记。如果装配标记不清或不能确认时，可结合活塞和连杆的结构加以识别。如活塞顶部的箭头或边缘缺口朝前；汽油机活塞的膨胀槽开在做功行程侧压力较大的对侧（左侧）；连杆杆身的圆形凸点朝前；连杆大端的 45° 的机油喷孔润滑左侧汽缸壁。此外，连杆与下盖的配对记号一致并对正，或杆身与下盖承孔的凸榫槽安装时在同一侧，以避免装配时的配对错误。

（3）活塞连杆组装后，还要在连杆校验仪上检验活塞轴线对连杆大端承孔的垂直度。检验方法是将连杆大端承孔套装在校验仪的支承轴上，用厚薄规分别测量活塞顶部前后方向的边缘与平板的间隙应一致，两次测量数值的差值即为组件的垂直度，其公差为 0.05～0.08mm。超过上述数值时，应再次检验活塞销座有无铰斜、连杆的弯曲是否校正等，经修复后再次进行组装。

（4）安装活塞环。安装时，应采用专用工具，以免将环折断。由于各道活塞环的结构差异，在安装活塞环时要特别注意各道活塞环的类型和规格、顺序及其安装方向。

11.3.5　曲轴扭转减振器检修

（1）扭转减振器轮毂和惯性环有一条对齐的刻线，当刻线偏移量超过 2mm 时，必须更换。

（2）扭转减振器橡胶脱落，且深度低于金属表面 3mm 以上时，必须更换扭转减振器总成。

（3）安装扭转减振器时，将曲轴垫块紧贴在轮毂上，用四个减振器螺栓固定，螺栓按规定力矩拧紧。

（4）扭转减振器橡胶圈的配方是经试验确定的专用配方，因而更换时应遵循有关说明，购买指定厂商供应的维修备件。

11.3.6　曲轴飞轮组检修

1．组装前的检查

检查飞轮与离合器从动盘接触面的擦伤及偏磨状态。损伤严重时应更换新件。目视检查飞轮安装螺栓孔附近有无龟裂、损伤，必要时更换新件。

2．组装曲轴飞轮组

在曲轴后端凸缘盘上装上飞轮。飞轮上有点火正时记号，换用飞轮时要检查有无此记号，如果没有应打上记号，以便校正发动机的点火正时。飞轮固定螺栓涂上黏合剂后按规定力矩拧紧。

最后在飞轮内孔装上滚针轴承，将轴承打印有“朝外”的一面装在外面，并且轴承外端面应低于飞轮端面 1.5mm。

3．组装后的检查

（1）飞轮装好后要检查其端面跳动量，用百分表在飞轮半径 150mm 处检查，其摆差不得大于 0.15mm。

（2）有条件的要做动平衡试验。

11.3.7　曲柄连杆机构装配与调整

1．安装曲轴与轴承

（1）仔细清洗曲轴及轴承座，特别是油道。

（2）将缸体倒过来朝上放置，并固定好。

（3）仔细检验轴承的高出量、弹开量、轴承间隙等项目。

（4）安装好曲轴前后油封。

（5）调整曲轴轴向间隙，一般为 0.05～0.25mm，轿车一般不大于 0.15mm。

（6）在轴颈及轴承上均匀涂抹机油。

（7）对应安放好轴承盖，按规定力矩分 4 次对称拧紧主轴承盖。有锁片的锁好锁片和锁销。

（8）用撬棍撬动曲轴转动，感受安装间隙的大小，看是否适合。

2．安装活塞连杆组件

（1）仔细清洗汽缸套及活塞连杆组。

（2）将缸体侧置放好，并固定。

（3）在汽缸内壁、活塞环、活塞环槽、活塞裙部及连杆轴承上均匀涂抹机油。

（4）对好活塞环开口位置，活塞环开口一定要与活塞锁座孔错开。

（5）摇转曲轴至活塞下止点位置。

（6）用活塞环装配专用工具夹紧活塞环从汽缸上部装入活塞连杆组。注意其安装的前后方向。

（7）装上连杆轴承盖，按规定力矩拧紧连杆大头螺栓。

（8）用撬棍撬动曲轴转动，感受安装间隙的大小，看是否适合。

11.4 燃油与进气系统检修

11.4.1 电动燃油泵检修

以凌志 LS400 为例，检修步骤如下：

将点火开关转至“ON”位置或用导线短接+B 和 FP，此时应能听到燃油回流声，否则应检查油泵控制电路，凌志 LS400 发动机燃油泵控制电路图如图 11-21 所示。

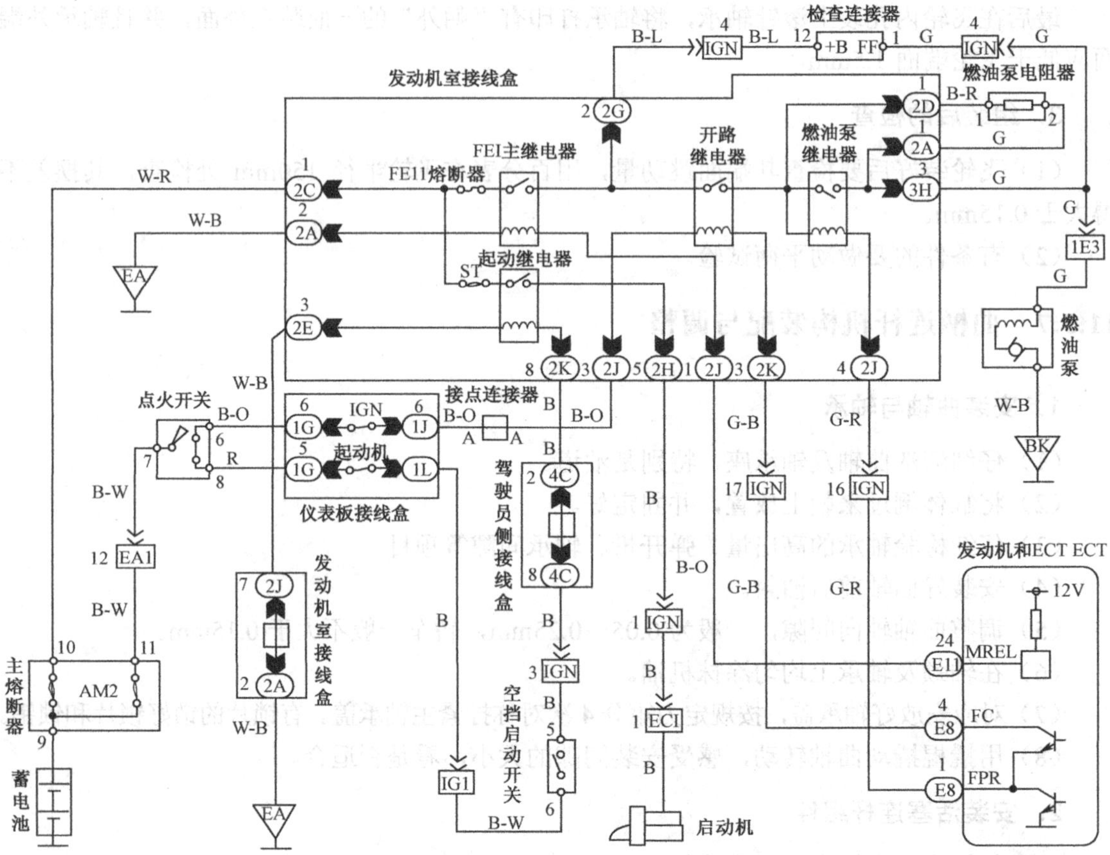

图 11-21　凌志 LS400 发动机燃油泵控制电路图

（1）检查诊断座端子+B 与蓄电池负极之间电压是否正常（约 12V），如不正常，应检查如下几个器件是否正常：

① 熔断器 AM2：30A，1GN：7.5A，EFl：15A。

② EFI 主继电器。

③ ECU。

（2）分别检查启动继电器、断路继电器、输油泵继电器，工作状况应良好，否则应予更换。

（3）油泵电阻器的检测。电阻值 20℃时为 0.67～0.79Ω。

（4）检查汽油泵。从油箱拆下汽油泵，对汽油泵接线直接加蓄电池电压（每次接通应不超过 10s），如果电动汽油泵不转动，应更换汽油泵。

11.4.2　油压调节器检修

以凌志 LS400 为例，操作步骤如下。

1．燃油压力的检测

（1）将燃油系统卸压（拆下蓄电池负极电缆线）。

（2）拆除冷启动喷油器油管接头螺栓，将油压表和油管一起安装在冷启动喷油器油管接头上。油压表也可以安装在燃油滤清器油管接头、分配油管进油接头等便于安装和观察的任何部位，如图 11-22 所示。

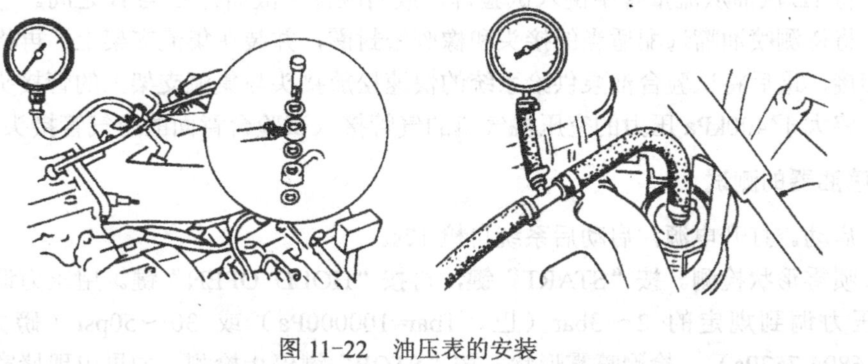

图 11-22　油压表的安装

（3）重新装上蓄电池负极电缆线，启动发动机，使之怠速运转，如果发动机不能运转，可将点火开关置于“ON”的位置，用一跨接导线将电动燃油泵的两个检测插孔+B 和 FP 短接，让燃油泵运转。

（4）观察表上的油压值，应为 265～304kPa，如果压力过高，应更换燃油压力调节器，如果压力过低，应按以下步骤检查：

① 在电动燃油泵运转的情况下，用钳子包上软布，将燃油压力调节器的回油管夹住，阻断回油通路。

② 观察油压表，如果燃油压力迅速上升，说明燃油压力调节器漏油，造成油压过低，应更换燃油压力调节器；如燃油压力上升缓慢或基本不上升，说明油路堵塞或电动燃油泵有故障，应先拆检燃油滤清器，如有堵塞应更换，如果滤清器良好，则应更换电动燃油泵。

（5）测量燃油系统的保持压力。将点火开关置于“OFF”位置，过 5min 再观察油压表指示的油压，该值不应低于规定值（约 147kPa）。如果油压过低，应按以下步骤检查。

① 让电动燃油泵运转 10s 以上，然后关闭点火开关，用包上软布的钳子将油压调节器的回油管夹紧。

② 过 5min 后观察燃油压力，如此时油压高于标准值（约 147kPa），说明油压调节器或电动燃油泵有泄漏，应更换；如果压力低于标准值，则故障在喷油器。

2. 燃油压力调节器工作状况的检查

发动机怠速运转，拔下燃油压力调节器上的真空软管，此时的燃油压力应比发动机怠速运转时的压力高 50kPa 左右，否则，应更换燃油压力调节器。

11.4.3 喷油器检修

在启动发动机时，检查各喷油器有无工作的声音，或用示波器测量喷油器线束两端有无电脉冲，如果没有，应检查发动机的 ECU；如果有，应进一步拆检喷油器。

喷油器的测试和清洗一般在专用工具上进行，现以 NT4 型喷油器测试清洗试验台为例，说明其整个过程。

1. NT4 型喷油器测试清洗试验台和喷油器的安装

（1）首先用所配电线将喷油嘴测试台和超声波清洗连接，并与电源接通。

（2）将 1L 汽油从流量管中倒入试验台，液面应位于液面计 C 与 B 之间。

（3）将待测喷油嘴选配适当的接头和橡胶密封圈，并装在集流支架上，再将集流支架与流量管相接，最后将试验台油泵供给系统的快速松放接头与集流支架上的管接头相连。

（4）将大于 400kPa 压力的空压机气瓶的气管接入试验台背面的空气管接头上。

2. 喷油器的测试

（1）启动。打开电源，启动后系统自检 12s。

（2）喷雾形状检测。按“START”键，再按“HOLD OPEN”键。用压力调节器将喷油嘴工作压力调到规定的 2～3bar（巴，1bar=100000Pa）或 30～50psi（磅力/平方英寸（$1bf/in^2$=6894.757Pa））。检测喷雾形状，按“STOP”键停止检测。如果出现堵塞和雾化质量不好，则需要清洗。

（3）测漏。按“START”键，再按“HOLD OPEN”键，在喷雾形状检测状态下按“LEAK TEST”键测漏，按“STOP”键停止检测。燃油滴漏，要求每分钟不超过一滴为合格，否则需更换喷油器。

（4）开流流量测试。按“FUNCTION SELECT”键选择 FLOW TEST 的 TIMED OPEN FLOW，再按“TIMER SELECT”键选择“SET1 UP（DOWN）”键，将关闭阀门密封机构，顺计时（倒计时）测量喷油嘴的流量。按“STOP”键停止流量测试，喷油时间将显示并保存在机器内存中，及时记录流量、压力的结果。按“TIMER SELECT”键选择“SET2”键，可记录另一组数据，用法同“SET1”键。如果流量测试不符合技术标准，则需要清洗，清洗后再测试，还不符合技术标准，则更换喷油器。

（5）脉冲流流量测试。按“FUNCTION SELECT”键选择“FLOW TEST”键的“TIMED

PULSED FLOW”键，关闭阀门密封机构以测量喷油嘴流量。计时方法同（4）。如果流量测试不符合技术标准，则需要清洗，清洗后再测试，还不符合技术标准，则更换喷油器。

（6）自动测试程序。按住“HOLD OPEN”键停 5s，测试台将完成一整套自动测试程序，包括喷雾形状检测、测漏、开流测试（从 0r/min 升速到 999r/min，再降速到 0r/min）、脉冲流测试（从 0r/min 升速到 999r/min，再降速到 0r/min）全过程。

（7）选择步长 ms、转速 rpm、时间 TIME。

① 使用预定设置：按“FUNCTION SELECT”键选择到“FIXED SETTING”键，然后按“SETTING UP（DOWN）”键，确定某一预定设置。

② 选择转速：按“FUNCTION SELECT”键选择到“PROGRAM RPM”键，然后按“RPM UP（DOWN）”键，确定某一转速。

③ 选择步长：按“FUNCTION SELECT”键选择“PROGRAM ms”键，然后按“ms UP（DOWN）”键，确定某一步长。

④ 选择时间：选择计时开流（或计时脉冲流），按“TIME UP（DOWN）”键确定某一时间。

⑤ 清除时间记忆：选择计时开流（或计时脉冲流），按住“SETl UP”键或“SET2 UP”键约 ls，清除内存时间记忆。

3．超声波清洗

（1）松开快速松放接头，保留喷油嘴线束的连接。

（2）按“START”键启动喷油嘴，然后向集流腔中施加低压（2～3psi），去除残留的溶剂，然后按“STOP”键。

（3）取出喷油嘴放入超声波清洗机的支座中。

（4）将特定清洗剂加入超声波清洗机中至高出支座约 20mm。

（5）在控制板上按“ULTRASONIC MODE”键，喷油嘴将处于开启状态，开启超声波清洗。

（6）清洗完毕，按“ULTRASONIC MODE”键结束。

（7）再将喷油嘴置于集流腔上，按“START”键使少量清洗剂在低压状态下流出。

（8）按“STOP”键结束。

11.4.4　怠速控制装置检修

以凌志 LS400 为例，检修步骤如下。

1．怠速控制阀工作情况检测

（1）怠速控制阀（ISC 阀）与 ECU 电路连接原理如图 11-23 所示。

（2）在发动机冷车启动后，用钳子垫上软布，夹住怠速附加空气通道的软管，此时，发动机的转速应有明显下降，否则说明怠速附加空气通道不能开启或堵塞。

（3）发动机暖机后，再用钳子垫上软布，夹住怠速附加空气通道的软管，此时，发动机的转速应无明显下降，否则说明怠速附加空气通道关闭不严或不能关闭。

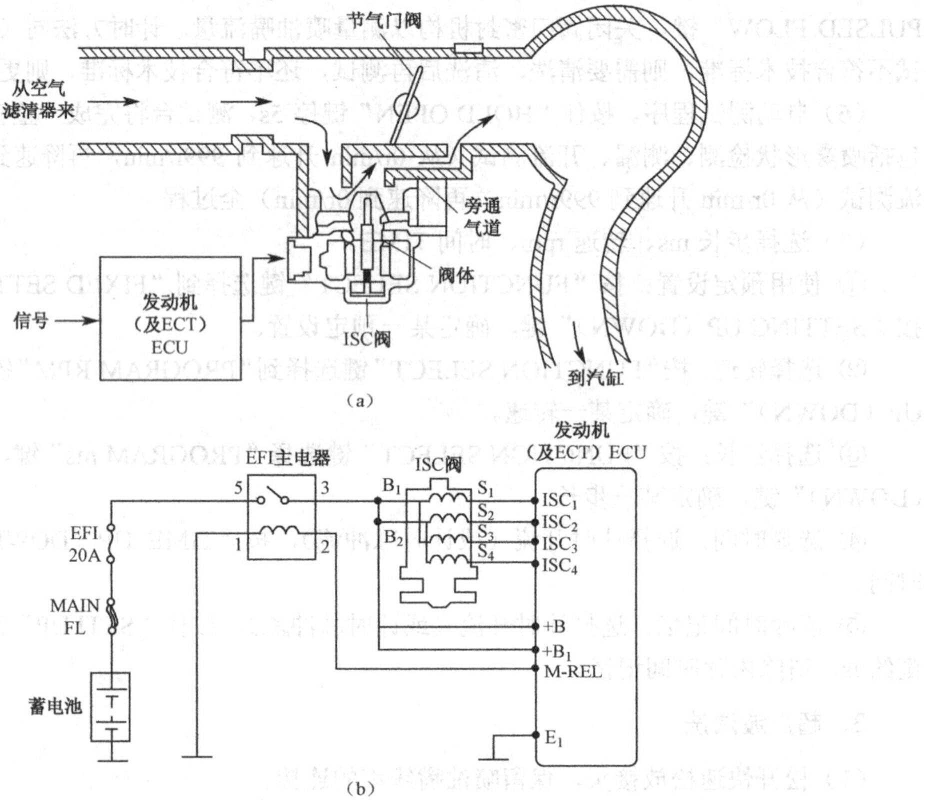

图 11-23　ISC 阀与 ECU 电路连接原理图

2. ISC 阀的电路检测

（1）如图 11-24 所示，将点火开关置于“ON”的位置，然后检查 ISC 阀连接器端子 B_1 和 B_2 与搭铁之间的电压，应为蓄电池的电压，否则应检查 EFI 主继电器。

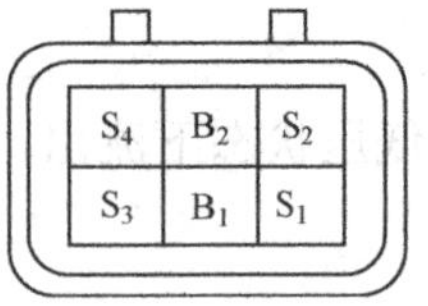

图 11-24　ISC 阀连接器插头

（2）测量 ECU 的端子 S_1、S_2、S_3、S_4 与端子 E_1 间的电压值应为 9～14V，否则，ISC 阀有故障。

（3）拆下 ISC 阀连接器，测量各端子之间的电阻，应符合表 11-2 的规定值，否则应予更换。

表 11-2　ISC 阀各端子之间的标准电阻值

端　子	B_1—S_1	B_1—S_3	B_2—S_2	B_2—S_4
电阻（Ω）	10～30	10～30	10～30	10～30

（4）将蓄电池的正极接到 B_1 和 B_2，负极依次接 S_1、S_2、S_3 和 S_4，阀芯应向外伸出；如果将蓄电池的正极接到 B_1 和 B_2，负极依次接 S_4、S_3、S_2 和 S_1，阀芯应向内缩入，否则说明 ISC 阀已经损坏，应予更换。

11.4.5　空气流量计检修

捷达五气阀电喷发动机的空气流量计与 ECU 的连接电路如图 11-25 所示。

（1）点火开关关闭，将插线连接器拔下，用万用表电阻挡测量，“3”脚与车身搭铁间应为 0Ω（搭铁脚）。

（2）插好导线连接器，将点火开关置于“ON”的位置，用万用表电压挡测量“4”脚与“3”脚间应有 5V 的电压，否则，ECU 或 ECU 至流量计间导线有故障。

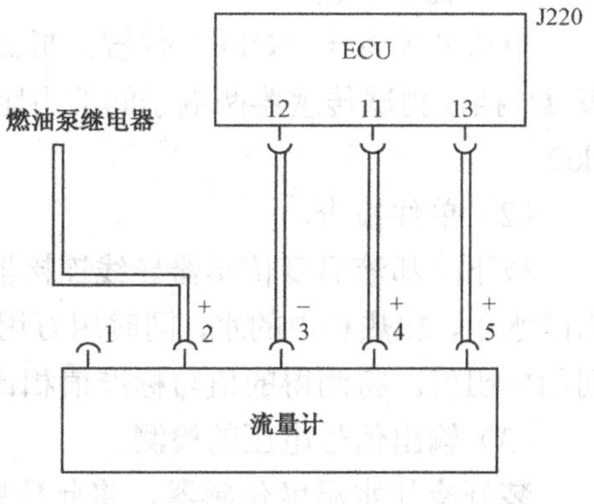

图 11-25　热膜式空气流量计连接电路图

（3）着车，测量“2”脚与搭铁间应有约 14V 的电压，否则，应检查油泵继电器至流量计导线。

（4）用万用表电压挡测量“5”脚与“3”脚间的电压，发动机怠速时约 1.4V，随着转速的升高，电压升高，最高转速对应的电压约为 2.5V，否则该流量计应更换。如果发动机不能加速，应拆下空气滤清器，从流量计的进气口吹风，风速越高，“5”脚与“3”脚间的电压越高，否则应更换该流量计。

11.4.6　进气温度传感器检修

1. 检测前准备

确认电源电压为 12V。

2. 检测

（1）进气温度传感器的电阻检测。

进气温度传感器的电阻检测方法和要求与冷却液温度传感器基本相同。

（2）单件检查。

点火开关置于“OFF”位置，拔下进气温度传感器导线连接器，并将传感器拆下，用电热吹风器、红外线灯或热水加热进气温度传感器。用万用表 Ω 挡测量在不同温度下两端子间的电阻值，将测得的电阻值与标准数值进行比较。如果与标准值不符，则应更换。

（3）输出信号电压值检测。

当点火开关置于“ON”位置时，ECU 的 THA 端子与 E_2 端子间或进气温度传感器连接器 THA 与 E_2 端子间的电压值在 20℃时应为 0.5～3.4V。

11.4.7　冷却液温度传感器检修

1. 检测前准备

确认电源电压为 12V。

2．检测

（1）就车检查。

点火开关置于“OFF”位置，拆卸冷却水温度传感器导线连接器，用数字式高阻抗万用表 Ω 挡，测试传感器两端子间的电阻值。其电阻值与温度的高低成反比，在热机时应小于 1kΩ。

（2）单件检查。

拔下冷却液温度传感器导线连接器，然后从发动机上拆下传感器，将该传感器置于烧杯内的水中，加热杯中的水，同时用万用表 Ω 挡测量在不同水温条件下水温传感器两接线端子间的电阻值。将测得的值与标准值相比较，如果不符合标准，则应更换水温传感器。

（3）输出信号电压的检测。

装好冷却水温度传感器，将此传感器的导线连接器插好，当点火开关置于“ON”位置时，从水温传感器导线连接器 THW 端子（丰田车）或从 ECU 连接器 THW 端子与 E_2 间测试传感器输出电压信号（北京切诺基是从传感器导线连接器 B 端子或从 ECU 导线连接器 2 端子上测量与接地端子间电压）。丰田车 THW 与 E_2 端子间电压在 80℃时应为 0.25～1.0V。所测得的电压值应随冷却水温成反比变化。当冷却水温度传感器线束断开时，如从 ECU 导线连接器端子 2（北京切诺基）上测试电压值，当点火开关打开时，应为 5V 左右。

11.4.8　节气门位置传感器检修

1．节气门位置传感器的检测

1）检测前准备

确认电源电压为 12V。

2）检测

（1）测量线性电位计的电阻。

将点火开关置于“OFF”位置，拔下节气门位置传感器的导线连接器，用万用表的欧姆挡测量线性电位计的电阻（见图 11-26 E_2 和 V_{TA} 之间的电阻），该电阻应能随节气门开度增大而呈线性增大。

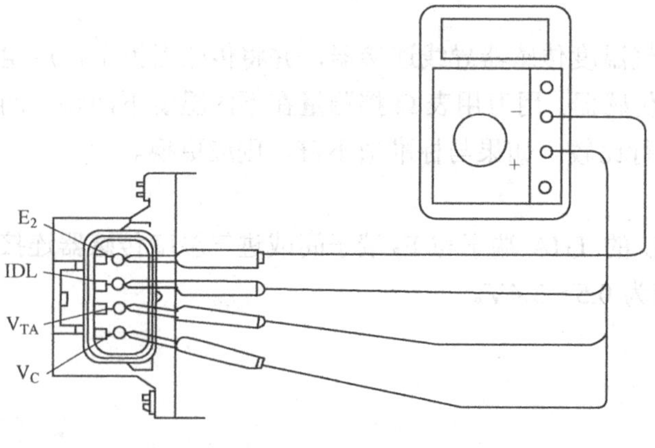

图 11-26　线性可变电阻型节气门位置传感器的检测

（2）在节气门限位螺钉和限位杆之间插入适当厚度的塞尺，用万用表欧姆挡测量此传感器导线连接器上各端子间的电阻，其电阻值应符合表 11-3 所示。

（3）电压检查。

插好节气门位置传感器的导线连接器，当点火开关置于“ON”位置时，发动机 ECU 连接器上 IDL、V_C、V_{TA} 三个端子处应有电压；用万用表电压挡检测 IDL-E_2、V_C-E_2、V_{TA}-E_2 间的电压值应符合表 11-4 所示。

表 11-3　线性可变电阻型节气门位置传感器各端子间的电阻（皇冠 3.0 车）

限位螺钉与限位杆间隙（或节气门开度）	端 子 名 称	电阻值/kΩ
0mm	VTA-E_2	0.34～6.30
0.45mm	IDL-E_2	0.50 或更小
0.55mm	IDL-E_2	∞
节气门全开	V_{TA}-E_2	2.40～11.20
—	V_C-E_2	3.10～7.20

表 11-4　节气门位置传感器各端子电压

端　子	条　件	标准电压/V
IDL-E_2	节气门全开	9～14
V_C-E_2	—	4.0～5.5
V_{TA}-E_2	节气门全闭	0.3～0.8
—	节气门全开	3.2～4.9

2. 节气门位置传感器的更换

将节气门开度保持在 45° 左右，拧下节气门位置传感器的两个固定螺钉，拆下节气门位置传感器，将新的节气门位置传感器的心轴转到如 11-27 所示位置，然后装到节气门轴上，拧紧图两个固定螺钉。

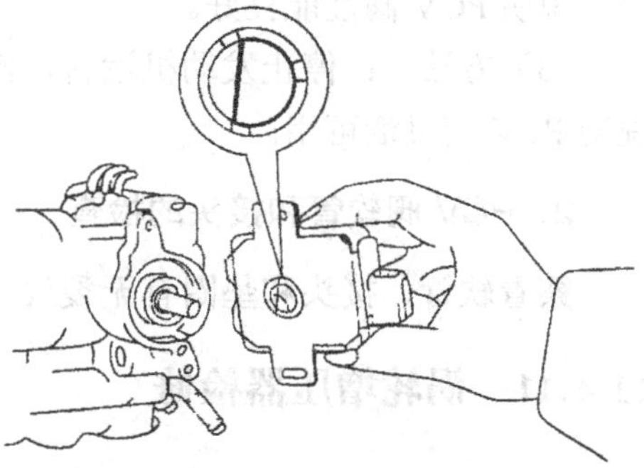

图 11-27　节气门位置传感器的更换

11.4.9　废气再循环（EGR）阀检修

1. 测试 EGR 阀和气道

（1）把一只转速表接到发动机上。

（2）启动发动机并运转至正常工作温度。

（3）脱开通往 EGR 阀的真空软管，在其接头处插入手动真空泵软管。

（4）发动机置于空挡怠速下向 EGR 阀施加 4kPa 左右的真空信号。

（5）观察发动机转速表读数：如果随着真空信号的施加，怠速转速下降 150r/min 或更多，说明 EGR 阀正在工作；如果转速不发生变化或下降量低于规定的最小值，说明有废物沉积在 EGR 阀和进气歧管气道上，需卸下 EGR 阀，检查、清洁 EGR 阀气道及进气歧管的气道。

2. EGR 阀的维修

如果诊断出 EGR 阀有过量的沉积物，需从发动机上卸下此阀，检查提升阀及安置部位的状况。沉积物可用以下方法清洗。

（1）向提升阀及安置部位加适量的歧管热控阀溶剂。加溶剂时要极其小心，以免泼洒到膜片上损坏膜片。

（2）等待约 30min，让溶剂充分软化沉积物。

（3）将手动真空泵软管连接膜片接头，施加足够的真空度使提升阀全开，不要推动膜片开启阀门，只能利用其真空源。

（4）用一个有利刃的工具细心刮去提升阀及座上已软化变松的沉积物，如果清洁阀门后发现阀杆，说明阀与座有过量磨损，需更换 EGR 阀总成。

（5）在发动机上安放新垫片，更换 EGR 阀，然后用 14N·m 左右的扭矩拧紧安装螺栓。

（6）连接通往 EGR 阀的真空管路，按前述方法测试 EGR 系统。

11.4.10 曲轴箱通风（PCV）阀检修

1. PCV 阀的检查

（1）方法一：发动机怠速运转，从汽缸罩盖软管处拆下 PCV 阀，检查 PCV 阀是否堵塞。若把手指放在 PCV 阀接口处，手指感到有强烈的真空吸力，说明 PCV 阀性能良好。

（2）方法二：发动机怠速运转，将 PCV 阀装复后从空气滤清器上卸下曲轴箱进气管，用一张薄纸轻轻盖在管口上，待曲轴箱内压力减小时（约 1min 后），明显见到薄纸被吸向管口，说明 PCV 阀性能良好。

（3）方法三：停止发动机运转，卸下 PCV 阀，用手摇动检查，若听到有“咔嗒”声，说明 PCV 阀灵活可用。

2. PCV 阀软管和接头的检查

察看软管、接头和垫圈有无裂纹、泄漏和破损。

11.4.11 涡轮增压器检修

1. 清洁空气滤清器

空气滤清器被堵塞以后，压气机的进气阻力增加，导致增压压力下降。增压发动机的空气滤清器必须及时清洗或更换，应经常检查空气滤清器的指示器，保持空气滤清器的清洁。

2. 清洗中冷器和压气机

中冷器和压气机的内部积有油泥、灰尘会增加进气阻力，当中冷器进、出口压力差超过 0.025MPa 时，应清洗它的内部流道。压气机涡壳和叶轮沾上油泥和灰尘时应分解清洗，要定期进行。

3. 清除积炭

增压器的内部积炭会增加转子的转动阻力，使增压器转速下降，增压压力降低。积炭通常积存在涡轮叶片、转轴、密封环等部位，一般是因密封不严，机油漏入烧结及发动机燃烧不完全所致。

4．检查转子的轴向、径向间隙，消除刮碰现象

转子的径向间隙过大会丧失液体的润滑条件，转子的转动阻力将增大，转速降低；转子的轴向间隙过大或变形产生刮碰现象，转子的转速也会下降，导致增压压力下降。

所以，分解保养增压器时，转子的径向间隙和轴向间隙都要认真测量，并注意观察是否有刮碰现象。发现间隙超过标准，应及时更换轴承；发现转子有刮伤，应查明原因，进行更换；转子的轴向及径向间隙应符合标准。

11.5 冷却润滑系统检修

11.5.1 检修冷却系统

1．检查冷却系统工作状况并确定修理内容

（1）检查冷却液面高度，确定是否需要添加冷却液。

（2）检查冷却液泄漏情况，确定是否需要修补散热器或更换水管。

（3）根据冷却液颜色和使用时间长短，确定是否需要更换冷却液。

（4）检查水泵皮带、散热器风扇皮带磨损程度及张紧度，确定是否需要更换皮带或调整皮带张紧度。

（5）检查水泵工作情况，确定是否需要检修或更换水泵。

（6）检查散热风扇工作情况，确定是否需要检修或更换散热风扇。

2．检测节温器

不同车型节温器阀门的开启温度不一致，检测方法如图 11-28 所示。将节温器放在盛水的容器中，用温度计测量水温，观察节温器的工作情况。桑塔纳发动机节温器，水温上升到（87±2）℃时，主阀门开始开启，温度上升到（102±3）℃时，主阀门完全开启，升程应不少于 7mm，否则，应更换节温器（注意：在使用中，不允许随意拆除节温器）。

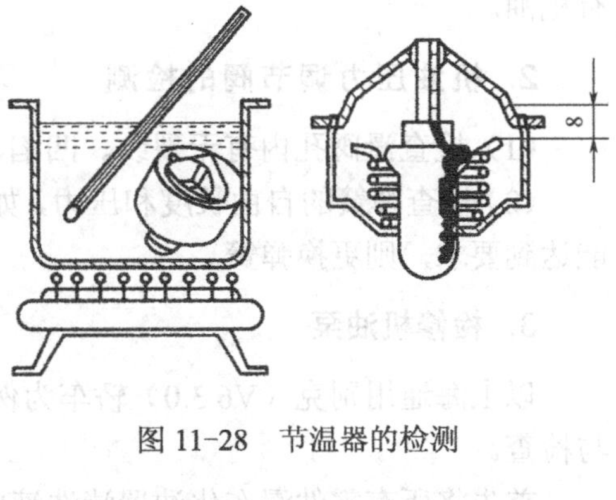

图 11-28　节温器的检测

3．检测风扇温控开关

风扇温控开关的检修，如图 11-29 所示。把温控开关拆下并放入水中，万用表选为电阻挡，把两触针分别触及温控开关的接线端及外壳上，改变水的温度，观察万用表指针的动态，冷却液温度达到（92±0.5）℃时，散热器温控开关导通，万用表指针表示接通。冷却液温度降至（87±2）℃时，万用表指示断开。

4．检修水泵

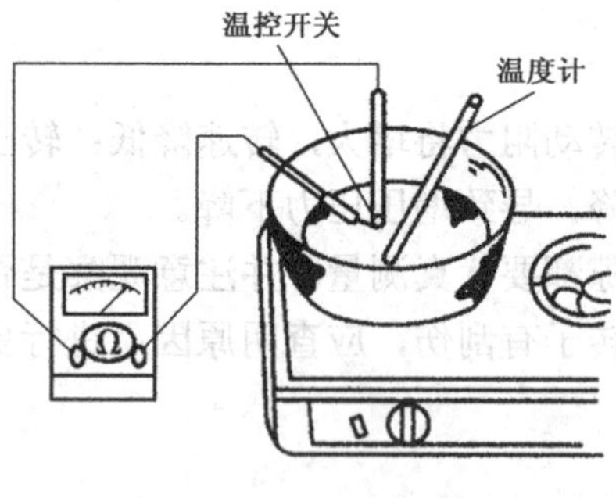

图 11-29　检测风扇温控开关

（1）检修水泵壳体。水泵壳体砂眼可用铸铁焊条焊上或用环氧树脂胶黏结。水泵壳体平面发生翘曲变形，其接合面翘曲变形超过 0.15mm，应车平或磨平。但车削总厚度不应大于 0.50mm。装配时，根据车削厚度加厚水泵盖的密封衬垫。水泵壳轴承孔磨损，可采用镶套法修复，然后镗出座孔。

（2）检修水泵轴。检查水泵轴与轴承内径的配合间隙应不大于 0.03mm，如果超过规定，应更换新件。水泵轴弯曲超过 0.50mm，应冷压校直。

（3）检修水泵叶轮。水泵叶轮破裂，应换用新件。

（4）检查水封。水封座圈外径磨损，水封老化、变形，应更换水封总成。桑塔纳发动机水封转动环与静止环接触面磨损起槽，表面剥落或破裂导致漏水时，也应更换水封总成。

（5）水泵叶轮与泵盖端面的间隙。水泵叶轮与泵盖端面间隙为 1.0～1.8mm，否则用垫片调整两者之间的间隙。

（6）水泵叶轮与泵壳间隙。水泵叶轮与泵壳间隙为 0.8～2.2mm，否则应更换叶轮。上海桑塔纳轿车装有密封式轴承，在正常工作下，不需维护。

11.5.2　检修润滑系统

1．检视

（1）外漏：检视发动机外表是否有浸油或滴油现象。

（2）内漏：机油尺上是否有水珠或冷却系统加水口盖是否有机油。

2．机油压力调节阀的检测

（1）检查滑阀孔内有无裂纹、凹陷、裂缝或划伤等。

（2）检查弹簧的自由长度和压力，如果弹簧的测试结果不能达到要求，则更换弹簧。

3．检修机油泵

以上海通用别克（V6 3.0）轿车为例，讲述机油泵的清理与检查。

首先将所有零件浸在化油器清洗液中，清除零件上的所有油泥、机油和漆膜。清洗后，检查有无异物，确定异物来源。然后进行以下检查。

（1）检查机油泵壳体和盖板是否有如图 11-30 所示的情况，并检查是否有开裂或铸造缺陷、划痕、螺纹损坏等现象。

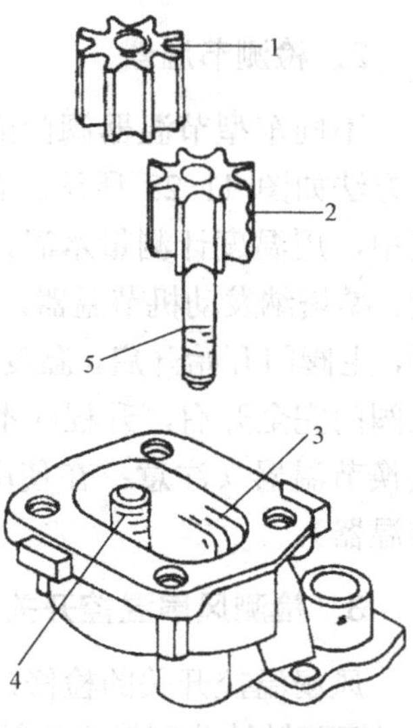

1、3、4、5—划痕；2—严重磨损

图 11-30　机油泵损坏形式

切勿试图修复机油泵壳体。必要时，应更换机油泵壳体。

（2）检查机油泵齿轮是否有划痕或严重磨损。

（3）检查从动轴、传动齿轮轴是否太松或有划痕。若太松或损坏，应更换机油泵。

（4）检查压力调节阀是否有划痕和卡滞。若有，用细油石清除毛刺和划痕。

（5）检查压力调节阀弹簧是否出现没有张紧力或出现弯曲的情况。

（6）按规格，见表 11-5，测量机油泵齿轮游隙。安装齿轮，并在几个部位进行测量。

表 11-5　齿轮式机油泵规格　　单位：mm

测量项目		规　格
齿轮	长度	30.45～30.48
	直径	38.05～38.10
	侧隙	0.038～0.088
	端隙	0.040～0.125
齿轮游隙		0.094～0.195
齿轮凹槽深度		
齿轮凹槽直径		

（7）测量机油泵壳体齿轮凹槽。

（8）测量机油泵齿轮，根据端隙确定机油泵的可维修性。

（9）测量机油泵齿轮侧隙，如果不符合规格应更换。

11.6　EFI点火电路检修

11.6.1　磁脉冲式曲轴位置传感器检修

以丰田佳美 1VZ-FE 发动机为例，该发动机曲轴位置传感器电路图如图 11-31 所示。操作步骤如下：

（1）拔下点火线圈上的中心高压线及各喷油嘴上的线束。

（2）曲轴位置传感器输出信号的检查。拔下曲轴位置传感器的导线连接器，将示波器输入接线与导线连接器上 G_1～$G_\ominus$、G_2—$G_\ominus$、N_e—$G_\ominus$端子连接，用启动电动机带动发动机旋转（保持 30s），示波器应有如图 11-32 所示的波形，即 G_1～$G_\ominus$、G_2—$G_\ominus$、N_e—$G_\ominus$端子间有脉冲信号输出。否则，需更换总成。

（3）传感器线圈与信号转子的气隙检查。拆下分电器盖、分火头等，露出曲轴位置传感器，如图 11-33 所示，用塞尺测量信号转子与传感器线圈凸出部分的空气间隙，应为 0.2～0.4mm。否则，应更换。

（4）曲轴位置传感器线圈的电阻测量。如图 11-34 所示，用万用表的电阻挡在分电器的接线插座上测量曲轴位置传感器各感应线圈的电阻，测量值应符合表 11-6。

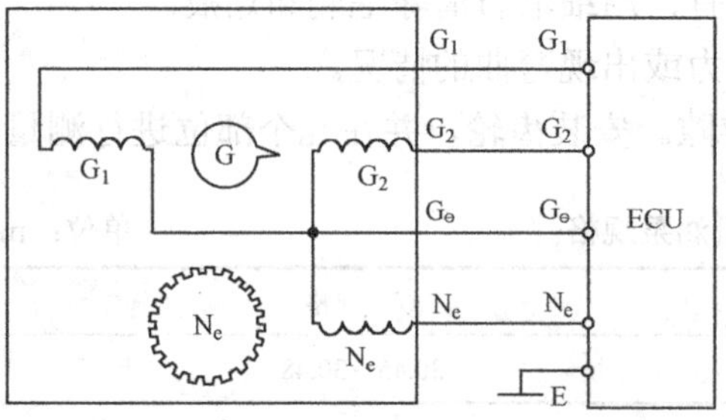

图 11-31　曲轴位置传感器电路图

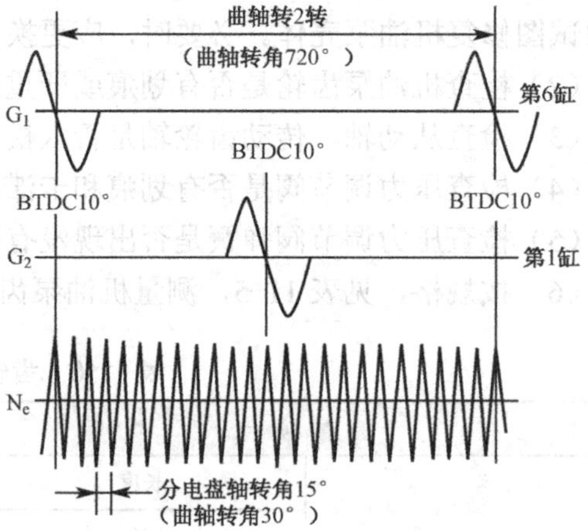

图 11-32　G、N_e信号与曲轴转角的关系

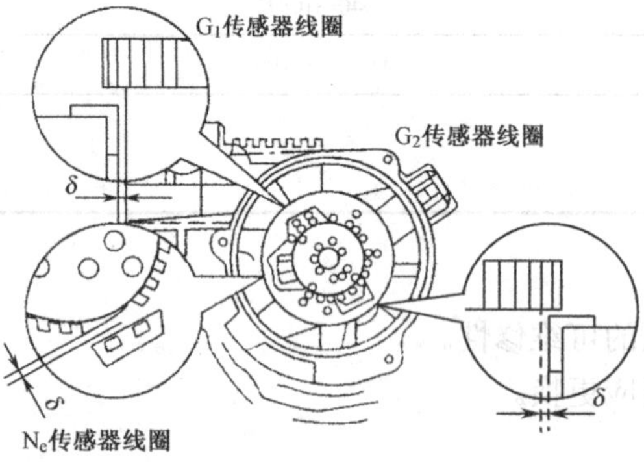

图 11-33　传感器线圈与信号转子气隙的检查

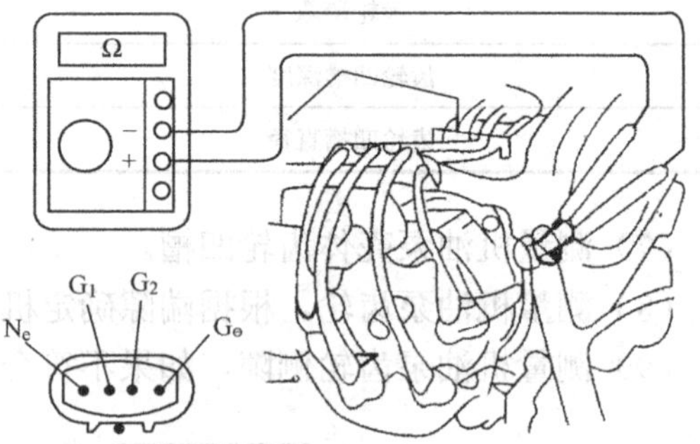

图 11-34　传感器感应线圈电阻的测量

表 11-6　曲轴位置传感器的电阻值

机　型	端　子	条　件	电　阻（Ω）
1VZ-FE	$G_1 \sim G_\ominus$	冷态	194
		热态	266
	$G_2 \sim G_\ominus$	冷态	193
		热态	274
	$N_e \sim G_\ominus$	冷态	195
		热态	271

11.6.2　霍尔式曲轴位置传感器检修

以捷达发动机为例，霍尔式曲轴位置传感器的工作电路及插座分别如图 11-35 和图 11-36 所示。操作步骤如下：

（1）霍尔式曲轴位置传感器的供电检测。将点火开关置于“ON”位置，用万用表电压挡测量曲轴位置传感器插座的 1 号端子与 3 号端子、2 号端子与 3 号端子之间的电压，电压值均应大于 9V。

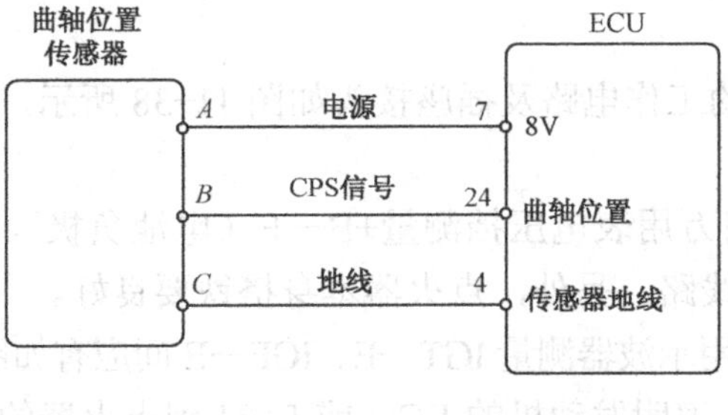

图 11-35　霍尔式曲轴位置传感器工作电路

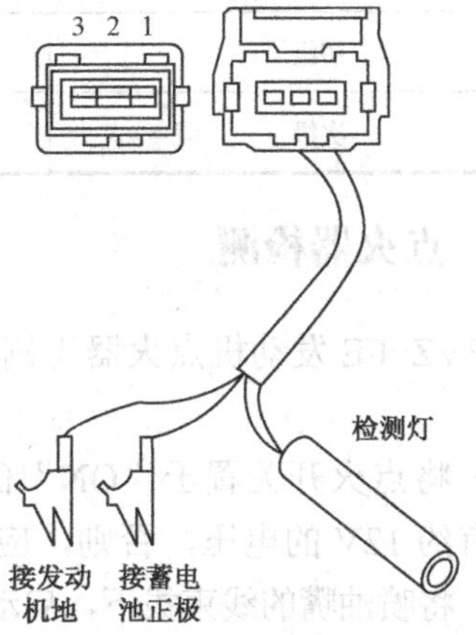

图 11-36　霍尔式曲轴位置传感器插座

（2）霍尔式曲轴位置传感器的性能测试。将喷油嘴的线束拔下，启动电动机带动发动机运转，用示波器测量 2 号端子与 3 号端子之间应有如图 11-37 所示的电脉冲。

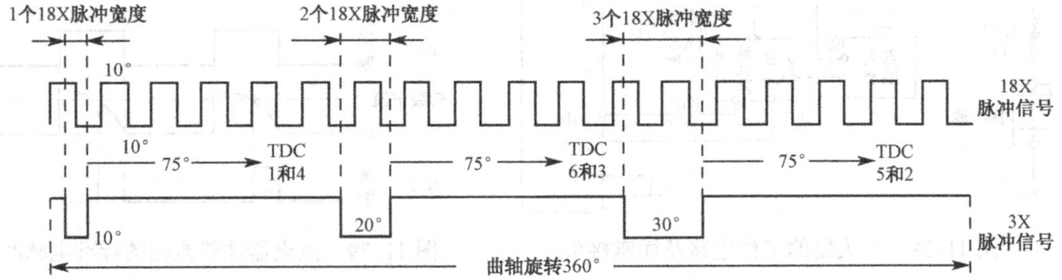

图 11-37　霍尔式曲轴位置传感器输出信号（GM 公司）

（3）霍尔式凸轮轴位置传感器的检修。该传感器的检修方法同霍尔式曲轴位置传感器。

11.6.3　点火线圈检测

拔开点火线圈的连接线，用万用表电阻挡检测点火线圈的电阻，其电阻值应符合表 11-7 和表 11-8。

表 11-7　凌志 LS400 发动机点火线圈电阻标准值

点 火 线 圈	条　　件	电　　阻
初级	冷态	0.36～0.55Ω
次级	冷态	9.0～15.4kΩ

表 11-8 丰田佳美发动机点火线圈电阻标准值

点火线圈	条件	电阻
初级	冷态	0.2～0.3Ω
次级	冷态	6～11kΩ

11.6.4 点火器检测

以 3VZ-FE 发动机点火器为例，点火器的工作电路及插座接头如图 11-38 所示。操作步骤如下：

（1）将点火开关置于“ON”的位置，用万用表电压挡测量+B—E（电池负极）、$C_{\ominus}$—E 之间应有约 12V 的电压，否则，应检查相应线路。另外，点火器本身搭铁要良好。

（2）将喷油嘴的线束拔下，启动发动机，用示波器测量 IGT—E、IGF—E 间应有如图 11-39 所示的电脉冲。如果 IGT—E 间没有电脉冲，说明发动机的 ECU 或 ECU 到点火器的线路有问题，应检查 ECU；如果 IGT—E 间有电脉冲，而 IGF—E 间没有电脉冲，说明点火器有问题，应予更换。

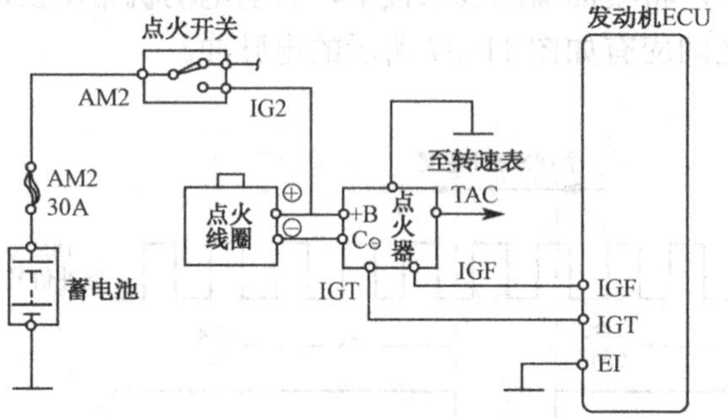

图 11-38 点火器的工作电路及插座接头

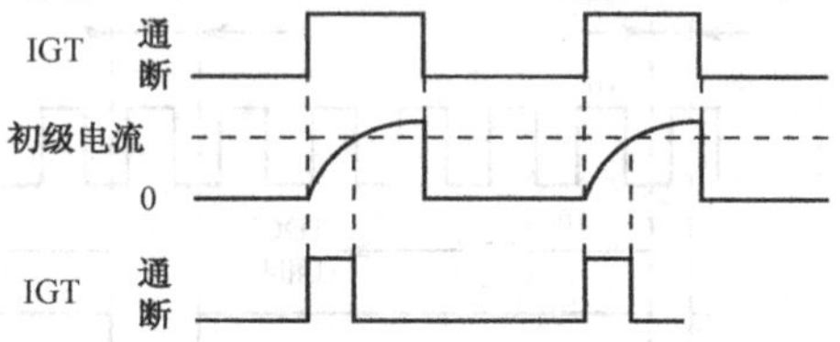

图 11-39 点火器性能检测的标准电脉冲

（3）将喷油嘴的线束拔下，启动发动机，用示波器测量 $C_{\ominus}$—E 之间应有电脉冲，脉冲的高电压约为 12V，低电压接近零，否则，说明点火器有问题，应予更换。

第 12 章　诊断排除发动机故障

学习目标

- 能够诊断排除油电路引起的发动机启动困难故障
- 能够诊断排除油路引起的发动机怠速不稳故障
- 能够诊断排除发动机过热故障
- 能够诊断排除点火系统引起的发动机缺火故障
- 能够诊断排除油电路引起的发动机功率不足故障
- 能够诊断排除连杆主轴承、正时齿轮（或齿带、链条）及气门异响故障

12.1 诊断排除油电路引起的发动机启动困难故障

（1）检查怠速控制阀和附加空气阀。若不正常，可拆检或更换。

（2）若正常，检测燃油压力。若压力过低，需检修电动燃油泵、燃油滤清器、油压调节器、喷油器等。

（3）若燃油压力正常，检测空气流量计和冷却液温度传感器工作是否正常。若不正常，更换即可。

（4）若空气流量计和冷却液温度传感器工作正常，则需检查冷启动喷油器工作是否正常。若工作不正常，检修冷启动喷油器。

（5）若冷启动喷油器工作正常，则需检查启动开关信号是否正常。若信号不对，则检修启动控制电路。

（6）若启动开关信号正常，则需检查点火正时是否正确。若不正确，则需要调整。

（7）若点火正时正确，可换一个 ECU 试一下。

12.2 诊断排除油路引起的发动机怠速不稳故障

（1）检查怠速控制阀有没有工作。若没有工作，需要进行拆检或更换；若有工作，则重

新调整发动机初始怠速。

（2）检查燃油压力是否正常。若压力不正常，则需进一步检查燃油滤清器、电动燃油泵、油压调节器；若压力正常，则拆卸、清洗喷油器。

（3）检测空气流量计工作是否正常。

12.3 诊断排除发动机过热故障

1．检查冷却系统（以 TJ7100 为例）

（1）检查冷却液的量。对封闭式冷却系统如果水面下降过快，应检查冷却系统各部有无漏液处。如果无漏液处，应察看机油中有无冷却液漏入。

（2）检查风扇带是否过松、打滑、断裂。如行车中突然过热，当油门加大时电流表不指示充电，而在放电 5～7A 间歇摆动，表明风扇皮带断裂。

（3）检查冷却液温差。用手指背触摸散热器和发动机，如果发动机温度很高，而散热器温度较低，可能是水泵轴与叶轮脱转，应拆检水泵。

（4）检查节温器工作是否正常。

（5）检查温控开关。

① 在车上检查，将点火开关转至“ON”位置。拆下散热器温度控制开关的接头，并将其搭铁，此时风扇电动机应转动。如风扇不转，检查相应的熔断丝。

② 如图 12-1 所示，把温控开关拆下并放入水中，万用表选为电阻挡，把两触针分别触及温控开关的接线端及外壳上，改变水的温度，观察万用表指针的动态，冷却液温度达到 92℃±0.5℃时，散热器温控开关导通，万用表指针表示接通。冷却液温降至 87℃±2℃时，万用表指示断开。

（6）检查风扇电动机。如图 12-2 所示，将风扇电动机的正、负极与蓄电池的正、负极分别正正相连，负负相连，风扇电动机应旋转。

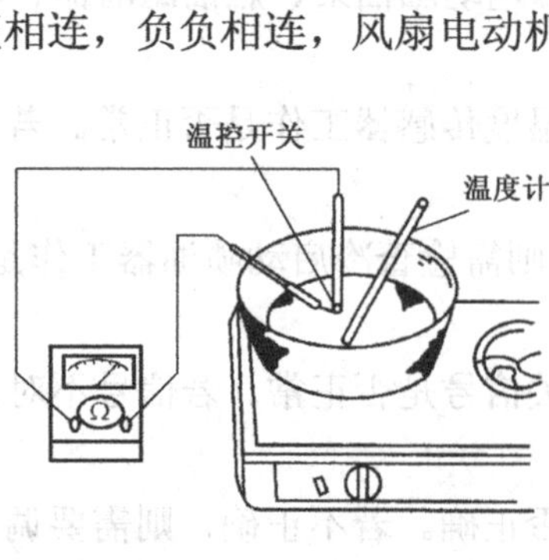

图 12-1　检查温控开关

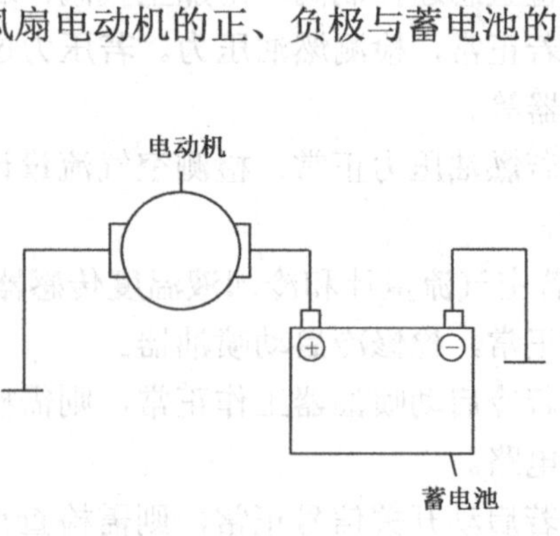

图 12-2　检查风扇电动机

2．检查其他部位

（1）检查火花塞。

（2）检查点火正时。

（3）检查进、排气歧管。

（4）检查润滑系统。

12.4 诊断排除点火系统引起的发动机缺火故障

以上海桑塔纳 LX 型轿车为例，它采用霍尔元件为传感器的无触点电子点火系统，图 12-3 所示为该车点火系统的电路示意图。

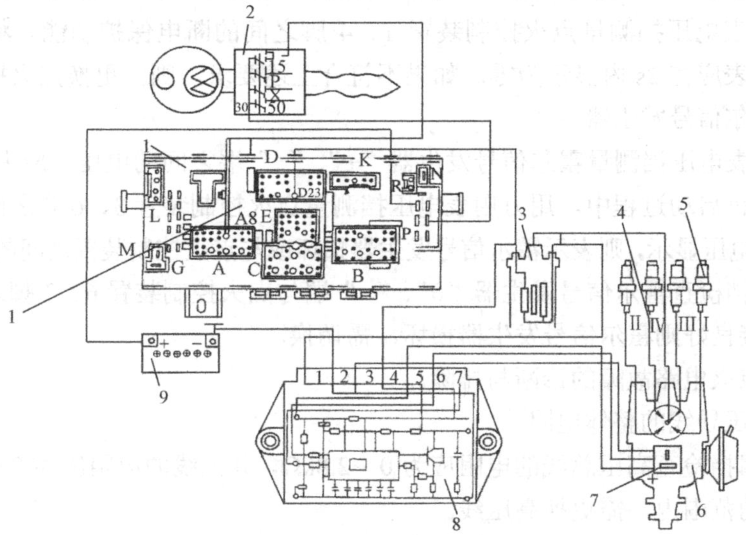

1—中央线路板；2—点火开关；3—点火线圈；4—高压导线；5—火花塞；
6—分电器；7—霍尔传感器；8—晶体管点火控制器；9—蓄电池

图 12-3 上海桑塔纳 LX 型轿车点火系统电路示意图

（1）检查蓄电池供电是否正常。

（2）判断故障是在初级点火电路还是在次级点火电路。

① 启动中观察转速表指针。

启动发动机观察转速表，指针不摆动表示初级点火电路中有故障，指针摆动表示次级点火电路中有故障。

② 跳火检查。

拔出高压总线接上一只火花塞，放在缸体上。将点火开关置于启动位置，或者反复开、关点火开关，观察火花塞是否跳火。或者打开点火开关，将霍尔信号发生器的信号线反复接地，观察火花塞是否跳火。如果不能跳火，则初级点火电路有故障，反之则次级点火电路有故障（需注意的是，当触发叶轮的叶片不在永久磁铁与霍尔元件之间的空气隙时，在上述后两步的测试中，是观察不到火花塞跳火的）。

（3）初级点火电路故障的诊断与排除。

① 检查点火控制装置。

a. 将点火开关置于“OFF”，用万用表欧姆挡测量点火控制装置 1、4 脚之间的电阻值，应为 0.52～0.76Ω，如果不在此范围则表明高压线圈有故障，需更换。

b．将点火开关置于“ON”，用万用表电压挡测量点火控制装置 2、4 脚之间的电压，应为蓄电池电压。如果无电压显示，则点火控制装置 2、4 脚与电源正、负极连接之间断路。逐点检查高压线圈“+”、中央线路板 D23 和 A8 结点、点火开关 15 结点与接地间的电压，找出故障部位，然后排除。

c．将点火开关置于“ON”，用万用表电压挡测量点火控制装置 3、5 脚之间的电压，应大于 9V。如果小于 9V 或无电压显示，则点火控制装置损坏，更换点火控制装置。

d．用万用表电压挡测量点火控制装置 1、4 脚之间的断电保护功能。将点火开关置于“ON”后，电压表应在 2s 内显示为零。如果不符合上述要求，则应更换点火控制装置。

② 检查霍尔信号发生器

a．用万用表电压挡测量霍尔信号发生器“+”、“-”端之间的电压，应大于 9V。

b．在发动机启动过程中，用万用表电压挡测量点火控制装置 3、6 脚之间的电压，应在 0～7V。如果无电压显示，则表示霍尔信号发生器损坏或与点火控制装置之间的连接导线断路。

c．用欧姆挡检查霍尔信号发生器“0”、“-”端与点火控制装置 6、3 脚之间连接导线的通断情况。连接良好则霍尔信号发生器损坏，需调换。

（4）次级点火电路故障的诊断与排除。

① 检查高压导线的整体电阻。

万用表欧姆挡检查高压总线的电阻应为 0～2.8kΩ，分火线的电阻应为 0.6～7.4kΩ。如果不在上述检查的范围内，需更换高压线。

② 检查分火头及分电器盖。

先用万用表欧姆挡检查分火头的电阻应为 1±0.4kΩ，如果不符，需更换。然后进行跳火试验，将高压总线端头对正分火头，将点火开关置于启动位置，让发动机运转，进行跳火试验，如果有火花，则分火头被击穿，需更换分火头。如果无火花表示分火头良好，需检查分电器盖是否有裂纹、龟裂等情况，如果有则更换分电器盖。

12.5 诊断排除油电路引起的发动机功率不足故障

（1）检查蓄电池电压是否过低。

（2）高压火花是否太弱。

（3）检查点火正时是否正确。若不正确，则需调整初始点火提前角。

（4）若点火正时正确，检查节气门位置传感器工作是否正常。若工作异常，则需对其进行调整或更换。

（5）若节气门位置传感器工作正常，检测燃油压力。若压力太低，检修燃油滤清器、电动燃油泵、油压调节器。

（6）若燃油压力正常，拆卸、清洗喷油器。

（7）检查排气再循环系统工作是否正常。若工作不正常，则需对其进行检修或更换。

（8）若排气再循环系统工作正常，则需检测空气流量计工作是否正常。若其工作异常，则对其进行拆检或更换。

（9）若空气流量计工作正常，可换一个 ECU 再试。

12.6 诊断连杆主轴承异响

（1）变换转速试验。发动机由怠速向低速，由低速向中速，再由中速向高速加大节气门开度进行试验，同时结合逐缸断火法和在加机油口处听诊等方法反复进行试验。

响声随着转速的升高而增大，抖动节气门时，在加油的瞬间异响突出。响声严重时在任何转速下均可听到，甚至在怠速时也可听到清晰、明显的敲击声。

（2）断火试验。在怠速、中速和高速情况下，逐缸反复进行断火试验。如果某缸断火后响声明显减弱或消失，在复火的瞬间又能立即出现，则可断定为该缸连杆轴承响。

（3）听诊。如用听诊器或简易听诊杆触在机体上听诊，往往不易听清楚。但在加机油口处直接倾听，可清楚地听到连杆轴承敲击声。

（4）检查机油压力。诊断中要注意检查机油压力。如果响声严重，又伴随有机油压力降低，这往往成为区别连杆轴承响与活塞销响、活塞敲缸响的重要依据。

（5）柴油机连杆轴承响的诊断。与汽油机相比，柴油机连杆轴承的响声比较钝重，诊断时只有避开着火敲击声的干扰，才能听得清楚。如果随着供油拉杆行程的加大，响声逐渐增强，并在迅速收回供油拉杆，趁发动机降速之际，能明显听到坚实的“哐哐”的敲击声，即可初步断定为连杆轴承响。

此外，也可在中、高速运转时做抖动供油拉杆试验，如果这时出现坚实有力的敲击声，说明是连杆轴承异响。诊断时可结合从加机油口处听诊、检查机油压力和做单缸断油试验等方法进行。如果某缸断油后响声明显减弱或消失，复油后响声又出现，说明燃烧室积炭严重。这不仅引起突爆燃或早燃，而且提高了压缩比，致使发动机过热。

12.7 诊断正时齿轮（或齿带、链条）异响

（1）发动机怠速运转，若发出有节奏的轻微的“嘎啦嘎啦”声；中速时突出，高速时杂乱，用旋具触及正时齿轮盖部位，听诊时声响更明显，则说明是正时齿轮啮合间隙过大。

（2）若声响的大小随发动机转速而变化，且声响类似于呼啸声，则说明齿轮啮合不良。

（3）发动机怠速运转时，发出有节奏的“哽哽”声响；发动机转速提高，声响也随之加大，则说明齿轮啮合不均匀。

（4）将发动机转速逐渐提高到某一较高转速，若突然发出强烈而杂乱的声响，而急减速时同样会发出一声“嘎”的声响（正时齿轮盖有振动感）然后消失，则为凸轮轴正时齿轮松动。

（5）新车大修或更换正时齿轮后出现连续不断的“呜呜”声，发动机转速越高声响越明显，大多是齿轮啮合间隙过小所致。

12.8 诊断气门异响

（1）在气门室侧或气门罩听察，声响随发动机转速不同而改变，且高、中、低速时均有异响，同时，发动机温度变化或断火试验时声响并不随之变化，则为气门响。

（2）拆下气门室盖或罩，使发动机怠速运转，并将塞尺插入气门端部与挺柱间隙中，逐个试验。当插入某个气门间隙中时，声响减弱或消失。若塞尺插入后，声响减轻，但未消失，可用旋具撬住气门杆，声响消失，则为气门间隙过大造成，原因是气门杆导管磨损。

第 13 章 底盘维护

学习目标

- 能对转向盘自由转动量、转向轮侧滑量、车轮动平衡及轮胎磨损程度等进行检测
- 能对离合器、变速器、驱动轴、悬架、差速器技术状况进行检视，评价其技术状态
- 了解汽车制动性能路试与台架试验有关技术要求，能根据路试、台试结果判断其技术状态
- 能进行同步器拆装、变速器盖的拆装，能够检查或更换自锁、互锁装置，拨叉及拨叉轴等底盘二级维护附加作业

13.1 二级维护前的检测与附加作业的确定

13.1.1 转向盘自由转动量检测

转向盘自由转动量是指汽车转向轮保持直线行驶位置时，轻轻左右晃动转向盘所测得的游动角度。转向盘自由转动量的检测结合转向盘转向力的检测，可诊断转向轴及转向系统中各零件的配合状况。

简易转向盘自由转动量检测仪只能检测转向盘的自由转动量。该仪器主要由刻度盘和指针两部分组成。刻度盘和指针分别固定在转向盘轴管和转向盘边缘上。固定方式有机械式和磁力式两种。机械式如图 13-1 所示。磁力式使用磁力座固定指针或刻度盘，结构更为简单，使用方便。

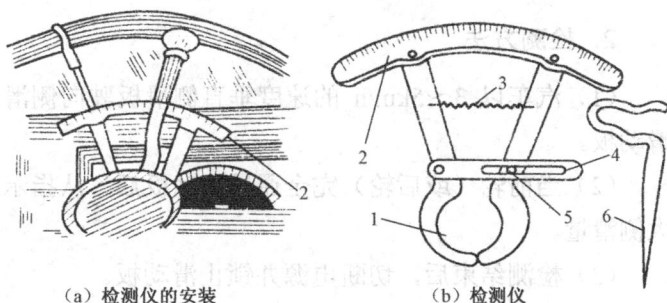

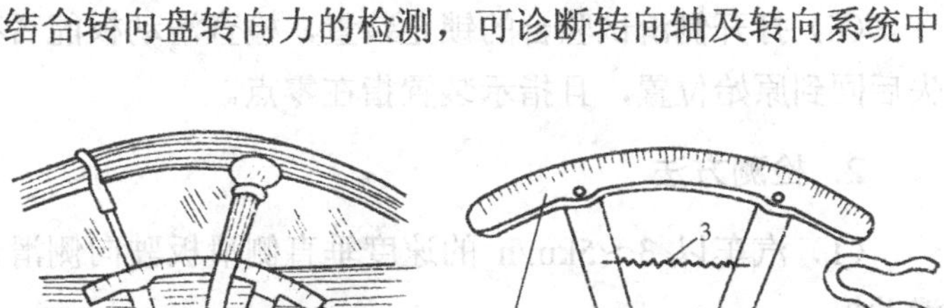

（a）检测仪的安装　（b）检测仪

1—夹臂；2—刻度盘；3—弹簧；4—连接板；5—固定螺钉；6—指针

图 13-1 转向盘自由转动量检测仪

测量时，应使汽车的两转向

轮处于直线行驶位置不动，先定好零点，然后从中间位置向左转动到车轮似动非动时，记下测量值；再回到中间位置，然后向右转动到车轮似动非动时，记下测量值。取两次测量结果的最大值作为其自由转动量，并与国家标准 GB 7258—2004《机动车运行安全技术条件》中的有关规定进行对比，从而判断其是否合格。

国家标准 GB 7258—2004《机动车运行安全技术条件》中有关转向盘自由转动量的要求如下：

（1）最高设计车速不小于 100km/h 的机动车为 10°。

（2）最高设计车速小于 100km/h 的机动车（三轮农用运输车除外）为 15°。

（3）三轮农用运输车为 22.5°。

13.1.2 转向轮侧滑量检测

侧滑量是指汽车直线行驶量为 1km 时，前轮（转向轮）的横向位移量。转向轮的侧滑量将影响汽车直线行驶的稳定性。机动车横向侧滑量不大于 5m/km 为合格。

转向轮侧滑量的检测的目的是为了确知前轮前束和前轮外倾配合是否恰当。滑板式侧滑试验台进行转向轮侧滑量检测方法步骤如下。

1. 检测前的准备工作

（1）轮胎气压应符合汽车制造厂之规定。

（2）轮胎上粘有油污、泥土、水或花纹沟槽内嵌有石子时，应清理干净。

（3）检查侧滑试验台导线连接情况，在导线连接良好的情况下打开电源开关，察看指针式仪表的指针是否在机械零点上，并视必要进行调整；或察看数码管是否亮度正常并都在零位上。

（4）检查报警装置在规定值时能否发出报警信号，并视需要进行调整或修理。

（5）检查侧滑试验台上表面及其周围的清洁情况，如果有油污、泥土、砂石及水等应予清除。

（6）打开侧滑试验台的锁止装置，检查滑动板能否在外力作用下左右滑动自如，外力消失后回到原始位置，且指示装置指在零点。

2. 检测方法

（1）汽车以 3～5km/h 的速度垂直侧滑板驶向侧滑试验台，使前轮（或后轮）平稳通过滑动板。

（2）当前轮（或后轮）完全通过滑动板后，从指示装置上观察侧滑方向并读取、打印最大侧滑量。

（3）检测结束后，切断电源并锁止滑动板。

3. 注意事项

（1）不能让超过试验台允许轴荷的车辆通过侧滑试验台。

（2）不能使车辆在侧滑试验台上转向或制动。

（3）保持侧滑试验台内、外及周围环境清洁。

13.1.3 汽车制动性能检测

1. 路试汽车制动性能

国家标准 GB 7258—2004《机动车安全运行技术条件》对机动车制动性能道路检验有以下规定。

机动车行车制动性能和应急制动性能检验应在平坦、硬实、清洁、干燥且轮胎与地面间的附着系数不小于 0.7 的水泥或沥青路面上进行。检验时发动机应脱开。

1）行车制动性能检验

（1）用制动距离检验行车制动性能。

机动车在规定的初速度下的制动距离和制动稳定性要求应符合表 13-1 的规定。对空载检验的制动距离有质疑时，可用表 13-1 规定的满载检验制动距离要求进行。

表 13-1 制动距离和制动稳定性要求

机动车类型	制动初速度（km/h）	满载检验制动距离要求（m）	空载检验制动距离要求（m）	试验通道宽度（m）
三轮汽车	20	≤5.0		2.5
乘用车	50	≤20.0	≤19.0	2.5
总质量不大于 3500kg 的低速货车	30	≤9.0	≤8.0	2.5
其他总质量不大于 3500kg 的汽车	50	≤22.0	≤21.0	2.5
其他汽车、汽车列车	30	≤10.0	≤9.0	3.0
两轮摩托车	30	≤7.0		—
边三轮摩托车	30	≤8.0		2.5
正三轮摩托车	30	≤7.5		2.3
轻便摩托车	20	≤4.0		—
轮式拖拉机运输机组	20	≤6.5	≤6.0	3.0
手扶变型运输机	20	≤6.5		2.3

（2）用充分发出的平均减速度检验行车制动性能。

汽车、汽车列车在规定的初速度下急踩制动时充分发出的平均减速度及制动稳定性要求应符合表 13-2 的规定，且制动协调时间对液压制动的汽车不应大于 0.35s，对气压制动的汽车不应大于 0.60s，对汽车列车、铰接客车和铰接式无轨电车不应大于 0.80s。对空载检验的充分发出的平均减速度有质疑时，可用表 13-2 规定的满载检验充分发出的平均减速度进行。

表 13-2　制动减速度和制动稳定性要求

机动车类型	制动初速度（km/h）	满载检验充分发出的平均减速度（m/s^2）	空载检验充分发出的平均减速度（m/s^2）	试验通道宽度（m）
三轮汽车	20	≥3.8		2.5
乘用车	50	≥5.9	≥6.2	2.5
总质量不大于 3500kg 的低速货车	30	≥5.2	≥5.6	2.5
其他总质量不大于 3500kg 的汽车	50	≥5.4	≥5.8	2.5
其他汽车、汽车列车	30	≥5.0	≥5.4	3.0

（3）进行制动性能检验时的制动踏板力或制动气压应符合以下要求。

1）满载检验时

气压制动系统：气压表的指示气压≤额定工作气压；

液压制动系统：踏板力，乘用车≤500N；

其他机动车≤700N。

2）空载检验时

气压制动系统：气压表的指示气压≤600kPa；

液压制动系统：踏板力，乘用车≤400N；

其他机动车≤450N。

两轮、边三轮摩托车和轻便摩托车检验时，踏板力不应大于 400N，手握力不应大于 250N。三轮汽车、正三轮摩托车和拖拉机运输机组检验时，踏板力不应大于 600N。

2）应急制动性能检验

汽车（三轮汽车除外）在空载和满载状态下，按表 13-3 所列初速度进行应急制动性能检验，应急制动性能应符合表 13-3 的要求。

表 13-3　应急制动性能要求

机动车类型	制动初速度（km/h）	制动距离（m）	充分发出的平均减速度（m/s^2）	允许操纵力不应大于 N	
				手操纵	脚操纵
乘用车	50	≤38.0	≥2.9	400	500
客车	30	≤18.0	≥2.5	600	700
其他汽车（三轮汽车除外）	30	20.0	≥2.2	600	700

3）驻车制动性能检验

在空载状态下，驻车制动装置应能保证机动车在坡度为 20%（对总质量为整备质量的 1.2

倍以下的机动车为15%)、轮胎与路面间的附着系数不小于0.7的坡道上正、反两个方向保持固定不动，其时间不应少于5mm。对于允许挂接挂车的汽车，其驻车制动装置必须能使汽车列车在满载状态下时能停在坡度12%的坡道（坡道上轮胎与路面间的附着系数不应小于0.7）上。

2. 台试检验制动性能

（1）行车制动性能检验。

① 汽车、汽车列车在制动检验台上测出的制动力应符合表13-4的要求。对空载检验制动力有质疑时，可用表13-4规定的满载检验制动力要求进行检验。摩托车及轻便摩托车的前、后轴制动力应符合表13-4的要求，测试时只允许乘坐一名驾驶员。

表13-4 台试检验制动力要求

机动车类型	制动力总和与整车重量的百分比		轴制动力与轴荷 a 的百分比	
	空载	满载	前轴	空载
三轮汽车	≥45		—	≥60b
乘用车、总质量不大于3500kg的货车	≥60	≥50	≥60b	≥20b
其他汽车、汽车列车	≥60	≥50	≥60b	—
摩托车	—	—	≥60	≥55
轻便摩托车	—	—	≥60	≥50
1. 用平板制动检验台检验乘用车时应按动态轴荷计算。 2. 空载和满载状态下测试均应满足此要求。				

② 制动力平衡要求（两轮、边三轮摩托车和轻便摩托车除外）。

在制动力增长全过程中同时测得的左右轮制动力差的最大值，与全过程中测得的该轴左右轮最大制动力中大者之比，对前轴不应大于20%，对后轴（及其他轴）在轴制动力不小于该轴轴荷的60%时不应大于24%；当后轴（及其他轴）制动力小于该轴轴荷的60%时，在制动力增长全过程中同时测得的左右轮制动力差的最大值不应大于该轴轴荷的8%。

③ 汽车的制动协调时间，对液压制动的汽车不应大于0.35s，对气压制动的汽车不应大于0.60s；汽车列车和铰接客车、铰接式无轨电车的制动协调时间不应大于0.80s。

④ 汽车车轮阻滞力要求：进行制动力检验时各车轮的阻滞力均不应大于车轮所在轴轴荷的5%。

（2）驻车制动性能检验。

当采用制动检验台检验汽车和正三轮摩托车驻车制动装置的制动力时，机动车空载，乘坐一名驾驶员，使用驻车制动装置，驻车制动力的总和不应小于该车在测试状态下整车重量的20%（对总质量为整备质量1.2倍以下的机动车为不小于15%）。

（3）当机动车经台架检验后对其制动性能有质疑时，可用规定的路试检验进行复检，并以满载路试的检验结果为准。

13.1.4 车轮平衡度检测

现以离车式动平衡检测仪检测车轮的不平衡过程进行介绍。近年生产的车轮平衡机的显示与控制装置多为计算机式，具有自动诊断和自动调校系统，能将传感器送来的电信号通过计算机运算、分析、判断后显示出不平衡量及其位置。为使显示的不平衡量恰是轮辋边缘所加平衡块的质量，还必须测量轮毂的直径 d、轮辋宽度 b 和轮辋边缘至平衡机机箱的距离 a，然后通过键盘或旋钮将其输入计算机，a、b、d 三尺寸如图 13-2 所示，操作步骤如下：

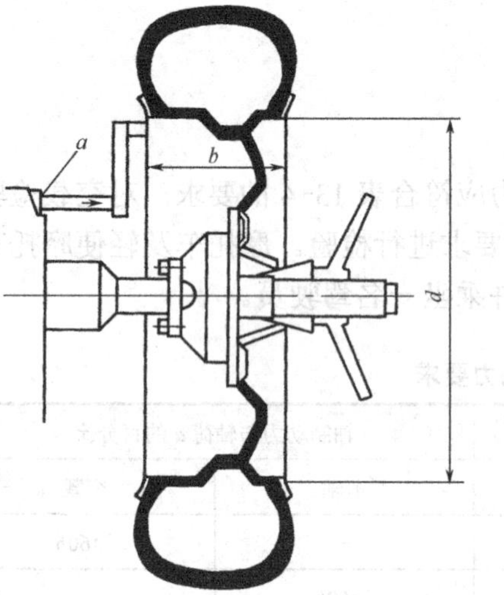

a—轮辋边缘至机箱距离；b—轮辋宽度；d—轮辋直经

图 13-2 车轮在平衡机上的安装

（1）清除被测车轮上的泥土、石子和旧平衡块。

（2）检查轮胎气压，必须符合原厂规定。

（3）根据轮辋中心孔的大小选择好锥体，仔细装好车轮，用快速螺母上紧。

（4）打开电源开关，检查指示与控制装置的面板指示是否正确。

（5）用卡尺测量轮辋宽度 b，轮辋直径 d，用平衡机上的标尺测量轮辋边缘至机箱距离 a，再用输入或选择器旋钮对准测量值的方法将 a、b、d 值输入到指示与控制装置中去。

（6）放下车轮防护罩，按下启动键，车轮旋转，平衡测试开始，自动采集数据。

（7）车轮自动停转或听到“嘀”声按下停止键并操纵制动装置使车轮停转后，从指示装置读取车轮内外侧不平衡量和不平衡位置。

（8）抬起车轮防护罩，用手慢慢转动车轮，当指示装置发出指示（音响、指示灯亮、制动显示点陈符或显示检测数据等）时停止转动，在轮辋的内侧或外侧的上部（12 点位置）加装指示装置显示该侧的平衡块质量。内、外侧要分别进行，平衡块装卡要牢固。

（9）安装平衡块后有可能产生新的不平衡，应重新进行平衡试验，直至不平衡量小于 5g（0.3 盎司）指示装置显示“00”或“0K”时为止，当不平衡量相差 10g 左右时，如能沿轮辋边缘前、后移动平衡块一定角度，将可获得满意效果。

（10）测试结束，关闭电源开关。操作过程中要注意安全操作轮胎动平衡仪，并在正确安装轮胎的同时用快速螺母锁止住。

13.1.5 离合器、变速器、驱动轴、悬架、差速器技术状况检视

以 EQ1092F 型汽车为例，实际中怎样检视上述总成的技术状况。

1．离合器的检视

（1）检查离合器的工作情况，离合器工作时应接合平稳，不发抖、不打滑。

（2）润滑分离轴承与分离轴承座，润滑离合器踏板轴。

（3）调整离合器主缸推杆和工作缸推杆，使踏板总行程和踏板自由行程符合技术要求。

（4）拧紧离合器盖与飞轮的连接螺栓、飞轮壳与缸体的连接螺栓，检查离合器操纵机件。

（5）液压系统的排气。离合器液压系统有空气时，会使离合器液压操纵系统工作不正常，因此要排净管路里的空气。

2．变速器的检视

（1）检查变速器润滑油油面高度。油面应与以螺塞孔下缘齐平，否则，应及时补充GL-4级85W/90齿轮油或18号双曲线齿轮油。

（2）拆下变速器的通气塞，清洗疏通通气孔后装回原位。

（3）用210～240N·m的力矩拧紧变速器二轴凸缘螺母。

（4）拧紧变速器盖螺栓、变速器与离合器壳连接螺栓。

3．驱动轴的检视

（1）清洁万向传动装置，检视滑动叉防尘盖、十字轴油封及各卡簧应齐全有效。

（2）检查驱动轴万向节、中间轴承和驱动轴，应无明显径向、轴向间隙感觉。

（3）拧紧驱动轴上各连接螺栓、螺母。

4．悬架机构的检视

（1）检查钢板弹簧。钢板弹簧吊耳应不松动、无裂纹；钢板弹簧应无断片，片间错位不超过2.5mm，超过技术要求，应重新予以对正。最后，拧紧弹簧夹箍及弹簧销。

（2）检查减振器。减振器应无漏油现象，如果存在泄漏，可用专用扳手以110N·m的力矩拧紧上盖。若漏油严重或感到汽车震动加剧，应拆下减振器进行检查。减振器固定在车上时应可靠有效，支架无裂纹。

5．差速器的检视

（1）差速器壳产生裂纹，应更换。

（2）差速器壳与行星齿轮、半轴齿轮垫片的接触面应光滑，无沟槽。如果有小的沟槽可用砂纸打磨，并更换新半轴齿轮垫片。

（3）行星齿轮、半轴齿轮不得有裂纹，工作表面不得有明显的斑点、剥落、缺损。

（4）差速器壳体与轴承、差速器壳体与行星齿轮轴的配合应符合原厂规定。

13.2 底盘二级维护附加作业

13.2.1 锁环式惯性同步器的装配

以桑塔纳2000型轿车五挡变速器的同步器为例说明装配。在装配同步器时，花键毂的细槽应朝向接合套拨叉槽的对面一侧，如图13-3所示。花键毂上有三个凹口，如图13-4所示。

接合套上有三个凹陷的内齿，如图13-5所示。安装时，花键毂上三个凹口应与接合套上三个凹陷的内齿相吻合，这样可以安装滑块，然后再装弹簧圈，弹簧圈弯的一端应嵌入一个滑块中，如图 13-6 所示。

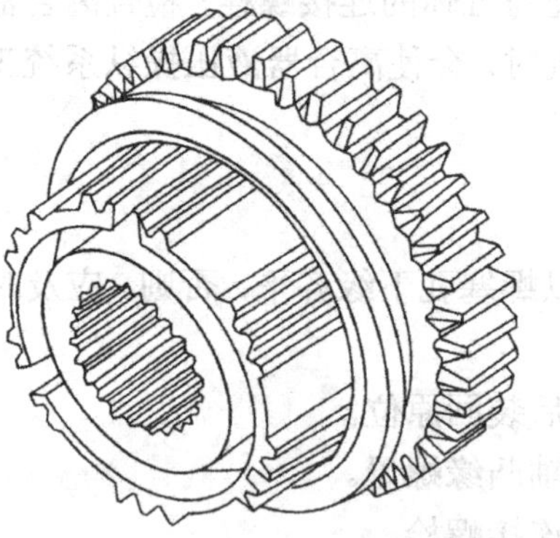

图 13-3　同步器装配（1）

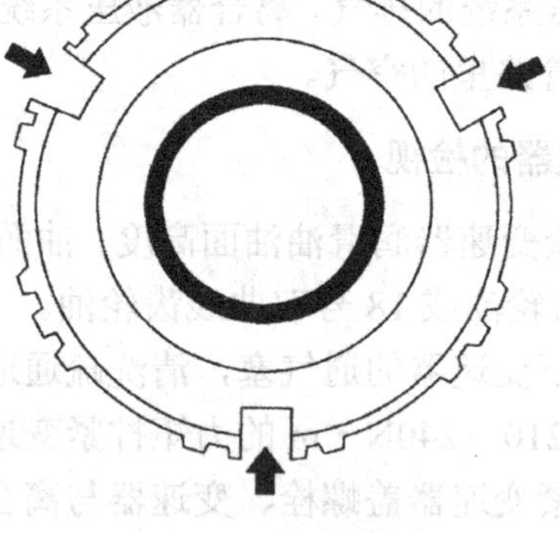

图 13-4　同步器装配（2）

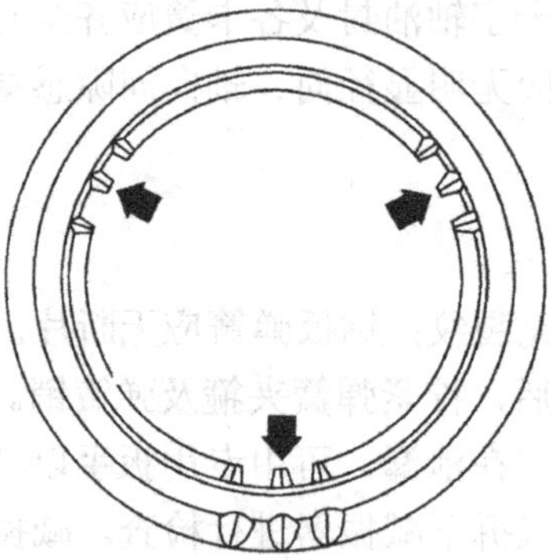

图 13-5　同步器装配（3）

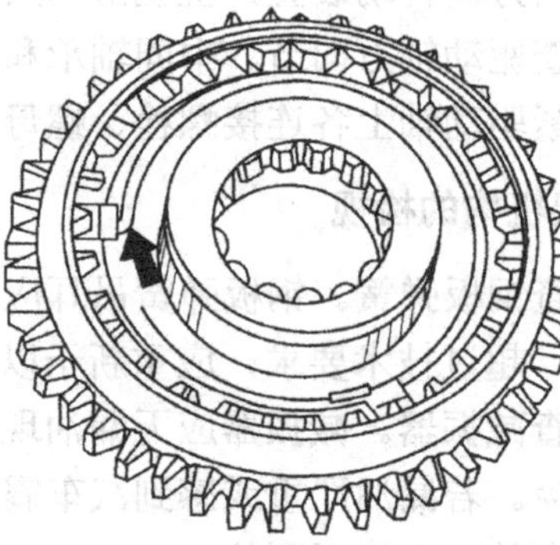

图 13-6　同步器装配（4）

13.2.2　变速器盖拆装、检查，更换自锁、互锁装置、拨叉及拨叉轴

下面以三轴式变速器为例予以介绍。

1．变速器盖的拆卸

（1）拧出变速器顶盖紧固螺栓，拆下顶盖总成，用旋具撬出变速杆锥形弹簧。

（2）旋下变速杆手柄，拆下防尘罩，拧出变速杆球节定位螺钉，抽出变速杆。

（3）拆下拨叉及导块上螺钉锁线及止动螺钉。

（4）用铜棒依次敲击各拨叉轴，使之顶出上盖前端承孔的塞片，并从轴承孔中取出，同时取出变速器自、互锁装置及拨叉和导块。当拨叉轴从盖上伸出一段长度后，用手握住边转动边向外拉，同时用棉球堵住自锁钢球孔，以防钢球及弹簧弹出伤人或丢失。

2．变速器盖的装配

（1）利用端面为斜面导向轴将自锁钢球压下，然后装入拨叉轴，套上相对应的拨叉及导块，注意互锁钢球，互锁销不能漏装。

（2）拧入拨叉及导块止动螺钉，拧紧后，用钢丝锁线分别将止动螺钉锁紧在拨叉轴上。

（3）在变速器盖前端座孔上，打入边缘涂有密封胶的塞片。

（4）在变速器箱体顶面定位孔中打入定位销后再装箱盖，使变速器处于空挡位置，装上密封衬垫（涂胶），盖上变速器盖总成，按对角交叉分几次将紧固螺栓均匀拧紧。

（5）装复变速器顶盖总成。将变速器杆涂上润滑脂，装入变速器盖，拧入定位螺钉，装上锥形弹簧，装上防尘罩（如老化、破裂应更换），旋上变速杆手柄；将顶盖总成与变速器盖结合面涂密封胶或垫片，用螺钉紧固。

3．变速器盖拆装注意事项

（1）正确使用工具。

（2）装配拨叉轴与拨叉时不要装错位置。

（3）装配时，注意清洁各个部件上的污物。

（4）注意导向轴使用，压下自锁钢球时其斜面朝向自锁球，钢球压下后转动180°。

（5）将变速器盖装回变速器时，两者应处于空挡位置。

（6）拆卸拨叉轴时应用棉纱塞住装自锁钢球的小孔，以免钢球弹出发生意外。

4．拨叉轴及锁止装置的检修

（1）拨叉轴的检修。用百分表检查拨叉轴的直线度误差，中部的径向圆跳动误差不得大于0.20mm，或将拨叉轴放在平板上用塞尺测量，其缝隙不得大于0.10mm，超过标准，应冷压校正或更换；检查拨叉轴与导孔的配合间隙，变速叉轴磨损超过0.15mm时，或与变速器盖上叉孔配合间隙超过0.25mm时，应采用磨削加工后镀铬修复或更换；拨叉轴自锁或互锁凹槽轴向磨损量不得大于0.50mm，径向磨损量不得大于0.70mm，超过标准，可堆焊修复或更换。

（2）定位球、互锁销磨损严重，定位弹簧疲劳损伤或折断，均应更换。定位弹簧的自由长度、弹性检查方法是将弹簧放入变速器盖上的定位孔内，当弹簧与孔的上边缘平齐或接近平齐即为合适，否则应更换。

第14章 底盘修理

学习目标

- ➢ 能拆装、调整离合器总成，能对离合器主要零部件进行检修，能更换与调整离合器液压主缸和轮缸
- ➢ 能够检修手动变速器输入轴、输出轴、中间轴、齿轮和同步器等零部件，能检修手动变速器盖及操纵机构，能装配、调整手动变速器总成
- ➢ 能正确调整自动变速器联动装置和更换自动变速器工作液，能进行自动变速器油压试验、时滞试验和失速试验
- ➢ 能检修驱动桥主要零部件，能检测调整主减速器主、从动锥齿轮轴承预紧度、主从动齿轮啮合间隙和啮合印痕等，能组装主减速器、差速器总成
- ➢ 能检修传动轴、万向节和中间支撑等部件，能装配传动轴总成
- ➢ 能拆卸、分解、检测转向操纵机构，能拆卸、分解机构转向器，能调整机械转向器轴承预紧度和啮合间隙
- ➢ 能检修独立悬架与非独立悬架弹性元件、减振器等部件，能拆卸、装配悬架系统
- ➢ 能使用车轮定位仪检测主销内倾角、主销后倾角、车轮外倾角、前（后）轮前束等参数，并查询具体车型车轮定位参数、调整方法正确调整车轮定位
- ➢ 能检修鼓式制动器制动鼓、制动蹄等部件，能装配调整鼓式制动器，能检修调整制动控制阀和检修空气压缩机
- ➢ 能检修盘式制动器主要零件，能检修制动主缸、轮缸和真空助力器，能检修 ABS 主要部件
- ➢ 能检修驻车制动装置主要零部件，能拆装、调整驻车制动装置

14.1 离合器检修

14.1.1 离合器的分解

（1）在离合器盖及飞轮上做装配记号。

（2）从发动机飞轮上拆下离合器。用专用芯棒或变速器第一轴插入离合器从动盘及曲轴后端的滚针轴承孔内。用对角线交叉法旋下螺栓，取下离合器盖及压盘总成，再取下离合器从动盘。

（3）在离合器盖与压板及膜片弹簧之间作装配记号，进行分解。离合器总成解体时，必须用专用拆装工具，如图 14-1 所示，用专用工具压紧后，拧下连接螺栓或钻去铆钉，放松专用工具即可取下相关零件。

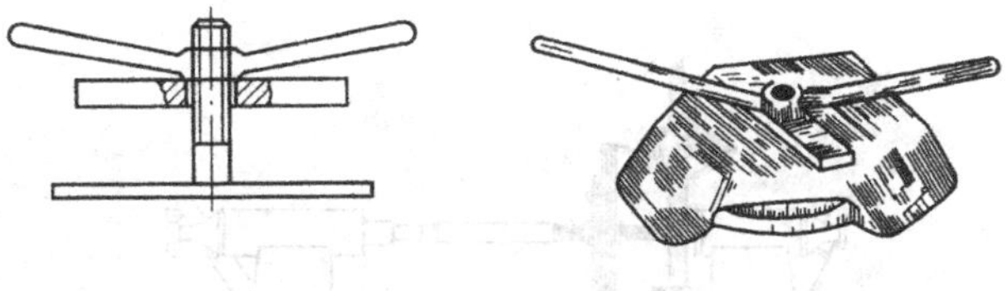

图 14-1　离合器专用拆装工具

（4）拆下膜片弹簧装配螺栓，将膜片弹簧、压盘及离合器盖分解。

14.1.2　分离轴承、飞轮导向轴承及分离杠杆等的检查

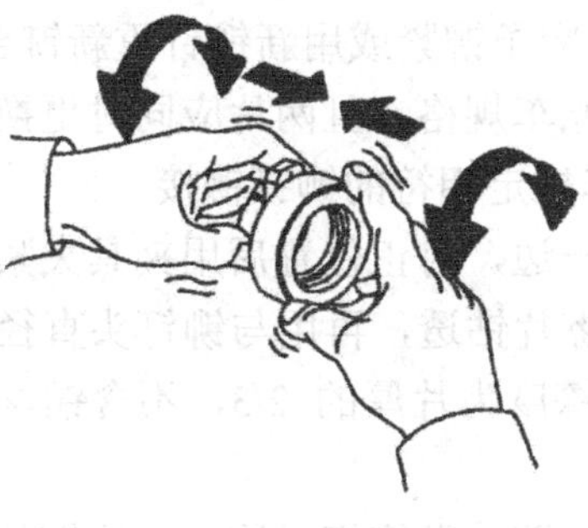

图 14-2　分离轴承的检查

（1）分离轴承可用手固定分离轴承内缘，转动外缘，同时在轴向施加压力，如图 14-2 所示。转动应灵活自如，如果有阻滞或有明显间隙感时，应更换分离轴承。用手转动飞轮上的导向轴承，在轴向加力，如果轴承有阻滞或有明显间隙时，则应更换导向轴承。

（2）离合器踏板轴与衬套磨损、松旷超过 0.50mm 时，应更换衬套。分离杠杆内端磨损超过规定应堆焊后加工修复或更换。

14.1.3　离合器从动盘检查与修理

从动盘是离合器的主要部件，其常见损伤有花键套的键齿磨损，钢片和花键毂之间的减振弹簧过软或折断，钢片与花键毂铆钉松动，钢片翘曲破裂，摩擦片磨损、烧蚀、油污、硬化和龟裂等。

1．从动盘摩擦片磨损检查

摩擦片磨损的情况可用游标卡尺测量铆钉头的深度来确定，如图 14-3 所示。铆钉头部的埋入深度不得少于 0.30mm，否则，换用新摩擦片。

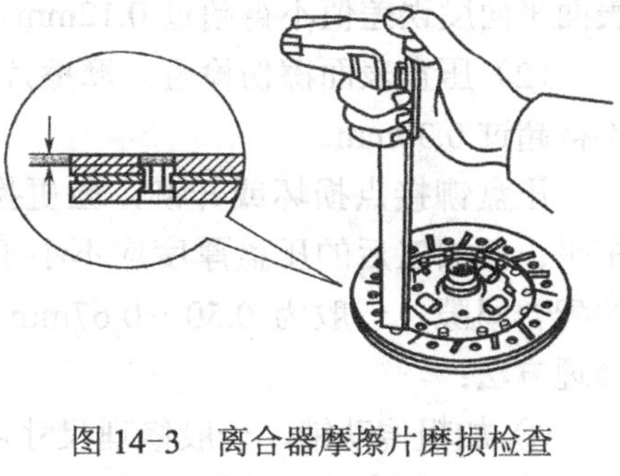

图 14-3　离合器摩擦片磨损检查

2．从动盘翘曲变形检查

从动盘翘曲变形的检查可通过测量从动盘的端面跳动量来检查，如图 14-4 所示。用百分表在距边缘 25mm 处测量，其端面圆跳动标准值为 0.15mm，

极限值一般为 0.50mm。如果不符合要求，可用专用工具进行校正，如图 14-5 所示。

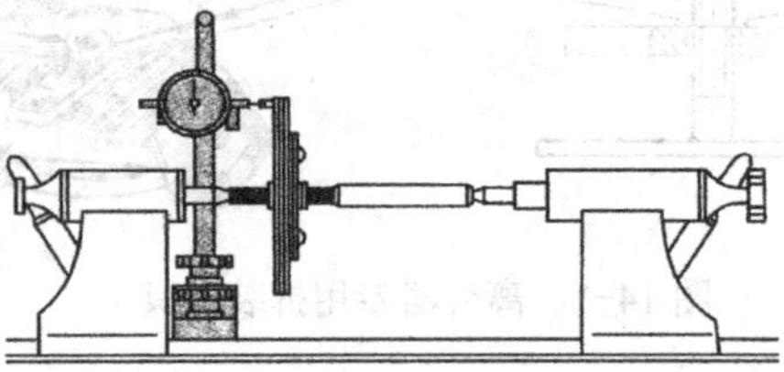

图 14-4　从动盘端面跳动量检查

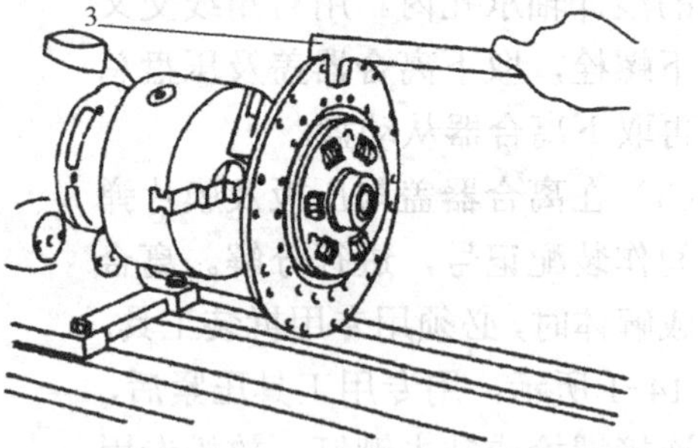

图 14-5　从动盘翘曲变形校正

3．更换离合器摩擦片

（1）拆除旧片。先用比铆钉直径小 0.4～0.5mm 的钻头钻出铆钉头，再冲下旧铆钉，取下旧片。

（2）检查从动盘钢片与花键毂的接合情况。如果有松动，应予铆紧或用新铆钉重新铆合。

（3）准备新摩擦片及铆钉。新摩擦片直径、厚度应符合原车规格。且两片应同时更换，质量应相同，两摩擦片厚度差不应超过 0.50mm。采用与原车规定相符的铆钉铆接。

（4）钻铆钉孔。把两片新摩擦片同时放在从动盘钢片的一边，对正位置后用夹具夹紧，选用与钢片铆钉孔相适的钻头，按照钢片上各孔的位置将摩擦片钻透，再用与铆钉头直径相应的钻头在每片衬片的单面钻出沉孔。含铜丝的摩擦片沉孔深度为片厚的 2/3，不含铜丝的为片厚的 1/2。

（5）铆接摩擦片。摩擦片与从动盘的铆合一般采用单铆，即一颗铆钉只铆一片摩擦片，铆钉头的方向交错排列；铆钉头应低于摩擦表面 1mm 以上。

（6）对铆好的摩擦片进行质量检查。如果铆接不牢靠，应钻除重铆。

14.1.4　离合器压盘检查与修理

压盘的一般损伤是工作平面磨损、擦伤、破裂、翘曲和销孔磨损等。离合器打滑和分离不彻底容易使压盘受热产生翘曲变形或不均匀磨损。

（1）压盘翘曲变形的检验。可用平面钢尺放置在压盘上，用塞尺在其缝隙处测量。压盘表面平面度误差值不得超过 0.12mm。

（2）压盘表面擦伤检查。摩擦片铆钉头露出擦伤压盘表面，使压盘磨出沟槽，其槽深度不得超过 0.30mm。

压盘铆接点损坏或开铆，应更换。压盘的翘曲或沟槽可在平面磨床上磨平或在车床上车平。但加工后的压盘厚度应不小于标准厚度 2mm。双片离合器的中间压盘销孔与传动销的配合间隙，一般为 0.50～0.67mm。如果超出 1mm 时，根据具体损坏情况，可采用以下修理方法：

① 加粗传动销，一般修理尺寸可分为若干级，每级为 0.10mm，与销孔试配选用。

② 如果传动销与销孔磨损不太严重，可将销转位 90° 使未磨损面转到工作面上使用。

③ 销孔磨损间隙不大于1.5mm时，可用加粗的钢丝制成锥形分离弹簧，进行校正。

④ 如果销孔磨损严重，可用铜焊焊补后再钻孔。焊时要注意整个压盘预热，防止铸铁压盘出现裂纹报废。另一种方法是将中间的压盘转过一定角度再重新钻孔。压盘经过修理加工后，应进行静平衡。压盘有严重翘曲、磨损、裂纹，应换用新件。

14.1.5 离合器主缸检查与调整

（1）从汽车上拆下主缸。

（2）拆下主缸缸筒内弹性挡圈和垫圈，拆下推杆。

（3）把主缸放在木块上轻轻敲打其一端，直到活塞从缸筒的另一端冒出来。

（4）从主缸中拉出活塞和回位弹簧。仔细从活塞上拆下弹簧，保留弹性挡圈。

（5）从活塞上拆下第一道和第二道皮碗油封，注意两个皮碗的安装方向。

（6）在清洁的液压油中清洗所有的零件，然后用无绒毛的布擦干。

（7）仔细检验缸筒与活塞，观察是否有划伤或磨出棱边的迹象。如果明显有，则更换整个主缸。在安装时须采用新的橡胶油封。

（8）组装时，先用干净的液压油彻底润滑内部各零件和缸筒。

（9）把第一道和第二道皮碗安装到位，油封的刃口朝着弹簧。

（10）把弹簧座和弹簧装到活塞上，再小心地插进缸筒。放入缸筒时要当心别把油封的刃口划伤或翻过来。

（11）用推杆把活塞总成推进缸筒里面，装上弹性挡圈与垫圈。

（12）在防尘套的内部涂以润滑脂，将其安装在主缸的端部。

14.1.6 装配与调整离合器

1．离合器的装配

装配时摩擦片要清洁；各活动关节及摩擦面应涂少许润滑脂；周布弹簧式离合器的弹簧应按自由长度分组后在周向均匀搭配，以使压紧力均匀；装配离合器压盘总成时应用拆装专用工具；为保证从动盘与曲轴的同轴度和便于安装变速器，离合器安装到飞轮上时应用该车型的变速器第一轴或专用导向轴插入从动盘，并用曲轴后端导向轴承孔定位。

2．离合器的调整

（1）分离杠杆高度的调整。即调整分离杠杆内端至飞轮表面或压盘表面或其他规定平面的距离。分离杠杆高度及高度差应符合原厂规定。

（2）离合器踏板自由行程的调整。

① 机械式操纵机构，通过分离叉拉杆调整螺母调整拉杆或钢索长度，使离合器踏板自由行程符合规定。

② 液压式操纵机构踏板自由行程，是主缸活塞与其推杆之间及离合器分离间隙在踏板上的反映，踏板自由行程的调整实际上就是这两处间隙的调整。调整时先调整主缸活塞与推杆的间隙。例如，BJ2020车是通过偏心螺柱调整推杆伸出长度，使其与活塞间隙为0.5～1.0mm，

测量反映到踏板上的自由行程应为 3～6mm。通过调整分离叉推杆长度调整分离轴承与分离杠杆间的间隙，使踏板自由行程总量符合要求。

14.2 手动变速器检修

14.2.1 检修变速器盖及换挡操纵机构

1. 检修变速器盖

变速器盖与变速器壳体的接合面的平面度误差不得大于 0.10～0.15mm，如果超过标准可用铲、磨等方法进行修复。拨叉轴与承孔的配合间隙为 0.04～0.20mm。

2. 检修变速器换挡操纵机构

（1）检修变速杆。变速杆球节磨损量不得超过 0.50mm，定位槽磨损不得超过 0.40mm，下端面与拨叉导块的间隙不得超过 1.20mm，否则，应予以更换或堆焊修复。

（2）检查换挡连杆及内选挡杆的磨损及变形情况。内选挡杆轴颈磨损严重或其前端选挡销钉轴间宽度磨损超过 0.20mm 时，应更换新件。

（3）检查换挡接合器的连接部位是否松旷，若松旷应更换新件。

（4）检查拨叉的弯曲、扭曲变形，检查拨叉下端的磨损情况。

（5）检修拨叉轴。用百分表检查拨叉轴的直线度误差，中部的径向圆跳动误差不得大于 0.20mm，超过标准，应冷压校正或更换。检查拨叉轴与导孔的配合间隙，极限值为 0.30mm。否则，可采用磨削加工后镀铬修复或三换。拨叉轴自锁或互锁凹槽轴向磨损量不得大于 0.50mm，径向磨损量不得大于 0.70mm，超过标准，可堆焊修复或更换。

（6）检查锁止装置。锁止钢球、定位销磨损严重，锁止弹簧过软（弹簧放入孔中应与孔的边缘平齐）或折断，均应换用新件。

14.2.2 检修变速器输入轴、输出轴、中间轴和倒挡轴

轴的损伤通常表现为轴颈、花键齿的磨损，轴的变形与裂纹。

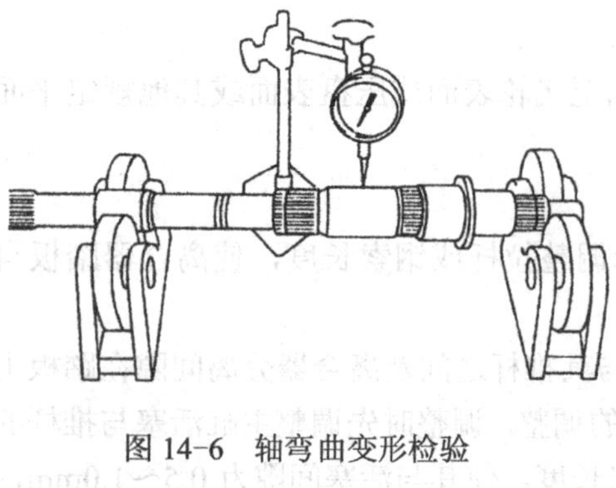

图 14-6 轴弯曲变形检验

（1）轴的弯曲变形用百分表来测量，如图 14-6 所示。当超过标准时，应校正或更换。

（2）轴齿、花键齿损伤达到前述损伤的程度时应更换。

（3）用千分尺检查轴颈的磨损程度，其磨损达到规定值时，可堆焊后修磨、镀铬修复或更换。

（4）检查轴上定位凹槽的磨损，损量超过规定值，应予以更换。

（5）轴出现任何形式的裂纹和破碎时，应予以更换。

14.2.3 检查变速器齿轮啮合间隙及检修轴承与齿轮

1. 检查变速器齿轮啮合间隙

输出轴与输入轴按标准中心距安装后，固定住一个轴上的齿轮，转动与之啮合的另一个轴上的齿轮，用百分表测量转动齿轮的摆动量，两齿轮的啮合侧隙，标准值为 0.05～0.15mm，使用极限为 0.25mm，超过极限应更换齿轮，注意齿轮更换时应成对更换。

2. 检修轴承

轴承应转动灵活，滚动体与内外滚道不得有麻点、麻面、斑疤和烧伤等，保持架应完好，径向间隙不得大于 0.10mm，否则，应予以更换。滚动轴承与承孔、轴颈的配合应符合技术要求。

3. 检修齿轮

齿面、齿顶、齿轮中心孔、花键齿磨损，齿面疲劳脱落、斑点严重时会出现轮齿断裂、破碎等现象。

（1）齿轮的齿面上出现明显的疲劳斑点、划痕或阶梯形磨损时，应予以更换；斑点小时可用油石修磨后继续使用。

（2）齿轮端面的磨损长度不允许超过齿长的 15%，否则应予以更换。

（3）齿轮的啮合面应在齿高的中部，接触面积不得小于齿轮工作面的 60%。

（4）齿轮与齿轮、齿轮与轴及花键的啮合间隙要符合原厂规定。

14.2.4 检查同步器组件

锁环式惯性同步器主要损伤是锁环内锥面螺纹槽磨损，滑块磨损，导致同步效能下降；支撑滑块的弹簧弹力不足使锁环失去自动对中作用，接触时会发出噪声。锁销式惯性同步器主要耗损是锥盘外张，摩擦角变大，造成同步效能降低；锥环锥面上的螺纹磨损严重，摩擦系统数降低，同步作用失效。

（1）检视同步器锥环与锥盘的磨损情况，锥环与锥盘应无刮伤和严重磨损；锥环内锥面螺纹槽深不得小于 0.10mm，否则，应更换同步器。

（2）检查同步器锥环的制动作用。将锥环内锥面涂少量齿轮油与外锥面接触并压紧，相对转动，松手后内锥面不应自动从锥面滑出。取出检查，内外锥面的接触面积应大于 80%，否则，应更换同步器。

（3）检查同步器的后备行程。锁销式惯性同步器的后备行程是测量锥盘的大端和锥环端面的高度差。锁环式惯性同步器后备行程的测量是将同步锥、同步环压靠在一起，用塞尺测量同步环大端面与同步锥结合齿前端面之间的距离 a，如图 14-7 所示。如果 a 值小于 0.30mm 应更换同步器。

图 14-7 同步器间隙的检查

（4）同步器锁销、齿套、定位销、滑块，不应有严重磨损，否则应予以更换。

14.2.5 装配调整变速器总成

变速器装配质量的好坏，对变速器的工作影响很大。在变速器装配时应注意以下几个方面。

（1）装配前必须对零件进行认真的清洗，除去污物、毛刺、铁屑等。尤其要注意齿轮上润滑油孔的畅通。

（2）装配轴承时，应涂润滑油进行预润滑。总成修理时，应更换所有的滚针轴承。

（3）对零件的工作表面不能用硬金属直接锤击，以免损伤零件表面。

（4）注意同步器锁环或锥环的装配位置。装配过程中，如果有旧件时应原位装复，以保证两元件的接触面积。因此，在变速器解体时，应对同步器各元件做好装配记号，以免装错。

（5）组装中间轴和输出轴时，应注意各挡齿轮、同步器花键毂、止推垫圈的方向及位置，以保证齿轮的正确啮合。

（6）安装轴承时，只允许用压套垂直压在轴承的内圈上，禁止施加冲击载荷。

（7）装入油封前，需在油封的刃口涂少量的润滑脂，要垂直压入，并注意安装方向。

（8）变速器装配后，要检查各齿轮的轴向间隙和各齿轮副的啮合间隙及啮合印痕。常啮合齿轮的啮合间隙为 0.15～0.40mm，滑动齿轮的啮合间隙为 0.15～0.50mm，输入轴轴向间隙≤0.15mm，其余各轴的轴向间隙≤0.30mm，各齿轮的轴向间隙≤0.40mm。

（9）装配密封衬垫时，应在密封衬垫的两侧涂以密封胶，确保密封效果。

（10）安装变速器盖时，各齿轮和拨叉均应处于空挡位置。必要时，可分别检查各个常用挡的齿轮副是否处于全长啮合。

（11）按规定的力矩拧紧各部位的螺栓。

14.3 自动变速器检修

14.3.1 自动变速器联动装置的调整

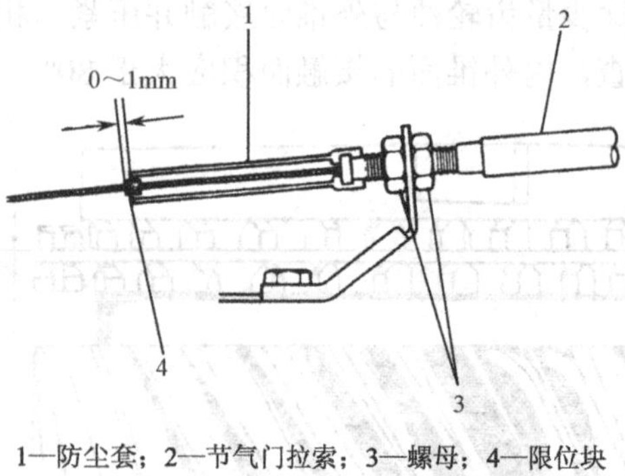

1—防尘套；2—节气门拉索；3—螺母；4—限位块

图 14-8 节气门拉索调整

1. 节气门拉索的检查和调整

当加速踏板完全放松后节气门应全闭，当加速踏板踩到底时节气门应全开。对于有节气门阀的自动变速器，节气门全开时，节气门阀的拉索标记距其套管的距离为 0～1mm。拉索的松或紧是由于车身和自动变速器相对位置的移动所造成的，应及时检查与调整，如图 14-8 所示。

对电控自动变速器来说，若节气门拉索调整不当，会导致主油路压力异常，造成油压过低或过高，使换挡执行元件打滑或产生换挡冲击。其调整步骤如下：

（1）推动加速踏板连杆，检查节气门是否全开，如节气门不能全开，则应调整加速踏板连杆。

（2）将加速踏板踩到底，检查固定在节气门体支架上的节气门拉索端头的橡胶防尘套与拉索上的限位块之间的距离，其标准距离为 0～1mm。如果该距离不符合要求，通过调整螺母进行调整到符合要求。

（3）旋紧调整螺母，重新检查调整情况。

2．空挡启动开关的调整

换挡手柄位于空挡位置，拆下控制轴杆，松开固定空挡启动开关的固定螺钉，转动空挡启动开关，直至标记对齐。不同型号的自动变速器的对齐标记不一样。其中，刻线式的是选挡手柄轴上的针尖端与空挡启动开关上的刻度线对齐，双定位线式的是控制轴杆的两边缘与两凸线外缘对齐，销孔式的是空挡启动开关上的凹坑与控制轴杆上的圆孔对正。标记对正后，按规定力矩拧紧固定螺钉。

3．操纵手柄位置的检查和调整

操纵手柄调整不当，会使操纵手柄的位置与自动变速器阀板中手动阀的实际位置不符，造成不能挂停车挡或前进低挡，或操纵手柄的位置与仪表盘上指示灯的显示不符，甚至造成在空挡或停车挡时无法启动发动机。操纵手柄的调整方法如下：

（1）拆下操纵手柄与自动变速器手动阀摇臂之间的连杆。

（2）将操纵手柄拨至空挡位置，如图 14-9（a）所示。

（3）将手动阀摇臂向后拨至极限位置（停车挡位置），然后再退回 2 格，使手动阀摇臂处于空挡位置，如图 14-9（b）所示。

（4）稍稍用力将操纵手柄靠向“R”位方向，然后连接并固定操纵手柄与手动阀摇臂之间的连杆。

（5）将操纵手柄拨至各挡位，检查挡位指示灯与操纵手柄位置是否一致，在“P”位和“N”位时发动机能否启动，在“R”位时倒挡灯是否亮起。如果有不符，应松开挡位开关的固定螺钉，转动挡位开关进行调整。

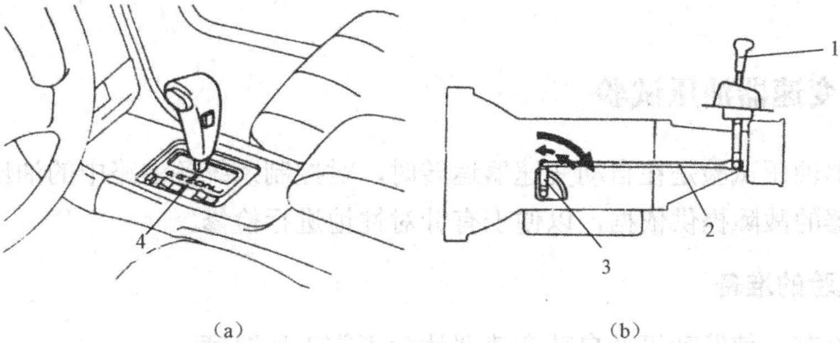

（a）　　（b）

1—操纵手柄；2—连杆；3—手动阀摇臂；4—空挡位置

图 14-9　操纵手柄调整

14.3.2 更换自动变速器工作液

在行车环境良好的情况下，每行驶 160000km 应更换新油，但在实际行车环境下，一般每行驶 80000km 左右应更换新油，行车环境恶劣的情况下，建议每行驶 24000km 左右更换新油。液压油更换的具体方法如下：

（1）车辆运行至自动变速器达到正常工作温度（70～80℃）后停车熄火。

（2）拆下自动变速器油底壳上的放油螺塞，将油底壳内的液压油放净。有的自动变速器没有放油螺塞，应拆下油底壳，然后才能放油。

（3）拆下油底壳，将油底壳清洗干净。有些自动变速器的油底壳上的放油螺塞为磁性螺，有些自动变速器在油底壳内专门放置一块磁铁，以吸附铁屑。清洗时必须注意将螺塞或铁上的铁屑清洗干净后放回。

（4）拆下自动变速器液压油散热器油管接头，用压缩空气将散热器内的残余液压油吹出，再装好油管接头。

（5）装好油底壳和放油螺塞。

（6）从自动变速器加油管中加入规定牌号的液压油。

（7）启动发动机，检查自动变速器油面高度。要注意由于新加入的油液温度较低，油面高立在油尺刻线的下限附近。如果过低，应继续加油至规定油面高度。

（8）让汽车行驶至发动机和自动变速器达到正常工作温度，再次检查油面高度是否在油尺线的上限附近。如果过低，应继续加油直至满足规定要求为止。

（9）如果不慎加入过多液压油，使油面高于规定的高度，切不可凑合使用。当油面过高，行驶中油液被行星排剧烈地搅动，产生大量的泡沫。这些带有泡沫的液压油进入油泵和控制系统后，对自动变速器的工作极为不利。其后果和油面高度不足一样，会造成油压过低，导致自动变速器内的摩擦元件打滑磨损。因此，油面过高时应把油放掉一些。有放油螺塞的自动变速器只要把螺塞打开即可放油；没有放油螺塞的自动变速器在做少量放油时，可从加油管处往外吸。

一般自动变速器的总油量为 10L 左右，按上述方法换油时，变矩器内的液压油是无法放出的。若液压油严重变质，必须全部更换时，可先按上述方法换油，然后让汽车行驶一段距离后再次换油。

14.3.3 自动变速器油压试验

自动变速器油压试验是在自动变速器运转时，对控制系统各油路中的油压进行测量，为分析自动变速器的故障提供依据，以便于有针对性地进行检修。

1．油压试验的准备

（1）行驶汽车，使发动机及自动变速器达到正常工作温度。

（2）将汽车停放在水平地面上，检查发动机怠速和自动变速器液压油的油面高度。如果不正常，应进行调整。

（3）拉紧驻车制动器，并用三角木块将 4 个车轮挡住。

（4）准备一个量程为 2MPa 的压力表。

（5）找出自动变速器各个油路测压孔的位置。通常在自动变速器外壳上有几个用方头螺塞堵住的用于测量不同油路油压的测压孔，测压孔的位置和数量因车型不同而异，可查阅相关维修资料。如果没有资料确定各油路的测压孔时，可用举升器将汽车升起，在发动机运转时分别将各个测压孔螺塞松开少许，观察各测压孔在操纵手柄位于不同挡位时是否有压力油流出，以此判断测压孔与哪个油路相通，从而找出各油路测压孔的位置。判断方法如下：

① 无论操纵手柄位于前进挡或倒挡时，都有压力油流出，则为主油路测压孔。

② 只有在前进挡时才有压力油流出，则为前进挡油路测压孔。

③ 只有变速操纵手柄在倒挡时有油液流出，则可判断是倒挡油路测压孔。

④ 只有操纵手柄位于前进挡，并且在驱动轮转达动后才有压力油流出，则为调速器油路的测压孔。

2. 油压试验步骤

以自动变速器主油路油压测试为例。

（1）前进挡主油路油压的测试。拆下自动变速器壳体上主油路测压孔或前进挡油路测压螺塞，接上油压表。启动发动机，将操纵手柄拨至前进挡位置，读出发动机怠速运转时的油压，该油压即为怠速工况下的前进挡主油路油压。用左脚踩紧制动踏板，同时用右脚将油门踏板完全踩下，在失速工况下读取油压，该油压即为失速工况下的前进挡主油路油压。将操纵手柄拨至空挡或停车挡，让发动机怠速运转 1min 以上。将操纵手柄拨至各个前进低挡位置，重复上述步骤，读出各个前进低挡在怠速工况和失速工况下的主油路油压。

（2）倒挡主油路油压测试。拆下自动变速器壳体上主油路测压孔或倒挡油路测压孔螺塞，接上油压表。启动发动机，将操纵手柄拨至倒挡位置，读出发动机怠速运转时的油压，该油压即为怠速工况下的倒挡主油路油压。用左脚踩紧制动踏板，同时用右脚将油门踏板完全踩下，在失速工况下读取油压，该油压即为失速工况下的倒挡主油路油压。将操纵手柄拨至空挡或停车挡，让发动机怠速运转 1min 以上，将测得的主油路油压与标准值进行比较。

不同车型自动变速器的主油路油压标准不完全相同，具体查阅变速器维修资料。主油路油压不正常的可能原因参见表 14-1。

表 14-1 主油路油压不正常原因

工　况	测试结果	故障原因
怠速	所有挡位的主油路油压均太低	油泵故障； 主油路调压阀卡死； 主油路调压阀弹簧太软； 节气门拉索或节气门位置传感器调整不当； 节气门阀卡滞； 主油路泄漏
	前进挡和前进低挡的主油路油压均太低	前进离合器活塞漏油； 前进挡油路泄漏

续表

工　况	测 试 结 果	故 障 原 因
怠速	前进挡的主油路油压正常； 前进低挡的主油路油压太低	倒挡及高挡离合器活塞漏油； 倒挡油路泄漏
	前进挡主油路油压正常； 倒挡主油路油压太低	倒挡及高挡离合器活塞漏油； 倒挡油路泄漏
	所有挡位的主油路油压均太低	节气门拉索或节气门位置传感器调整不当； 主油路调压阀卡死； 节气门阀卡滞； 主油路调压阀弹簧太硬； 油压电磁阀损坏或线路故障
失速	稍低于标准油压	节气门拉索或节气门位置传感器调整不当； 油压电磁阀损坏或线路故障； 主油路调压阀卡死或弹簧太软
	明显低于标准油压	油泵故障； 主油路泄漏

14.3.4 自动变速器失速试验

在前进挡或倒挡中，踩住制动踏板并完全踩下油门踏板时，发动机处于最大转矩工况，此时自动变速器的输出轴和输入轴均静止不动，变矩器的涡轮不动，只有变矩器壳及泵轮随发动机一起转动，此工况称为失速工况，此时发动机的转速称为失速转速。失速试验用于检查发动机输出功率、变矩器及自动变速器中制动器和离合器等换挡执行元件的工作是否正常。

1．试验准备

（1）使汽车发动机和自动变速器均达到正常工作温度。

（2）检查汽车的行车制动和驻车制动，确认其性能良好。

（3）检查自动变速器的油面高度应正常。

2．试验步骤

（1）将汽车停放在宽阔的水平地面上，前后车轮用三角木块塞住。

（2）无发动机转速显示的，安装发动机转速表。

（3）拉紧驻车制动，左脚用力踩住制动踏板。

（4）启动发动机，将选挡杆拨入“D”位。

（5）在左脚踩紧制动踏板的同时，用右脚将加速踏板踩到底，在发动机转速不再升高时，迅速读取此时发动机的最高转速，随后，立即松开加速踏板。

（6）将选挡杆拨入“P”或“N”位，使发动机怠速运转 1min 左右，以防止自动变速器油温因过高而变质。

（7）将选挡杆拨入“R”、“3”、“2”、“1”位，做同样的试验。

（8）分析所记录的转速值，从而判断故障原因。

失速转速不正常的原因参见表 14-2。

表 14-2 失速转速不正常的原因

操纵手柄位置	失 速 转 速	故 障 原 因
所有位置	过高	主油路油压过低； 前进挡和倒挡的换挡执行元件打滑； 低挡及倒挡制动器打滑
	过低	发动机动力不足； 变扭器导轮的单向超越离合器打滑
仅在“D”位	过高	前进挡油路油压过低； 前进离合器打滑
仅在“R”位	过低	倒挡油路油压过低； 倒挡及高挡离合器打滑

14.3.5 自动变速器时滞试验

发动机怠速运转时将操纵手柄从空挡拨至前进挡或倒挡后，需要有一段时间的时滞或延时才能使自动变速器完成换挡工作，这一时间称为自动变速器换挡时滞时间。时滞试验就是测出自动变速器换挡时滞时间，根据时滞时间的长短来判断主油路油压及换挡执行元件的工作是否正常，试验步骤如下：

（1）驾驶汽车，使发动机和自动变速器达到正常工作温度。

（2）将汽车停放在水平路面上，拉紧驻车制动。

（3）检查发动机怠速，如果不正常进行调整，如果发动机怠速是不能人为调整的，则需查明原因。

（4）将自动变速器选挡杆从“N”位拨至“D”位，用秒表测量从拨动选挡杆开始到感觉汽车震动为止所需的时间，该时间称为 N→D 迟滞时间。

（5）将选挡杆拨至“N”位，使发动机怠速运转 1min 后，再做一次同样的试验。

（6）共做 3 次试验，取平均值作为 N→D 迟滞时间。

（7）按上述方法，将选挡杆由“N”位拨至“R”位，测量 N→R 迟滞时间。

（8）分析试验数据，判断故障。

大部分自动变速器 N→D 延时时间小于 1.0～1.2s，N→R 延时时间小于 1.2～1.5s。若 N→D 延时时间过长，说明油路油压过低，前进离合器摩擦片磨损过多或前进单向离合器工作不良；若 N→R 延时时间过长，说明倒挡油路油压过低、倒挡离合器或倒挡制动器磨损过大或工作不良。

14.4 驱动桥检修

14.4.1 测量主减速器从动锥齿轮的跳动量

如图 14-10 所示，固定磁性百分表座，将百分表针抵在从动齿轮背面最外端，从动齿轮旋转 1 周，记下百分表摆差读数。端面圆跳动量要小于 0.10mm，否则，应予更换。

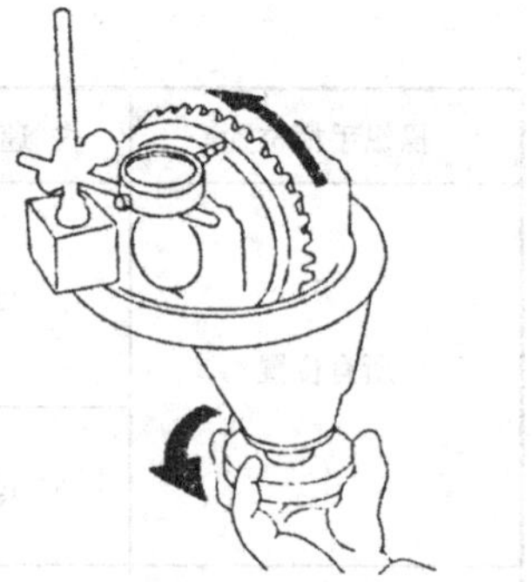

图 14-10 从动齿轮偏摆的检查

14.4.2 主、从动锥齿轮轴承预紧度的调整

1．主动圆锥齿轮轴承预紧度的调整

主动圆锥齿轮轴承预紧度的调整方法主要有两种。第一种方法是在前轴承内圈下加减调整垫片，当按规定力矩拧紧万向节凸缘螺母时，垫片越薄，轴承内外圈压得越紧，即预紧度越大。轴承预紧度是否符合要求，可用测量万向节凸缘盘的转动力矩来判断。检查时，不装油封，按规定的转矩拧紧万向节凸缘盘的紧固螺母，用弹簧秤沿凸缘的切向方向测量转动主动圆锥齿轮轴所需的拉力（解放 CA1091 汽车为 24.5～57.1N）。如果大于标准值，说明轴承预紧度过大，应增加调整垫片的厚度，反之则减小调整垫片的厚度。注意测量时，轴承应进行润滑，并在顺同一个方向转动不少于 5 圈后进行。

另一种方法是用一个弹性隔套来调整主动圆锥齿轮轴承预紧度。装配时在前后轴承内圈之间放置一个可压缩的弹性薄壁隔套，按规定的转矩拧紧万向节凸缘盘的紧固螺母时，隔套产生弹性变形，其张力自动适应对轴承预紧度的要求。但采用这种方法，因隔套的弹性衰退，每次都必须更换新的隔套。

2．从动圆锥齿轮轴承预紧度的调整

从动圆锥齿轮轴承预紧度的调整因驱动桥的结构不同分为两种：第一种是采用单级主减速器，其从动圆锥齿轮固定在差速器壳上，因此，调整从动圆锥齿轮轴承预紧度就是调整差速器轴承预紧度。差速器轴承两侧有调整螺母。装配时将差速器外圈套在轴承上，将差速器总成装入主减速器壳内，将两侧调整螺母对好螺纹放在座孔内，再将两侧轴承盖也对好螺纹后安装（注意两轴承盖不能互换），装上锁片紧固轴承盖。调整轴承预紧度时，慢慢转动两侧调整螺母，同时慢慢转动差速器总成，使滚柱处于正确位置。正确的预紧度可用转动差速器总成的力矩来衡量。预紧度调整后，应将调整螺母用锁片锁住。有些汽车采用分体式后桥，其从动圆锥齿轮轴承预紧度可通过调整轴承与差速器壳之间的垫片厚度来进行。增加垫片的厚度，轴承预紧度增加。第二种为双级主减速器，从动圆锥齿轮与二级减速的主动圆锥齿轮固定在同一根轴上，两端用轴承支撑在主减速器壳上。轴承预紧度通过调整垫片来调整，选择适当厚度的调整垫片，安装在主减速器与轴承盖之间。拧紧轴承紧固螺栓后，用转动圆锥齿轮的力矩来衡量预紧度是否合适。如果所需力矩过大，说明预紧度过大，应增加垫片的厚度。反之则减小垫片的厚度。

14.4.3　测量和调整主、从动锥齿轮的啮合间隙与啮合印痕

1．测量主、从动锥齿轮的啮合间隙

如图 14-11 所示，固定百分表座，将百分表测头抵在从动齿轮任一齿面上，固定主动齿轮，将从动齿轮沿周向来回扳动，记下百分表摆差读数。在圆周上找多点进行测量，应符合技术要求，一般为 0.15～0.50mm（轿车数值一般在 0.13～0.18mm 范围内）。否则，应进行调整。

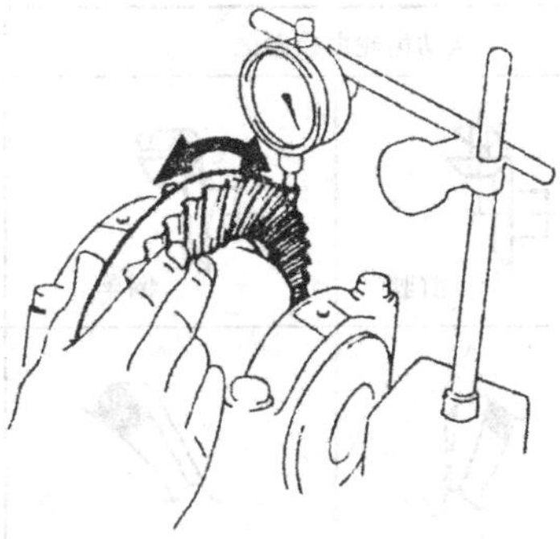

图 14-11　主、从动锥齿轮啮合间隙的检查

2．检查主、从动齿轮轮齿的啮合印痕

（1）在从动齿轮上三个不同位置上的 3 或 4 个轮齿上涂上红丹油，如图 14-12 所示。

（2）朝两个不同方向转动主动齿轮，检视轮齿的啮合印痕，正确的印痕应为齿长方向接触 1/3～1/2，接触区偏向于小端；齿高方向接触印痕应不小于齿高的 50%，在从动齿轮的中间偏齿根的位置，如图 14-13 所示。

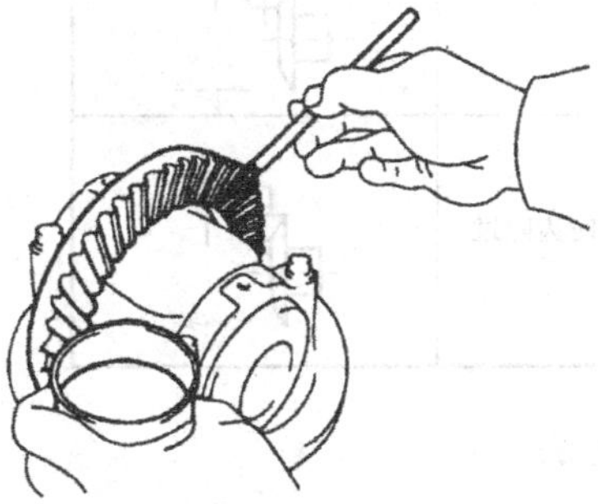

图 14-12　在从动齿轮上涂上红丹油

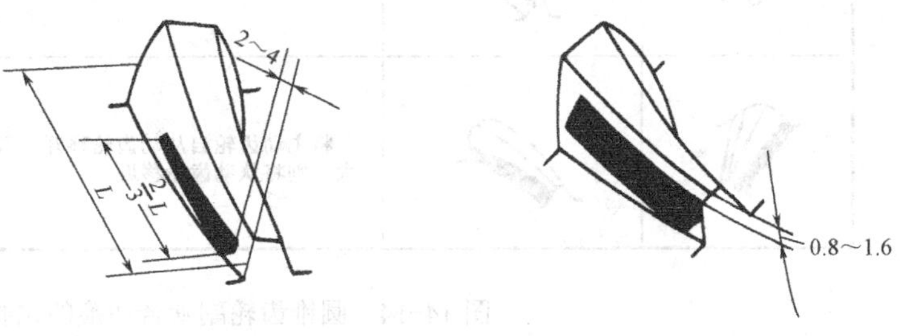

（a）装配时　　（b）负荷情况下

图 14-13　从动锥齿轮正确接触情况

3．调整主、从动锥齿轮啮合印痕与啮合间隙

如果主、从动圆锥齿轮的啮合印痕和啮合间隙不符合要求时，应按图 14-14 所示的方法进行调整，这种方法可简化为如下的口诀：大进从、小出从；顶进主、根出主。调整时要注意保证啮合间隙不得小于最小值。实现齿轮位移的具体方法与驱动桥的结构有关。

（1）主动圆锥齿轮的移动。整体式主减速器，可用增加或减少后轴承内圈与主动圆锥齿轮间的垫片来实现主动圆锥齿轮的轴向移动；对于组合式主减速器，其主动圆锥齿轮安装在单独的轴承座中，增减轴承座与主减速器壳之间的垫片，可使轴承连同主动圆锥齿轮的轴向位置发生变化。

（2）从动圆锥齿轮的移动。对单级主减速器，从动圆锥齿轮轴承就是差速器的轴承，将轴承两侧的调整螺母按左进右退或左退右进的原则转动相等的圈数，就可以在不改变轴承预紧度的前提之下，改变从动圆锥齿轮的轴向位置；对于双级主减速器，在保持两侧轴承盖下

垫片总厚度不变的前提下，将左右轴承盖下垫片数目重新分配，便可以在不改变轴承预紧度的前提下移动从动圆锥齿轮的位置。

从动齿轮面接触区		调整方法	齿轮移动方向
 前驶	 倒车		
		将从动齿轮向主动齿轮移近，若这时齿隙过小，则将主动齿轮向外移开	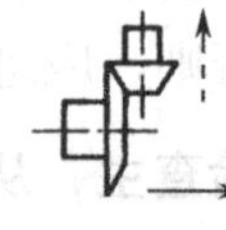
		将从动齿轮自主动齿轮移开，若这时齿隙过大，则将主动齿轮移近	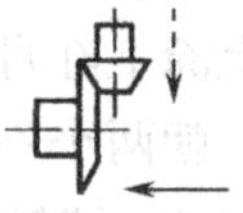
		将主动齿轮向从动齿轮移近，若这时齿隙过小，则将从动齿轮移开	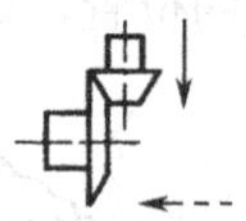
		将主动齿轮自从动齿轮移开，若这时齿隙过大，则将从动齿轮移近	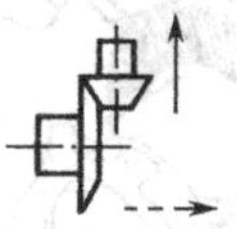

图 14-14　圆锥齿轮副啮合印痕的调整方法

14.4.4　检修差速器

1. 检查半轴齿轮与行星齿轮的啮合间隙

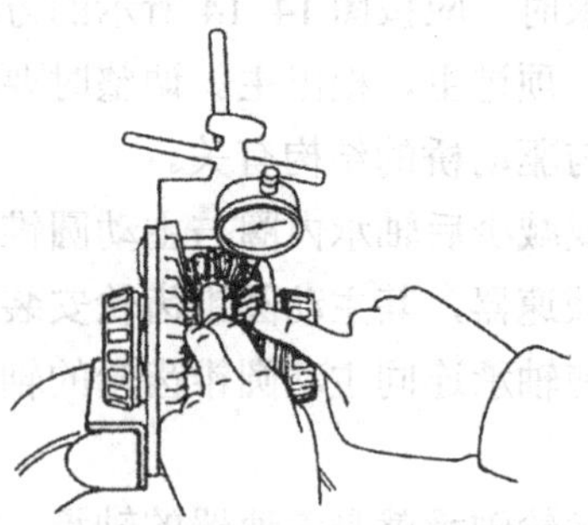

图 14-15　半轴齿轮与行星齿轮啮合间隙的检查

如图 14-15 所示，固定百分表座，将百分表针抵在半轴齿轮任一齿面上，将一个行星齿轮固定，用手拨动半轴齿轮，记下百分表摆差读数。数值应在 0.05～0.20mm 范围内。如间隙不当，可调整行星齿轮和半轴齿轮背面的垫片厚度。

2. 调整半轴齿轮与行星齿轮啮合间隙

（1）选择适当的止推垫圈，把止推垫圈和半轴齿轮装入差速器壳内。按前述方法测量半轴齿轮与行星齿轮的啮合间隙，应在 0.05～0.20mm 范围内。如间隙不当，换用不同厚度的止推垫圈。左右两边的止推垫圈厚度应一致。

（2）半轴齿轮轮齿大端端面的弧面与行星齿轮的背面弧面应相吻合，并在同一球面上。不合适时，应改变行星齿轮背面球形垫圈的厚度来达到。

（3）安装行星齿轮轴上的直销，并把销和差速器壳铆死。然后重复检查半轴齿轮的转动是否灵活，半轴齿轮与行星齿轮啮合间隙是否合适。

14.4.5 组装差速器总成

1. 装差速器轴承

安装时，用压力机将差速器轴承内圈平稳地压入，不得用手锤敲击，以免损伤轴承的工作表面或刮伤轴颈表面破坏配合性质。

2. 装齿轮

在与行星齿轮和半轴齿轮配合的工作表面上涂以机油，先装入垫片和半轴齿轮，然后装入已装好行星齿轮及垫片的十字轴，并使行星齿轮与半轴齿轮啮合。

在行星齿轮上装入另一侧半轴齿轮及垫片，扣上另一侧的差速器壳，注意应使两侧壳体上的位置标记对正，以免破坏齿轮副的正常啮合。

3. 从动齿轮的安装和差速器的装合

将主减速器从动齿轮装在差速器壳体上，将固定螺栓按规定方向穿过壳体，套入垫片，用规定力矩交替拧紧螺母，锁死锁片。有的差速器在装配前要求把驱动桥从动锥齿轮加热到100℃左右，这样才能装入差速器壳，不能用手锤敲击，否则会损伤齿轮。

14.4.6 检修半轴

（1）半轴应进行隐伤检查，不得有任何形式的裂纹存在。

（2）半轴花键应无明显的扭转变形。

（3）以半轴轴线为基准，半轴中段未加工圆柱体径向圆跳动误差不得大于 1.3mm；花键外圆柱面的径向圆跳动误差不得大于 0.25mm；半轴凸缘内侧端面圆跳动误差不得大于 0.15mm。径向圆跳动超限，应进行冷压校正；端面圆跳动超限，可车削端面进行修正。

（4）半轴花键的侧隙增大量较原厂规定不得大于 0.15mm。

（5）对前轮驱动汽车的半轴总成（带两侧等角速万向节）还应进行以下作业内容：

① 外端球笼式万向节用手感检查应无径向间隙。否则应予以更换。

② 内侧三叉式万向节可沿轴向滑动，但应无明显的径向间隙感，否则换新。

③ 防尘套是否有老化破裂，卡箍是否有效可靠。如失效，换新。

14.5 万向传动装置检修

14.5.1 检修传动轴及中间支承轴承

（1）在解体传动轴时，首先要注意总成上装配标记是否清晰、齐全。如果标记不清晰或不齐全，应在拆检前做出标记，以便装配时按原位装复，确保总成的平衡精度，否则会因不平衡而产生振动、噪声和附加载荷。

（2）检验传动轴花键轴键齿与滑动叉花键槽配合情况。可用手握住传动轴，来回转动滑动叉，以没有过大的松旷感觉为宜。或把滑动叉夹持在台钳上，将花键轴按装配标记插入滑动叉中，并使部分花键露在外面，转动花键轴，用百分表测出某花键侧面的读数变化值，此值即滑动副的配合间隙。一般该间隙不得大于 0.5mm，磨损过甚或花键有扭曲、弯曲变形时应予以更换。

（3）传动轴弯曲变形的检查。在车床上或放在平板上面的两块 U 形铁上，用百分表测量轴管外圆的径向圆跳动量。传动轴中间最大弯曲度一般不得超过 1mm。超出允许值，可在压床上进行冷压校正。校正达不到技术要求时，应更换新件。

经校正修复或更换主要零件（如花键轴、滑动叉、万向节叉）的传动轴，应进行平衡试验，试验时应带两端的万向节。中型载货汽车，其传动轴的动不平衡一般应不大于 100g·cm，在轴管两端加焊平衡片的方法来校正不平衡量。但每端不得多于两片。经过动平衡达到技术要求后，应在万向节叉与传动轴、滑动叉与传动轴花键轴上分别打上装配标记。

（4）中间支撑轴承的检修。中间支撑轴承如果有麻点、凹痕、退火变色、磨损过甚等损坏情况，都应更换新件；轴承磨损情况的检查，可将轴承外圈夹在台钳上，轴向推动内圈用百分表测量其轴向间隙；中间支撑油封如果有损坏或失效、橡胶垫环开裂，均应更换新件。

14.5.2 检修万向节

1．检修十字轴刚性万向节

万向节常见损伤有磨损、裂纹等。万向节分解完成后，需用煤油或柴油清洗各零件，以便暴露出零件的损伤、磨损情况，然后按以下要求检查和修复。

（1）检查滚针轴承，如果滚针断裂、油封失效，应更换新件。

（2）检查十字轴轴颈磨损、压痕、剥落等情况。十字轴轴颈轻微磨损、轻微压痕或剥落，用油石打磨，仍可继续使用；如果轴颈磨损过甚、严重压痕（深度超过 0.1mm）或严重剥落时，应予以更换。

（3）检查万向节叉不得有裂纹或其他严重损伤，否则更换新件。

（4）检查万向节十字轴与滚针轴承的配合间隙。用台虎钳固定十字轴，滚针轴承壳套在十字轴颈上，将百分表测头垂直于十字轴轴线抵触在轴承壳表面，沿百分表测头轴线方向来回推动轴承外壳，百分表读数即为它们的配合间隙，应符合要求，如果超出极限，必须更换。

（5）万向节装配完毕后，可用手扳动十字轴进行检验，以转动自如没有松旷感觉为合适。若装配过紧或过松，应查明原因，必要时应拆检及重新装配。

2．检修上海桑塔纳轿车等速万向节

检修作业主要是检查内、外等角速万向节中各组件的磨损情况和装置游隙。一般外等角速万向节酌情单件更换。内等角速万向节，如果某组件磨损严重，则应整体更换。外等角速万向节的 6 颗钢球要求有一定的配合公差，并与星形套一起组成一组配合件。检查轴、球笼、

星形套与钢球有无凹陷与磨损，若万向节游隙过大，需更换万向节。内等角速万向节的检修要检查球笼壳、球毂、球笼及钢球有无凹陷与磨损，如果磨损严重则应更换。内等角速万向节只能整体调换，不可单个更换。

14.5.3 装配十字轴式普通万向传动装置

1. 滑动花键副的装配

（1）先将油封盖、油封垫片、油封套在花键轴上。

（2）对准滑动叉上和传动轴轴管上的装配标记，把滑动叉套到花键轴上。

（3）装好油封、油封垫片，拧紧油封盖。

2. 万向节的装配

以中间万向节为例，介绍万向节的装配。

（1）使十字轴上的油嘴朝向轴管一方，并和滑动叉上的油嘴同相位，插入万向节叉耳孔内，把滚针轴承放入耳孔并套到十字轴轴颈上，如图 14-16（a）所示。

（2）用铜棒、锤子，轻敲滚针轴承外底面，使轴承进入耳孔到位，用卡簧钳把卡簧装入叉子耳孔内的槽内。

（3）对准装配标记，把凸缘叉套到十字轴的另一对轴颈上，如图 14-16（b）所示。

（4）把滚针轴承放入凸缘叉耳孔，并套到十字轴轴颈上，用铜棒、锤子轻敲轴承进入耳孔到位，用卡簧钳把卡簧装入耳孔槽，要注意卡簧一定要整个厚度进入槽底，否则，会在传动轴传动中弹出，发生轴承脱落的事故。

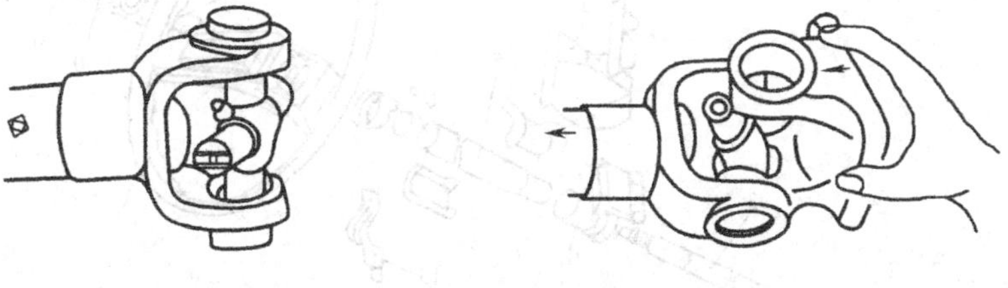

（a）　　（b）

图 14-16　万向节装复

3. 中间支承的装复

（1）将轴承装入轴承座，两侧压入油封，装上橡胶垫环。

（2）将上述装好的中间支承无油嘴的一侧，面对中间传动轴，套到中间花键上，然后使凸缘螺栓孔布置相位和前端凸缘叉螺栓孔布置相位一致，套到中间花键轴上。

（3）在凸缘端面上垫上垫板，用锤子轻敲，使中间支承和凸缘到位。

（4）放上垫圈，拧紧螺母，装上开口销。螺母的拧紧力矩不小于 196N·m。

4. 万向传动装置的装车

安装万向传动装置应以前端开始，逐步往后装。

（1）先装中间传动轴及支承总成。把前端的凸缘叉装到驻车制动鼓上，装上弹簧垫圈和螺母，用 88～108N·m 的力矩拧紧螺母。

（2）中间传动轴的后端通过中间支承，用支架和上盖板装到车架横梁上，装上螺栓、平垫圈、弹簧垫圈和螺母，用 88～108N·m 的力矩拧紧螺母。

（3）安装传动轴及滑动叉总成。安装前应先注意一下油嘴的朝向，尽可能与前传动轴的油嘴同一方向，以求注油方便。

（4）将有滑动叉的一端与中间传动轴的后端凸缘连接，另一端与后桥的凸缘连接。采用专用螺栓、弹簧垫圈和螺母。

5．万向传动装置的润滑

（1）润滑点：三个万向节，滑动花键孔，中间支承。

（2）润滑方法：通过油嘴用润滑脂枪加注。注油时，应能以油封刃口处能看到新润滑脂挤出，或中间支承气孔有新润滑脂挤出为止。

14.6 机械转向器检修

14.6.1 转向操纵机构的拆卸与分解

以东风 EQ1092 型汽车转向操纵机构（见图 14-17）为例，介绍其拆卸步骤。

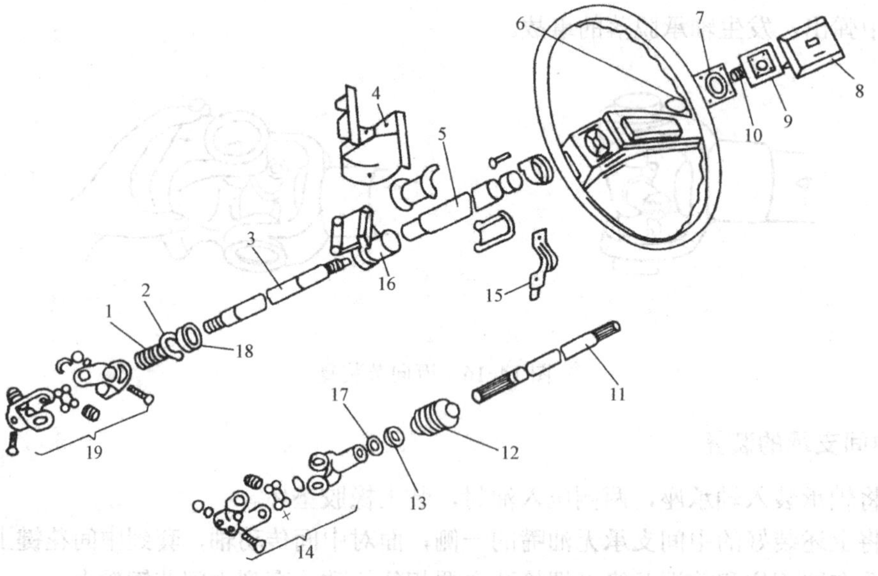

1—转向轴弹簧；2—挡圈；3—转向轴；4—连接支架；5—转向拉管；6—转向盘紧固螺母；7—底板；8—喇叭按钮盖；9—喇叭活动板；10—搭铁弹簧；11—转向传动轴；12—花键护套；13—防尘罩；14—万向节；15—固定支架；16—柱管支架；17—滑动叉油封；18—转向轴轴承

图 14-17　EQ1092 型汽车转向操纵机构分解图

（1）拆下转向传动轴下端的万向节滑动叉及其油封、防尘罩和花键护套。

（2）从转向盘上拆下电喇叭按钮盖。

（3）拆下喇叭活动板、搭铁弹簧、底板及导电弹簧等零件。

（4）拆下转向盘固定螺母、垫片及转向盘等。

（5）拆下转向柱管支架及橡胶垫。

（6）拆下柱管支座固定螺栓，从车上取下转向柱管、转向轴及转向传动轴等零件。

（7）拆除转向万向节叉固定螺栓，使转向轴及转向传动轴与万向节分离（可用铜锤适当敲击）。

（8）拆除轴承挡圈，用铜锤轻轻敲击转向轴上端，从转向柱管内取出转向轴及轴承。

（9）检查万向节转动是否灵活，有无卡滞现象，必要时可拆除十字轴轴承限位卡环，对万向节进行解体。解体后将各零件清洗干净，然后进行检修。凡油封及密封圈、防尘罩等橡胶零件均不得用汽油等烃类油料清洗。

14.6.2 转向操纵机构零部件的检查和更换

（1）检查转向柱与转向柱管的变形与损坏情况。不允许补焊或矫正，若变形或损坏严重必须更换。检查转向柱轴承的磨损与烧蚀情况，严重时应更换。

（2）转向传动轴万向节的检查。用手检查万向节在十字轴的两个方向的径向间隙，若发现有间隙时，应更换万向节的轴承。拆卸万向节时，先将轴承拆下，再拆下十字轴（拆前做好万向节与传动轴的对正标记）。装配时，应先将万向节与传动轴的对正标记对准，先装上十字轴，然后用台钳压入轴承。

（3）转向柱支承环的检查。检查转向柱上支承环的磨损与损坏情况，严重的应更换。

（4）安全柱销及橡胶支承套的检查。桑塔纳轿车安全柱销及橡胶支承套的检查如图 14-18 所示，检查转向柱 9 上的安全销是否损坏，橡胶衬套 13 及聚氯乙烯套管 14 是否损坏。检查橡胶支承环 6 是否老化、损坏。检查弹簧 19 是否损坏或弹力减弱，如果有这些情况，则应更换。

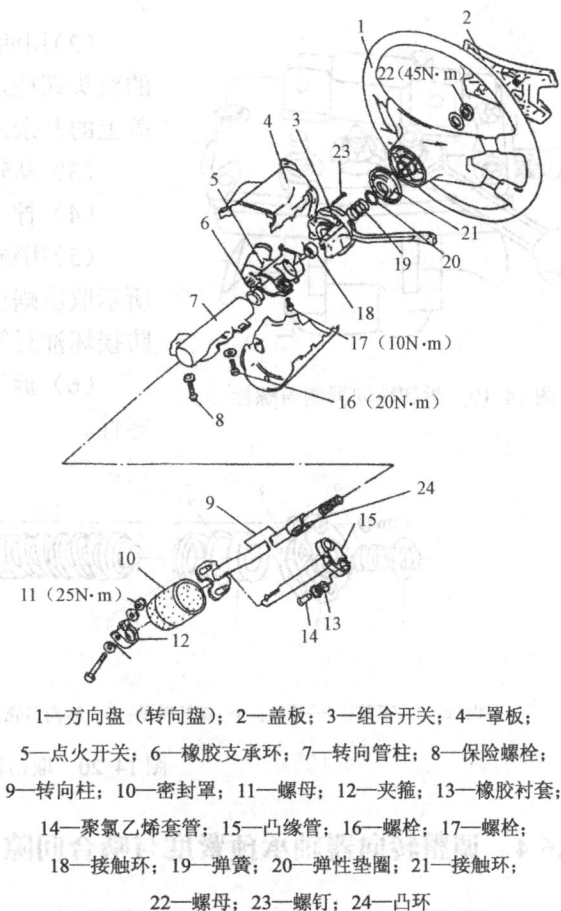

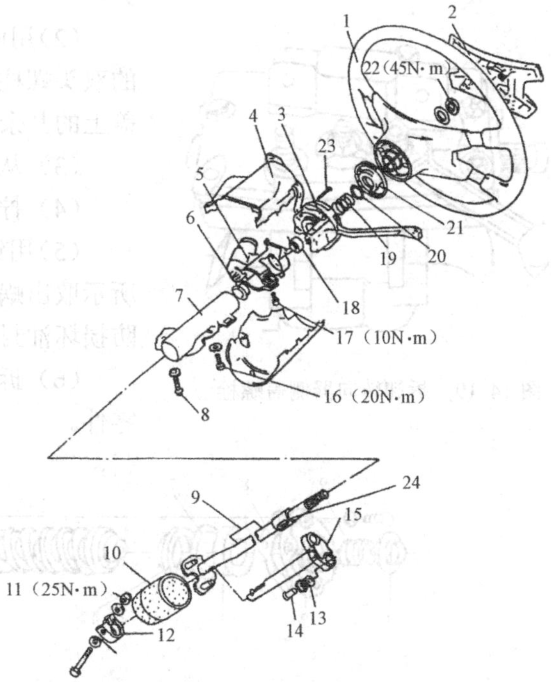

1—方向盘（转向盘）；2—盖板；3—组合开关；4—罩板；
5—点火开关；6—橡胶支承环；7—转向管柱；8—保险螺栓；
9—转向柱；10—密封罩；11—螺母；12—夹箍；13—橡胶衬套；
14—聚氯乙烯套管；15—凸缘管；16—螺栓；17—螺栓；
18—接触环；19—弹簧；20—弹性垫圈；21—接触环；
22—螺母；23—螺钉；24—凸环

图 14-18 桑塔纳轿车转向操纵机构

14.6.3　拆装和分解机械转向器

以东风 EQ1092 汽车蜗杆指销式转向器为例。

1．从车上拆装转向器总成

（1）在转向器摇臂与摇臂轴间做好装配标记，然后拆下转向摇臂夹紧螺栓，用拉器拉下转向器摇臂，切不可用榔头猛烈敲击转向摇臂，以防损坏内部零件。

（2）拆下转向万向节滑动叉与转向蜗杆间的夹紧螺栓，使转向蜗杆与万向节滑动叉分离。

（3）拆下转向器固定螺栓，从车上取下转向器总成，并将其外部清洗干净。

（4）将转向器总成装配到车身上时，按拆卸相反的顺序进行，装配时注意：

①摇臂与摇臂轴按原装配标记装配。

②各螺栓螺母按规定的力矩拧紧。

2．转向器的分解

（1）拧下放油螺栓，放出转向器中的润滑油，然后将螺塞重新装回原位并拧紧，以防丢失。

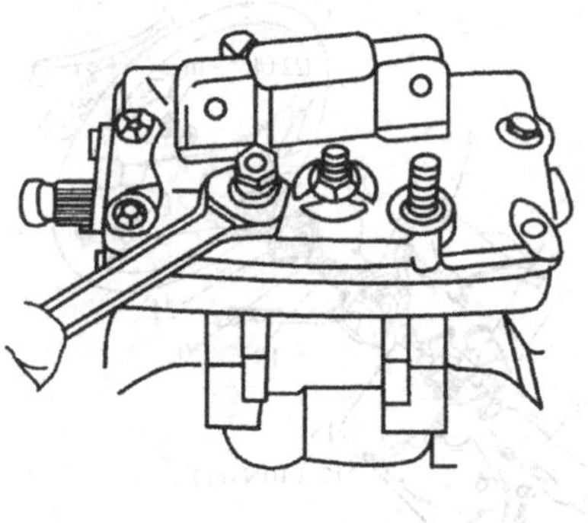

图 14-19　拆卸转向器侧盖螺栓

（2）用两个 M14 的螺母并在一起拧入转向器侧盖上的双头螺柱，拆下双头螺柱，如图 14-19 所示，再拆侧盖上的其余六个螺栓，取下侧盖。

（3）从转向器中取出摇臂轴。

（4）拧下转向器下盖紧固螺栓，取下转向器下盖。

（5）用铜锤或木锤轻轻敲击蜗杆花键端，按图 14-20 所示取出蜗杆等零件（敲击时蜗杆应处于垂直位置，以防损坏油封等）。

（6）拆下转向器上盖紧固螺栓，取下上盖、油封等零件。

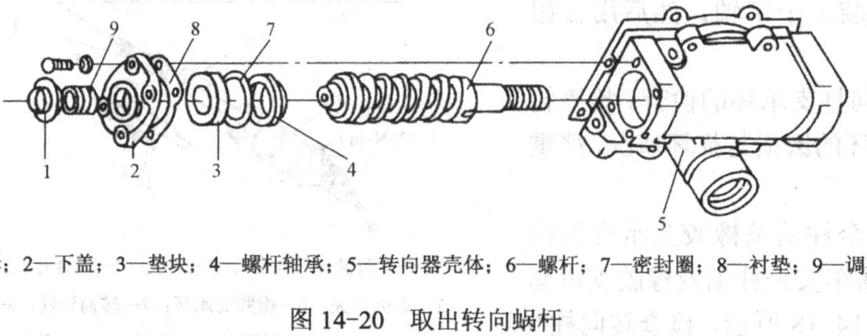

1—螺母；2—下盖；3—垫块；4—螺杆轴承；5—转向器壳体；6—螺杆；7—密封圈；8—衬垫；9—调整螺塞

图 14-20　取出转向蜗杆

14.6.4　调整转向器轴承预紧度与啮合间隙

1．循环球式机械转向器

（1）通过增减下盖调整垫片或用下盖上的调整螺塞调整转向螺杆轴承的预紧度。其预紧度要求转动转向螺杆所需力矩为 0.6～0.9N·m。

（2）调整转向器啮合间隙。

① 使转向器的传动副处于中间位置（直行位置）。

② 通过调整螺钉，调整转向器传动副的啮合间隙，在直行位置上应呈无间隙啮合。

③ 在中间位置上，转向器转动力矩应为 1.5～2.0N·m。转向器转动力矩调整合格后，按规定扭矩锁紧调整螺钉。

2．齿轮齿条式机械转向器

齿轮齿条式机械转向器因其结构简单，可靠性好，操纵灵敏，转向非常轻便，便于独立悬架的布置，轿车已经广泛采用齿轮齿条式转向器。

（1）调整齿条与转向齿轮的啮合间隙。其调整机构如图 14-21 所示。因结构的差异，调整方法也有所不同。但常见的有两类：一是改变转向齿条导块与盖之间的垫片厚度来调整转向齿条与转向齿轮的啮合深度；另一种方法是用盖上的调整螺塞改变转向齿条导块与弹簧座之间的间隙值。

（2）图 14-21 所示的结构形式，其预紧力的调整步骤是先不装弹簧及壳体与盖之间的垫片，进行 x 值的调整，压住盖使转向齿轮轴上的转动力矩为 1～2N·m；然后用厚薄规测量 x 值；第三步在 x 值上加 0.05～0.13mm，此值就是转向齿条和转向齿轮合格的啮合间隙所要求的垫片的总厚度。

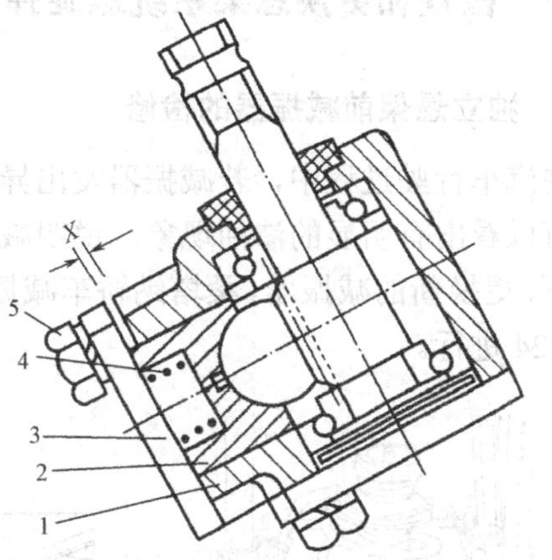

1—壳体；2—导块；3—盖；4—导块压紧弹簧；5—固定螺母

图 14-21 齿轮齿条预紧力调整机构

14.7 车身悬架检修

14.7.1 检修前独立悬架汽车的后轮支承短轴及轴承

以桑塔纳轿车为例，检修操作如下。

1．检修后轮支承短轴

（1）拆下后车轮及制动器。

（2）测量后轮支承短轴轴径。圆周方向至少测量三次，将读数的最大值与最小值相减，若该差值超过 0.25mm，则说明不均匀磨损严重，应更换支承短轴。

（3）安装支承短轴和制动器时，一定要装上压力垫圈。

（4）四只紧固螺栓，拧紧时应分次按一定次序拧紧，拧紧力矩为 60N·m。

2. 检修后轮轴承

（1）拆下后车轮及制动器。

（2）取出制动鼓内的密封圈和内轴承。

（3）用铜冲头敲出内外轴承外圈。

（4）清洗并检查其损坏或磨损情况。

（5）运用专用工具压入新的内、外轴承座圈。

（6）在内轴承上涂上适量的锂基润滑脂，装入制动鼓内。

（7）放上油封，用橡皮锤将油封均匀地敲入，并测量油封凸出高度（凸出高度为 $1.1_{0}^{+0.6}$ mm）。

14.7.2 检查和更换悬架系统螺旋弹簧

1. 独立悬架前减振器的检修

在汽车行驶过程中，若减振器发出异常响声，明显感觉车辆颠簸时减振器不起作用，或直接可以看出有明显的渗油现象，说明减振器已损坏。轿车减振器一般不作修理，而是从车上拆下，更换新的减振器。桑塔纳轿车减振器拆卸和安装的方法可依次按图 14-22、图 14-23、图 14-24 进行。

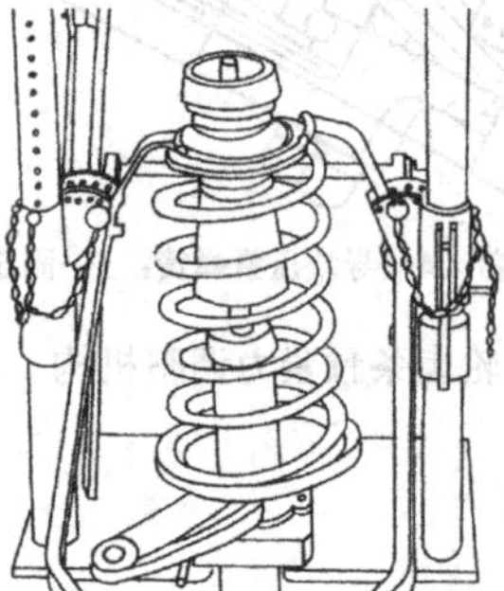

图 14-2 前悬架分解及更换减振器工具

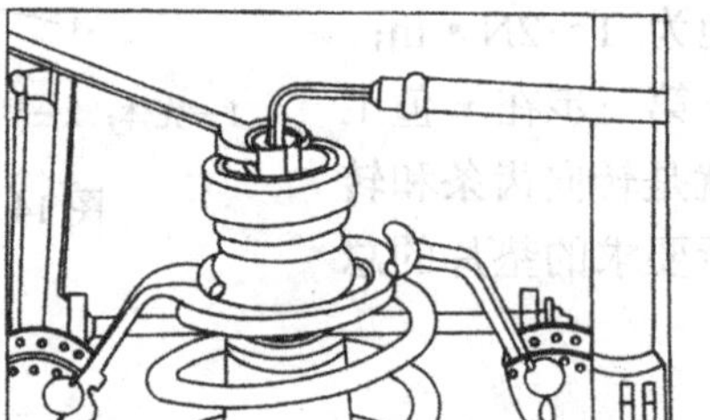

图 14-23 前悬架顶部锁紧螺母的拆卸

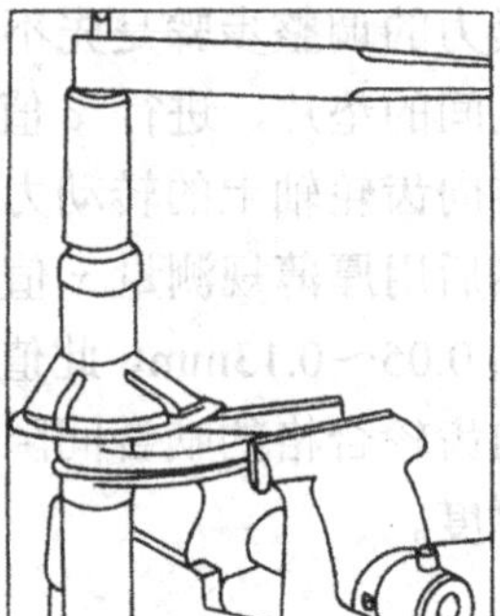

图 14-24 减振器的拆卸

上述拆装作业要求先用拉具压住弹簧座圈，压缩螺旋弹簧，然后进行开槽螺母和螺母盖的安装和拆卸。

2. 独立悬架后减振器的检修

人工检查后减振器，察看支承处有无裂纹，筒体外有无渗漏油迹，如果存在上述现象，必须更换新件。

使用减振器测试仪检查减振器的功能，可根据需要测量其衰减性能。也可人工估测：拆下后减振器用手压动活塞杆判定其性能是否良好。检查压缩和伸张时的阻尼，与有关标准对照，判定其好坏。同时还应检查橡胶件、弹簧件等，看其有无损伤、龟裂、老化、衰损等，视情况更换。

拆卸后减振器时应使车辆停稳，停在硬实地面上或用千斤顶支撑住后桥。弯起车箱内减振器上方配有一条断边的三角域底搁板，从车上拆下弹簧支柱，慢慢从车轮与轮罩之间拆卸移出支架。拆卸时要小心，以免碰坏车身及油漆，且不应同时拆卸两边的弹簧支柱，否则会使轴体上的轴衬受压过大。

通常，损坏的减振器在行驶过程中会发出异响。减振器损坏多出现漏油现象。漏油的减振器必须整体更换。安装弹簧支架时，弹簧支架上自锁螺母的拧紧力矩为 35N・m。后桥减振器支承上螺母的拧紧力矩为 60～70N・m，安装完毕后，可将后搁板两边用粘带封住。

14.7.3 检修钢板弹簧

1. 钢板弹簧的检修

汽车钢板弹簧的主要损伤是钢板弹簧的断裂、弹力减弱及磨损。

检视钢板弹簧如果有裂纹、折断及厚度明显变薄等须更换。更换的新钢板弹簧，其长度、宽度、厚度及弧高应符合原厂规定。

钢板弹簧的折断，通常是前钢板弹簧比后钢板弹簧严重，常发生在第一片卷耳与第二道夹子的附近，各片易损坏处是在上、下片端部的对应处。

钢板弹簧弹性减弱，表现在弧高的减小。通过检验其弧高的变化，可判断钢板弹簧弹性的减弱的程度。可在弹性试验器上检验有负荷与无负荷下弧高的减小量，简易的方法是采用样板（新片）进行靠合试验。要求左右钢板弹簧的总片数相等，总厚度差不大于 5mm，弧高差不大于 10mm。

2. 钢板弹簧的装配注意事项

（1）装配前，应将钢板弹簧上的污泥、铁锈等清除干净，并在各片间涂抹石墨润滑脂。

（2）按序叠放好，将中心螺栓应按规定的力矩拧紧。

（3）钢板弹簧固定卡应按规定数量配齐。卡子内侧与钢板弹簧两侧的间隙为 0.7～1mm，卡子套管与钢板弹簧顶面的距离 1～3mm，以保证各片弹簧可以自由伸张与相互滑动。各卡子螺栓应从远离轮胎的一侧穿入，以防止使用中螺栓松动窜出，刮伤轮胎。

（4）已装配好的并压紧的钢板弹簧，片与片之间应紧密配合，相邻两片在总接触长度的 1/4 长度内，间隙应不大于 1.2mm。

14.7.4 检修前悬架支撑柱

1. 拆卸

检查减振器是否损坏，若确认无问题，可不拆卸减振器。以桑塔纳轿车为例，拆卸前悬架支撑柱的步骤如下：

（1）拆卸制动盘，卸掉挡泥板。

（2）压出轮毂。

（3）拆下两边弹簧挡圈，压出车轮轴承。

（4）拉出轴承内座圈。

2. 检查

零件拆卸下来后，进行全面清洗测量、检查，若发现以下情况，必须更换新件：

（1）挡泥板严重变形、扭曲。

（2）制动盘工作面严重磨损或工作面出现裂纹。

（3）轮毂花键严重磨损或有较大裂纹。

（4）弹簧挡圈变形、失效。

（5）轴承损坏（轴承只能成套调换）。

（6）前悬架支撑焊接件的任何一条焊缝及其他各处出现裂纹或严重变形（焊接件在修理时不可进行焊接或校正）。

3. 安装和调整

（1）清洁前悬架支撑柱的轴承座，涂上润滑脂，装上外弹簧挡圈，压入轴承，直到轴承被压到终止位置，装上内弹簧挡圈。

（2）调整内外挡圈的相对位置，使两只挡圈的开口位置相差180°，然后用手转动轴承内圈，察看有无异常感觉。

（3）在轮毂花键和轴承挡圈涂上润滑脂，压入轴承内。注意：专用工具只能顶住轴承的内圈。

（4）装上挡泥板，用3个M6螺栓紧固，使之紧贴轴承座凸缘上。

（5）用非纤维材料擦净制动盘工作表面，表面不应沾有油污。装上制动盘，使制动盘紧贴轮毂接合面上。

（6）装配完毕用手转动制动盘，应运转灵活，无明显卡滞、异响。

14.7.5 检修筒式减振器

汽车上广泛采用双向作用筒式减振器，减振器在使用过程中如果出现油液渗漏、阀门关闭不严或不能开启等使减振效能降低或失效，应进行检修或更换（以CA1091型汽车为例）。

1. 筒式减振器主要零件的检修

（1）防尘罩及储油缸破裂、凹陷，应予以焊修、校正或更换。

（2）油封磨损严重、密封环失效均应更换。

（3）活塞杆弯曲变形应予以校正，磨损后其圆度、圆柱度误差超过0.10mm或杆端螺纹损伤超过两牙时，应更换。

（4）活塞及缸筒表面磨损使配合间隙大于0.15mm或严重拉伤时，应更换减振器总成。

（5）各阀片磨损严重或变形、弹簧弹力减弱应更换。

2. 筒式减振器的装复

（1）在减振器杆上依次安装以下零件：储油缸螺母、密封垫、油封盖、油封、油封垫圈、油封弹簧、密封圈、导向座、流通阀限位座、流通阀弹簧、流通阀阀片、活塞、伸张阀阀片、上调整垫圈、支撑座、伸张阀弹簧、下调整垫圈和压缩螺塞。

（2）安放油封时，应把外表面具有圆角的一端朝向储油缸螺母。装配前应在油封表面涂抹润滑油，并注意不要碰伤刃口。

（3）在工作缸的一端压入支撑座总成，检查并调整隔片的位置，使其到工作缸与支撑座接缝处的距离为120mm，然后把工作缸装入储油油缸内。

（4）将经过1200～1300孔/cm^{2}的金属网过滤的减振器油（45号变压墨油和22透平油各50%的混合液）加注到储油缸内。无滤网时，应注意不得有金属屑或棉纱丝混入。减振器油的加入量应为370ml。

（5）将活塞杆及活塞总成装入工作缸内，使导向座的止口套入工作缸，装好密封环。最后用专用扳手以59N·m（EQ1090型为78～88N·m）的力矩拧紧储油缸螺母。

3．筒式减振器性能的试验

筒式减振器装复后，应在减振器性能试验台上进行试验。当试验行程为100mm，试验频率为100次/min时，伸张行程的最大阻力应为2156～2646N·m。压缩行程的最大阻力为392～588N·m，同时检查有无漏油现象。无试验条件时，可上下往复推拉减振器2～3次，试验其阻力是否恢复。拉伸时，应感到有沉重阻力，压缩时的阻力较轻，且推拉中阻力均匀、无卡滞及明显的空行程。加满减振液后，平放12～24h应无渗漏。

14.8 车轮定位的检查与调整

14.8.1 用计算机四轮定位仪检测车轮定位

1．对被检车辆技术状况要求

（1）前后轮胎气压及胎面磨损基本一致。

（2）前后悬架系统的零部件完好、不松旷。

（3）转向系统调整适当，不松旷。

（4）前后减振器性能良好，不漏油。

（5）汽车前后高度与标准值的差不大于5mm。

（6）制动系统正常。

2．检测前准备

（1）把汽车开上举升平台，托起四个车轮，把汽车举升0.5m（第一次举升）。

（2）托起车身适当部位，把汽车举升至车轮自由转动（第二次举升）。

（3）拆下各车轮，检查轮胎磨损情况。

（4）检查轮胎气压，不符合标准时应充气或放气。

（5）作车轮的动平衡，动平衡完成后，把车轮装好。

（6）检查车身高度，检查车身四个角的高度和减振器技术状况，如果车身不平应先调平；同时检查转向系统和悬架是否松旷，如果松旷则应先紧固或更换零件。

3．检测步骤

（1）把传感器支架安装在轮辋上，再把传感器（定位校正头）安装到支架上，并按使用说明书的规定调整。

（2）开机进入测试程序，输入被检汽车的车型和生产年份。

（3）轮辋变形补偿。转向盘位于直行位置，使每个车轮旋转一周，即可把轮辋变形误差输入计算机。

（4）降下第二次举升量，使车轮落到平台上，把汽车前部和后部向下压动 4～5 次，使其受压力弹跳。

（5）用刹车锁压下制动踏板，使汽车处于制动状态。

（6）把转向盘左转至计算机发出“OK”声，输入左转角度；然后把转向盘右转至计算机发出“OK”声，输入右转角度。

（7）把转向盘回正，计算机屏幕上显示出后轮的前束及外倾角数值。

（8）调正转向盘，并用转向盘锁锁住转向盘使之不能转动。

（9）把安装在四个车轮上的定位校正头的水平仪调到水平线上，此时计算机屏幕上显示出转向轮的主销后倾角、主销内倾角、转向轮外倾角和前束的数值。

（10）调整主销后倾角、车轮外倾角及前束，调整方法可按计算机屏幕提示进行。若调整后仍不能解决问题，则应更换有关零部件。

（11）进行第二次压力弹跳，将转向轮左右转动，把车身反复压下后，观察屏幕上的数值有无变化，若数值无变化应再次调整。

（12）若第二次检查未发现问题，则应将调整时松开的部位紧固。

（13）拆下定位校正头和支架，进行路试，检查四轮定位检测调整效果。

4．车轮定位的调整

查询所测车型标准的车轮定位参数及该车型在结构上提供的对应参数调整部位与方法，按维修资料说明步骤进行调整操作，经调整后，再次进行车轮定位检测，直至符合要求为止。

14.8.2 用气泡水准车轮定位仪检测车轮定位

气泡水准车轮定位仪一般由转盘、支架、水准仪等组成。由于其具有结构简单、价格低廉、便于携带等优点，在国内汽车维修行业获得了广泛应用。存在的不足是安装、测试费时费力和不能同时检测前轮、后轮定位。

这里以 GCD-1 型气泡水准车轮定位仪为例（见图 14-25）简要介绍车轮定位检测。GCD-1 型光束水准车轮定位仪，除由一个水准仪、两个支架和两个转盘组成外，还配备两个聚光器、两个标尺、两个标杆和一个踏板抵压器。聚光器在标杆配合下可测得车轮前束值，聚光器在标尺配合下可测得后轴与前轴间的平行度、后轴与车架间的垂直度及后轴与车架在水平平面的弯曲变形等。踏板抵压器可将制动踏板压下而顶靠在驾驶座或其他支承物上使车轮处于制动状态。

1．对汽车技术状况的要求

（1）前后轮胎气压及胎面磨损基本一致。

（2）前后悬架系统的零部件完好、不松旷。

（3）转向系统调整适当，不松旷。

（4）前后减振器性能良好，不漏油。

（5）汽车前后高度与标准值的差不大于 5mm。

（6）制动系统正常。

2．检测前的准备工作

（1）检测场地。检测场地表面应平整，并处于水平状态。

（2）汽车的正确放置。前轮自动处于直线行驶状态，将两前轮分别放在各自的转盘上，并使主销中心线的延长线基本上通过转盘中心。

（3）支架的安装。先将固定支架的两个固定脚卡在轮辋适当部位，再移动活动支架，使其固定脚也卡在轮辋上，然后用活动支架的偏心卡紧机构将三个固定脚卡紧在轮辋上。此时，三个固定脚的定位端面贴紧在轮辋的边缘上。松开调整支座弹性固定板的固定螺栓，使调整支座沿导轨滑动，通过特制芯棒使调整支座安装聚光器或水准仪的孔中心与前轮中心重合，然后拧紧螺栓，将调整支座固定于导轨上。

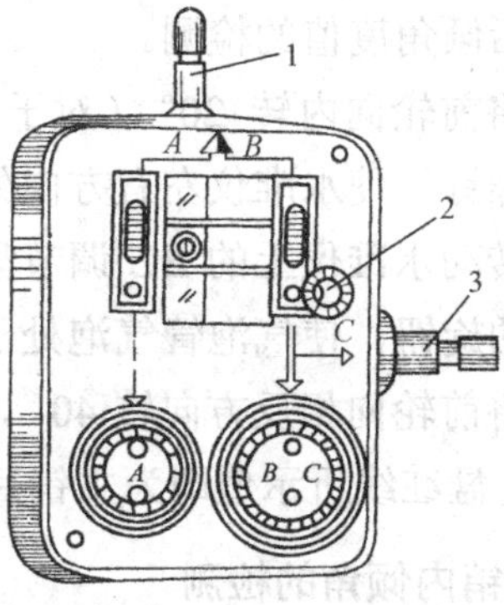

（a）适用于大、中、小型汽车的水准仪

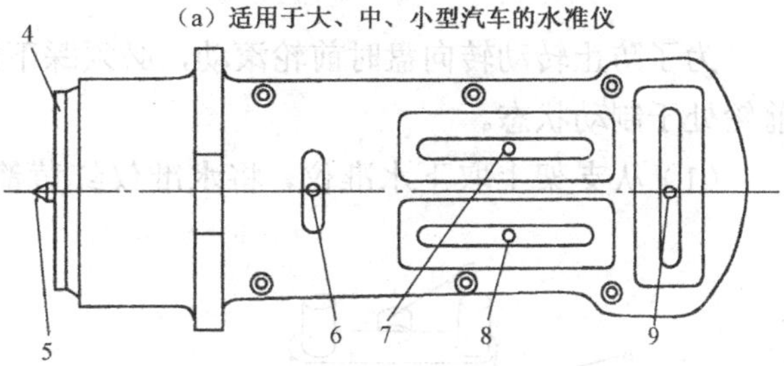

（b）适用于小型汽车的水准仪

1、3—定位销；2—旋钮；4—永久磁铁；5—定位销；6—校正水准仪水平状态的水泡管；7—测量主销后倾角的水泡管；8—测量前轮外倾角的水泡管；9—测量主销内倾角的水泡管

图 14-25 气泡式水准仪

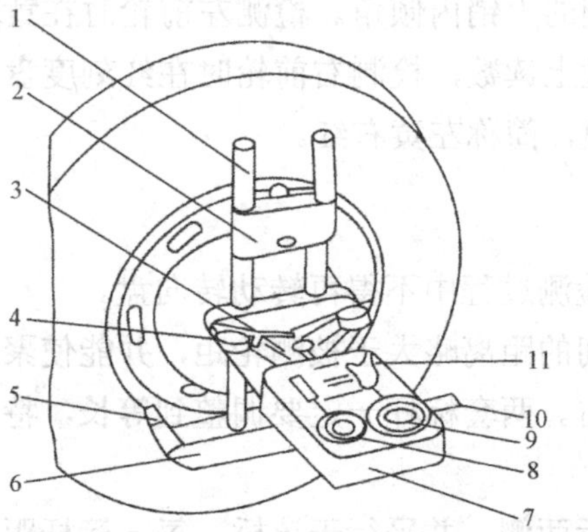

1—导轨；2—活动支架；3—调整支座；4—调节螺钉；5—固定脚；6—固定支架；7—水准仪；8—A 调节盘；9—BC 调节盘；10—定位销；11—旋钮

图 14-26 检测车轮外倾角和主销后倾角

3．车轮外倾角的检测

（1）在车轮保持直线行驶位置不动的情况下，将水准仪黑箭头指示的定位销插入车轮上支架的中心孔内，并使水准仪在左右方向上大致处于水平状态。轻轻拧紧弹簧卡锁紧螺钉，固定水准仪，如图 14-26 所示。

（2）转动水准仪上的 A 调节盘，直到对应气泡管内的气泡处于中间位置为止，然后在黑刻度盘上读出 A 盘红线所指角度值，该角度值即为前轮外倾角。用同样的方法可检测其他车轮的外倾角。

4．主销后倾角的检测

前轮外倾角度值测定后，不动水准仪，接着

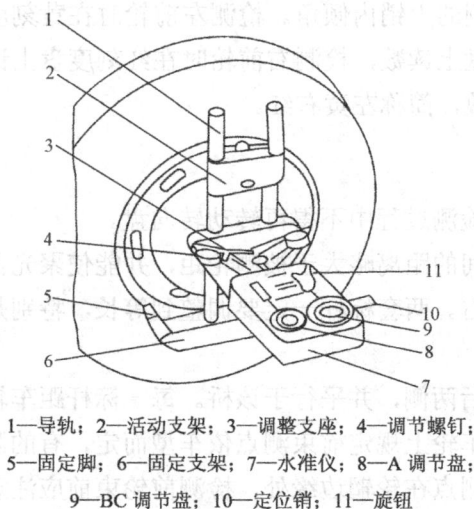

进行主销后倾角度值的检测。

（1）将前轮向内转 20°（对于左前轮则向左转，对于右前轮则向右转，下同），松开弹簧卡锁紧螺钉，使水准仪左右方向处于水平状态，然后拧紧锁紧螺钉。

（2）转动水准仪上的 BC 调节盘，使其上的红线与蓝、红、黄刻度盘零线重合。调整对应气泡管的旋钮，使气泡管气泡处于中间位置。

（3）将前轮向相反方向转 40°，然后转动 BC 盘使气泡管的气泡回到中间位置，在蓝盘上读出 BC 盘红线所示值即为主销后倾角。用同样的方法测出另一侧主销后倾角

5．主销内倾角的检测

为了防止转动转向盘时前轮滚动，必须踩下制动踏板或用踏板抵压器压下制动踏板，使前轮处于制动状态。

（1）从支架上取下水准仪，将水准仪红黄箭头所指的定位销插入支架中心孔内，轻轻拧紧锁紧螺钉，如图 14-27 所示。将被测前轮向内转 20°，松开锁紧螺钉，使水准仪在左右方向上大致处于水平状态，然后拧紧锁紧螺钉。

（2）转动 BC 调节盘，使其红色刻线与蓝、红、黄刻度盘零线重合。调节对应气泡管的旋钮，使气泡处于中间位置。

（3）将前轮向外转 40°，然后调节 BC 盘使水泡管的气泡回到中间位置。此时，BC 盘红线在红刻度盘或黄刻度盘所示值即为主销内倾角。用同样的方法检测另一侧的主销内倾角。检测左前轮时在黄刻度盘上读数，检测右前轮时在红刻度盘上读数，简称左黄右红。

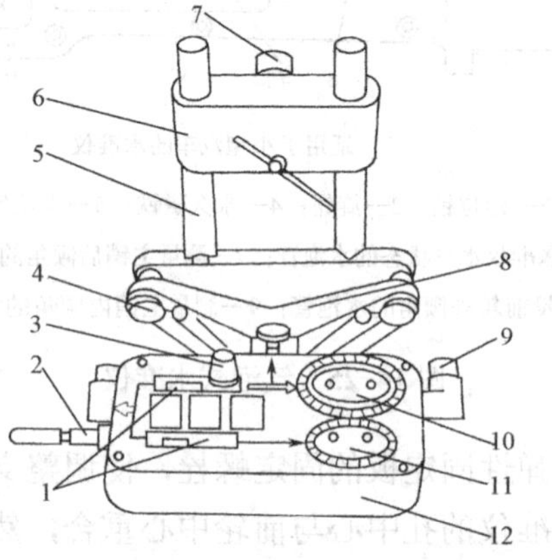

1—水泡管；2—定位销；3—旋钮；4—调节螺钉；5—导轨；
6—活动支架；7、9—固定脚；8—调整支座；
10—BC 调节盘；11—A 调节盘；12—水准仪

图 14-27　检测主销内倾角

6．前轮前束值的检测

汽车两前轮放于转盘上找正直线行驶位置后，检测过程中不得再转动转向盘。

（1）调节两套标杆长度，使同一标杆两标牌之间的距离略大于被测轮距，并能使聚光器光束指针大致投射到标牌的中间位置，如“20”左右。两套标杆一定要调整到等长，特别是标牌之间的距离一定要相等，否则将影响检测结果。

（2）将已调好的两套标杆放置在被测车桥的前后两侧，并平行于该桥。每一标杆距车轮中心的距离为车轮上规定前束测点处半径的 7 倍。车轮上规定前束测点依车型而定，有的测点在胎面中心处，有的测点在胎侧突出处，而有的测点在轮辋边缘处，检测前轮束前应注意查阅汽车使用说明书。

（3）先将车轮一侧聚光器的光束投向前标杆的标牌上，使光束指针指于某一整数上，如图 14-28 所示。再将该聚光器的光束向后投射到后标杆的标牌上，并平行移动后标杆使光束指针落在与前标牌同一数值上。然后，将另一侧聚光器分别向前标杆、后标杆投射光束，读出光束指针指示值，计算前束。若前标杆指示值为 23mm，后标杆指示值为 26mm，后值减前值，则前束值为 26-23=3mm。反之，若前标杆指示值为 26mm，后标杆指示值为 23mm，则前束值为 23-26=-3mm，说明被测车轮为负前束。

汽车后轮前束的检测方法同上。

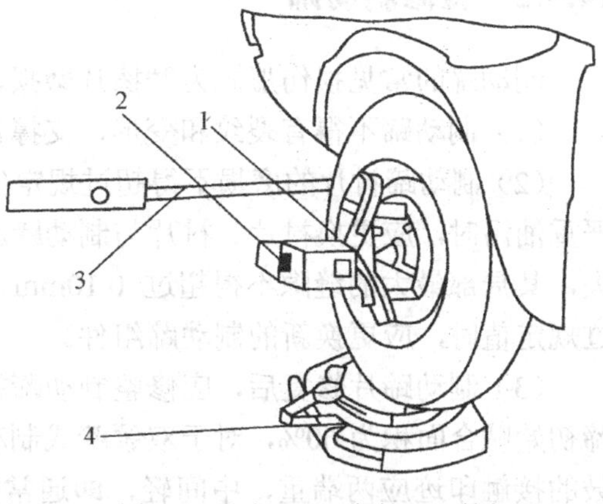

1—支架；2—聚光器；3—标杆；4—转盘

图 14-28　检测前轮前束

14.9 鼓式制动器与传动装置维修

14.9.1 检修制动鼓

制动鼓的常见损伤主要是工作表面的磨损、变形和裂纹。

（1）制动鼓不得有任何性质的裂纹，否则换新。

（2）用弓形规检测制动鼓的圆度、圆柱度误差。制动鼓内圆柱面的圆度误差不得大于 0.125mm，圆柱度误差不得大于 0.05mm，否则镗削修理。

（3）制动鼓内圆工作表面对旋转轴线的径向跳动误差不得大于 0.10mm。如超限，进行镗削修理。镗削后的制动鼓内径不得超过极限值，同轴两侧制动鼓的直径差应小于 1mm。部分车型数据参见表 14-3。超过规定应更换。

表 14-3　制动鼓内经的极限值

项目＼车型	CA1091	EQ1090E	北京切诺基	桑塔纳 2000GSi
标准直径	420	420	254	200
极限直径	425	424	255.5	201

制动鼓内圆表面的镗削，应在专用的制动鼓镗削机上进行。将制动鼓装在轮毂上，以轮毂内外轴承外座圈内锥面的公共轴线为基准配镗。因此，镗削前应检查两轴承内锥面的滚道有无斑点、剥落、松旷，轮毂承孔有无损伤等，若需更换轴承，应在轴承更换以后再进行镗削。

14.9.2 检修制动蹄

制动蹄的常见损伤形式为摩擦片磨损、龟裂、制动蹄支撑孔的磨损等。

（1）制动蹄不得有裂纹和变形，支撑销孔与支撑销的配合应符合原设计规定。

（2）制动蹄衬片的磨损不得超过规定值。当铆钉头的沉入量小于 0.5mm 时，衬片龟裂和严重油污时，应更换衬片。衬片与制动蹄应严密贴合。不得垫入石棉垫以免影响摩擦热的散失，其局部最大的缝隙不得超过 0.10mm。制动蹄衬片采用黏结方式的，当衬片的磨损量超过规定值时，应更换新的制动蹄组件。

（3）制动蹄片修复后，应修整制动蹄衬片与制动鼓的初始贴合面积。对于领从蹄式制动蹄初始贴合面积为 60%，对于双领蹄式制动蹄，初始贴合面积不小于 75%。且制动蹄与制动鼓的接触印迹应两端重，中间轻，即通常说的“吃两头，靠中间”。如不符合要求，应进行修整。最后，在制动蹄衬片的两端加工出较大的倒角，以免蹄片犯卡，影响制动蹄与制动鼓的贴合。

14.9.3 装配与调整车轮制动器

1．车轮制动器的装配

1）前轮制动器的装配

前轮制动器各零件检修完毕后，可按以下顺序进行装配（以气压制动系统为例）：

（1）将制动底板安装到转向节上。

（2）在制动蹄支撑销孔、制动凸轮轴支撑销孔内涂抹适量润滑脂。然后将凸轮轴和制动蹄支撑销安装到制动底板上，再将制动调整臂安装在凸轮轴上。安装好制动凸轮轴后，检查其轴向间隙，间隙值超过 0.70mm 时，改变垫片厚度进行调整。安装制动蹄支撑销时，应使两销端部标记相对。

（3）将制动蹄安装到支撑销上，装好支撑销垫板及开口销，用专用弹簧钩或弹簧钳挂好制动蹄复位弹簧。用砂纸对制动蹄摩擦表面进行清洁。

（4）在转向节轴颈均匀涂抹少许机油，依次装上油封内座圈、油封、轴承内圈，装上轮毂制动鼓总成并装入内外轴承外圈，轮毂内腔加注足量润滑脂，用砂纸对制动鼓摩擦表面进行清洁。然后安装内轴承油封、油封座圈及内轴承，将制动鼓及轮毂安装到转向节轴颈上，压装好轮毂外轴承。

（5）调整轮毂轴承预紧度。用专用螺母套筒，边转动轮毂边以规定的力矩拧紧调整螺母，使轴承滚子处于正确位置，然后将调整螺母退回 1/4 圈，用锁紧螺母锁住。此时，轮毂及制动鼓总成应能自由转动而无明显的轴向松动和摆动，最后装上锁止垫圈及锁片，并以规定的力矩拧紧锁止螺母。再次检查制动鼓应转动灵活且无轴向间隙感觉。调整符合要求后，用锁片将锁止螺母锁住。

（6）安装好前轮毂盖及制动气室，制动推杆连接叉与制动调整臂销孔不能对正时，可视情况转动推杆连接叉或调整调整臂进行调整，严禁用拉动连接叉的方法对正销孔。

2）后轮制动器的装配

后轮制动器的装配顺序及要求与前轮相同，其轮毂轴承预紧度的调整方法与前轮的调整一样，只是注意调整螺母和锁止螺母按后轮规定的拧紧力矩拧紧，最后装上半轴。

2. 车轮制动器的调整

车轮制动器装配完毕，并调好轮毂轴承预紧度后，应对制动器间隙进行全面调整（详见9.2.9 相关内容），其方法简述如下：

（1）拆下制动鼓上的检查孔片，松开制动蹄支撑销固定螺母和凸轮轴支架紧固螺母，使凸轮获得一定的自由度，以便其自动找正中心。

（2）反复拧动制动蹄支撑销和调整臂的蜗杆轴，使制动蹄摩擦片与制动鼓完全贴合。拧紧凸轮轴支架和制动蹄支撑销轴的紧固螺母。

（3）将调整蜗杆轴松回 3～4 响，使制动鼓能自由转动。用塞尺检查制动蹄与制动鼓之间的间隙：支撑销端为 0.25～0.45mm，凸轮端为 0.40～0.55mm，且同一端两蹄间隙之差不大于 0.10mm。如果不符合要求，通过调整蜗杆轴进行微调。检查制动气室推杆的行程应符合要求。

14.9.4 检修制动控制阀

1. 检修串联双腔制动控制阀

制动控制阀在使用中最为常见的损伤是密封不良、零件运动不灵活或调整不当等。汽车停驶后，如果发现储气筒气压下降过快，并且可以在制动控制阀下方排气口听到排气的声音，可拆检制动控制阀，检查的重点为上、下阀门与壳体接触的工作面。应清除橡胶件表面的积存物，用砂布轻轻磨去压伤痕迹。还应检查活塞上下运动是否灵活，有无发卡现象。若活塞松旷，应考虑更换橡胶密封件。若制动阀上部的挺杆运动不灵活，应注意检查橡胶防尘套的密封性。若零件老化和裂纹，使尘土、泥沙进入摩擦表面，将影响制动阀的正常工作。

装配制动控制阀时，密封件和运动表面应涂工业锂基润滑脂。制动阀中的平衡弹簧总成不得随意拆卸和调整，因为制动过程的随动作用完全取决于平衡弹簧的调整品质。如果预紧力过大，制动过于粗暴；如果预紧力过小，则气压增长缓慢制动不灵。只有出现上述不良现象时，才可按修理技术条件的要求进行平衡弹簧的调整。串联双腔制动阀只有一个调整部位，即通过调整拉臂上的调整螺钉来调整上阀门的排气间隙，上活塞总成下端距上阀门之间的间隙应为 1.2～1.4mm。此间隙反映到制动踏板，即为制动踏板的自由行程。CA1091 型汽车制动踏板行程为 10～15mm。

装配后，应对制动控制阀的性能进行试验。试验时，在制动阀上、下进气口与储气罐之间各串入一个 1L 的容器和气压表，并用一个阀门控制气路的通断。首先通入压力为 78kPa 的压缩空气，待压力表的读数稳定后，将阀门关闭。此时只有串入的小容器中压缩空气与进气腔相通，压力表用来显示进气腔压力的变化。经 5min 试验后，气压表读数的降低不得大于 24.5kPa。否则，应检修或更换进气阀。打开阀门，使储气筒与制动控制阀相通，拉动制动拉臂至极限位置不动，然后关闭阀门，以小容器内的压缩空气检查两出气腔的密封情况，在 5min 内，气压表读数降低不得大于 49kPa，否则应检查制动气室、心管和排气阀是否漏气。

2．检修并联双腔制动控制阀

汽车大修时，制动控制阀应解体清洗并更换橡胶膜片、各部橡胶密封圈和阀门，不需更换的零件应清除油污、锈蚀，修整轻微磨损伤痕。装配时，应在各运动表面涂二硫化钼锂基脂。在清洗中，应注意检查前后两腔的圆柱形阀门。阀门的圆柱形导向表面容易生锈，使运动受阻发卡，须认真清洁，消除锈迹，以确保阀门上下运动灵活。阀门上的轴向小孔使阀门上下连通，起平衡作用。如果有堵塞，阀门下方形成真空，解除制动后阀门不能复位，将导致储气筒压缩空气的泄漏。因此，组装前向阀门涂润滑脂时，不能将此小孔堵住。

在制动控制阀装配时，应进行以下调整：

（1）排气间隙。在组装前、后两腔柱塞座之前，用深度尺测量心管至阀座平面之间的距离，前、后两腔的距离应相等，均为$1.50_{0}^{+0.3}$ mm。若该间隙不符合要求，用拉臂上的调整螺钉进行调整。螺钉旋入心管下移，排气间隙变小；反之，排气间隙变大。调整后，锁止调整螺钉。此间隙反映到踏板上，即为制动踏板的自由行程，其标准值为10～15mm。

（2）最大制动气压。最大制动气压应为539～589kPa。测量时，储气筒的压力应在700～740kPa，此时制动拉臂应与壳上调整螺钉接触。如果气压较低时，将壳体上的调整螺钉旋出，反复试验无误后，将锁紧螺母锁紧。

（3）前、后腔的压力差。测量时，将压力表分别与前、后腔接通，踩下制动踏板至任一位置不动，旋转后腔调整弹簧下的弹簧座。旋入时，可使弹簧弹力增大，从而降低后腔的输出气压，应使后腔的输出气压比前腔低 9.8～39.3kPa。松开制动踏板，再踩到任一位置，如前后腔的压力差仍为上述数值，说明调整正确，最后将锁紧螺母锁紧。

14.10 盘式制动器与传动装置维修

14.10.1 检修盘式制动器

1．制动盘的检修

（1）制动盘不得有裂纹，否则应更换。

（2）制动盘工作表面轻微的锈斑、划痕和沟槽，可用砂纸打磨清除。

（3）制动盘的工作表面如有严重磨损或划痕时，可进行车削。但车削后的极限值，应不小于原厂的规定，如桑塔纳2000GSi标准厚度为20mm，磨损极限为17.8mm；一汽奥迪轿车标准厚度为22mm，磨损极限为20mm。车削后的制动盘端面，应在距制动盘外缘10mm处测量端面圆跳动，其误差一般为0.05～0.10mm。

2．制动块的检修

测量制动摩擦片的厚度。浮钳盘式制动器的制块总成的摩擦块与摩擦块背板均采用黏结方式连接，如果有损坏、磨损不均或摩擦块的厚度小于极限值时，应更换新的制动块总成。一些车辆上采用的报警装置，当摩擦块磨损至一定程度时，报警簧片与旋转的制动盘接触，会发出尖叫声。此时，应及时更换新的制动块总成。

浮钳式车轮制动器的间隙可自动调整，所以在维修中，没有制动间隙调整的作业。

14.10.2 拆装盘式制动器

1．拆卸盘式制动器

（1）拆下前轮。

（2）拆卸制动摩擦片的上、下定位弹簧。

（3）拧松并拆卸上、下固定螺栓。

（4）拆下制动钳体。将制动钳活塞压回制动钳壳体内。在压回活塞之前，应先从制动油液储液罐中抽出一部分制动液，以免在压回活塞时造成制动油液外溢，损坏表面油漆。制动油液有毒，而且有较强的腐蚀性，须用专门容器存放。制动钳拆下后用钢丝捆牢系在车身转向节上。

（5）从支架上拆下制动摩擦片。

2．装配盘式制动器

安装顺序与拆卸顺序相反，先换上新的摩擦片，然后装上制动钳体，用40N·m的力矩拧紧紧固螺栓。装上、下定位弹簧片。然后装上车轮。装好后，用力踩制动踏板到底，连踩数次，以便使摩擦片能正确就位。

14.10.3 检修制动主缸和轮缸

1．检验

（1）总成解体时，应注意制动主缸缸体外部有无渗漏处。如果有裂纹或气孔应更换。

（2）检查缸筒表面，允许内表面有轻微变色。若有划痕、阶梯形磨损或锈蚀应换新。制动主缸的圆柱度误差超过0.02mm，主缸与活塞的配合间隙大于0.15mm时，应更换加大尺寸的活塞或更换壳体。

（3）复位弹簧的弹力必须符合该车型的使用要求，否则应换新。

（4）大修时，必须更换活塞和所有橡胶密封件。

2．装配

（1）仔细清洗缸体，尤其是主缸的补偿孔和回油孔一定要保持畅通。

（2）装配时，在缸筒内表面及活塞总成涂一层干净的制动液。安装活塞时，不得用任何工具，以免划伤缸筒。

（3）装配后用推杆推动活塞多次，检查活塞能否灵活回位。

14.10.4 检修真空助力器

1．真空助力器的检验

真空助力器的检查方法有就车检验法和仪表检验法两种。就车检验法作为一种定性检查，操作简便。仪表检验则是一种定量检测，通过测试在不同真空度下，各种踏板力对应的制动压力，与原厂标准比较，以确定其性能。下面介绍就车检验法：

（1）发动机熄火后，踩几次制动踏板，消除助力器内原有的真空。踩下踏板（处于工作行程范围）并保持不启动发动机，制动踏板应能稍向下移动。

（2）发动机运转数分钟后熄火，用同样的力量踩下踏板数次，踏板的剩余高度应一次比一次升高。

（3）在发动机运转时，踩下制动踏板不动，将发动机熄火。在30s内踏板高度不允许下降。

2．真空助力器的检修

目前轿车采用的真空助力器有可拆卸式及不可拆卸式两种。国产上海桑塔纳轿车、一汽奥迪轿车及北京切诺基越野车的真空助力器均为不可拆卸式结构。

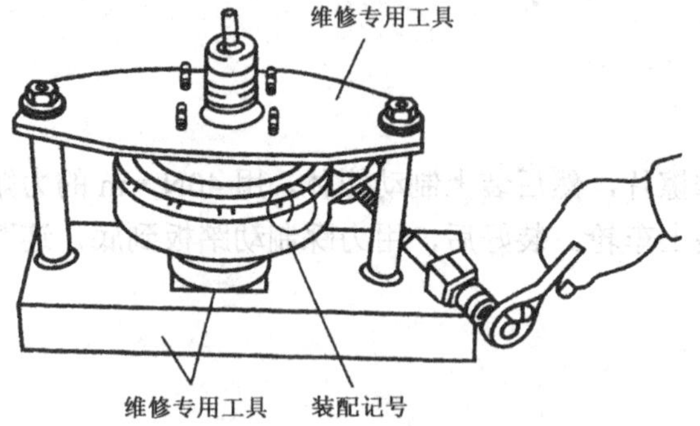

图14-29　真空助力器拆装

不可拆卸式的真空助力器应在专门台架上进行总成的性能试验，损坏则更换。对可拆卸式的真空助力器可用如图14-29所示的专用工具进行拆卸检修。

拆卸前，应在前后壳体上做好标记，以便装配。真空助力器的主要损伤是密封不良和膜片破裂。因此，解体后的修理主要是更换壳体上的密封件、膜片及检验单向阀。单向阀可用嘴从其两侧吹吸来检验，必要时换新。

装配时，在膜片与壳体之间、及所有运动零件表面涂以专用润滑脂（装于配件包装内），按装配标记装复。装配后，应按原车型技术条件的要求调整制动主缸活塞推杆的长度。

14.10.5　检修ABS主要部件

1．车轮转速传感器的检查

轮速传感器的常见故障是无信号电压、信号电压低及变化异常等。检查方法如下：

（1）直观检查：主要检查传感器安装固定有无松动；导线及插接器有无松脱、裸露；齿圈有无损伤及脏物；转动车轮检查齿圈的摆动量（轴向摆动误差应不大于0.30mm）等。

（2）传感器间隙检查：用非磁性塞尺测量传感头与齿圈之间的间隙应符合车辆之规定值。如桑塔纳2000GSi前轮为1.1～1.97mm，后轮为0.42～0.8mm。

（3）传感器电阻检查：对于电磁感应式传感器可利用万用表的电阻挡测量线圈阻值，一般为1kΩ左右。如桑塔纳2000GSi为1.0～1.3kΩ。

（4）测传感器的输出电压：当车轮转动时，传感器应有电压输出，且与车轮的转速成正比。如桑塔纳2000GSi以30r/min转动车轮时，用万用表测量输出电压为70～310mV。

（5）测量传感器的输出波形：正常的信号电压波形应是均匀的正弦电压波形，峰值应符合要求。如桑塔纳2000GSi前轮，转动车轮时，峰值为3.4～14.8mV/Hz。

2. ABS控制器的检查

（1）检查ABS控制器线束插头应无松动，接触良好；引脚应无腐蚀，否则应清除干净。

（2）检查ABS控制器的输入电源及搭铁情况。

（3）直接用替换法进行试验。

需要指出的是，ABS控制器并不容易损坏，不要轻易更换，应仔细做好上述（1）、（2）步检查。

3. 制动压力调节器的检查

制动压力调节器常见的故障是电磁阀、油泵不工作、电磁阀泄漏等。

（1）检查电磁阀线圈的电阻，应符合要求。

（2）对电磁阀、油泵进行通电试验应能听到动作声。

（3）可用专门的ABS测试设备进行测试。

（4）通过汽车诊断计算机（解码器）的“执行元件测试”功能进行测试。

桑塔纳2000GSi型小轿车ABS电磁阀、油泵的测试操作步骤及项目见表14-4。

表14-4 桑塔纳2000GSi ABS电磁阀、油泵测试操作步骤及项目（一个车轮）

步骤	操作	屏幕显示	电磁阀、油泵动作正常时的结果	磁阀密封性测试结果
1	连接诊断线	输入地址码：××		
2	输入“03”确认	输入功能码：××		
3	输入“03”确认	液压泵V64测试	听到油泵工作噪声	
4	按“→”键	踩下制动踏板		
5	踩住制动踏板不放	进油阀0V出油阀0V车轮抱死	车轮无法自由转动	踏板不下沉出油阀良好
6		进油阀通电出油阀0V车轮抱死	车轮无法自由转动	
7		进油阀通电出油阀通电车轮可自由转动	车轮可自由转动，踏板回弹，可听见油泵工作噪声	踏板不下沉，进油阀良好
8		进油阀通电出油阀0V车轮可自由转动	车轮可自由转动	
9		进油阀0V出油阀0V车轮抱死	车轮无法自由转动，踏板自动微微下沉	
10	松开制动踏板			

注：本表中所使用仪器为V.A.G1552；进入诊断功能后仪器将按“左前轮—右前轮—左后轮—右后轮”的顺序进行，表中所示为左前轮。

4. 继电器的检查

ABS装用的继电器主要有控制ABS工作电源的主继电器、电磁阀继电器、油泵继电器等。继电器的常见故障是触点接触不良、线圈断路或短路等，检查方法如下：

（1）用万用表测量线圈电阻，阻值应正常。

（2）通电检查，用万用表测量两触点间电阻值，不通电时为无穷大，通电时应为 0Ω。

（3）继电器触点接触情况也可以通过测量触点的电压降进行判断，如果工作时电压降超过 0.5V，则说明接触不良。

14.11 驻车制动器维修

14.11.1 检修驻车制动装置

（1）手制动器杆的支撑销孔、扇形齿磨损严重时可堆焊修复。锁扣弹簧过软或折断应予以更换。

（2）检查制动盘或制动鼓，磨损起槽超过 0.50mm，应光磨。

（3）检查制动蹄与摩擦片结合面以及制动蹄衬片，应符合要求。如东风 EQ1090E 型汽车制动蹄摩擦片铆钉头沉入量小于 0.5mm 时，应更换衬片，其修理和铆合工艺与行车制动器摩擦片相同。

（4）检查制动蹄销与制动蹄销孔或蹄臂销孔的配合间隙，应不大于 0.20mm。

（5）检查制动蹄臂销衬套与销的配合间隙，应不大于 0.20mm。

（6）制动蹄支撑销应锁紧，不得松动。摩擦片表面和制动鼓内表面不得有油污。否则，要用汽油清洁干净，并用砂纸磨去浸入摩擦片的油痕。

14.11.2 拆装驻车制动器

以东风 EQ1092 型汽车驻车制动器为例，其分解如图 14-30 所示，可按以下步骤进行。

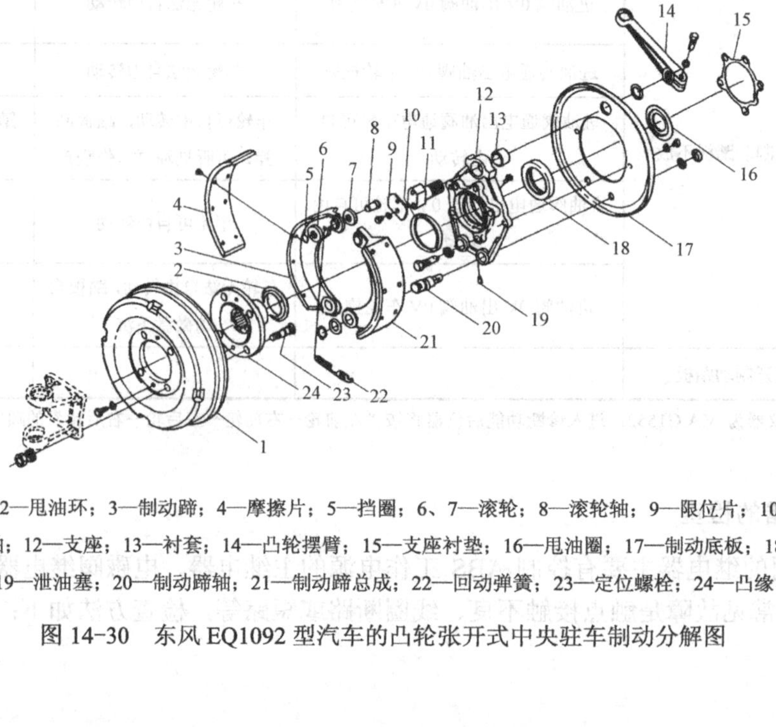

1—制动鼓；2—甩油环；3—制动蹄；4—摩擦片；5—挡圈；6、7—滚轮；8—滚轮轴；9—限位片；10—挡油盘；11—凸轮轴；12—支座；13—衬套；14—凸轮摆臂；15—支座衬垫；16—甩油圈；17—制动底板；18—油封；19—泄油塞；20—制动蹄轴；21—制动蹄总成；22—回动弹簧；23—定位螺栓；24—凸缘

图 14-30 东风 EQ1092 型汽车的凸轮张开式中央驻车制动分解图

1. 拆卸

（1）拧下传动轴总成与制动鼓的连接螺母，拨出传动轴总成、拧下制动鼓上的两个定位螺钉、取下制动鼓。

（2）拧下固定在变速器输出轴上的凸缘的锁紧螺母，取下止推垫，凸缘可从变速器第二轴的键端拔出，同时带出甩油环。

（3）拆掉凸轮轴的限位片，拆掉蹄片回位弹簧；制动底版的背面拧下制动蹄轴的紧锁螺母，将制动蹄与轴从支座上取下。

（4）拆掉蹄轴前端的挡圈，从蹄片上取下蹄轴，从蹄的另一端滚轮外侧面拆掉挡圈，滚轮、滚轮轴均可以从蹄上取下。

（5）拧下变速器第二轴轴承座上固定底板支座总成的五个螺栓，支座总成连同制动底板可同时拆下。

（6）拧下摆臂上的固定螺钉，拆掉摆臂；从底板的背面拆掉凸轮轴上的弹性挡圈，拔出凸轮轴。

（7）从底板的背面拧下两个紧固底板支座的螺栓；支座和底板可以分离。

2. 装配

装配时按拆卸的逆顺序进行，装配中应进行驻车制动器的调整和制动效能的检查。

14.11.3 调整驻车制动器

1. 调整盘式中央驻车制动器

以CA1092型汽车为例，介绍调整盘式中央驻车制动器。

（1）拧紧调整螺钉和调整螺母，使制动蹄与制动盘接触。

（2）脱开传动杆与拉杆臂，用蹄臂拉杆调整螺母调整间隙值，旋松前后调整螺钉使蹄两端与制动盘间隙均为0.40mm，然后锁紧调整螺钉。

（3）将手制动杆推至完全放松制动的位置，调整传动杆的长度，使其销孔与拉杆臂的销孔重合，穿上销子。

2. 调整鼓式中央驻车制动器

以EQ1092汽车驻车制动器为例介绍调整鼓式中央驻车制动器方法。

（1）调整应在摇臂与拉杆连接之前进行。

（2）松开蹄片支撑销锁紧螺母，用29.4N的力矩在摆臂末端转动摆臂，在此状态下，摩擦片中部应与制动鼓接触。否则，转动支撑销达到上述标准，然后拧紧支撑销锁紧螺母。

（3）将摆臂与拉杆连接。

（4）将驻车制动器手柄推至最前端，然后向后拉，棘爪只能有两个齿的自由行程，拉到第三齿时，应有制动感觉，拉到第五齿时，汽车应能完全被制动住。如果自由行程过小可拧紧拉杆上的球形调整螺母。

（5）如果自由行程仍大，可以改变摇臂与凸轮轴的相对位置。调整时，将驻车制动手柄放松至最前位置，松开锁紧螺母，取下摇臂，逆时针方向转动几个花键齿再重新装上，重复上述试验和调整，直至达到要求为止。最后用锁紧螺母锁紧调整螺母的位置。

（6）驻车制动手柄放松后，用塞尺在测量摩擦片和制动鼓之间必须留有 0.1～0.4mm 间隙。此时，用 29.4N 的力拉紧驻车制动手柄，棘爪在齿板上只能滑过 5 个齿。

3．调整车轮驻车制动器

以桑塔纳轿车为例，介绍鼓式车轮驻车制动器的调整步骤。

（1）松开驻车制动手柄，用力踩一下制动踏板，使后轮制动器具有正常的蹄鼓间隙。

（2）将驻车制动手柄拉紧两齿。

（3）旋转调整螺母和限位垫圈，直至用手不能转动后轮为止。

（4）松开驻车制动操纵手柄，支起后桥车轮应能自由转动。

4．调整之后检查制动效能

（1）手制动调整后，在行驶过程中不允许摩擦片与制动盘（鼓）有摩擦或咬住的现象。

（2）空车停在 20%坡道上，拉起手制动操纵杆达全行程的 2/3 时，可使车辆停住不动。拉动 3～5 齿时便起制动作用。

（3）使车辆停在平坦、干燥路面上，发动机保持中速运转时拉紧手制动器，换入二挡，缓慢起步，发动机应被迫熄火（此方法只宜在试验离合片的接合与分离作用时一并使用）。

第 15 章　诊断排除底盘故障

学习目标

- 能思路清晰地诊断汽车离合器异响、手动变速器异响、传动轴异响及抖振、驱动桥异响的故障
- 能思路清晰地诊断汽车转向沉重、转向盘自由行程过大的故障
- 能思路清晰地诊断汽车制动跑偏、制动失效的故障
- 能思路清晰地诊断汽车行驶系统减振器失效、车轮摆振、轮胎异常磨损的故障

15.1　诊断排除离合器异响故障

诊断前，调整离合器，使之分离彻底。

（1）轻轻踩下离合器踏板，使分离轴承与分离杠杆刚接触时察听，听到有“沙沙”的响声，为分离轴承响。故障由分离轴承缺油（润滑不良）引起；无“沙沙”的响声，则拆下离合器下盖，将离合器踏板踩到底继续察听。

（2）离合器踩到底，发出“哗哗”的金属滑磨声，甚至看到离合器下部有火星冒出，则故障由分离轴承损坏引起；发出连续的“喀啦、喀啦”声，分离不彻底时尤为严重，放松踏板后响声消失，则故障由传动销与压盘孔配合松旷或离合器盖驱动窗孔与压盘凸块松旷引起。双片离合器特别容易产生此故障。否则，继续检查。

（3）在离合器处于刚接合或刚分离时察听，发出“喀哒”的碰声，则故障由摩擦片松动引起；接合时发出金属刮研声，甚至可以看出火花冒出，则故障由从动片铆钉露头引起；发出连续噪声或间断的碰击声，则故障由分离轴承与分离杠杆内端间隙太小或无间隙引起。否则继续检查。

（4）在汽车起步或行车中加、减速时，发出“抗”或“喀”的响声，则故障原因为减振弹簧疲劳或断裂；从动片花键孔与轴配合松旷。

15.2 诊断排除手动变速器异响故障

在判断发响故障时，要根据响声的不均匀程度、出现的时机和发响的部位来判断响声的原因，然后予以排除。

（1）变速器发出金属干摩擦声，即为缺油和油的品质变差。应加油和检查油的品质，必要时更换。

（2）行驶时换入某挡，若响声明显，即为该挡齿轮牙齿磨损；若发生周期性的响声，则为个别牙齿损坏。

（3）空挡时响，而踏下离合器踏板后响声消失，一般为第一轴前、后轴承或常啮合齿轮响；如果换入任何挡位都响，多为第二轴后轴承响。

（4）变速器工作时发生突然撞击声，多为牙齿断裂，应及时拆下变速器盖检查，以防机件损坏。

（5）行驶时，变速器只有在换入某挡时齿轮发响，在上述完好的前提下，应检查啮合齿轮是否搭配不当，必要时应重新搭配一对新齿轮。此外，是同步器齿轮磨损或损坏，应视情况修复或更换。

（6）换挡时齿轮相撞击而发响，则是离合器不能分离或离合器踏板行程不正确，同步器损坏，怠速过大，变速杆调整不当或导向衬套紧等。遇到这种情况，先检查离合器能否分离开，再分别调整怠速或变速杆位置，检查导向衬套与分离轴承配合的松紧度。

如果经上述检查排除后，变速器仍发响，应检查各轴轴承与轴孔配合情况，轴承本身的技术状态等，如果完好，再查看里程表软轴及齿轮是否发响，必要时予以修理或更换。

诊断流程如图 15-1 所示。

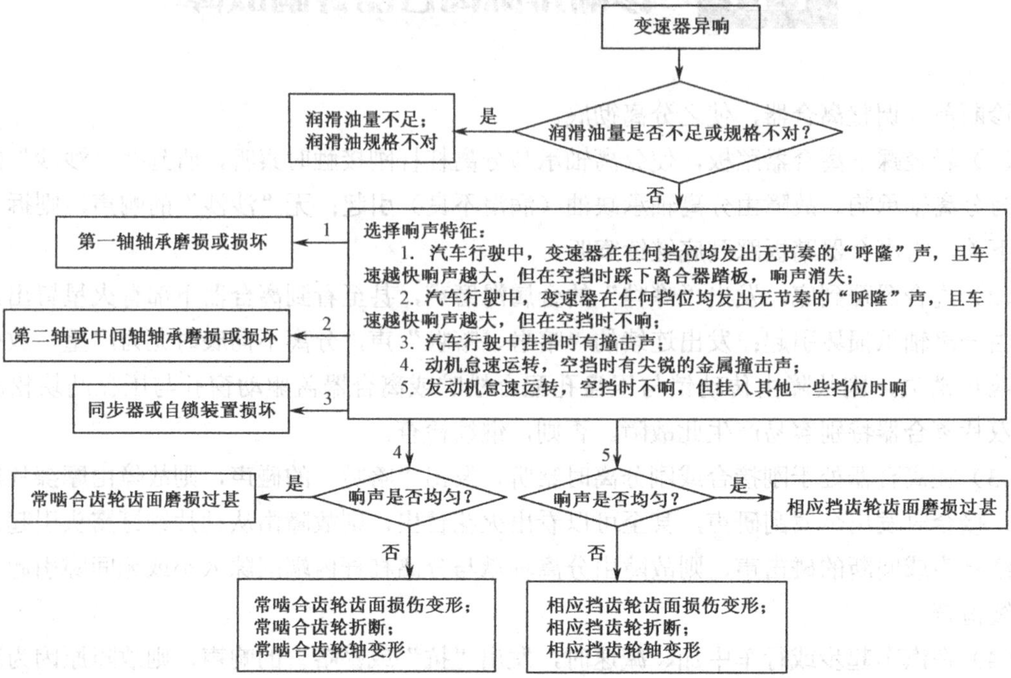

图 15-1　变速器异响故障诊断流程

15.3　诊断排除传动轴高速振动故障

（1）检查传动轴管是否凹陷，有凹陷，则故障由此引起；无凹陷，则继续检查。

（2）检查传动轴管上的平衡片是否脱落，如果脱落，则故障由此引起；否则继续检查。

（3）检查伸缩叉安装是否正确，不正确，则故障由此引起；否则继续检查。

（4）拆下传动轴进行动平衡试验，动不平衡，则应校准以消除故障。弯曲应校直。

（5）检查中间支承吊架固定螺栓和万向节凸缘盘连接螺栓是否松动，若有松动，则异响由此引起，应紧固。

15.4　诊断排除传动轴异响故障

1．传动轴动不平衡导致的异响

（1）检查传动轴管是否凹陷，有凹陷，则故障由此引起；无凹陷，则继续检查。

（2）检查传动轴管上的平衡片是否脱落，如脱落，则故障由此引起；否则继续检查。

（3）检查伸缩叉安装是否正确，不正确，则故障由此引起；否则继续检查。

（4）拆下传动轴进行动平衡试验，通过配平衡片实现动平衡。如有弯曲应校直。

（5）检查中间支承吊架固定螺栓和万向节凸缘盘连接螺栓是否松动，若有松动，则异响由此引起，应按规定力矩进行紧固。

2．万向节、伸缩叉松旷导致的异响

（1）用榔头轻轻敲击各万向节凸缘盘连接处，检查其松紧度。太松旷则故障由连接螺栓松动引起，按规定力矩进行紧固。否则继续检查。

（2）用双手分别握住万向节、伸缩叉的主、从动部分转动，检查游动角度。万向节游动角度太大，则异响由此引起；伸缩叉游动角度太大，则异响由此引起。

3．中间支承松旷引起的异响

（1）给中间支承轴承加注润滑脂，响声消失，则故障由缺油引起。否则继续检查。

（2）松开夹紧橡胶圆环的所有螺钉，待传动轴转动数圈后再拧紧，若响声消失，则故障由中间支承安装方法不当引起。否则故障可能是橡胶圆环损坏；或滚动轴承技术状况不佳；或车架变形等引起。

15.5　诊断排除驱动桥异响故障

（1）汽车挂挡行驶、脱挡滑行均有异响。

① 查油量不足或油质、齿轮油型号不符合要求时，按规定高度加注齿轮油或更换齿轮油。

② 若不是上述故障，打开驱动桥后盖，察看主、从动齿轮技术状况，是否有轮齿变形、

齿面磨损、齿面点蚀、轮齿折断或轴承损坏，对此应酌情进行修理、调整或更换。

③ 如果齿轮技术状况良好，则检查主减速器主从动锥齿轮轴轴承预紧度、啮合间隙和啮合印痕，如果不符合要求须进行调整。

（2）挂挡行驶有异响，脱挡滑行声响减弱或消失。故障一般由主减速器锥齿轮齿面的正面磨损严重、齿面损伤或啮合面调整不当等引起，而齿的反面技术状况良好，应酌情修复，调整或更换。

（3）转弯行驶有异响，直线行驶时声响减弱或消失。故障一般由半轴齿轮或行星齿轮的齿面严重磨损、齿面点蚀、轮齿变形或折断、行星齿轮轴磨损、半轴弯曲等引起，对损伤严重的齿轮、行星齿轮轴应予以更换，对弯曲的半轴进行校正或更换。

（4）汽车起步或突然变换车速时发出“吭”的一声，或汽车缓速时发生“咯啦、咯啦”的撞击声，则故障由驱动桥内轴承松旷使游动角度太大引起，应予以调整。

（5）若异响时有时无，或有时呈周期性变化，则故障一般由齿轮油中有杂物引起，应更换或滤清齿轮油。

（6）驱动桥齿轮啮合间隙过小，会导致汽车上坡时驱动桥响；后桥某部位啮合间隙过大，会导致汽车下坡时驱动桥响；齿轮轴承松旷或啮合印痕不当，会导致上、下坡时都响。

15.6 诊断排除转向沉重故障

（1）检查轮胎气压、轮毂轴承松紧程度，前轮定位等。

（2）顶起前桥，使前轮悬空，转动转向盘。若感到明显轻便省力，则故障在前轮、前桥或车架。若转向仍然沉重费力，应将摇臂拆下，继续转动转向盘，若明显轻便省力，则故障在转向传动机构；若仍沉重费力，则故障在转向器。

（3）对转向器进行检查。先检查外部转向轴，有无变形凹陷等。再检查啮合间隙是否过小，轴承间隙是否过小，是否缺油，有无异响等。

（4）对转向传动机构进行检查。检查各部连接处是否过紧而运动发卡，检查各拉杆及转向节有无变形，检查转向节主销轴向间隙是否过小。

（5）必要时，还应对前轮及车架是否变形进行检查。

15.7 诊断排除转向盘自由行程过大故障

（1）应先检查转向盘与转向轴是否松旷。

（2）检查转向器内主、从动部分的轴承或衬套是否松旷。

（3）检查转向器内主、从动部分的啮合是否松旷。

（4）若故障不在以上部位，则应检查摇臂与摇臂轴，纵、横拉杆球头连接及转向节与主销是否松旷。

（5）经上述检查情况良好，则应架起前轴承并用手推动车轮，检查转向节主销与衬套，前轮毂轴承是否松旷，必要时进行调整或修理。

15.8 诊断排除制动跑偏故障

（1）汽车行驶中使用制动，汽车向左偏斜，即为右轮制动性能差；反之则为左轮制动性能差。

（2）制动停车后，察看轮胎在路面上的拖印情况，拖印短或没有拖印的车轮即为制动有故障的车轮。

（3）查出有故障的车轮后，先检查该车轮制动管路是否漏油，轮胎气压是否充足，如果正常，检查制动间隙是否合乎规定，不符时予以调整；与此同时，结合排除轮缸里的空气。若仍无效，应拆下制动鼓，按原因逐一检查制动器各部件，特别是制动鼓的尺寸和精度等。

（4）经上述检修后，若各车轮拖印基本符合要求，但制动仍跑偏，则故障不在制动系统，应检查车架或前轴的技术状况；如果出现忽左忽右的跑偏现象，则应检查是否有前束或直、横拉杆球头销是否松旷。

15.9 诊断排除液压制动系统制动失效故障

（1）连续踩下制动踏板不升高，同时感到无阻力，应先检查主缸是否缺油，再检查油管和接头有无破损之处，如果有应修理或更换。

（2）若无漏油之处，应检查各机械连接部位有无脱开，如果有应修复。

（3）若主缸推杆防尘套处严重漏油，大多是主缸皮碗严重损坏或踏翻所致；若车轮制动鼓边缘有大量油液，则是轮缸皮碗损坏或顶翻所致。

诊断流程如图 15-2 所示。

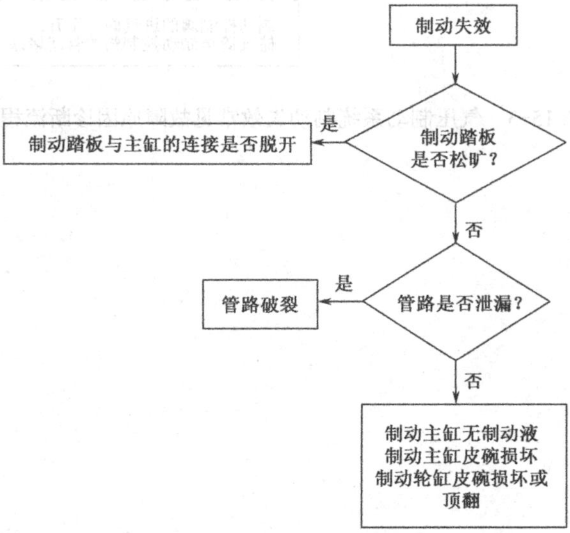

图 15-2 液压制动系统制动失效故障诊断流程

15.10 诊断排除气压制动系统制动失效故障

（1）检查气压表有无读数，若无，启动发动机运转几分钟，气压表应逐渐有指示；若仍无，拆下空气压缩机出气管，启动发动机。若听到泵气声，说明空气压缩机到储气筒的管路漏气；若无泵气声，则为空气压缩机故障。

（2）检查制动踏板与制动控制阀拉臂之间的连接是否脱开。

（3）踩下制动踏板，若有严重的漏气声，说明系统严重漏气。

（4）放松制动踏板，若有排气声，说明制动控制阀到车轮的管路堵塞；若无排气声，说明进气阀打不开或储气筒到进气阀的管路堵塞。

诊断流程如图 15-3 所示。

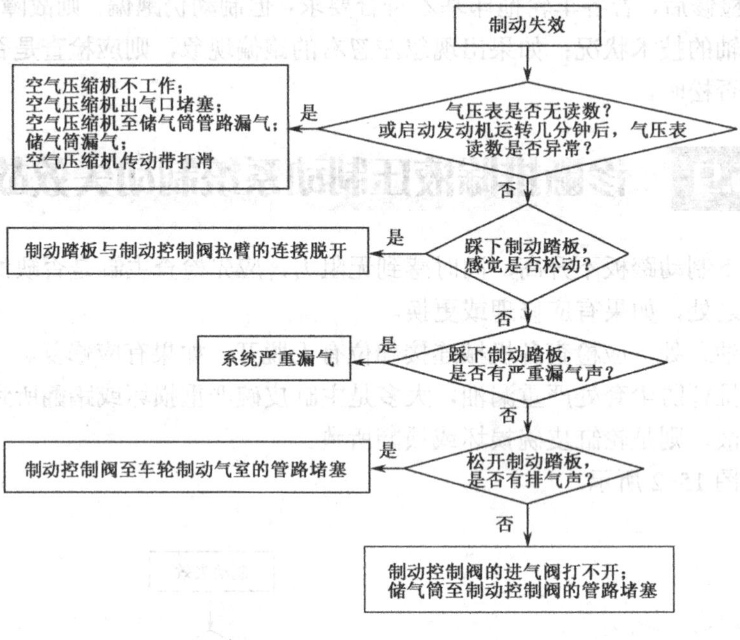

图 15-3 气压制动系统制动失效常见故障原因诊断流程

第 16 章 汽车电气设备维护

学习目标

- 能够对汽车空调系统进行工作状况检查
- 能够利用解码器读取故障码和数据流
- 能正确地对启动机进行维护和充放电作业
- 能对点火模块和点火系统传感器进行检测和更换

16.1 汽车电气设备二级维护前的检测

16.1.1 空调系统工作状况检查

1. 检查程序

（1）检查调整空调皮带。检查皮带松紧度是否适宜、表面是否完好（与发动机皮带检查调整相同）。如果发现异常时，应进行修理。

（2）清理空调装置上的杂物。检查蒸发器通道及冷凝器表面，以及冷凝器与发动机水箱之间（停机检查）是否有杂物、污泥，要注意清理，仔细清洗。冷凝器可用毛刷轻轻刷洗，注意不能用蒸气冲洗。

（3）检查空调管道和各接头处是否有脏污泄露，若有则进行更换或修理。（若为孔管式空调，由此步可省）。

（4）检查储液干燥器观察孔处制冷剂流动情况，若有较多气泡，则说明制冷剂不足。

（5）从空调各部分的温度判断空调状。用手触摸空调系统及各部件，检查表面温度。正常情况下，低压管路呈低温状态，高压管路呈高温状态。

①高压管路：压缩机出口→冷凝器→储液罐→膨胀阀进口处。这些部件应该先暖后热，手摸时应特别小心，避免被烫伤。如果在其中某一点发现有特别热的部位，则说明此处有问题，散热不好。如果某一点特别凉或结霜，也说明此处有问题，可能有堵塞。干燥储液器进出口之间若有明显温差，说明此处有堵塞。

②低压管路：膨胀阀出口→蒸发器→压缩机进口，这些表面应该由凉到冷，但膨胀阀处不应发生霜冻现象。

③压缩机高低侧之间应该有明显的温差，若没有明显温差，则说明空调系统内没有制冷剂，系统有明显的泄漏。

2．检查注意事项

（1）检查时将汽车停放在通风良好的场地上。
（2）保持发动机中等转速。
（3）开启空调，将空调机风速开到最大挡，使车内空气内循环。

16.1.2 利用解码器读取汽车故障码

1．操作程序

（1）找出汽车上诊断座的位置。
（2）选择与汽车相适应的诊断接头和诊断卡。
（3）关闭点开关，接上解码器电源，将解码器与汽车诊断座相连。
（4）打开点火开关，按解码器的提示进入故障码读到程序。
（5）读取故障码。
（6）记录故障码，查找故障码的含义。
（7）故障码清除。进入故障码清除程序清除故障码。
（8）按上述步骤重新读取一次故障码。

2．注意事项

（1）连接和断开解码器时应先关闭点火开关。
（2）应选择与车型相一致的诊断卡和连接插头。

16.2 汽车电气设备二级维护作业内容

16.2.1 蓄电池充电

1．充电操作步骤

（1）检查和补充电解液。电解液液面高度应符合规定，不足时应补充蒸馏水。若为新蓄电池，则加入随蓄电池配送的电解液。注：免维护蓄电池此项可省。

（2）连接充电电路。关闭充电机电源，将充电机充电导线与蓄电池正负极相连。此时充电机电压表上读数为蓄电池电压。若显示电压为负，则说明充电导线连接极性相反，应及时重接。

（3）将充电电流调至最小，打开充电机开关，调节充电电流到合适大小。

（4）当蓄电池中有大量气泡产生时，应将充电电流减小一半，再继续充电。

2．充电注意事项

（1）充电工作间通风良好，不得在密闭小房子内进行充电操作，以防引发安全事故。

（2）充电时充电机与蓄电池之间的连接导线极性不能接错，连接必须紧固。

（3）就车充电时，应关闭点火开关和车上用电设备。

（4）充电电流不宜选择过大，充电时间应符合规定。采用快速充电机充电时，一般不超过 3～5 个小时。

（5）充电时应将蓄电池上加液孔盖打开，以免充电时蓄电池内气压过高引发事故。

16.2.2　更换点火控制模块

1．更换前检测

更换前，应先检查确认点火控制模块是否损坏。由于不同的点火系统，所用的点火控制模块也不一样。常用的主要有磁感应式和霍尔式两种。下面以霍尔式为例来说明点火控制模块的检测方法。

1）点火控制模块的检测

（1）确认点火器电源电路是否正常。关断点火开关，拔下点火器的插接件，将万用表两触针接在线束插头的 4 和 2 接柱上，接通点火开关，电压表测得电压值应约为蓄电池电压。否则，应找出电源断路故障并予以拆除。

（2）确认点火器工作性能是否正常。关断点火开关，连接好点火器插接件，拔下分电器霍尔信号发生插接件，将电压表两触针接在点火线圈的 15（+）和 1（-）接柱上。当接通点火开关时，电压表的电压值应为 2～6V，并在 1～2s 后必须降为零值，否则应更换点火器。

（3）确认点火器向霍尔信号发生器输出电压值是否正常。关断点火开关，将电压表的两触针接在霍尔信号发生器线束插头（+）和（-）接柱上，接通点火开关时，电压表测得的电压值应为 5～11V，如果低于 5V 或为 0V，再用同样方法对点火器插接件中的接柱 5 和 3 进行测试，若电压值为 5V 以上，则说明点火器与信号发生器之间的线束有断路故障，应予以排除；若电压值仍为 5V 以下，则应更换点火器。

2）采用跳火法和替代法确定点火控制模块的工作情况

（1）采用跳火法时，断开点火开关，拔下分电器盖上的中央高压线端部并使其端部距离机体 5～10mm，再拔下分电器上信号发生器的插接器，用跨接导线一端接在信号线插头上，然后接通点火开关，将跨接线的另一端反复搭铁，同时观察中央高压线端是否跳火，如图 16-1 所示。如跳火，说明点火控制器完好，否则，说明点火控制器有故障，应予以更换。

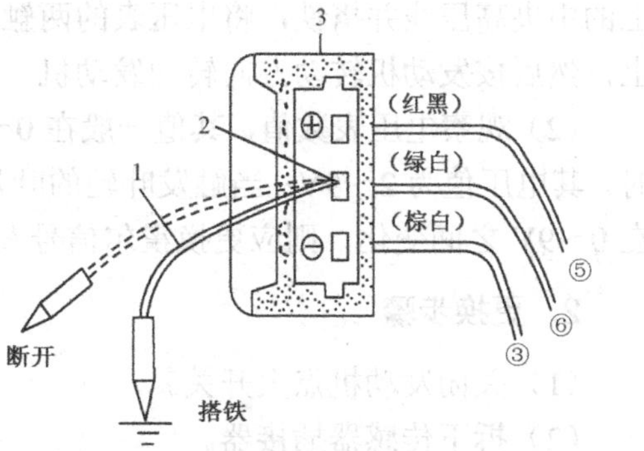

1—跨接线；2—信号线插头；3—点火信号发生器

图 16-1　用跨接线代替霍尔信号发生器的点火试验

（2）采用替代法时，用同规格的点火控制器替换怀疑有故障的点火控制器，如故障排除，则证明点火控制器损坏。该方法是判断点火控制器最简单、最有效的方法，但必须备有相同规格的新点火控制器。

2．点火控制模块的更换

当通过上述检测发现点火控制模块损坏时，应及时更换。更换时，应按以下步骤：

（1）先关闭点火开关和车上所有用电设备，拔下点火模块插接线卡。

（2）松开点火模块固定螺栓，拆下损坏模块。

（3）换上新件，坚固好螺栓，插好插接器。

（4）打开点火开关，启动发动机进行检验点火模块工作情况。

16.2.3 更换点火系统传感器

1．更换前检测

1）磁感应式传感器的检测与更换

（1）测量传感线圈的电阻值。将传感器插接器拔开，用万用表电阻挡测量与分电器相连接的两根导线之间的电阻值。测量时还可用螺丝刀把轻轻敲击传感线圈，以检查其内部有无松旷和接触不良的故障。若测量结果与标准值相差较大，说明传感线圈已经损坏。如电阻值为无穷大，说明传感线圈有断路，一般断路点大都在导线接头处，如焊点松脱等，可将传感线圈拆下进一步检查，如果发现焊点松脱，用电烙铁焊上即可。

（2）信号转子凸齿与线圈铁芯之间的间隙检查、调整。可用厚薄规进行测量。该间隙的标准值一般为0.2～0.4mm。如果不符合，可松开紧固螺钉做适当的调整，直至间隙符合规定，再将螺钉拧紧即可。

（3）信号发生器的输出电压检查。用万用表交流电压挡测量，转动分电器轴，信号发生器应有交流电压输出，其输出电压的大小与分电器转速成正比，否则为信号发生器有故障，可按上述两点进行检修。若检测发现传感器损坏，应更换其总成。

2）霍尔式传感器的检测与更换

（1）测量信号发生器的输出电压。为了排除干扰因素，一般该项检查应在点火线圈、点火器及连接导线检查正常的基础上进行测量。关断点火开关，打开分电器盖，拔出分电器盖上的中央高压线并搭铁，将电压表的两触针接在插接件信号输出线（0）和接地线（-）接柱上，然后按发动机转动方向转动发动机。

（2）观察电压表数值，其值一般在0～9V之间变化。当分电器触发叶轮的叶片在空气隙时，其电压值为2～9V；当触发叶轮的叶片不在空气隙时，其电压值约0.3～0.4V，若电压不在0～9V之间变化，则应更换霍尔信号发生器。若检测发现传感器损坏，应更换其总成。

2．更换步骤

（1）关闭发动机点火开关。

（2）拆下传感器插接器。

（3）拆下传感器并换上新件。

（4）启动发动机进行检验。

第 17 章 汽车电气设备检修

学习目标

- 能够检修清洁启动机和发电机
- 能够对空调系统进行检漏和制冷剂充注
- 能够检修和更换仪表

17.1 启动机检修

17.1.1 分解启动机总成

（1）旋松防尘箍紧固螺钉，取下防尘箍，用专用弹簧钩钩起电刷弹簧，将电刷从电刷架中取出。

（2）拆下连接驱动端盖与后端盖上两个长螺栓，将后端盖与定子总成、驱动端盖分离。

（3）拆下驱动端盖上固定拨叉的螺钉，取出转子和拨叉，拆下电枢轴驱动端的挡圈，将单向传力机构取下。

（4）拆下电磁开关固定螺钉，取下电磁开关。

（5）刷除电枢线圈、磁场线圈和电磁开关上的尘土，用洗油清洗其余零件并吹干。

17.1.2 启动机主要组件检修

1．励磁绕组检修

常见故障有接头脱焊、绕组短路、断路或搭铁等。接头松脱故障，解体后可直接看到，绕组搭铁故障诊断可用万用表的欧姆挡测量。绕组连接脱焊，应重新施焊；绕组绝缘不良，应更换绕组总成或更换启动机总成。

2．电枢检修

（1）电枢绕组的检修。电枢绕组常见的故障是匝间短路、断路或搭铁、绕组接头与换向器铜片脱焊等。检查绕组是否搭铁，可用万用表欧姆挡检测。检查电枢绕组匝间短路可用感应仪。若电枢中有短路，则在电枢绕组中将产生感应电流，钢片在交变磁场的作用下，在槽上振动，由此可判断电枢绕组中的短路故障。电枢绕组若有短路、搭铁故障，应更换电枢或启动机总成。

（2）换向器的检修。换向器故障多为表面烧蚀、云母片突出等。轻微烧蚀用“00”号砂纸打磨即可。严重时应更换电枢或启动机总成。

（3）电枢轴的检修。电枢轴的常见故障是弯曲变形。电枢轴径向跳动应不大于 0.15mm，否则应更换。

3. 电刷与电刷架检修

检查电刷的高度，一般不应低于标准的 2/3，电刷的接触面积不应少于 75%，并且要求电刷在电刷架内无卡滞现象，否则需进行修磨或更换。用万用表的欧姆挡或试灯法可检查绝缘电刷架的绝缘性。最后用弹簧秤测电刷弹簧的弹力，若不符合要求应予以更换或修理。

4. 单向离合器检修

单向离合器常见的故障是打滑。可以用扭力扳手检测单向离合器的转矩。若转矩小于规定值，说明单向离合器打滑，应予以更换。

5. 电磁开关检修

电磁开关的常见故障一般是吸引线圈和保持线圈断路、短路和搭铁、接触盘及触点表面烧蚀等。线圈有否断路、搭铁可用欧姆表通过测量电阻来检查。如果线圈不良予以更换。接触盘及触点表面烧蚀轻微的可以用锉刀或砂布修整。回位弹簧过弱应予以更换。

17.2 发电机检修

17.2.1 分解发电机总成

（1）拆下电刷盒固定螺栓，取出电刷盒总成。

（2）拆下三个机壳螺栓，将带转子的前端盖与带定子的硅整流组合件分离。

（3）拆下带轮固定螺母，用拉码拉下 V 带轮，取下风扇，剔下转子轴上的半圆键，拉下前端盖。拆下前端盖轴承盖固定螺钉，取下轴承盖和前轴承。

（4）拆下后端盖上的硅整流组合件的保护罩，拆下固定在硅整流组合件上的定子线圈的三个接线头固定螺栓，将发电机的定子线路与硅整流组合件线路分离。

（5）拆下后轴承盖，取下后轴承。用洗油清洗轴承、轴承盖、风扇、带轮、壳体并吹干，用毛刷清除定子、转子上的尘土。

17.2.2 发电机主要组件检修

1. 测量各接线柱之间电阻

如图 17-1 所示，测量发电机的输出端子 B+和搭铁端子 E 之间的阻值（壳体或搭铁接线柱)。通过测量可以判断交流发电机整流器是否有故障，如果有故障应将发电机解体进一步检测。

测量发电机正电刷 F 接线柱和负电刷 E 之间的阻值。通过测量各接线柱之间的阻值，不能确定交流发电机是否有无故障时，应进行试验台试验。

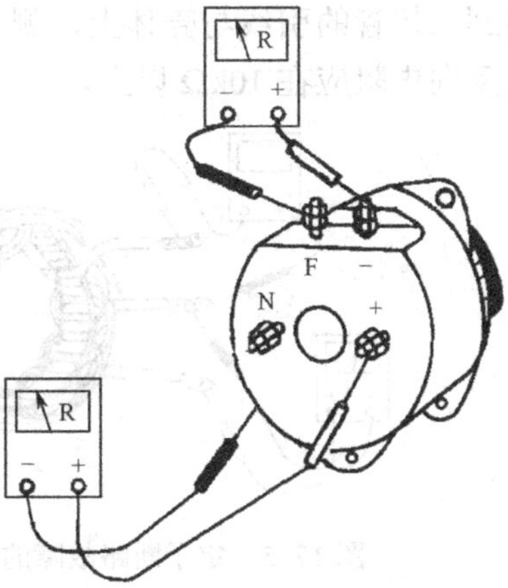

图 17-1　各接线柱之间电阻的测量

2．转子检修

（1）励磁绕组的检修。采用万用表测量励磁绕组的电阻，如图 17-2 所示，应符合标准。用万用表检测励磁绕的搭铁情况，如图 17-3 所示。每个滑环与转子轴之间的阻值都应该是无穷大。

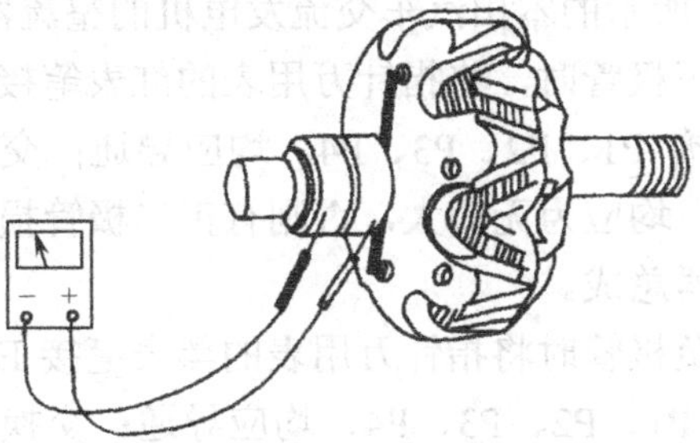

图 17-2　励磁绕组短路、断路的检测

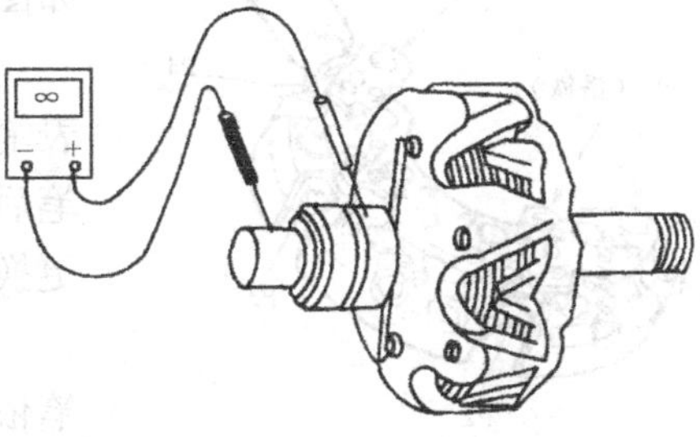

图 17-3　励磁绕组搭铁的检测

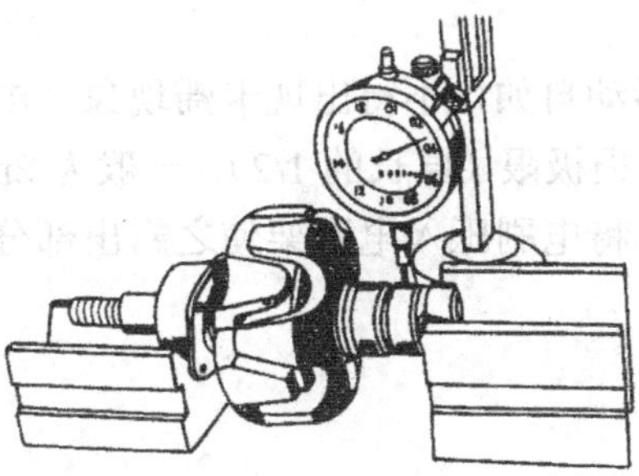

图 17-4　转子轴弯曲程度的检测

（2）转子轴和滑环的检修。转子轴的弯曲会造成转子与定子之间间隙过小而摩擦或碰撞，如果发现发电机运转时阻力过大或有异响，应检查转子轴是否有弯曲，如图 17-4 所示。滑环应表面光滑，无烧蚀，厚度应大于 1.5mm。

（3）轴承的检修。若发现发电机运转时有异响，应仔细检查是否因轴承的损坏而造成。

3．定子总成检修

（1）定子绕组的断路和搭铁故障检测。如图 17-5 所示。各相绕组的阻值大小应一致，一般为 5Ω 左右。应当注意的是发电机型号不一样，其定子绕组的阻值也不一样，具体参照其说明书。

（2）定子绕组的短路故障检测。各相绕组与定子铁芯之间的电阻均应为无穷大。否则说明定子搭铁，应予以修复或更换。如图 17-6 所示。

4．整流器检修

（1）普通整流器的检测。将二极管的引线与其他连接分离，用指针万用表的两个表笔分别接到二极管的引线与壳体上，测二极管的正向与反向电阻。二极管的正向电阻应符合标准值，反向电阻应在 10kΩ 以上。

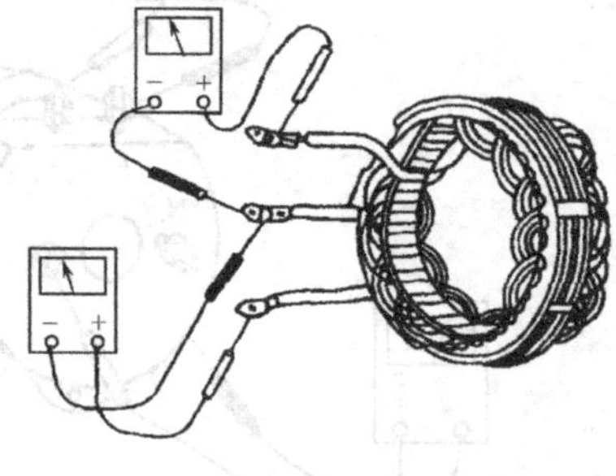

图 17-5　定子断路故障的检测

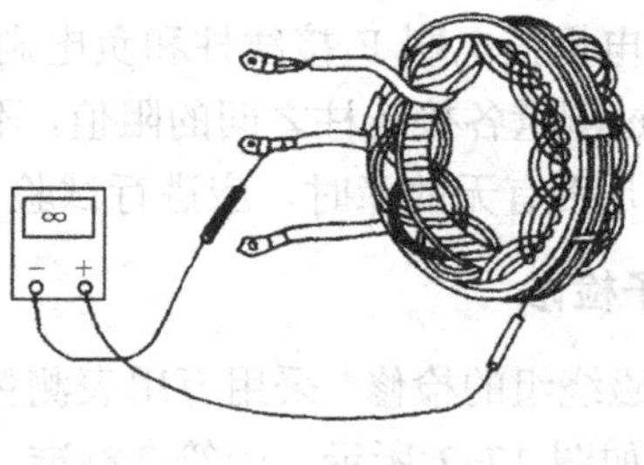

图 17-6　定子搭铁故障的检测

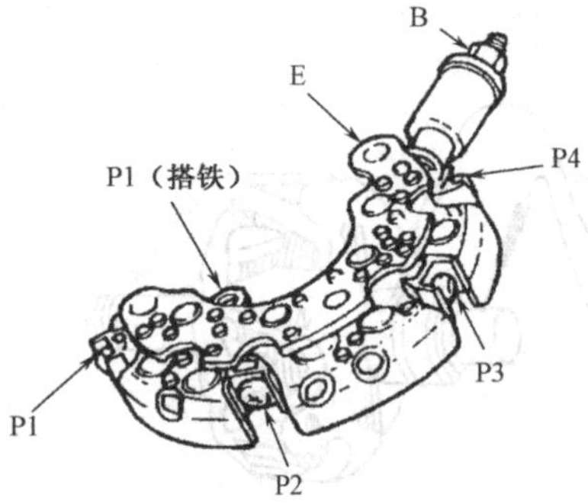

图 17-7　整体整流器

（2）整体结构的整流器检测。整体结构整流器的整流板、正、负硅二极管全部焊装在一起，不可分解。如图 17-7 所示的本田汽车交流发电机的整流器。

检测正极管时，将指针万用表的红表笔接 B，黑表笔依次接 P1、P2、P3、P4，均应导通；交换两表笔后再测，均应为无穷大，否则有正二极管损坏，需更换整流器总成。

检测负极管时将指针万用表的黑表笔接 E，红表笔依次接 P1、P2、P3、P4，均应导通；交换两表笔后再测，均应为无穷大，否则有负二极管损坏，需更换整流器总成。

5．电刷组件检测

电刷和电刷架应无破损或裂纹，电刷在电刷架中应活动自如，不得出现卡滞现象。电刷露出电刷架部分的长度称为电刷长度，电刷长不应超出磨损极限（原长的 1/2），一般为 2mm 否则应更换。电刷弹簧压力应符合标准，一般为 2～3N，将电刷压入电刷架使之露出部分约 2mm，弹簧压力过小应更换。

17.2.3　发电机组装

（1）组装交流发电机通常按与分解的相反顺序进行。
（2）装配时应将前后轴承注满锂基润滑脂。
（3）应边组装，边用手转动带轮，检查转子的转动情况，转动应灵活无发卡现象。
（4）用手持带轮检查轴承的轴向和径向间隙。
（5）装入电刷。
（6）装配后的检验：用手转动 V 带轮，应轻便灵活，无碰擦声。

17.3 空调系统检修

17.3.1　汽车空调系统检漏

1．观察法

认真观察空调系统各连接管道和接头，查看其表面是否有油污或油渍。若有，则说明该处有制冷剂或冷冻机油泄漏。

2．采用高低压双联表来检漏

（1）加压试漏。加压试漏时，首先要正确连接高低压组合表，如图 17-8 所示。

将高低压双联表的高压软管接在空调系统高压侧，低压软管接在 （低压侧）。操作时应注意，将高低压组合表与压缩机高、低压检修阀连接时，只能用手拧螺母（不能用工具），以防损坏。

在连接前，应正确判断压缩机高、低压侧，以免高低压表接错。判断方法如下：

① 按制冷剂流向判断。从压缩机流向冷凝器方向是高压侧，从蒸发器流向压缩机方向是低压侧。

② 按管道的冷热判断。将压缩机工作几分钟后停止运转，用手摸压缩机外连接的管道，热的为高压侧，冷的是低压侧。

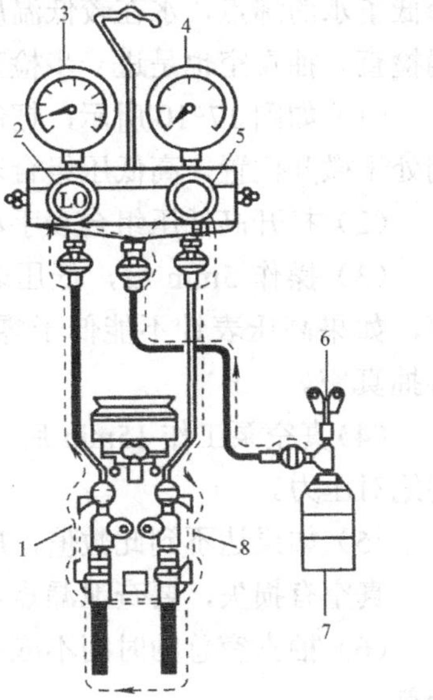

1—吸入；2—闭合；3—低压表；4—高压表；5、6—开启；7—氮气罐；8—排出

图 17-8　高低压表的连接

③ 按制冷剂管道粗细判断。与粗管道连接的检修阀是压缩机低压吸入阀；与细管道连接的检修阀是压缩机的高压排出阀。

在正确把软管连接在压缩机的高、低压的检修阀之后，打开高低压组合表截止阀，向系统中充入干燥氮气（N_2）。若没有氮气也可用干燥的压缩空气代替，压力一般应为 1.5MPa 左右。然后停止充气，24 小时后压力应无明显下降。

用肥皂水涂在系统各处进行检漏，特别应重点检查压缩机、冷凝器、储液干燥器、膨胀阀和蒸发器进出口处的接头。

（2）充氟试漏。加压试漏的方法较可靠，但时间太长，且对所有接头要用涂肥皂水检查，工作量大。在汽车维修中一般采用充氟试漏方法。充氟试漏是在图 17-8 所示连接的基础上，将系统充注氮气换成氟利昂蒸气，使系统压力高达 0.35MPa，然后用卤素灯检漏仪检漏。重点检查以下部位：刚拆装和维修过的制冷部件的连接部位；压缩机上的轴封，密封垫和维修阀；冷凝器和蒸发器被碰划过的部位；软管易摩擦的部位。

充氟时要注意，一定要使系统的压力低于氟利昂蒸气瓶中的压力，以防空气倒流到氟利昂蒸气瓶，影响氟利昂的纯度。

（3）真空试漏。若系统内的气体抽不完或无法达到要求的真空度，就说明系统仍有渗漏。

17.3.2 制冷剂充注

1. 抽真空

汽车冷气系统修理完之后，由于接触了空气必须用真空泵抽真空。系统变成真空之后，降低了水的沸点，水在较低温度下就会沸腾，以蒸汽的形式被抽出。抽真空之前，应进行泄漏检查。抽真空也是进一步检查系统在真空情况下的气密性能。抽真空的程序如下：

（1）如图 17-10 所示，把制冷系统、高低压组合表及真空泵连接好，压缩机高低压检修阀处于微开位置，高低压组合表手动截止阀关死，表座上的中间软管与真空泵吸气口相连。

（2）打开高低压组合表手动截止阀，启动真空泵。观察低压表指针，应有真空度显示。

（3）操作 5min 后，低压表应达到 33.6kPa（绝对压力），高压表指针应略低于零的刻度，如果高压表针不能低于零的刻度，则表明系统有堵塞，应停止运行，待排除故障后，再抽真空。

（4）真空泵工作 15min 后，观察压力表，如果系统无泄漏，低压值应达到 13.28～20.15kPa 的绝对压力。

（5）如果达不到此数值，应关闭低压侧手动阀，观察低压表指针，如果表针上升，说明真空有损失，要查泄漏点，进行检修后才能继续抽真空，这一步即为真空试漏法。

（6）抽真空总的时间不应少于 30min，然后关闭低压手动截止阀，就可向系统中充注制冷剂。

2. 充注制冷剂

在汽车制冷系统维修作业中，约有 80%是属于向系统注入制冷剂的作业。充注制冷剂的方法一般有以下两种。

（1）充注液态制冷剂（适合给新系统装料）。通过高压侧向系统充注液态制冷剂的程序如下：

① 当系统抽完真空之后，关闭高低压组合表，高、低压两侧手动截止阀。

② 将中间软管的一端与制冷剂罐注入阀的接头连接起来，如图 17-9 所示，打开制冷剂罐开启阀，再拧开高低压组合表的一端的螺母，让气体逸出几分钟，把空气赶走，然后再拧紧螺母。

③ 打开高压侧手动截止阀到全开的位置，把制冷剂罐倒立，以便从高压侧注入液态制冷剂。

④ 从高压侧注入液态制冷剂两罐以上，或按规定的量注入。要特别注意，从高压侧向系统注入制冷剂时，千万不能开起发动机，而且充注时不能拧开低压侧手动阀。

（2）充注气态制冷剂（适合给空的系统或部分空的系统补充加料）。通过高低压组合表的低压侧向冷气系统注入气态制冷剂。其程序如下：

① 如图 17-10 所示，把高低压组合表与压缩机和制冷剂罐连接好。

② 打开制冷剂罐，拧松中间注入软管在高低压组合表侧的螺母，直到听见制冷剂蒸汽

有流动的声音，然后拧紧螺母。其目的是将注入软管中的空气排除。

③ 打开低压阀，让制冷剂进入系统。当系统的压力值达到 0.42MPa 时，关闭低压手动截止阀。

④ 启动发动机，接通空调开关，把风机开关和温度开关都开到最大。

⑤ 再把低压侧截止阀打开，让制冷剂进入冷气系统，直到充注量达到规定值。

⑥ 在向系统中充注规定量制冷剂之后，从检视窗中观察有没有气泡，若无气泡，将发动机转速升至 2000r/min，风机转速开到最高挡，在气温为 30～35℃时，系统内低压侧压力应为 0.15～0.19MPa，高压侧压力应为 1.37～1.67MPa。

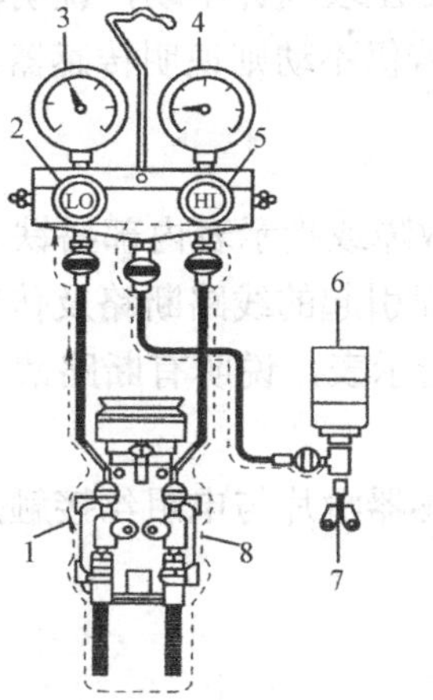

1—吸入；2—闭合；3—低压计；4—高压计；
5—全开；6—制冷剂罐；7—开启；8—排出

图 17-9　充注液态制冷剂

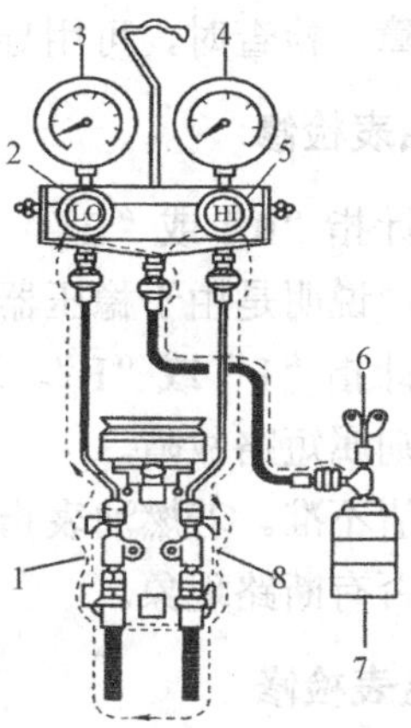

1—吸入；2—闭合；3—低压计；4—高压计；
5、6—开启；7—制冷剂罐；8—排出

图 17-10　充注气态制冷剂

17.4　仪表及其电路检修

17.4.1　仪表检修

1. 电流表检修

（1）电流表示值不准的检修。将被测试的电流表与标准电流表及可变电阻串联后，接通电路，改变电路中电阻的大小，比较两表读数，如果两表读数误差超过 20%，则应更换电流表。

（2）电流表指针偏摆不灵活的检修。指针偏摆不灵活一般是由接线柱松动，导致接触不良引起的。此时应将接触面上的锈斑刮除，拧紧螺母，将线头压紧。另外，指针轴锈蚀、弯曲，指针与面板相碰，也会出现阻滞现象。

（3）内部搭铁检修。金属外壳的电流表当接线柱绝缘垫破损、老化、漏装时，容易造成搭铁故障。出现此故障时会频繁烧断总熔断器中的熔丝，用手摸电流表有发烫现象。

（4）充放电指示反向。充放电指示相反一般是正、负极接线颠倒所致。正确接线应是电流表正极接线柱接硅整流发电机正极接线柱，电流表负极接线柱接蓄电池正极接线柱。电流表永久磁铁安装反向时，也会出现充放电指示相反的现象。

2．机油压力表检修

（1）示值不准检修。说明传感器装错，或传感器与指示表不匹配，或指示表到传感器之间有搭铁故障。可先拆下传感器引线，看表的指针是否从最大值处退回原点，若能退回，说明传感器内部有搭铁故障；若拆线后仍不退回，可再拆下指示表传感器接线柱上的引线，看表头指针，若退回，说明导线有搭铁故障，若不能退回，说明指示表内部有搭铁故障。

（2）指针不动。接通点火开关，其他表指示正常，油压表指针不动，说明油压表电路有断路故障。检查时，可用导体将传感器引线搭铁。若仍不动则说明传感器已损坏。

3．燃油表检修

（1）表针指“0”或“E”。说明传感器电路有搭铁故障或指示表内部搭铁。电热式燃油表遇此情况，说明是由于稳压器断路、指示表内部断路而引起的线路断路及传感器失效。

（2）表针指“1”或“F”。这种故障对电磁式燃油指示表，说明有断路故障，对电热式燃油指示表则属短路故障。

（3）示值不准。若燃油表指示误差很大，应检查传感器滑片与电阻丝接触是否不良、电阻丝是否有断路现象。

4．水温表检修

（1）指针不动。若发动机运转一段时间，水温高于40℃时，水温表指针停留在原处不动，可先看其他仪表示值是否正常。若不正常，应检查公共电路是否断路，若正常，可将传感器接线柱搭铁。搭铁后，若表针偏转，说明传感器已损坏，若仍然不偏转，可将水温指示表接传感器的接线柱用短接线搭铁。若表针移动，说明传感器接线断路；若表针不动，可拆去指示表传感器引线；表针退回，说明传感器连线有搭铁故障；仍不退回，说明指示表内有搭铁故障。

（2）指针偏转到最大极限。指针偏转到最大极限说明传感器线路有搭铁故障。检查时，可拆去传感器引线，指针退回，说明传感器内部搭铁；若指针不动，可拆去水温表传感器引线，若此时指针退回，说明传感器连线有搭铁故障，若仍不退回，则说明指示表内有搭铁故障。

（3）示值误差。产生的原因可能是稳压器失效、传感器失效。

17.4.2 检修仪表电路

一般说来，不同的汽车，电路布置有差别。所以，进行仪表电路检修时应根据车型维修资料中所提供的电路来进行检修。一般可以按以下步骤进行检查：

检查车上组合仪表，若所有仪表均不正常工作，则应重点检查仪表电源端子和搭铁端子的工作状况。这时应拔下组合仪表插接器，检查其电源端子和搭铁端子之间的电压，若无12V，则说明组合仪表电源断路或搭铁不良。此时，直接检查电源端子和车上搭铁部位之间的电压，若有电压则为仪表搭铁不良。若无，则为电源电路断路。

若组合仪表中只有一个或几个仪表工作不正常。则应重点检修与该仪表有关的传感器和电路。此时，首先应检查传感器的工作情况，再结合具体车型的电路图来进行检修。

第 18 章　诊断排除电气设备故障

学习目标

- 能够诊断和排除充电电流不稳的故障
- 能够诊断和排除启动机常见故障
- 能够诊断和排除发动机点火电路故障
- 能够排除空调压缩机不转动故障

18.1　诊断排除电气设备故障

18.1.1　诊断排除充电电流不稳故障

1．诊断步骤

（1）检查风扇皮带的张紧度和磨损情况，必要时调整或更换。

（2）检查充电系统电路中各接头和插接器是否有松动或接触不良现象。

（3）拆除调节器的点火和磁场接柱上的连接线，用试灯将其连接在一起。此时，使发动机转速不断升高，观察电流表的变化。

① 若电流表反应稳定，灯亮而不闪，则说明发电机电压调节器工作不良，应予以更换。

② 若电流表指针摆动，灯亮而闪烁，则说明发电机充电电路接触不良；或灯闪不亮，则说明发电机工作不良，应予以修复或更换。

2．注意事项

（1）不能用搭铁试火法来检查发电机是否发电，否则将烧毁发电机内电子元件。

（2）检查电路时，不得将扳手，螺丝刀等工具放在蓄电池上，以免造成蓄电池短路。

（3）检查电路时，不得用螺丝刀等工具短接调节器点火与磁场接柱，以免烧毁电压调节器。

18.1.2 诊断排除发电机异响故障

（1）启动发动机，观察故障现象，确定发声部位。

（2）检查发电机传动皮带有无松动或磨损。

（3）观察发电机运行情况，检查外部有无碰擦或干涉现象。

（4）关闭发动机，用手触摸发电机，若温度过高，则为发电机内部故障，此时应更换发电机。

18.1.3 诊断排除启动机转动无力故障

1. 诊断步骤

（1）检查蓄电池是否亏电。此时，可以打开汽车前照灯，按喇叭，若喇叭无声或嘶哑，则说明蓄电池亏电。也可以用高率放电计来检查蓄电池放电情况或观察蓄电池观察孔的颜色来进行判断。

（2）检查启动电路中是否有松动或接触不良现象。特别重点检查蓄电池极柱桩头及连线是否有松动。

（3）利用跨接线将电源与启动机上电磁开关接柱短接，若启动机能正常启动，则说明故障在启动电路。如启动继电器工作不良，点火开关启动挡工作不良等。若仍转动无力，则说明故障在启动机。此时应拆检启动机。

2. 注意事项

（1）故障诊断前，应先确定车型启动电路的类型，确认其是否有启动继电器，若有，则需确定其类型。

（2）在诊断检查过程中，应尽量避免用扳手等工具将启动机的两主接线柱进行短接，以免大电流放电而引发意外。

18.1.4 诊断排除高压缺火故障

1. 故障诊断步骤

（1）找出发动机断火缸。启动发动机，逐一拔下各缸火花塞或将火花塞搭铁短路，当拔下某缸火花塞或将火花塞搭铁时，发动机转速无变化，则说明该缸缺火。

（2）检查缺火缸火花塞，若工作不良则应更换。

（3）若火花塞正常，则检查该缸分高线电阻和绝缘情况，若不正常则应更换。

（4）若为分电器式点火系统，则应检查分电器盖是否漏电或损坏，若有则应修复或更换。若为无分电器式点火系统，则应检查该缸点火模块工作情况。

2. 注意事项

诊断前应先观察发动机点火系统类型，再进行故障诊断。

18.1.5　诊断排除启动机齿轮不能与飞轮齿圈啮合故障

1．故障诊断步骤

（1）检查蓄电池是否亏电。打开汽车大灯，按喇叭，若喇叭声音嘶哑，大灯灯光暗淡，则说明蓄电池亏电，

（2）检查启动机是否送齿轮。将点火开关拧至启动挡，观察启动电路接通时启动机是否有啮合动作，若无，则说明启动机有故障，应拆检或更换。

（3）调整启动机齿轮与壳体距离。若有送齿动作但与飞轮齿圈不啮合，则为启动机调整不当。

2．注意事项

观察启动机工作情况时，汽车应可靠举升。

18.1.6　诊断排除启动机齿轮不能与飞轮齿圈脱离啮合故障

1．故障诊断步骤

（1）检查启动线路是否有接错或短路现象。若有则应及时修复。

（2）检查启动开关是否有短路现象。若有则更换启动开关。

（3）检查启动机电枢是否有卡滞现象。若有则更换启动机。

2．注意事项

观察启动机工作情况时，汽车应可靠举升。

18.1.7　诊断排除喇叭工作不良故障

1．故障诊断与排除程序

（1）检查喇叭熔（保险）丝是否有烧毁或接触不良、松动现象。

（2）若保险良好，准备一根跨接线，关闭点火开关和车上用电设备，将喇叭接柱直接与蓄电池相连。若仍不响，则说喇叭有故障，应进行调整或更换喇叭总成。

（3）若喇叭发响，则进一步检查喇叭继电器。检查喇叭继电器电源端子，电压应为 12V。若为 0，则说明电源端子至常火线之间有断路。若电压正常，用跨接线将喇叭继电器电源端子与喇叭接线端子跨接，喇叭不响，则为继电器喇叭端子到喇叭之间线路有断路。

（4）若喇叭发响，则故障在喇叭继电器。将继电器中喇叭按钮接柱直接搭铁，若喇叭仍不响，则为继电器损坏，应予以更换。

（5）若喇叭按钮搭铁后喇叭发响，则在继电器到喇叭按钮之间有断路或接触不良现象。检查喇叭按钮，如果烧蚀严重，则进行打磨或更换。若按钮正常，则检查喇叭至继电器之间的连接导线。

2．注意事项

接通喇叭电路时，其接通时间不应超过 20s。

18.2 诊断排除空调系统故障

18.2.1 诊断排除空调压缩机不转故障

（1）检查空调熔断器是否烧断。

（2）检查空调压缩机皮带的张紧度和磨损情况。

（3）检查空调电磁离合器的线圈电阻情况。

（4）检查空调连接电路是否有松动或接触不良现象。

（5）检查系统内有无制冷剂。若无，则应先检漏，并充注制冷剂。

（6）有些发动机具有怠速安全装置，这时可调高发动机怠速，若故障消除，则为怠速调整不当。

18.2.2 诊断排除空调压缩机不停转故障

（1）关闭空调开关，拔下空调压缩机离合器插接器，检查其电源端子是否有电。若有电，则说明其电路有短路，应重点检查其电源电路。若正常，则进行下述检查。

（2）检查蒸发器温度传感器。将发动机仪表板下蒸发器温度传感器拆下，用万用表检查其电阻值随温度变化的关系。或不符合规定则应更换。

（3）若蒸发器温度传感器正常，则应进一步检查其电路。重点检查有无断路、短路和松动现象。

（4）若上述检查正常，则应更换空调调节器。

高 级 篇

第一部分　相 关 知 识

第 1 章　发动机大修

学习目标

- ➢ 掌握淬火、正火、回火及时效处理的概念
- ➢ 了解金属表面处理和表面粗糙度
- ➢ 了解齿轮、曲轴及凸轮轴热处理工艺规范
- ➢ 掌握曲轴、汽缸体、汽缸盖耗损规律及其修理方法
- ➢ 掌握汽车维修工艺和工艺卡编写方法
- ➢ 掌握常用检测仪器操作要点及注意事项
- ➢ 掌握汽缸盖、配气机构、汽缸体、曲柄连杆机构、润滑系统、冷却系统、汽油机燃油进气系统、柴油机燃料供给系统修理工艺
- ➢ 了解喷油泵试验台的功能与使用方法
- ➢ 掌握发动机主要零部件修理技术要求
- ➢ 掌握发动机装配与磨合工艺
- ➢ 掌握发动机大修过程检验要求与竣工检验
- ➢ 掌握汽缸体、曲轴和凸轮轴修理技术要求

1.1　编制零部件修理工艺卡

1.1.1　淬火、正火、回火及时效处理

金属热处理工艺大体可分为整体热处理、表面热处理、局部热处理和化学热处理等。根

据加热介质、加热温度和冷却方法的不同，每一大类又可区分为若干不同的热处理工艺。同一种金属采用不同的热处理工艺，可获得不同的组织，从而具有不同的性能。钢铁是工业上应用最广泛的金属，而且钢铁显微组织也最为复杂，因此钢铁热处理工艺种类繁多。

整体热处理是对工件整体加热，然后以适当的速度冷却，以改变其整体力学性能的金属热处理工艺。钢铁整体热处理大致有退火、正火、淬火和回火四种基本工艺。

退火是将工件加热到适当温度，根据材料和工件尺寸采用不同的保温时间，然后进行缓慢冷却，目的是使金属内部组织达到或接近平衡状态，获得良好的工艺性能和使用性能，或者为进一步淬火作组织准备。正火是将工件加热到适宜的温度后在空气中冷却，正火的效果同退火相似，只是得到的组织更细，常用于改善材料的切削性能，有时也用于对一些要求不高的零件作为最终热处理。

淬火是将工件加热保温后，在水、油或其他无机盐、有机水溶液等淬冷介质中快速冷却。淬火后钢件变硬，但同时变脆。为了降低钢件的脆性，将淬火后的钢件在高于室温而低于710℃的某一适当温度进行长时间的保温，再进行冷却，这种工艺称为回火。退火、正火、淬火、回火是整体热处理中的“四把火”，其中的淬火与回火关系密切，常常配合使用，缺一不可。

为了获得一定的强度和韧度，把淬火和高温回火结合起来的工艺，称为调质。某些合金淬火形成过饱和固溶体后，将其置于室温或稍高的适当温度下保持较长时间，以提高合金的硬度、强度或电性磁性等。这样的热处理工艺称为时效处理。

1.1.2　金属表面处理

表面热处理是只加热工件表层，以改变其表层力学性能的金属热处理工艺。为了只加热工件表层而不使过多的热量传入工件内部，使用的热源须具有高的能量密度，即在单位面积的工件上给予较大的热能，使工件表层或局部能短时或瞬时达到高温。表面热处理的主要方法有激光热处理、火焰淬火和感应加热热处理，常用的热源有氧乙炔或氧丙烷等火焰、感应电流、激光和电子束等。

1. 火焰加热表面淬火

利用高温火焰将工件表面快速加热到淬火温度，随即喷水快速冷却的方法，称为火焰加热表面淬火。常用的高温火焰为乙炔-氧火焰，火焰的最高温度可达3200℃。火焰加热表面淬火的淬硬层深一般为2～6mm。这种方法的特点是加热温度及淬硬层深度不易控制，淬火质量不稳定，但不需要特殊设备，故适用于单件和小批量生产，如中碳钢、中碳合金钢制造的大型工件的表面淬火（大型铸铁工件也可用火焰加热表面淬火）。

2. 感应加热表面淬火

这种方法的基本原理是将工件放在用铜管（内部有水冷却）绕成的线圈内，线圈通有一定频率的交流电，以使其产生交流磁场，于是在工件内产生同频率的、方向相反的感应电流，即涡流，涡流主要集中在表层，称为集肤效应。频率越高，电流集中的表层越薄。依靠这种电流和工件本身的电阻，使工件在几秒内迅速加热到淬火温度，然后立即喷水，即达到表面淬火的目的。

根据频率不同，常用感应加热装置有高频（60～300kHz）、中频（1～8kHz）及工频（50Hz）三种。其淬硬深度随频率降低而增加，相应为0.5～2.5mm、2.4～10mm及10～20mm。

感应加热表面淬火的优点是加热速度高，生产率高，氧化脱碳变形小，淬硬深度容易控制（改变频率），易于实现机械化、自动化，适于大量生产。缺点是设备复杂昂贵，维修困难，对小批量或不规则外形工件不经济。

为保证感应加热淬火质量，一般选用中碳或中碳合金钢（如40、45、40G、40MnB）等。在淬火前，一般应进行调质或正火等预备热处理，目的是使表层能得到高硬度细小的马氏体组织，内部有足够的强度和韧性，减少变形和开裂的倾向。工件在感应加热表面淬火后，一般均需回火，以减少淬火内应力和降低脆性。

1.1.3 表面粗糙度概念

表面粗糙度是指零件的加工表面上具有的较小间距和峰谷所形成的微观几何形状误差。

（1）取样长度：取样长度是用于判断和测量表面粗糙度时所规定的一段基准线长度，在轮廓总的走向上取样。

（2）评定长度：由于加工表面有着不同程度的不均匀性，为了充分合理地反映某一表面的粗糙度特性，规定在评定时所必需的一段表面长度，包括一个或数个取样长度，称为评定长度。

（3）轮廓中线：轮廓中线是评定表面粗糙度数值的基准线。

（4）国家规定表面粗糙度的参数由高度参数、间距参数和综合参数组成。

① 高度参数共有以下三个。

a．轮廓算术平均偏差 Ra：在取样长度内，轮廓偏距绝对值的算术平均值。

b．微观不平度十点高度 R_z：在取样长度内最大的轮廓峰高的平均值与五个最大的轮廓谷深的平均值之和。

c．轮廓最大高度 R_y：在取样长度内，轮廓峰顶线和轮廓谷底线之间的距离。

② 间距参数共有以下两个。

a．轮廓单峰平均间距 S：两相邻轮廓单峰的最高点在中线上的投影长度称为轮廓单峰间距，在取样长度内，轮廓单峰间距的平均值，就是轮廓单峰平均间距。

b．轮廓微观不平度的平均间距：含有一个轮廓峰和相邻轮廓谷的一段中线长度，简称轮廓微观不平间距。

③ 综合参数只有一个，那就是轮廓支撑长度率。轮廓支撑长度率就是轮廓支撑长度与取样长度之比。

1.1.4 齿轮、曲轴及凸轮轴热处理工艺规范

1．齿轮热处理工艺

齿轮是汽车上传递转矩的重要零件。要求齿轮应具有足够的强度和韧度；较高的疲劳强

度；齿面要有较高的硬度和耐磨性。一般齿轮的热处理技术条件如下：

（1）渗碳层表面碳的质量分数为 0.8%～1.0%。

（2）渗碳层深度为 0.8～1.3mm。

（3）齿面硬度为 58～62HRC，芯部硬度为 33～48HRC。

在生产过程中，齿轮热处理工序包括正火、渗碳和淬火及低温回火。正火是为以后的热处理作组织上的准备；渗碳是为了保证表层碳的质量分数和渗碳层深度；渗碳和淬火及低温回火是为了提高齿轮的硬度并消除淬火应力及减少脆性。

2. 曲轴热处理工艺

曲轴是内燃机中形状复杂而重要的零件之一。曲轴应具有高的强度，一定的冲击韧度和弯曲扭转疲劳强度；在轴颈处还应有较高的硬度和耐磨性。曲轴的热处理工序包括正火、高温回火（风冷）和高频淬火。正火是为了提高抗拉强度、硬度和耐磨性；高温回火是为了消除内应力；通过对轴颈的表面进行高频淬火可进一步提高硬度和耐磨性。

3. 凸轮轴热处理工艺

凸轮轴是内燃机中形状复杂而重要的零件之一。凸轮轴应具有高的强度、一定的冲击韧度和弯曲扭转疲劳强度。

一般凸轮轴的热处理技术条件如下：

（1）材料是 QT600—3 合金铸铁或 45 钢。

（2）热处理工艺包括正火、去应力退火、调质。

（3）表面硬度（HRC）分别为，轴 43～50，颈 55～63，齿 45～58。

（4）渗碳层深度为 0.1～0.15mm。

1.1.5 曲轴耗损规律及其修理方法

1. 曲轴磨损规律

曲轴主轴颈和连杆轴颈的磨损是不均匀的，径向磨成椭圆，轴向磨成锥形。但磨损部位又具有一定的规律性，主轴颈和连杆轴颈径向最大磨损部位相互对应，即各主轴颈的最大磨损靠近连杆轴颈一侧；而连杆轴颈的最大磨损部位在主轴颈一侧，如图 1-1 所示。连杆轴颈的磨损比主轴颈的磨损严重，轴颈表面还可能出现擦伤和烧伤。

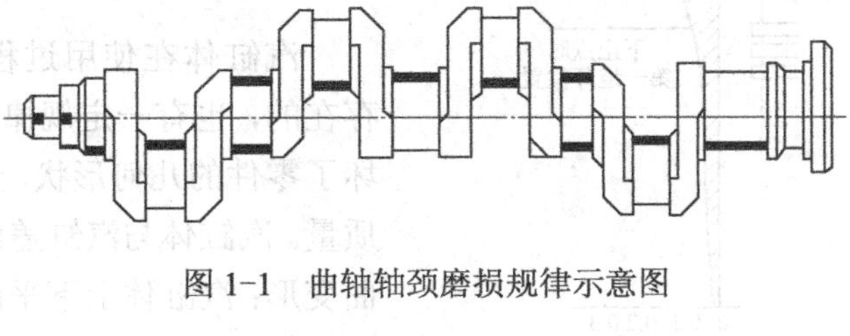

图 1-1　曲轴轴颈磨损规律示意图

2. 曲轴变形

曲轴弯曲是指主轴颈的同轴度误差大于 0.05mm。若连杆轴颈分配角误差大于 0° 30′，则称为曲轴扭曲。曲轴产生弯曲和扭曲变形，是由于使用不当和修理不当造成的。例如，发动机在爆震和超负荷等条件下工作，个别汽缸不工作或工作不均衡，各道主轴承松紧度不一致，主轴承座孔同轴度偏差增大等，都会造成曲轴承载后的弯扭变形。曲轴弯曲变形后，将加剧活塞连杆组和汽缸的磨损，以及曲轴和轴承的磨损，甚至加剧曲轴的疲劳折断。

曲轴的扭曲变形，将影响发动机的配气正时和点火正时。经验证明，扭曲变形主要是由烧瓦和个别活塞卡缸（胀缸）造成的。当个别汽缸壁间隙过小或活塞热膨胀过大时，活塞运动阻力将增大，曲轴运转不均匀，发展到活塞卡缸，未及时发现或卡缸发生后处理不当，便会导致曲轴的扭曲。此外，拖带挂车时起步过猛和紧急制动（未踩下离合器时）及超速、超载等，都会引起曲轴的扭曲变形及其他耗损。

3. 曲轴变形修理方法

若中间主轴颈的径向圆跳动误差值大于 0.15mm，曲轴弯曲则采用压力校正。低于此限可结合磨削主轴颈予以修磨校正。若曲轴有轻微的扭曲，可直接在曲轴磨床上结合连杆轴颈磨削予以修磨校正。若曲轴扭转角 θ 大于 0° 30′，可进行表面加热校正或敲击校正。若扭转变形过大，则应更换曲轴。

1.1.6 汽缸体耗损规律及其修理方法

1. 汽缸磨损规律

汽缸正常磨损的规律如图 1-2 所示。汽缸的磨损是不均匀的。在汽缸轴线方向上的磨损呈上大下小的不规则锥形，最大磨损部位在活塞上止点第一道活塞环所对应的缸壁处，活塞环不接触的缸口处几乎没有磨损，在此形成“缸肩”。在汽缸径向方向上的磨损呈不规则的椭圆形，一般在磨损量最大处，磨损最不均匀，有时相差 3～5 倍，磨损最大部位往往随汽缸结构、使用条件的不同而异，一般是前后或左右方向磨损最大。从整台发动机各缸磨损情况来看，一般第一缸和最后一缸比其他缸的磨损略大。

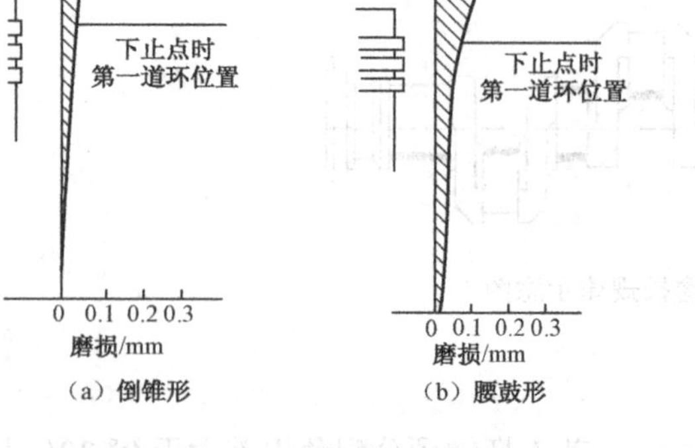

图 1-2 汽缸的磨损规律

2. 汽缸体变形规律

汽缸体在使用过程中发生变形是普遍存在的，也有一定规律性。汽缸体的变形破坏了零件的几何形状，影响了发动机的装配质量。汽缸体与汽缸盖的接合面往往产生翘曲变形；汽缸体上下平面在螺纹孔周围易产生凸起；螺孔承受很高的燃烧压力的作用后发生变形。汽缸体的最大变形发生在中间主轴承孔附近。

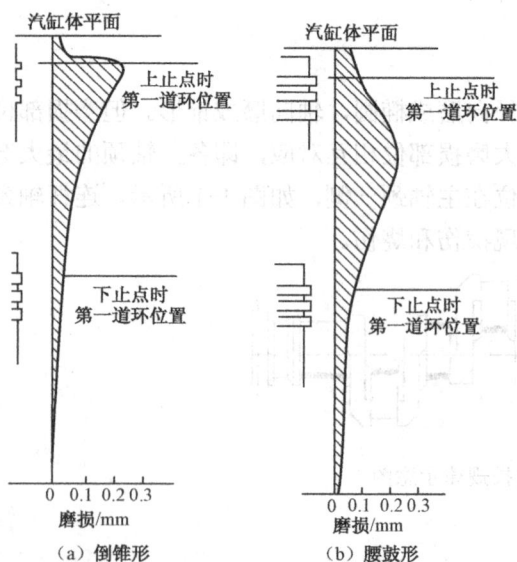

3. 汽缸体修理方法

（1）汽缸体变形可采用铣削或磨削来修复，这种方法适用于在变形量较大且设备允许的条件下采用；变形量不大时，可以用铲削的方法进行修平。

（2）汽缸体裂纹的修理方法有黏结、焊接和螺钉填补等。具体采用哪种方法应根据裂纹的大小、程度和部位来确定。

1.1.7 汽缸盖耗损规律及其修理方法

1. 汽缸盖耗损

汽缸盖的主要耗损形式是裂纹与变形。汽缸盖与汽缸体的接合面往往产生翘曲变形。汽缸盖螺栓拧紧力过大，在螺纹孔周围过大的压力作用下产生凸起。裂纹多发生在进气门座与排气门座之间的过梁处，气门座配合盈量过大与镶装工艺不当，往往引起此处断裂。此外由于冷却液的原因，水道孔边缘处可能会出现腐蚀，特别是对铝合金缸盖而言。

2. 汽缸盖修理方法

（1）汽缸盖变形可采用两种方法修复。一种是局部预热加压，并结合铲刮来修整平面；另一种修正汽缸盖翘曲的方法是平面铣削法。汽缸盖长度小于 300mm，平面度误差为 0.05mm，长度大于 300mm，平面度误差为 0.10mm。

（2）汽缸盖裂纹的修理方法有黏结、焊接和螺钉填补等。具体采用哪种方法应根据裂纹的大小、程度和部位来确定。

1.1.8 汽车维修工艺和工艺卡编写方法

1. 工艺和工序

汽车维修工艺是指利用生产工具按一定要求进行汽车维护和修理的方法，是在维修汽车过程中积累起来并经过总结的操作技术经验。汽车维修工艺过程是指汽车维修的各种作业按一定方式组合、顺序协调进行的过程。工艺过程是由许多工序组成的，根据生产过程内容的繁简程度，工艺过程又划分为许多工序（在大的工序内，又可划分为若干工步）。在一个地点由一个工人（或一组工人）对一个零件（或一组零件）所连续完成的工艺过程的一部分称为工序。工序是工艺过程的基本组成部分，而且是生产计划的基本单元。计算设备负荷，决定必需的工人数和技术等级，以及工具数量等都是以工序为依据。工序的特点是加工对象、工作地点和工人不变，而且全部过程应是连续进行的。

2. 工艺卡

（1）工艺规程：一种生产对象的工艺过程有若干种方案，在诸多方案中，通过对具体情况的分析（如工效、成本、质量等），选定某一种最为合理的方案，将其内容用条文、图表等形式予以确定，并编写为文件，这就是工艺规程。它是法定的技术性文件，一般保存在技术部门作为技术档案。

工艺规程只写明总的要求，并不具体写明每一工序如何操作。根据工艺规程，再详细编写工艺卡片。

（2）汽车维修工艺卡片种类：一般汽车维修工艺卡片根据不同工种或性质，分为拆卸工艺卡片、装配工艺卡片、技术检验工艺卡片、调试工艺卡片和零件修复工艺卡片等，也有零件或总成是以检、修、装、调、试综合工艺卡片的形式出现。

（3）工艺卡内容：根据工艺规程，将不同的作业范围（如清洗、检验、加工、装配）编写成工艺卡片，送达车间，用其组织和指导生产，同时也是编写生产计划的依据。工艺卡片是根据工艺规程所规定的内容，用简明的文字、表格和工作图等形式作为具体安排和指导生产的依据。工艺卡片必须较详细地写明各工序的技术要求、操作要点与步骤。它是工艺规程的具体化，是工艺规程进入生产的执行部分。

工艺卡片的内容主要包括以下几个方面。

① 工序号是按照作业顺序编排的序号，在修理工艺过程中表示工艺过程程序。

② 工作图是指明零件或总成的作业部位，以便工人按照指明的部位工作。例如，在检验图和装配图上，应引线注码标明其耗损部位或配合副之间的公差、间距、角度、方位等相互位置。对于操作方法，则是用简图表明工件相对于设备、夹具、工具、量具、仪器等在操作中的位置或操作方法。

③ 技术要求内容包括以下几个方面。

工艺规范：是指用于工艺上的数据，如切削加工的切削用量，零件清洗溶液的成分，热处理的温度及机械性能（如硬度、强度、冲击韧性、耐磨性、耐蚀性和疲劳强度等）。

技术规范：主要指零件的尺寸（如基本尺寸、允许磨损尺寸和极限磨损尺寸等）、表面粗糙度和配合副公差等。

性能条件：指装配中某部位的气压、真空度、扭矩、弹力和工作性能等。

报废条件：指零件耗损达到不可修复程度的具体规定。

④ 设备、工夹具：应在每一作业项目中（工序）指明所用设备、夹具、刀具、量具和仪器等名称及必要的型号。

⑤ 材质：指工件所用材质的型号和尺寸等。

⑥ 工序时间：指完成每一道工序所需的连续时间，可用“min”或“h”计。为了便于制订生产计划和考核，最好分为定额工时和实际工时。

1.2 发动机总成大修

1.2.1 常用检测仪器操作要点及注意事项

1. 真空表

用真空表可以对发动机进行真空分析。真空分析是在发动机运转的条件下，通过对进气歧管真空度的变化规律（即真空度数值的大小）进行观察，进而判断发动机机械部分故障的方法。真空分析是最重要、最快捷的发动机工况测试方法之一。它不需要拆卸任何一个火花塞或检查任何一缸的汽缸压力或是否漏气，就可以反映出汽缸压力的情况。

1）真空度测试步骤

用一根长约 30cm 的真空管接到进气歧管节气门后方（选取这个长度是为了阻滞表针的过量摆动），启动发动机运转至正常温度，然后开始测量。

2）真空分析方法

（1）发动机工作温度正常时，怠速运转，真空度应稳定在 57～70kPa。

（2）当迅速开启或关闭节气门时，表针能随之摆动，在 7～84kPa，表明发动机性能良好。

（3）气门座密封性变差时，其真空度比正常值跌落 3～23kPa。

（4）气门杆与气门导管发生卡滞后，其真空度有规律地快速跌落，并在 10～16kPa 波动。

（5）气门导管与气门杆磨损松旷时，其真空度较正常值低 6～10kPa。

（6）气门弹簧折断或弹力不足时，真空表指针迅速地在 33～74kPa 波动。

（7）气门机构失调，气门开启过迟时，其真空度稳定在 27～47kPa。

（8）点火时间过迟，真空度值跌落在 47～53kPa。

（9）活塞环磨损，发动机转速在 2000r/min 时，若突然关闭节气门，真空表读数迅速降至 6～16kPa。

（10）进、排气歧管垫漏气，发动机转速在 2000r/min 时，若突然关闭节气门，其真空度从 8kPa 跌落至 6kPa 以下，并迅速恢复正常。

注意事项：

对于海平面以上的不同高度，真空表读数要加以修正。例如，海拔高度每增加 100m，真空表读数就会降低 1.11kPa（0.328inHg 或 8.38mmHg）。

2．汽缸压力表

汽缸压力表用于检测汽缸压缩压力，根据测试结果可以判断汽缸衬垫、汽缸体与缸盖之间的密封状况、活塞环与缸壁配合状况，以及燃烧室内积炭是否过多等汽缸有关的技术状况。

用汽缸压力表测试汽缸压力时应按以下步骤进行：

（1）首先使发动机运转达到正常温度（70～90℃）后停机。

（2）拆下全部火花塞。

（3）将节气门、阻风门全开。

（4）拆下燃油泵保险（对于电喷发动机）。

将汽缸压力表的锥形橡胶塞紧压在火花塞孔上（或将带螺纹连接管的汽缸压力表连接到火花塞座孔处）。

（5）用启动机带动发动机曲轴旋转 3～5s。汽油机转速应为 130～250r/min；柴油机转速应≥500r/min。

（6）读取汽缸压力表的指示数值，即为该缸此次的压缩压力值。

（7）重复测试该缸汽缸压力 2～3 次。

（8）计算其平均值，即为该缸的压缩压力值。

（9）依次测量各缸。

正常的汽缸压力值应符合制造厂的规定，各缸间误差不得超过其标准汽缸压力规定值的10%或各缸平均压力的8%。

注意事项：

汽缸压力表分为汽油机汽缸压力表和柴油机汽缸压力表，后者量程大于前者，所以在选用汽缸压力表时不要选错。

3. 发动机综合分析仪

HMS990 发动机综合检测仪是德国凯文公司的产品。其主要功能有传感器测试、点火情况测试、缸压测试、故障分析等。该仪器主要由测试仪主机、测试线束 A、测试线束 B、KV 钳、转速感应钳、电流钳、探针、TN 线等组成。其使用操作步骤如下：

（1）测试前的准备。

① 接通电源，打开主机。

② 选择 Hermann Diagnose System，进入该系统。

③ 选择 A1 车型，并进行有关车型的查找和确定。

④ 进入 B 发动机诊断模块或 C 诊断帮助模块。

⑤ 选择 B 进入发动机诊断模块后，选择 B1 发动机分析仪。

⑥ 选择语言“中文界面”后，按“确定”键进入中文界面。

⑦ 选择参数设定下的基本参数设定，设置汽缸数、点火类型、点火顺序等，按“确定”键返回中文界面。

（2）线路连接。

① 将 TN 线、线束 A 接入主机。

② 将电流钳和转速感应钳接入 TN 插板，将另一端分别接入蓄电池负极（箭头指向正极）和第一缸高压线，KV 钳接入一缸高压线。

③ 如果是传统常规点火，则线束 A 中按以下方法连接：

黑色线接地；1 号线接蓄电池“+”；2 号线接 KV 钳绿色接头（“+”端），黑色接头（“−”端）通过一条黑色连接线与蓄电池负极同时接地；4 号线接点火线圈“+”；6 号线接点火线圈“−”。

注：对于不方便找到点火线圈正负极的，可选用曲轴或凸轮轴位置传感器接线代替。

④ 如果是 DIS 点火系统，线束 A 中按以下方法连接：

黑色线接地；1 号线接蓄电池“+”；2 号线接 KV 钳绿色接头（“+”端），各缸高压线通过 KV 钳串接在一起；3 号线接 KV“−”；4 号线接电源“+”。

（3）在中文界面中选择所要测试项目（发动机电器系统、发动机调整系统、汽缸诊断系统、波形测试系统），进入下一级测试子项目：

① 选择所要测试内容，启动发动机可进行测试。

② 选定某一瞬时测试结果，并可通过打印机打印输出，进行分析。

③ 通过左、右键的移动可以观测到整个测试波形。

④ 选择清除测试结果，可回到动态测试。

⑤ 按“退出”键返回带有子项目的界面。

⑥ 按“退出”键退出该系统。

注：如果进行传感器测试，在选好波形测试系统后，选择通用波形测试，选择所要测试的传感器，并要设置信号所在通道，然后按“确定”键进入测试，可得到与标准波形同在一个界面的测试结果，便于进行全面比较，以判定传感器的好坏。

（4）如果 C 诊断帮助模块，选择 C1 发动机诊断手册，进入诊断帮助功能；此时可选择以下功能。

简介；通过测试电控系统来查证故障；根据症状查找故障；传感器和执行器诊断；用 HMS990 测试程序查找故障、技术数据等；选择所需要的项目，可得到查找过程等有关帮助信息。

（5）按“退出”键退出该项功能。

（6）测试完毕后，关闭所有设备电源，拆下所有连接线及探针，收好所有测试用件。

注：如无特别说明，各个接入汽车测试件的接线均通过探针连接。

使用注意事项：

（1）启动发动机进行测试前，要将变速杆放于空挡（手动挡）或 P 位（自动挡），拉紧手刹，抱死驱动轮。

（2）在测试过程中，不得随意拔掉或插上传感器电插，以免损坏仪器或控制计算机。

（3）在测试线尚未连接完毕时，不得随意启动发动机。

（4）测试线放置位置安全可靠，以免损坏。

（5）注意探针的使用，用毕及时取下，以免影响车辆正常工作。

（6）测试区通风可靠，严禁烟火。

4．车用示波器

1）信号频率和时基选择

时基/频率表的用途是根据信号频率来选择时基或判断显示波形的频率。时基/频率表的使用方法：通过计算屏幕显示波形的循环次数（1～5），用示波器去判定信号频率。表 1-1 为时基频率转换表，表内左侧第一列为确定的频率数，其他列为当前时基数。

表 1-1　时基频率转换表

Hz	示波器显示的波形循环次数				
	1	2	3	4	5
10	10ms	10ms	50ms	50ms	50ms
20	5ms	10ms	20ms	20ms	50ms
30	5ms	5ms	10ms	20ms	20ms
40	5ms	5ms	10ms	10ms	20ms
50	2ms	5ms	10ms	10ms	10ms

续表

Hz	示波器显示的波形循环次数				
	1	2	3	4	5
60	2ms	5ms	5ms	10ms	10ms
70	2ms	5ms	5ms	5ms	10ms
80	2ms	5ms	5ms	5ms	10ms
90	2ms	5ms	5ms	5ms	5ms
100	1ms	2ms	5ms	5ms	5ms
200	500μs	1ms	2ms	2ms	5ms
300	500μs	1ms	1ms	2ms	2ms
400	500μs	500μs	1ms	1ms	2ms
500	200μs	500μs	1ms	1ms	1ms
600	200μs	500μs	500μs	1ms	1ms
700	200μs	500μs	500μs	1ms	1ms
800	200μs	500μs	500μs	500μs	1ms
900	200μs	500μs	500μs	500μs	1ms
1000	100μs	200μs	500μs	500μs	500μs
2000	50μs	100μs	200μs	200μs	500μs
3000	50μs	100μs	200μs	200μs	200μs
4000	50μs	50μs	200μs	100μs	200μs
5000	20μs	50μs	100μs	100μs	100μs

2）示波器设置要领

用示波器测试一个未知的信号时，如何设置示波器是一件相当复杂的事，本部分说明用汽车示波器去捕捉波形时，设置示波器的基本方法，可以帮助我们理解并掌握示波器设置的要领。

（1）设置项目。

为了显示一个波形，必须对示波器做以下设定：电压比例；时基；触发电平（也可以将触发模式置于“自动”挡）；耦合方式（AC 交流、DC 直流或 GND 接地）。

（2）设置要领。

① 当用自动设置功能（AUTORANGE）就能够看清楚显示的波形时，可以结合手动设置（MANUAL）进一步微调即可。

② 当用自动设置结合手动设置功能仍不能看清楚显示的波形时，可按下述步骤进行操作：

a．用数字万用表测量信号电压，并根据测出的电压来设置电压比例。

b．将触发电平设定在信号电压的一半以上。

c．手动设定时基。大多数信号应在 1ms～1s。时基/频率表可以用来帮助选择时基，可以先用汽车示波器上的游动光标测量信号频率，然后确定所希望的显示波形的循环次数（个数），再从表中找到信号频率与循环次数（个数）的交点，这就是要确定时基数。

③ 当实在无法捕捉到波形时，可按下述步骤进行操作：

a．确认触发模式是在“自动（AUTO）”模式下。在“自动”模式下汽车示波器很可能不触发。

b．确认汽车示波器的屏幕显示并未处在冻结（HOLD）状态。若屏幕已被冻结，就按一下“解除”键。

c．确认信号是否真的存在。可以用数字万用表先检测电压，如果确信信号是存在的，用示波器和万用表不能够捕捉到，就需检查测试线和接线柱的连接情况。

d．确认耦合方式不在“接地”（GND）模式。若在“接地”模式，则任何信号都无法进入。

e．确认触发源是定义在所选择的通道上。

注意事项：

（1）测试点火高压线时，必须使用专用的电容探头，不能将示波器探头直接接入点火次级电路。

（2）使用汽车示波器时，注意远离热源，如排气管、催化器等，温度过高会损坏仪器。

（3）汽车示波器在测试时要注意测试线尽量离开风扇叶片、皮带等转动部件。

（4）测试时确认引擎盖的液压支撑是好的，防止引擎盖自动下降时伤及头部或损坏汽车示波器。

（5）路试中，不要将汽车示波器放在仪表台上方，最好是拿在手中测试。

5．尾气分析仪

下面以上海正峰工业有限公司生产的 SAK—114488 型尾气分析仪为例讲述其操作要点及使用注意事项。

（1）使用前的准备。

① 把排水管与尾气分析仪的排水口连接。

② 连接 220V 的电源线。

③ 把转速感应夹与圆柱形接口“1≡CYL”相连。

④ 把温度传感器与温度接口“TEMP≡C”相连。

⑤ 连接尾气采样系统。

a．把采样探头插入 6m 长的管子中。

b．把管子与 80cm 长的带外接过滤器（箭头指向分析仪）的管子相连。

c．将上述系统插入进气口“IN GAS”。

（2）仪器准备。

① 预热。打开开关，转速显示屏上出现“01”的字样，设备进入预热阶段，时间为 15min。预热结束，会出现“21”字样。

② 自动清零。当 RPM 显示屏上显示“21”时，则进入自动清零阶段。此阶段也可以按“清零”键“>0<”进行。

③ 待机状态。若一切正常则显示“03”，进入待机状态。

④ 测量。按“泵启动”可进行测量。

（3）测量。

① 温度测量：以温度探头测量油轨外壳温度。

② 转速测量：在气体参数读取过程中，按功能键“+”，显示屏可显示或设置发动机冲程数（2/4）。如已设置为四冲程，则此动作省略。将转速感应夹夹于高压线上，即可测量。

③ 废气检测：将采样探头插入排气管中，即可测量。

（4）关机。

小心取下上述各连接管路、接头，待显示屏出现“03”字样方可关机。

注意事项：

（1）非专门技术人员不得使用。

（2）工作环境要求干燥，通风良好。

（3）选用电压及频率合适的电源。

（4）远离水及其他液体，不得用湿布触摸设备。

（5）设备应避免冲击、振动。

（6）采样探头不得污染堵塞。

（7）分析仪应远离热源及空气污染处。

6. 发动机机油压力测试表

发动机机油压力测试表是用来测量发动机机油主油道压力的。其使用操作步骤如下：

（1）拔下机油感应塞电路连接器。

（2）用高压气体吹洗机油感应塞周围的脏物。

（3）拆下机油感应塞。

（4）用抹布擦拭机油感应塞安装处溢出的机油和污物。

（5）在安装机油感应塞处装上发动机机油压力测试表；

（6）启动发动机让其在怠速、中速和高速各运转 3～5s，并分别记下三种转速下机油的压力值。

（7）测试完毕让发动机熄火。

（8）拆下机油压力测试表，装回机油感应塞，连接好电路连接器。

（9）消除故障码。

注意事项：

（1）拆下机油感应塞前一定要让发动机熄火并泄压一段时间；测试完毕拆下机油压力测试表时也同样如此。

（2）用抹布擦拭机油感应塞安装处污物时，一定要小心，不能将污物带入主油道。

1.2.2 汽缸盖和配气机构修理工艺

1. 汽缸盖修理工艺

（1）彻底清除油污、积炭、结胶和水垢等。

（2）汽缸盖变形检修。汽缸盖变形主要表现为翘曲，其变形程度可通过检测汽缸盖下平面的平面度误差获得。方法如下：

① 将所测汽缸盖倒放在检测平台上。

② 将直尺或刀形尺沿两条对角线和纵轴线贴靠在汽缸盖下平面上。

③ 在直尺或刀形尺与汽缸盖下平面间缝隙处插入塞尺，所测数值即为汽缸盖变形量。

④ 汽缸盖下平面的平面度误差在整个平面上不大于 0.05mm。局部不平用刮研法修复。变形较大的可采用平面磨削的方法，但要控制磨削厚度，否则会导致燃烧室容积过分减小。

（3）汽缸盖裂纹检修。汽缸盖裂纹检查可采用水压试验或气压试验。方法如下：

① 将汽缸盖、汽缸体和汽缸垫按要求装合在一起。

② 将水压机水管接在汽缸体进水口处，并将其他水口封住。

③ 用水压机将水压入水套，压力为 0.2～0.4MPa 时保持 5min，汽缸盖表面、燃烧室等部位无水珠出现，表明无裂纹。

④ 在受力和受热不大的部位出现裂纹，采用环氧树脂黏结法，受热较大的部位出现裂纹时，应采用焊接法。

2. 配气机构修理工艺

（1）凸轮轴轴向间隙的检查。测量时，拆下挺杆，将百分表装在汽缸盖上。进排气凸轮轴磨损极限为轴向间隙不大于 0.20mm。

（2）凸轮轴油封的更换。

① 更换排气凸轮轴油封。在油封唇上轻涂机油，将导向套筒装在凸轮轴轴颈上，把油封装到导向套筒上，用冲头套筒和专用螺栓将油封压装在轴上。

装齿形带时，先检查安装位置，凸轮轴齿形带轮第一缸上止点标记要朝前，并对准汽缸盖罩上的标记，再将减振器标记与齿形带下体上的标记对正。但要注意摇转凸轮轴时，活塞切勿处于上止点，以防止气门碰伤活塞顶。

装上齿形带。拧紧力矩：凸轮轴齿形带轮与凸轮轴为 65N·m，多楔 V 带张紧轮装置与支座为 25N·m。

② 更换进气凸轮轴油封。按照排气凸轮轴油封装合方法装好油封。将霍尔传感器转子的凸起装入轮轴豁口内，安装垫圈（锥面朝外），装上传感器壳体和护罩，插上传感器插头，再装上多楔 V 形带。

拧紧力矩：霍尔传感器转子与凸轮轴为 25N·m，霍尔传感器壳体与汽缸盖为 10N·m。

（3）凸轮轴及液压链条张紧机构安装检查。

① 安装凸轮轴后经过 30min 方可启动发动机，液压阀补偿元件必须落座（否则将会碰撞活塞）。

② 修理配气机构后，应慢慢地转动曲轴至少两圈，以保证启动发动机时气门不碰撞活塞。

（4）液压挺杆的检查。更换整套损坏的挺杆（已损坏的不可修理），启动发动机时有不规则气门噪声属于正常现象。运转至冷却液温度达到 80℃后，将转速提高到约 2500r/min，再运转 2min（必要时应路试）。若不规则噪声消失后，短期内再出现，则须更换机油限压阀（在机油滤清器支座内）。若挺杆仍有噪声，应按以下步骤查明损坏的挺杆。

① 拆下汽缸盖罩，利用曲轴齿形带轮中心螺栓顺时针转动曲轴，直至待查挺杆的凸轮朝上，这时测出凸轮与挺杆的间隙值。

② 用楔形木棒或塑料棒压下挺杆，若凸轮与挺杆之间能插入 0.20mm 的塞尺，则应更换此挺杆。

（5）气门杆油封的更换。

① 拆下凸轮轴和挺杆（将其面朝下顺序摆放，不可混淆互换）。用火花塞扳手拆下火花塞，将相应活塞摇至上止点，把专用压力软管拧入火花塞螺孔。

② 装上进、排气门。将气门弹簧压缩工具用螺栓装在汽缸盖上，将相关气门调至正确位置（弹簧压缩工具上的上位为中间进气门位置，下位是其余两个进气门和两个排气门的位置）。装进、排气门时应对气门杆颈润滑。

③ 将压力软管接在空气压缩机上（压力至少为 600kPa），用螺纹芯棒及止推件压下并取出气门弹簧。然后轻击气门弹簧座取出锁块，用专用工具拉出气门杆油封。

④ 安装油封。把专用塑料套套在气门杆上（防止气门杆损坏新油封），油封唇口轻涂机油，把油封装在专用工具上，缓慢推到气门导管上。

（6）气门导管的检验与更换。

① 测定气门杆相对于气门导管的摆动量，气门杆端部与导管端面平齐时测量。进、排气门导管磨损极限均为 0.80mm。若超限，则更换导管或气门。

② 更换气门导管应使用专用工具进行拆换。

（7）气门座的铰削（若仅漏气，研磨即可）。

1.2.3 汽缸体和曲柄连杆机构修理工艺

1．汽缸体修理工艺

（1）汽缸体裂纹检修。如果汽缸体产生裂纹，会导致漏气、漏水或漏油现象。裂纹较大时，将使发动机无法工作。汽缸体容易产生裂纹的部位与其自身的结构有关，不同车型的汽缸体易裂部位也不尽相同，但大多发生在水套的薄壁处及应力集中的部位。

汽缸体裂纹的检查方法是水压试验。试验时，将汽缸体与汽缸盖分别进行，用专用的盖板封住水道口，用水压机或压缩空气加压（用压缩空气加压时，管路中要加装单向阀门，以防止水的倒流），要求在 0～0.4MPa 的压力下，保持约 5min，检查汽缸体、汽缸盖外表面及汽缸和燃烧室等部位，应无任何渗漏现象。

水压试验的压力不能过低，并且应该在彻底清除水垢的情况下进行，否则在清除水垢以后，可能发现新的裂纹。另外，镶配气门座圈、气门导管或汽缸套时，若过盈量过大都会造成新的裂纹。必要时，在这些工序之后，再进行一次水压试验。

汽缸体裂纹的修理方法有黏结、焊接和螺钉填补等，应根据裂纹的部位和损伤的程度，选择适当的修理方法。

① 环氧树脂黏结法。此法一般用于受力和受热不大的部位。先在裂纹两端钻 ϕ 3～4mm 的止裂孔，用砂布将裂纹周围磨光，沿裂纹开 60° 的坡口，坡口深度为壁厚的 2/3。坡口开

好后最好进行表面喷砂处理，使坡口的表面粗糙度 *Ra* 值为 5～20μm，然后对表面进行清洁和化学处理。在表面准备完毕后，就可涂胶，最后固化。涂胶时，槽口加热到 50～60℃，将事先配好的环氧树脂胶加热到 85～90℃，均匀地涂入槽口，固化条件依所用固化剂而定。

② 焊接法。此法一般用于受力较大的部位。按对焊件预热和不预热方式可分为热焊和冷焊两种。焊修前，应先确定裂纹长度，在裂纹两端各钻一个ϕ4～5mm 的止裂孔，并沿裂纹开 V 形坡口，坡口角度为 60°～70°，坡口深度为其壁厚的 2/3，坡口两侧 25mm 以内的表面用钢丝刷或砂布打光露出金属光泽。热焊时，将工件预热到 600～700℃焊接。焊缝金属冷却缓慢，焊缝与工件其他部位温差小，能有效地防止施焊部位出现白口铸铁和裂纹现象，但热焊变形及氧化比较严重。因此，热焊只限于对焊接质量要求高又不便于冷焊的部位。冷焊一般不预热（或预热到 400℃左右），采用有色金属焊条，执行严格的焊接工艺，以减少工件的变形。

（2）汽缸体螺纹孔检修。在发动机修理作业中，由于拆装不当或螺纹在工作中磨损造成螺纹损坏的，均可采用镶套法修理。如果螺孔周围及螺栓紧固部位附近龟裂现象严重时，应更换汽缸体。

螺孔螺纹损伤，通常用目测和将螺栓、火花塞旋入螺孔的方法进行检验。汽缸盖上装火花塞的螺孔螺纹损伤不得多于一牙，汽缸体与汽缸盖上其他螺孔螺纹损伤不得多于两牙。

镶套法修理时，将损坏的螺纹孔扩大，并按规定出螺纹，然后装入有外螺纹的螺栓套。螺栓套的内螺纹与原螺纹孔的螺纹尺寸相同，外螺纹则应与螺孔扩大后攻制的螺纹尺寸相同，必要时在螺套上加止动螺钉，防止螺套松动，如图 1-3 所示。

对于某些损伤的螺纹孔，也可以扩孔加工成修理尺寸的螺纹，然后配用加大的台阶形螺柱，如图 1-4 所示。

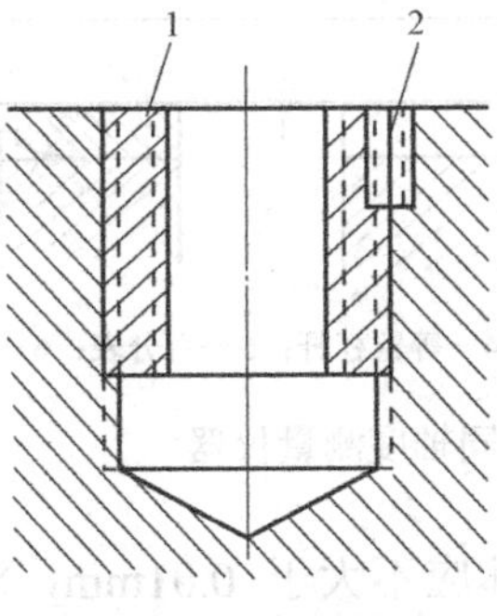

1—螺套；2—止动螺钉

图 1-3　镶配螺套

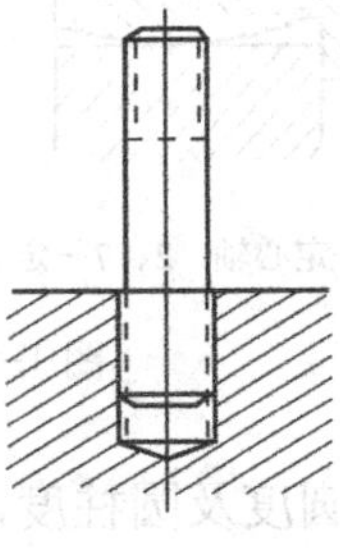

图 1-4　台阶形螺柱

（3）汽缸体变形检修。汽缸体在发动机使用过程中往往会产生变形。这种变形不仅破坏零件的几何形状，而且使配合表面的相对位置偏差增加。通过检验确定配合关系破坏的程度，进行整形修理，可使其配合关系得到恢复。

① 汽缸体基准面检修。

检查汽缸体上平面翘曲程度的要求与汽缸盖相同。检查汽缸体上下平面的平行情况。检查时首先用高度规或游标卡尺检查汽缸体两端的高度，以确定汽缸体顶平面与底平面的平行度。然后将汽缸体翻转，检查底平面至主轴承平面的距离，以确定主轴承座孔与汽缸体底平面的平行度。镗缸时这些平面是定位基准之一，直接影响到汽缸中心线与主轴承座孔中心线的垂直度。

一般要求汽缸体顶平面与底平面的平行度在全长上不应大于 0.05mm，在整个平面上应不大于 0.05mm，超过上述标准应进行修整。富康 TU32/K 发动机汽缸体平面不允许修磨。

汽缸体局部不平，可用刮刀刮平，顶平面螺纹孔周围的突起，可用油石、平面砂轮推磨，或用粗锉刀修整，较大的表面不平可以用平面磨床或铣床进行磨削和铣削，但一定要注意削去的金属不得太多，以免汽缸体报废，平面磨削汽缸体顶面最大加工量为 0.15mm。

② 汽缸体主轴承座孔、凸轮轴轴承座孔同轴度的检修。

将主轴承盖装上并按规定扭矩拧紧，先检查轴承座孔圆度及圆柱度，可用内径千分尺沿圆周测量 3～5 点，沿轴线方向测量三处，然后检验主轴承座孔及凸轮轴轴承座孔的同轴度。

图 1-5 所示为一种常用的汽缸体轴承座孔同轴度测量仪器。在轴承座孔中装入定心轴套 2、7，定心轴 1 支撑在轴套内，可轴向滑动。在定心轴上装有本体 6、等臂杠杆 4 及百分表 5。测量时，使等臂杠杆的球形触点 3 触及被测孔的表面，当转动定心轴时，如果孔不同轴，等臂杠杆的球形触头便产生径向移动，移动量经杠杆传给百分表，便能指示出孔的同轴度偏差。

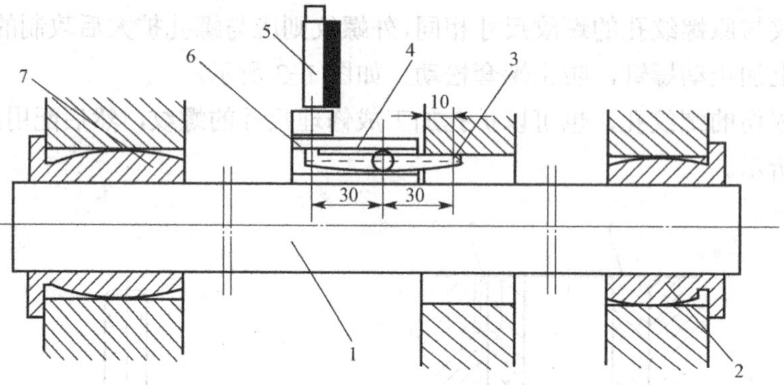

1—定心轴；2、7—定心轴套；3—球形触点；4—等臂杠杆；5—百分表；6—本体

图 1-5　汽缸体轴承座孔同轴度测量仪器

主轴承座孔的圆度及圆柱度，对于铸铁汽缸体应不大于 0.01mm，对于铝合金汽缸体应不大于 0.015mm。

（4）水套水垢、锈蚀现象处理。如果发动机长期使用普通水，容易产生水垢。如果发动机添加了劣质的防冻液，将会产生严重的腐蚀现象（特别是铝合金汽缸体和汽缸盖）。水垢过多、腐蚀均会影响发动机的性能和寿命，导致发动机过热等一系列不良现象出现。因此，应在检修中彻底清除水垢和腐蚀。

汽缸体出现严重腐蚀现象时，应对其更换或对腐蚀部位实施焊补；水套水垢较多时，可用专用的除水垢溶液进行清洗除垢。

2. 曲柄连杆机构修理工艺

1）曲轴检修

曲轴检修见表 1-2。

表 1-2 曲轴检修

损坏部位	出现原因	检测方法	修复方法
曲轴裂纹	曲轴裂纹一般是由冲击载荷所引起的，裂纹多发生在曲柄臂与轴颈之间的过渡圆角处，裂纹发展严重时，可能导致曲轴折断	曲轴裂纹可用浸油敲击法检查。具体做法是将清洗干净的曲轴放在煤油中浸泡，再把曲轴取出擦净，表面撒上白粉，然后用锤子沿轴向敲击曲轴非工作面，白粉中如有明显裂纹状油迹出现，则该处有裂纹。曲轴裂纹还可用磁力探伤法来检查	曲轴裂纹发生在非受力部位或裂纹不会延伸时，可以修复。曲轴裂纹在曲柄臂与轴颈等受力部位时，应换用新件
曲轴变形	多数是由使用或修理不当造成的，严重变形一般是由机械事故引起	将曲轴第一道和最后一道主轴颈搁置在检验平板的 V 形块上，将百分表触点垂直地触及中间一道主轴颈，转动曲轴，此时百分表指针所示的最大摆差，即为曲轴主轴颈的同轴度偏差。一般要求中型货车应不大于 0.15mm，轿车不大于 0.06mm	曲轴弯曲校正常采用冷压校正；曲轴扭曲校正，可直接在曲轴磨床上结合连杆轴颈磨削来进行
曲轴轴颈磨损	轴颈表面擦伤是由润滑油不清洁或发动机内残存有金属屑等坚硬杂物造成的。烧伤是由润滑油压力不足或轴颈与轴承之间间隙过小等原因造成的	曲轴轴颈磨损通常用外径千分尺进行测量。每个轴颈测量两个截面，每个截面测量 3～4 个点的直径，将每次测量的直径值记录下来，最后计算出曲轴各轴颈的圆度及圆柱度，计算方法与测量汽缸的方法类似	曲轴轴颈的磨损超过技术要求后，应采用修理尺寸法来恢复轴颈的几何形状。如果存在擦伤或烧伤等损伤，也可用上述方法来修理
曲轴轴承损坏	（1）磨损：轴承在工作中负荷大，与曲轴轴颈产生高速摩擦；尤其在发动机低速运转或启动时，由于润滑油膜难以建立，易产生干摩擦，致使轴承产生磨损； （2）轴承长期在交变冲击载荷条件下工作，轴承合金有时会产生疲劳裂纹，严重时会造成合金剥落； （3）曲轴轴承在润滑油不足的条件下工作时，常会导致轴承合金熔化，引起烧瓦抱轴事故	检测前应将曲轴主轴承及主轴承座和主轴承盖清洗干净。若存在明显的环状沟槽或麻点时，予以报废。轴承与主轴颈的配合间隙应不大于 0.15mm，配合间隙接近极限值时，应予以更换	在发动机大修时，必须更换曲轴轴承

2）连杆检验

（1）弯曲和扭曲。连杆弯曲和扭曲的检验是在连杆检验器上进行的。检验前，应按规定扭力把连杆盖用螺栓拧紧，如有调整垫片也应装入。然后，把连杆装在检验器上。连杆小端装衬套和活塞销。采用如图 1-6 所示的方法，通过测定活塞销的两端高度差即可了解连杆弯曲状况；采用如图 1-7 所示的方法，也可通过测定活塞销两端高度差了解连杆的扭曲状况。

连杆弯曲的允许量：在 100mm 长度上为 0.05mm。扭曲的允许量：在 100mm 长度上为 0.01mm。

（2）双重弯曲。如图 1-8 所示，首先测量小头孔端面与平板间的距离，然后将连杆翻转 180°，测量小头孔另一端面与平板间的距离，两端面距离之差即为双重弯曲量。通常，连杆不允许存在双重弯曲。

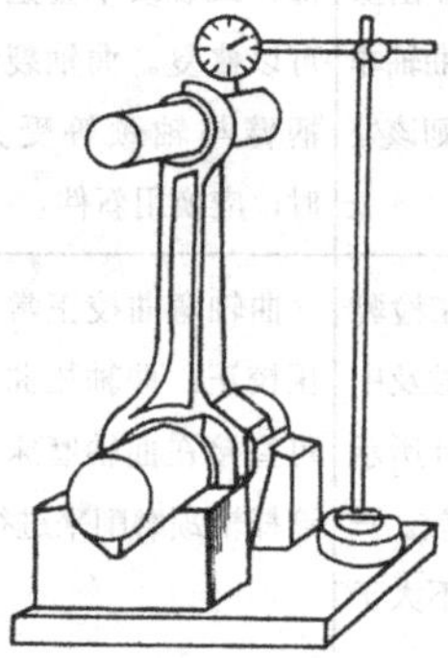

图 1-6　连杆弯曲的检验

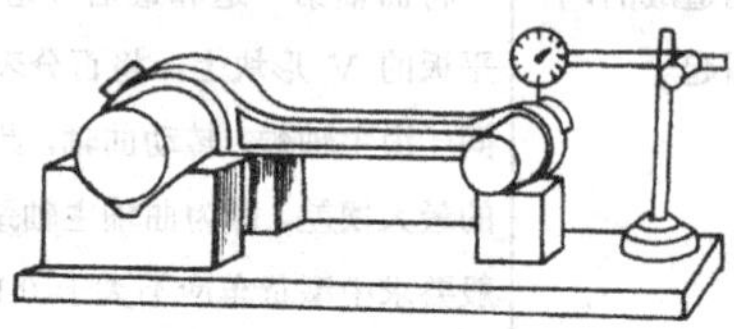

图 1-7　连杆扭曲的检验

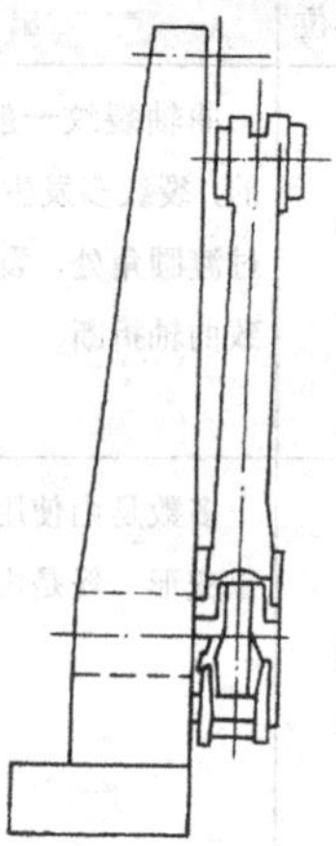

图 1-8　双重弯曲的检验

1.2.4　润滑系统修理工艺

1. 润滑系统检修

（1）机油压力过低。当机油压力低于标准压力时，一般是由于润滑系统的故障和曲轴主轴颈及连杆轴颈和轴承之间的间隙过大。曲轴主轴颈与轴承间隙大于 0.01mm 时，机油压力将下降 9.8kPa。因此，当发动机机油压力不正常时，除了应检查润滑系统外，还应该注意到曲轴轴颈及连杆轴颈与轴承的配合间隙和机油的牌号。

当发动机工作时，机油表压力过低时，可按下列顺序检查：

① 用机油尺检查机油量和机油黏度是否符合要求。油量不足应及时加油，机油黏度不够，要更换黏度较高的机油。

② 检查机油压力表是否良好，拆下机油感应塞导线使之接地，接通点火开关，机油压力表指针应迅速上升，若指针不动，表示机油压力表有故障，应检修或更换机油压力表。

③ 如机油压力表正常，检查机油感应塞。将机油感应塞拆下，启动发动机，如果从主油道喷出的机油有力且无气泡，说明机油感应塞有故障。若喷油压力很低，说明油路有故障。

④ 检查限压阀弹簧是否过软，钢球是否磨损造成不密封。属限压阀故障的，应更换损坏的零件。

⑤ 如上述检查良好，拆下油底壳，检查集滤器是否堵塞，清洗集滤器。

⑥ 如集滤器未堵塞，检查机油泵是否磨损严重。

⑦ 如机油泵良好，应紧固曲轴主轴承和连杆轴承螺栓。

发动机工作时，如机油压力不足，而机油滤清器处有油漏出，则为机油太脏，滤清器被堵死，而旁通油路又不能开启所致。

（2）机油压力过高的原因一般为机油黏度较高，限压阀弹簧调整过硬，油道堵塞，新装发动机曲轴、凸轮轴装配过紧等。

（3）机油消耗过多。发动机一般正常的机油消耗量约为每百千米 0.1～0.5L，发动机磨损严重时，机油消耗可达每百千米 1L 或更高。

机油消耗过多的原因有以下几种：

① 汽缸及活塞环磨损严重，活塞环安装不正确，机油被刮进燃烧室烧掉。

② 有空气压缩机的发动机，空气压缩机汽缸进油，机油被压缩空气带走。

③ 曲轴箱通气道进气口堵塞，油底壳机油从出气管被吸进汽缸烧掉。

④ 漏油。

2．机油泵拆装与检修

1）机油泵解体（以齿轮式机油泵为例）

（1）拆下泵盖，取出被动齿轮。

（2）有限压阀的，拧出限压阀螺塞（将垫片收放好），取出调压弹簧和钢球（或柱塞）。

（3）取出泵盖上限定集滤器的开口销或泵体与集滤器的连接螺钉，取下集滤器。

（4）用锉刀锉去传动齿轮固定铆钉头，顶出铆钉，取下传动齿轮；抽出泵轴及主动齿轮。如有必要，取出被动齿轮轴。

（5）清洗全部零件。

2）齿轮式机油泵检修

（1）主被动齿轮啮合间隙的检查（拆卸前或装配后进行）。用塞尺在互成 120° 的三点测量，啮合间隙一般为 0.05～0.25mm，各测点间隙差不应大于 0.1mm。啮合间隙超过 0.35mm，应更换齿轮。

（2）主动轴的轴向间隙一般为 0.03～0.08mm，最大不超过 0.12mm；从动齿轮轴的轴向间隙一般为 0.02～0.05mm，超过 0.15mm 应修理。

（3）泵盖应平整，平面度大于 0.05mm 时应磨平。

（4）用百分表进行主动轴的弯曲检查（拆下进行），指针摆差不得超过 0.06mm，否则应校直。

（5）主动轴与轴套配合间隙为 0.03～0.08mm，最大不得超过 0.12mm，否则，应将轴镀铬加粗，同时铰削轴孔修复配合，或更换新件，或将孔铰大 0.25mm、0.50mm，换加大直径的轴。

（6）盖与齿轮端面间隙检查。用一小段软金属丝（熔丝）放在齿轮端面，安装盖子，拧紧螺钉，然后再松螺钉，取下盖子，检查金属丝被压扁后的厚度，即为齿轮与盖之间的间隙。若间隙不当，可增减垫片或磨削泵壳与盖的接合面。

（7）限压阀弹簧过软，球阀磨损、失圆、麻点严重，应更换。

（8）齿顶与泵壳之间的间隙应为 0.05～0.15mm，最大不超过 0.35mm，间隙过大应换齿轮。

1.2.5 冷却系统修理工艺

1. 水泵维修

1）水泵解体

（1）拆下泵盖和密封垫。

（2）用专用工具拆下风扇皮带轮。

（3）将泵体放在85℃左右的水中浸泡后，用专用工具压出水泵轴承，取下水封及水泵叶轮组件。

（4）用专用工具压下水泵轴。

2）水泵检查与修理

（1）检查泵壳和皮带轮有无损伤。泵壳裂纹可进行焊接或更换；壳与盖接合面变形大于0.05mm，应予以修平。

（2）检查水泵轴有无弯曲和轴颈磨损程度，轴端螺纹有无损坏。水泵轴弯曲大于0.05mm，应冷压校直。

（3）轴承轴向间隙大于0.30mm，径向间隙大于0.15mm，应予以更换。

（4）检查水泵叶轮叶片有无破损，叶轮上轴孔是否磨损过甚。叶片破损，应予以焊修或更换；轴孔磨损过甚可进行镶套修复。

（5）检查水封、胶木垫、弹簧等零件的磨损及损伤程度，如有损伤应予以更换。

（6）检查皮带轮毂与水泵轴配合情况。装泵轴的孔磨损过甚，可镶套修复或更换。

3）水泵装配

（1）水泵轴与轴承的配合，一般为-0.010～+0.012mm，大修允许为-0.010～+0.030mm。

（2）水泵轴承与承孔的配合，一般为-0.02～+0.02mm，大修允许为-0.02～+0.044mm。

（3）水泵轴与叶轮承孔的配合，无固定螺栓（螺母）的，一般为-0.04～-0.02mm，有固定螺母的，一般为-0.01～+0.01mm。

（4）水泵叶轮装合后，一般应高出泵轴0.1～0.5mm。

（5）水泵装合后，叶轮外缘与泵壳内腔之间的间隙一般为 1mm；叶轮与泵盖之间应有0.075～1.00mm的间隙。

（6）各部螺栓、螺母应按规定的力矩拧紧，锁止应可靠。

（7）水泵下方的泄水孔应畅通。

（8）水泵装合后，应对水泵轴承加注规定牌号的润滑脂。

4）水泵装合后的试验

（1）水泵装合后，用手转动皮带轮，泵轴转动应无卡滞现象；水泵叶轮与泵壳应无碰擦现象。

（2）将水泵装在实验台上按原厂规定进行规定转速下的压力-流量试验。例如，解放CA6102型发动机水泵规定在转速为2000r/min时，水泵的流量不少于140L/min，压力不得低于40.4kPa；当转速为3300r/min时，水泵流量不得少于240L/min，压力不得低于121.2kPa。东风EQ 6100—1型发动机水泵转速为2000r/min时，水泵流量不得低于220L/min，压力不得低于49kPa。

2. 散热器检修

1）散热器清洗

清洗水垢采用化学法，即利用酸或碱类物质与水垢的化学反应，生成可溶于水的物质将水垢清除。清洗时，最好采用循环法，即先用酸性溶液洗涤，再用碱性溶液冲洗中和，清洗时除垢剂以一定的压力（一般为 10kPa），在汽缸体水套或散热器内循环，一般经 3～5min 后即可清洗完毕。

如果散热器内积垢严重时，应拆去上、下水室，用通条疏通。

2）散热器检查

将散热器进出水口堵死，在散热器内充入 50～100kPa 压力的压缩空气，并将其浸泡在水中，检查有无气泡冒出。如有渗漏部位时应做好记号，以便焊修。

3）散热器修理

（1）焊漏。焊漏后切断的冷却管数量不得超过管数总量的 10%，切断散热片的面积不得大于迎风总面积的 10%。为此，在用焊锡焊漏时，最好使用小型号的乙炔焊炬加热，因其小巧玲珑，可以大大减少为伸入散热器而切断的散热片和冷却管，使散热器焊漏后尽可能多地保留散热面积。

（2）疏整散热片。

（3）检查散热器盖与膨胀箱。目前汽车发动机均采用密封式冷却系统，冷却液能否在沸点以上不汽化，保持良好导热冷却能力，以及冷却系统能否防止冷却液过量消耗，从而减轻水垢沉积速度，关键在于散热器盖和膨胀箱的工作性能。散热器盖可用专用手动气泵检查：压力阀的开启压力应在 73.5～103kPa，真空阀的开启压力应为 0.98～11.8kPa，膨胀箱应无渗漏、箱盖密封良好，通气孔畅通。否则就会破坏冷却液的回流，必须立即更换。

冷却系统修理竣工时，应进行系统泄漏试验。系统内压力为 103.4kPa 时，2min 内应无压力降低；发动机转速为 3000r/min 时，随转速的变化，系统的压力应不改变。若压力随发动机转速的变化而变化，说明压缩气体或燃烧室内的气体已进入冷却系统，若数次快速改变发动机的转速可看到有冷却液从排气管排出，则应检修汽缸体、汽缸盖的裂纹及更换已损坏的汽缸垫。

1.2.6 汽油机燃油进气系统修理工艺

1. 电动汽油泵检修工艺

1）电动汽油泵工作控制

装有电控燃油喷射（EFI）系统的发动机，当点火开关拧转到“ON”位置时，汽油泵运转 2s 后停止，只有发动机启动后汽油泵才继续工作。

2）电动汽油泵检修

（1）拆下汽油泵，用数字万用表电阻挡测量汽油泵线圈电阻。在 20℃时，标准电阻值为 0.2～3.0Ω。如超出标准电阻值范围，则应更换汽油泵。

（2）将蓄电池正极与汽油泵正极相连，负极与汽油泵负极相连，检测汽油泵的运转情况。注意：必须在 10s 内完成，以免汽油泵线圈烧毁。

2．喷油器检修工艺

1）喷油器驱动方式

喷油器驱动方式有两种：电压控制方式和电流控制方式。电压控制方式驱动电路既适用于低阻值喷油器又适用于高阻值喷油器，而电流控制方式驱动电路只适于低阻值喷油器。

2）喷油器及其控制电路检修

（1）喷油器检测。主要进行喷油器线圈电阻、喷油量、雾化效果及针阀卡滞和泄漏检测。

（2）喷油器电路检测。主要检测喷油器与 ECU 间的导线和连接器是否良好。

3．怠速控制阀检修工艺

1）步进电动机式怠速控制阀检修

（1）拆下怠速控制阀，检测线圈电阻是否正常。

（2）给怠速控制阀四个线圈依次通电，怠速控制阀应逐渐关闭；若依相反顺序通电，则怠速控制阀逐渐打开。如怠速控制阀工作不正常，应更换怠速控制阀。

（3）检测连接线束和 ECU 控制是否正常。

2）电磁式怠速控制阀检修

（1）拆下怠速控制阀，测量电磁线圈电阻是否符合要求。

（2）分别给两个线圈施加电压，阀门应交替开启和关闭。如不正常，应更换怠速控制阀。

（3）检测连接线束和 ECU 控制是否正常。

4．电控单元（ECU）检测

1）检测

（1）导线连接器检测。检测时，可用手轻微摇动连接器，查看是否有松动，若有松动，应拔下连接器，检查接触片是否被腐蚀，若有腐蚀现象，则须用铜刷或电器接触清洁剂将其除去。安装时，可用专用的导电油脂涂抹，以防腐蚀。

（2）检测 ECU 的电源线、搭铁线是否良好，并检查 ECU 上的所有搭铁线是否有腐蚀。如果上述检测一切正常，可用替代法确定 ECU 是否有故障。

（3）检测 ECU 的闭环控制情况。在氧传感器良好的情况下，启动发动机并使其怠速运转，检测氧传感器的信号电压。在正常情况下，其信号电压应在 0.1～0.9V 不断变化，否则，说明 ECU 有故障。

2）检测注意事项

（1）不得损坏导线、连接器，避免短路或接触较高的电压。

（2）慎重使用电子检测设备和仪器，高电压会使 ECU 芯片内部电路短路或断路。检测时，最好使用兆欧级阻抗的数字万用表。

（3）没有适当的工具和有关知识，禁止拆卸、检测 ECU。

（4）所有的高压元件距离传感器或执行装置的控制线至少在 25mm 以上。

（5）防止静电对 ECU 的损害。

1.2.7 柴油机燃料供给系统维修工艺

下面以 YC6105QC 发动机的 A 型喷油泵为例，讲述柴油机喷油泵各缸供油时刻及供油提前角的检查与调整。

1．柴油机喷油泵各缸供油时刻的检查与调整

将喷油泵安装在喷油泵试验台上，采用溢流法来检查调整喷油泵各缸供油时刻。

（1）将油量控制杆推至最大喷油位置。

（2）利用喷油泵试验台内部专设的高压输油泵供给高压柴油，通过油路转换阀进入喷油泵油腔中。当柱塞处于下止点，柱塞套上的进油孔露出时，高压柴油便克服出油阀弹簧压力把出油阀顶开，柴油从标准喷油器的回油管中流出。

（3）缓慢转动喷油泵凸轮轴，使第一缸柱塞逐渐上行到柱塞刚刚遮住柱塞套上的进油孔时，高压油被切断，回油管立即停止流油。这就是第一缸柱塞的开始喷油时刻。

（4）此时，将实验台上的指针对正刻度盘上的零度，这样反复试验几次，最后确定指针对刻度盘的位置。

（5）第一缸柱塞开始喷油时，要求联轴器上的刻线记号与喷油泵的壳体前盖上的记号对正，若已超过刻线，应将 A 型喷油泵挺柱上的正时调整螺钉旋出，若未到达刻线，应将 A 型喷油泵挺柱上的正时调整螺钉旋入。经反复调整，直到刻线对正，第一缸柱塞的开始喷油时刻调整结束。

（6）第一缸柱塞的开始喷油时刻调整结束后，以第一缸为基准，调整其他各缸的喷油间隔时间。

技术要求：各缸喷油间隔角误差为±0.5°。

2．供油提前角的检查与调整

供油提前角的检查与调整是在喷油泵调校完毕后，喷油泵总成装车时进行的。

（1）拧松喷油泵的第一缸高压油管接头螺母。

（2）顺时针慢慢转动曲轴，直到出油阀的油面开始波动为止。

（3）观察 V 带轮减振器上的刻度盘与上止点指针所指的刻度值是否在 16°～20°。

（4）松开空压机与喷油泵之间联轴器的两个紧固螺钉。

（5）缓慢地转动供油自动提前器，如果加大供油提前角，则将供油自动提前器向外旋转，如果减小供油提前角，则将供油自动提前器向里旋转。

（6）拧紧联轴器的两个紧固螺钉。

（7）复测供油提前角，如果不符合要求，应该重新调整，直到符合要求为止。

技术要求：YC6105QC 型柴油机供油提前角为 16°～20°。

3．喷油器调校

1）准备工作

喷油器调试前，应做好喷油器试验器使用准备工作。试验器的压力指示表示正确。进行试验器密封性试验。

2）喷油压力调校

检查时，将喷油器上的调压弹簧调整螺母的锁母旋松，将喷油器装到试验器上，放气并将连接部位拧紧。快速按下试验台手柄若干次，待喷油器内的细小杂质和油污排出后，再缓慢地按动手柄（以 60 次/min 为宜），同时观察油压表。当读数开始下降时，即为喷油器的开启压力，其数值应符合技术条件。例如，YC6105QC 型和 YC6110Q 型柴油机喷油器的喷油压力为 18.62±0.49MPa。若喷油压力不足，应先调节调压弹簧的预压力来调整喷油压力。因喷油器结构不同，调压方法一般有两种：一种是通过调压螺钉来调整；另一种是通过改变垫片的厚度来调整喷油压力。如日本丰田 L 系列柴油机，其喷油器调整垫片的厚度由 0.90～1.95mm，每 0.025mm 间隔一片，共 43 片，垫片的厚度每变动 0.025mm，喷油压力将变化 343kPa。采用垫片调整喷油压力时，每只喷油器只能用一只垫片。

3）喷雾质量调校

以 30～60 次/min 的速度连续按下试验台手柄，检查喷油器的喷油质量。对多孔式喷油器各喷孔应形成一个雾化良好的小锥状油束，各油束间隔角应符合原厂规定。对轴针式喷油器，要求喷雾为圆锥形，不得偏斜，油雾细小均匀。

每次喷油时，伴随针阀的开启应有明显、清脆的爆裂声，雾化锥角符合规定，不得有后期滴油的现象。如喷雾质量达不到要求或有后期滴油现象，应重新清洗喷油器或更换偶件。

4）密封性试验

按动试验台手柄，将油压控制在 0.98～1.98MPa 的状态下，喷孔和固定螺母周围在 10s 内不得出现滴漏现象。否则应重新装配和调整，仍不符合要求时，应换用新喷油器。

4．喷油泵检修工艺

喷油泵检修一般按下列工艺顺序进行。

（1）喷油泵解体。

（2）柱塞副检验与修理。

（3）出油阀检修。

（4）输油泵检修。

（5）调速器检修。

（6）喷油泵装配。

（7）喷油泵在试验台上的安装。

（8）供油时间调试。

（9）调速器调试。

（10）供油量调试。

（11）喷油泵调试后的复验。

1.2.8　喷油泵实验台的功能与使用方法

1．喷油泵试验台的功能

TLD—D 多功能型喷油泵实验台具有以下功能。

（1）测试不同转速下各缸供油量。

（2）静态检查各缸供油时间。

（3）检查调速器性能。

（4）分配泵电磁阀试验。

（5）检查气动调速器性能。

（6）检查增压补偿器性能。

（7）检查分配泵输油供油能力。

（8）测量分配泵泵体内压。

（9）检查气膜调速器负压性能。

（10）进行喷油泵密封性试验。

（11）可调试喷油泵类型：I、II、III、P、P7、A、B、C、K、M、Z、ZW、VE、WR、W、Y、ZV。

2. 喷油泵实验台的使用方法

以N32000喷油泵实验台为例，讲述其使用方法。

1）启动程序

打开计算机电源，启动Windows，实验台程序将自动被执行，屏幕显示主界面。在屏幕上有5只数字表显示，包括转速表、量油次数表、提前角、正负压力表、温度表。界面上还有若干按钮，用来完成各种功能。

2）预置转速

在转速表和量油次数表下面有10个圆形按钮，用鼠标单击“转速”按钮，该按钮变成红色，表示选择了该挡预置转速，按钮下面的数字表示预置转速值。

在停车状态下，该转速值同时显示在转速表中（当以浅蓝色显示时为预置值，以红色显示时为实际转速值）。单击转速表下面的两个按钮，转速值加1或减1；按住该按钮不放，转速值将快速变化。

在停车状态下，单击转速表，屏幕上弹出小键盘窗口，使用这些键可直接输入一个预置值，确定后按“OK”键，若有错误使用“删除”键消除。

重复上面的步骤可对所有的预置挡进行设置。

3）启动主电机

首先选择一个预置挡，然后单击“正转”或“反转”按钮，主电机启动，同时，“正转”或“反转”按钮变为高亮色显示，表示正在运行；按“停止”按钮，主电机停止。

在运行状态下，转速表显示当前的实际转速。单击任意一个“预置”按钮，主电机将按该预置挡设定的转速运行。

4）自动调速

系统可实现自动调速，使实际转速尽量与预置转速相同，当主电机从停止转为运行，或从当前转速切换到另一个预置转速时，程序使自动调速变为无效；待主电机转速达到稳定时（延时数秒），使自动调速变为有效，某个按钮变为高亮色显示。在任何时候都可以单击该按钮，使自动调速有效。

5）量油计数

（1）设定量油计数。在停止状态下，量油计数表显示的是前一次的计数值，单击“停止”

按钮，则显示预置的量油次数。单击“预置”按钮，预置的量油次数显示在表中，同时屏幕上弹出小键盘窗口，可直接输入量油次数，方法与预置转速相同。也可使用数显面板上的“次数加”/“次数减”按键以 50 次为单位修改量油次数。

（2）计数/停止。按“计数”按钮开始计数。程序检测到计数信号后，使继电器动作，然后从 0 开始计数，当达到设定的量油次数时，断开继电器，计数结束，单击“停止”按钮可随时停止计数。量油次数表显示最后的计数值。

6）使用温控

在温度表的下面有三个按钮，按钮用来切换实际温度和设定温度的显示。单击该按钮，使其变为高亮色显示，此时温度表显示的是设定温度。使用上面两个按钮修改设定温度值，每单击一次，温度值增加或减少 1℃。

单击第三个按钮，使其变为正常温度显示。温度表显示当前实际温度。单击“温控”按钮，使其变为红色，此时温控有效。温控程序通过控制加热和风冷，使油温保持在设定的温度值上。再次单击“温控”按钮，取消温控，此时按钮恢复正常显示。

7）其他操作

“油泵”按钮控制油泵电机的启动/停止。每单击按钮一次，按钮的颜色变化一次。当为红色显示时表示油泵启动，当为浅色显示时表示油泵停止。

“查询”按钮用于实现各种型号喷油泵资料的查询。

“打印”按钮用于实现校验报告的打印。

“退出”按钮的作用是退出程序，返回 Windows 界面。

1.2.9 发动机主要零部件修理技术要求

1. 汽缸体组件装配技术要求

（1）装配时应更换中间轴密封凸缘油封、曲轴前油封及凸缘衬垫。

（2）主轴承盖紧固螺栓应按规定力矩依次按顺序分次拧紧。

2. 活塞连杆组件装配技术要求

（1）装配活塞环时应将“TOP”标记朝向活塞顶，活塞环与环槽的侧隙为 0.02～0.05mm。在活塞环上端面距汽缸顶 15mm 处测量端隙，第一道环为 0.30～0.45mm；第二道环为 0.25～0.40mm；油环为 0.25～0.50mm。

（2）连杆螺栓 M9×1 的拧紧力矩为 45N·m；M8×1 的拧紧力矩为 30N·m。连杆标记朝向带盘。

3. 汽缸盖组件装配技术要求（以 JV 发动机为例）

（1）安装时应更换所有密封条或密封衬垫，将汽缸盖衬垫标有“OPEN TOP”字样的一面朝向汽缸盖安装。

（2）安装凸轮轴时，用 20N·m 的力矩先对角交叉地拧紧第二、四道凸轮轴承盖，再用同样的力矩拧紧第一、三、五道轴承盖。装好凸轮轴油封后，用 80N·m 的力矩紧固凸轮轴正时齿轮螺栓。

（3）安装气门油封时，应先在油封上涂机油，再用塑料导套和专用工具把气门油封装入。

（4）安装好凸轮轴后，发动机在 30min 内不得启动，以便液压挺杆的补偿元件进入状态，否则气门将撞击活塞。

4．曲轴飞轮组装配技术要求

（1）应分多次从中间向两端拧紧主轴承盖紧固螺栓，其拧紧力矩为 65N・m。

（2）装复整体油封前，应使油封与曲轴同心。

（3）油封松紧度应适当。

（4）曲轴轴向间隙为 0.07～0.17mm，径向间隙为 0.03～0.08mm。

5．安装中间轴和中间轴齿带轮技术要求

（1）中间轴齿带轮固定螺栓最终拧紧力矩为 80N・m。

（2）中间轴轴向间隙为 0.10～0.25mm。

6．安装机油泵和油底壳技术要求

（1）机油泵盖长螺栓拧紧力矩为 20N・m，短螺栓拧紧力矩为 10N・m。

（2）机油滤清器盖紧固螺栓拧紧力矩为 25N・m。

（3）油底壳紧固螺栓拧紧力矩为 20N・m。

7．安装火花塞和爆震传感器技术要求

安装火花塞和爆震传感器的规定力矩均为 20N・m。

8．安装齿形带技术要求

齿形带的张紧力应符合技术要求，即用手捏住凸轮轴齿带轮和曲轴齿带轮中间的齿形带用力翻转时，齿带刚好转过 90°。

9．安装喷油系统技术要求

（1）所有喷油器供电电压正常。

（2）喷油器电阻额定值为 15.9±0.35Ω。

10．安装进、排气歧管总成技术要求

所有紧固螺母要按规定力矩拧紧。

11．安装其他附件技术要求

（1）启动机紧固螺栓拧紧力矩为 20N・m。

（2）用拇指全力压下空调压缩机 V 带中点，允许最大挠度为 10～15mm。

（3）水泵 V 带张紧度检查。在曲轴 V 带轮和发电机 V 带轮中间部位，用拇指压下 V 带，允许的最大挠度为 5mm，否则应重新调整检查。紧固螺栓最终拧紧力矩为 35N・m。

1.2.10 发动机装配与磨合工艺

1．发动机装配

1）发动机装配一般原则

发动机装配应贯彻边清洁、边检查、边润滑、边调整、边组装的原则。清洁是指在零件安装前应清洗、擦拭干净，避免在装配过程中将外部的硬质题粒（磨料）带入配合面，加剧工作时的磨料磨损；同时通过清洗，确保润滑油道的畅通。检查是指在重要配合副安装前，应检查其配合间隙，装配过程中的检验是对各种零件和组合件进行检查的最后一次机会，任何装配过程中的疏忽大意均有可能造成发动机早期故障或缩短发动机工作寿命。另外更为重要的是，零件修理过程中往往着重于某一配合副配合关系的恢复。当几个零件串联安装时，在各配合副配合关系满足技术要求的情况下，累计误码率差有可能达不到要求，而且这一累计误差情况也只能在组装过程中才能测量。如在连杆活塞组的安装过程中，活塞在上止点时其顶面与汽缸体上平面的相对位置关系就受到曲轴、连杆和活塞累计误差的影响。润滑是指在安装前在动配合副零件的工作表面必须涂上机油，保证在发动机总装完成开始试验时，各配合副之间就有一定的润滑（边界润滑），避免干摩擦的发生。调整主要是针对检查过程中发现的问题进行的。

2）发动机装配要求

（1）准备装合的零部件和总成都要经过检验或试验，必须保证质量合格。

（2）装配前要认真清洗零件和工具、工作台，特别是汽缸体的润滑油路需彻底清洗疏通，而后要用压缩空气吹干。

（3）所有密封件、锁紧保险件和金属销子等在大修装配时应全部换新件。

（4）不可互换的机件如汽缸体与飞轮壳、各活塞连杆组、各轴承对进、排气门等应对好位置和记号，不得错乱安装。有安装方向要求的零件，必须按规定安装方向进行安装。

（5）所有螺纹连接件应按规定扭矩拧紧。有些螺栓、螺母必须按规定的顺序依次拧紧，如缸盖螺栓和连杆螺母等；有些螺栓最终的拧紧位置是按规定的次数拧到一定的扭矩后再拧转一定的角度，如桑塔纳发动机汽缸盖螺栓，第一次拧紧扭矩为 40N·m，第二次拧紧扭矩为 60N·m，第三次拧紧扭矩为 75N·m，第四次拧紧为再转 90°（1/4 圈）。

（6）关键部位的重要间隙必须符合标准规定，如活塞与缸壁间隙、轴与轴承间隙、曲轴、凸轮轴的轴向间隙等。

（7）相对运动零件的工作表面，装配时应涂以清洁的润滑油，如轴承与轴颈、活塞环与汽缸壁间的润滑。

（8）保证各密封部位的密封性，不应有漏水、漏气和漏油现象。

3）发动机装配程序

不同型号的发动机装配的程序大致一样，只有少数因结构不同而略有区别，一般按下列程序装配。

（1）汽缸体装配。汽缸体的装配按曲轴及曲轴轴瓦、活塞及连杆、机油泵及集滤器、发动机后悬置、机油过滤器、发动机前悬置（右侧）、前端板、排水螺塞、水泵及预热器软管、交流发电机及支架、发动机前悬置（左侧）、后油封、后端板、飞轮、曲轴后端小轴承的顺序进行。

（2）汽缸盖装配。汽缸盖的装配按气门、气门弹簧及气门油封、汽缸盖及衬垫、气门推杆及挺柱、摇臂轴总成、汽缸盖罩及衬垫、火花塞及进、出水口管、油管及真空管、进排气管、后端盖的顺序进行。

（3）正时传动带、正时带轮及凸轮轴装配。正时传动带、正时带轮及凸轮轴的装配按凸轮轴、曲轴正时带轮、凸轮轴正时带轮、正时传动带及张紧轮、正时传动带护罩、曲轴带轮、风扇带轮及V带、机油盘、汽油泵、分电器等顺序进行。

（4）装配各附件及其他配合件。

2. 发动机磨合工艺

1）磨合目的

大修的发动机，为了延长其寿命，保证其工作可靠，提高动力性和经济性，装配后应进行磨合试验。通过磨合试验，能够全面检查发动机的修理质量。

2）磨合试验规范

磨合分为冷磨合和热磨合两个阶段，其中热磨合又分为无负荷热磨合和有负荷热磨合两个阶段。发动机的磨合规范包括发动机转速、施加的负荷大小和磨合期各阶段的磨合时间。

（1）发动机冷磨合。

冷磨合时，一般采用低黏度的润滑油，其流动性好，导热作用强，可降低表面温度，避免磨合时发生磨损。通常用20号机械油或车用6号机油加15%的煤油作为润滑油。

开始磨合时的转速是影响冷磨合的重要因素。转速一般以550～600r/min为宜，然后在此基础上逐步增加，每一级以100～200r/min递增。整个冷磨合时间不得少于2h。

（2）发动机热磨合。

热磨合是将冷磨合后的发动机装上全部附件后放在磨合台架上，利用自身的动力运转。除进一步磨合外，主要是对发动机的工作进行检查调整。

无负荷热磨合。发动机无负荷热磨合是指发动机不加载荷逐渐增速所进行的磨合，磨合过程中，还要对发动机的油路、电路进行必要的检查和调整，并及时排除故障。

有负荷热磨合。发动机经过冷磨合及无负荷热磨合之后，还须进行有负荷热磨合，即通过加载装置对发动机逐渐加载增速进行磨合。

有负荷热磨合分一般磨合和完全磨合两种，一般磨合所需时间短，经一般磨合的发动机只能进行个别点的测试（如最大功率点、最大扭矩点及最低耗油点的转速测定）；经完全磨合的发动机可进行整个外特性曲线试验。对大修的发动机，要求进行一般磨合，磨合时间不少于3h。

1.3 过程检验与竣工检验

1.3.1 发动机大修过程检验要求与竣工检验

1. 发动机大修过程检验要求

1）*发动机解体清洗后零件或总成检验*

发动机零件或总成经过清洗后，通过检验可分为报废件、待修复件和可用件。

2）*零件或总成修理后检验*

对于如外协加工的零件——经过镗缸的汽缸套和磨轴后的曲轴，维修厂家的技术员要进行检验。

3）*外购配件检验*

对于采购回的配件，仓库管理员或技术员要进行检验和技术把关。

4）*发动机装配时零件检验*

发动机装配时，装配工人要边检验边装配。

通过以上四个过程检验可以确保发动机的大修质量。

2. 发动机大修竣工检验

1）*一般技术要求*

（1）装备齐全、按规定完成了发动机磨合，无漏油、漏水、漏气、漏电现象。

（2）加注的润滑油量、牌号及润滑脂符合原厂规定。

（3）急加速时无突爆声，工作中无异响。

（4）润滑油压力和冷却液温度正常。

（5）汽缸压力符合原厂规定，各缸压力差，汽油机应不超过各缸平均压力的 8%，柴油机不超过 10%。

（6）四冲程汽油机转速为 500～600r/min 时，以海平面为准，进气歧管真空度应在 57.2～70.5kPa。其波动范围，六缸机不超过 3.5kPa，四缸机不超过 5kPa。

2）*主要使用性能*

（1）发动机在正常工作温度下，5s 内能启动。柴油机在 5℃，汽油机在−5℃环境下启动顺利。

（2）配气相位差不大于 2° 30′。

（3）加速灵敏，速度过渡圆滑，怠速稳定，各工况工作平稳。

（4）最大功率和最大扭矩不低于原厂规定的 90%。

（5）最低燃料消耗率不得高于原厂规定。

（6）发动机排放限值符合 GB 7258—1997《机动车运行安全技术条件》的规定。

1.3.2 汽缸体修理技术要求

汽缸体修理一般技术要求见表 1-3。

表 1-3　汽缸体修理一般技术要求

项　目		汽　油　机		柴　油　机	
		大修标准	使用极限	大修标准	使用极限
汽缸体上平面（50mm×50mm）平面度误差（mm）			0.05		0.05
汽缸套筒座孔	圆度、圆柱度（mm）		0.10		0.015
	表面粗糙度（μm）	≤*Ra*3.2		≤*Ra*3.2	
汽缸套筒外壁	圆度（mm）		0.05		0.05
	圆柱度（mm）		0.02		0.02
	表面粗糙度（μm）	≤*Ra*1.6		≤*Ra*1.6	
汽缸套筒与座孔的配合	干式的过盈（mm）	0.05～0.07			
	凸缘外径配合（mm）	0.05			
	湿式的间隙（mm）	0.03～0.10		0.03～0.10	
	黏结镶套的间隙（mm）	0.30～0.40			
	表面粗糙度（μm）	≤*Ra*3.2			
汽缸套筒与汽缸体平面	干式的（mm）	平齐		0.03～0.10	
	湿式的高出缸体平面（mm）	0.30～0.10			
汽缸内孔	圆度（每 100mm）（mm）		0.20		0.20
	圆柱度（每 100mm）（mm）		0.625		0.625
汽缸镗磨后	圆度、圆柱度（mm）		0.0075		0.0075
	各缸直径差（mm）	±0.025		±0.025	
	允许有局部凹陷（mm）		0.03		0.03
	汽缸与曲轴中心线垂直度（mm）		0.04		0.04
	表面粗糙度（μm）	≤*Ra*0.80		≤*Ra*0.80	
活塞与汽缸配合间隙	铝活塞（mm）	0.08～0.10		0.20～0.25	
	铸铁活塞（mm）	0.05～0.075		0.12～0.24	

注：此数据仅供参考，修理时应以原厂规定值为准。

1.3.3　曲轴修理技术要求

曲轴修理一般技术要求见表 1-4。

表 1-4　曲轴修理一般技术要求

项目			汽油机		柴油机	
			大修标准	使用极限	大修标准	使用极限
曲轴中心线径向圆跳动（mm）			≤0.04	≤0.08	≤0.05	≤0.10
曲轴校正光磨后圆跳动误差（mm）	正中主轴颈					
	装曲轴齿轮处轴颈			0.03		0.03
	飞轮凸缘			0.06		0.06
连杆轴颈与主轴颈平行度（mm）			0.01		0.01	
飞轮凸缘端面与曲轴中心线垂直度（mm）			0.06		0.06	
前主轴颈与曲轴齿轮接触端面垂直度（mm）				0.05		0.05
主轴颈与连杆轴颈磨损不得超过	公称直径在 80mm 以下	圆度（mm）		0.01		0.0125
		圆柱度（mm）		0.01		0.0125
	公称直径在 80mm 以上	圆度（mm）		0.015		0.02
		圆柱度（mm）		0.015		0.02
主轴颈与连杆轴颈光磨后	允许直径差（公差）（mm）		+0.015		+0.015	
	轴颈长度不得超过标准轴（mm）		−0.020		−0.020	
	圆度（mm） 圆柱度（mm）		0.30	0.005	0.30	0.005
				0.005		0.005
	表面粗糙度（μm）		≤*Ra*0.80		≤*Ra*0.80	
曲轴后端导引球轴承	承孔与轴承配合过盈（mm）			0.02		
	承孔与曲轴中心轴线误差（mm）		0.03			
曲轴齿轮	与轴颈的配合（mm）		−0.035～0.020	0.04	−0.035～0.020	0.04
	键槽宽度磨损（mm）			0.04		
曲轴带轮	轴颈径向圆跳动（mm）			0.05		0.05
	中心孔端面高出轴颈端面（mm）		0.50			0.50
	油封轴颈磨损限度（mm）			0.20		
	与轴颈的配合（mm）		−0.030～0.025		−0.020～0.025	

注：此数据仅供参考，修理时应以原厂规定值为准。

（1）曲轴后端装变速器的第一轴轴承孔，内径磨损一般不大于 0.18mm，径向圆跳动不大于 0.06mm，否则，将使变速器齿轮出现噪声，加速变速器的磨损。

（2）曲轴后凸缘端面应与曲轴轴线垂直，端面圆跳动不大于 0.06mm，外圆柱面径向跳动不大于 0.04mm，飞轮固定螺栓孔配合间隙应为 0～0.07mm（不得松旷，防止摆振）。

（3）曲轴前端定位基准孔的锥面必须完好，螺纹损伤不得多于两牙。

（4）组合式曲轴各紧固部位不得有任何松动，吸油管等应完整无损、连接牢靠。

1.3.4　凸轮轴修理技术要求

凸轮轴修理一般技术要求见表 1-5。

表 1-5　凸轮轴修理一般技术要求

项目			汽油机		柴油机	
			大修标准	使用极限	大修标准	使用极限
凸轮轴	径向圆跳动（mm）		0.10		0.10	
	圆度（mm）		0.005		0.005	
	圆柱度（mm）					
凸轮	顶部磨损极限（mm）			1.00		1.00
	基圆径向圆跳动（mm）			0.04		0.05
	实际升程减小量（mm）			1.00		1.00
汽油泵驱动凸轮磨损限度（mm）				0.50		
装正时齿轮轴颈与中心轴线同轴度（mm）				0.05		0.07
凸轮轴颈与齿轮接触端面垂直度（mm）				0.03		0.03
凸轮轴轴承外颈与轴承座孔配合过盈（mm）	开缝的		0.10～0.19		0.10～0.19	
	整体式	铸铁缸体	0.05～0.13		0.05～0.13	
		铝合金缸体	0.03～0.07		0.03～0.07	
凸轮轴轴颈与轴承配合间隙（mm）			0.03～0.07	0.15	0.03～0.07	0.15
凸轮轴轴向间隙（mm）			0.05～0.20	0.25	0.02～0.35	0.50
正时齿轮	啮合间隙（mm）	钢铁件	0.03～0.30	0.40	0.03～0.30	0.40
		胶木件	0～0.50	0.50		
	三点测量间隙变化（mm）	钢铁件		0.10		0.10
		胶木件		0.15		0.15

注：此数据仅供参考，修理时应以原厂规定值为准。

（1）正常情况下发动机经过 2～3 次大修后，才需对凸轮轴进行修理。

（2）凸轮轴弯曲度在测量中间轴颈径向圆跳动误差时一般不得大于 0.03mm，超过 0.10mm 必须冷压校正或更换。校正后的径向圆跳动误差不得大于 0.05mm。

（3）凸轮的磨损是以凸轮最大高度与基圆直径的差值来衡量凸轮的磨损程度。升程减小 5%以上应予修复或更换。

（4）凸轮基圆对于凸轮轴心线径向圆跳动误差，一般不得大于 0.03mm，大修允许为 0.05mm，超限可修磨恢复。

（5）凸轮工作表面出现击伤、麻点、毛糙或不均匀磨损，应修复或更换。

（6）凸轮对称中心线与正时齿轮键槽中心线的夹角应符合原厂规定。

（7）凸轮轴轴颈的圆度、圆柱度不得大于 0.015mm，超限可修磨恢复或更换。

（8）其他部位，如机油泵驱动齿轮、正时齿轮齿面磨损量或表面沟痕深度大于 0.50mm，应予更换。牙齿损伤在同一齿上超过原齿长的 1/3、相邻两齿超过齿长的 1/4 及轴上的驱动偏心轮磨损超限应修复或更换。

（9）凸轮轴的修理级别一般分为−0.20、−0.40、−0.60、−0.80 四个级别。在正常情况下凸轮轴只可修磨一次，在凸轮轴磨床上修磨时，应尽量减小磨削量，以消除缺陷为主，修磨后应达到质量标准。更换或修磨凸轮轴时，还需更换凸轮轴轴承，并进行必要的铰削加工。

第2章 诊断排除发动机故障

学习目标

- 掌握发动机电控系统故障诊断程序与注意事项
- 掌握发动机机油消耗超标故障现象、原因与处理方法
- 掌握发动机常见异响故障现象、原因与处理办法

2.1 发动机电控系统故障诊断程序与注意事项

1. 发动机电控系统故障诊断一般程序

对电控汽车进行故障诊断时，应遵循询问、查阅、直观检查、基本检查、调取故障码、检测和试验的过程规律，采用逐一排除的方法，将确定故障的范围一步步缩小，最终找到故障位置。

1）询问

为了准确判断故障发生的位置，首先询问客户，了解车型和生产年份、故障发生的时间、故障的状况、发生故障时的环境条件、进行了哪些操作、是否已进行检修，以及动过哪些部位等。同时，还要了解汽车以前是否进行过维修及维修部位。通过信息收集，可以帮助初步估计故障发生的原因和部位，排除不必要的干扰，明确查找的目标。

2）查阅

在对汽车进行检测前，一定要掌握该车的有关数据、所要检查部件的准确位置、接线图、接线和检测方法，以及检测仪器的使用。进口汽车的车型很多，发展很快，即使同一厂家、同一牌号的汽车，其控制系统也因生产年份不同而大不一样。在不具备第一手材料的情况下，盲目地检查可能带来意料不到的后果。

3）直观检查

这是故障分析最基本的检查，可以确定前面两步骤对故障的估计是否正确。其内容包括

以下几个方面。

（1）看。看是否有部件丢失，电线是否脱线，接线器是否接合，有无接错线，各种软管的连接状况等。

（2）听。启动发动机，检查是否有漏气、杂音，可能产生故障的部件能否正常工作等。

（3）摸。通过触摸检查某些部件是否在正常工作，接线是否牢固，软管是否断裂等。

通过以上检查可以帮助确认前面的判断，排除非电控系统故障的可能性。作为电控系统故障的辅助检查，此项程序不容忽视。它有助于在后面的检查中，很快地找到故障的根本原因，节省大量的时间。

4）基本检查

基本检查主要包括基本怠速和基本点火正时的检查与调整。在进行基本检查时，必须使发动机冷却液温度达到正常工作温度（约 80℃以上），同时，关闭车上所有附加电器装置，如空调、除霜等。还应在散热器风扇未动作时执行检查与调整，以免风扇动作的电源消耗影响怠速的正确性。微机控制的直接点火系统（DIS），其基本点火角度大多为固定式的，无法也无须再作调整，故只作点火正时的检查。在通用公司、福特公司和丰田公司的某些车辆中，还需跨接诊断接头使系统进入场地维修模式（Field Service Mode）状态，再实施基本检查。不同的车种，其进行基本检查的步骤不尽相同。

5）调取故障码

按照该车所要求的操作程序进入自诊断状态，调取故障码，以作为故障判断的依据。故障码可帮助简捷地找到故障发生的部位。得到故障码后，还要判断所显示的故障是否存在，与当前的故障现象是否有关，是否因没有清除故障码所致。要注意：并非电控汽车上的所有故障都能用故障码显示，有时还需采用其他方法进行故障分析。例如，利用尾气分析仪，通过检测废气中 CO 和 HC 的浓度，可以帮助判断点火和喷油器等故障。

6）检测

只有在进行检测后才能最终判定故障的位置和找到产生故障的原因。检测包括的内容很多，如信号检测、数据检测、压力检测、执行器动作检测等。检测涉及的检测仪器也较复杂，要求能够正确选择和使用检测仪器，并谨慎、准确地与电控系统连接。

7）试验

正确地判断出故障，进行修理后还要进行试验，以确认所出现故障确已被排除，并检查修理后的效果等。在汽车彻底修好后，要进行故障码的清除工作。

2．发动机电控系统故障诊断基本程序

在进行电控发动机的故障诊断时，为了确定故障的性质和部位，少走弯路，在对汽车进行目测检查后，要进行基本检查。基本检查主要包括基本怠速和基本点火正时的检查与调整。不同的车种，其基本检查的步骤不尽相同，具体的操作详见相应的维修手册。通常可按下列程序进行基本检查，如图 2-1 所示。

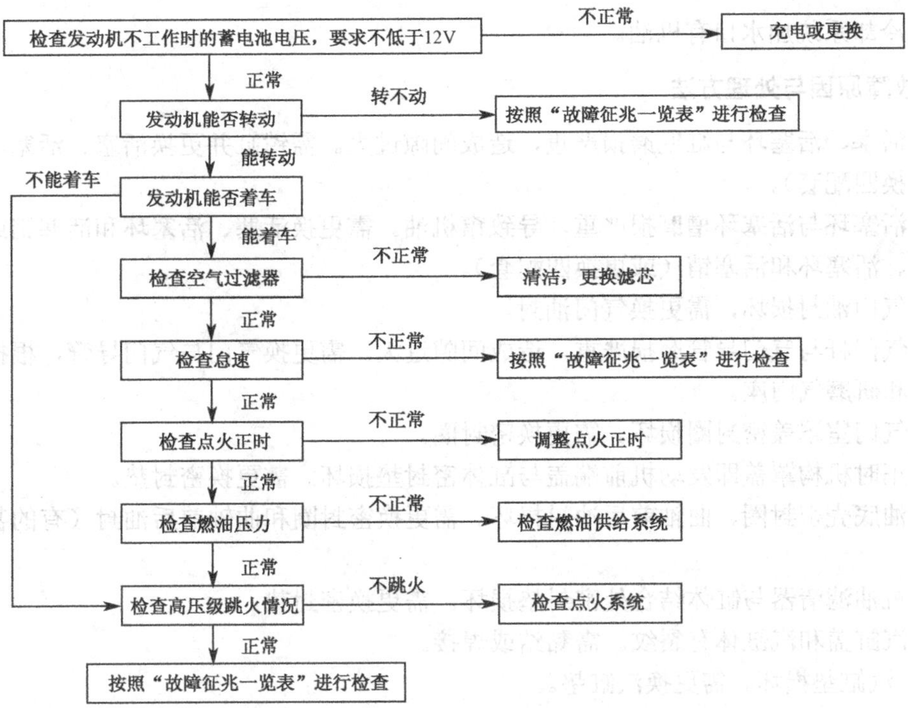

图2-1　发动机电控系统故障诊断基本程序

3．电控燃油喷射系统检修注意事项

在检修电控燃油喷射系统时，必须注意以下事项，以免造成电脑或控制系统零部件的损坏。

（1）在没有连接和拧紧蓄电池电缆接头时，不要启动发动机。

（2）不可在发动机运转时拆下蓄电池电缆。

（3）在点火开关接通时，不要取下或插上电脑的线束插头。

（4）应可靠地连接电脑的线束插头，否则可能损坏电脑内的集成电路等电子元件。

（5）当转动发动机检查汽缸压缩压力时，要拔掉燃油喷射控制系统的电源继电器或熔断器，以防止喷入的燃油影响检测结果。

（6）不可用快速充电机进行辅助启动，以防止充电机的脉冲高电压损坏电子元件。

（7）使用快速充电机进行就车充电时，务必拆下蓄电池搭铁线。

（8）在车上进行电焊作业时，应拆下蓄电池搭铁线并断开电脑线束插头。

2.2　发动机机油消耗超标故障现象、原因与处理方法

1．故障现象

机油消耗明显超过规定标准。主要有以下几种现象：

（1）排气管冒蓝烟。

（2）发动机外表有机油泄漏。

（3）冷却系统加水口有机油。

2．故障原因与处理方法

（1）活塞、活塞环与缸壁磨损严重，造成间隙过大。需镗缸并更换活塞、活塞环和活塞销（或更换四配套）。

（2）活塞环与活塞环槽磨损严重，导致窜机油。需更换活塞、活塞环和活塞销或镗缸并更换活塞、活塞环和活塞销（或更换四配套）。

（3）气门油封损坏，需更换气门油封。

（4）气门杆与气门导管磨损严重，造成间隙过大。需更换气门与气门导管，根据具体情况可铰削和研磨气门座。

（5）气门室罩盖密封圈损坏。需更换密封圈。

（6）正时机构罩盖即发动机前端盖与缸体密封垫损坏。需更换密封垫。

（7）油底壳密封圈、曲轴前后油封损坏。需更换密封圈和曲轴前后油封（有的甚至要更换曲轴）。

（8）机油滤清器与缸体结合处密封垫损坏。需更换密封垫。

（9）汽缸盖和汽缸体有裂纹。需黏结或焊接。

（10）汽缸垫损坏。需更换汽缸垫。

2.3 发动机异响故障现象、原因与处理方法

发动机常见异响有气门脚异响、曲轴主轴承异响、连杆轴承异响、活塞敲缸等。下面分别介绍它们的故障现象、原因及处理方法。

1．气门脚异响

1）故障现象

怠速时在汽缸体上部发出有节奏的“嗒嗒”声，在气门室一侧响声更明显；发动机转速变化时，响声节奏随转速增加而加快；响声节奏与发动机温度无关；进行断火试验时，异响也不消失。

2）故障原因

（1）气门间隙过大，或液力挺柱无法补偿，已经到了极限。

（2）气门间隙调整螺钉端面不平或摇臂工作面磨出凹坑。

（3）气门调整螺母松动或螺纹损坏。

（4）气门与气门导管磨损松旷。

3）处理方法

（1）调整气门间隙或更换配件后调整气门间隙。

（2）更换液力挺柱，无须调整气门间隙。

2．曲轴主轴承异响

1）故障现象

转速突然变化时在汽缸体下部发出低沉连续的“噔噔”声，转速越高，响声越大，有负

荷时异响更明显。

2）故障原因与处理方法

（1）主轴承盖螺栓松动。需拆下油底壳拧紧主轴承盖螺栓。

（2）润滑不良、长期大负荷工作，主轴承与轴颈磨损，从而导致径向间隙过大。需磨轴并更换主轴承。

（3）主轴承走外圆即主轴承绕主轴承座孔转动。需检修主轴承座孔，视情修理。可更换汽缸体或磨轴并更换轴承。

3. 连杆轴承异响

1）故障现象

转速突然变化时在机油尺入口处有明显，连续的“哨哨”声（但比主轴承异响要轻、清、短），怠速较小，中速较明显，转速越高，响声越大，有负荷时响声更明显。

2）故障原因与处理方法

（1）连杆轴承盖螺栓松动。需拆下油底壳拧紧连杆轴承盖螺栓。

（2）润滑不良、长期大负荷工作，连杆轴承与连杆轴颈磨损，从而导致径向间隙过大。需磨轴并更换连杆轴承。

（3）连杆轴承走外圆即连杆轴承绕轴承座孔转动。需检修连杆轴承座孔或更换连杆及轴承。

4. 活塞敲缸

1）故障现象

怠速时在汽缸体上部或机油尺入口处有较明显清晰的有节奏的“吭吭”声，转速升高时杂音消失。一般冷车或刚启动时异响明显，随着温度升高，异响明显减弱或消失。

2）故障原因与处理方法

（1）活塞裙部与汽缸壁间隙过大。需更换活塞或镗缸后更换与之相配套的活塞。

（2）活塞销与连杆衬套装配过紧。需重新铰削连杆衬套孔。

（3）连杆弯曲变形。需对连杆进行检验和校正，或更换连杆。

第 3 章　汽车底盘大修

学习目标

- 熟悉变速器壳体、变速器输出轴、差速器壳的损伤、磨损、变形规律及修理工艺
- 熟悉汽车变速器和驱动桥国家修理技术标准
- 熟悉汽车大修送修标志、汽车修理作业组织形式、汽车大修工艺过程和汽车总装的一般顺序
- 熟悉手动变速器、驱动桥总成、转向桥、转向器总成、悬架和制动系统大修工艺及相应修理技术标准
- 了解车轮动平衡原理知识
- 熟悉汽车大修零件检验方法及零件检验分类知识
- 熟悉汽车传动系统、转向系统、行驶系统及制动系统主要总成、零部件的修理技术要求
- 熟悉汽车修竣试车检验过程及各阶段检查、检测项目与要求
- 熟悉 GB 3798《汽车大修竣工出厂技术条件》
- 初步了解汽车修理质量检查评定标准及机动车安全运行技术条件

3.1　编制零部件修理工艺卡

3.1.1　变速器壳体磨损与变形规律及修理工艺

1．变速器壳体的变形规律及变速器壳体的主要耗损

（1）齿轮传动中的径向分力通过轴与轴承施加于壳体前、后端，造成轴承孔偏磨和壳体变形，使上、下两轴轴线距离加大，导致两轴线在其公共平面内产生平行度误差，造成壳体扭转，导致上、下轴轴线在其垂直于公共平面的方向产生偏斜和翘曲变形。

（2）变速器壳与飞轮壳仅由几个螺栓连接，而变速器壳前壁由于刚度小，因此，会逐渐发生变形。

（3）变速器壳后壁由于经常受驻车制动器的制动力作用而变形。

（4）变速器壳与盖的接合面由于受不均衡外载荷作用而产生变形。

（5）螺纹孔的损坏。

（6）变速器壳体的裂纹。

2．变速器壳体的损坏及修理工艺

1）变速器壳裂纹的检修

变速器壳体的裂纹可用检视法或敲击法检查。如裂纹处在受力不大的部位，可用环氧树脂胶黏法、螺钉填补法或焊修法修复；如裂纹处在受力较大的部位，应予以更换。

2）变速器壳体平面的检修

（1）变速器壳体上平面的翘曲变形，可在平板上用塞尺检查。平面度超过标准时，可采用铲、磨等方法修复。

（2）变速器壳体前后端面对第一、二轴轴承孔公共轴线的圆跳动误差，可用百分表及芯棒进行检测，当误差平面超过标准时，可采用铲、磨等方法修复。

3）变速器轴承座孔的检修

壳体轴承座孔轴线间及其与壳体上平面的平行度误差可用高度游标卡尺、百分表及内径千分尺或量缸表进行检查。如超差可堆焊轴承孔后再镗孔或更换壳体。

4）壳体螺纹孔的检修

壳体螺纹孔的损伤不超过两牙，否则，可采用加大螺纹、镶螺纹套或焊补后重新钻孔加工的方法修复。

3.1.2　变速器轴磨损与变形及修理工艺

1．变速器轴的磨损与变形

在工作过程中，由于受转矩、弯矩、冲击和滑磨等影响，变速器轴往往产生弯曲变形、裂纹、轴颈磨损及花键齿磨损。

2．变速器轴的检修工艺

（1）轴的弯曲可用百分表测量各轴中部的径向圆跳动，如图 3-1 所示。第一轴、第二轴及中间轴的径向跳动技术要求如下：长度为 120～250mm，中部的径向圆跳动公差为 0.03mm；长度为 250～500mm，中部的径向圆跳动公差为 0.06mm。如超过 0.10mm，应予以校正或更换。

（2）轴颈的磨损可用外径千分尺测量，如磨损超过 0.02mm，可镀铬修复或换用新件。

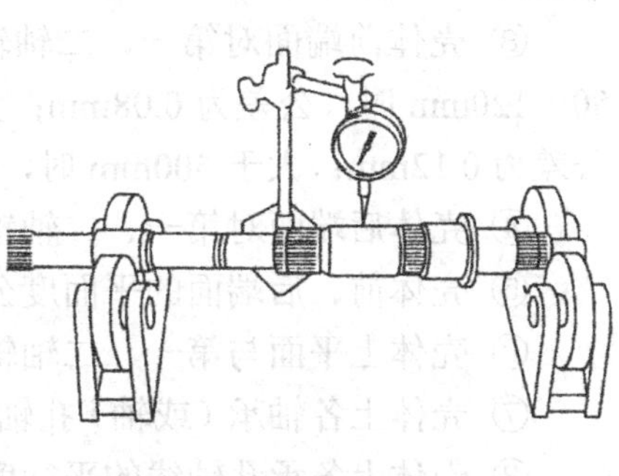

图 3-1　轴弯曲变形的检验

（3）花键磨损超过使用极限应予以更换。

（4）带齿轮的轴，其轮齿磨损超过 0.25mm、啮合间隙超过 0.50mm，应予以更换。

（5）轴体上不得有任何性质的裂纹，后螺纹的损伤超过两牙时，须重新清螺纹配螺母堆焊后加工螺纹。

3.1.3 差速器壳磨损、变形和损伤及修理工艺

1. 差速器壳的磨损、变形与损伤

差速器壳因传动中受较大的轴向力和径向力、转弯时行星齿轮与半轴齿轮相对转动摩擦等原因，会导致差速器壳出现变形、裂纹和磨损。

（1）差速器壳产生裂纹。

（2）差速器壳与行星齿轮、半轴齿轮垫片的接触面磨损、起槽。

（3）差速器壳体与轴承配合的轴颈磨损、差速器壳与行星齿轮轴的配合孔磨损失圆，差速器壳半轴齿轮承孔磨损。

（4）差速器壳变形与主减速器从动圆锥（柱）齿轮结合面径向、端面圆跳动超差。

2. 差速器壳修理工艺

（1）差速器壳裂纹可用检视法或敲击法等方法检查，若产生裂纹，应更换。

（2）差速器壳与行星齿轮、半轴齿轮垫片的接触面起槽，有小的沟槽，可用砂纸打磨，并更换行星齿轮及半轴齿轮垫片。

（3）差速器壳体与轴承配合的轴颈磨损、差速器壳与行星齿轮轴的配合孔磨损失圆、差速器壳半轴齿轮承孔磨损及差速器壳变形，应测量相应的圆度、圆柱度、十字轴轴线的垂直度、端面圆跳动等形位公差，如超限，应镀铬修复或更换。

3.1.4 GB 5372《汽车变速器修理技术条件》

1. 技术要求

（1）变速器壳体。

① 壳体应无裂损。壳体上所有连接螺孔的螺纹损伤不得多于两牙。

② 壳体上平面长度不大于 250mm，其平面度公差为 0.15mm；大于 250mm 时，平面度公差为 0.20mm。

③ 壳体前端面对第一、二轴轴承孔的公共轴线的端面圆跳动：其端面最大可测直径为 50～120mm 时，公差为 0.08mm；为 120～250mm 时，公差为 0.10mm；为 250～500mm 时，公差为 0.12mm；大于 500mm 时，公差为 0.15mm。

④ 壳体后端面对第一、二轴轴承孔的公共轴线的端面圆跳动公差为 0.15mm。

⑤ 壳体前、后端面的平面度公差值，分别不大于标准规定的端面圆跳动公差值。

⑥ 壳体上平面与第一、二轴轴承孔的公共轴线的平行度公差为 0.20mm。

⑦ 壳体上各轴承（或轴）孔轴线间尺寸偏差的绝对值，允许比原设计规定增加 0.02mm。

⑧ 壳体上各承孔轴线的平行度公差允许比原设计规定增加 0.02mm。

⑨ 壳体上各承孔的圆度公差为 0.008mm。表面粗糙度一般不大于 $Ra1.16$。

⑩ 滚动轴承与承孔的配合公差：当基本尺寸为 50～80mm 时，其值允许比原设计规定增加 0.02mm；基本尺寸为 80～120mm 时，其值允许比原设计规定增加 0.04mm；基本尺寸为 120～180mm 时，其值允许比原设计规定增加 0.25mm。

⑪ 轴颈与壳体承孔的配合公差允许比原设计规定增加0.015mm。

（2）变速器盖。

① 盖应无裂损。

② 盖与壳体的接合平面长度不大于250mm，其平面度公差为0.15mm；接合平面长度大于250mm，平面度公差为0.20mm；非上置式盖，平面度公差为0.10mm。

③ 盖上变速杆中部球形承孔直径允许比原设计规定增加0.50mm。

④ 变速叉轴与盖（或壳体）承孔的配合间隙为0.04～0.20mm。

（3）轴。

① 第一、二轴及中间轴，当以两端轴颈的公共轴线为基准时：长度为120～250mm时，中部的径向圆跳动公差为0.03mm；长度为250～500mm时，中部的径向圆跳动公差为0.06mm。

② 第一轴的轴向间隙不大于0.15mm。其他各轴的轴向间隙不大于0.30mm。

（4）齿轮与花键。

① 齿轮的啮合面上不允许有明显的缺陷或不规则磨损。

② 接合齿轮或相配合的滑动齿轮齿端部位磨损量不得超过齿宽的15%。

③ 常啮合齿轮的啮合侧隙为0.15～0.50mm。接合齿轮的啮合侧隙为0.10～0.40mm，各齿轮的啮合印痕应在轮齿啮合面中部，且不小于啮合面的60%。

④ 各轴花键与滑动齿轮键槽的侧隙允许比原设计规定增加0.15mm。

⑤ 各轴花键与齿座、凸缘及其他非滑动部件的花键槽侧隙，应符合原设计规定。

（5）滚动轴承或齿轮与轴颈的配合。属过盈配合的，应无间隙，且最大过盈量不超过原设计规定；属过渡配合的，其间隙允许比原设计规定增加0.003mm；属间隙配合的，允许比原设计规定增加0.02mm。

（6）滚针轴承与轴颈及承孔的配合间隙为0.02～0.125mm。

（7）衬套与轴颈和承孔的配合。属间隙或过渡配合的，其间隙允许比原设计规定增加0.02mm；属过盈配合的，应符合原设计规定。

（8）变速叉。

① 变速叉端面磨损量应不大于0.40mm。

② 变速叉端面对变速叉轴孔轴线的垂直度公差为0.20mm。

③ 变速叉两端工作侧面与环槽的配合间隙为0.20～1.00mm。

（9）变速杆球形中心到杆下端距离应符合原设计规定。

（10）第二轴凸缘的端面圆跳动公差应符合标准的规定。

2. 检验规则

（1）磨合与试验。

① 变速器装合后，应在实验台上磨合并进行无负荷、有负荷试验。负荷为传递最大转矩的30%左右。运转前，选用并按规定容量加注清洁的汽油机润滑油。各挡运转时间的总和一般不少于1h。

② 在运转中，第一轴转速在1000～2000r/min、油温在15～65℃时，不允许有自动脱挡、

跳挡现象。操纵机构和同步器换挡应轻便、灵活、迅速、可靠。运转和换挡时均不得有异常响声。变速杆不允许有明显的抖动现象。所有密封装置不得有漏油现象。

③ 磨合与试验结束后，应进行清洗。其清洁度应符合原设计规定。非接合外露表面应涂漆或银粉。按原设计规定加注润滑油。

（2）变速器最大噪声及测试方法应符合国家有关规定。

（3）变速器经检验合格签证后，才能交付使用或存放。

3.2 汽车底盘总成大修

3.2.1 汽车修理类别及汽车大修送修标志

随着使用时间的延长，汽车的动力性、经济性、可靠性和环保性将逐渐变差。必须通过修理对其技术状况进行恢复。按照修理对象和作业深度，正常汽车修理类别有汽车大修、总成大修、汽车小修和零件修理；非正常修理类别有事故性修理和质量性返修。

1. 汽车大修

经过技术鉴定，多数总成已达到磨损极限时，对汽车所进行的一次全面恢复性修理，称为汽车大修。其目的是恢复汽车的动力性、经济性、可靠性、环保性和原有装备，使汽车的技术状况和使用性能达到规定的技术条件，延长汽车的使用寿命。

汽车送修标志：对于载货汽车，以发动机附离合器总成为主，结合车架总成或者两个及两个以上其他主要总成需要大修时，即可组织整车大修；对于客车，以车身总成为主，结合发动机附离合器总成符合送修条件时，即可组织整车大修。

2. 总成大修

总成大修是指总成的基础件或其他主要零件发生了严重损伤，需要拆散进行彻底修理，以恢复总成的技术性能的修理作业。

3. 汽车小修和零件修理

汽车小修是一种运行性修理，主要是消除汽车在运行中因零件磨耗、间隙失调所发生的故障或隐患，通过技术调整或零件修理，以保证或恢复车辆的技术状况。零件修理是指对损伤已超过使用极限要求的零件所进行的修理，以恢复零件的工作性能。

4. 事故性检修和质量性返修

由于操作不当、违章肇事，造成汽车局部机件严重损坏而需要的恢复性修理为事故性检修；因汽车不良、检验不严而在汽车维修质量保证期及保证范围内发生异常故障或损坏而需要的恢复性修理称为质量性返修。

3.2.2 汽车修理作业组织形式

汽车修理作业的组织形式包括修理的基本方法、作业方式和劳动组织形式三个方面。修理企业只有根据自身的生产规模、设备条件、人员素质及外部环境等因素合理地组织生产，才能获得良好的经济效益。

1. 汽车修理的基本方法

汽车修理的基本方法可分为就车修理法和总成互换修理法两种。

（1）就车修理法：指在修理过程中，从汽车上拆下的零件、部件及总成，除须报废更换的，其余修理后仍装回原车。该方法停修时间较长，适用于生产规模不大、承修车型复杂、送修单位不一的修理厂。

（2）总成互换法：指在修理过程中，除了车架和车身之外，其他零件、组合件及总成都换装已经修好的备用品。换下来的总成及部件修理好后作周转用。该方法车辆停修时间短，但需有一定量的备用周转总成。适用于生产规模大、送修单位及车型单一的修理厂。

2. 汽车修理的作业方式

汽车修理的作业方式一般分为固定作业法和流水作业法。

（1）固定作业法：是指汽车的拆装作业固定在一定的工作位置上进行。占地面积小，所需设备简单，适用于小型的修理厂。

（2）流水作业法：是指由各专业工组在流水线相应的工位上顺序完成汽车的拆装及修理作业。其专业化程度高，修理质量好，生产效率高，适用于规模较大的修理厂。

3. 汽车修理的劳动组织形式

汽车修理的劳动组织形式一般分为综合作业法和专业分工法。

（1）综合作业法：是指除车身、轮胎和机械加工等由各专业工种配合外，其他修理作业全部由一个承修组来完成。这种组织形式的工人的技术熟练程度低，生产效率低，修理质量差，适用于小型的修理厂。

（2）专业分工法：是指将汽车修理作业根据各总成及零部件划分为若干作业单元，每个单元由专人或一个专业工组承担。这种组织形式的工人技术熟练程度高、修理质量好、效率高，适用于大型修理厂。

3.2.3 汽车大修工艺过程

汽车大修的各项作业按一定的方式组合、顺序、协调进行的过程，称为汽车大修工艺过程。一般包括汽车的接收、外部清洗、汽车及总成解体、零件清洗及检修、总成装配与调试、汽车总装、出厂检验及交车等。

1. 汽车接收

对客户送修的车辆，进行外部和技术状况的检验，以便确切地掌握其技术状况和完整性；确定需要更换的总成及主要零部件；确定修理工时、费用定额及修竣时间等。

1）送修汽车及总成的装备条件

为了便于汽车的进厂检验，送修汽车或总成应符合交通部颁发的有关规定：

（1）除肇事或长期停驶等特殊情况外，送修汽车必须保持行驶状态；送修总成应在装合状态。

（2）送修车辆或总成的有关技术资料应随同车辆或总成进厂。

（3）除少数通用件外，送修车辆或总成应装备齐全，零件、总成不得缺少或拆换。

（4）送修车辆必须配齐轮胎，并充足气压。

（5）随车工具及备用品，不属于汽车附件者，由送修单位自行保管。

2）汽车的进厂检验

汽车接收时，除了应向送修单位或驾驶员了解车辆的技术状况及变化特征外，还应进行相应的检验。

（1）外表检查：查看汽车外部有无碰伤，零部件是否齐全；检查车架及各主要总成的基础件是否有变形、裂纹及渗漏；检查转向、传动、制动等机构有无松动、渗漏及缺损；查看轮胎的磨损及其他损伤情况等。

（2）行驶检查：检查转向盘自由行程，离合器及行车制动器踏板自由行程，驻车制动器制动行程；察听发动机有无异响，观察各仪表工作是否正常；检查离合器有无打滑、发抖及分离不彻底；察听底盘各总成有无异响；检查变速器有无脱挡、跳挡及乱挡，转向是否灵活轻便，有无方向不稳及跑偏现象，制动性能是否良好；停驶后检查各轴承及密封部位有无渗漏及发热现象。

2．汽车外部清洗

汽车在解体之前应先进行外部清洗，以去除表面灰尘、泥土及油污，便于拆卸工作的顺利进行，并保持拆卸场所的清洁，改善劳动环境和保证修理质量。汽车的外部清洗可采用用固定式外部清洗机清洗、用移动式外部清洗机清洗或用自来水冲洗等方法。

3．汽车解体

汽车解体前应先趁热放净各总成的润滑油及冷却液，然后按照工艺程序进行解体。

1）汽车解体一般程序

汽车的拆卸程序取决于汽车的结构及修理作业的组织形式。一般是按照由表到里，先简单后复杂的原则进行。载货汽车解体的一般程序：拆车箱→拆电气设备及部分线路→拆翼子板、脚踏板→拆散热器→拆驾驶室→拆转向器→拆万向传动装置→拆变速器→拆发动机附离合器→拆后桥→拆前桥→各总成分解。

2）拆卸注意事项

（1）拆前应查阅有关资料，熟悉汽车的结构及拆卸工艺程序，避免盲目拆卸造成零件不应有的损伤。

（2）合理选用拆卸工具和设备。拆卸时所选择的工具应与被拆卸零件相适应，并尽量采用专用工具和设备，以提高拆卸质量和效率。

（3）核对及做好装配记号。对于有配合性质要求的零件及有平衡要求的组合件，拆卸前应查清其装配记号或重新做出装配标记。修理后按原位置进行装复，以保证其原配合性质及平衡要求等不被破坏。

（4）零件应分类存放，以便于零件的清洗及修后装复。

3）连接件拆卸

（1）螺纹连接件的拆卸：螺纹连接件应选用合适的开口扳手、梅花扳手或套筒扳手进行拆卸。拆卸时应注意螺纹的旋向；对于多螺栓连接件，还应注意其拆卸顺序。双头螺栓可用偏心扳手拆卸，或在螺杆上背紧两螺母，然后用普通扳手拆卸。对于生锈螺栓可采用反复进退法、手锤敲击法、煤油浸泡法或喷灯加热法等进行拆卸。拆卸螺纹连接件时不得随意增加接力杆，以防螺栓被拧断。出现断头螺栓时，若其断头高出基体，可将高出端锉成方形或焊上一个螺母将其拧出；若断头在机体内，可在螺栓端部钻一个小于螺栓直径的孔，然后敲入一方冲或攻反扣螺纹后用丝攻或反扣螺栓将断头螺栓拧出。

（2）过盈配合件的拆卸：过盈配合零件应尽量采用拉压器等专用工具拆卸。无专用工具时，可垫软金属或木块进行敲击拆卸。不允许用手锤直接敲击零件表面，以防零件被敲坏。

（3）铆接件的拆卸：修理时铆接件一般不拆，如果出现铆钉松动或需要更换铆接零件，可将铆钉钻掉或凿去。

4．汽车零件清洗

汽车及总成解体后，应对零件进行清洗，去除其表面的油污、积炭、水垢及锈迹等，以便于零件的检修。

3.2.4 手动变速器总成大修工艺

变速器结构形式不同，其分解、装配步骤也有所不同，但检修基本工艺相似。这里以解放CA1091型汽车六挡变速器为例，说明变速器总成大修工艺。

1．变速器分解与清洗

（1）从车上拆下变速器：拧出放油螺塞，放净变速器内的齿轮油→从驾驶室内拆除变速器盖板→在传动轴凸缘叉和变速器第二轴凸缘上刻下装配标记，拆掉其连接螺栓，并使之分离→拆下倒挡警报开关的电线接头→拆下速度表软轴接头→拆下离合器分离拉杆的锁紧及调整螺母，使踏板机构与分离叉拉臂分开→拆下飞轮壳与离合器壳之间的连接螺栓，将变速器连同分离轴承座及驻车制动器总成一起平行后移，待第一轴从离合器中脱出后掉下→摘掉回位弹簧，从第一轴轴承盖上取下分离轴承座总成，从变速器壳体上拆下离合器壳→拆除驻车制动操纵杆及有关拉臂。

（2）变速器的分解：拆下变速器盖总成→拆下驻车制动器总成→拆下变速器第一轴总成并分解→拆下第二轴总成并分解→拆下中间轴总成并分解→拆倒挡轴→变速器盖的分解。

（3）变速器零件的清洗：清洗分解的变速器零部件，按顺序放置，以备检验与修理。

2．变速器主要零件检修

（1）变速器壳和变速器盖的检修：变速器壳与盖裂纹的检修→变速器壳与盖变形的检修→轴承座孔的检修→变速器球节座及变速叉轴轴孔的检修→变速器壳体与盖螺纹孔的检修。

（2）变速器齿轮和轴的检修：变速器齿轮的检修→变速器轴的检修。

（3）变速器操纵机构的检修：变速杆的检修→变速叉的检修→变速叉轴定位、互锁装置的检修→同步器的检修。

3．变速器装配与试验

（1）变速器的装配与调整：第二轴总成的组装→第一轴总成的组装→中间轴总成的组装→变速器后盖的组装→变速器上盖的组装→变速器顶盖的组装→变速器总成的总装。

（2）变速器的磨合与试验。

3.2.5　驱动桥大修工艺

1．驱动桥的分解

（1）拆下放油螺塞放掉桥壳中的齿轮油，把汽车前轮用楔木挡住，松动后轮胎螺帽，将后轮用举升器顶起使后轮离开地面，用支车凳或专用支车架支在汽车后部车架下，拆下左右车轮。

（2）拆下紧固半轴的螺母，以锤敲击半轴凸缘使之振动，然后抽出半轴，对于全浮式半轴，拆下螺母振动半轴凸缘就可抽出半轴，如拆半轴有困难，可用半轴上两个供拆卸半轴用螺钉拧入顶出半轴。半轴若为半浮式结构，则应先拆下半轴端固定螺母，用锤击振动取下制动鼓再拆半轴。

（3）拉住驻车制动，用专用套筒扳手拆卸轮毂轴承锁紧螺母，随之取下锁紧垫圈，拆下调整螺母、外轴承等，用专用小车连同制动鼓拉出来。拿下轮毂时，注意不要碰伤半轴套管外端螺纹。

（4）拆下制动管及制动传动机构，拆卸制动底板，取下制动器总成。

（5）拆下传动轴后万向节凸缘叉与主减速器凸缘连接螺栓、拆下传动轴，对整体式桥壳可拆下主减速器壳与桥壳连接的紧固螺栓，用专用小车拉出主减速器总成。若后桥壳为分段式结构，应先拆后桥 U 形固定螺栓推出后桥再拆主减速器。

（6）用托架或千斤顶托住后桥，拆下后桥与钢板弹簧连接的 U 形螺栓螺母，拆下 U 形螺栓，放下托架将后桥壳拆下。

2．桥壳及半轴套管的检修

（1）桥壳及半轴、套管的检验：桥壳变形的检验→桥壳及半轴、套管裂纹损伤的检验→半轴的损伤检验→轮毂损伤的检查。

（2）桥壳及半轴、套管的修理：桥壳的修理→套管的修理→半轴的修理。

3．主减速器的检验与修理

（1）主减速器的分解。

（2）齿轮的检修：圆锥上、从动齿轮的检修→圆柱上、从动齿轮损伤的检修。

（3）主减速器壳及侧盖的检修。

4．主减速器的装配与调整

（1）主动圆锥齿轮与轴承座的装复。

（2）主动圆锥齿轮轴承预紧度的调整。
（3）从动圆锥齿轮与轴承座的装复。
（4）从动圆锥齿轮轴承预紧度的调整。
（5）主、从动圆锥齿轮啮合印痕与啮合间隙的检查调整。

5．差速器的检查与修理

（1）差速器的分解。
（2）差速器主要零件的检修：差速器壳的检修→差速器十字轴的检修→差速器半轴齿轮和行星齿轮的检修。

6．差速器的装配与调整

（1）差速器的装配。
（2）差速器的调整：行星齿轮与半轴齿轮啮合间隙的调整→差速器轴承预紧度的调整。

7．主减速器差速器的磨合试验

3.2.6 非独立悬架转向桥大修工艺

1．非独立悬架转向桥的分解

（1）将汽车后轮楔住，松开前轮左右轮胎螺母，举升前轴并用专用支架支在前保险杠下。
（2）拆下左右前轮胎、前钢板弹簧 U 形螺栓、制动软管，拆除与直拉杆球头销，松开减振器下连接环与支架的连接。
（3）将小车置于前轴下，松开举升器，将前桥放到小车上推出。
（4）在专用台架上进行分解，分解顺序：拆下制动鼓→拆下制动凸轮机构和制动底板→拆转向横拉杆、转向节臂和转向梯形臂→拆转向节主销上盖板、冲出楔形销→取下转向节等零件。

2．非独立悬架转向桥的检修

1）前轴的检修
（1）前轴弯曲与扭转变形的检验：根据企业修理条件选择检验方法，对照技术标准鉴定其技术状况。
（2）前轴变形的校正：根据变形特征和企业条件选择校正方法。
（3）前轴裂纹损伤的检修：用外观检查法、渗油检查法、探伤法等方法检查。
（4）前轴主销孔磨损的检修：检测前轴主销孔与主销等配合间隙，可用修理尺寸法或镶套法恢复相应的配合关系。
（5）前轴拳形部位上、下平面磨损的修理。
（6）钢板弹簧座平面、U 形螺栓孔的修理。
2）转向节损伤的检修
（1）转向节的检验：用探伤法、渗油敲击法等检查有无裂纹；转向节轴颈、主销衬套及承孔等磨损的检测；转向节轴变形的检测；螺纹的检查。

（2）转向节的修理。

3）转向节臂的检修

3．非独立悬架转向桥的装复与调整

1）前桥的装配

装配一般顺序：装复转向节与前轴→装复制动底板→制动蹄→装制动凸轮轴及回位弹簧→装轮毂内轴承内圈、制动鼓、外轴承内圈、调整螺母、垫圈、锁紧螺母及端盖。

2）转向桥装复的检查调整

（1）检查转向节主销衬套孔与主销的配合间隙。

（2）检查前轴上端面与转向节装配后的间隙。

（3）检查前轴与转向节装配松紧度。

（4）轴毂轴承预紧度的检查调整。

（5）前轮前束的检查调整。

3.2.7 液压制动传动装置修理技术标准

GB/T18275.2—2000《汽车制动传动装置修理技术条件—液压制动》摘录如下。

1．液压制动主缸及轮缸

（1）液压制动主缸活塞与缸筒的配合间隙应符合原产品的规定，在一般情况下超过0.12mm，应进行修复或更新换件。

（2）主缸、轮缸的缸筒在活塞行程内表面粗糙度和活塞外圆柱面表面粗糙度应不大于*Ra*0.8μm。

（3）主缸、轮缸缸筒和活塞外径公差应符合GB/T1801的规定，轮缸缸筒内孔尺寸公差应按相关规定选取。

（4）主缸和轮缸的皮碗、皮圈应满足GB/T1801的规定。如果出现磨损或老化现象，应予以更换。

（5）主缸、轮缸的回位弹簧安装位置应正确，其弹性应符合该弹簧的技术条件。

（6）零件在装配前应清洗干净，总成内部不允许有杂物存在，主缸补偿孔和加油盖的通气孔必须畅通。

（7）主缸、轮缸总成密封性能。

① 当制动液加至储液室最高位置时，在制动过程中主缸总成不得发生渗油、溅油和溢油等现象。

② 按规定的试验方法，在制动回路中建立起最高工作压力，稳定30s后，各制动腔压力降不大于0.3MPa。

（8）主缸、轮缸总成耐压性能按规定的试验方法进行试验，各部位无任何泄漏及异常现象。

2. 真空增压器

（1）加力缸。

① 加力缸缸壁不应有刮伤、锈蚀及不正常的磨损现象。

② 活塞皮碗或膜片，如有磨损、裂纹、老化等现象应予以更换；盖端油封、皮碗发胀变形和损坏，应更换新件。

③ 推杆不应有磨损、弯曲和锈蚀等现象，如有锈蚀应更换。推杆直线度误差超过 0.2mm 时应修理或更换。推杆在盖端中心孔内要松紧适度，保持滑动自如。

④ 回位弹簧不得有变形或折断，其弹性应符合该弹簧的技术条件。

（2）增压缸。

① 若活塞与缸筒间隙超过 0.15mm，应更换新活塞。

② 液压皮圈变形或损坏应予以更换。

③ 活塞顶端球阀密封应良好，不得有斑痕和剥落现象。

④ 叉形顶杆若损坏，应更换新件。

（3）控制阀。

① 活塞皮碗不得有发胀变形，活塞不得有锈蚀。如有损伤，应更换新件。

② 量孔应保持畅通。

③ 橡胶膜片和弹簧应完好无损，若有损坏应更换新件。弹簧的技术特性应符合规定。真空阀、空气阀及其阀座，若有损伤应修理或更换新件。

（4）真空单向阀。应密封良好，各连接部位和橡胶软管不得有漏气现象。

（5）工作特性。真空增压器输入压力值和输出压力值应符合该装置规定的工作特性。

（6）真空密封性。

① 真空增压器真空度达到 66.7kPa 后，切断真空源，15s 内真空度的下降量不得大于 3.3kPa。

② 当主缸输出压力为 9000kPa 时，切断真空源，15s 内真空室真空度从 66.7kPa 处的下降量应不大于 3.3kPa。

（7）液压密封性。使增压缸压力值达到 9000kPa，踏下踏板后，在 15s 内压力值下降量应不大于 10%，总成各部位不得有渗漏油现象。

（8）按规定的试验方法，15s 内真空度下降量应不大于 2.7kPa。

3. 真空助力器

（1）解体后应彻底清洗零件并干燥，检查膜片支撑板、柱塞阀、弹簧、控制阀总成、密封圈、橡胶膜片、推杆和阀杆、前后壳体及螺栓等零件，如有损伤或变形，应进行修理或更换。

（2）真空密封性。

① 非制动状态下按规定的试验方法，15s 内真空度下降值不得超过 3.3kPa。

② 制动状态下按规定的试验方法，15s 内真空度下降值不得超过 3.3kPa。

3.2.8 气压制动传动装置修理技术标准

GB/T18275.1—2000《汽车制动传动装置修理技术条件—气压制动》摘录如下。

1．空气压缩机

（1）空气压缩机汽缸体的形位公差应符合原产品的规定。汽缸磨损超过分级理尺寸时应予镶套。

（2）空气压缩机汽缸镗磨后的圆度及圆柱度公差应不大于 0.01mm，表面粗糙度应不大于 *Ra*0.8μm，汽缸盖、汽缸体结合平面的平面度公差均应为 0.05mm。

（3）活塞与汽缸、活塞销与活塞销孔及连杆衬套的配合均应符合 JTA/T3101 的有关规定。空气压缩机活塞环开口间隙、侧隙、背隙应符合原产品的规定。

（4）滚动轴承与曲轴轴颈、连杆轴承与连杆轴颈、滚动轴承与壳体轴承孔的配合均应符合 JT/T3101 的有关规定。连杆轴颈的圆度公差应为 0.005mm，圆柱度公差应为 0.0075mm。

（5）曲轴装合后的端隙应不大于 0.35mm，与连杆两端配合的端隙不大于 0.25mm。连杆活塞销承孔与连杆轴承衬套承孔的轴线应在同一平面内，其平行度公差应为 0.04mm，在与此平面垂直方向的平行度公差应为 0.06mm。

（6）修理后的空气压缩机应按磨合规范进行磨合，磨合后应按原产品规定的技术要求进行检查。当压力为 700kPa 时，空气压缩机停止运转后，在 3min 内储气筒的压力下降不应超过 10kPa。

2．压力控制器

压力控制器应密封良好，工作可靠，所有弹簧自由长度应不低于规定值，不应有断裂或变形。压力控制器的控制压力，进气、排气压力应符合原产品规定。单向阀不得有回气现象。

3．油水分离器

油水分离器进气口与各出气口压力应相等。安全阀气压应按原产品的规定调整，并作用良好。滤芯必须清洗干净，作用良好，工作可靠；所有阀门及密封垫不得有裂纹、老化现象。

4．储气筒

储气筒内部应清洁，无漏气现象，用 1300～1500kPa 压力做水压试验，不得有变形和渗漏现象。

5．制动阀

1）制动阀零件

（1）膜片及阀门橡胶件不应有变形、裂纹或老化现象，否则应予以更换。

（2）进、排气阀门和阀座如有刮伤、凹痕或磨损过度，应予以更换；如有轻微磨损，应予以研磨修复。

（3）制动阀的各弹簧弹力应符合其技术条件，否则应予以更换。

（4）制动阀壳体及阀盖不得有裂纹、变形和缺损，否则应予以更换。

2）制动阀的装配与调整

（1）平衡弹簧的预紧力应符合使用说明书的规定，平衡弹簧装配后，平衡弹簧的两端面应与其中心轴线相垂直，允许误差不超过 2°。

（2）进气阀装配之前，检查进气阀座与阀杆端部之间的距离，应符合原产品技术要求。

（3）排气阀阀壳端面至阀杆端部之间的距离应为 4～5mm，阀杆实际工作行程应为 1.2～1.7mm。

（4）制动阀拉臂的自由行程应调整到 1～3mm，制动踏板的最大行程应能保证制动气室的稳定工作气压。

3）制动阀密封性能

（1）密封性指数的定义遵循相关规定。

（2）按规定的试验方法试验，制动阀处于解除制动状态，在额定气压下，密封性指数应不大于 10kPa。

（3）按规定的试验方法试验，制动阀处于全制动状态，在额定气压下，密封性指数应不大于 20kPa。

4）静特性

（1）静特性应符合设计要求，在特性范围内应能保持随动平衡，其试验方法按规定进行。

（2）最初平衡气压不得大于 50kPa。

6. 制动气室

（1）制动气室的膜片或活塞密封圈不得有裂纹、变形、油污或老化现象，否则应予以更换。

（2）同轴上安装的制动气室弹簧弹力应一致，弹簧自由长度应不低于规定值，弹簧不得有断裂、变形或严重锈蚀等缺陷，否则应予以更换。

（3）制动气室的壳与盖不得有裂纹、凹陷及推杆孔磨损过大现象；固定盖和膜片凸缘接触面平面度公差应为 0.2mm。

（4）活塞式制动气室缸筒内表面应光滑，不允许有刮伤及凹凸不平等缺陷。

（5）当压缩空气充入气室时，推杆的行程应达到规定的最大行程，且左右制动气室动作应同步一致。

（6）制动气室的密封性按规定的试验方法，在额定工作压力作用下，保压 5min，膜片式制动气室不得漏气，活塞式制动气室和储能弹簧室的气压下降不大于 10kPa。

7. 制动连接件及制动管路

制动连接件不得有裂纹或损伤，制动管路应完好无损，制动软管无裂纹、老化等现象，管路内应清洁。管接头应密封，接头连接螺母及螺纹应完好。管路安装应牢固可靠。

8. 制动踏板

制动踏板活动自由，踏板轴不松旷，踏板的衬套和踏板轴的间隙应不大于 0.3mm。制动踏板总成在正常装配和使用条件下，应保证制动灵活、轻便，不得发生阻碍或卡死现象。制动踏板的自由行程应符合原车使用说明书的规定。

9．整车制动系统密封性

当气压升至 600kPa 且不使用制动的情况下，停止空气压缩机 3min 后，其气压降低应不大于 10kPa。在气压为 600kPa 的情况下，将制动踏板踩到底，待气压稳定后观察 3min，单车气压降低值不得超过 20kPa；列车气压降低值不得超过 30kPa。

3.3 过程检验

3.3.1 修理工艺过程中的零件检验分类

汽车维修的过程检验可分为汽车维修过程中的零件分类检验、汽车维修过程中的维修工艺监督检验、汽车维修过程中的关键工序的质量检验与总成验收等。

零件分类检验是在总成分解成零部件经清洗之后，按照修理技术标准的要求对其损伤程度进行检验，以确定零件是继续使用还是修理或更换。对零件进行检验的方法有许多，可分为检视法、测量法和探伤法三类。

1．检视法

检视法是指由检验人员通过感官掌握零件的损伤情况，并根据经验判断零件是否可用。例如，通过眼睛观察（或借助放大镜）对零件的破损、明显变形、严重磨损和裂纹、材料变质等进行检验；用手锤敲击法对裂纹及铆钉松动进行检验；或用新、旧件进行对比检验等。

2．测量法

测量法是指利用量具或测量仪器测出零件的现有尺寸及形位公差值，与技术标准所规定的容许使用值进行对比，确定零件能否继续使用。其常用量具有直尺、游标卡尺、千分尺、百分表、厚薄规、测齿卡尺及专用样板等。

3．探伤法

探伤法主要是对零件表面的微细裂纹及内部隐伤进行检验。生产中常用的探伤方法有磁力探伤、浸油敲击、荧光探伤、超声波探伤及水压试验等。

根据检验结果，零件可分为可用零件、待修零件和报废零件三类。可用零件是指符合修理技术标准，可以继续使用（大修容许）的零件；待修零件是指不符合修理技术标准，但通过修理能使其符合技术标准且经济合算的零件；报废零件是指不符合修理技术标准且无法修理或无修理价值的零件。

3.3.2 离合器修理技术要求

1．离合器主要零部件修理技术要求

（1）从动盘摩擦衬片表面有烧焦、开裂、严重油污时，应更换新片。

（2）从动盘总成扭转减振弹簧折断、花键磨损过大时应更换，铆钉松动应重铆。

（3）从动盘摩擦衬片磨损使铆钉头埋入深度小于极限值（一般为 0.5mm）时，应更换新片或从动盘总成。

（4）从动盘发生翘曲变形，测量端面圆跳动标准值为 0.15mm，极限值一般为 0.5mm。如不符合要求，可用专用工具进行校正。

（5）压盘翘曲变形，表面平面度误差值不得超过 0.12mm。

（6）压盘磨出沟槽，其槽深度不得超过 0.30mm，否则应进行修磨，加工后的压盘厚度一般应不小于标准厚度 2mm。双片离合器的中间压盘销孔与传动销的配合间隙，一般为 0.50～0.67mm。如超出 1mm 时，应修复或更换。修理后的压盘应进行静平衡试验。

（7）螺旋压紧弹簧出现裂纹、自由长度减小值大于 2mm、在全长上的偏斜量大于 1mm 时应更换。

（8）膜片弹簧弯曲须校正，出现疲劳、折断，磨损宽度和深度超过极限（一般深度极限为 0.60mm，宽度极限为 50mm）时应更换。

（9）分离杠杆、分离轴承端面磨损严重或变形，或分离轴承运转不灵时，应予以更换。

2．离合器总成修竣验收技术要求

（1）离合器分离杠杆高度、离合器间隙、双片离合器中间压盘行程、离合器踏板自由行程均应符合制造厂要求。

（2）液压操纵离合器液压油油平面应在储油罐上、下标线之间。

（3）离合器结合平稳，无抖动和异响，不打滑，分离彻底。

3.3.3　变速器壳体修理技术要求

（1）壳体应无裂损。壳体上所有连接螺孔的螺纹损伤不得多于两牙。

（2）壳体上平面长度不大于 250mm，其平面度公差为 0.15mm；大于 250mm 时，平面度公差为 0.20mm。

（3）壳体前端面对输入、输出轴轴承承孔的公共轴线的端面圆跳动：其端面最大可测直径为 50～120mm，公差为 0.80mm；120～250mm，公差为 0.10mm；250～500mm，公差为 0.12mm；大于 500mm，公差为 0.15mm。

（4）壳体后端面对输入、输出轴轴承承孔的公共轴线的端面圆跳动公差为 0.15mm。

（5）壳体前、后端面的平面度公差值，分别不大于 3、4 项规定的端面圆跳动公差值。

（6）壳体上平面与输入、输出轴轴承承孔的公共轴线的平行度公差为 0.20mm。

（7）壳体上各轴承（或轴）承孔轴线间尺寸偏差的绝对值，允许比原设计规定增加 0.02mm。

（8）壳体上各承孔轴线的平行度公差允许比原设计规定增加 0.02mm。

（9）壳体上各承孔的圆度公差为 0.008mm。表面粗糙度一般不大于 *Ra*1.6μm。

（10）滚动轴承与承孔的配合公差：当基本尺寸为 50～80mm 时，其值允许比原设计规定增加 0.02mm；基本尺寸为 80～120mm 时，其值允许比原设计规定增加 0.04mm；基本尺寸为 120～180mm 时，其值允许比原设计规定增加 0.025mm。

（11）轴颈与壳体承孔的配合公差允许比原设计规定增加 0.015mm。

3.3.4 差速器修理技术要求

摘自 GB 8825《汽车驱动桥修理技术条件》。

（1）差速器壳应无裂损。壳体与行星齿轮、半轴齿轮垫片的接触面应光滑、无沟槽。

（2）十字轴承孔轴线长度在 160mm 以上，两轴线垂直度公差为 0.10mm，长度不大于 160mm，垂直度公差为 0.06mm；两轴线应相交，其位置度公差为 0.15mm；每一轴线又应与半轴齿轮承孔轴线位于同一平面内，其位置度公差为 0.20mm。

（3）整体式十字轴与差速器壳及行星齿轮的配合间隙分别不大于 0.10mm 及 0.25mm，分开式十字轴与差速器壳及行星齿轮的配合间隙分别不大于 0.05mm 及 0.18mm。

（4）分别以左右差速器壳内外圆柱面的轴线及对接面为基准，或者以差速器壳与圆柱（锥）被动齿轮结合的圆柱面的轴线及端面为基准：

① 与差速器轴承配合的轴颈径向圆跳动公差为 0.08mm。

② 与差速器轴承结合端面的端面圆跳动公差为 0.05mm。

③ 半轴齿轮承孔的径向圆跳动公差为 0.08mm。

④ 与半轴齿轮垫片结合平面的端面圆跳动公差为 0.08mm。

⑤ 与圆锥被动齿轮（或圆柱被动齿轮）结合面的端面圆跳动公差为 0.10mm。

⑥ 与圆锥被动齿轮（或圆柱被动齿轮）配合的外圆柱面的径向圆跳动公差为 0.08mm。

（5）差速器壳连接螺栓拧紧力矩应符合原设计规定。

（6）差速器轴承与壳体及轴颈的配合应符合原设计规定。

（7）差速器壳承孔与半轴齿轮轴颈的配合间隙为 0.05～0.25mm。

（8）行星齿轮端隙应符合原设计规定。

3.3.5 传动轴与万向节修理技术要求

1. 万向节

（1）有十字轴裂纹、十字轴轴颈金属剥落或明显凹陷等严重损伤时应更换；有轻微剥落时可用油石打磨。

（2）万向节轴颈与十字轴轴承配合间隙超限应镀铬修复或更换。

（3）十字轴轴承滚针严重烧伤、疲劳剥落时应更换，十字轴轴承壳如磨损起槽、破裂应更换。

（4）有万向节叉裂纹或其他严重损伤时应更换新件。

（5）万向节盖板螺纹孔损伤不得多于两牙，螺栓完好。

（6）等速万向节内、外万向节球毂、球笼壳及钢球严重磨损，表面出现疲劳剥落或裂纹，出现转动卡滞现象，以及万向节球毂花键磨损松旷时，均应更换万向节总成。

（7）万向节装配后，用手扳动十字轴应转动自如，没有松旷感觉。

2. 传动轴、伸缩套

（1）对于传动轴花键轴键齿与滑动叉花键槽配合侧隙，轿车应不大于 0.15mm，其他汽车应不大于 0.30mm，磨损过甚、裂纹或花键有扭曲、弯曲变形时应予以更换。

（2）传动轴中间最大弯曲度一般不得超过 1mm，传动轴轴管的径向圆跳动公差见表 3-1。超过时或有凹陷可在压床上进行冷态校正，校正达不到技术要求时，应更换新件。

表 3-1　传动轴轴管的径向圆跳动公差

轴长	≤600	600～1000	＞1000
径向圆跳动公差	0.6	0.8	1.0

（3）万向节叉平面（装轴承盖板平面）磨损时，应进行修平；装轴承盖板螺纹孔损伤时应修复；万向节叉轴承壳承孔的磨损超过规定（如解放 CA1091 汽车标准值为-0.015～+0.049，大修极限值为-0.015～+0.075），应修复或更换。

（4）防尘套老化破裂，应予以更换。

3．传动轴中间支撑轴承与支架

（1）中间支撑支架出现裂纹、磨损时应及时焊修或更换，橡胶环腐蚀老化时应更换新件。

（2）轴承滚珠、滚柱和外滚道上有烧蚀、刻痕、裂纹、金属剥落，以及有大量黑斑点或保持架有裂纹、铆钉松动等情况之一者均应更换轴承；轴承轴向和径向间隙超过规定应更换。

4．传动轴与万向节的装配

（1）按原标记装配，保证传动轴两端万向节叉的轴承孔轴线位于同一平面上，其位置误差应符合原厂规定。

（2）十字轴在安装时，十字轴上的润滑脂嘴要朝向传动轴以便注油；两偏置油嘴应间隔 180° 以保持传动轴的平衡。

（3）传动轴上的防尘套应配备齐全，并用卡箍紧固。为了不影响传动轴的平衡，两只卡箍的锁扣应错开 180°。

（4）传动轴如经加工修理，须进行动平衡试验。

（5）装配后，通过所有油嘴均应加注锂基 2 号或二硫化钼锂基脂，以从油封刃口处或中间支撑的气孔能看到有少量新润滑脂被挤出为宜。

3.3.6　前桥修理技术要求

摘自 GB/T8823《汽车前桥及转向系的修理技术条件》。

1．前轴

（1）前轴经探伤检查不得有任何裂纹。

（2）当钢板弹簧座平面横向长度不大于 160mm 时，其平面度公差为 0.4mm；大于 160mm 时，平面度公差为 0.5mm。修理后钢板弹簧座厚度减少量不得大于 2mm。

（3）当钢板弹簧座平面横向长度不大于 160mm 时，两钢板弹簧座平面在其公共平面法线方向的位置度公差为 0.8mm；大于 160mm 时，位置度公差为 1.0mm。

（4）钢板弹簧座上 U 形螺栓承孔及定位孔的磨损量不得大于 1mm。

（5）前轴主销承孔与主销的配合应符合原设计规定。

（6）前轴主销孔上、下端面对其轴线的垂直度公差应符合原设计规定。前轴主销孔端面修理后厚度减少量不得大于2mm。

（7）与圆柱形主销配合的前轴主销承孔磨损超过0.05mm时，应按规定的尺寸修理。

（8）以两钢板弹簧座平面的公共平面为基准，前轴主销孔轴线内倾角的大小应符合原设计规定；以垂直于该公共平面并过两钢板弹簧座定位孔轴线的平面为基准，前轴主销孔轴线扭转角不得大于30′，该轴线在基准平面法线方向的位置度公差为4mm；前轴两主销孔轴线间的距离应符合原设计规定。

2．转向节

（1）转向节经探伤检查不得有任何裂纹。

（2）转向节轴颈公共轴线与主销孔公共轴线间夹角应符合原设计规定。

（3）转向节内、外轴承与轴颈的配合属间隙配合的，其配合应符合原设计规定；属过渡配合的，当基本尺寸不大于40mm时，最大间隙不大于0.040mm；大于40mm时，不大于0.055mm。

（4）转向节衬套与主销及衬套与转向节主销孔配合应符合原设计规定。

（5）转向节上、下主销承孔轴线同轴度公差应符合原设计规定。

（6）转向节内侧两端面对转向节主销孔公共轴线的垂直度公差应符合原设计规定。

（7）转向节各部位螺纹的损伤不得超过两牙。

3．前轴与转向节的装配

（1）转向节主销孔端面与前轴上端面装配后的间隙，应符合原设计规定。

（2）前轴与转向节装配应适度，转动转向节的力一般不大于10N。

4．轮毂

（1）轮毂应无裂损，轮毂各部位螺纹损伤不得超过两牙。

（2）轮毂与内、外轴承的配合应符合原设计规定。

（3）轮毂与制动鼓的结合平面对轮毂内、外轴承承孔公共轴线的端面全跳动公差为0.15mm。

（4）轮毂与油封外圈的配合及尺寸应符合原设计规定。

（5）装合后的轮毂应有0.10～0.15mm的轴向间隙，并能均匀转动。

3.3.7　悬架与车轮修理技术要求

1．钢板弹簧

（1）钢板弹簧应视需要进行热处理恢复弹性。钢板弹簧卡子应按规定配齐，卡子内侧与钢板弹簧侧的间隙为0.7～1.0mm，卡子套管与钢板弹簧顶面的距离应为1～3mm。

（2）在已装配好并压紧的钢板弹簧的中部，片与片之间应紧密配合，相邻两片在总接触长度1/4的长度内的间隙一般不大于1.2mm。对于已装合好的钢板弹簧，其弧高应符合原厂规定。

（3）钢板弹簧与支架、吊耳之间的相互间隙均应符合原厂规定。

（4）减振器装合后，各部件应密封良好，无渗漏，并符合性能试验要求。

2．筒式减振器性能的试验

减振器不漏油，上部连接衬垫无凸起、开裂，紧固可靠，减振作用良好。

筒式减振器装复后，应在减振器性能实验台上进行试验。当CA1091型汽车的试验行程为100mm，试验频率为100次/min时，伸张行程的最大阻力应为2156～2646N·m。压缩行程的最大阻力为392～588N·m，同时检查有无漏油现象。无试验条件时，可上下往复推拉减振器2～3次，试验其阻力是否恢复。拉伸时，应感到有沉重阻力，压缩时的阻力较轻，且推拉中阻力均匀，无卡滞及明显的空行程。加满减振液后，平放12～24h应无渗漏。

3．车轮与轮胎

（1）车轮螺栓孔无过度磨损。

（2）轮辋无变形和裂纹。

（3）胎面无气鼓、裂伤、老化、变形和扎钉，轮胎花纹不低于轮胎极限标记，气门嘴完好。

（4）轮胎气压符合标准。

（5）车轮和轮胎修理装合后必须进行动平衡试验，车轮动不平衡质量小于5g。

3.3.8 制动鼓修理技术要求

摘自GB/T18274—2000《汽车鼓式制动器修理技术条件》。

（1）制动鼓测量及判定。

① 在相互成直角的摩擦表面的宽窄两边缘处测量制动鼓的磨损量，在圆周上每隔45°的各点且在最深沟槽的底部测量制动鼓的直径。

② 制动鼓直径超过报废尺寸，或虽未超过报废尺寸，但经过切削加工后，其直径超过安全修理尺寸的制动鼓应予以更换。

③ 带有锥度或圆度误差超过155μm的制动鼓，应予以更换。

④ 制动鼓摩擦表面由于制动热能引起内部组织结构发生变化而产生硬点时，应予以更换。

⑤ 制动鼓出现任何裂纹时，应予以更换。

（2）制动鼓的切削。

① 制动鼓切削加工时，同轴上左、右制动鼓必须用相同的方法切削加工到相同的直径，以保证制动效果在两个车轮上相同。

② 切削时不得采用一次深切削的方法，要采用多次浅切削的方法进行。

③ 切削时主轴线速度为150μm；粗切削时的每转横向进给量为0.15～0.2mm，精切削每转横向进给量不大于0.05mm。

（3）制动鼓切削后不得有裂纹和变形，其尺寸必须符合原生产厂的要求。没有规定的应符合表3-2的规定。

表 3-2　制动鼓修理尺寸表　　　　单位：mm

制动鼓标准内径 D	≤320	$320<D<420$	≥420
报废尺寸	D+1.5	D+4.0	D+6.0
安全修理尺寸	D+0.7	D+2.8	D+4.2
左、右制动鼓直径差值	0.2	0.5	0.8

（4）制动鼓摩擦表面的圆柱度误差不大于 0.05mm，表面粗糙度不低于规定值。

（5）制动鼓摩擦表面对与轮毂结合的圆柱面及平面的径向跳动不大于 0.10mm，对于轮毂轴承位的径向全跳动不大于 0.12mm。

（6）制动鼓的壁厚差不大于 1.00mm，同轴上的左右制动鼓的直径差值不得大于表 3-2 所规定的数值。

3.3.9　盘式制动器修理技术要求

摘自 GB/T18343—2001《汽车盘式制动器修理技术条件》。

1．制动钳

（1）制动钳体缸筒不得有锈蚀、损伤现象，否则必须更换。制动钳体缸筒圆柱度误差应不大于 0.02mm，缸筒与活塞的极限配合间隙应小于 0.15mm，不得用研磨的方法修理缸筒。

（2）沿活塞边缘不应有液体渗漏，必须保证密封圈、防尘罩的完好，否则应更换密封圈、防尘罩或活塞。密封圈必须保持良好的性能。

（3）活塞表面不得有划痕、裂纹、凹坑、腐蚀和麻点，否则应更换活塞。不得使用打磨、擦刮、抛光的方法修理有划痕的活塞。

（4）浮钳盘式制动器导向装置的配合面应光洁完好。防护套不应有切伤和破裂，否则应更换防护套。

（5）制动钳安装架（对于浮钳盘式制动器）不得有裂纹和严重磨损，支撑弹簧应性能完好，制动块支撑板不应有损伤。

2．制动盘

（1）制动盘不得有裂纹，其工作表面不得有锈斑、缩孔等现象。

（2）制动盘总厚度一般不得小于标准厚度 2.0mm，划痕沟槽深度不得大于 0.38mm。

（3）修理后的和换新的制动盘，其端面平面度应不大于 0.02mm，两端面平行度应不大于误差 0.0125mm，工作表面粗糙度值不得大于 Ra60μm。

（4）换新的制动盘应使用原车厂零配件或经原车厂认定的合格替换件。

（5）装配后制动盘端面全跳动一般不应大于 0.15mm（在消除系统全跳动误差情况下）。

（6）安装制动盘时应保持盘面干燥、干净，对新换的制动盘应用修理手册中推荐的溶剂消除制动盘表面的保护膜，并在其制动工作表面涂防尖叫声化合物。

3．制动摩擦块

（1）制动摩擦块不得有龟裂、烧伤等，否则应予以换新。

（2）制动摩擦块磨损必须均匀，磨损后当其厚度小于 1.5mm 或当摩擦块的平面沟槽已完全磨平时，必须更换摩擦块。更换时同轴两侧车轮须同时更换。

（3）换新制动摩擦块须满足原车厂推荐的摩擦材料要求，并有合法的生产厂家出具的合格证明。

（4）安装制动块时，应保持制动块干燥，不可沾染上制动液或其他油类液体。用推荐的化合物润滑垫片及垫片、钳体接触表面。

（5）对浮钳式制动器，安装内摩擦块后，应检查防尘套是否接触制动摩擦块，否则，应卸下制动摩擦块并重新定位防尘套。

3.4 竣工验收

3.4.1 汽车大修竣工检验

汽车总装后，应进行竣工后的试车检验，其目的是通过汽车外部整车的检查和路试，检查汽车的修理质量，以发现隐患和缺陷并及时消除。此外，汽车在出厂前应进行最后一次综合性的全面调整。

汽车修竣后的试车检查包括路试前的整车检查、汽车的路试或仪器试验、路试后的检查并消除故障及验收交车四个阶段，分述如下。

1. 汽车路试前的整车检查

汽车路试前检验的目的在于检查汽车齐备情况及各总成、仪表的工作情况。汽车外部检视（整车检查）的具体项目和要求如下：

油漆符合规定（颜色均匀，无滴漆、起泡、皱纹、变色和斑点）；各总成附件装备齐全；前轮定位、轮距、轴距、转向盘转动量、离合器和制动踏板自由行程等应符合规定；各种管路接头安装正确，包扎卡固良好；灯光信号标志齐全，有效光照符合规定；喇叭清脆洪亮无异响；仪表齐全，指示正常；后视镜安装良好；全部润滑油、润滑脂、冷却水、制动液和电解液加足，无渗漏；散热器、发动机、驾驶室及车厢连接支撑齐备，锁止可靠；车门锁和玻璃升降器应灵活可靠；左右翼子板对称，高度一致，离地左右差不大于规定值；检查轮胎应齐备，轮胎气压应符合要求；钢板弹簧应符合技术要求。检查时从外到内，由四周到车下底盘各部，并逐一填表登记。

2. 汽车的路试或仪器台架检测

汽车外部检视合格后，应进行路试。有条件的可采用仪器台架检测而不付诸路试。道路试验里程应不少于 30km，检查底盘的工作情况试验要求如下。

（1）起步时离合器接合平稳，分离彻底，不打滑、不发抖、不发响。

（2）转向轻便、灵活，无跑偏和摇摆现象，最小转弯半径应符合规定。

（3）变速器换挡灵活，不跳挡、不乱挡、无异响。

（4）驻车制动应符合对驻车制动效能的要求。

（5）汽车制动性能应符合《机动车运行安全技术条件》（GB 7258—2004）的规定。

（6）传动轴、驱动桥无异响。

（7）滑行试验：在平坦干燥的硬质路面上，开始拉动车辆的拉力不超过车辆自重的1.5%，或在平坦干燥的路面上，以30km/h的初速滑行，滑行距离应为230m以上。

（8）动力性能：空车在平坦、干燥的硬质路面上，以直接挡行驶，时速从20km/h加速至40km/h的时间一般不超过25s，小型汽车不超过10s。

（9）燃料经济性：大修走合期满后，每车百千米的耗油量应符合原厂规定。

（10）汽车加速行驶时，车外最大噪声应符合国家标准规定。

（11）汽车的排污应符合国家标准规定。

（12）路试中冷却水温不应超过90℃。

在进行路试前，一定要先检查转向、制动装置的故障，排除后才能进行试验。

3．路试后检查

（1）路试后检查制动鼓、轮毂、变速器壳和驱动桥壳，传动轴中间支撑不应发热，齿轮油温度应不大于85℃，机油温度不大于95℃。

（2）检查各部位，应无漏油、漏水、漏气、漏电等现象。

（3）修竣出厂的车辆，应再次检查并紧固转向机构各部螺栓，传动轴接头各部螺栓，前、后骑马螺栓，半轴、轮胎螺母等，并检查其他各部螺栓有无松动，并加以紧固。

（4）修竣出厂的车辆，轮胎气压和各部油漆均应符合规定。

4．汽车的验收与交车

汽车路试所发现的缺陷被消除后，再进行汽车的验收。验收工作可由厂里专门的交接车组织负责。汽车的验收除重新检查缺陷是否完全被消除外，还应检查整车的齐备情况，并逐项填写验收单。验收合格后，通知车主，根据交接车验收单和送修单位办理车辆交接手续，并由技术负责人和车主双方签字。

3.4.2 GB 3798《汽车大修竣工出厂技术条件》

本标准适用于公路和城市道路用的国产客、货汽车（不包括专用设备和附属装置）。其他汽车参照执行。

1．一般技术要求

（1）装配的零件、部件、总成和附件应符合相应的技术条件。各项装备应齐全，并按原设计的装配技术条件安装。允许在汽车大修中按经规定程序批准的技术文件改变某些零件、部件的设计，但其性能不得低于原设计要求。

（2）主要结构参数应符合原设计规定。由于经修理而增加的自重，不得超过原设计自重的3%。

（3）驾驶室、客车厢应形状正确、曲面圆顺、转角处无褶皱，蒙皮平整，无松弛、污垢及机械损伤等缺陷。

（4）喷漆颜色协调、均匀、光亮，漆层无裂纹、剥落、起泡、流痕、纹绉等现象。不需涂漆的部位，不得有漆痕。刷漆部位允许有不明显的流痕和刷纹。

（5）驾驶室、客车厢、货厢及翼板左右对称。各对称部位离地面高度差：驾驶室、翼板、客车厢不大于10mm，货厢不大于20mm。

（6）座椅的形状、尺寸、座间距及调节装置应符合原设计要求。

（7）门窗启闭灵活，关闭严密，锁止可靠，合缝匀称，不松旷。风窗玻璃透明，不眩目。

（8）转向机构各连接部位不松旷，锁止可靠。对于转向盘自由转动量（带转向助力器的除外），总重不小于4.5t的汽车不大于30°，总重小于4.5t的汽车不大于15°。

（9）离合器踏板、制动踏板的自由行程和手制动的有效行程应符合原设计要求。

（10）仪表、灯光、信号、标志齐全，工作正常。

（11）轮胎充气气压应符合原设计要求。

（12）限速装置应铅封。

（13）各部润滑应符合原设计要求。

（14）各部运行温度正常，各处无漏油、漏水、漏电、漏气现象。但润滑油、冷却水密封接合面处允许有不致形成滴状的浸渍。

2. 主要性能要求

（1）发动机启动容易，在各种转速下运转正常、无异响。

（2）传动机构工作正常，无异响。离合器接合平稳、分离彻底、操作轻便、工作可靠。变速器换挡轻便、准确可靠。

（3）转向机构操纵轻便。行驶中无跑偏、摆头现象。前轮定位、最大转向角及最小转弯半径应符合原设计要求。

（4）制动性能应符合《中华人民共和国机动车制动检验规范》（试行）的规定。

（5）汽车空载行驶初速为30km/h，滑行距离应不少于230m。

（6）带限速装置的汽车，以直接挡空载行驶，从初速20km/h加速到40km/h的时间应符合表3-3的规定。

表3-3　加速时间表

发动机标定功率与汽车自重之比（马力/t）	加速时间（s）
10～15	<30
>15～20	<25
>20～25	<20
>25～50	<15
>50	<10

（7）带限速装置的汽车，以直接挡空载行驶，在经济车速下，每百千米燃油消耗量应不高于原设计规定值的85%，汽车走合期满后每百千米燃油消耗量应不高于原设计规定。

（8）驾驶室、客车厢不得漏水。汽车在多尘路上行驶，在所有门窗都关闭的情况下，当车外空气含尘量不低于200mg/m³时，驾驶室、客车厢内的含尘量不得高于车外含尘量的25%。

（9）汽车噪声应符合GB 1495—1979《机动车辆允许噪声》的规定。

（10）汽车排放限值应符合国家有关规定。

（11）汽车性能测试条件见附录A（补充件）。

3．检验规则

（1）大修竣工的汽车，经检验合格，应签发合格证。

（2）大修竣工的汽车，应在明显部位安装铭牌，其内容包括发动机和车架号码，承修单位名称，修竣出厂年、月、日等。

（3）修竣的车辆，经送修与承修单位双方确认合格后，办理出厂交接手续。出厂合格证和有关技术资料应随车交付送修单位。

4．保用条件

承修单位对大修竣工的汽车应给予质量保证，质量保证期自出厂之日起，不少于三个月或行驶里程不少于10000km。在送修单位严格执行走合期规定，合理使用、正常保养的情况下，质量保证期内出现的维修质量问题，承修单位应负责包修。

第 4 章　诊断排除汽车底盘故障

学习目标

- ➢ 掌握自动变速器故障诊断程序
- ➢ 熟悉离合器、手动变速器及万向传动装置异响故障现象及原因
- ➢ 熟悉轮胎异常磨损故障现象及原因
- ➢ 熟悉前轮摆振、制动跑偏故障现象及原因
- ➢ 熟悉制动防抱死装置（ABS）失效故障现象及原因

4.1　自动变速器故障诊断程序

现代汽车自动变速器融机械传动、液压传动和电子控制技术于一体，结构和工作原理都十分复杂。无论是换挡执行元件损坏，还是控制电路、阀板中的控制阀或其他任何部件出现故障，都会影响自动变速器的正常工作。自动变速器不易拆装，对检修操作技术要求高，给故障的诊断与排除带来一定的困难。盲目地拆卸分解难以找出故障的真正原因，往往会带来新的故障，甚至造成自动变速器不应有的损害，所以，当自动变速器出现故障或工作不正常时，首先应利用各种检测工具和手段，按照合理的程序和步骤诊断出故障的原因，以便有针对性地进行检修。自动变速器故障诊断除遵循一般故障诊断程序外，还需进行一些特定的检测，其故障诊断程序归纳如下。

1．询问、听取客户对故障的陈述，验证故障症状

通过询问客户，了解是什么故障、故障发生的时间、发生的环境条件、是否进行过检修等情况，然后验证故障是否如客户所述。

2．查阅

查阅故障车型自动变速器的相关资料，熟悉相关数据、电路和检修程序等内容。对自动变速器来说，这一步关系到后续诊断能否正确进行，应注重平时的积累和研究，而不是需要时才临时通读全部资料。

3．直观检查

通过看、听、摸的直观方法进行检查。查看线路，插接器连接是否可靠、有无脱落现象，有无漏油，相关连接有无明显松脱，有无异响、异味等。

4．自动变速器的一般检查

一般检查包括以下三个方面的检查：

（1）发动机怠速转速的检查。

（2）液压油品质和油面高度的检查。

（3）操纵手柄位置和节气门拉索的检查。检查操纵手柄与变速器连接是否正确；检查节气门拉索的位置是否符合要求，新生产的自动变速器多半取消了节气门拉索，就不需要对节气门拉索进行调整。

5．自动变速器试验

自动变速器试验，是分析自动变速器故障的重要手段，同时也是检查其工作性能，检验修理质量的常用方法。试验主要包括以下几个方面。

（1）失速试验。

（2）油压试验。

（3）延时试验。

（4）道路试验。

（5）电控自动变速器手动换挡试验。

试验时，根据具体故障情况有选择地进行上述试验。

6．故障自诊断

能通过诊断插座，用人工跨接端子或检测仪查询自动变速器计算机有无故障码，以确定电子控制系统有无故障及故障范围。

7．检修

对初步确定故障的部分进行拆卸、检查与修理，或对故障码所指的电路用万用表等工具进行电路检测，找出故障点并排除。

8．试验

进行道路试验，确认故障已被排除，并检验修复质量。

4.2 万向传动装置异响故障现象及原因

1．故障现象

汽车起步时，车身发抖并能听到“咔啦、咔啦”的撞击声，且在车速变化时响声更加明显。车辆在高速挡用小油门行驶时，响声增强，抖动更加严重。

2. 故障原因

（1）万向节十字轴及滚针轴承磨损松旷或滚针碎裂。

（2）传动轴花键齿与叉管花键槽磨损松旷。

（3）各连接部位的螺栓松动。

（4）传动轴万向节叉等速排列破坏。

（5）中间支撑轴承内圈过盈配合松旷。

（6）万向节轴承壳压得过紧。

（7）中间支撑轴承散架。

（8）变速器第二轴（输出轴）花键齿与连接凸缘花键槽磨损严重。

（9）传动轴弯曲、平衡块脱落，或传动轴管凹陷，传动轴管与万向节叉焊接不正或传动轴未进行过动平衡试验和校准。

4.3 离合器异响故障现象及原因

1. 故障现象

离合器分离或接合时，或汽车行驶中，离合器发出不正常的响声。

2. 故障原因

（1）分离轴承磨损严重、缺油或损坏；轴承回位弹簧过软、折断或脱落。

（2）从动盘铆钉松动或外露；从动片减振弹簧疲劳或折断。

（3）从动盘花键孔与轴配合松旷。

（4）分离杠杆与离合器盖的连接松旷或分离杠杆支撑弹簧疲劳、折断或脱落。

（5）踏板回位弹簧过软、脱落或折断。

（6）分离杠杆与分离轴承内端之间没有间隙。

（7）飞轮上的传动销与压盘上的传力孔或离合器盖上的驱动孔与压盘上的凸块配合间隙过大。

（8）变速器输入轴轴承磨损严重。

4.4 手动变速器异响故障现象及原因

1. 故障现象

变速器处于空挡时有异响，踩下离合器踏板时异响声消失；低速挡时有异响，高速挡时异响减弱或消失；变速器仅个别挡位有异响；变速器直接挡工作无异响，其他挡位均有异响；变速器各个挡位均有异响。

2. 故障原因

（1）齿轮啮合间隙过小或过大。

（2）常啮合齿轮磨损成梯形或轮齿损坏。

（3）齿轮齿面金属剥落或个别牙齿折断。

（4）修理时齿轮未成对更换，导致齿轮啮合不良。

（5）中间轴、第二轴弯曲。

（6）第二轴花键与滑动齿轮配合松旷。

（7）轴承径向间隙、轴向间隙过大或损坏。

（8）变速器壳体变形。

（9）润滑油过稠、过稀或过少、变质。

（10）变速杆弯曲或操纵机构的各连接处松动。

（11）变速器内掉入异物。

（12）某些紧固螺栓松动；里程表软轴或里程表齿轮发响。

4.5 轮胎异常磨损故障现象及原因

1．故障现象

轮胎胎面磨损不均匀，胎冠两肩磨损，胎壁擦伤，胎冠中部磨损，胎冠外侧或内侧单边磨损，胎冠由外侧向内侧呈锯齿状磨损，胎冠呈波浪状磨损，胎冠呈碟边状磨损，胎面呈羽片状磨损等。

2．故障原因

（1）轮胎气压过高或过低。轮胎气压过低，使轮胎内侧弯曲变形过大，帘布层之间摩擦加剧，导致轮胎过热，使帘线松散断裂，胎体脱层或胎面剥离，胎冠两肩磨损加剧。轮胎气压过高将使帘线层过度伸张，胎面接地面积小，加剧胎冠中部磨损。严格遵守充气标准是防止轮胎早期磨损、达到最高使用寿命的基本条件。

（2）前轮定位不正确，前束和外倾调整不当。前轮前束过大，则胎冠由外侧向内侧呈锯齿状磨损；前束过小，则胎冠由内侧向外侧呈锯齿状磨损。前轮外倾过大，则使轮胎的外肩磨损严重；外倾过小，则使轮胎的内肩磨损严重。不相等的外倾造成轮胎单边拖曳磨损。

（3）轮毂轴承松旷或转向节与主销松旷。使前轮外倾发生变化，造成轮胎单边磨损。

（4）前梁或车架弯扭变形，使前轮定位参数变化，加速轮胎的磨损。前后桥变形或不平行时，会改变轮胎的正常位置与负荷，致使部分轮胎因超载和滑移而遭受严重的磨损。

（5）纵横拉杆或转向机构松旷。

（6）钢板弹簧U形螺栓松旷。

（7）前钢板吊耳销和衬套磨损松旷，行驶中将引起轮胎摇晃，使轮胎磨损不均匀。

（8）前轴弯曲、前轴刚度不足，前轴与车架纵向中心线不垂直或车架两边的轴距不等。

（9）转向横拉杆（尤其是弓形横拉杆）或横拉杆臂刚度不足。

（10）前轮径向圆跳动或端面圆跳动太大。

（11）前轮旋转质量不平衡。

（12）轮胎螺栓松动。

（13）轮辋变形、破损、锈蚀直接影响轮胎的正常工作，使轮胎胎侧受力不均匀。轮辋的偏摇，使轮胎在行驶中扭摆前进，加速胎冠的磨损。

（14）前轮偏摇或摆振，会使胎冠呈波浪状磨损和碟边状磨损。

（15）转向梯形不能保证各车轮纯滚动，出现过多转向或转向不足。

（16）轮胎质量不佳。

（17）轮胎长期未换位或翻面作业不恰当。

（18）前轮放松制动回位慢或制动拖滞。

（19）经常超载、起步过急、高速转弯或制动过猛。

（20）经常行驶在拱度较大的路面上。

4.6 前轮摆振故障现象及原因

1．故障现象

汽车行驶时，有时出现两前轮各自围绕主销进行角振动的现象，即前轮摆振。前轮摆振分为低速摆振和高速摆振。低速摆振指时速在 20km/h 以下，即感到方向不稳摆头。高速摆振指汽车在高速行驶时或在某一较高车速时，出现行驶不稳摆头。两前轮左右摆振严重时，握转向盘的手感觉强烈，有麻木感，甚至在驾驶室内可看到整个车头晃动，或有前轮颠簸或摇摆现象。

2．故障原因

（1）转向器内主从动部分啮合间隙或轴承间隙过大。

（2）转向器垂臂与垂臂轴配合松旷。

（3）纵横拉杆球关节配合松旷。

（4）直拉杆臂与转向节臂的连接松旷。

（5）转向系统刚度太低。

（6）转向节衬套与主销配合松旷或转向节与前梁拳形部位沿主销轴线方向配合松旷。

（7）前轮轴承间隙过大，轮毂轴承磨损松旷。

（8）转向器与车架连接松动。

（9）前钢板弹簧 U 形螺栓松动或钢板销与衬套配合松动。

（10）左右两悬架前钢板弹簧的厚度、片数、弧度、长度或新旧程度不等（前悬架挠度不良）。

（11）前轮不圆或端面偏摆太大。

（12）前轮动不平衡。

（13）前轮使用翻新轮胎。

（14）前梁或车架弯扭变形。

（15）前轮外倾、前轮前束或主销内倾、主销后倾失准。

（16）转向系统与前悬架的运动相互干涉。

（17）减振器失效或支撑失效。

（18）轮胎气压不当。

（19）横向稳定器失效。

（20）传动系统各部件松动。

（21）传动轴弯曲、动不平衡。

4.7 汽车制动跑偏故障现象及原因

1．故障现象

汽车制动时，驾驶员必须紧握转向盘方能保证直线行驶，若放松方向盘，车辆行驶方向自动向一边发生偏斜。

2．故障原因

汽车制动跑偏的主要原因是左、右车轮制动力不相等，具体表现如下：

（1）一侧车轮制动间隙过小，或一侧轮毂轴承过紧。

（2）左右车轮轮胎气压、直径、花纹或花纹深度不一。

（3）左右车轮制动蹄摩擦片与制动鼓（盘）的接触面积、材料或新旧程度不一。

（4）左右车轮轮缸的技术状况、制动气室推杆外露长度、伸张长度不等，造成起作用时间或张开力大小不等。

（5）左右车轮制动蹄复位弹簧拉力不一。

（6）左右车轮制动鼓的厚度、直径、变形和磨损程度不一。

（7）单边制动管凹瘪、阻塞或漏油，单边制动管路或轮缸内有气阻，单边制动器进水或油污。

（8）单边制动蹄与支撑销配合过紧或锈蚀。

（9）两边钢板弹簧刚度不等，或一侧钢板弹簧错位或折断。

（10）两边轴距不等，转向节变形、转向桥或车架变形导致两侧主销后倾角或车轮外倾角不等，前束不符合要求。

4.8 制动防抱死装置（ABS）失效故障现象及原因

1．故障现象

（1）防抱死控制系统的警告灯持续点亮。

（2）感觉防抱死控制系统工作不正常。

2．故障原因

故障原因因 ABS 装置形式、组成与结构而异，一般故障原因归纳如下：

（1）驻车制动未释放。

（2）制动液液面过低。

（3）ABS 计算机导线插头、插座未插好或接触不良；ABS 电路其他插接器未插好或接触不良。

（4）蓄电池电压过低，继电器、熔丝断路或插接不良。

（5）车轮速度传感器及其电路故障导致车轮速度无信号或信号不良。

（6）液压调节器电磁阀、主控制阀、压力开关、电动泵等出现短路、断路、搭铁电气故障。

（7）ABS 控制计算机本身故障。

第 5 章　汽车电器设备修理

学习目标

- 掌握发电机电压调节器的工作原理及其控制电路知识
- 了解汽车电器万能实验台的功用
- 掌握启动机电路的特点及其控制电路的类型和工作过程
- 了解空调系统的分类，掌握空调系统的结构和工作原理
- 了解空调系统的性能评价指标，掌握汽车空调系统的性能诊断参数
- 了解汽车空调系统暖风装置的类型，掌握暖风系统的检测方法

5.1　充电系统修理

5.1.1　发电机调节器控制电路知识

1. 电压调节器的作用及工作原理

电压调节器的作用是在发电机工作时，通过调节发电机的激磁电流来控制发电机的磁场强弱，从而使发电机的输出电压保持恒定。

发电机工作时，由其转子总成产生一个变化的磁场，从而在其定子总成中的三相星形绕组产生出三相交流电，经整流器整流后向外输出直流电压。整流前，其每相绕组的电动势有效值为

$$E_{\phi} = 4.44k\frac{PN}{60}n\phi$$

令　　$C = 4.44k\frac{pn}{60}$，则可得

$$E_{\phi} = Cn\phi$$

式中，n 为发电机转速，ϕ 为发电机磁场的磁通量。

由上式可以看出，发电机输出电压的大小取决于发电机转速及其磁场的强弱。而在发电机工作时，其转速的变化范围很大，所以，要保持发电机输出电压的恒定，则在发电机转速

变化时，只能相应改变发电机磁场的磁通量大小。

对于交流发电机来说，其磁场的磁通量大小取决于其励磁电流的大小。因此，当发电机的转速发生变化时，适时地改变其激磁电流的大小，就可以保持发电机输出电压的恒定。

电压调节器的作用就是在发电机工作时，根据发电机转速的变化情况，及时改变激磁电流的大小来改变发电机的磁场强弱，使发电机电压保持恒定。将电压调节器串联在发电机的激磁电路中，当发电机的电压超过规定值时，电压调节器中的大功率三极管截止，自动切断激磁回路，使发电机输出电压下降；而当发电机电压低于规定值时，电压调节器中的大功率三极管导通，自动接通激磁回路，使发电机电压升高。如此反复，使发电机电压保持恒定。

2. 电压调节器的类型

电压调节器的类型很多，一般可按下述方法来进行分类。

（1）按电压调节器的调压原理可分为触点式、晶体管式和集成电路式（又称 IC 式）电压调节器。其中，触点式电压调节器由于工作时主要依靠触点的打开和闭合来切断激磁回路，触点易烧蚀，且其工作电压调整不便，现在一般很少使用。目前广泛使用的为晶体管式和集成电路（IC）电压调节器。

（2）按调节器的搭铁形式来分可分为内搭铁式和外搭铁式两种。内搭铁式电压调节器一般与内搭铁式发电机配套使用，其内部起开关作用的大功率三极管装于其“点火（+)”与“磁场（F)”之间，通过控制发电机激磁回路的电源通断来调节电压；外搭铁式电压调节器一般与外搭铁式发电机配套使用，其内部起开关作用的大功率三极管装于其“磁场（F)”与“搭铁（E)”之间通过控制发电机激磁回路的搭铁来调节电压。

（3）按调节器的安装位置可分为内装式和外装式两种。内装式电压调节器与整体式交流发电机配套使用，直接安装在发电机上，取消了外接电路，电压调节精度高，且发生故障的几率减小。而外接式电压调节器则安装在发动机仓内，通过导线与发电机相连。

3. 发电机及电压调节器的常见控制电路

1）常用晶体管式电压调节器控制电路

（1）外搭铁式（以 JFT106 型为例，见图 5-1）。

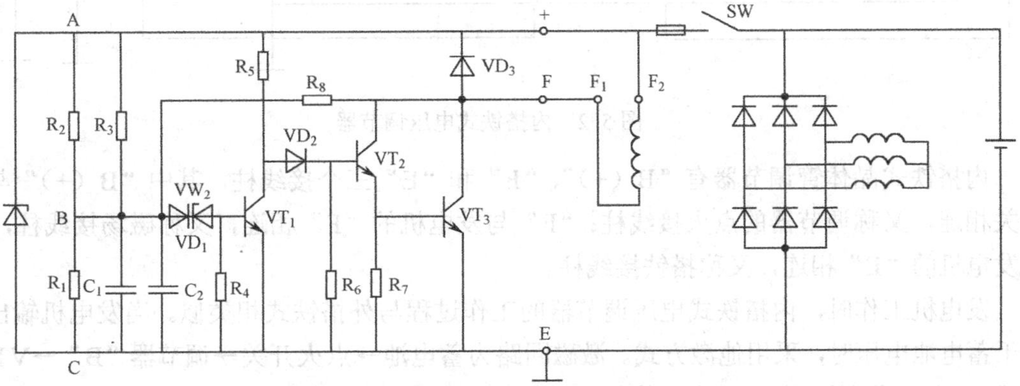

图 5-1　JFT106 型晶体管电压调节器控制电路图

JFT106 型晶体管电压调节器为典型的上搭铁式电压调节器。可与 14V，750W 的发电机配磁使用。该调节器有“+”、“F”和“E”三个接线柱，其中“+”接线柱与发电机的“F_2”接线柱相连后经熔断器接至点火开关；“F”接线柱与发电机的“F_1”相连；“E”接线柱搭铁。

发电机工作时，当发电机输出电压低于蓄电池电压时，采用他激式激磁方式，其激磁回路由蓄电池供电产生磁场。此时，其激磁回路为蓄电池→点火开关→熔断器→发电机“F_2”接线柱→激磁绕组→发电机“F_1”接线柱→调节器“F”→三极管 VT_3→搭铁。

当发电机电压上升至高于蓄电池电压时，发电机转入自激方式，其激磁回路电源由发电机自身提供。其激磁回路为发电机“B”接线柱→点火开关→熔断器→发电机“F_2”接线柱→激磁绕组→发电机“F_1”接线柱→调节器“F”→三极管 VT_3→搭铁。此时发电机向汽车上各用电设备供电，同时对蓄电池进行补充充电。

当发电机的电压继续上升，高于调节器的调节电压（13.8～14V）时，调节器的稳压管 VW_2 导通，VT_1 导通，VT_2 和 VT_3 截止，使发电机激磁回路切断，转子绕组产生的磁场迅速减弱，使发电机的输出电压下降；而当发电机输出电压下降后，VW_2 截止，VT_3 重新导通，接通激磁回路，发电机输出电压又上升。如此反复，使发电机输出电压保持在规定的范围内。

（2）内搭铁式（见图 5-2）。

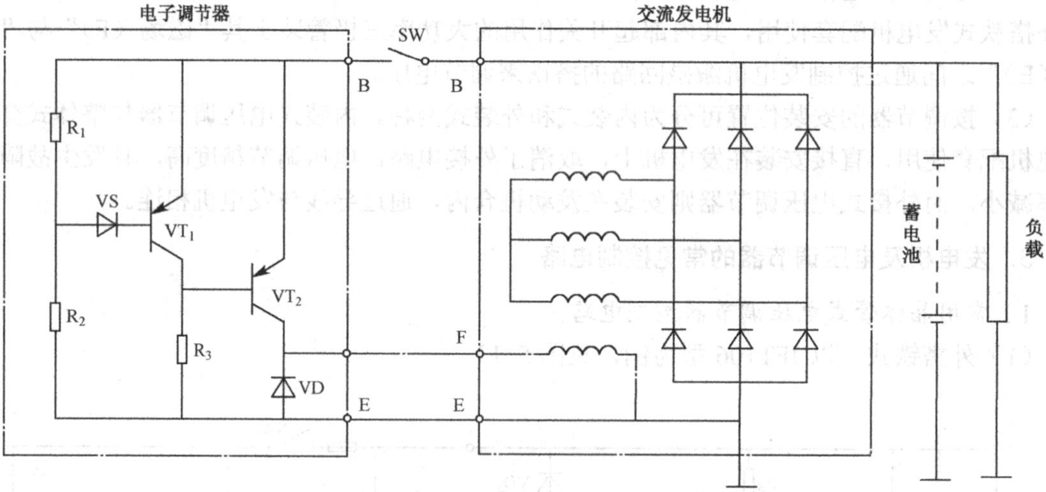

图 5-2　内搭铁式电压调节器

内搭铁式晶体管调节器有“B（+）”、“F”和“E”三个接线柱，其中“B（+）”与点火开关相连，又称调节器的点火接线柱；“F”与发电机的“F”相连，又称磁场接线柱，“E”与发电机的“E”相连，又称搭铁接线柱。

发电机工作时，内搭铁式电压调节器的工作过程与外搭铁式相类似。当发电机输出电压低于蓄电池电压时，采用他激方式。激磁回路为蓄电池→点火开关→调节器“B”→VT_2→调节器“F”→发电机“F”→激磁绕组→负极搭铁。

当发电机输出电压高于蓄电池电压时，转入自激方式，激磁电流由发电机自身提供。当发电机电压继续上升，高于电压调节器的调节电压时，调节器中的大功率三极管 VT_2 截止，切断激磁回路，使发电机输出电压下降。而当电压下降至某一规定值时，VT_2 导通，接通激磁回路，使发电机输出电压上升。如此反复，使发电机输出电压保持在规定的范围内。

值得注意的是，在给发电机选用电压调节器时，必须要使调节器的电压等级、搭铁极性与发电机保持一致，否则将会导致发电机工作不正常。

2）IC 电压调节器典型电路

集成电路式电压调节器又称 IC 电压调节器，可分为全集成电路调节器和混合集成电路调节器两类。前者是将二极管、三极管、电阻、电容等电子元件同时制在一块硅基片上；后者是指由厚膜或薄膜电阻与集成的单片芯片或分立元件组装而成。对于电感元件和大功率元件这样一些不便于集成的器件，以外接方式形成混合电路。下面以 JFT152 型国产 IC 电压调节器为例来说明其基本电路和工作过程。

JFT152 型国产 IC 电压调节器是一种厚膜集成电路调节器。由外壳、安装板和电路板三部分组成。调节器通过安装板装于发电机电刷架上，适应于 14V/（350～500W）的线外搭铁交流发电机，其线路图如图 5-3 所示。

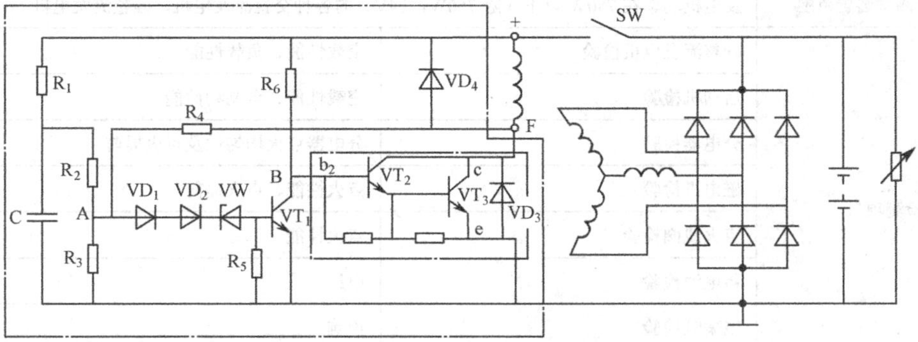

图 5-3　JFT152 型国产 IC 电压调节器

当接通点火开关 SW 后，蓄电池电压便加在由电阻 R_1、R_2 和 R_3 组成的分压器上，此时 A 点电压低于稳压管 VW 的反向击穿电压，故 VW 不导通，三极管 VT_1 因无基极电流而截止。截止时，蓄电池便通过 R_6 向 VT_2 提供基极电流，使 VT_2、VT_3 导通。电流便从蓄电池“+”极→点火开关→磁场绕组→VT_3（c，e 极）→搭铁→蓄电池“−”极构成回路，发电机有磁场电流流过，于是随发电机转速的升高，交流发电机电压也相应升高。

当发电机输出电压超过规定值（14V±0.2V）时，A 点电压大于稳压管 VW 的反向击穿电压，则 VW 导通，VT_1 因获得基极电流也导通，VT_1 导通时，其集电极电压降低，使 VT_2、VT_3 截止，从而切断了发电机磁场电路，使发电机输出电压迅速降低。

当发电机电压低于规定值时，VW 又重新截止，VT_1 也截止，VT_2、VT_3 又重新导通，又接通了磁场电路，使发电机电压重新升高。如此反复，发电机电压便被稳定在规定值。

电路中 VD_1、VD_2 为温度补偿二极管，R_4 为正反馈电阻，VD_4 为续流二极管，VD_3 用于保护大功率三极管 V_3，使其免受瞬间过电压的冲击而损坏，电容 C 起到降低三极管的开关频率，减小三极管损耗的作用。

5.1.2 电器设备综合实验台的功能

汽车电器设备综合实验台又称汽车电器万能实验台，如图 5-4 所示。主要用于检验汽车、拖拉机的交流发动机、启动机、磁电机、分电器、调节器、点火线圈、电动刮水器（雨刮）、电喇叭等电器设备。其常规技术参数和检测项目见表 5-1。

图 5-4 汽车电器综合实验台

表 5-1 电器设备综合实验台的技术参数及功能

电　源	交流：50Hz、220V，单相；直流：12V、24V	
调速范围	转速调节范围（空载）：0～4000r/min；转向：正反转	
三针放电装置	组列：8 组并列；间隙调节范围：0～15mm	
启动机制动装置测试范围	最大制动扭矩：60N • m；最大制动电流：1000A；电压：0～50V	
发电机测试装置范围	发电机功率在 750W 以下（除 750W，14V）的各种交直流发电机，硅整流发电机	
检测项目	硅整流发电机检验	空载性能、负载性能
	启动机检验	空载性能、全制动性能
	分电器检验	分电器点火均匀性及点火提前
	磁电机检验	点火性能、点火提前
	点火线圈检验	点火性能
	蓄电池检验	电压
	电喇叭检验	声响
	电动刮水器（雨刮）检验	动作状况

5.2 启动系统修理

5.2.1 启动机基本电路

1. 启动机电磁开关电路

启动机电磁开关安装在启动机的上部，用来控制启动机电路的接通与切断，并操纵启动机传动机构。其结构和工作原理如图 5-5 所示。

电磁开关内部有两组线圈，分别称为吸拉线圈和保位线圈。吸拉线圈一端与电磁开关接线柱相连，另一端搭铁。而保位线圈一端与电磁开关接线柱相连，另一端则通过连接片与启动机主接线柱“12”相连。当启动开关“8”接通时，吸拉线圈和保位线圈通电，产生电磁力，使活动铁芯克服弹簧力右移，同时带动拨叉移动，使驱动齿轮与飞轮齿圈啮合，并使接触盘

“10”与主接线柱“11”、“12”相连，使启动机通入启动电流，产生电磁转矩而使发动机启动。此时，吸拉线圈被短接，只依靠保位线圈产生的电磁力来保持啮合位置。

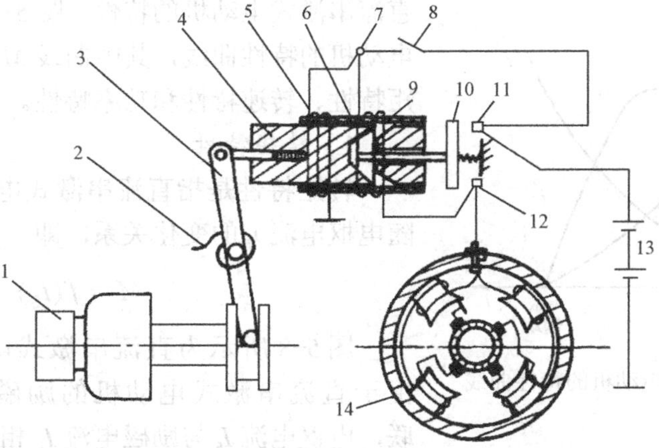

1—驱动齿轮；2—回位弹簧；3—拔叉；4—活动铁芯；5—保位线圈；6—吸拉线圈；7—电磁开关接线柱；8—启动开关；9—铁芯套筒；10—接触盘；11、12—接线柱；13—蓄电池；14—电动机

图5-5 启动机电磁开关组成及原理

发动机启动后，断开点火开关，此时电磁开关中电流为蓄电池正极→接线柱“11”→接触盘“10”→接线柱“12”→吸拉线圈“6”→保位线圈“5”→搭铁→蓄电池负极。此时，流经吸拉线圈和保位线圈中的电流相反，线圈产生的电磁力相互抵消，活动铁芯在弹簧力的作用下回位，使驱动齿轮脱离啮合，同时，接触盘回位，切断启动电路，启动机停止工作。

2. 启动机直流串激式电动机电路

汽车用启动机一般采用直流串激式电动机，其磁极由固定在机壳上的铁芯和缠绕在上面的磁场绕组组成。一般有四个或六个磁场绕组，其连接方式主要有两种，如图5-6所示。

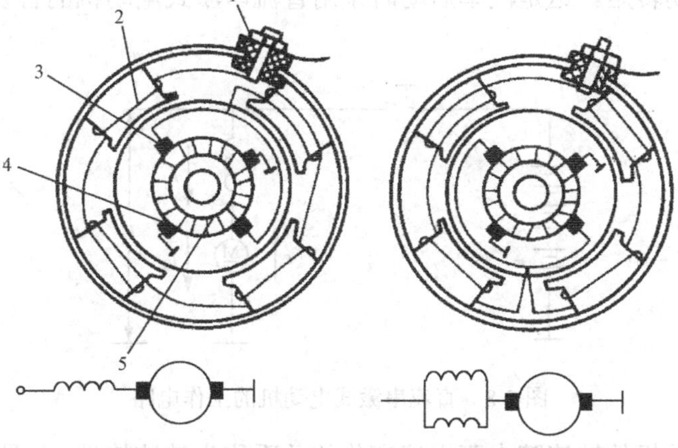

(a) 四个绕组相互串联　(b) 两个绕组串联后再并联

1—绝缘接线柱；2—磁场绕组；3—正电刷；4—负电刷；5—换向器

图5-6 磁场绕组的连接方式

串激式电动机具有良好的工作特性，能满足发动机的启动要求。直流串激式电动机的转矩 M、转速 n 和功率 P 随电枢电流变化的规律，称为直流串激式电动机的特性。图 5-7 所示为直流串激式电动机的特性曲线，其中曲线 M、n 和 P 分别代表转矩特性、转速特性和功率特性。

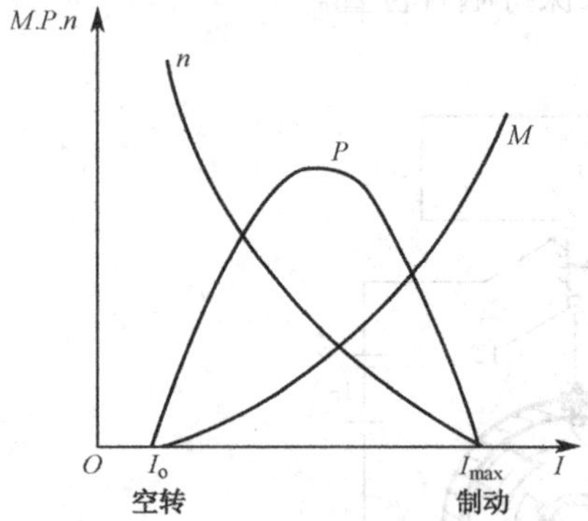

图 5-7　直流串激式电动机的特性曲线

1）转矩特性

转矩特性是指直流串激式电动机的电磁转矩 M 随电枢电流 I_s 的变化关系，即

$$M = f(I_S)$$

图 5-8 所示为直流串激式电动机的工作电路。由于直流串激式电动机的励磁绕组与电枢绕组串联，电枢电流 I_s 与励磁电流 I_L 相同。即

$$I_S = I_L$$

在磁路未饱和时，磁通 ϕ 与励磁电流 I_L 成正比，即

$$\phi = C_1 I_L = C_1 I_S$$

又

$$M = C_m I_S \phi = C_m C_1 I_S^2 = C I_S^2$$

式中　C_1——电动机结构（磁场）常数，与电动机的磁极对数、绕组个数、磁路结构等因素有关；

C_m——电动机结构（转矩）常数。

由上式可知，串激式电动机的电磁转矩在磁路未饱和时，与电枢电流的平方成正比。只有在磁路饱和时，电磁转矩才与电枢电流成直线关系，这是直流串激式电动机的一个重要特点。在相同情况下，串激式电动机的转矩要比并激式电动机的转矩大得多。特别是在发动机启动瞬间，由于阻力矩很大，启动机处于完全制动状态时，电枢电流达到最大值，产生最大的转矩值，称为制动转矩。这是汽车启动时采用直流串激式电动机的首要原因。

2）转速特性

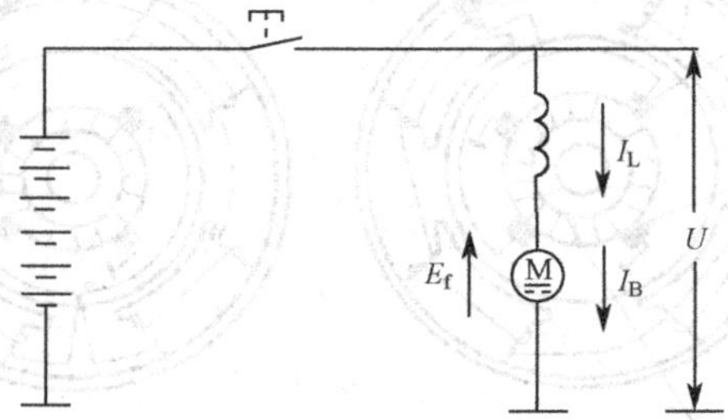

图 5-8　直流串激式电动机的工作电路

直流串激式电动机的转速随电驱电流变化的关系称为转速特性。由图 5-8 电路分析可知：

$$n = \frac{U - I_S(R_S + R_L)}{C_m C_1 I_S}$$

式中　U——蓄电池端电压；

R_S ——电枢电阻；

R_L ——激磁绕组电阻；

n ——电动机转速；

I_S ——电驱电流。

当电动机负载较小时，由于阻力矩小，电枢电流小，电动机转速高；反之，当负载较大时，转速较低。即轻载时转速高，重载时转速低。这种特性常称为电动机机械特性，对启动发动机非常有利。因为重载时转速低，可使启动安全可靠。

3）功率特性

功率特性是指直流串激式电动机的输出功率 P 随电枢电流 I_S 的变化关系。电动机的输出功率可通过测量电枢轴上的输出转矩和转速确定，即

$$P = 10.06Mn$$

由上式可知，电动机全制动，即 $n = 0$ 时，转速和输出功率为零；转矩达到最大值；空载时，M=0，电流最小，转速最大，输出功率也是零；当电枢电流接近全制动电流一半时，电动机输出功率才最大，如图 5-7 所示。

由于启动机运行时间很短，一般每次启动时间小于 5s，所以允许启动机以最大功率运转。通常启动的功率就是指其最大功率。实践工作中，常通过启动机的空转和全制动实验来检测启动机是否正常。

5.2.2 启动机控制电路的类型及特点

启动机的控制电路随其应用的车型不同，一般来说有以下三种形式。

1. 带启动继电器的启动机控制电路

采用此类型控制电路的多为货车或启动负载较大的轿车。通过在电路中设置启动继电器，能有效地保护点火开关，避免启动大电流经过而使点火开关烧坏。此类启动电路如图 5-9 所示，包括控制电路和启动主电路。

1）控制电路

控制电路包括启动继电器控制电路和启动机电磁开关控制电路。当接通点火开关至启动挡时，电流从蓄电池正极经启动机电源接线柱到电流表，再从电流表经点火开关、启动继电器线圈回到蓄电池负极。于是继电器铁芯产生较强的电磁吸力，使继电器触点闭合，接通启动机电磁开关控制电路。

2）启动主电路

主电路如图 5-9 中箭头所示。当启动机电磁开关电路接通时，其内部吸拉线圈和保位线圈产生强的电磁力，接通启动机主电路。此时，电流流向为蓄电池正极→启动机电源接线柱→启动机主接线柱→励磁绕组→电枢绕组→搭铁→蓄电池负极。

2. 带复合继电器的启动机控制电路

为了避免启动时的误操作（如在发动机启动后不慎将点火开关打到启动挡等）给启动机

带来损坏，部分汽车（如 CA1092 等）采用了带复合继电器（由启动继电器和保护继电器组成）的控制电路，如图 5-10 所示，其工作过程如下。

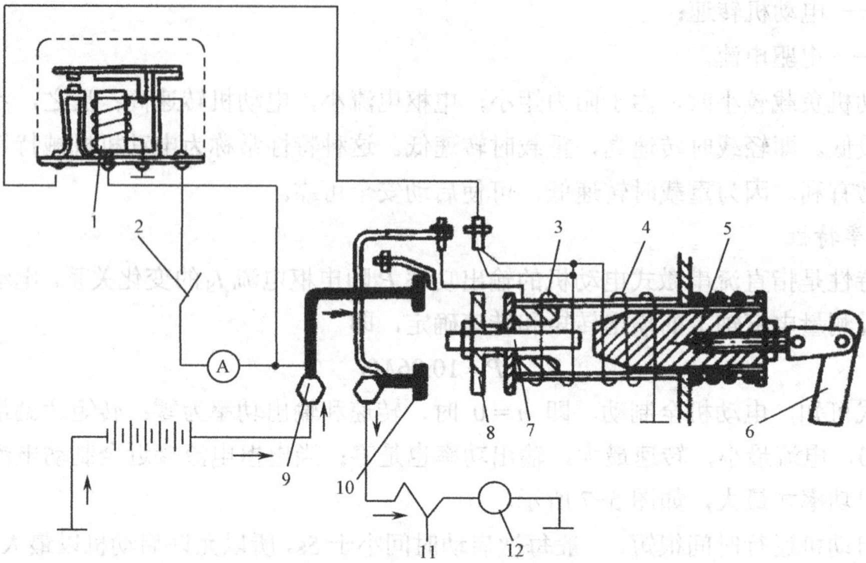

1—启动继电器；2—点火开关；3—吸拉线圈；4—保位线圈；5—活动铁芯；6—拔叉；7—推杆；
8—接触盘；9—启动机电源接线柱；10—启动机主接线柱；11—励磁绕组；12—电枢绕组

图 5-9　带启动继电器的启动机控制电路

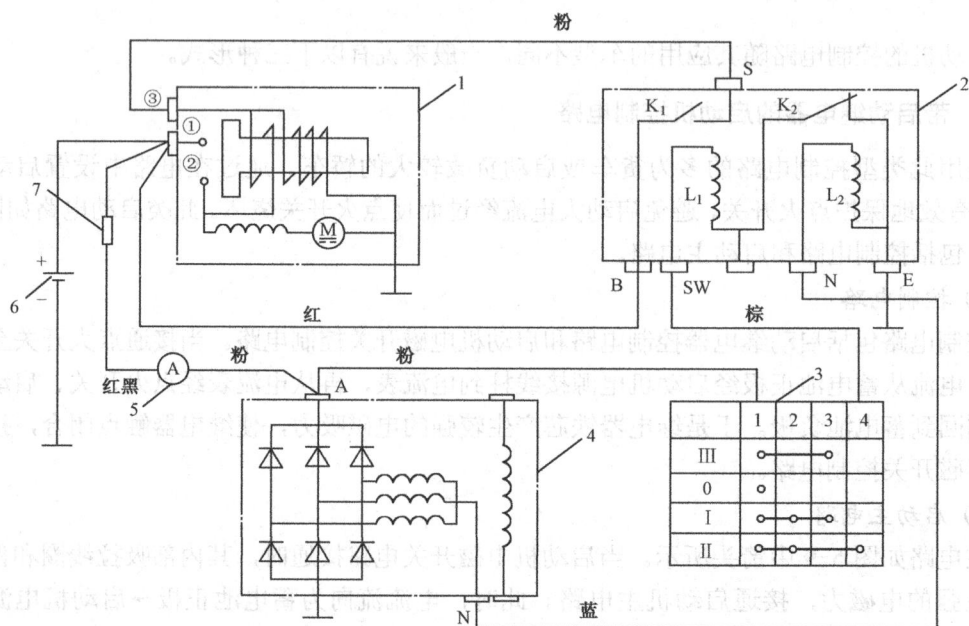

1—启动机；2—复合继电器；3—点火开关；4—交流发电机；5—电流表；6—蓄电池；7—熔断器

图 5-10　带复合继电器的启动机控制电路

1）启动时

当发动机点火开关打到启动挡时，启动继电器线圈 L_1 通电，产生磁吸引力。其电流回路为蓄电池正极→熔断器→电流表→启动继电器的 SW（点火）端子→启动继电器线圈 L_1→保护继电器常闭触点 K_2→启动继电器 E（搭铁）端子→蓄电池负极。

线圈 L_1 产生电磁力后，将启动继电器的常开触点 K_1 闭合，接通启动机电磁开关电路，其回路电流为蓄电池正极→启动继电器触点 K_1→{吸拉线圈电动机励磁绕组和电枢绕组 / ——→ 保位线圈 ——→}→搭铁蓄电池负极。

电磁开关电路接通后，开关中吸拉线圈和保位线圈产生电磁吸力，将启动机的主电路接通，启动机产生电磁转矩启动发动机。此时电流走向为蓄电池正极→启动机主接线柱① →启动机主接线柱②→励磁绕组→电枢绕组→搭铁→蓄电池负极。

2）启动中

接触盘主接线柱①和②接通，电磁开关中的吸拉线圈被短接，电磁吸力由保拉线圈来提供，保证启动机主电路接通和维护啮合器与飞轮齿圈啮合。

3）启动后

发动机启动后，点火开关自动回位，启动继电器线圈断电，启动继电器中 K_1 触点断开，切断启动机电磁开关电路，电磁开关复位，其保位线圈中的电流经启动机主电路开关与吸拉线圈形成回路，其电路为蓄电池正极→启动机主接线柱①→启动机主接线柱②→吸拉线圈→接线柱③ →保位线圈→搭铁→蓄电池负极。

此时，吸拉与保位两线圈中的电流流向相反，所产生磁场相互抵消，电磁力迅速消失，在复位弹簧的作用下，拔叉回位，驱动齿轮脱离啮合；同时，活动铁芯回位，主电路切断，启动机停止工作。

4）启动机自停与防误操作

发动机启动后，若点火开关没能及时回位，仍处于启动位置，此时启动机也能自动停止运转。由于发动机启动后，发电机已正常发电，其中性点电压加在保护继电器上，使继电器的 K_2 触点断开，自动切断了启动继电器线圈的搭铁回路，K_1 断开，电磁开关断电，启动机自动停止工作。

而在发动机启动后，若驾驶员操作不当地将点火开关打到启动挡时，同样因为保护继电器断开启动继电器线圈搭铁回路，启动机也不会转动，从而避免产生打齿现象而损坏启动机。

3. 无启动继电器的启动机控制电路

无启动继电器的启动机控制电路即点火开关直接控制式启动电路，如图 5-11 所示。点火开关串接在启动主电路中，当点火开关处于启动挡时，直接接通启动机电磁开关电路使启动机工作。此类控制电路多用于控制轿车常用的小功率永磁式启动机或永磁式减速启动机，因启动阻力矩较小，启动电流不大，所以可以用点火开关直接控制。

永磁式启动机是指用永磁材料制成启动机的磁极，用于代替原有磁场绕组成的芯的启动机。由于取消了磁场绕组和芯，启动机的体积和质量大大减小，机械特性和换向性能得到改善，启动机工作的可靠性增加。若在启动机电构轴与驱动齿轮之间加装减速器，就产生了永磁式减速启动机，它同时具有永磁启动机和减速启动机的特点。

发动机启动时，点火开关接通至启动挡时，电磁开关的吸拉线圈和保位线圈的电路被接通，其电流回路为蓄电池正极→点火开关 30 接线柱→点火开关 50→中控线路板 B_8→中控线路板 C_{18}→启动机电磁开关 50 接线柱→启动机内部电路→搭铁→蓄电池负极。以后的工作过程与其他类型启动系统相似。

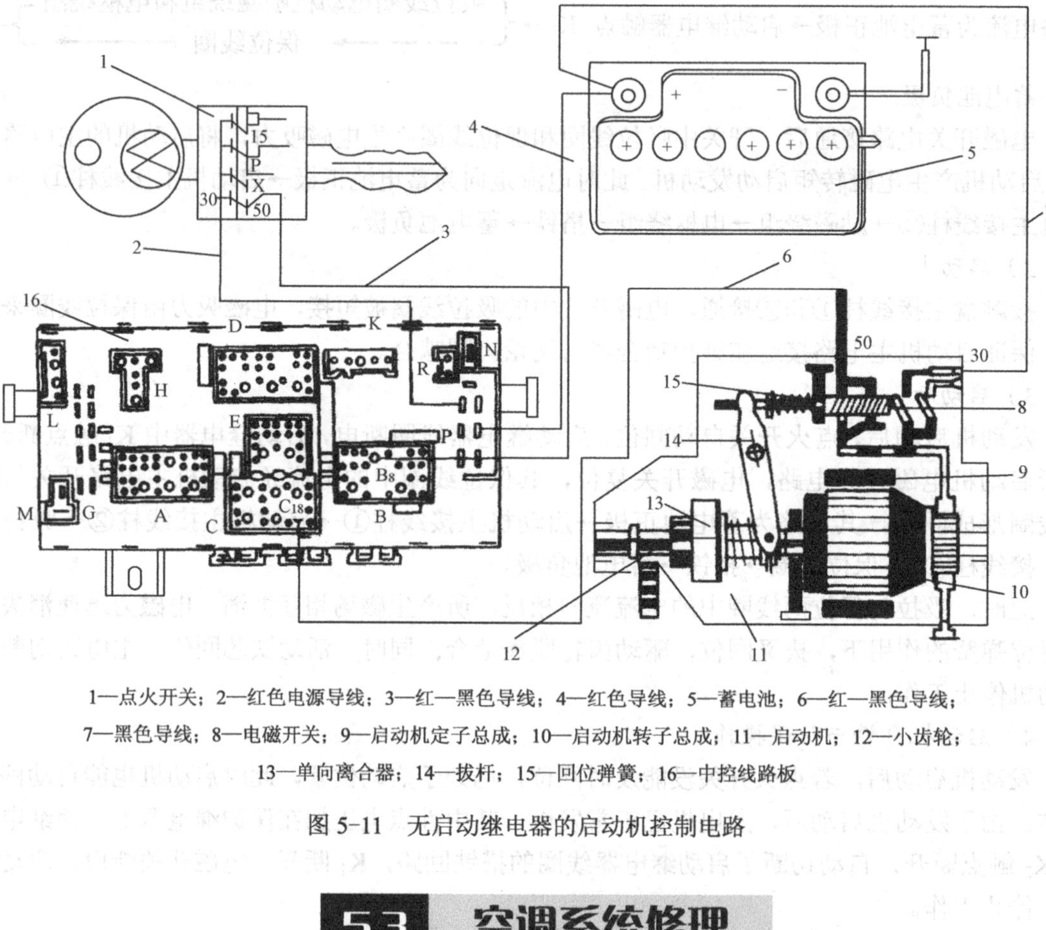

1—点火开关；2—红色电源导线；3—红—黑色导线；4—红色导线；5—蓄电池；6—红—黑色导线；7—黑色导线；8—电磁开关；9—启动机定子总成；10—启动机转子总成；11—启动机；12—小齿轮；13—单向离合器；14—拔杆；15—回位弹簧；16—中控线路板

图 5-11　无启动继电器的启动机控制电路

5.3 空调系统修理

5.3.1 汽车空调系统的分类、组成与工作原理

1. 空调系统分类

汽车空调是为了调节客厢内的空气温度、湿度，改善空气的流通条件和提高空气的洁净度。汽车空调的分类方法如下：

（1）按空调压缩机驱动方式分为独立式空调和非独立式空调。非独立式空调的制冷压缩机由汽车发动机驱动，空调的制冷性能受发动机工况的影响，多用于制冷量相对较小的小客车和轿车上。独立式空调采用一台专用空调发动机来驱动空调压缩机，制冷量大，工作稳定，一般应用于大、中型客车上。

（2）按空调功能分为单一功能型和冷暖一体型两种。单一功能型是将制冷系统、暖风系统、强制通风系统各自独立安装，独立操作，一般应用于大型客车和载货汽车上。冷、暖一体型空调是制冷、暖风和通风共用一台鼓风机，共用一套风道送风口，冷风、暖风和通风在同一控制板上控制。

（3）按空调制冷系统的节流装置和系统结构形式来分主要有以下两种方式，即孔管积累器式制冷系统和膨胀阀储液干燥器式制冷系统，如图 5-12 和图 5-13 所示。

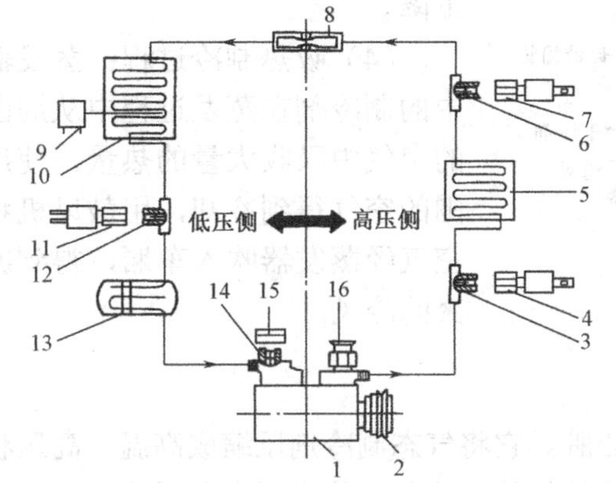

1—压缩机；2—电磁离合器；3、6、12、14—单向阀；4—高压保护开关；5—冷凝器板；7—高压调整开关；8—孔管具；9—防霜开关；10—蒸发器；11—低压保护开关；13—积累器；15—堵盖；16—过压保护阀

图 5-12　孔管积累器系统式汽车空调

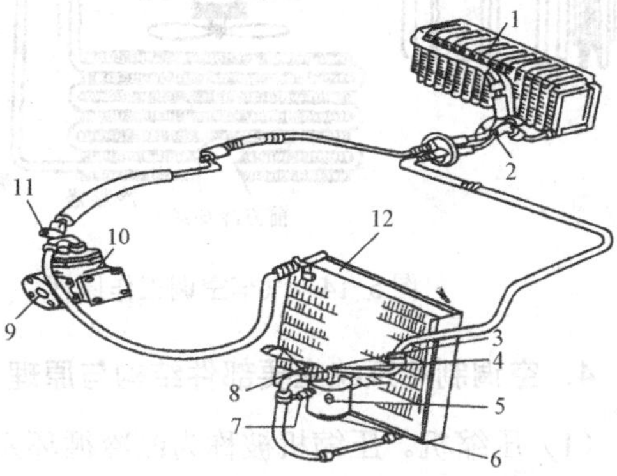

1—蒸发器；2—膨胀阀；3—窥视孔；4—易熔塞；5、11—充放气阀；6—储液干燥器；7—低压开关；8—高压开关；9—电磁离合器；10—压缩机；12—冷凝器

图 5-13　膨胀阀储液干燥器系统式汽车空调

2．空调制冷系统的组成

汽车空调主要由下列几个部分组成。

（1）制冷系统。用于对客厢内空气或进入客厢的新鲜空气进行冷却或除湿。主要由压缩机、冷凝器、储液干燥器、膨胀阀、蒸发器和电气控制系统等组成。它们由下列三种管道连成制冷系统。

高压蒸汽软管：用于连接压缩机和冷凝器。

高压液体管路：用于连接冷凝器和蒸发器。

低压蒸汽软管：用于连接蒸发器和压缩机。

（2）暖风系统。用于对客厢内空气或进入客厢的新鲜空气进行加热和除湿。

（3）通风系统。用于将外部新鲜空气引进客厢内，进行通风和换气。

（4）空气净化装置，用于除去客厢内空气中的尘埃、异味，使空气清洁。

3．空调制冷系统的工作原理

汽车空调采用蒸汽压缩、蒸发制冷的方法来实现制冷。其制冷工作过程如图 5-14 所示。

（1）压缩过程：发动机运转时，通过曲轴皮带轮驱动空调压缩机运转，将低温低压的制冷剂蒸汽从蒸发器中吸入，并加压成高温高压的蒸汽输入冷凝器。

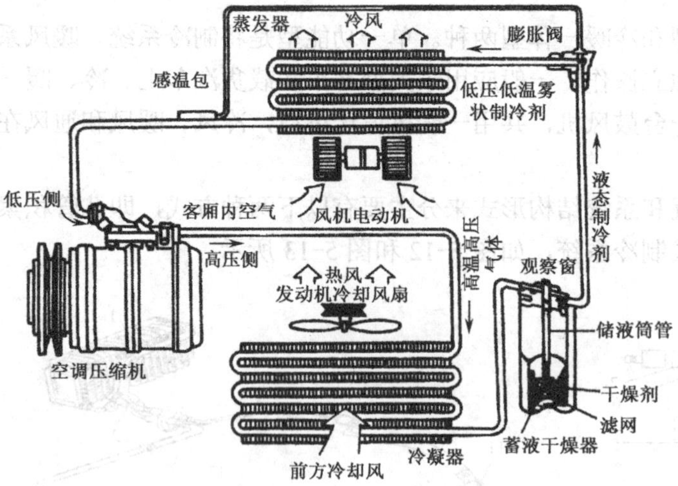

图 5-14　汽车空调工作原理

（2）放热过程：冷凝器中高温高压的蒸汽在冷却水和冷却风扇的作用下，将热量散发到空气中，使制冷剂冷凝变成高压液态。

（3）节流膨胀过程：高压液态制冷剂经膨胀阀节流后进入蒸发器膨胀成气体，压力和温度下降。

（4）吸热制冷过程：蒸发器中的制冷剂在蒸发过程中从周围的空气中吸收大量的热量，使周围的空气得到冷却，用鼓风机将空气经蒸发器吹入车厢，得到凉爽的冷风。

4．空调制冷系统主要部件结构与原理

（1）压缩机。压缩机被称为制冷循环系统的心脏。它将气态制冷剂压缩成高温、高压状态而输出到冷凝器，同时吸入蒸发器中低温、低压的气体制冷剂。除大型客车采用独立发动机驱动外，大部分采用汽车发动机驱动。目前，常用的压缩机主要有两大类：大、中型客车上一般采用往复式曲轴压缩机；而在中、小型货车及轿车上一般采用斜板式压缩机，如图 5-15 和图 5-16 所示。

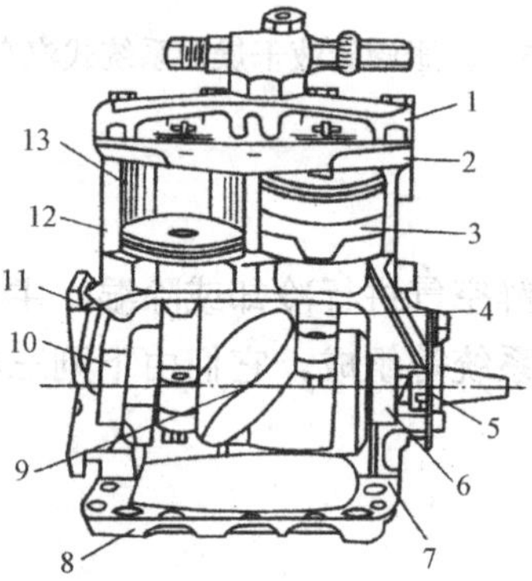

1—汽缸盖；2—气阀板；3—活塞；4—连杆；5—轴封；6—主轴承；7—垫片；8—基板子；9—曲轴；10—后主轴承；11—“O”形环；12—缸体；13—铸铁汽缸盖

图 5-15　往复式空调压缩机

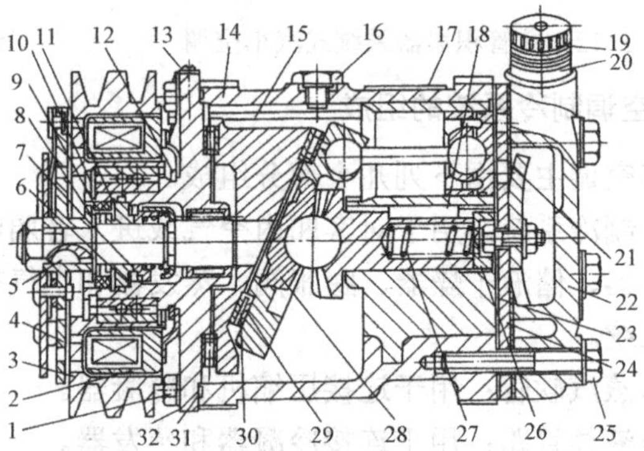

1—前盖紧固螺栓；2—线圈环部件；3—带轮；4—吸盘；5—半圆键；6—轴封静环；7—密封器；8—调整垫片；9—毡圈；10—挡圈；11、12—弹性挡圈；13—导线固定器；14—汽缸体；15—连接管；16—油塞；17—铭牌；18—平键；19、20—吸、排气口护帽；21—缸盖垫场；22—汽缸盖；23—汽缸垫；24—阀板；25—后盖螺栓；26—调节螺钉；27—弹簧；28—行星盘；29—推力片；30—推力轴承；31—前缸盖；32—密封圈

图 5-16　摇动斜板式空调压缩机

（2）冷凝器。冷凝器又称散热器，一般安装在车头或汽车的侧面、车底。其作用是将制冷剂从蒸发器吸来的热量和压缩机做功转换的热量排放出去。把送进冷凝器的高温、高压气体制冷剂，利用冷却风扇和汽车行驶产生的自然风进行强制冷却，使之成为高压液体制冷剂。

冷凝器的结构一般有管带式、管翅式和冷凝器水箱一体式三种，如图 5-17 所示。近几年来，管带式采用较多。国外普遍采用 36 孔式，我国一般采用 24 孔式。

（3）储液干燥器。储液干燥器装在冷凝器和膨胀阀之间，用于过滤制冷剂中的水分和杂质，防止堵塞膨胀阀。同时，还可以储存从冷凝器送来的液态制冷剂，以顺应制冷负荷的大小，随时提供给膨胀阀。它由外壳、观察窗、安全熔塞和管接头组成，如图 5-18 所示。

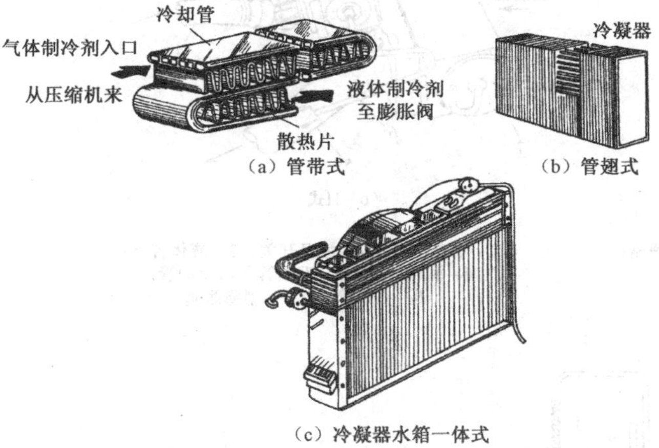

图 5-17　冷凝器

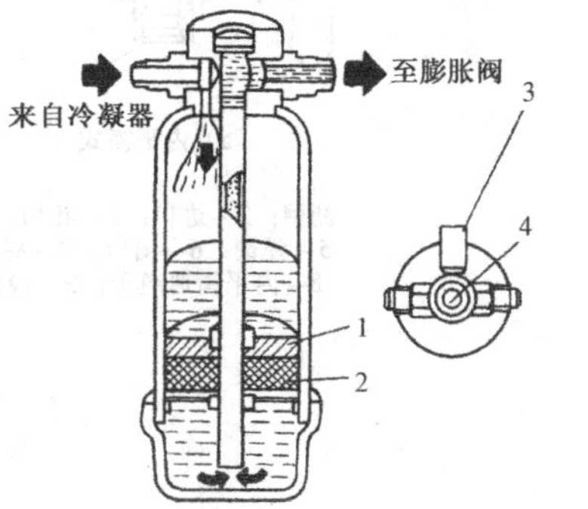

1—滤网；2—干燥剂；3—安全熔塞；4—观察窗

图 5-18　储液干燥器

储液干燥过滤器壳内装有铜丝布网制作的过滤器和干燥用的硅胶。在储液干燥过滤器壳体的顶部，还装有安全熔塞。它是将低熔点的合金灌铸在熔塞的小孔中，若由于某种原因，使得高压侧压力骤然升高，温度也随之升高，制冷机有被爆的可能，当温度上升至 100～105℃，或者压力超过 2.04MPa 时，安全熔塞就会熔化或被冲破，及时将制冷剂喷射到大气中或储液器里，从而防止损坏制冷系统。

玻璃观察窗用于观察系统制冷剂循环流动的具体情况。一般观察窗出现气泡表示循环制冷剂不足；无气泡，则表示适量。

（4）膨胀阀。膨胀阀又称节流阀，是组成汽车空调制冷装置的主要部件，安装在蒸发器入口前，为制冷循环高压与低压之间的分界点。在膨胀阀前，制冷剂是高压液体；在膨胀阀后，制冷剂是低压、低温饱和液体和蒸汽的雾状混合物。膨胀阀的功能有两方面：一是将高压制冷剂液体节流减压，由冷凝压力降至蒸发压力；二是自动调节制冷剂进入蒸发器的流量，以适应制冷负荷变化的需要。

汽车空调制冷循环采用的膨胀阀为感温式膨胀阀，即利用蒸发器出口蒸汽过热度来调节制冷剂的流量（过热度是指蒸发器出口处蒸汽实际温度高于蒸发温度的数值）。膨胀阀开度必须适宜，当蒸发器出口的蒸汽刚好是饱和温度时，蒸发器的制冷效率最高。若膨胀阀的开度与制冷负荷相比过大，则蒸发器中液体制冷剂的流量就会过多，容易使液体制冷剂流入压缩机中产生“液击”。相反，若是膨胀阀的开度与制冷负荷相比太小，则液体制冷剂在蒸发管内的流动途中就已经蒸发完了，在这之后的一段蒸发管中没有液体制冷剂可供蒸发而过热。感温式膨胀阀可通过感温包随着蒸发器出口处制冷剂温度的变化，自动调节开启度的大小，供给适量的制冷剂液体。

通常膨胀阀有内平衡式、外平衡式和 H 式三种。它们都由感温包、毛细管、阀座、阀针和感应机构等组成，如图 5-19 所示。

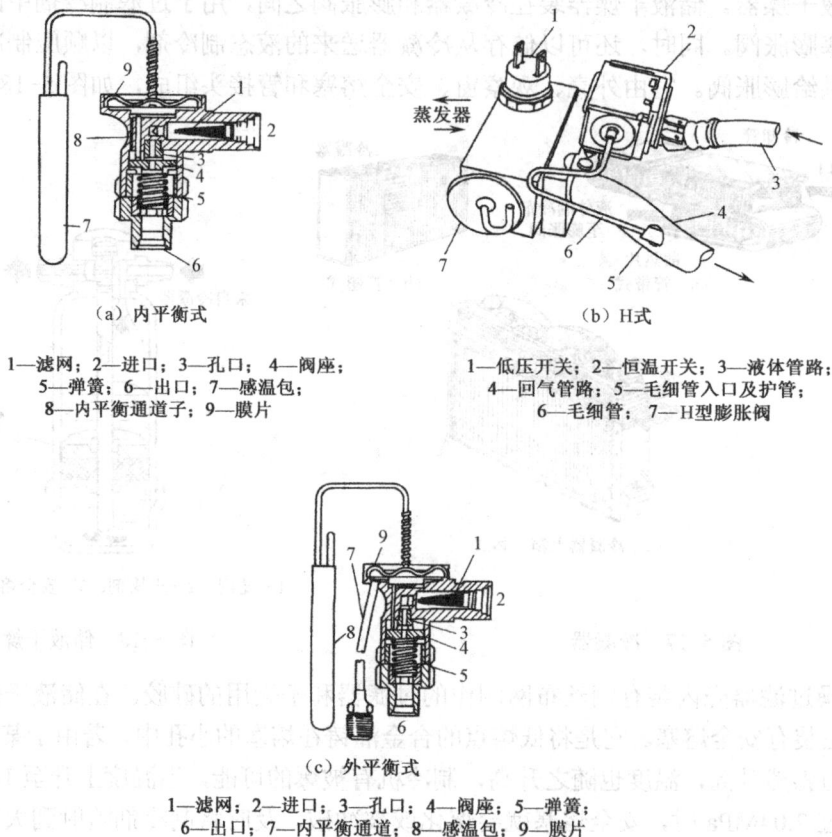

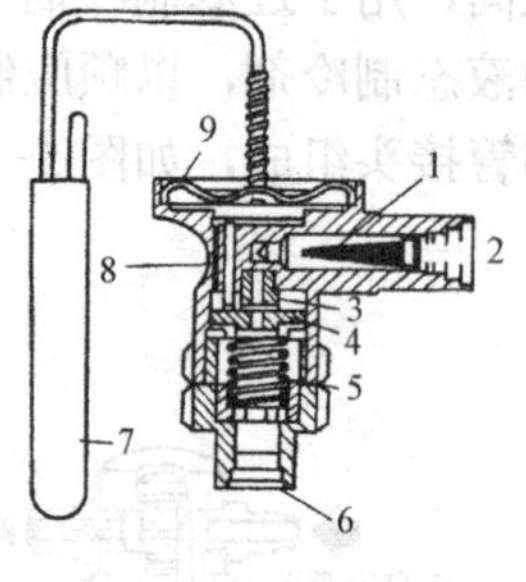

（a）内平衡式

1—滤网；2—进口；3—孔口；4—阀座；5—弹簧；6—出口；7—感温包；8—内平衡通道子；9—膜片

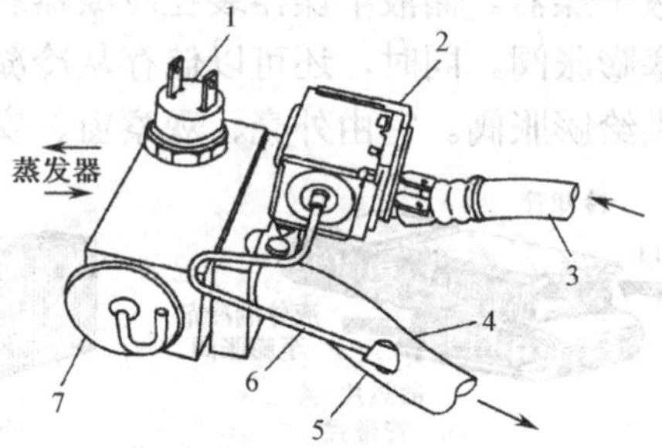

（b）H式

1—低压开关；2—恒温开关；3—液体管路；4—回气管路；5—毛细管入口及护管；6—毛细管；7—H型膨胀阀

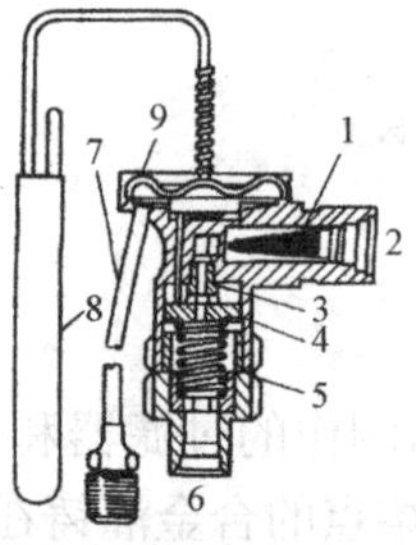

（c）外平衡式

1—滤网；2—进口；3—孔口；4—阀座；5—弹簧；6—出口；7—内平衡通道；8—感温包；9—膜片

图 5-19　膨胀阀

（5）蒸发器。蒸发器和冷凝器一样，也是一种热交换器，它的作用恰好与冷凝器作用相反，蒸发器是把低温、低压的液态制冷剂蒸发，吸收车厢热量而制冷。蒸发器结构近似于冷凝器，其形式主要有管片式、管带式和板翅式三种。板翅式蒸发器是由两片冲成复杂形状的铝板叠在一起组成制冷剂通道（见图 5-20），并在每两片通道之间夹有波形散热带。这种蒸发器需双面复合铝材，且焊接要求很高，但传热面大（为管片式的 1.5 倍），换热效率高（比管带式提高 10%左右），且能承受较高的工作压力（能承受 29MPa），是一种较为先进的蒸发器。

蒸发器的工作原理如图 5-21 所示。当制冷剂在系统中循环时，高压液态制冷剂经膨胀阀进入蒸发器芯管，在芯管中因压力降低即开始气化，吸收芯管及散热片的热量，使芯管及散热片变冷。当空气由鼓风机吹出并通过芯管及散热器周围时，空气中的热量被吸收，变成冷空气。同时，空气中的水蒸气由于冷却而凝结在蒸发器表面，经收集排出，使空气去湿。被干燥降温后的空气送入车厢内，于是车内便获得冷气。

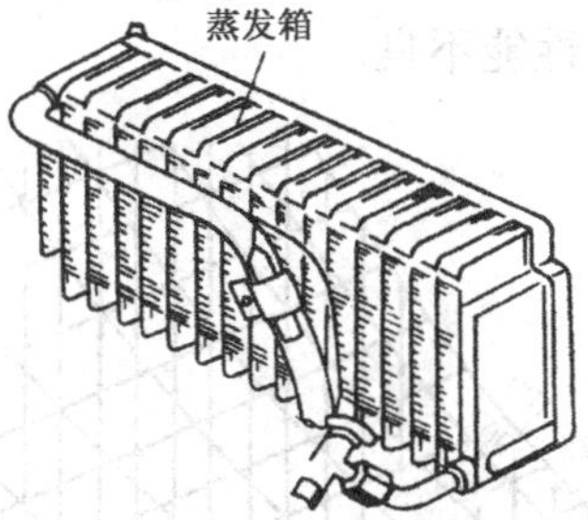

图 5-20　板翅式蒸发器

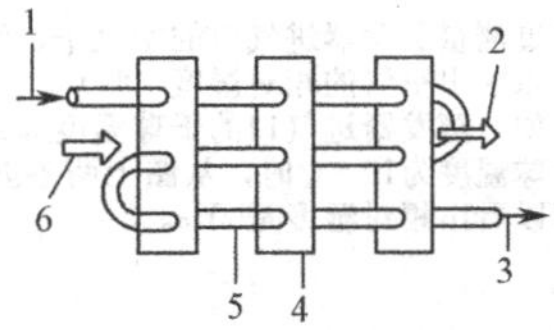

1—液态制冷剂；2—冷却后空气；3—气态制冷剂；
4—散热片；5—排管；6—热空气

图 5-21　蒸发器工作原理

5.3.2　空调系统的性能与诊断参数

1．空调性能系统的评价指标

（1）温度指标。温度指标是最重要的一个指标。人感到最舒服的温度是 20～28℃，超过 28℃，人就会觉得燥热。超过 40℃，即为有害温度，会对人体健康造成损害。低于 14℃，人就会感到“冷”。当温度下降到 0℃时，会造成冻伤。因此，空调应控制车内温度，夏天为 25℃，冬天为 18℃，以保证驾驶员正常操作，防止发生事故，保证乘员在舒适的状况下旅行。

（2）湿度指标。湿度的指标用相对湿度来表示。因为人觉得最舒适的相对湿度为 50%～70%，所以汽车空调的湿度参数要求控制在此范围内。

（3）空气的清新度。由于车内空间小，乘员密度大，在密闭的空间内极易产生缺氧和二氧化碳浓度过高。汽车发动机废气中的一氧化碳和道路上的粉尘、野外有毒的花粉都容易进入车厢内，造成车内空气混浊，影响驾乘人员身体健康。这样汽车空调必须具有对车内空气进行过滤的功能，以保证车内空气的清新度。

（4）除霜功能。由于有时汽车内外温度相差太大，会在玻璃上出现雾式霜，影响司机的视线，所以汽车空调必须有除霜功能。

（5）操作简单、容易、稳定。汽车空调必须做到不增加驾驶员的劳动强度，不影响驾驶员的正常驾驶。

2．空调系统的性能诊断参数

（1）系统高、低压侧压力。将高、低压压力表分别与压缩机的检修阀和高、低压管路上充、排气阀相连，启动发动机，保持 2000r/min 的转速，打开空调系统，将温度设定至最低，风速调至最大，运转 15min 后，空调才有冷气吹出，同时观察窗内应无气泡产生。此时，在车厢内温度为 24～30℃时，低压侧压力应为 105～310kPa，高压侧压力应为 1.4～1.5Mpa。

（2）车厢内相对湿度与制冷系统进气口与排气口的压力差。根据干湿球温度计测得的制冷系统进口处（蒸发器进口）的干湿球温度值，利用湿空气曲线图（见图 5-22）求出蒸发器出气口的相对湿度；再利用玻璃棒温度计测出制冷系统排气口的温度值，与进气口处的干球温度计显示值之差即为空调制冷系统进气口与排气口的温度差。然后利用标准性能曲线图（见图 5-23）来进行评定。若测得的两个坐标值的交叉点在标准曲线图上两条阴影线之间，则空调制冷性能良好；若交叉点在这个区域外，则说明制冷性能不良。

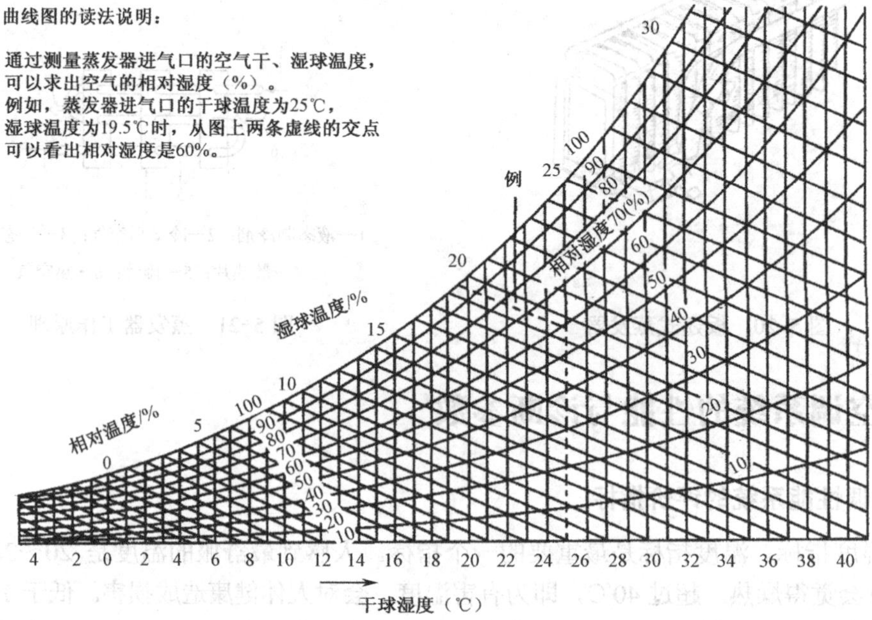
曲线图的读法说明：
通过测量蒸发器进气口的空气干、湿球温度，可以求出空气的相对湿度（%）。
例如，蒸发器进气口的干球温度为25℃，湿球温度为19.5℃时，从图上两条虚线的交点可以看出相对湿度是60%。
例
湿球温度/%
相对湿度/%
相对湿度70(%)
干球湿度（℃）

图 5-22　湿空气曲线图

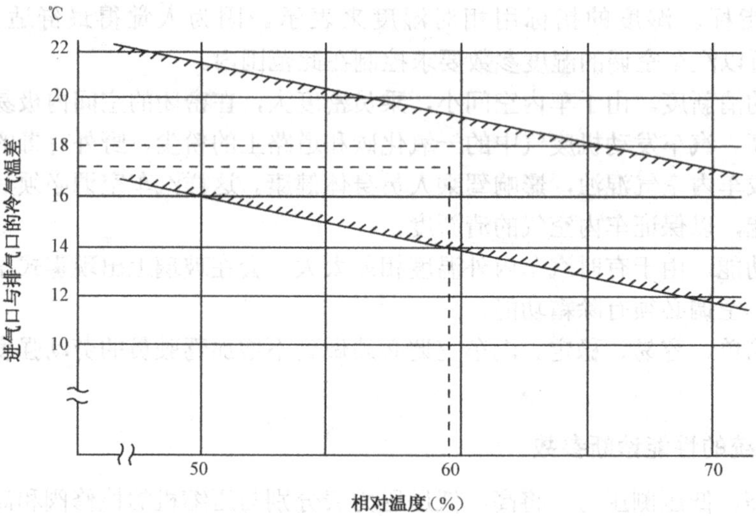

图 5-23　标准性能曲线图

5.3.3　暖风系统的检测方法

1. 暖风系统的分类

汽车空调暖风装置是将新鲜空气送入热交换器，吸收某种热源的热量，从而提高空气的温度，并将热空气送入车内的装置。汽车空调暖风装置可按以下形式分类。

1）根据热源不同分类

（1）利用发动机冷却液的热量的暖风装置，称为水暖式暖风装置。这种形式多用于轿车、大型货车及采暖要求不高的大客车上。

（2）利用发动机排气系统的热量的暖风装置，称为气暖式暖风装置。这种形式多用于风冷式发动机汽车上。

（3）装有专门燃烧的机构的暖风装置，称为独立燃烧式暖风装置。这种形式多用于在大客车上。

（4）既利用发动机冷却液的热量，又装有燃烧预热器的综合加热装置，称为综合预热式暖风装置。这种形式多用于大客车。

2）根据空气循环方式分类

（1）内气式（又称内循环式）：是指利用车内空气循环，将车厢内部空气作为载热体，让其通过热交换器升温，使升温后的空气再进入车厢内取暖。这种方式消耗热源少，但从卫生标准看，是最不理想的。

（2）外气式（又称外循环式）：是指利用车外空气循环，以车外新鲜空气作为载热体，让其通过热交换器升温，使升温后的空气再进入车厢内取暖。从卫生标准看，外气式是最理想的，但消耗热源也最大，也是不经济的。有特殊要求或高级豪华轿车才采用这种方式。

（3）内外气并用式（又称风外混合式）：是指好引进车外新鲜空气，又利用部分车内的原有空气，以新旧空气的混合体作为载热体，向车厢内供暖，是目前应用最普遍的形式。

2．水暖式暖风系统的基本组成及工作原理

水暖式暖风系统为目前汽车上常用的一种暖风系统，由加热系统、鼓风系统和电辅加热系统三部分组成。

水暖式暖风系统利用发动机冷却水的热量来采暖。水暖式汽车空调取暖系统在发动机水温达到 80℃才能正常工作。其加热器为一个小型的散热水箱，如图 5-24 所示，多采用铝制管带或管片制成，通过热水控制阀接入发动机的冷却循环系统。在发动机工作至正常水温后，打开热水阀，将发动机冷却水引进加热器，使加热器周围温度升高，由电动机驱动的鼓风机将车内或车外的冷空气强行吹过加热器表面，并将加温后的空气通过通风管路送入车厢内，实现车厢内温度的升高、风窗玻璃和除霜。

水暖式暖风系统结构简单，耗能少，但因其供暖较小，且发动机水温较低或停车时不能采暖，所以在一些轿车上加装了电辅加热装置来提高采暖性能。

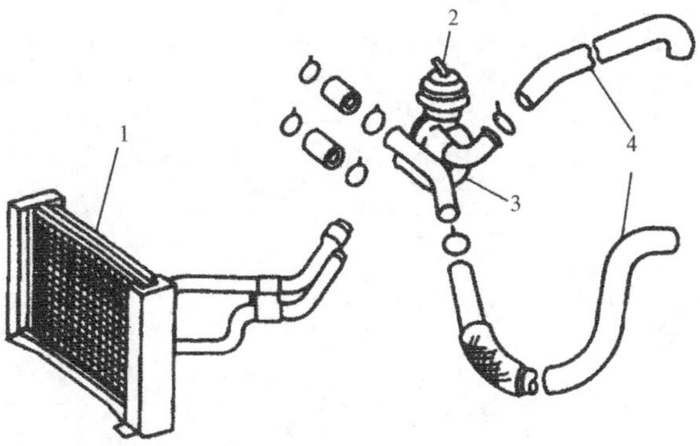

1—加热器；2—热水阀真空泵；3—热水阀；4—水软管

图 5-24　空调加热器与热阀

3．暖风系统的检测方法

检查暖风系统时，一般可采用下述方法来进行：

（1）查看暖风装置的外部有无损坏，接插是否松脱，各种传动杆有无松脱，暖风指示灯是否正常，固定螺栓是否松动，有无冷却液等。

（2）打开暖风系统，察听暖风装置在工作时有无异常声响。

（3）暖风系统工作时，检查暖风装置有无烧焦的气味，特别要注意检查暖风电动机的工作情况。

（4）用手摸非发热部件有无异常发热。若有异常发热，表示该部件有故障。

（5）用万用电表测量暖风装置的工作电压和电流是否正常，暖风控制线和暖风电机线束有无断路，接插件是否接触良好。

（6）检查进风口或进风格栅、电子扇等位置是否有杂物。可以用压缩空气吹走灰尘，在发动机冷却状态下，可用水枪由里向外冲洗上述部位。

第 6 章　诊断排除汽车电器设备故障

学习目标

- 了解汽车灯光系统的电路特点及检修要点
- 掌握前照灯常见故障现象的产生原因及排除方法
- 掌握转向灯、制动灯、示宽灯等灯光控制电路的常见故障产生原因及排除方法
- 掌握汽车空调系统的常见故障现象、产生原因及故障排除方法

6.1 汽车灯光系统故障现象、原因与处理方法

6.1.1 汽车灯光系统电路检修要点

1. 汽车灯光系统的电路特点

汽车灯光电路主要有各种照明灯、灯开关、灯光继电器和熔断器等组成。其特点如下：

（1）所有照明设备都与电源并联，一般均采用单线制。

（2）每路有各自的熔断装置，应按要求装用合适材料和直径的熔丝。

（3）对于用电量较大的前照灯，还增设了灯光继电器，以保护开关不被烧坏。

2. 汽车照明灯系统电路检修

（1）弄懂灯光系统电路图及其工作过程。

（2）更换烧断的熔丝时，应先查出烧毁原因后再更换同等数据的熔丝。

（3）更换照明灯系统各灯泡时注意防尘防水。

（4）保持照明灯总成清洁。

6.1.2 前照灯的故障现象、原因与处理方法

1. 前照灯远、近光均不亮

1）故障现象

打开前照灯开关时，远近灯均不亮。

2）故障原因

（1）熔丝烧断。

（2）灯光继电器损坏。

（3）变光开关损坏。

（4）连接线路断路。

（5）灯光控制开关损坏。

3）检查方法

接通车灯总开关后，若前照灯远光和近光均不亮，首先应检查车灯总开关接线柱的线头、变光开关接线柱的线头，以及搭铁线是否松脱断路。若接触良好，先用试灯法或采用万用表检查车灯总开关，变光开关电源接线柱上是否有电；若有电，则用旋具或跨接线先后短接车灯总开关电源接线柱与前照灯接线柱，变光开关电源接线柱与远、近光接线柱。若灯亮，说明车灯总开关或变光开关有故障，否则可能是灯泡灯丝烧断或灯座相应线路故障。

2．前照灯近光或远光全部不亮

1）故障现象

打开汽车前照灯开关时，远光正常而近光不亮或近光正常而远光不亮。

2）故障原因

（1）变光开关损坏。

（2）不亮灯具的连接线路断路。

3）检查方法

首先检查变光开关。可用旋具或跨接线将变光开关的电源与不亮的近光或远光接线柱短接，若灯亮，则为变光开关故障，否则就是变光开关至前照灯之间的线路有故障。

3．一只前照灯远光或近光不亮

1）故障现象

打开前照灯开关时，只有一侧灯发亮。

2）故障原因

（1）不亮前照灯灯泡的灯丝烧断。

（2）不亮侧连接线路断路。

3）检查方法

拔下不亮灯泡灯座，用万用表测量灯座电压，若电压正常，则为前照灯灯泡坏；若无电压，则为连接线路断路。

4．前照灯亮度不够

1）故障现象

打开前照灯开关时，灯光发亮但光线暗淡。

2）故障原因

（1）前照灯灯泡的灯丝老化。

（2）灯座接触不良或搭铁不好。

（3）发电机的输出电压低。

3）检查方法

当检查发现前照灯亮度不够时，则将发动机保持中速以上运转，测量发电机的输出电压。若电压正常，则检查前照灯座搭铁处是否连接良好；若接触不好，应除锈，并拧紧前照灯与车头至车架之间的搭铁线。

5. 一灯发红

1）故障现象

前照灯开关打开时，有一前照灯灯丝发红。

2）故障原因

（1）搭铁不良。

（2）灯泡的灯丝老化。

3）检查方法

打开两前照灯，若其中一个灯光发红而不亮时，则是该灯搭铁不良或灯泡的灯丝老化所造成。

6. 熔丝熔断

1）故障现象

打开前照灯开关时，灯光不亮且其熔断器烧毁。

2）故障原因

线路有搭铁。

3）检查方法

打开前照灯，若车灯总开关的熔丝熔断，说明车灯总开关、变光开关或线路有搭铁短路故障。如果只在接通某一道光时熔丝才烧毁，则为该道光的线路有搭铁短路故障。

6.1.3 转向灯电路的故障现象、原因与处理方法

1. 转向灯都不亮

1）故障现象

打开转向灯开关时，所有转向灯均不亮。

2）故障原因

（1）转向灯熔丝烧断。

（2）转向灯开关损坏。

（3）转向灯连接线路断路。

（4）闪光器损坏。

3）检查步骤

打开转向灯开关，若所有转向灯及转向信号灯均不亮，则先检查转向灯熔丝，若及时更换；若熔丝正常，则检查其转向灯开关总成，若正常则进一步检查闪光继电器；若上述检查均正常，则说明连接电路中有断路。

2．转向灯左或右不亮

1）故障现象

转向灯开关打开时，只有一侧转向灯发亮。

2）故障原因

（1）不亮侧灯泡烧毁。

（2）转向灯开关损坏。

（3）不亮侧连接线路中有断路。

3）检查步骤

打开转向灯开关，若有一侧转向灯不亮，则首先检查该侧灯泡是否烧毁。若灯泡正常，则用万用表检查该侧插座电源接线柱和搭铁接线柱是否正常。若电源接线柱无电，则应检查转向灯开关是否损坏，若开关正常，则为连接电路中有断路。

6.1.4 制动灯不亮的故障现象、原因与处理方法

1．故障现象

踩下制动踏板时，制动灯不亮。

2．故障原因

（1）熔丝烧断。

（2）制动灯开关损坏。

（3）制动灯灯泡损坏。

（4）制动灯连接线路断路。

（5）制动灯座损坏。

3．检查步骤

踩下制动踏板时，若制动灯不亮，则首先检查制动灯泡是否烧毁；若灯泡正常，则用万用表检查制动开关电源接线柱是否有电，若有电，踩下制动踏板，检查其连接至灯座的接线柱是否有电；若无电，则说明开关损坏。若有电，则进一步检查开关至灯座电路是否有断路。

6.2 手动空调系统故障现象、原因与处理方法

手动空调系统的常见故障主要有空调系统不制冷或制冷量不足、空调工作噪声过大或有异响、空调系统不供暖和供暖不足等。其常见故障的产生原因和诊断排除方法见表 6-1。

表 6-1 汽车手动空调系统常见故障排除表

故障现象	产生原因	排除方法
系统不能产生冷空气，失去制冷作用	（1）驱动皮带太松或皮带断裂； （2）压缩机不工作，皮带在皮带轮上打滑，或者离合器接合后皮带轮不转； （3）压缩机阀门不工作，在发动机不同转速下，高、低压表读数仅有轻微变动； （4）膨胀阀不能关闭，低压表读数太高，蒸发器流液； （5）熔断器熔断，接线脱开或断线，开关或吹风机的电动机不工作； （6）制冷剂管道破裂或泄漏，高、低压表读数为零； （7）储液干燥器或膨胀阀中的细网堵死，软管或管道堵死，通常在限制点起霜	（1）拉紧皮带或更换皮带； （2）拆下压缩机、修理或更换； （3）修理或更换压缩机阀门； （4）更换膨胀阀； （5）更换熔断器、导线，修理开关或吹风机的电动机； （6）换管道，进行系统探漏，修理或更换储液干燥器； （7）修理或更换储液干燥器
制冷量不足	（1）压缩机离合器打滑； （2）出风通道空气不足； （3）吹风机的电动机运转不顺畅； （4）外面空气管道开着； （5）冷凝器周围的空气流通不够，高压表读数过高； （6）蒸发器被灰尘等异物堵住； （7）蒸发器控制阀损坏或调节不当，低压表读数太高； （8）制冷剂不足，观察玻璃处有气泡，高压表读数太低； （9）膨胀阀工作不正常，高、低压表读数过高或过低； （10）储液干燥器细网堵住，高、低压表读数比正常高或低； （11）系统有水汽，高压侧压力过高； （12）系统有空气，高压表值过高，观察玻璃处有气泡或呈云雾状； （13）辅助阀定位不对	（1）拆下离合器总成，修理或更换； （2）清洗或更换空气滤清器；清除通道中的阻碍物，理顺绕住的空气管； （3）更换电动机； （4）关闭通道； （5）清洁发动机散热器和冷凝器，安装强力风扇、风扇挡板，或重新摆好散热器和冷凝器的位置； （6）清洗蒸发器管道和散热片； （7）按需要更换或调节阀； （8）向系统充液，直至气泡消失、压力读数稳定为止； （9）清洗细网或更换膨胀阀； （10）清除系统，更换储液干燥器； （11）清除系统，更换储液干燥器； （12）清除、抽气和加液； （13）转动阀至逆时针方向的最大位置
空调系统噪声大或有异响	（1）V 形皮带松动或过度磨损； （2）压缩机零件磨损或安装托架松动； （3）压缩机油面太低； （4）离合器打滑或发出噪声； （5）吹风机的电动机松动或磨损； （6）系统中制冷剂过量，工作发出噪声，高、低压表读数过高，观察玻璃有气泡； （7）系统中制冷剂不足，使膨胀阀发出噪声，观察玻璃有气泡及雾状，低压表读数过低； （8）系统中有水汽，引起膨胀阀发出噪声； （9）高压辅助阀关闭，引起压缩机颤动，高压表读数过高	（1）拉紧皮带，或更换皮带； （2）拆卸压缩机，修理或更换拧紧托架； （3）加油； （4）拆下离合器修理或更换； （5）拧紧电动机的安装连接件；拆下电动机修理或更换； （6）排放过剩的制冷剂，至压力表读数降到标准值，且气泡消失； （7）找出系统漏气地点，清除系统及修理，抽空系统并更换储液干燥器，向系统加液； （8）清除系统，抽气，更换储液干燥器，加液； （9）立即把阀门打开

续表

故障现象	产生原因	排除方法
不供暖或暖气不足	（1）加热器芯内部堵塞； （2）加热器芯表面气流受阻； （3）加热器芯管子内部有空气； （4）温度门位置不正确； （5）温度门真空驱动器损坏； （6）鼓风机损坏； （7）鼓风机继电器、调温电阻损坏； （8）热水开关损坏； （9）发动机的节温器损坏	（1）冲洗或根据需要更换芯子； （2）用空气吹通加热器芯表面； （3）排出管内空气； （4）调整拉线； （5）修理或更换； （6）修理或更换； （7）修理或更换； （8）修理或更换； （9）修理或更换

第二部分 技能要求

第7章 发动机大修

学习目标

- 能够编制出曲轴、凸轮轴、汽缸体和汽缸盖修理工艺卡
- 能够检测、评定发动机技术状况，确定发动机修理内容
- 能够对汽缸盖、配气机构、曲柄连杆机构、汽油机燃油和点火系统、柴油机燃料供给系统进行大修
- 能够调试柴油机喷油泵
- 能够对发动机总成进行装配与调整
- 能够对发动机修理工艺过程进行检验
- 能够进行发动机的排放测试与调整
- 能够进行发动机总成竣工验收

7.1 编制零部件修理工艺卡

7.1.1 编制曲轴修理工艺卡

下面以桑塔纳2000GSi型轿车发动机曲轴弯曲变形冷压校正为例，讲述曲轴修理工艺卡的编制。

1.确定工序，选定合理的工艺规程

（1）易使工件变形的工序，尽可能安排在前。

（2）加工表面精度要求高的工序，尽可能安排在其他工序之后。

（3）工件钻孔应在平面切削加工之后，尽量不在斜面上钻孔，以免孔位偏斜。

（4）工件在各工序之间所需的运输距离和次数应最短、最少。

（5）各工序之间的工人进行作业时尽量避免相互干扰。

（6）尽量采取流水作业。

（7）根据工人技术水平与设备条件确定所派往的车间及班组，按标准工时填写工序所需时间。

特别提示：各企业必须根据实际情况，做出合理的选择。在选择工艺时，尽量选择先进的修复方法。配置、修理的简单零件，可以使用一般的机械加工工艺卡片。工艺卡片一经确定，不得随意改变。如确需改变，须经有关部门批准。

2. 明确技术要求，掌握技术要求包括的内容

1）工艺规范

主要指用于工艺上的数据、切削加工的切削用量、零件清洗溶液的成分、热处理的温度及处理后的机械性能要求。

2）技术规范

主要指零件的尺寸、表面粗糙度、精度的配合公差等。

3）性能条件

指某装配部位的气压、真空度、扭矩、弹力等工作性能指标。

4）报废条件

对零件损耗达到不可修复程度的具体规定。

5）设备及工夹具

应在每一作业项目（工序）中注明所用的设备、夹具、刀具、量具、仪器等的名称、规格或型号。

6）材质

工件所用材料的型号、尺寸等。

7）工序时间

完成每一工序所需的连续作业时间，作为制订生产计划和考核的依据。

3. 选择工艺卡片类型

由于曲轴变形冷压校正属于零件修复，所以选择工艺卡片类型为零件修复工艺卡片。

4. 选择工艺卡片格式

工艺卡片可以采用条文、图表等格式进行编制。这里的曲轴修理工艺卡片以表为例进行

编制。

5. 编制曲轴修理工艺卡片

综上所述，将曲轴修理工艺过程编制成技术文件，见表 7-1。

表 7-1 桑塔纳 2000GSi 型轿车发动机曲轴修理工艺卡

<table>
<tr><td colspan="2">企业名称</td><td colspan="3"></td><td colspan="4">零件修复工艺卡</td><td colspan="2">卡片编号</td><td colspan="3"></td></tr>
<tr><td colspan="5" rowspan="4">（曲轴修复工艺图）</td><td colspan="9">零件</td></tr>
<tr><td>名称</td><td>厂牌</td><td>编号</td><td>材质</td><td colspan="3">机械性能</td><td colspan="2">第 页</td></tr>
<tr><td>曲轴</td><td></td><td></td><td>球墨铸铁</td><td colspan="3"></td><td colspan="2">共 页</td></tr>
<tr><td colspan="9">说明：（1）曲轴弯曲时应先矫正后再修理，按修理级别进行磨削；
（2）也可采用就机校正或火焰校正</td></tr>
<tr><td>工序号</td><td>工种</td><td>图上号码</td><td>工序名称</td><td>操作要点及技术要求</td><td>设备</td><td>工具</td><td>模具</td><td>夹具</td><td>刀具</td><td>量具</td><td>焊条名称</td><td>工序名称</td><td>备注</td></tr>
<tr><td>1</td><td>修理工</td><td></td><td>冷压校正</td><td>（1）将两端主轴颈支撑在平台的 V 形架上，在校正压头和曲轴间放上垫块，施压方向与曲轴弯曲方向相反。压弯曲量为曲轴弯曲的 10～15 倍，保持 2min;
（2）校正过程中允许存在微量弯曲，当每矫正量为 1～5mm 及卸除压力前，应在各道曲轴处用铜锤轻击，以清除残余应力</td><td>压力机、平台</td><td>V 形架、垫块</td><td></td><td></td><td></td><td>百分表</td><td></td><td></td><td></td></tr>
<tr><td>2</td><td>热处理</td><td></td><td>低温处理</td><td>（1）校正完毕，加热至 180～220℃，保温 5～6h，以清除矫正过程中产生的内应力及曲轴回正效应;
（2）随炉冷却后，取出曲轴，检验弯曲矫正效果</td><td></td><td></td><td></td><td></td><td></td><td></td><td></td><td></td><td></td></tr>
<tr><td>3</td><td>修理工</td><td></td><td>检验</td><td></td><td></td><td></td><td></td><td></td><td></td><td></td><td></td><td></td><td></td></tr>
</table>

6．整理现场

曲轴修理工艺卡片的编制达到要求后，整理现场的工量具、设备等。

7.1.2 编制凸轮轴修理工艺卡

1．编制凸轮轴技术检验工艺卡

技术检验工艺卡包括以下项目：

（1）凸轮轴裂纹检验。

（2）凸轮轴变形检验，包括凸轮轴弯曲变形和同轴度检验。

（3）凸轮轴磨损检验，包括凸轮轴凸轮工作表面、轴颈、偏心轮、齿轮磨损检验。

（4）凸轮轴轴承检验。

（5）凸轮轴其他部位检验。

凸轮轴技术检验工艺卡见表 7-2。

表 7-2 凸轮轴技术检验工艺卡

<table>
<tr><td colspan="2">企业名称</td><td colspan="2"></td><td colspan="5">凸轮轴技术检验工艺卡片</td><td>卡片编号</td></tr>
<tr><td colspan="4" rowspan="4">（凸轮轴检验图）</td><td colspan="5">零件</td><td></td></tr>
<tr><td>名称</td><td>厂牌</td><td>编号</td><td>材质</td><td>机械性能</td><td>第 页</td></tr>
<tr><td></td><td></td><td></td><td></td><td></td><td>共 页</td></tr>
<tr><td colspan="6">说明：</td></tr>
<tr><td rowspan="2">工序号</td><td rowspan="2">工种</td><td rowspan="2">图上号码</td><td rowspan="2">技术要求</td><td rowspan="2">检验方法</td><td colspan="2">检验</td><td rowspan="2">检验结论</td><td rowspan="2">工序时间</td><td rowspan="2">备注</td></tr>
<tr><td>量具</td><td>仪器</td></tr>
<tr><td></td><td></td><td></td><td></td><td></td><td></td><td></td><td></td><td></td><td></td></tr>
<tr><td></td><td></td><td></td><td></td><td></td><td></td><td></td><td></td><td></td><td></td></tr>
<tr><td></td><td></td><td></td><td></td><td></td><td></td><td></td><td></td><td></td><td></td></tr>
</table>

2．编制凸轮轴修复工艺卡

按照凸轮轴技术检验结论，确定凸轮轴需要修复的部位及修理项目。根据工人技术水平及设备情况编制相应凸轮轴修复工艺卡。

凸轮轴修复工艺程序如下：

（1）彻底清理凸轮轴内外表面。

（2）根据前面检验的结论，确定修理内容及修复工艺。

（3）凸轮轴如有裂纹，应更换凸轮轴。

（4）凸轮轴弯曲变形应采用冷法校正。

（5）凸轮轴轴颈磨损超限应更换。

（6）凸轮轴轴承修复和选配。

（7）凸轮轴的更换。

凸轮轴修复工艺卡见表 7-3。

表 7-3　凸轮轴修复工艺卡

<table>
<tr><td colspan="2">企业名称</td><td colspan="2"></td><td colspan="8">凸轮轴修复工艺卡片</td><td colspan="2">卡片编号</td></tr>
<tr><td colspan="4" rowspan="4">（凸轮轴工艺图）</td><td colspan="8">零件</td><td colspan="2"></td></tr>
<tr><td>名称</td><td colspan="2">厂牌</td><td colspan="2">编号</td><td colspan="2">材质</td><td>机械性能</td><td colspan="2">第　页</td></tr>
<tr><td></td><td colspan="2"></td><td colspan="2"></td><td colspan="2"></td><td></td><td colspan="2">共　页</td></tr>
<tr><td colspan="10">说明：</td></tr>
<tr><td>工序号</td><td>工种</td><td>图上号码</td><td>工序名称</td><td>操作要点技术要求</td><td>设备</td><td>工具</td><td>模具</td><td>夹具</td><td>刀具</td><td>量具</td><td>焊条号牌</td><td>工序时间</td><td>备注</td></tr>
<tr><td></td><td></td><td></td><td></td><td></td><td></td><td></td><td></td><td></td><td></td><td></td><td></td><td></td><td></td></tr>
<tr><td></td><td></td><td></td><td></td><td></td><td></td><td></td><td></td><td></td><td></td><td></td><td></td><td></td><td></td></tr>
<tr><td></td><td></td><td></td><td></td><td></td><td></td><td></td><td></td><td></td><td></td><td></td><td></td><td></td><td></td></tr>
</table>

7.1.3　编制汽缸体修理工艺卡

1. 汽缸体技术检验工艺卡项目

（1）裂纹检验。明显的裂纹可直接观察检查；对于细微裂纹和内部裂纹，有水压试验法和磁粉探伤法等方法，企业可根据设备条件选取其中一种。

（2）汽缸上平面及其他接合平面划痕、击伤、蚀损检验；各部螺纹孔损伤检验。

（3）汽缸体高度检验。

（4）汽缸磨损检验。

（5）汽缸体变形检验。

检验项目包括以下内容：

① 上、下平面的平行度。

② 主轴承座孔同轴度。

③ 主轴承座孔接合平面对底平面的平行度。

④ 主轴承座孔轴线与凸轮轴轴承孔轴线的平行度。

⑤ 汽缸轴线与曲轴主轴承孔轴线的垂直度。

⑥ 飞轮壳后端面对主轴承孔轴线的径向跳动。

（6）若有其他特别要求检验的项目，也应列入其中。

2. 编制汽缸体修复工艺卡

按照汽缸体技术检验结论，确定汽缸体需要修复的部位及修理项目。根据企业工人技术水平及设备情况编制相应的汽缸体修复工艺卡。

汽缸体修复工艺程序如下：

（1）彻底清理汽缸体内外表面（包括水垢）。

（2）根据前面检验的结论，确定修理内容及修复工艺。

（3）修补裂纹。

（4）修整螺纹孔、蚀伤及各接合表面缺陷。

（5）修复汽缸体表面形状与位置误差。

（6）镶配汽缸套，镗、磨缸。

（7）彻底清洗汽缸体。

7.1.4 编制汽缸盖修理工艺卡

1. 技术检验工艺卡项目

（1）裂纹检验。有水压试验法和磁粉探伤法等，企业可根据设备条件选取其中一种。

（2）汽缸盖平面及其他接合平面划痕、击伤、蚀损检验；各部螺纹孔检验。

（3）汽缸盖变形检验。

（4）若有其他特别要求检验的项目，也应列入其中。

2. 编制汽缸盖修复工艺卡

按照汽缸盖技术检验结论，确定汽缸盖需要修复的部位及修理项目。根据企业工人技术水平及设备情况编制相应的汽缸盖修复工艺卡。

汽缸盖修复工艺程序如下：

（1）彻底清理汽缸盖内外表面（包括水垢）。

（2）根据前面检验的结论，确定修理内容及修复工艺。

（3）修补裂纹。

（4）修整螺纹孔、蚀伤及各接合表面的缺陷。

（5）修复汽缸盖表面形状与位置误差。

（6）镶配气门导管（为修整气门座、研磨气门提供定位导向条件）。

（7）镶配气门座圈。

（8）铰削气门座并研磨。

（9）彻底清洁汽缸盖。

3. 注意事项

（1）为保证汽缸盖修理作业顺利完成及其修理质量，必须按照一定的编制工艺及修理作业顺序进行。

（2）由于汽车新材料与新工艺的普遍应用，近年来生产的汽缸盖在结构、制造工艺、材料等方面均有许多变化，对检测、维修与装配也有不同的要求。所以，在编制修理工艺卡时，必须按照厂方的技术要求，根据企业自身的具体情况编制出合理的修理工艺卡片，不可盲目沿用传统经验。

（3）及时掌握和采用国内外汽车修理新技术、新工艺。

7.2 发动机总成大修

7.2.1　检测、评定发动机技术状况，确定发动机修理内容

发动机总成进厂大修由汽车维修厂家报修员负责接待。报修员通过以下方法来评定发动机的技术状况，确定发动机的修理内容。

（1）听取驾驶员（或单位安全员及车队长）对车辆技术状况的反映。

（2）报修员对车辆进行原地检视或察听。

（3）报修员对车辆进行路试。

（4）检阅维修技术档案。

（5）必要时采用仪器设备对发动机进行检测。

通过以上方法，可以对发动机的技术状况作出准确的评定。同时结合发动机大修里程和客户的要求，可以确定发动机修理内容并填写好《报修单》。

报　修　单

送修单位 名　　称	送修单位 地　　址
联 系 人	联系电话
车辆牌号	车辆型号
送修日期	竣工日期

（请详细填写报修内容）

送修单位负责人　　　　承修单位负责人

（签　字）　　　　（签　字）

注：报修结束后，一定要妥善保管好客户的事物，以避免今后在交车时产生不必要的误会。

7.2.2 汽缸盖和配气机构大修

1. 气门导管的检测与更换

（1）检测气门杆与气门导管孔的配合间隙。如图 7-1 所示，将百分表固定在汽缸盖侧壁上，同时将气门头部拉出 15mm 左右，使百分表测杆上的测头与气门头部边缘靠紧，然后往复摆动气门，百分表指针读数的一半即为间隙，如该值超过使用极限时，应更换新件。

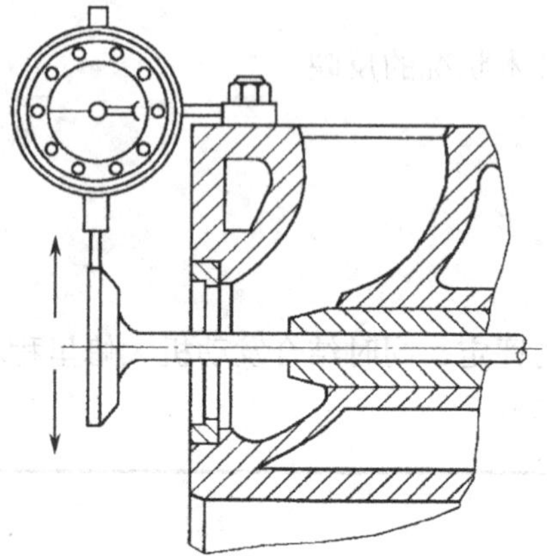

图 7-1 检测气门杆与气门导管孔的配合间隙

（2）更换气门导管。气门导管的更换应在铰削、磨削气门座之前进行，更换气门导管步骤如下：

① 在油压机上用阶梯形芯棒压出旧导管。

② 用外径千分尺检查新导管的外径，外径应略大于汽缸盖上导管安装孔直径，以保证过盈量。

③ 检查汽缸盖上导管安装孔的磨损情况，必要时铰削修理。

④ 压入新气门导管。

⑤ 检查配合间隙。在气门杆上涂一层机油，放入导管内，上、下拉动数次，然后提起气门，气门能借自身重量徐徐下降，即可确认间隙合适。

2. 安装气门

（1）装上气门弹簧下座。

（2）用专用工具把气门油封压装到气门导管上，注意油封一定要压到位。

（3）将气门杆涂上机油，按记号插入对应的气门导管。

（4）安放好气门弹簧及气门弹簧上座。

（5）用专用工具将锁片安装好。

3. 安装摇臂轴

1）清洁

清洗并吹干摇臂轴上的各个零件，检查摇臂轴油孔、油槽是否畅通，如有污垢阻塞现象，必须清理干净，如图 7-2 所示。

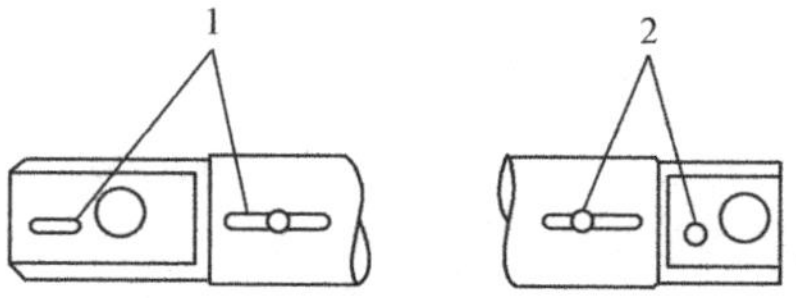

1—油槽；2—油孔

图 7-2 摇臂轴的油孔和油槽

2）外观检视

（1）检视支座（轴承盖）接合面的磨损和不平情况，以及摇臂轴承孔和螺栓孔的磨损、不圆等情况，超过标准，应予以修整。

（2）将清洗、吹干、检查过的摇臂轴上的各个零件浸泡于机油盆中，以备装配时使用。

3）摇臂轴的组装

根据发动机气门的布置，进行装配。以丰田 12R 发动机为例，如图 7-3 所示。

（1）首先装配有锁紧螺钉的支座，支座上有油孔，应与摇臂轴上的油孔相对。

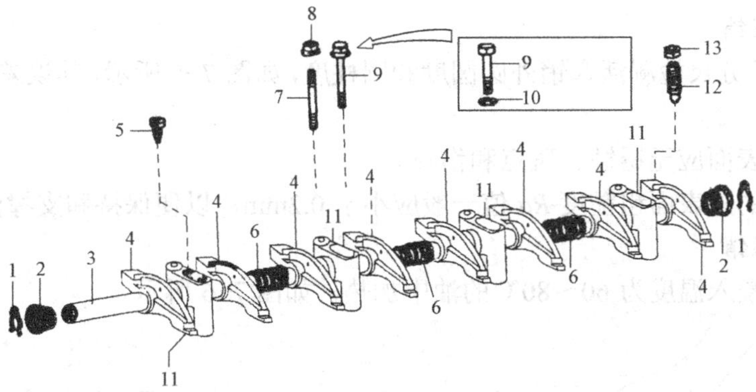

1—止动弹簧；2—锥形弹簧；3—摇臂轴；4—摇臂；5—锁紧螺钉；6—压缩弹簧；7—摇臂支座双头螺栓；
8—螺母；9—摇臂支座固定螺栓；10—垫圈；11—摇臂轴支座；12—气门调整螺钉；13—气门调整螺母

图 7-3　摇臂轴装配结构

（2）以上述支座为中心，按图 7-3 所示结构，先将支座左侧的零件装配好，再装配右侧的零件。

（3）按照摇臂、压缩弹簧、摇臂、支座的顺序装配，直至将摇臂、支座、压缩弹簧全部安装在摇臂轴上。

（4）注意第 1、3 缸摇臂上有凸点标记，不能装错位置。

（5）最后在两端各装上 1 个锥形弹簧和卡簧。

（6）把摇臂的气门间隙调整螺钉调至最高位置，以免装配中顶弯推杆，或直接压气门，造成装配困难。

（7）将组配好的摇臂轴组件安装到发动机汽缸盖上，按规定扭矩拧紧固定螺栓。

（8）调整气门间隙。

7.2.3　曲柄连杆机构大修

1. 装配活塞销

1）清洗活塞

（1）使用衬垫刮刀，将活塞顶部积炭（或蜡）清理掉，如图 7-4（a）所示。

（2）用一把带槽的清理工具或断环，清理活塞环槽，如图 7-4（b）所示。

（3）用溶剂和刷子彻底清洗活塞，如图 7-4（c）所示，注意不要使用钢丝刷。

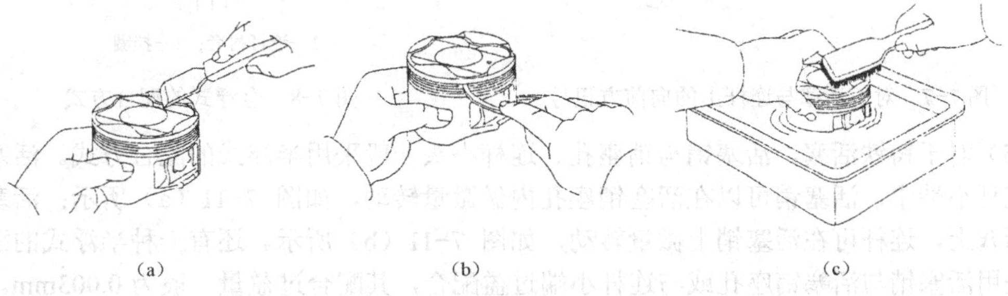

图 7-4　清洗活塞

2）检测活塞销

（1）用外径千分尺检测活塞销外圆圆度和圆柱度，如图 7-5 所示，其误差一般为 0.0025～0.005mm。

（2）活塞销表面应无锈蚀、斑点和伤痕。

（3）活塞销的外表面粗糙度 *Ra* 值一般应小于 0.2mm，以便保持和支撑油膜。

3）装配活塞销

（1）把活塞浸入温度为 60～80℃的油中加热，如图 7-6 所示。

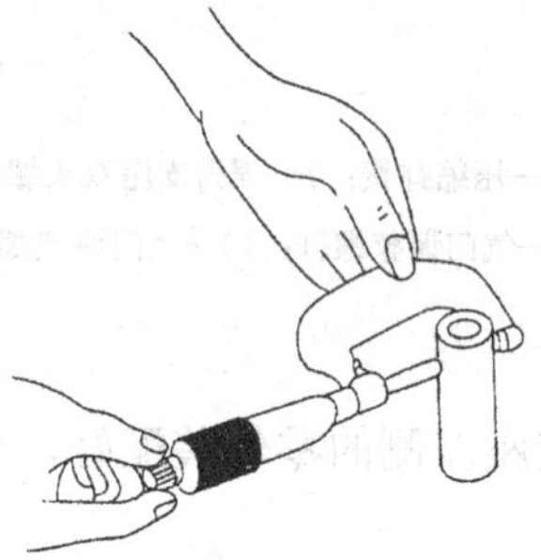

图 7-5　检测活塞销

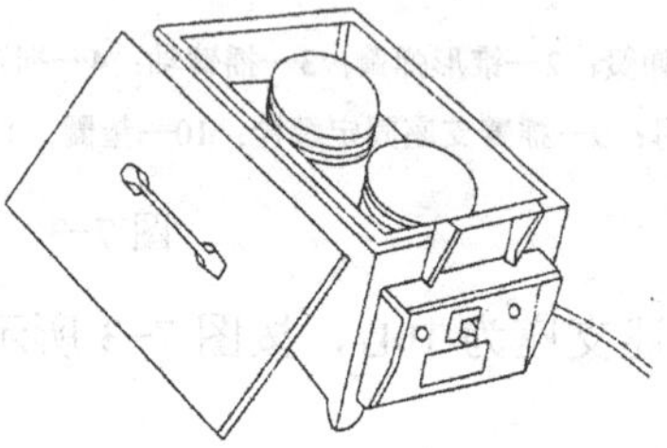

图 7-6　活塞加热

（2）在活塞销上涂一层润滑油。

（3）对正活塞与连杆上的向前方记号，如图 7-7 所示。

（4）对于轻金属活塞，以铝合金活塞为例，活塞销与销座孔、连杆小头一般采用全浮式的配合方式，如图 7-8 所示。其配合间隙一般为 0.0025～0.005mm。装配时，用大拇指就能把活塞销压入活塞销座孔内，如图 7-9 所示。

用尖嘴钳夹紧活塞销挡圈，把它压缩到能进入环槽即可，如图 7-10 所示。

用尖嘴钳调整挡圈的开口方向，使它朝向活塞裙部，因为活塞运行时，挡圈上部应力最大。

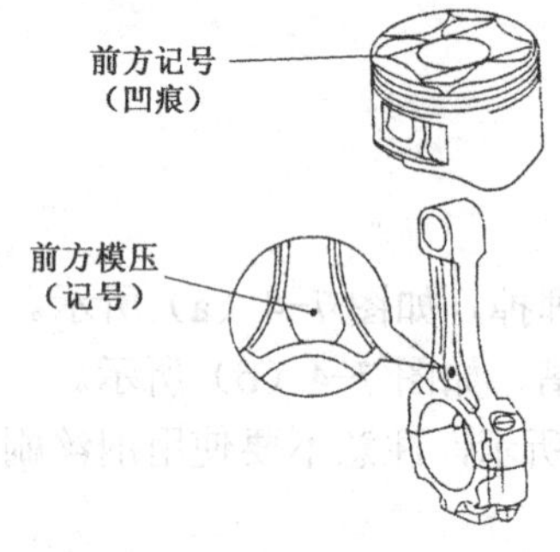

图 7-7　对正活塞与连杆上的向前方记号

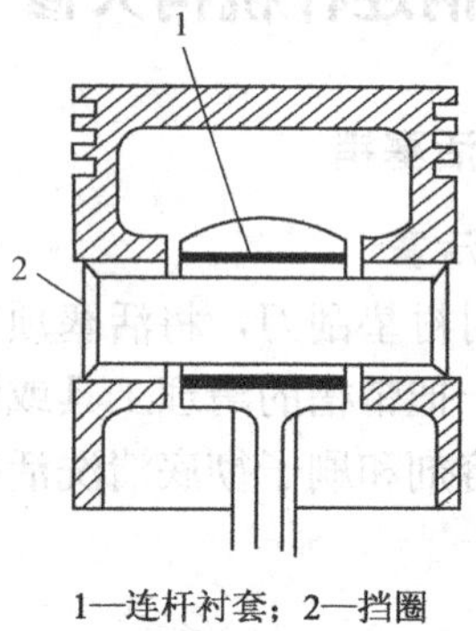

1—连杆衬套；2—挡圈

图 7-8　全浮式的配合方式

（5）对于铸铁活塞，活塞销与销座孔、连杆小头一般采用半浮式的配合方式。活塞销夹紧在连杆小端中，活塞销可以在活塞销座孔内做微量转动，如图 7-11（a）所示；活塞销固定在活塞上，连杆可在活塞销上微量转动，如图 7-11（b）所示。还有一种半浮式的配合方式，采用活塞销与活塞销座孔或与连杆小端过盈配合，其配合过盈量一般为 0.003mm。装配活塞销时，用木锤将销敲进活塞销座孔内。

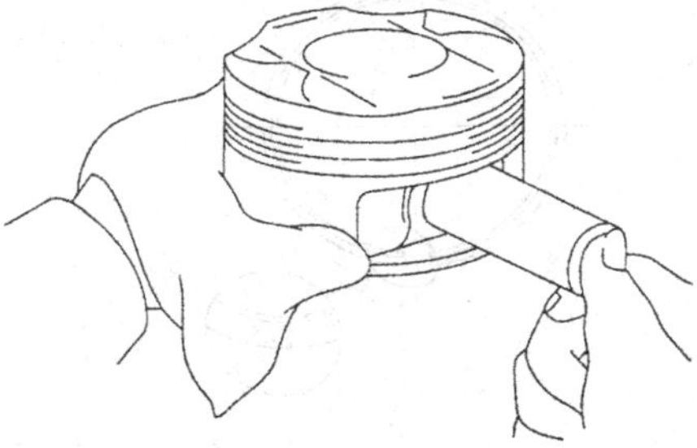

图7-9　活塞销的装配

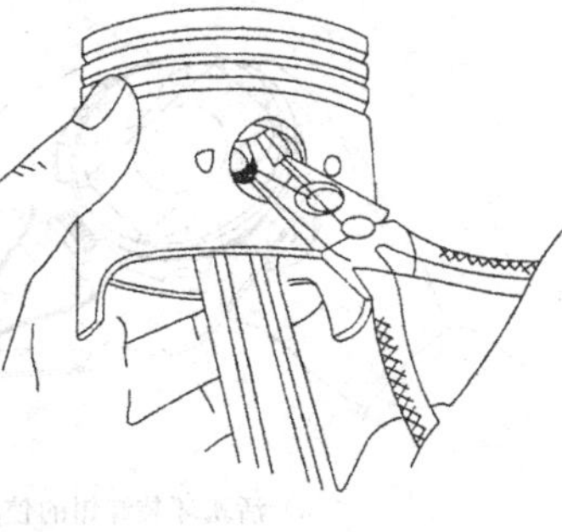

图7-10　挡圈的安装

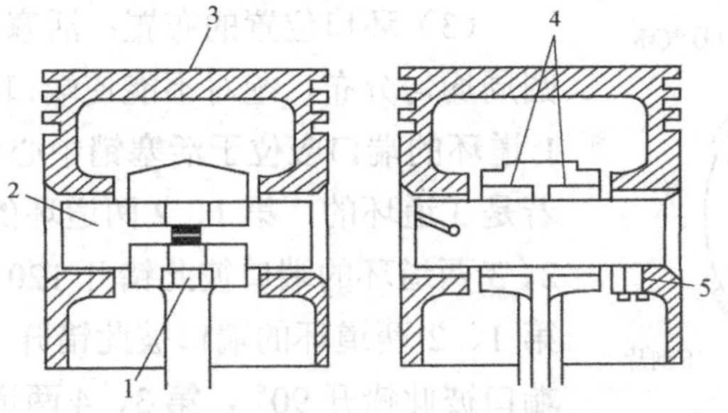

（a）固定连杆小端　（b）固定活塞

1—锁止螺栓；2—活塞销；3—活塞；4—连杆衬套；5—固定活塞螺栓

图7-11　半浮式配合方式

2．安装活塞环

活塞环安装前应检测其弹力、漏光度、端隙、侧隙和背隙。活塞环只有经过上述检测合格后，才能装配到活塞上。活塞环按油环和气环的顺序逐个装配。

（1）油环安装：普通油环用手直接安装，如图7-12（a）所示。对于组合式（三片式）油环的装配，首先选择适当的油环扩张器（胀簧架或膨胀环），将它先装入活塞环槽内，再装上、下刮片，先将刮片一端装入活塞环槽内，利用手指将剩余部分慢慢细心地压入槽内，如图7-12（b）所示。

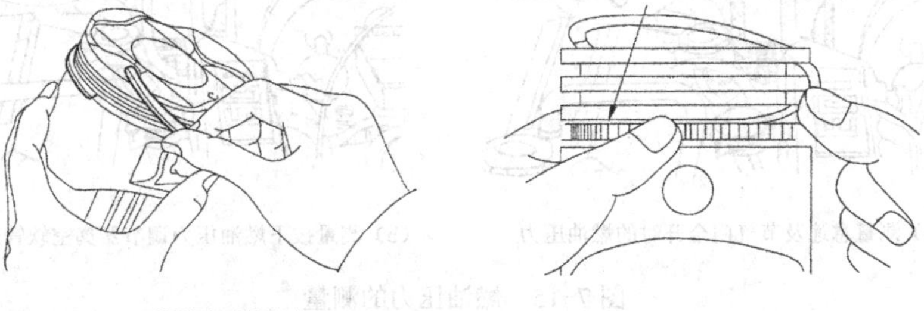

（a）普通油环的安装　（b）三片式油环刮片的安装

图7-12　油环的安装

（2）气环安装：安装时，要使用活塞环装卸钳，如图7-13（a）所示，并使有字的一面朝上，如图7-13（b）所示，不可装反，否则将引起漏气、窜油。

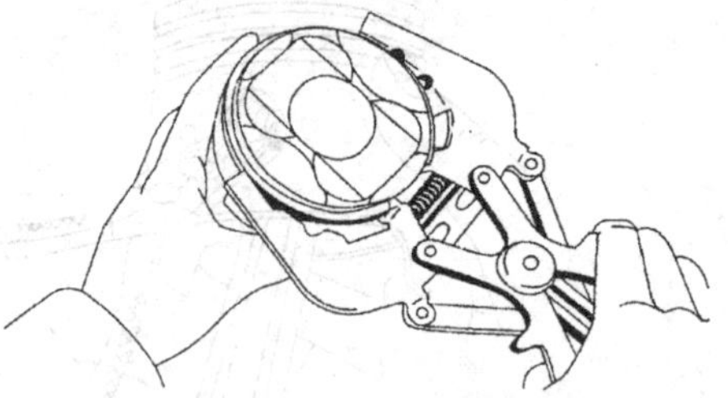
（a）活塞环装卸钳的使用

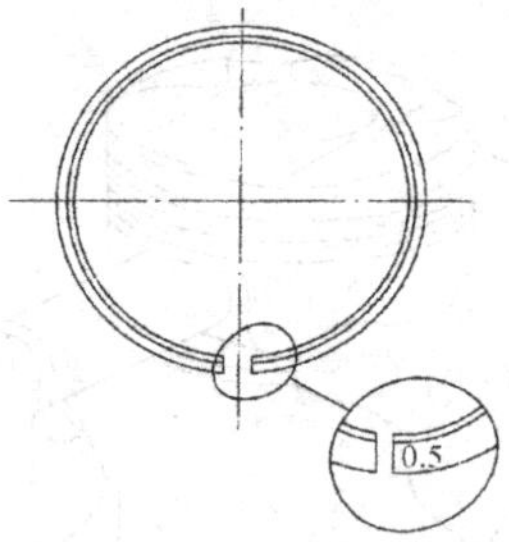

（b）活塞环的尺寸标记（向上标记）

图 7-13　气环的安装

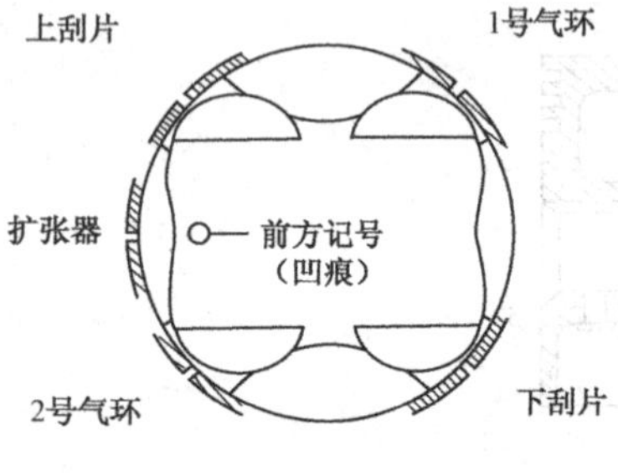

图 7-14　活塞环端口位置布置

（3）环口位置的布置：活塞环各环口位置应正确地按圆周均匀分布，绝对不能使端口重叠造成漏气、窜油。第1道环的端口应位于活塞销中心线相交的 45° 处；活塞环若是 3 道环的，第 1、2 两道环的端口彼此错开 120°，第 2、3 两道环的端口彼此错开 120°；活塞环若是 4 道环的，第 1、2 两道环的端口彼此错开 180°，第 2、3 两道环的端口彼此错开 90°，第 3、4 两道环的端口彼此错开 90°；如图 7-14 所示。

7.2.4　汽油机燃油和点火系统大修

1．燃油压力的检测

（1）关闭点火开关，将燃油压力表接在供油管和分配油管之间，如图 7-15 所示。

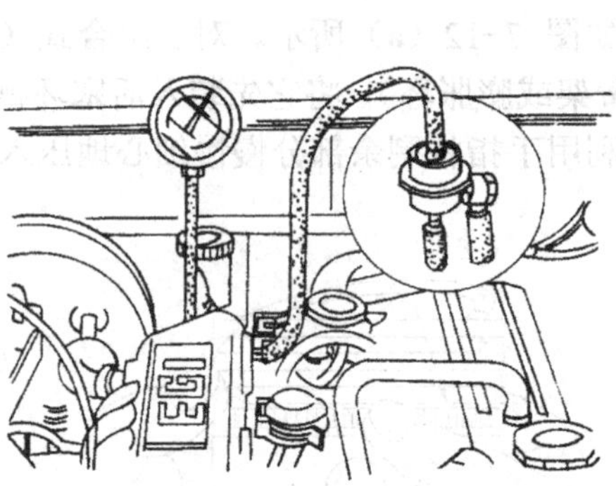
（a）测量怠速及节气门全开时的燃油压力

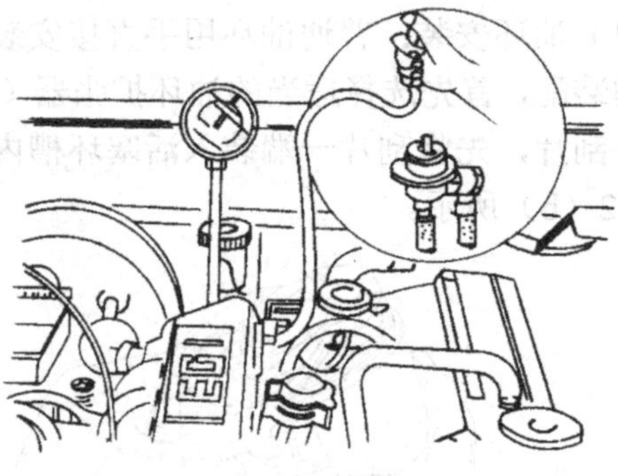
（b）测量拔下燃油压力调节器真空软管后的燃油压力

图 7-15　燃油压力的测量

（2）打开点火开关，让发动机怠速运行，打开燃油压力表阀门，燃油压力表指示的系统压力应为 250±20kPa。

（3）从燃油压力调节器上取下真空软管，燃油压力表指示的调节压力应为 300±20kPa。

（4）重新接回真空软管，关闭点火开关，10min 后，压力不应低于 150kPa。如果压力下降较快，应检查燃油泵上的止回阀和燃油系统的密封情况。

2．燃油泵工作电压的检测

（1）测试条件：蓄电池电压正常，燃油泵熔丝、燃油滤清器、燃油泵继电器均正常。

（2）接通点火开关，应能听到燃油泵启动的声音。

（3）启动发动机，用数字万用表测量导线端子 1 和端子 3 之间的电压，如图 7-16 所示，电压的额定值应达到蓄电池的电压（12V 左右），如果达不到，应查找断路故障，如果不存在断路故障，则说明燃油泵有故障，应更换。

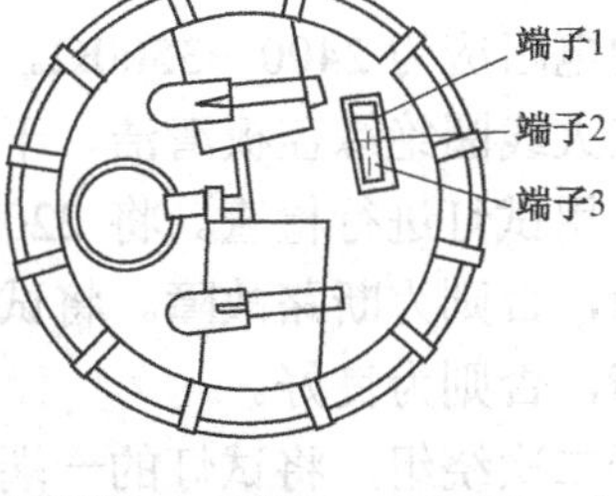

图 7-16　测量燃油泵端子 1 和端子 3 之间的电压

3．发动机点火提前角的检测与调整

（1）通过变速器壳体上的观察窗，将发动机第一缸置于压缩行程上止点。

（2）使凸轮轴正时带轮上的标记与气门室罩盖底面平齐。

（3）使机油泵驱动轴端的扁形缺口与曲轴方向平行。

（4）将分电器的分火头指向分电器壳体上的第一缸标记，然后装入分电器。

（5）检测条件。拆下发动机上有关的盖罩，检查时将阻风门开至最大位置；关闭用电设备；发动机冷却液温度应为 80℃；发动机油温达到 60℃；拔掉单个真空吸管分电器的真空软管；检查并调至规定怠速，怠速转速应在（800±50）r/min 范围内，变速器置于空挡。

（6）将正时灯的触发线接在第一缸的高压线上，正时灯的两个电源接头接在蓄电池的正负极上。

（7）用正时灯照射正时记号处，应使记号对正上止点前 11°～13° 的地方。否则，可旋松分电器固定螺钉，旋转分电器盘调整提前角，直到校准到 11°～13° 为止，旋紧固定螺钉。

4．点火开关电路的检测

打开点火开关，用数字万用表的直流电压挡测量点火控制器端子上的电压，可检查电子点火控制器、霍尔传感器及有关线路的故障。电子点火控制器线路连接图如图 7-17 所示。

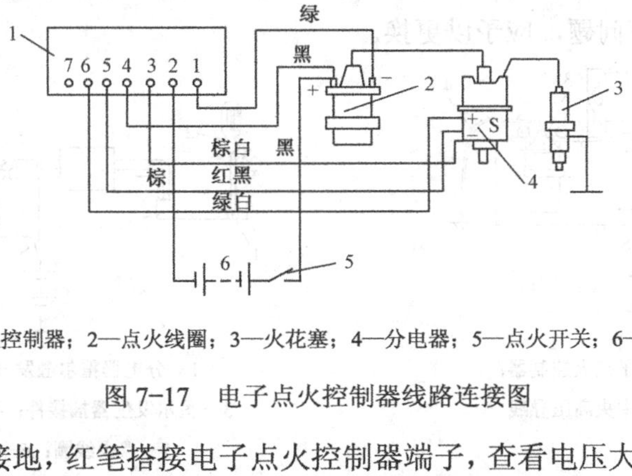

1—点火控制器；2—点火线圈；3—火花塞；4—分电器；5—点火开关；6—蓄电池

图 7-17　电子点火控制器线路连接图

用万用表的黑笔接地，红笔搭接电子点火控制器端子，查看电压大小是否符合技术要求，如果不符合，说明电子点火控制器、霍尔传感器或有关电路有故障。

5. 点火线圈的检测

（1）用数字万用表欧姆挡检查点火线圈的电阻。一次绕组的电阻应为 0.52～0.76Ω。二次绕组的电阻应为 2400～3500Ω。若测得的电阻与上述数值不符，则需更换点火线圈。同时应保证点火线圈绝缘盖板清洁、干燥，防止漏电。

（2）用试灯进行检查。将 220V 交流试灯接在一次绕组两端的接线柱上，灯亮则表示无断路故障，否则为断路故障。将试灯的一端接低压接线柱，一端接外壳，如果灯亮则表示有接地故障，否则为良好。

对于二次绕组，将试灯的一端触针接高压插孔，另一触针接低压接线柱时，如果试灯发出亮光，说明有短路故障；如果试灯暗红，说明无故障；如果试灯根本不发亮，则将触针在接线柱上移动，看有无火花发生，如果没有则说明绕组已断路。

6. 霍尔传感器的检测

以桑塔纳 2000JV 型发动机的霍尔传感器为例。

为了排除干扰因素，霍尔传感器的检测应在点火线圈、电子点火控制器及连接导线都正常的情况下进行。

（1）检测信号发生器的输出电压。关闭点火开关，打开分电器盖，拔出分电器盖上的中央高压线和接地线，将电压表的两触针接在插接件信号输出线（绿白线）和接地线（—）接线柱上，如图 7-18 所示。然后，按发动机启动方向转动发动机，同时观察电压表上的读数，其值一般在 0～9V 之间变化，如电压不在 0～9V 之间变化，则应更换霍尔信号发生器。当分电器触发叶轮的叶片在空气隙时，其电压值为 2～9V；当触发叶轮的叶片不在空气隙时，其电压值为 0.3～0.4V。

（2）模拟信号发生器动作。在实际工作中，常采用模拟信号发生器的动作来判定其好坏，其方法如图 7-19 所示。关闭点火开关，打开分电器盖。转动曲轴，使分电器触发叶轮的叶片不在空气隙中。拔出分电器盖上的中央高压线，使其端部离汽缸体 5～7mm，然后接通点火开关，用小旋具（或薄铁板）在信号发生器的空气隙中，轻轻地插入和拔出，模拟触发叶轮叶片在空气隙中的动作。如果此时高压线端部跳火，说明霍尔信号发生器、点火器、点火线圈及连接导线性能良好；否则，在电子点火控制器、点火线圈及连接导线正常的情况下，说明霍尔信号发生器有问题，应予以更换。

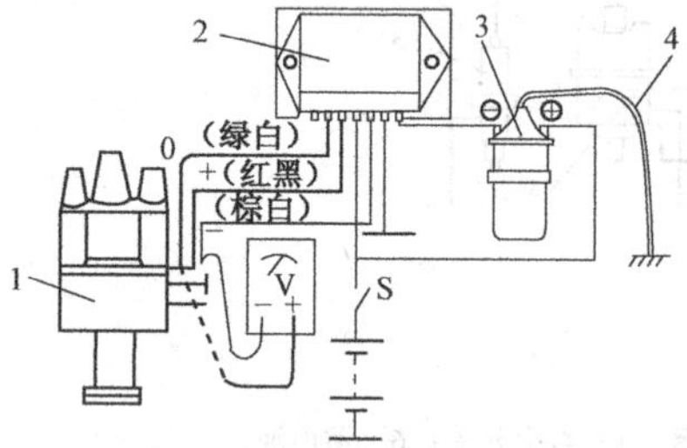

1—分电器；2—电子点火控制器；
3—点火线圈；4—中央高压导线

图 7-18　检查信号发生器的输出电压

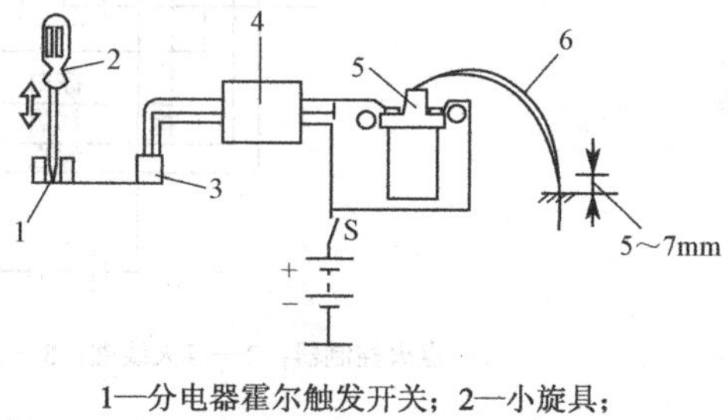

1—分电器霍尔触发开关；2—小旋具；
3—霍尔发生器插接件；4—电子点火控制器；
5—点火线圈；6—高压导线

图 7-19　模拟信号发生器动作

7.2.5　柴油机燃料供给系统维修

1. 燃油系统排空气

油箱内的燃油过少、油管破裂、管接头或衬垫密封不良等都可能使油路中形成气阻，严重时造成供油中断。发现气阻后，应立即按下述程序排空气。

（1）给油箱加注足够的柴油。

（2）先用柴油滤清器上的放气螺钉，再用喷油泵上部的放气螺钉分别放掉本部位的空气。放气时，用手油泵连续泵油，使放气螺钉中流出的柴油中再无气泡时，即旋紧放气螺钉。

（3）启动发动机，旋松喷油器高压油管接头，排放该缸高压油管中的空气。但必须在油管溢流的状态下紧固油管接头。

（4）在发动机运转时，检查柴油滤清器、喷油泵的放气螺钉和油管接头是否漏油。

2. 柴油滤清器和油水分离器维护

为保证燃料的清洁，必须对柴油滤清器和油水分离器进行定期维护。一级维护时，除检查柴油滤清器的接头是否渗漏外，还要认真清洁两者壳体内外的油污，并清洁绸布或金属的滤芯。二级维护时，还要更换滤芯。

许多进口柴油机采用带油水分离的柴油滤清器，并在油水分离器内安装水位报警传感器，如图 7-20 所示，当水位达到一定高度时，浮子内的磁铁使触点闭合，仪表板上的报警灯发亮，提示驾驶员及时放水。油水分离器的下方有放水螺钉。更换此种滤清器时要注意，滤清器中的水位报警开关与壳体为螺纹连接，可以重复使用，但应更换密封圈，否则容易造成渗漏。更换滤清器后应进行排空气，发动机启动后仍需进一步检查和排除渗漏。

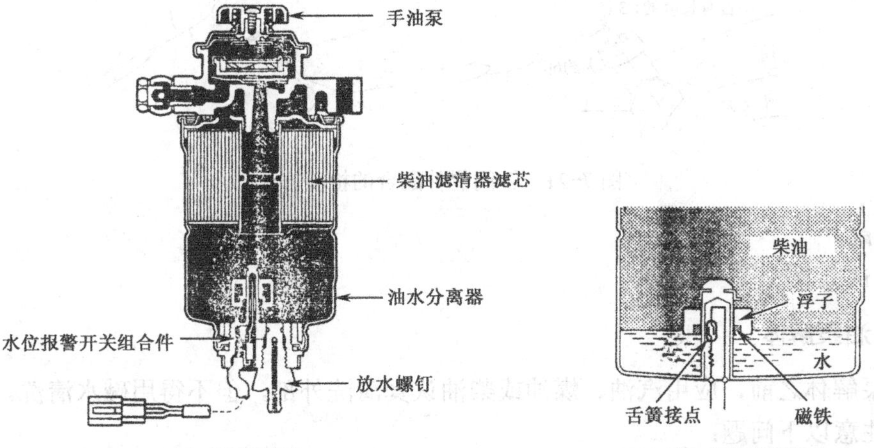

(a) 柴油滤清器　　(b) 油水分离器

图 7-20　柴油滤清器和油水分离器

3. 输油泵维护

二级维护时，应清洗检查输油泵。首先，检查并清洗进油口上的滤网。输油泵经清洗后，用手指压下推杆，应能将活塞完全压进；松开手柄，手柄应能完全弹出。否则，应拆检活塞、推杆，排除卡滞故障。

4．喷油器检修

喷油器针阀偶件在长期工作中，受到高压燃油冲刷和机械杂质研磨、压力弹簧的落座冲击，使针阀导向圆柱面和密封锥面及阀体上与针阀配合表面出现磨损。导向圆柱磨损将导致循环油量减少，而密封面磨损则会使喷油器密封不严，引起喷油提前泄漏和喷油停止后的滴油现象，造成雾化不良、不完全燃烧、碳烟剧烈增加，积炭严重。

1）解体

喷油器的针阀偶件为精密配合零件，在使用中不许互换。解体前，应确认缸序标记，按序拆卸喷油器。并保证能正确装回原位，避免错乱。

2）清洗

解体后在清洁的柴油中清洗针阀偶件。清洗时，可用木条清除针阀前端轴针上的积炭；对座外部的积炭用铜丝刷清除；不得用手接触针阀的配合表面，以免手上的汗渍遗留在精密表面，引起锈蚀。

3）检验

（1）针阀和座的配合表面不得有烧伤或腐蚀等现象。

（2）针阀的轴针不得有变形或其他损伤。

（3）针阀偶件配合的检验方法。如图 7-21 所示，将针阀体倾斜 60° 左右，针阀拉出 1/3 行程；放开后，针阀应能靠其自重平稳地滑入针阀座之中；重复进行上述动作，每次转动针阀以不同位置，如果针阀在某位置不能平稳下滑，则应更换针阀偶件。

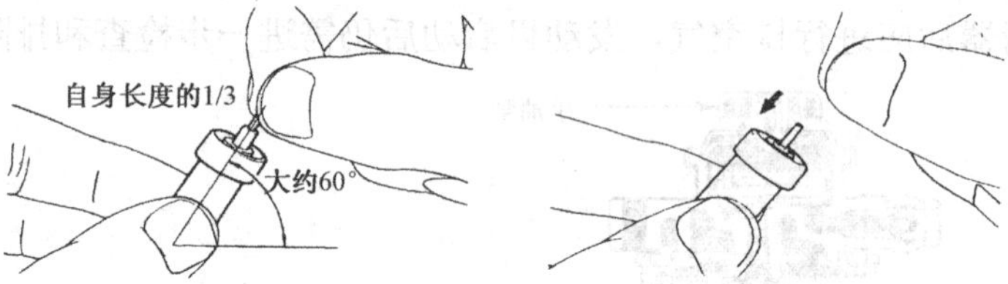

图 7-21　针阀偶件配合的检验方法

4）装配

5）调试

5．喷油泵解体

喷油泵解体之前，应用汽油、煤油或柴油认真清洗外部，但不得用碱水清洗。喷油泵解体时，应注意以下问题：

（1）尽量使用专用工具。

（2）零件拆下后，要按部位顺序放置。尤其是柱塞副和出油阀等零件，在解体和以后的清洗时，更应该非常仔细，避免磕碰，并绝对不允许互相倒换。

（3）对有装配位置要求的零件，如齿条、调整螺钉等零件，应做标记标明原来装配位置，防止装配时装错位置。

（4）喷油泵总体包括分泵、输油泵、调速器、供油提前角自动调节装置等部件，在解体时应先分解成部件，然后结合检验修理进一步分解。

6. 柱塞副检验与修理

1）柱塞副外观检验

柱塞副外观检视，发现有以下情况时应更换。

（1）柱塞表面有明显的磨损痕迹。

（2）柱塞弯曲或头部变形。

（3）柱塞或柱塞套有裂纹。

（4）柱塞头部斜槽、直槽及环槽边缘有剥落或锈蚀等现象。

（5）柱塞套的内圆柱表面有锈蚀或显著的刻痕。

2）柱塞滑动性试验

先用洁净的柴油仔细清洗柱塞副，并涂上干净的柴油后进行试验。如图 7-22 所示。将柱塞套倾斜 60° 左右，拉出柱塞全行程的 1/3 左右。放手后，柱塞应在自重作用下平滑地进入套筒内。然后转动柱塞，在其他位置重复上述试验，柱塞均应能平稳地滑入套筒内。

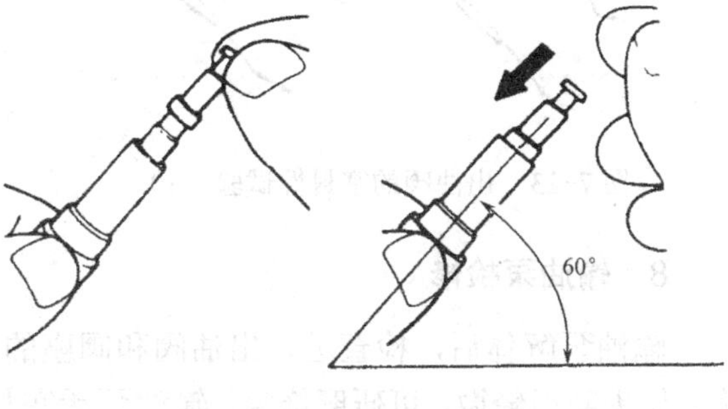

图 7-22　柱塞滑动性试验

3）柱塞副的密封性试验

（1）仅仅将各分泵机构中的出油阀拆除，放出泵内的空气，将喷油器试验器的高压油管接入出油阀接头上。

（2）移动供油量调节机构的齿条或拉杆，使喷油泵处在最大供油位置。转动喷油泵凸轮轴，使被测柱塞移动到行程的中间部位，柱塞顶面应完全盖住进油孔和回油孔。

（3）将喷油器试验器的压力调至 20MPa 后停止泵油，测定压力下降至 10MPa 的时间（s）应不小于下式计算的结果：

时间=48-4×（柱塞直径）

例如，Ⅱ号喷油泵的柱塞直径为 9mm，则上述试验所测得的时间不得少于 48-4×9＝12s。同一喷油泵的所有柱塞副的密封性误差应在 5%的范围内。

无试验设备时，也可用手指盖住柱塞套的顶部和进、出油口，使柱塞处于最大供油位置，另一只手将柱塞由最上方位置向下拉。此时，应感到有明显的吸力；放松柱塞后，柱塞应能迅速回到原位。否则，应更换新柱塞副。

7. 出油阀检修

1）出油阀偶件的外观检验

出油阀减压环带有严重的磨损痕迹，锥形密封面阀座的金属脱落或严重磨损、锈蚀时，应更换。

2）出油阀的密封性试验

在湿润状态下，使出油阀偶件处于垂直状态，把出油阀抽出 1/3 左右，放手后，出油阀应能在自重作用下落座。

3）出油阀的密封性试验

在做上述滑动性试验时，如果用手指堵塞出油阀座的下方孔，出油阀下落到减压环带进入阀座时应能停住（图 7–23）。在此位置时，用手指轻轻压入出油阀，放松手指后，出油阀应能马上弹回原位置（图 7–24）。手指从下端面移开时，出油阀应在自重作用下完全落座。

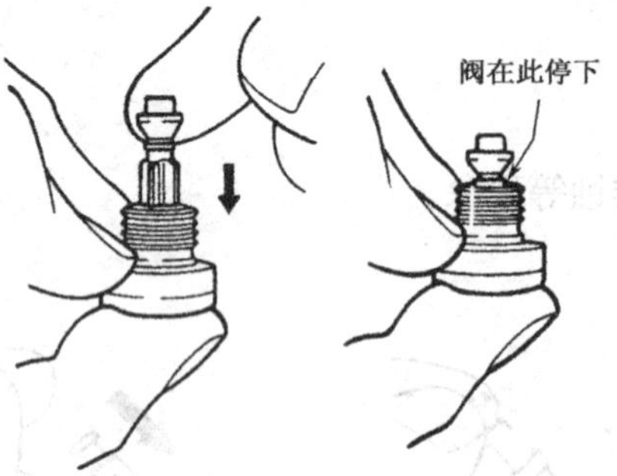

图 7–23　出油阀的密封性试验（1）

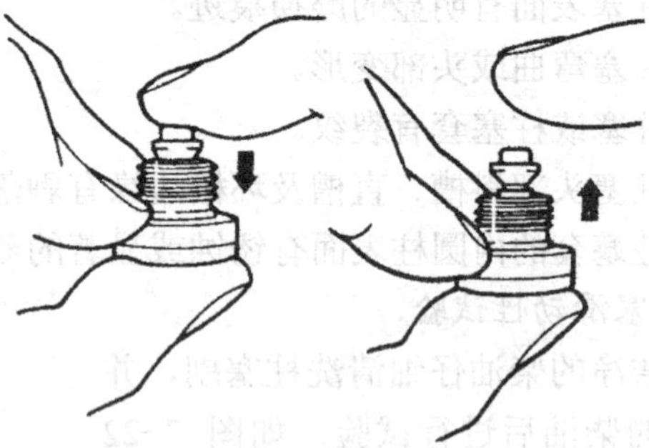

图 7–24　出油阀的密封性试验（2）

8．输油泵检修

输油泵解体后，检查进、出油阀和阀座的磨损情况，如果有破裂或严重磨损，应予以更换。如果磨损轻微，可研磨修复。输油泵活塞与壳体由于磨损出现配合松旷和运动不平稳时，应更换新泵。输油泵装复后，要进行性能试验。

1）密封性试验

试验时，旋紧手油泵手柄，堵住出油口，将输油泵浸没在清洁的柴油中，从进油口通入 147～196kPa 的压缩空气，若输油泵密封性能良好，在推杆与泵体的间隙中，只会有微小的气泡冒出。如果气泡的直径超过 1mm，表示漏气量将超过 30mL/min，说明输油泵的密封性能太差，应更换新泵。

2）吸油能力试验

以内径 ϕ8mm、长 2m 的软管为吸油管，由水平高度低于输油泵 1mm 的油箱中，用输油泵供油，能在 30 个活塞行程内出油为合格。

3）输油量检验

将输油泵装回喷油泵，输油泵的出口接油管，油管出口插入容量为 500mL 的量杯中，量杯的位置必须高于输油泵 0.3m。当喷油泵转速为 1000r/min 时，测量 15s 内流入量杯内的燃油量，并与技术条件规定的流量相比较，判断出油量是否合格。

4）输油压力检验

在输油泵出油口接上压力表，在规定的转速条件下，检验输油泵的输油压力是否符合原厂规定。

9．调速器检修

1）调速弹簧检验

调速器弹簧出现扭曲、裂纹、弹力减弱及折断等，应换新件。

2）飞块支架及铰连连接部位检修

对于采用飞块结构的双速调速器来说，应保证飞块、支架及销轴三者的配合间隙。如果飞块支撑孔和飞块推脚磨损严重，使飞块实际摆动中心向内偏移，飞块推脚半径缩短，则在发动机转速一定的情况下，调速套筒的位移量较未磨损前减小，从而会影响调速器的调速特性。若上述三者的配合达不到技术条件的要求，可通过铰削飞块销轴孔，更换加粗的销轴来解决。

3）调速套筒检修

在调速弹簧为拉力弹簧的调速器中，其调速套筒环槽与浮动杠杆横销的磨损使配合间隙超过规定时，可将浮动杠杆上的横销和调速套筒一起拆下，拆下后转动90°以后再装复，可以减小配备间隙。

调速器套筒的内孔磨损后，应更换新衬套。修理后，调速套筒在轴上应运动自如无卡滞。调速套筒端面的推力轴承，应视情形决定是否更换。

调速器各操纵连接部位应连接可靠，运动灵活，配合间隙应符合规定。在操纵臂位置不变动的情况下，供油拉杆或齿杆的轴向位置游动量应在0.5～1mm以内。

4）真空调速器检修

在真空调速器中，控制供油齿条运动的是一块浸油的皮革膜片，通过调速器喉管真空度的变化使膜片后方真空度与调速弹簧取得平衡。由于长时间的使用，膜片变干老化，产生针孔、折叠及破裂等现象，应换用新件。如果仅仅是皮革发硬，可将膜片浸在专用的膜片油中（国外汽车常用的膜片油为BOSCH P/N0.OL—36V—1或NIPPOND P/N0.995500—0190）软化。皮膜与壳体接触的平面应平整光滑，无翘曲以保证其密封性。

10．喷油泵装配

在喷油泵装配过程中，应注意工作环境、工具、操作者和零件的清洁。装配过程必须使用专用工具，严格按照工艺技术要求进行。

1）凸轮轴装配

安装凸轮轴前，应首先确认发动机的工作顺序和喷油泵凸轮轴的旋转方向。因为，许多喷油泵的凸轮形状是对称的，所以，凸轮轴两端的形状相同。但如果前后颠倒，供油顺序与配气相位不匹配，则发动机不能工作。

凸轮轴装复后，应能灵活转动，轴向间隙应符合技术条件的规定。否则，可通过增减两端的垫片进行调整。

2）滚轮组合件装配

滚轮组合件装入下泵体后，转动凸轮轴时，滚轮组合件应能灵活上下运动，不得有运动阻力过大的部位。滚轮上的调整螺钉不得外露过多，以免挤伤柱塞等零件。

3）柱塞和出油阀偶件装配

柱塞和出油阀偶件在装入泵体前，应确认型号无误。因为相同外形的柱塞套，其孔径不同；柱塞直径的差异，使供油量均匀度无法调整到标准要求。另外，即使是相同直径的柱塞，根据喷油泵安装在柴油机左侧或右侧，其头部斜槽旋向不同，装错时喷油泵无法工作。

柱塞套装入泵体后，将柱塞套筒上的定位螺钉孔对正。拧紧螺钉后，套筒应能上下移动

1～2mm，并能微量转动，尤其不要使用过长的定位螺钉将套筒顶死，防止柱塞套筒歪斜甚至将回油孔堵死。

柱塞装入套筒后，应将柱塞作上下滑动和顺逆转动，以检查柱塞与套筒的配合是否正常。出油阀偶件装入泵体时，要确保柱塞套与出油阀座接触面的清洁，以保证密封性。否则，各缸供油的均匀性就无法调整好。

4）供油量调节机构安装

供油拉杆或齿杆装入泵体时，要注意安装位置。如果齿杆上有刻线，应使刻线对正泵体的端面。对于齿条上没有记号的零件，应按照拆开时所做的标记装配。因此，喷油泵解体时，必须检查供油齿杆或拉杆、扇齿或调节叉之间及泵体上是否有装配记号。若没有记号，应该先做记号再解体。

5）调速器安装

飞块式双速调速器，其支撑飞块的两根螺柱不得歪斜。高速和怠速弹簧的调整垫片要平整。调速弹簧预紧时，两飞块的弹簧座调整螺母必须拧入相同的圈数，以保证平衡运转。除高速弹簧外，怠速弹簧也应有轻微的预紧。如果怠速弹簧留有间隙，低速时就会引起操纵臂发抖、怠速不平稳等故障。

Ⅱ号喷油泵采用的飞球式全速调速器，其推力盘内轴承的轴向间隙应很小。因此，传动板与轴承内圈必须压牢。当传动板压紧后，应不能感觉出明显的晃动。推力盘转动时，应灵活而无局部卡滞现象。在压紧推力盘时，供油拉杆螺母不能与传动板脱离接触。

7.2.6 柴油发动机喷油泵调试

喷油泵总成装复后，应在喷油泵试验台上进行调试。其调试顺序一般为先调整供油时间，再调整调速器特性，最后调整喷油泵的供油量。现以两速调速器柱塞式喷油泵为例介绍调试步骤。

1．调试前的准备

（1）将喷油泵安装在试验台上，调整喷油泵凸轮轴，使其与试验台输出轴同心。不同类型的喷油泵，其安装高度可通过喷油泵与试验台安装导轨之间的垫块予以调整。

（2）喷油泵调试前应进行试运转，排除低压油路和高压油路内的空气。调整进油压力为0.1MPa，进油温度为40±2℃，检查喷油泵运转是否平稳，有无异常现象，供油齿杆移动是否自如，各油路接头有无渗漏等。

2．供油时间的调试（溢油校验法）

（1）把喷油泵试验台变速杆放在“0”位，油路转换阀控制杆移至高压油的位置，旋松标准喷油器上的放气螺钉，启动电动机，使柴油自喷油器回油管中连续流出。

（2）将喷油泵供油齿杆推到全负荷位置，并沿凸轮轴的工作旋转方向用手缓慢转动喷油泵驱动盘，推动柱塞上行。当第1缸喷油器的回油管停止出油（即该柱塞副柱塞开始供油）时，停止转动。调节刻度盘指针，选择“0”位，此时即为第1缸开始供油的时刻。检查喷油泵联轴器上的刻线与喷油泵前轴承盖上供油始点标记是否对正，如图7-25所示，如果不能对正，应调整。

（3）依照喷油泵的供油顺序，以第1缸为准，调整其他各缸的供油时间。例如，四缸发动机的供油顺序为1—3—4—2，在调整第3缸供油时间时，应以第1缸开始供油时间在刻度盘上的标记为起点，旋转90°，正好是第3缸开始供油时间。各缸供油时间误差应在±0.5°范围内。

（4）如果某缸供油时间过迟，应将该柱塞副挺柱上的正时螺钉旋出；供油时间太早，则将挺柱上的正时螺钉旋入。反复调试，直至符合标准。

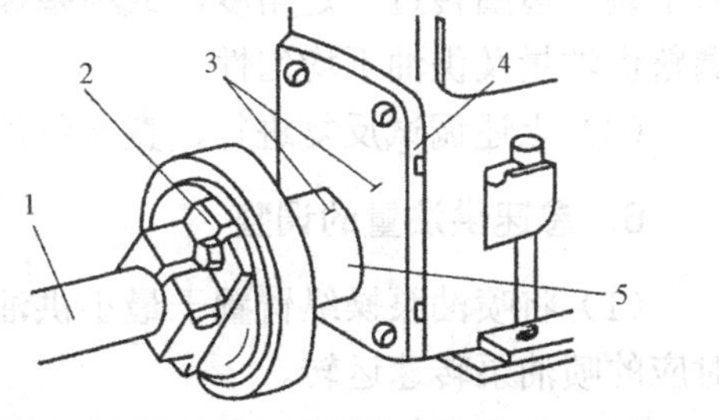

1—驱动轴；2—联轴器的驱动盘；3—供油正时刻度线；4—喷油泵；5—联轴器的被动盘

图7-25 供油正时的调整

3．调速器高速起作用转速调试

（1）启动试验台，把调速器操纵臂向加油方向推到底。

（2）慢慢增加试验台转速，并注意观察供油齿杆的变化，当供油齿杆开始向减小供油的方向移动时，此时的转速就是调速器高速起作用转速。记录下此时的转速。

（3）如果该转速与标准值不相符，可分别通过高速限位螺钉和全负荷调整螺钉进行调整，从而靠增减高速弹簧的弹力来达到要求。一般将高速起作用转速调整到比最高实际使用转速高5～10r/min（指喷油泵转速）。

（4）随后继续增大试验台转速，检查其高速断油转速。记录下此时的转速。

（5）如果该转速与标准值不相符，应通过拉力杆螺钉进行调整，并重新检查调速器的高速起作用转速及所对应的齿杆行程。

4．调速器怠速起作用转速调试

（1）启动试验台，将试验台转速调整到低于喷油泵怠速工况转速的状态。

（2）扳动操纵臂使供油齿杆移动到规定行程位置，并将操纵臂固定。

（3）逐渐增加试验台转速，同时观察供油齿杆的变化，当齿杆开始向减少供油的方向移动时，此时的转速就是调速器怠速起作用转速。

（4）继续增大试验台转速，检查其怠速断油转速。

（5）如果怠速起作用，转速与标准值不相符，应通过调节怠速弹簧的弹力或更换怠速弹簧来达到要求。

5．额定转速供油量的调整

（1）将喷油泵操纵臂置于最大供油位置，使试验台缓慢加速至柴油机额定转速对应的喷油泵转速（即四冲程柴油机喷油泵的转速是柴油机转速的一半）。

（2）将量杯倒干净，在计数器上设定计量300次，观察各缸的供油量。一般要求额定转速供油不均匀度不大于3%。计算公式如下：

$$供油不均匀度=[（最大供油量-最小供油量）/平均供油量]\times100\%$$

$$平均供油量=（最大供油量-最小供油量）/2$$

（3）不符合标准或不均匀时，松开调节齿圈或柱塞拔叉的夹紧螺钉，将柱塞控制套筒相对于调节齿圈转过一定角度，或柱塞拔叉相对于调节拉杆移动一定距离，再紧固螺钉，即可调整供油量及供油不均匀性。

（4）上述调试反复进行，直至供油量及供油均匀性完全达到规定要求为止。

6．怠速供油量的调整

（1）将喷油泵操纵臂置于最小供油位置，抵到怠速限位螺钉，使试验台以标定怠速转速对应的喷油泵转速运转。

（2）将量杯倒干净，在计数器上设定计量300次，观察各缸供油量。一般要求供油不均匀度不大于7%。

（3）若供油量不合适，可调整怠速限位螺钉。若各缸供油不均匀时，其调试方法同额定转速供油量的调试方法一致。

（4）上述调试反复进行，直至供油量及供油均匀性完全达到规定要求为止。

7．调整后的复验和注意事项

（1）在试验调整的最后阶段，应对所有的试验项目做一次复验，如果发现问题应及时排除。

（2）紧固各部位调整螺钉，如调节齿圈或拔叉夹紧螺钉、正时螺钉锁紧螺母、调速器各种调节螺钉的锁紧螺母。

（3）从试验台上拆下喷油泵后，倒掉内部的机油，用柴油冲洗后，按规定标准注入干净的柴油。

7.2.7 发动机总成装配与调整

以3Y发动机为例，讲述发动机总成的装配与调整。

1．曲轴与轴承的装配调整

（1）将清洗干净的汽缸体倒置在工作台上，并用压缩空气吹干净，缸体和曲轴上的油道要用压缩空气反复吹通。

（2）将轴承按编号装入轴承座中，注意缸体上应装带有油孔的轴承。装轴承时，应将轴承一边贴合座孔，用手推入，这样可保证瓦背与座孔贴合良好。轴瓦两端应高出轴承座孔接合面0.03mm，轴瓦表面涂抹一层机油。

（3）在汽缸体第3主轴承两侧安装止推垫片，安装时要使油槽面朝外侧，在表面涂一层机油。

（4）将曲轴飞轮组放到汽缸体上。

（5）在第3主轴承盖上安装止推垫片，安装时使油槽面朝外侧，止推垫片及所有轴瓦表面涂一层机油，将轴承盖安装在正确位置：轴承盖与缸体座孔的定位唇应在同一侧。根据由中间向两边的原则先初步上紧主轴承盖螺栓，再按规定力矩和规定顺序拧紧，力矩约为80N·m。每拧紧一个主轴承盖，应用手扳转曲轴，曲轴应能转动平滑，否则应重复检查曲轴。装配前应检查轴颈与轴瓦的配合间隙，装配后应检查曲轴的轴向间隙。

2．活塞连杆组的装配调整

（1）组装活塞连杆、活塞环。

（2）将轴瓦装入连杆和连杆盖，方法同主轴瓦的安装。

（3）在活塞环、活塞裙部表面、轴瓦表面及汽缸壁上涂抹一层机油。

（4）使用活塞环压缩器，将正确编号的活塞和连杆总成压进汽缸中。注意：要使活塞标记朝前，连杆大头勿刮伤汽缸壁。

（5）将对应的连杆轴承盖装上，注意定位唇在同一侧，拧紧螺栓，力矩为 50N・m。每安装完一缸活塞连杆，都应用手扳转曲轴，曲轴应转动平滑，还应检测连杆大头的轴向间隙。

（6）装上机油泵，更换新的油底壳密封垫，装上油底壳。

3．汽缸盖的装配调整

（1）在气门杆上涂一层机油，按次序插入气门导管中，压上气门油封，用维修工具压紧气门弹簧，装上锁片，如图 7-26 所示。

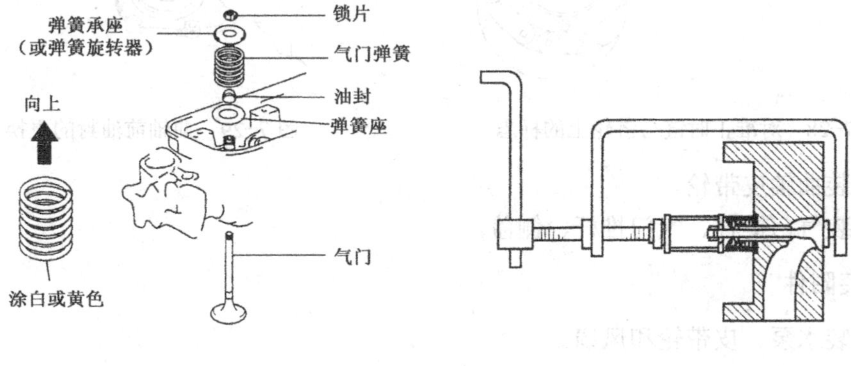

图 7-26　气门和气门弹簧的安装

（2）安装汽缸垫。如果是铸铁汽缸盖，缸垫有翻边的一面应朝向缸盖；如果是铝合金汽缸盖，缸垫有翻边的一面应朝向缸体。

（3）将汽缸盖安放在汽缸垫上，在汽缸盖螺栓上涂一层机油，按与拆装相反的顺序，由中间向两边对称交叉分多次均匀拧紧螺栓。拧紧力矩：14mm 螺栓头为 90N・m，12mm 螺栓头为 19.5N・m。

（4）小心地将凸轮轴插入汽缸体内，用两个螺栓上紧止推垫片。拧紧力矩为 18.5N・m。

（5）安装正时链和链轮。方法：将曲轴链轮的设定键朝上装入，凸轮轴链轮上的设定键与止推垫片上的标志对准（图 7-27），将正时链与链轮上的标志对准装上链轮（图 7-28），然后匀称地安装正时链和链轮。

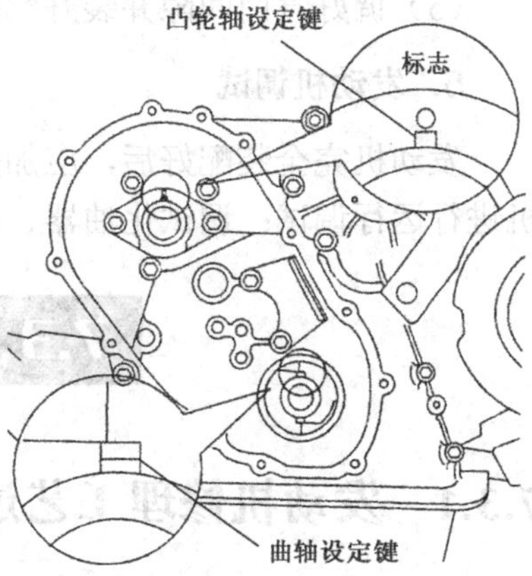

图 7-27　对准凸轮轴链轮上的设定键与止推垫片上的标志

（6）安装正时链减震器与张紧器。

（7）如图 7-29 所示，用维修工具更换正时齿轮室罩上的曲轴前油封。然后安装正时齿轮室罩。螺栓的拧紧力矩为 60N·m。

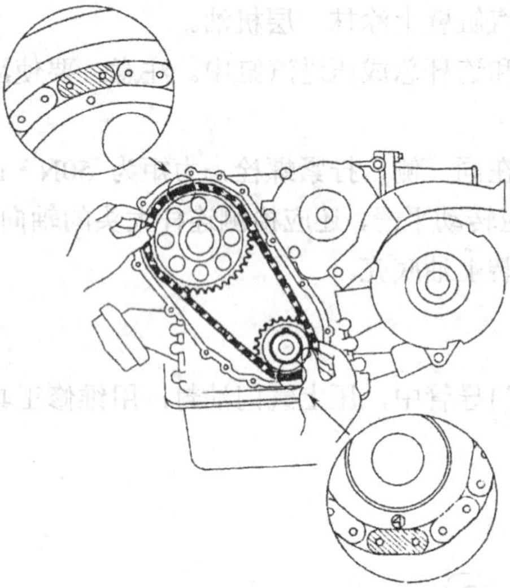

图 7-28　对准正时链与链轮上的标志

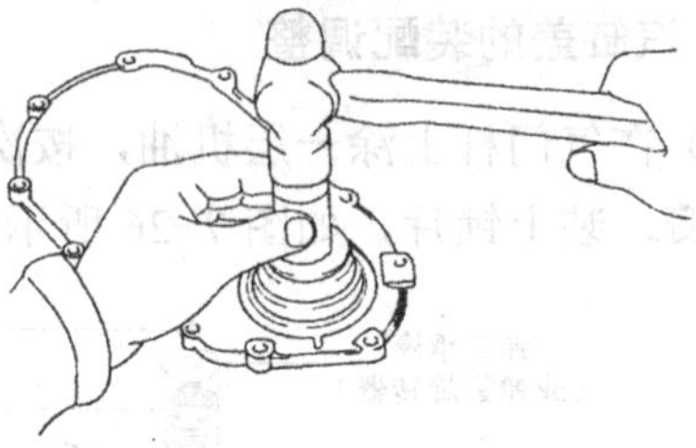

图 7-29　曲轴前油封的更换

（8）安装曲轴皮带轮。

（9）安装气门挺杆、气门推杆、侧盖。

4．安装附件

（1）安装水泵、皮带轮和风扇。

（2）安装汽油泵。

（3）安装进、排气歧管及化油器。

（4）安装分电器并插好各缸高压线。

（5）调好气门间隙并装好气门室罩。

5．发动机调试

发动机完全装配好后，应加规定量的机油，在台架上装配好水箱，加满冷却水，对发动机进行运行调试：调试化油器、调试点火提前角。

7.3 过程检验与竣工检验

7.3.1 发动机修理工艺过程检验

1．发动机修理工艺过程检验步骤

发动机修理工艺过程检验按发动机大修过程（或时间）顺序如下：

（1）发动机大修时的总成进厂检验。

（2）发动机解体清洗后的零件检验。

（3）发动机零件修理（或采购）检验。

（4）发动机装配时的零件检验。

（5）发动机大修总成竣工检验。

其中，（1）以维修厂家技术检验员为主，主修师傅为辅；（2）以主修师傅为主，维修厂家技术检验员为辅；（3）以主修师傅为主，采购员或仓库管理员为辅；（4）由主修师傅负责；（5）由维修厂家技术检验员负责。

2．零件检验项目

发动机修理工艺过程检验以零件检验最为重要，它是保证发动机经大修后质量可靠的前提条件。需要进行的检验项目有以下几个方面。

（1）汽缸体检测。

（2）活塞与汽缸配合间隙的检测。

（3）活塞偏缸检测。

（4）连杆检测。

（5）活塞环检测与装配。

（6）活塞销检测。

（7）气门检测。

（8）曲轴检测。

（9）凸轮轴检测。

（10）水泵、汽油泵、发电机、启动机、分电器等总成的检测。

3．重要检验项目介绍

1）汽缸套检验

（1）用手指触摸“缸肩”，根据经验初步判断是否需要镗缸。

（2）用量缸表进一步测量缸套直径，确定镗削级别。

（3）机加工过程中汽缸套修理尺寸的确定。

（4）技术员对加工后的汽缸套做进一步地检验。

（5）装配工人装配时的检验。

2）曲轴检验

（1）用外径千分尺测量曲轴直径，确定磨削级别。

（2）机加工过程中曲轴修理尺寸的确定。

（3）技术员对加工后的曲轴轴颈做进一步地检验。

（4）装配工人装配时的检验。

7.3.2 发动机排放测试与调整

发动机排放有尾气排放、燃油挥发（或泄漏）排放和曲轴箱废气排放三种，其中以尾气排放最为有害，而尾气排放又以怠速工况最为严重。故发动机排放测试与调整一般以怠速工况下发动机的尾气排放为准。

1．汽油车怠速时尾气排放污染物测试

国家标准 GB/T3845—1993《汽油车排气污染物的测量怠速法》中规定，汽油车排气污染物的测量应在怠速工况下进行。怠速工况是指发动机在运转中，离合器处于结合位置，加速踏板处于松开位置，变速器处于空挡位置（装用自动变速器时换挡操纵手柄位于停车或空挡位置）。以佛山生产的 MEXA—324 型及 BOSCH 公司生产的 ESA3.250 型不分光红外线 CO 和 HC 气体分析仪为例，讲述汽油车怠速时尾气排放污染的测试。

1）仪器准备

（1）按仪器使用说明书的要求对仪器进行各项检查工作。

（2）接通电源，对分析仪预热 30min 以上。

（3）仪器校准。

① 用标准气样校准。先让分析仪吸收清洁空气，用零点调整旋钮把仪表指针调到零点。然后把标准气样从标准气样注入口灌入，再用标准调整旋钮把仪表指针调到标准值。注意：在灌注标准气样时，要关掉分析仪上的泵开关。

CO 校准的标准值就是标准气样瓶上标明的 CO 浓度值；HC 校准的标准值，由于是用丙烷作为标准气样，因而要求出正已烷的换算值作为校准的标准值，其换算公式如下：

校准的标准值（即正已烷换算值）=标准气样（丙烷）浓度×换算系数

校准气样（丙烷）浓度即标准气样瓶上标明的浓度值；换算系数是分析仪的给出值，一般为 0.472～0.578。

② 简易校准。接通简易校准开关，对于有校准位置刻度线的分析仪，用标准调整旋钮将指示仪表的指针调整到正对校准刻度线即可。如果没有校准位置刻度线，则要在标准气样校准时，在标准指示值做上记号，然后立即进行简易校准，使仪表指针与标准指示值记号重合即可。

（4）把取样探头和取样导管安装到分析仪上。此时如果仪表指针超过零点，则表明导管内吸附有较多的 HC，需要用压缩空气或布条等清洁取样探头和导管。

2）车辆准备

（1）进气系统应装有空气滤清器，排气系统应装有排气消声器，并不得有泄漏。

（2）应保证取样探头插入排气管的深度为 400mm，并能固定于排气管上。

（3）发动机冷却水和润滑油温度应达到规定的热状态。

（4）按汽车制造厂使用说明书规定的调整法，调整好怠速和点火正时。

3）测量方法

（1）发动机由怠速工况加速至 0.7 倍的额定转速，维持 60s 后降至怠速状态。

（2）把指示仪表的读数转换开关置于最高量程挡位。

（3）将取样探头插入汽车排气管中，深度等于 400mm，并固定于排气管上。

（4）一边观察指示仪表，一边用读数转换开关选择适于所测废气浓度的量程挡位。发动机在怠速状态维持 15s 后开始读数，读取 30s 内的最高值和最低值，取其平均值为测量结果。

若为多排气管时，取各排气管测量结果的算术平均值。

（5）检测工作结束后，把取样探头从排气管里取出来，让它吸入新鲜空气工作 5min，待仪器指针回到零位后再关掉电源。

2．调整

车辆尾气排放超标时，需按汽车制造厂使用说明书上规定的调整法重新调整发动机的怠速、点火正时和气门间隙，或更换排气管（可能排气管里的三元催化剂失效）。经重新调整后的发动机，需再进行测试，直至符合排放标准为止，否则不允许车辆上路行驶。

7.3.3　发动机总成竣工验收

发动机总成竣工验收分两个大的步骤进行，首先是发动机大修基本检验技术文件评定验收，其次是汽车发动机大修竣工质量评定验收。

1．发动机大修基本检验技术文件评定验收按表 7-4 进行

表 7-4　发动机大修基本检验技术文件评定验收

序号	评定项目	评定技术要求	检查方法与手段	评定方法	备注
1	发动机大修进厂检验单	（1）发动机大修进厂检验单应包括进厂编号、发动机型号及号码、进厂日期、托修单位、托修方报修情况、发动机附件状况、发动机运转情况、检验日期、承修方处理意见、检验员签字； （2）单中字迹应清晰，项目应齐全、完整，填写真实、正确	查阅	单据中各项有一处不符合要求，则计一项次不合格	
2	发动机大修工艺过程检验单	（1）发动机大修工艺过程检验单应包括进厂编号、发动机型号及号码、基础件和主要零部件的检验数据、检验结果记录、检验结论、处理意见、主修人签字及日期、检验员签章及日期等； （2）检验单中字迹应清晰，项目齐全、完整，填写真实、正确。检验项目、名词术语和计量单位、基础件和主要零部件的检验项目、技术要求应符合国家、行业有关标准及原厂规定	查阅	单据中各项有一处不符合要求，则计一项次不合格	
3	发动机大修竣工检验单	（1）发动机大修竣工检验单中内容应包括进厂编号、托修单位、承修单位、发动机型号及号码、装备及装配检验、性能检验、检验结论、总检验员签章及日期等； （2）检验单中字迹应清晰，项目齐全、完整，填写真实、正确。检验项目、要求、方法、名词术语和计算单位应符合国家、行业有关标准及相关车辆修理技术文件的有关规定	查阅 核对	单据中各项有一处不符合要求，则计一项次不合格	
4	发动机大修合格证	（1）发动机大修合格证内容应包括进厂编号、发动机型号及号码、出厂日期、总检验员签章及日期、走合期规定、保证期规定、维修合同号、承修单位技术质量检验部门盖章； （2）合同中字迹应清晰，项目齐全、完整，填写真实、正确。合同中名词术语应符合国家及行业有关标准中的规定	查阅 核对	合格证中各项有一处不符合要求，则计一项次不合格	

2．汽车发动机大修竣工质量评定验收按表 7-5 进行

表 7-5　汽车发动机大修竣工质量评定验收

序　号	评定项目	评定技术要求	检查方法与手段	评定方法	备　注
1	装备与装配	发动机装备齐全、有效，装配符合 GB 3799 中的有关规定	检视	有一处以上缺陷则为不合格	
2*	冷车启动	在环境温度不低于-5℃时，应启动顺利，允许连续启动不多于 3 次，每次启动不多于 5s	检视	启动超过三次或多于 5s 均为不合格	
3	热车启动	在发动机正常工作温度下 5s 内能启动	检视	不符合要求为不合格	
4	真空度数值	汽油发动机怠速时，进气歧管真空度应在 57～70kPa 范围内	用转速表、真空计检查（大气压强以海平面为准）	不符合规定为不合格	
5	真空度波动范围	发动机怠速时，进气歧管真空度波动：六缸汽油机不超过 3kPa，四缸汽油机不超过 5kPa	用转速表、真空计检查（大气压强以海平面为准）	不符合规定为不合格	
6*	压力数值	汽缸压缩压力应符合原设计规定	用转速表、汽缸压力表检查	不符合规定为不合格	
7	各缸压力差	每缸压力与各缸平均压力的差。汽油机不超过 8%，柴油机不超过 10%	用转速表、汽缸压力表检查或用发动机分析仪测量	不符合规定为不合格	
8	怠速	发动机怠速运转稳定，其转速符合原设计规定。转速波动不大于 50r/min	用转速表进行运转试验或用发动机综合分析仪测量	不符合规定为不合格	
9	改变转速	发动机改变转速时应过渡圆滑	用发动机转速表测量	不符合要求为不合格	
10	加速或减速	发动机突然加速或减速时不得有突爆声，不得有断火、挥火、放炮现象	检视	不符合要求为不合格	
11	异响	发动机在正常工况下运转时，不得有异常响声	检视或用发动机异响分析仪检查	不符合要求为不合格	
12*	功率	发动机最大功率不得低于原设计规定值的 90%	用测功机（仪）按有关规定测量	不符合要求为不合格	12、13 项只检查其中之一
13*	扭矩	发动机最大扭矩不得低于原设计标定值的 90%	用测功机（仪）按有关规定测量	不符合要求为不合格	
14*	燃料消耗率	发动机最低燃料消耗率不得高于原设计要求	用油耗计、测功机（仪）按有关规定测量	不符合要求为不合格	
15*	排放	汽油机排放应符合 GB 14761.5 的规定；柴油机排放应符合 GB 14761.6 的规定	按 GB/T3845、GB/T3846 规定测量	不符合规定为不合格	

续表

序　号	评 定 项 目	评定技术要求	检查方法与手段	评 定 方 法	备　注
16	机油压力	发动机机油压力应符合原设计规定	用机油表进行运转试验	不符合规定为不合格	
17	水温、油温	发动机水温、油温应符合原设计规定	用水温表、油温表进行试验	不符合规定为不合格	
18	润滑油	发动机润滑油规格、数量、质量应符合原设计规定	检视或用润滑油质分析仪检查	不符合要求为不合格	
19*	四漏情况	发动机应无漏水、漏油、漏气、漏电现象	检视	不符合要求为不合格	
20	停机装置	柴油发动机停机装置应灵活有效	检视	不符合要求为不合格	
21	限速装置	发动机应按规定加装限速片或对限速装置做相应的调整并加铅封	检视	不符合要求为不合格	
22	涂漆	发动机应按规定涂漆，涂层均匀，不得有漏涂现象	检视	有两处以上缺陷为不合格	

注：*为关键项。

第 8 章　诊断排除发动机故障

学习目标

- 能够诊断排除发动机不能启动或启动困难故障
- 能够诊断排除发动机排放超标故障
- 能够诊断排除发动机油耗超标故障
- 能够诊断排除发动机动力不足故障
- 能够诊断排除发动机过热故障
- 能够诊断排除电控发动机怠速不良或熄火故障
- 能够诊断排除电控发动机加速不良故障
- 能够诊断排除发动机常见异响故障

8.1 诊断排除发动机不能启动或启动困难故障

下面以上海通用别克 V6 3.0 型发动机为例，来讲述诊断排除发动机不能启动或启动困难的故障。

1．初步检查

利用症状先执行动力车载诊断（OBD）系统，检查并确认以下情况。

（1）PCM 和 MIL（尽快维修发动机）操作正常。

（2）未保存任何 DTC。

（3）确保发动机冷却液温度不超过 130℃。

（4）扫描工具上的数据处于正常操作范围内。

（5）核实用户关心的问题，确定并排除症状。

2．传感器及电控系统检查

（1）检查发动机冷却液温度（ECT）传感器值是否发生变化。连接扫描工具，并在冷车时比较发动机冷却液温度和进气温度（IAT），ECT 和 IAT 之间的偏差应在±3℃的范围内。若 ECT 传感器和 IAT 传感器的温度偏差超出此范围，应检查电阻。

（2）在扫描工具上检查 24×曲轴位置和凸轮轴位置传感器，若二者均未响应，应检查传感器供电电路（两个传感器采用公共供电电路）。

（3）检查空气质量流量传感器的安装和状态是否正常。

（4）用扫描工具检查 IAC 的操作，检查 EGR 系统的密封/连接和操作是否正常。

3．燃油系统检查

（1）检查燃油泵继电器电路的操作是否正常。

（2）检查燃油压力是否过低。

（3）检查喷油器是否有故障。

（4）检查燃油是否受到污染。

4．点火系统检查

按以下步骤检查点火电压输出是否合适。

（1）将火花试验器 J26792 卡在发动机搭铁上。将火花塞引线一端连接到火花试验器上，另一端与测试线圈保持连接。将另一火花塞引线连接到其他线圈接线柱上，火花塞引线的另一端连接到搭铁上。

（2）启动发动机，同时观察火花试验器，应能看到火花。对于每个点火线圈，重复上述步骤。

（3）如果火花塞不跳火，应检查以下情况。检查线圈是否开裂、积炭或起火花；检查次级电阻值是否超出规定范围。线圈次级电阻值为 5000～7000Ω，火花塞引线电阻值为 1968Ω/m（600Ω/ft）；如果次级点火部件有故障，点火部件将对搭铁起火花。应检查功能失效的点火控制模块、点火系统导线的点火模块供电或搭铁连接是否过松或系统导线是否损坏。

（4）拆卸火花塞并检查是否存在以下情况。火花塞上有污物、裂纹、间隙小、电极烧损或损坏或加热范围不正确。如果火花塞受到气体或油质污染，在更换火花塞之前，应确定产生污物的原因。

5．发动机机械检查

（1）检查燃烧室中进入的机油是否过量，气门密封面泄漏情况。

（2）检查汽缸压力是否过低。

（3）对于发动机基础件故障，进行汽缸盖、凸轮轴和气门装置部件、活塞等检查。

8.2 诊断排除发动机排放超标故障

（1）利用解码器或故障自诊断系统调出故障码，按显示的故障代码查找故障原因并排除。

（2）观察发动机水温表，看发动机工作温度是否过低。若过低，需检查节温器工作是否正常或百叶窗是否关闭。

（3）用万用表检查冷却液温度传感器。若传感器有故障，则需更换。

（4）发动机怠速运转时，观察驾驶室仪表台上的发动机转速表，看怠速转速是否过高或不稳定。若过高或不稳，需重新调整怠速。

（5）检查空气滤清器滤芯是否过脏，若过脏，则清洗或更换。

（6）检查排气管是否严重积炭，若积炭严重，则更换排气管。

（7）检查排气管中的三元催化剂是否失效。若失效，需更换排气管。

（8）检测氧传感器是否良好。

（9）利用真空表检查进气系统是否漏气。若有漏气处，需排除。

（10）检查节气门体（包括空气流量计）是否有故障。

（11）利用点火正时灯检查点火正时。若点火正时有误，需重新调整。

（12）检查点火线圈、火花塞、分电器和高压导线等性能是否良好，或检查点火器看工作是否正常。

（13）利用燃油压力表检查燃油压力是否过高。

（14）检查喷油器、燃油压力调节器工作是否正常。

（15）检查各缸汽缸压力是否正常。

（16）检查配气正时是否准确无误。

8.3 诊断排除发动机油耗超标故障

发动机油耗包括燃油消耗和机油消耗两种情况。

1．燃油消耗超标

（1）检查供油系统是否有燃油泄漏。

（2）发动机怠速运转时，观察驾驶室仪表台上的发动机转速表，看怠速转速是否过高或不稳定。若过高或不稳，需重新调整怠速。

（3）检查空气滤清器滤芯是否过脏。若过脏，则造成进气不畅。

（4）检查排气管是否严重积炭。若积炭严重，则造成排气不畅。

（5）检查节气门阀体以后的进气系统是否漏气。

（6）检查燃油压力是否过高。

（7）检查喷油器是否工作不良。

（8）检查节气门体（包括空气流量计）是否有故障。

（9）拔下高压总线进行跳火试验，看是否能产生足够强的火花。或检查点火器看工作是否正常。

（10）检查点火时间是否准确，动态正时调整装置是否灵敏有效。

（11）检查火花塞性能是否良好。

（12）检查各缸汽缸压力是否正常，配气正时是否准确无误。

（13）检查发动机温度是否正常，以及冷车启动后，发动机是否能在规定时间内达到正常工作温度。

（14）检查发动机润滑系统在怠速、中高速时压力是否符合规定，以及润滑油油质是否还在能继续使用的范围之内。

2. 机油消耗超标

（1）查看有无漏油之处。可检查发动机前部、后部、上部、下部、侧部有无明显漏油痕迹。

（2）打开冷却系统冷却液加注盖，观察盖上是否有机油。若有，说明有机油漏入冷却系统。这可能是汽缸垫损坏或缸体、缸盖有裂纹或被腐蚀所致。

（3）查看排气管是否排蓝烟，若有，则说明机油被吸入燃烧室。

① 用汽缸压力表检查汽缸压力。采用向火花塞孔加注机油法测量汽缸压力，以确诊汽缸是否有窜机油现象。如果通过火花塞孔向燃烧室加注适量机油后，汽缸压力有所回升，即可判断该缸磨损严重，有机油向上窜入燃烧室。否则，说明故障为气门导管处不密封，需拆检气门与气门导管，检查其间隙是否过大，气门油封是否损坏等。

对于机油直接加入油底壳的发动机，启动发动机（也可猛踩油门踏板），观察加机油口处是否有脉动冒烟。若有，说明故障为汽缸活塞组磨损过大；若没有，说明故障为气门导管处不密封，需拆检气门与气门导管，检查其间隙是否过大，气门油封是否损坏等。

② 检查 PCV 曲轴箱通风阀是否黏结而不能移动，为避免该阀粘连，车辆每行驶 48000km 应予更换。

8.4 诊断排除发动机动力不足故障

（1）检查空气滤清器是否堵塞，必要时更换滤芯。

（2）检查排气管是否通畅，有无阻塞排气的情况。

（3）检查故障码，按照故障码查找故障原因及部位。

（4）检查 A/C 信号开关电路工作是否正常（因为空调工作状态对发动机动力性影响很大）。

（5）检查节气门位置传感器的工作情况。

（6）检查进气温度传感器的工作情况。

（7）检查高压火花强弱，进而检查高压电路。

（8）检查进气管路是否漏气。

（9）检查点火正时，必要时进行调整。

（10）检查燃油压力（燃油泵、燃油压力调节器、燃油滤清器）。

（11）检查喷油器喷油情况。

（12）检查火花塞，必要时检查汽缸压力和气门间隙。

（13）检查配气相位是否正确，必要时进行调整。

（14）检查系统电路、冷却液温度传感器、空气流量计、ECU 电源等。

（15）检查 ECU。

8.5 诊断排除发动机过热故障

（1）检查冷却系统的冷却液容量，观察散热器膨胀箱冷却液液位，若液位处于“MIN”线下，说明冷却液容量不足，应添加冷却液至“MAX”线。

（2）观察散热器、软管和水泵等是否有漏水现象，若水泵泄水处漏水或散热器漏水，说明水泵水封损坏或散热器有裂纹，应更换水泵水封或焊修散热器裂纹处。

（3）检查水泵带的松紧度及磨损老化情况。若水泵带过松或磨损严重，则需调整或更换水泵带。

（4）检查风扇电动机及线路、温控开关、风扇继电器等。若有故障，则需更换风扇电动机、温控开关及继电器等。

（5）使用温度计检查节温器工作性能。若节温器失效，应更换。

（6）检查冷却系统是否有内漏。若冷却液消耗过快，且冷却系统外部无渗漏，可观察机油中是否有冷却液渗入。若有冷却液渗入发动机内部，说明缸体或缸盖的冷却水套破裂、水堵锈蚀或汽缸垫损坏等，应查明渗漏部位并予以修理。

8.6 诊断排除电控发动机怠速不良或熄火故障

（1）利用解码器或故障自诊断系统调出故障码。按显示的故障代码查找故障原因并排除。

（2）检查进气系统有无漏气，包括 PCV 阀软管、各软管连接、机油尺等。测量进气管真空度，怠速时真空度应大于 66.7kPa。如果真空度太小，说明进气系统漏气，应检查各连接处。

（3）检查空气滤清器。空气滤清器滤芯如果太脏，应清洁或更换滤芯。

（4）检查怠速转速。若不正常，需重新设定。

（5）检查点火正时。如果点火正时不正确，应进行调整。

（6）检查火花塞，必要时检查汽缸压力及气门间隙。

（7）检查冷启动喷油器和正时开关。

（8）检查燃油压力，其数值应符合规定。如果燃油压力过低，应检查燃油泵、燃油滤清器、油压调节器的工作情况。

（9）检查喷油器。查看喷油嘴是否有积炭及喷雾状况，并检测喷油器电阻。如果喷油器有故障，则需调校或更换。

（10）用数字万用表检查 EFI 电路。

8.7 诊断排除电控发动机加速不良故障

（1）利用解码器或故障自诊断系统调出故障码。按显示的故障代码查找故障原因并排除。

（2）检查进气系统有无漏气。测量进气管真空度，怠速时真空度应大于 66.7kPa。如果真空度太小，说明进气系统漏气，应检查各连接处。

（3）检查空气滤清器。空气滤清器滤芯如果太脏，应清洁或更换滤芯。

（4）检查点火正时。如果点火正时不正确，应进行调整。

（5）检查节气门位置传感器。节气门位置传感器如果失效，应更换。

（6）检查燃油压力，其数值应符合规定（如桑塔纳 2000 系列轿车，打开点火开关时其压力标准应为 0.24～0.25MPa，怠速运行时应为 0.25MPa 左右。拔下燃油压力调节器的真空管，应在 0.30MPa 左右）。如果燃油压力过低，应清洗或更换燃油系统部件。

（7）检查喷油器的工作情况。喷油器如果不工作，应检查驱动电路；如果漏油，应进行清洗或更换。

（8）检查排气再循环系统的工作情况。排气再循环阀如果失效，应更换。

（9）检查计算机工作是否正常。计算机如果失效，应更换。

8.8 诊断排除发动机异响故障

1．诊断排除气门脚异响故障

（1）在气门室附近察听，异响随发动机转速不同而频率不同，且在各转速时均有异响；冷车时异响最大，随着发动机温度升高，异响减弱；断火试验时，异响不随之改变，则为气门脚异响。

（2）拆下气门室罩盖，发动机怠速运转，选用合适厚度的塞尺插入气门端部与摇臂间隙中，逐个试验。当插入时，异响随之减弱或消失，则可进一步确诊为气门间隙过大。

（3）对于可调试气门，应按要求将间隙调整合适。如果锁紧螺母松动，应在调整气门间隙后再紧固；对磨损严重的调整螺钉应及时更换。

（4）对于不可调气门，应及时更换液力挺柱。

2．诊断排除曲轴主轴承异响故障

（1）当突然加速或减速时，在缸体侧面下部位置，用起子贴近耳朵（或在缸体下部的机油加注口处）察听，若有沉重发闷的“呰、呰”金属敲击声，转速变化时异响明显，则可断定为曲轴主轴承异响。

（2）进行单缸断火试验时异响无变化，而相邻两缸断火试验时，异响明显减弱，则说明故障在两缸之间的曲轴轴承处。

（3）若高速运转时，机体有较大的抖动，并且载重爬坡时，有振动感，机油压力明显下降，则说明主轴颈与主轴承配合间隙过大。

（4）排除曲轴主轴承异响需更换主轴承和修磨轴颈。

3．诊断排除连杆轴承异响故障

（1）发动机突然加速时，在缸体侧面下部位置，用起子贴近耳朵（或在缸体下部的机油加注口处）察听，异响突然变大、清脆短促并且有较大的“呰、呰”声，则说明连杆轴承有异响。

（2）进行单缸断火试验时，异响明显减弱或消失，说明该缸连杆轴承有异响。

（3）若响声混杂，出现“咯楞、咯楞”或“哗啦、哗啦”的响声，再用断火法检查单缸和双缸，此时响声减弱或消失，说明多缸连杆轴承和轴颈磨损严重，或连杆轴承盖连接螺栓松动。

（4）排除连杆轴承异响需更换连杆轴承和修磨轴颈。

4．诊断排除活塞敲缸故障

（1）若怀疑某汽缸活塞敲缸，发动机熄火后可向发响的汽缸注入20～30mL机油，慢慢摇转发动机，使机油附于汽缸壁和活塞之间，然后启动发动机，察听响声，如果敲缸响声减轻或消失，但不久后又出现，则说明该缸活塞有敲缸异响。

（2）发动机低温响声大，温度升高后，其响声减弱甚至消失，则为活塞与汽缸壁间隙过大。

（3）发动机低温无异响，温度升高后，怠速运转时有“嗒、嗒”的金属敲击声，且伴随有机体抖动，温度越高，响声越大，则为活塞变形或活塞环过紧、润滑不良。

（4）发动机低速运转时，有“嗒、嗒”的金属敲击声，转速提高后，声响消失，则为活塞裙部磨损过大或汽缸严重失圆。

（5）进行断火试验时，响声减弱但不消失，则可能是该汽缸连杆与曲轴或活塞销装配过紧。

（6）排除活塞敲缸异响需镗磨缸并更换活塞、活塞环和活塞销等。

第9章　汽车底盘大修

学习目标

- 能根据变速器壳体、变速器轴、差速器壳等典型零件工作中的磨损、变形与损伤规律，确定检验、修理项目，编写检修工艺卡
- 能对变速器总成进行装配、调整与磨合试验
- 能对后桥总成进行分解、检验、修理、调整，能按规范进行磨合试验
- 能对机械转向器、动力转向器进行大修
- 能对悬架系统进行大修
- 能对液压及气压制动传动系统进行大修操作
- 熟悉相关技术标准，能对传动系统、转向系统、悬架、制动系统各总成及零部件进行工艺过程检验，鉴定技术状况和修理质量
- 能对手动变速器、驱动桥、转向系统、车身与悬架、制动器等总成进行总成竣工验收
- 能对汽车制动性能与整车滑行性能进行测试和技术鉴定
- 能对整车进行竣工后的技术检验

9.1　编制零部件修理工艺卡

9.1.1　编制变速器壳体修理工艺卡

1．编制变速器壳体技术检验工艺卡

技术检验工艺卡包括以下项目。

（1）变速器壳裂纹的检验。变速器壳体的裂纹可用检视法或敲击法检查。

（2）变速器壳平面的检验。

① 变速器壳上平面的翘曲变形，可在平板上用塞尺检查。

② 变速器壳体前后端面对第一、二轴轴承孔公共轴线的圆跳动误差，可用百分表及芯棒进行检测。

（3）壳体螺纹孔的检验。壳体螺纹孔的损伤不超过两牙。

（4）变速器轴承座孔的检验。壳体轴承座孔轴线间及其与壳体上平面的平行度误差可用高度游标卡尺、百分表及内径千分尺或量缸表进行检查。

2．编制变速器壳体修理工艺卡

按照变速器壳体技术检验结论，确定变速器壳体需要修复的部位及修理项目。根据本企业工人技术水平、设备情况，结合有关技术管理制度、技术标准、法规等，既考虑先进合理性，又全面考虑生产效率、修理质量、成本，同时注意环保和改善劳动条件，编制相应的变速器壳体修复工艺卡。对于企业不具备修复条件的，可委托其他专业维修厂予以修复。变速器壳体修复工艺程序如下：

（1）彻底清理变速器壳体内外表面。

（2）根据全面检验的结论，确定修理内容及修复工艺。

（3）修补裂纹。

（4）变速器壳体变形的修复。

① 变速器壳体上平面的翘曲变形，可在平板上用塞尺检查。平面度超过标准时，可采用铲、磨等方法修复。

② 变速器壳体前后端面对第一、二轴轴承孔公共轴线的圆跳动误差，可用百分表及芯棒进行检测，当误差平面超过标准时，可采用铲、磨等方法修复。

（5）壳体螺纹孔的检修。壳体螺纹孔的损伤不超过两牙，否则，可采用加大螺纹、镶螺纹套或焊补后重新钻孔加工的方法修复。

（6）变速器轴承座孔的检修。

3．注意事项

（1）变速器壳的修理项目与修复方法不仅复杂，而且对修理质量要求也高。为了保证修理作业的顺利完成及其修理质量，必须按照一定的工艺编制工艺卡及修理作业的顺序，保证修理质量。

（2）由于汽车新材料与新工艺的普遍应用，近年来生产的变速器壳在结构、制造工艺、材料等方面均有许多变化，对检测、维修与装配也有不同的要求。所以，在编制修理工艺卡时，必须按照厂方的技术要求，根据本企业的具体情况编制出正确合理的修理工艺卡，不可盲目沿用传统的经验。

（3）要学习和采用国内外在汽车修理业的新技术、新工艺，以保证修理质量。

9.1.2　编制变速器输出轴修理工艺卡

1．编制技术检验工艺卡

技术检验工艺卡包括以下项目。

（1）输出轴裂纹的检验。

（2）输出轴变形的检验。

（3）输出轴花键磨损的检验。

（4）输出轴轴颈磨损的检验。

（5）输出轴轴承及其他部位的检验。

2．编制输出轴修复工艺卡

按照输出轴技术检验结论，确定输出轴需要修复的部位及修理项目。根据本企业工人技术水平、设备情况，结合有关技术管理制度、技术标准、法规等，既考虑先进合理性，又全面考虑生产效率、修理质量、成本，同时注意环保和改善劳动条件，编制相应的输出轴修复工艺卡。对于企业不具备修复条件的，可委托其他专业维修厂予以修复。输出轴修复工艺程序如下：

（1）彻底清理输出轴内外表面。

（2）根据全面检验的结论，确定修理内容及修复工艺。

（3）输出轴如果有裂纹，应更换输出轴。

（4）输出轴变形的修复。输出轴弯曲变形应采用冷法校正。

（5）输出轴轴颈磨损可采用涂镀法进行修复。

（6）输出轴花键磨损超差可堆焊后加工修复或更换。

（7）输出轴轴承磨损松旷时需更换。

3．注意事项

（1）输出轴的修理项目与修复方法不仅复杂，而且对修理质量要求也高。为了保证修理作业的顺利完成及其修理质量，必须按照一定的工艺编制工艺卡及修理作业的顺序。

（2）由于汽车新材料与新工艺的普遍应用，近年来生产的输出轴在结构、制造工艺、材料等方面均有许多变化，对检测、维修与装配也有不同的要求。所以，在编制修理工艺卡时，必须按照厂方的技术要求，根据本企业的具体情况编制出正确合理的修理工艺卡，不可盲目沿用传统的经验。

（3）要学习和采用国内外在汽车修理方面的新技术、新工艺，以保证修理质量。

9.1.3 编制差速器壳修理工艺卡

1．编制差速器壳体技术检验工艺卡

技术检验工艺卡包括以下项目。

（1）裂纹的检验，差速器壳体应无裂损。壳体与行星齿轮、半轴齿轮垫片的接触面应光滑、无沟槽。

（2）差速器轴承与壳体及轴颈的配合的检验。

（3）差速器壳体承孔与半轴齿轮轴颈的配合间隙的检验。

（4）差速器壳体连接螺栓拧紧力矩的检验。

2．编制差速器壳体修复工艺卡

按照差速器壳体技术检验结论，确定差速器壳体需要修复的部位及修理项目。根据本企业工人技术水平、设备情况，结合有关技术管理制度、技术标准、法规等，既考虑先进合理性，又全面考虑生产效率、修理质量、成本，同时注意环保和改善劳动条件，制定出相应的差速器壳体修复工艺卡。

差速器壳体修复工艺程序如下：

（1）彻底清理差速器壳体内外表面（包括水垢）。

（2）根据全面检验的结论，确定修理内容及修复工艺。

（3）差速器壳体应无裂损。壳体与行星齿轮、半轴齿轮垫片的接触面应光滑、无沟槽。

（4）差速器轴承与壳体及轴颈的配合应符合原设计规定。

（5）差速器壳体连接螺栓拧紧力矩应符合原设计规定。

（6）差速器壳体承孔与半轴齿轮轴颈的配合间隙为 0.05～0.25mm。

3．注意事项

（1）为了保证差速器壳体修理作业的顺利完成及其修理质量，必须按照一定的工艺编制工艺卡及修理作业的顺序。

（2）由于汽车新材料与新工艺的普遍应用，近年来生产的差速器壳在结构、制造工艺、材料等方面均有许多变化，对检测、维修与装配也有不同的要求。所以，在编制修理工艺卡时，必须按照厂方的技术要求，根据本企业的具体情况编制出正确合理的修理工艺卡，不可盲目沿用传统的经验。

（3）要学习和采用国内外在汽车修理业的新技术、新工艺，以保证修理质量。

9.2 汽车底盘总成大修

9.2.1 手动变速器的装配和调整

变速器的装配工艺随其结构形式的不同而不同，现以 CA1091 汽车变速器为例介绍如下。

1．第二轴总成组装

1）同步器总成装配

将定位弹簧放入三、四挡及五、六挡同步器毂的孔中；把定位块从小面装入推块的孔中；用螺丝刀将定位弹簧压下，从一侧将带有定位块的推块插入同步器毂切槽中，如图 9-1 所示。然后对准同步器毂套上滑动齿套。

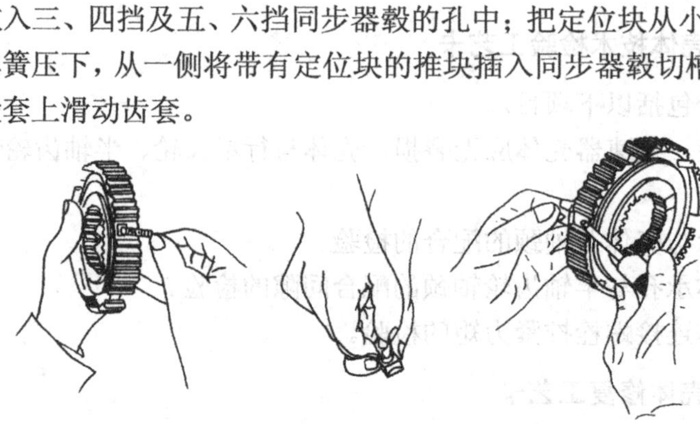

（a）装同步器弹簧　（b）定位块装入推块中　（c）装推块

图 9-1　同步器的组装

2）同步锥装配

根据标记将同步锥套装到相应的齿轮上，用百分表检验其外锥面的径向圆跳动，跳动量应不大于 0.1mm。否则应通过改变其装配位置的方法进行找正。最后将固定同步锥的卡环装入环槽。

3）第二轴总成组装

将第二轴后端向上竖起，依次套装上二挡齿轮滚动轴承、隔圈、滚动轴承、二挡齿轮总成及一、二挡固定齿座（外齿较薄的一端朝向变速器后方）；将二挡同步器总成套装到一、二挡固定齿座上（带有锥环的一端朝向二挡齿轮）；将一挡齿轮衬套加热至 80～100℃后立即套装到第二轴上，再装上两只滚针轴承，装上一挡齿轮，将倒挡齿座套装到第二轴上（凹面朝前），并套上倒挡滑动齿套；将倒挡齿轮衬套加热至 80～100℃后套到第二轴上，并装上滚针轴承、倒挡齿轮及止推垫片。用专用夹具将已装好的部分夹紧后，把第二轴倒过来，依次装上三挡齿轮的滚针轴承、隔套、滚针轴承、三挡齿轮、三挡锁环及三、四挡同步器总成；将四挡齿轮衬套防转销装入第二轴的销孔中，再将四挡锁环、四挡齿轮总成、两只滚针轴承及四挡齿轮衬套（缺口对准防转销）一起装到第二轴上；选择适当厚度的卡环装入环槽中，使其与四挡齿轮衬套的间隙为零；装上五挡齿轮滚针轴承，五挡齿轮总成，五挡锁环及五、六挡同步器总成；选择适当厚度的卡环进行限位，使五、六挡同步器毂的轴向间隙为零。

四挡齿轮及五、六挡同步器卡环的厚度和识别颜色见表 9-1。

表 9-1　四挡齿轮及五、六挡同步器卡环的种类

四挡齿轮卡环		五、六挡同步器卡环	
卡环厚度（mm）	识别颜色	卡环厚度（mm）	识别颜色
2.35	无色	1.9±0.05	无色
2.45	白色	2.0±0.05	白色
2.55	绿色	2.1±0.05	红色
2.65	茶色	2.2±0.05	黄色
		2.2±0.05	蓝色

2. 第一轴总成组装

将第一轴滚柱轴承压装到第一轴上，并选择适当厚度的卡环（见表 9-2）进行轴向限位，使轴承内圈的轴向间隙为零。然后将隔环、滚针、隔环及卡环依次装入第一轴后端承孔中。

3. 中间轴总成组装

将半圆键、五挡齿轮及减速齿轮依次压装到中间轴上，并用适当厚度的卡环（见表 9-2）限位，使齿轮的轴向间隙为零。最后压装好前轴承内圈。

表 9-2　第一轴轴承卡环及中间轴减速齿轮卡环种类

第一轴轴承卡环		中间轴减速齿轮卡环	
卡环厚度（mm）	识别颜色	卡环厚度（mm）	识别颜色
2.4	无色	2.4±0.05	无色
2.5	白色	2.5±0.05	白色
2.6	绿色	2.6±0.05	绿色
2.7	茶色	2.7±0.05	茶色
2.8	蓝色	2.8±0.05	天蓝色
2.9	黑色		

4. 变速器后盖组装

将速度表从动齿轮油封装入偏心套内，“O”形环装到偏心套上，在“O”形环及油封刃口上涂少量机油，将速度表从动齿轮装入偏心套内。然后一起装入变速器后盖内，使偏心套上的三个孔中的中间的一个与后盖上的螺孔对准，并拧紧其定位螺栓。用专用工具将后盖油封压入后盖中。

5. 变速器上盖组装

（1）变速叉轴、变速叉、导块及定位和互锁装置的装配：把变速器上盖反置于平台上，将倒挡自锁弹簧和钢球放入自锁孔中，在变速叉轴上涂少量齿轮油，然后用一专用导向轴引导，将倒挡叉轴插入叉轴孔，并套上倒挡导块总成和倒挡变速叉。使叉轴处于空挡位置，将互锁块放入上盖的互锁销孔中。然后再依次将一、二挡，三、四挡及五、六挡变速叉轴及其相应的变速叉、导块、自锁弹簧、自锁钢球及互锁销和互锁块装好。

（2）变速叉及导块的固定：对正变速叉（或导块）与叉轴上的定位销孔，先后将粗、细弹性销打入销孔，并使两销的开口相对（错开 180°）。

（3）将塞片敲入变速器上盖端部的叉轴孔中，并涂少量密封胶；将倒挡开关总成及通气塞分别安装到变速器上盖上。

6. 变速器顶盖组装

按分解的相反顺序组装好变速器顶盖。

7. 变速器总成总装

（1）安装倒挡轴总成：将滚针轴承装入倒挡齿轮孔中，两止推垫片分别放在齿轮的两侧，使轮毂凸出的一面朝前，放入变速器壳体中；将“O”形环装入倒挡齿轮轴的槽中，从壳体外端将倒挡齿轮轴打入；装上倒挡轴锁片，并用紧固螺栓紧固。

（2）安装中间轴总成：将前轴承外圈压入壳体承孔；把中间轴总成放入变速器壳体中；将后轴承外圈卡环装入环槽，使轴承端环及后轴承套到中间轴上并压入壳体承孔；装入适当厚度的卡环，对后轴承内圈进行轴向限位，见表 9-3；最后压入前轴承密封盖。

表 9-3　中间轴后轴承内圈卡环的种类

卡环厚度（mm）	识别颜色	卡环厚度（mm）	识别颜色
2.4±0.05	无色	2.6±0.05	绿色
2.5±0.05	白色	2.7±0.05	茶色

（3）安装第二轴总成：将第二轴总成放入变速器壳体内，在其前端套上六挡锁环及同步锥，使第二轴上各齿轮与中间轴上的相应齿轮啮合；拆去后端固定夹具，装好后轴承外圈卡环，将轴承均匀压入壳体承孔。

（4）安装第一轴总成：将第一轴总成慢慢压装到壳体承孔上，并将六挡同步锥套到第一轴键齿上，再将第一轴推到底；在第一轴轴承盖垫片两侧涂上密封胶，与轴承盖一起用螺栓紧固到壳体上（注意不要刮伤油封刃口）。

（5）安装第二轴后盖总成：将速度表主动齿轮（蜗杆）套装于第二轴的后端，在后盖垫片两面涂上密封胶，然后与后盖总成一起用螺栓紧固到变速器壳体上。

（6）安装驻车制动器总成：用螺栓将驻车制动器底板总成紧固到变速器后盖上；把第二轴凸缘盘套装到第二轴花键上，套上“O”形环，拧紧凸缘螺母并锁止（拧紧凸缘螺母时应同时挂上两个挡）；装复制动鼓。

（7）安装变速器上盖：将壳体上端面擦干净，装好两个定位环，并涂上密封胶，然后把各齿轮及变速叉均拨至空挡位置，将变速器的上盖扣合到壳体上，并用螺栓紧固。

（8）安装变速器顶盖：在顶盖衬垫两面涂密封胶后，用螺栓将顶盖总成及衬垫一起紧固到上盖上。

（9）其他零件的安装：在取力孔衬垫两面涂密封胶，装取力孔盖板；装好驻车制动操纵杆及有关连接件；用螺栓将离合器壳固定于变速器壳体上。同时装好离合器检查孔盖板；安装分离叉及分离轴承座总成等机件。

9.2.2　差速器的检验和修理

1．差速器主要零件检修

1）差速器分解

图 9-2 所示为单级减速器行星齿轮式差速器的分解图。分解时先松开左右差速器轴承盖紧固螺栓的锁片和紧固螺栓，拆下轴承盖；取下调整螺母，将从动齿轮连同差速器总成从主减速器壳中拿出来，把它夹在专用拆装架或台虎钳上，用轴承拉器将轴承内圈拉下来；拆开差速器壳与从动锥齿轮的紧固螺栓，拆除从动锥齿轮，用扁凿或其他工具撬开差速器

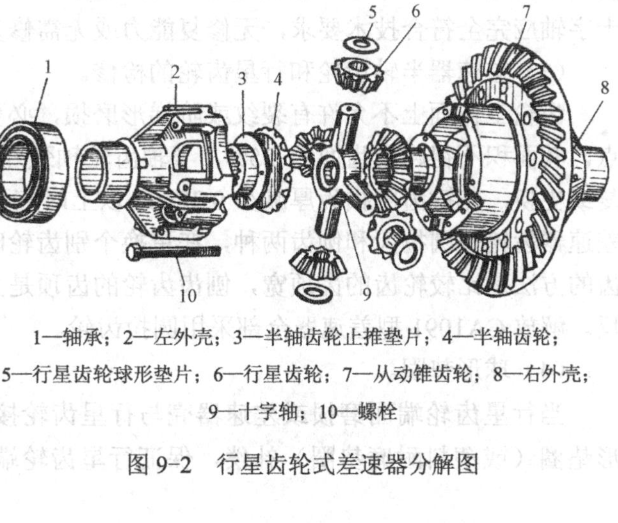

1—轴承；2—左外壳；3—半轴齿轮止推垫片；4—半轴齿轮；5—行星齿轮球形垫片；6—行星齿轮；7—从动锥齿轮；8—右外壳；9—十字轴；10—螺栓

图 9-2　行星齿轮式差速器分解图

壳，取下十字轴、行星齿轮、止推垫、半轴齿轮等。注意：差速器壳在分开之前，在从动锥齿轮与差速器壳及左、右差速器壳之间应做好对正标记。

2）差速器主要零件检验修理

（1）差速器壳检修。

差速器壳不允许有任何性质的裂纹，壳体与行星齿轮、半轴齿轮垫片的接触面应光滑无沟槽，差速器壳十字轴承孔两轴线垂直度误差应符合规定，一般应在 0.06～0.10mm 范围内，两轴线应相交，其位置度公差为 0.15mm，差速器轴承与差速器壳体两端轴颈的配合应符合原设计规定。几种国产车型差速器修理技术数据见表 9-4。

表 9-4　差速器修理技术数据　　mm

	东风 EQ1090/EQ1090E	解放 CA1091	黄河 JN1150/JN1151
差速器轴承与轴颈配合	−0.09～−0.135	−0.087～−0.132	−0.032～+0.012
行星齿轮与十字轴的配合	+0.06～+0.126	+0.07～+0.15	+0.075～+0.132
差速器壳承孔与十字轴的配合	−0.013～+0.04I	−0.01～+0.050	−0.035～+0.032
行星齿轮与半轴齿轮啮合间隙	≤0.5	≤0.5	0.8～1.2

差速器壳两端轴颈磨损不得超过 0.05mm，超过时，可堆焊或镶套修复，差速器壳十字轴承孔磨损不得大于 0.10mm，超过规定者，可采用换位修复法修理，即按技术要求换位重新加工十字轴承孔以符合原配合要求。

差速器壳承孔与半轴齿轮轴颈的配合间隙一般不得超过 0.25mm。当分别以左、右差速器壳内外圆柱面的轴线及对接面为基准或者以差速器壳与圆锥（柱）被动齿轮接合的圆柱面的轴线及端面为基准检查时，与差速器轴承配合的轴颈径向圆跳动公差为 0.08mm，半轴齿轮承孔的径向圆跳动公差为 0.08mm，与差速器轴承接合的端面圆跳动公差为 0.05mm，与圆锥（柱）被动齿轮接合面的端面圆跳动公差应为 0.10mm，检验不符合要求又无修复能力者应更换。

（2）差速器十字轴的检修。

十字轴颈工作表面允许有不大于其表面 25%的轻微剥落腐蚀，不得有裂纹和严重磨痕。磨损不得超过 0.08mm，超过规定可成批进行电镀或电振动堆焊后重新加工轴颈，修复后的十字轴应完全符合技术要求，无修复能力或无需修复者应更换新件。

（3）差速器半轴齿轮和行星齿轮的检修。

齿轮工作面上不允许有裂纹或阶梯形磨损，必要时应更换，齿轮工作面上允许有轻微斑点，其面积不得超过齿面的 25%，半轴齿轮轴颈外部磨损超过 0.15mm，根据情况，电镀修复或更换，花键齿磨损齿厚减少 0.30mm 以上时应更换。行星齿轮孔磨损不得超过 0.12mm。差速器齿轮有圆拉齿和刨齿两种，在更换个别齿轮时注意识别，不得混装。识别圆拉齿和刨齿的方法是比较轮齿的齿顶宽，刨齿齿轮的齿顶是大端宽小端窄，而圆拉齿轮的齿顶宽则相反。解放 CA1091 型差速器全部采用圆拉齿轮。

（4）球形垫圈。

当行星齿轮端面磨损或差速器壳与行星齿轮接触面磨损起槽加工修理后，可用青铜球形垫圈（或塑料耐磨垫圈）补偿，保证行星齿轮端隙符合原厂规定。半轴齿轮端部与差速壳接触平面相互磨损，修理加工后同样可用更换半轴齿轮止推垫圈，改变其厚度的方式予以补偿。

2．差速器的装配与调整

1）差速器的装配

差速器（见图 9-2）的装配，首先用压力机或其他工具将轴承 1 的内圈压入左、右差速器壳轴颈上，然后把差速器壳右外壳 8 放在工作台上使轴承轴颈向下，在与行星齿轮 6、半轴齿轮 4 相配的工作面上涂抹机油，将半轴齿轮支撑垫连同半轴齿轮一起装入，垫片有油槽的一面应朝向齿轮，将已装好行星齿轮 6 及支撑垫圈 5 的十字轴 9 装入差速器壳右外壳 8 的十字槽中，由于十字轴槽与十字轴间有一定的配合要求，装配时应按原装配位置装配，并使行星齿轮与半轴齿轮配合，再在行星齿轮上装上另一半轴齿轮 4、支撑垫 3，将差速器左外壳 2 合到右外壳 8 上，按规定方向穿入螺栓 10（东风 EQ1090E 规定从右向左穿入），装上锁片，注意螺栓头削扁部分要卡在右壳台肩上，按规定力矩对称交叉拧紧螺母，将从动锥齿轮 7 装到左壳上用螺栓按规定力矩拧紧并锁住，将差速器总成装到主减速器壳上，套上轴承外圈，装上调整螺母，再将左右轴承盖仔细对正装上，慢慢拧动两端调整螺母，调好轴承紧度，最后用百分表检查从动锥齿轮端面摆差是否符合要求。

2）差速器的调整

（1）行星齿轮和半轴齿轮啮合间隙的调整。

按规定力矩拧紧左右差速器壳固定螺栓后，用手转动半轴齿轮应转动自如，半轴齿轮与行星齿轮无隙啮合时，用厚薄规从差速器壳窗孔处测量半轴齿轮背面与差速器壳之间的间隙，或用百分表测量，如图 9-3 所示，应符合技术要求（见表 9-4）。

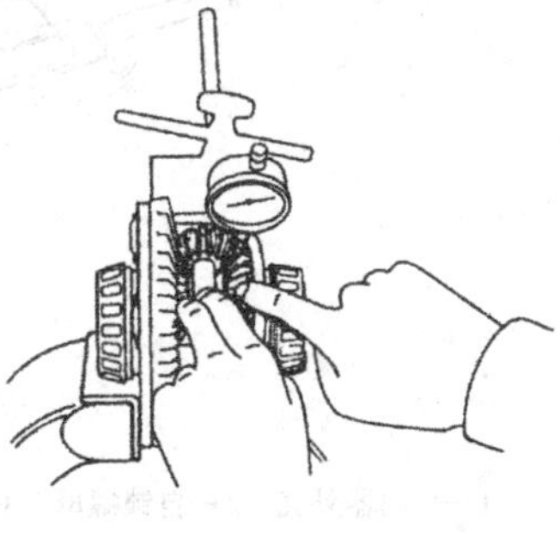

图 9-3　半轴齿轮与行星齿轮啮合间隙的检查

半轴齿轮与行星齿轮配合间隙是靠更换不同厚度的行星齿轮球形垫圈和半轴齿轮的支撑垫圈来调整的。调整后应使半轴齿轮大端面的弧面与四个行星齿轮的背面弧面相吻合，并在同一球面上，如果不合适，则应通过改变行星齿轮背面球形垫圈的厚度来达到。调整后应再检查半轴齿轮与行星齿轮的啮合间隙值是否符合要求，否则，应重新调整。

（2）差速器轴承预紧度的调整。

差速器轴承紧度调整方式因桥壳结构而异。东风 EQ1090E 型和解放 CA1091 型汽车差速器轴承预紧度都是利用主减速器壳轴承盖上环形调整螺母来调整。解放 CA1091 型汽车差速器轴承紧度的调整检查方法如下：

先用扭力扳手以 167N·m 的力矩拧紧差速器轴承盖大螺母，将环形调整螺母拧进直到轴承开始没轴向间隙的位置，再把左右调整螺母中的一个向里拧进一个止动凹槽的位置。调整时，应边转动调整螺母边转动差速器总成，使轴承滚子处于正确位置。调整后用手推或撬动齿轮应无轴向间隙感觉，齿轮转动自如，无卡滞现象。

东风 EQ1090E 型汽车主减速器差速器轴承紧度以用 0.98～3.4N·m 的力矩能灵活转动差速器总成为合适。

对于北京 BJ2020，由于后桥壳是分段式结构，差速器轴承预紧度是利用增减该轴承内侧调整垫片的厚度来调整的。增加调整垫片厚度，轴承预紧度增加；反之，则减小。

9.2.3 转向器的装配与调整

桑塔纳 2000 型轿车液压助力转向器结构组成如图 9-4 所示。

1. 装上齿条及密封装置

装上齿条 24，将“O”形圈 22 套在密封盖 23 上，将密封盖 23 装在转向器外壳 1 上，旋紧力矩为 50N·m，然后用冲子铆死，在齿条 24 露出端表面涂转向器润滑脂，装上密封罩 26、挡圈 27，再装上防尘罩 30 和固定环 31，推到齿条 24 的止挡处，将防尘罩的另一端装入转向器外壳 1 上的环槽中，用夹箍 29 夹紧。

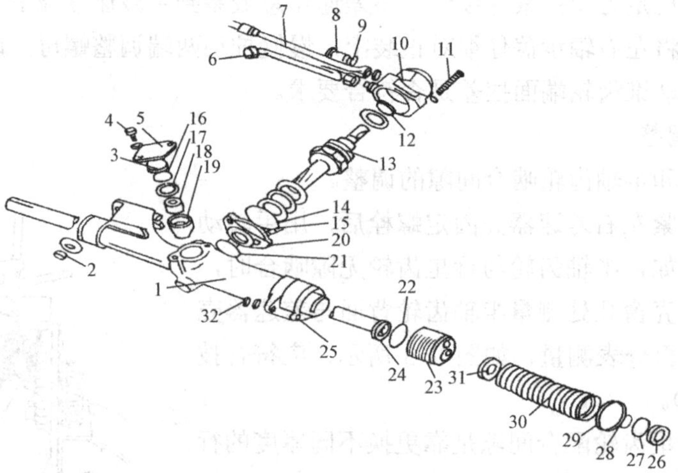

1—转向器外壳；2—自锁螺母；3—密封座；4、11—螺栓；5—压盖；6—高压油管；7—回油管；8—油管螺栓；9、16—密封圈；10—油压分配阀体罩壳；12—油封；13—带液压分配阀的主动齿轮；14、15、21、22—“O”形圈；17—补偿垫圈；18—弹簧；19—滑块；20—中间盖；23—密封盖；24—带活塞的齿条；25—内六角螺栓；26—齿条密封罩；27—挡圈；28—齿形垫圈；29—夹箍；30—防尘罩；31—固定环；32—螺母

图 9-4 液压助力转向器的组成

2. 装齿轮齿条间隙补偿装置

装上滑块 19，让其上槽孔对准压盖 5，下端凹面与齿条 24 相吻合。装上弹簧 18、补偿垫圈 17、密封圈 16、密封座 3 后，装上压盖 5，旋松螺栓 4。在未调整齿轮与齿条啮合间隙之前先不要旋紧。

3. 安装主动齿轮和油压分配阀体罩的密封圈

装上“O”形圈 21、中间盖 20、“O”形圈 15 和 14、带液压分配阀的主动齿轮 13、油压分配阀体罩壳 10 后，旋紧螺栓 11（力矩为 20N·m）。

4．调整转向齿条与齿轮的啮合间隙

通过调整补偿垫圈 17 的厚度进行调整。

5．安装各油管和左右横拉杆

9.2.4　悬架系统大修

轿车前悬架采用麦克弗逊式独立悬架的较多，这里以上海桑塔纳轿车悬架为例介绍其拆装与检修工艺。

1．前悬架的拆装与检修

1）前悬架的拆卸步骤

（1）拆下车轮装饰外罩。

（2）楔住后轮，旋下轮毂、传动轴紧固螺母，支起车辆前部，取下车轮。

（3）拆下制动钳固定螺栓，取下制动钳，把带制动软管的制动钳总成用绳挂在车身上。

（4）拆掉减振器支柱外壳与轮毂的紧固螺栓。

（5）用顶拔器从减振器支柱外壳上压出横拉杆接头。

（6）从下摆臂下方拆下横向稳定杆的螺母及传动轴与轮毂上的固定螺母，用顶拔器将传动轴从轮毂轴承内压出。

（7）取下减振器支柱上部盖子，顶住减振器支柱下部，用内六角扳手固定住滑柱，拆下减振器活塞杆上的自锁螺母，减振器带弹簧总成即可从车上拆下。

（8）分解带弹簧的减振器总成。用专用工具压紧弹簧，用扳手和六角扳手旋松开槽螺母和螺母盖，即可放松和取下弹簧。

（9）在台虎钳上轻轻夹住转向节臂处，拆下减振器固定螺母，抽出前减振器。

（10）压出轮毂轴承。拆下制动盘，卸掉挡泥板，用专用工具压轮毂。然后，从支柱外壳中取下挡圈，向挡圈方向压出轮毂轴承。用顶拔器拉出轴承内座圈。

2）主要零部件检修

零件拆卸下来后，进行全面清洗、测量、检查，若发现下列情况，必须更换新件。

（1）检查悬架弹簧，如果有裂纹或其自由长度变短，应予以更换。

（2）挡泥板严重变形、扭曲。

（3）制动盘工作面严重磨损或工作面出现裂纹。

（4）轮毂花键严重磨损或有较大裂纹。

（5）弹簧挡圈变形、失效。

（6）轴承损坏（轴承只能成套调换）。

（7）前悬架支撑焊接件的任何一条焊缝及其他各处出现裂纹或严重变形。

3）前悬架的装配

前悬架的装配与其拆卸顺序相反，应注意以下事项。

（1）所有的螺母均应更换成新件。

（2）螺栓、螺母的紧固力矩应符合规定值（见表9-5。

表 9-5　桑塔纳轿车前悬架装置紧固力矩

项目	扭矩（N·m）	项目	扭矩（N·m）
前悬架至车身	60	球接头至下摆臂	65
前悬架螺栓	150	轮毂至驱动轴	230
转向横拉杆至前悬架	30	驱动轴至凸缘	45
固定制动钳体至前悬架	50	下摆臂至副车架	60
分泵缸体至制动支架	35	发动机悬架至车身	70
球接头至轮毂	50	横向稳定杆至副车架及下摆臂	25

（3）不合格的零件均应更换。

（4）传动轴与轮毂花键齿面的油污及密封剂应擦净。

（5）对有液压转向的，要在传动轴花键处涂5mm宽的密封胶。装好后经60min才可开车。

2．副车架、下摆臂与稳定杆的拆装

1）副车架、下摆臂与稳定杆的拆卸

（1）旋下副车架与车身固定的前悬置螺栓（扭矩为70N·m），拆下副车架下摆臂与稳定杆组合件。

（2）旋松下摆臂与副车架连接橡胶轴套的螺栓螺母（扭矩为60N·m），拆下摆臂。

（3）旋松稳定杆与下摆臂连接螺栓的紧固螺母，并拆下固定在副车架处的支架螺栓（扭矩为25N·m），折下稳定杆。

（4）用专用工具压出副车架前后4个橡胶支撑。

（5）用专用工具压出下摆臂两端橡胶轴承。

2）副车架、下摆臂与稳定杆的装配

副车架、下摆臂与稳定杆的装配按与拆卸相反的顺序进行。

（1）用专用工具压入下摆臂橡胶轴承。

（2）用专用工具压入副车架前后端4个橡胶支撑。

（3）安装稳定杆。先使卡箍处于较松状态，然后进行短距离试车，这时橡胶封套自动滑入规定的位置，再用25N·m的扭矩固定螺栓。

（4）拧紧固定下摆臂与副车架的连接螺栓螺母。

（5）副车架安装固定至车身上，安装固定螺栓（按车辆行驶方向）：后左螺栓→后右螺栓→前左螺栓→前右螺栓，规定拧紧扭矩为70N·m。

（6）安装后，必须对副车架内部进行防腐处理。如果换用新的副车架，那么在前悬架下摆臂安装之后，新副车架内部必须用防腐蜡进行处理。

安装时，凡用过的自锁螺母，必须更换新件，不准反复使用拆卸下的旧螺母。凡有规定的力矩数必须按规定值拧紧螺栓螺母。

3．后桥及后悬架的拆装

1）后桥及后悬架的拆卸（见图 9-5）

（1）拆下车轮，将制动鼓与制动底板从后桥架上拆下。

（2）将桥架上的制动管和制动软管分开。

（3）松开橡胶金属支撑座，仅留一只螺母支撑或拧松桥架上的固定螺栓。

（4）从桥架上拆下减振器。

（5）完全松开桥架与车身的连接螺栓，抬高车体后取出后桥。

2）后桥及后悬架的安装

按与拆卸相反的顺序进行，安装时要注意以下事项。

（1）橡胶金属支撑座与后桥架成 18°±1°。

（2）各部件间紧固力矩要符合规定。减振器与车身固定的自锁螺母拧紧力矩为 35N·m。支撑座与车身固定的螺母拧紧力矩为 45N·m，橡胶金属支撑安装螺栓的拧紧力矩为 70N·m。

（3）自锁螺母须更换新件。

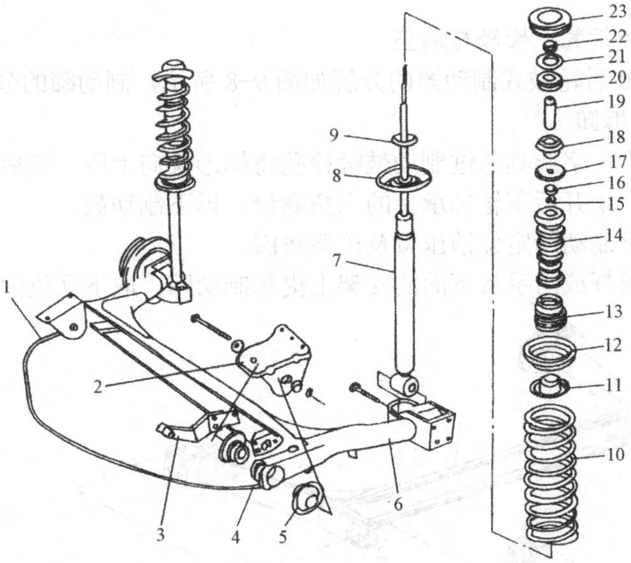

1—手制动钢丝绳；2—轴承支架；3—调节弹簧支架；4—手制动钢丝绳支架；5—衬套；6—后悬架；7—减振器；8—下弹簧座圈；9、17—垫圈；10—圆柱弹簧；11—护盖；12—上弹簧座；13—波纹橡胶管；14—缓冲块；15—卡簧；16—隔圈；18—下轴承环；19—隔套；20—上轴承环；21—衬盘；22—自锁螺母；23—塞盖

图 9-5　后桥及后悬架分解图

4．后桥悬架臂支撑套的拆装

1）拆卸

（1）车轮着地，顶好后桥。

（2）拆下一边的轴承支架。

（3）用分离工具将金属橡胶支撑逐一拉出（见图 9-6、图 9-7）。

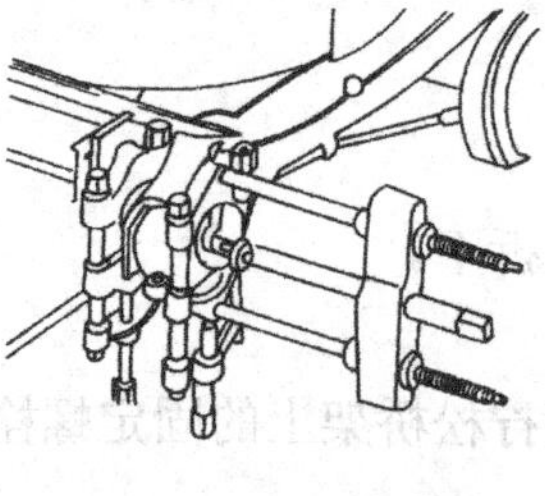

图 9-6　拆卸橡胶金属支撑

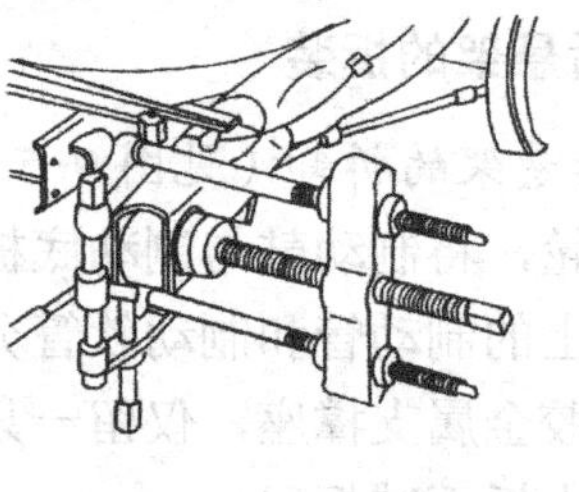

图 9-7　拉出另一半橡胶金属支撑

2）装配

（1）将新的金属橡胶支撑嵌入后悬架纵向推力杆孔中。

（2）用电动工具将支撑套压入到正确位置（两支撑套外端面之间距离为 61.6～62.0mm）。

（3）装上支撑座，插上螺栓，装上自锁螺母，按规定力矩（60～70N·m）拧紧。

9.2.5　液压制动系统大修

1．制动器的拆装、检修与调整

1）鼓式制动器的拆装、检修与调整

上海 Santana2000 后轮鼓式制动器的分解如图 9-8 所示，制动蹄的分解如图 9-9 所示。

（1）鼓式制动器拆卸

① 拆下后轮，用一字旋具通过制动鼓螺栓孔将楔形块向上压，使后轮制动蹄回位。

② 拆下轮毂盖，松开后车轮轴承上的六角螺母，拆下制动鼓。

③ 用锂鱼钳拆下制动蹄定位销压簧及压簧垫圈。

④ 借助旋具、撬杆或用手从下面的支架上提起制动蹄，取下回位弹簧。

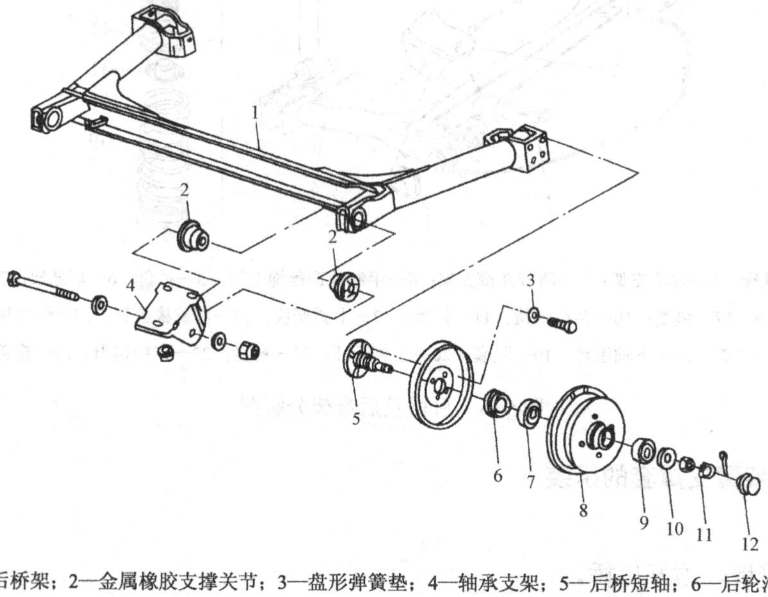

1—后桥架；2—金属橡胶支撑关节；3—盘形弹簧垫；4—轴承支架；5—后桥短轴；6—后轮油封；
7—T—50 滚珠轴承；8—后轮制动鼓；9—轴承；10—垫圈；11—冠状螺母保险环；12—后轮轴承防尘帽

图 9-8　制动鼓分解图

⑤ 用钳子拆下制动杆上的驻车制动钢丝。

⑥ 用钳子取下楔形块弹簧和上回位弹簧。

⑦ 拆下制动蹄。

⑧ 将带推杆的制动蹄夹紧在台虎钳上，取下回位弹簧，取下制动蹄。

（2）鼓式制动器检修。

① 检测制动蹄摩擦片技术状况，如果摩擦片有裂纹、老化或烧蚀，或制动摩擦片的厚度≤2.5mm 时应更换制动蹄摩擦片。更换摩擦片时，先去掉旧的铆钉及孔中的毛刺，换上新的摩擦片，并按规范重新铆接。铆接新摩擦片时应先中间，后两边。注意：制动蹄摩擦片同轴左右轮应同时成组更换。

② 清洁制动蹄及消除全部毛边和不平点；检查制动蹄，有裂纹、表面变形或脱焊制动蹄时应更换；制动蹄上的铆钉孔出现椭圆时应修理或更换。

③ 制动底板有弯曲变形或裂纹出现，应予以更换。

④ 制动蹄回位弹簧和压紧弹簧，自由长度发生变化及有扭转、弯曲现象或钩环损坏时，应予以更换。

⑤ 制动鼓出现任何裂纹时，应予以更换；检测制动鼓磨损、变形情况，相应的形位误差超差应修理或更换。

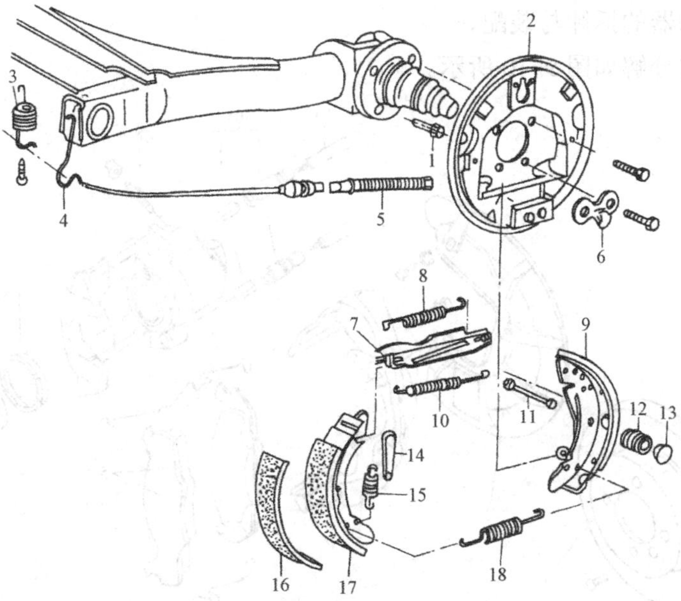

1—后制动检测孔橡胶塞；2—后制动底板；3—驻车制动拉索拉紧簧；4—驻车制动拉索固定夹；5—驻车制动拉杆；6—制动拉索引导件；7—制动推杆；8—后轮前制动蹄回位弹簧；9—后轮后制动蹄；10—后轮前制动蹄中回位弹簧；11—制动蹄定位销；12—制动蹄定位销压簧；13—制动蹄定位销压簧垫圈；14—制动蹄调整楔形件；15—制动蹄楔形件下回位弹簧；16—后制动备用摩擦片；17—后轮前制动蹄；18—制动蹄下回位弹簧

图 9-9　制动蹄分解图

（3）制动器装配。

① 先装上回位弹簧，并将制动蹄与推杆连接好。

② 装上楔形调整块，凸出一边朝向制动底板。

③ 将另一带有传动臂的制动蹄装到推杆上，装入上回位弹簧。

④ 将驻车制动拉索在传动臂上安装好。

⑤ 将制动蹄装到制动底板上，靠住制动轮缸。

⑥ 装入下回位弹簧，提起制动蹄，装到下面的支架中。

⑦ 装上制动蹄定位销压簧和座圈。

⑧ 装入制动鼓及后轮轴承。

⑨ 检查调整后轮轴承间隙。

⑩ 用力踩制动踏板一次，就能使后制动蹄正确就位。

制动器不工作时，其摩擦片与制动鼓之间应有适当间隙，一般为 0.25～0.5mm。目前大多数轿车都装有制动器间隙自调装置，但也有一些货车仍采用手工调节。制动间隙手工调节时，一般在制动鼓腹板外边缘处开有一个检查孔，以便将塞尺插入制动器间隙中检查。若发现间隙不符合标准时，通过调整凸轮进行局部调整。如果更换摩擦片，或制动鼓经切削加工修理时，应在上述修理作业后重新装配和安装制动器。通过转动调整凸轮和偏心支撑销进行全面调整。

2）盘式制动器的拆装、检修与调整

（1）盘式制动器的拆卸与装配。

盘式制动器的分解如图 9-10 所示。

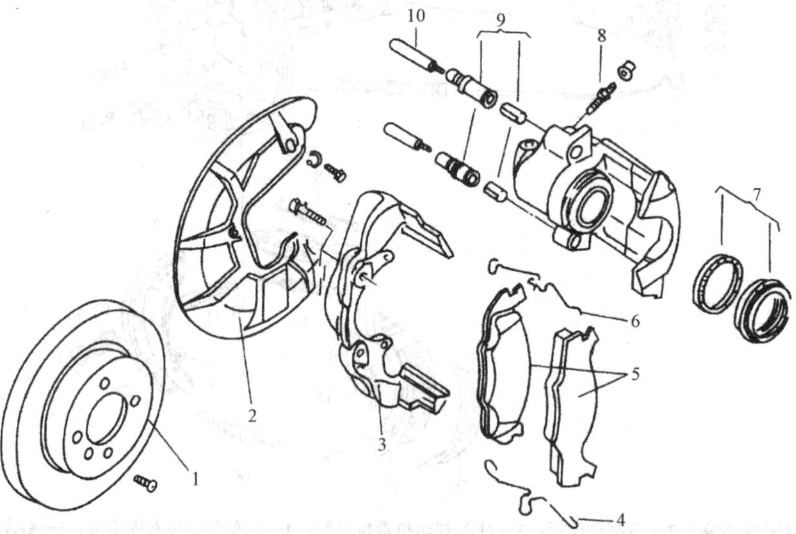

1—前制动盘；2—制动器底板；3—前制动器摩擦片架；4、6—固定摩擦片卡簧；5—制动摩擦片；
7—前制动轮缸密封圈；8—前制动轮缸放油阀；9—前制动轮缸固定螺栓护套；10—导向销

图 9-10　盘式制动器的分解

① 拆下前轮。

② 拆卸制动摩擦片的上、下定位弹簧。

③ 拧松并拆卸上、下固定螺栓。

④ 取出制动钳壳体。

⑤ 在支架上拆下制动摩擦片。

⑥ 将制动钳活塞压回制动钳壳体内。在压回活塞之前，应先从制动油液储液罐中抽出一部分制动油液，以免在压回活塞时造成制动油液外溢，损坏表面油漆。制动油液有毒，而且有较强的腐蚀性，须用专门容器存放。

安装顺序与拆卸次序相反，先换上新的摩擦片，然后装上制动钳壳体，用 40N·m 的力矩拧紧紧固螺栓。安装上、下定位弹簧片。装好后，用力踩制动踏板到底，连踩数次，以便使摩擦片能正确就位。

（2）盘式制动器的检修

① 测量制动摩擦片的厚度：若制动摩擦片厚度小于使用限度或磨损不均，则应更换新片。

② 检查制动盘：检查是否有深度擦伤、翘曲变形，检查方法是在制动盘与制动摩擦片的接触面上用千分尺测量沿圆周方向检测六个点的厚度（见图 9-11），如果厚度的最大差值超过 0.13mm，则需加工修理；如果摩擦片磨损到使用极限应更换，更换制动盘时，同一轴两个制动盘应同时更换。

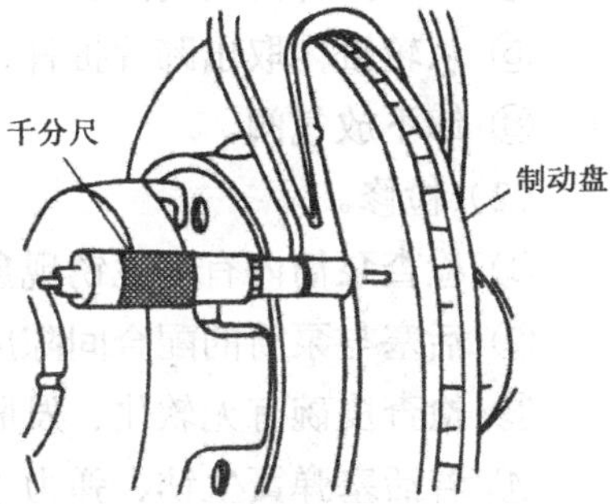

图 9-11　制动盘厚度的测量

③ 检查制动盘端面圆跳动量：如果测量制动盘端面圆跳动量大于 0.06mm，应予以更换。

2. 双回路液压制动传动装置主要总成的拆装与调整

1）双腔制动主缸的拆装与检修

（1）拆卸与分解。

① 放出制动油液，拆下前、后出油接头。

② 从车架上拆下主缸后，取下防尘罩及推杆。

③ 将主缸夹在台虎钳上，用旋具顶住活塞，拆下卡环，然后慢慢放松旋具，依次取出后活塞、皮碗及后活塞弹簧。

④ 拆下限位螺钉，依次取出前活塞、皮碗及前活塞弹簧。

（2）主缸的检修。

① 检查泵筒内有无生锈现象，若有，应更换。

② 活塞与泵筒的配合间隙应小于 0.20mm，否则，应更换。

③ 检查皮碗有无软化、发胀现象，若有，应更换皮碗。

④ 复位弹簧的弹力必须符合该车型的使用要求，否则，应换新。

（3）装配。

串联双腔制动主缸的装配按上述相反顺序操作，并注意下列事项。

① 所有零件在装合前，应用制动油液或酒精清洗，疏通各通道、油路，并用压缩空气吹干后，全部浸泡在清洁的制动油液内润滑。

② 活塞与缸筒的配合间隙应符合规定。

③ 主缸活塞的位置不当，会引起回油孔堵塞，或使制动发生作用时间延迟，故装配时应予以注意。

④ 装合后应检查回油孔，使其不被皮碗堵住。

2）双活塞轮缸的拆装与调整

（1）拆卸与分解。

① 松开制动轮缸进液管接头，使制动轮缸与进液管脱开。

② 取下制动蹄回位弹簧，使制动蹄与制动轮缸的活塞脱开。

③ 卸下制动轮缸与制动底板的连接螺栓，取下制动轮缸以待分解。

④ 取下缸体两端的防尘罩。

⑤ 从轮缸内取出蹄片推杆、活塞、皮碗及活塞回位弹簧。

⑥ 卸下放气阀。

（2）检修。

① 检查泵筒内有无生锈现象，若有，应更换。

② 活塞与泵筒的配合间隙应小于 0.20mm，否则，应更换。

③ 检查皮碗有无软化、发胀现象，若有，应更换皮碗。

④ 若活塞弹簧生锈、弹力下降，均应换新。

（3）装配。

双活塞制动轮缸的装配按与拆卸相反顺序操作，并应注意下列事项。

① 装合前，所有零件应用制动油液或酒精清洗，用压缩空气吹干后，全部浸泡在清洁的制动油液内润滑。

② 连接输液管，不允许有漏液现象。

③ 皮碗不得有磨损及发胀现象。

④ 装配后应试验其密封性。

3）液压制动踏板自由行程的调整

不设制动助力装置踏板自由行程的调整方法，一般是通过改变推杆的长度或通过校准偏心调整螺栓进行。液压制动踏板自由行程约为 10～14mm。对于装有制动助力装置的踏板自由行程调整分两个阶段进行。

第一阶段：从控制杆开始移动时起，直到控制杆与助力装置真空阀接触时止。

第二阶段：从控制杆与空气接触时起，直到助力装置活塞杆与制动主缸接触时止。

检查踏板自由行程应在发动机熄火的情况下进行，踩下制动踏板数次，直到在制动助力器内不再有空气为止，这时踩下踏板到感觉有阻力时，测量踏板行程即为踏板自由行程。

4）制动系统中空气的排除

液压制动系统修理安装后，管道内存留有空气，如果不排除，会使制动失效。排除空气时，两人协同进行。一人将踏板升高后踩住不松，另一人将轮缸放气螺钉旋松少许，此时空气伴随油液一起排出。当踏板位置降低后，把放气螺钉旋紧，然后再放松踏板。如此反复多次，直到放出的油液没有气泡为止。在放气过程中，一般应先从距制动主缸最远的轮缸开始，由远及近逐个进行。

9.2.6 气压制动系统大修

1. 空气压缩机的检修

1）汽缸盖的检修

汽缸盖与汽缸体结合平面的平面度误差超过0.05mm时，应修磨；缸盖上的螺孔螺纹损伤超过两牙时，应焊修后重新攻丝。缸盖上有裂纹时，更换新件。

2）机体的检修

用直尺、塞尺进行检验，缸体上、下接合面的平面误差应不大于规定值，否则，应换用新件或进行磨削加工。缸体出现裂纹时，应换用新件。用量缸表测量汽缸的磨损情况，超过规定值时，应换用新件或用修理尺寸法进行修复。

3）曲轴的检修

空压机曲轴出现裂纹时应更换，轴颈与前、后支撑轴承的配合间隙超过0.02mm时，应换用新件或镀铬修复，也可堆焊后光磨加工。连杆轴颈的圆柱度误差超过规定值（一般为0.03mm）时，应换新件或磨削修复，超过极限磨损量时，必须换用新件。

4）活塞连杆组的检修

活塞与汽缸的配合间隙超过0.20mm时，应更换活塞。连杆出现弯扭变形，应进行校正，连杆衬套与活塞销配合间隙超过规定值时，应更换衬套，新衬套与连杆上端孔的配合应有0.06～0.15mm的过盈量。衬套经铰削加工后与活塞销的配合间隙为0.004～0.01mm。连杆出现裂纹、活塞环磨损严重或折断时，均应换用新件。连杆轴承与轴颈的配合间隙大于规定值，应换用新轴承。

5）其他零件的检修

进、排气阀阀片及卸荷阀回位弹簧、油堵弹簧弹力减弱或折断，应换用新件。进、排气阀阀板出现蚀点、斑痕和磨损凹痕，应更换阀板总成。后盖油堵磨损严重，各密封圈及卸荷阀失效时，均应换用新件。空气滤清器滤芯脏污时，可用清洗剂清洗干净或更换。

2. 空气压缩机的装配

空压机装配前，各零件应清洗干净，装配过程中，各摩擦表面应涂抹适量润滑油。其装配顺序如下：

（1）将曲轴装入曲轴箱中，并依次装好前、后轴承。

（2）安装曲轴油堵、油堵弹簧及曲轴箱后盖。

（3）安好曲轴油封及曲轴箱前盖，紧固好皮带轮。

（4）将汽缸体及其衬垫紧固到曲轴箱上。

（5）组装好活塞连杆组。使活塞环开口相互错开180°，按活塞、连杆及连杆盖上的装配标记将其装入汽缸中，以规定的力矩拧紧连杆螺栓。此时，曲轴的旋转力矩应不大于规定值，活塞在汽缸内应往复运动灵活，无卡滞及划伤缸臂现象，否则，应查明原因并予以排除。

（6）将空压机底盖紧固到曲轴箱上。

（7）将卸荷阀安装到汽缸盖上，并组装好阀板总成、汽缸盖，同时将相应的密封垫用缸盖螺栓紧固到汽缸体上。

（8）组装好空气滤清器，并将其安装到空压机上。

（9）将空压机装车并紧固调整螺栓调整皮带预紧度。然后拧紧空压机固定螺栓。

3．制动气室与制动调整臂的检修与装配

1）制动气室与制动调整臂的检修

制动气室外壳及盖出现凹陷，可用敲击法整形。推杆明显弯曲，可进行冷压校正。膜片老化或破裂、膜片弹簧严重锈蚀或折断时，应换用新件。制动调整臂蜗杆、蜗轮磨损严重，使用中出现滑牙现象，或蜗杆锁止套不能锁止时，应换用新的制动调整臂。

2）制动气室与制动调整臂的装配

（1）将制动调整臂及调整垫片安装到制动凸轮轴上，插入开口销。此时推拉制动凸轮轴检查，其轴向间隙应符合规定值，否则，应改变调整垫片的厚度进行调整。

（2）将推杆、复位弹簧及推杆连接叉安装到制动气室壳上，放好橡胶膜片，并扣合外壳盖。

（3）将制动气室夹在台钳上，紧固好制动气室夹箍。此时，通入规定值的压缩空气进行检验，制动气室不得有漏气现象。出现漏气时，可进一步拧紧夹箍螺栓。拧紧无效时，应更换相应零件。

（4）将制动气室安装到支架上，并使推杆连接叉与制动调整臂连接。

（5）安装完毕后，调好车轮制动器间隙。

4．串联双腔制动控制阀检修与调整

制动控制阀在使用中最为常见的损伤是密封不良、零件运动不灵活或调整不当等。汽车停驶后，如果发现储气筒气压下降过快，并且可以在制动控制阀下方排气口听到排气的声音，可拆检制动控制阀，检查的重点为上、下阀门与壳体接触的工作面。应清除橡胶件表面的积存物，用砂布轻轻磨去压伤痕迹。还应检查活塞上下运动是否灵活，有无发卡现象。若活塞松旷，应考虑更换橡胶密封件。若制动阀上部的挺杆运动不灵活，应注意检查橡胶防尘套的密封性。若零件老化和有裂纹，使尘土、泥沙进入摩擦表面，将影响制动阀的正常工作。

装配制动控制阀时，密封件和运动表面应涂工业锂基润滑脂。制动阀中的平衡弹簧总成不得随意拆卸和调整，因为制动过程的随动作用完全取决于平衡弹簧的调整品质。如果预紧力过大，则制动过于粗暴；如果预紧力过小，则气压增长缓慢，制动不灵。只有出现上述不良现象时，才可按修理技术条件的要求进行平衡弹簧的调整。串联双腔制动阀只有一个调整部位，即通过调整拉臂上的调整螺钉来调整上阀门的排气间隙，上活塞总成下端距上阀门之间的间隙应为 1.2～1.4mm。此间隙反映到制动踏板，即为制动踏板的自由行程。CA1091 型汽车制动踏板行程为 10～15mm。

装配后，应对制动控制阀的性能进行试验。试验时，在制动阀上、下进气口与储气罐之间各串入一个 1L 的容器和气压表，并用一个阀门控制气路的通断。首先通入压力为 78kPa 的压缩空气，待压力表的读数稳定后，将阀门关闭。此时只有串入的小容器中压缩空气与进气腔相通，压力表用来显示进气腔压力的变化。经 5min 试验后，气压表读数的降低不得大于 24.5kPa。否则，应检修或更换进气阀。打开阀门，使储气筒与制动控制阀相通，拉动制动拉臂至极限位置不动，然后关闭阀门，以小容器内的压缩空气检查两出气腔的密封情况，在 5min 内，气压表读数降低不得大于 49kPa，否则，应检查制动气室、心管和排气阀是否漏气。

5．并联双腔制动控制阀检修与调整

汽车大修时，制动控制阀应解体清洗并更换橡胶膜片、各部橡胶密封圈和阀门，不需更换的零件应清除油污、锈蚀，修整轻微磨损伤痕。装配时，应在各运动表面涂二硫化钼锂基脂。在清洗中，应注意检查前后两腔的圆柱形阀门。阀门的圆柱形导向表面容易生锈，使运动受阻发卡，须认真清洁，消除锈迹，以确保阀门上下运动灵活。阀门上的轴向小孔使阀门上下连通，起平衡作用。若有堵塞，阀门下方形成真空，解除制动后阀门不能复位，将导致储气筒压缩空气的泄漏。因此，组装前向阀门涂润滑脂时，不能将此小孔堵住。

在制动控制阀装配时，应进行以下调整。

（1）排气间隙。在组装前、后两腔柱塞座之前，用深度尺测量心管至阀座平面之间的距离，前、后两腔的距离应相等，均为 $1.50_{0}^{+0.3}$ mm。若该间隙不符合要求，用拉臂上的调整螺钉进行调整。螺钉旋入，心管下移，排气间隙变小；反之，排气间隙变大。调整后，锁止调整螺钉。此间隙反映到踏板上，即为制动踏板的自由行程，其标准值为 10～15mm。

（2）最大制动气压。最大制动气压应为 539～589kPa。测量时，储气筒的压力应为 700～740kPa，此时制动拉臂应与壳上调整螺钉接触。如果气压较低时，将壳体上的调整螺钉旋出，反复试验无误后，将锁紧螺母锁紧。

（3）前、后腔的压力差。测量时，将压力表分别与前、后腔接通，踩下制动踏板至任一位置不动，旋转后腔调整弹簧下的弹簧座。旋入时，可使弹簧弹力增大，从而降低后腔的输出气压，应使后腔的输出气压比前腔低 9.8～39.3kPa。松开制动踏板，再踩到任一位置，如果前后腔的压力差仍为上述数值，说明调整正确，最后将锁紧螺母锁紧。

9.3 过程检验

9.3.1 离合器修理工艺过程检验

以上海桑塔纳 LX 型为例。

1．从动盘的检验

（1）用高度游标卡尺测量从动盘铆钉埋入深度，应不小于 0.3mm，若小于规定值或衬片出现龟裂、铆钉松动及磨损不均匀等现象时，应更换从动盘总成。

（2）用百分表检查从动盘的摆差，其最大极限为 0.4mm，从外缘测量径向跳动量最大为 2.5mm，超过极限值时，应更换从动盘总成。

2．压盘总成的检验

（1）膜片弹簧的检验。用卡尺测量膜片弹簧与分离轴承接触处磨损的深度和宽度。磨损深度大于 0.6mm，宽度大于 5mm 时，应予以更换；检查膜片有无变形，要求弹簧片的小端均在同一平面上，翘曲变形所引起的平面度误差不大于 0.5mm，误差过大时，需用专用工具对弹簧进行校正，把弹簧弯曲到正确位置；膜片分离指过软或折断时，则应更换压盘总成。

（2）压盘的检验。检查压盘平面是否有过度烧蚀、不平或沟痕。轻度的不平或烧蚀，可用油石修磨；平面上磨损和变形严重、出现裂纹时，应予以更换。

（3）离合器盖与飞轮的接合面有翘曲、裂纹或变形时，应更换。

3．分离轴承的检验

（1）检查时，先擦净轴承，然后手持轴承内缘再转动外缘，若有阻滞或明显间隙，则应更换。

（2）轴向间隙超过规定时也要更换。

4．其他零件的检验

（1）踏板衬套与支撑销、分离轴与轴承磨损松旷时，应更换衬套、轴承。

（2）拉索卡滞、回位弹簧折断时，应更换新件。

（3）驱动臂变形时，应予以校正或更换；导向套筒配合表面不光滑时，可用细砂布进行修磨。

9.3.2　变速器修理工艺过程检验

以上海桑塔纳 LX 车型为例。

1．变速器壳体的检验

（1）变速器壳体出现裂纹、各接合平面发生明显的翘曲变形或各轴承座孔磨损严重与轴承配合松旷时，应换用新件。

（2）壳体上各衬套磨损严重，与轴颈的配合间隙超过 0.20mm 时，应换用新衬套。

（3）变速器前、后壳体及后盖、侧盖间的各密封衬垫在拆卸后，必须换用新件。

2．齿轮轴及齿轮的检验

变速器输入轴、输出轴不得有裂纹，各轴颈磨损不得超过 0.03mm，输入轴前端花键齿磨损应不大于 0.10mm，或与离合器从动盘花键毂键槽的配合间隙不大于 0.20mm；用百分表测量输入轴与输出轴的径向圆跳动误差应不大于 0.05mm，否则，应予以校正或更换。

3．轴承的检验

齿轮轴支撑轴承内圈与轴颈的配合间隙大于 0.02mm、滚道及滚动体表面出现疲劳剥落及烧蚀现象、输入轴后轴承的轴向及径向间隙过大、各轴承运转卡滞或发响等，均应予以更换。

4．同步器的检验

同步器齿圈锁止面磨损严重、滑块磨损严重、滑块弹簧弹力减弱或折断、键齿磨损使接合套与花键毂齿的配合间隙超过 0.50mm 等，均应换用新件。

5．操纵机构的检验

（1）检查变速杆、换挡杆及内选挡杆的磨损及变形情况。

（2）检查换挡接合器的连接部位不应松旷，否则，应换用新件。

（3）检查变速叉的弯曲、扭曲变形，检查变速叉下端的磨损情况，变形严重时，可进行冷压校正或更换。检查变速叉下端的磨损量超过 0.20mm，或与接合套拨槽的配合间隙超过 0.50mm 时，应予以更换。

（4）检查变速叉轴的直线度及磨损情况。变速叉轴在平板上滚动检查，或在平板上用 V 形铁和百分表检查，变速叉轴的直线度误差应不大于 0.20mm，否则应进行冷压校正或更换。变速叉轴导向切槽的磨损量不大于 0.50mm；变速叉轴上的定位及互锁凹坑沿轴向的磨损量不大于 0.30mm；变速叉轴的轴颈磨损量不大于 0.80mm，否则应更换变速叉轴。

9.3.3 分动器修理工艺过程检验

分动器壳体、轴、齿轮、轴承等过程检验内容与技术要求可参照机械变速器修理技术条件进行，检验时注意以下几点。

（1）分动器的清洗、换油方法与变速器相同。

（2）凸缘螺母应按规定力矩拧紧，拧紧后应锁止。

（3）检查各轴的轴向间隙。用手推拉齿轮轴时，应无轴向间隙感觉，转动齿轮轴时，应转动灵活，否则，应进行调整。调整方法是通过调整轴承盖与壳体的垫片厚度进行的。

（4）检查调整分动器操纵机构。操纵杆在各挡位时，变速叉轴应能进入定位槽，否则应调整。

（5）润滑里程表软轴。软轴弯曲半径不得小于 150mm。

9.3.4 传动轴及万向节修理工艺过程检验

1．普通十字刚性万向节万向传动装置检验

1）万向节的检验

（1）检查滚针轴承，如果滚针断裂、油封失效，应更换新件。

（2）检查十字轴轴颈磨损、压痕剥落等情况。十字轴轴颈轻微磨损、轻微压痕或剥落，仍可继续使用，如果轴颈严重磨损、严重压痕（深度超过 0.1mm）或严重剥落时，应予以更换。

（3）检查万向节叉不得有裂纹或其他严重损伤，否则更换新件。

（4）万向节装配完毕后，可用手扳动十字轴进行检验，以转动自如没有松旷感觉为合适。若装配过紧或过松，应查明原因，必要时应拆检及重新装配。

2）传动轴、伸缩套的检验

（1）检验传动轴花键轴键齿与滑动叉花键槽配合情况。可用手握住传动轴，来回转动滑动，以没有过大的松旷感觉为宜。或用百分表测出花键滑动副的配合间隙，一般该间隙不得大于 0.30mm，磨损严重、有裂纹或花键有扭曲、弯曲变形时应予以更换。

（2）传动轴弯曲变形、凹陷的检查。在车床上或放在平板上面的两块V形铁上，用百分表测量轴管外圆的径向圆跳动量。传动轴中间最大弯曲度一般不得超过1mm，超过时或有凹陷时，可在压床上进行冷态校正，校正达不到技术要求时，应更换新件。

（3）万向节叉、凸缘叉平面磨损、螺纹孔损伤及装轴承壳承孔的磨损检查。万向节叉平面（装轴承盖板平面）磨损，可用锉削的方法将平面修平，装轴承盖板螺纹孔损伤可采用镶套、加大螺孔等方法修复，万向节叉轴承壳承孔的磨损超过规定时，可采取堆焊后镗削修复，一般采取更换方式。

（4）传动轴中间支撑轴承轴颈磨损检验。轴颈与轴承的配合应符合原厂要求，一般为−0.02～+0.02mm，若磨损使轴径减小0.10mm以上时，应修复或更换。

3）传动轴中间支撑轴承与支架的检修

（1）支架等检查发现有裂纹、磨损时应及时焊修或更换，橡胶环腐蚀老化时应及时更换新件。

（2）检查轴承磨损、疲劳剥落、腐蚀情况。通过外观检查、空载试验、轴承内部磨损间隙的测量等来确定轴承是否可以使用或报废。通过外观检查，若发现轴承滚珠、滚柱和外滚道上有烧蚀、刻痕、裂纹、金属剥落及有大量黑斑点或保持架有裂纹、铆钉松动等情况之一者均应更换轴承。轴承空载试验检查是将轴承拿在手上进行空转，观察轴承转动是否轻便灵活、有无噪声、停滞或卡住现象。轴承内部磨损间隙的测量是通过测量轴承轴向和径向间隙来确定轴承的磨损情况的。

2. 上海桑塔纳LX型轿车球笼式等速万向节万向传动装置检验

1）万向节的检验

内、外万向节球毂、球笼壳及钢球严重磨损，表面出现疲劳剥落或裂纹，出现转动卡滞现象，以及万向节球毂花键磨损松旷时，均应更换万向节总成。万向节不得拼凑使用及单件更换。

2）传动轴的检验

用百分表检查，传动轴中部的径向圆跳动误差应不大于1.0mm，否则，应予以校正或更换；传动轴出现裂纹，轴端花键磨损严重时，均应换用新件。

3）防尘套的更换

防尘套老化破裂时，应予以更换。

9.3.5 驱动桥修理工艺过程检验

以EQ1092型汽车为例。

1. 主减速器壳的检验

（1）主减速器壳应无裂纹，壳体上各螺纹的损伤不得超过两牙。

（2）用内径千分尺或量缸表检查各轴承孔的磨损情况。各轴承承孔的尺寸应符合要求。

（3）将主减速器壳前端面修平，放到检验平板上，用百分表检查主减速器壳上安装差速器轴承的承孔的同轴度，其误差应不大于0.03mm。

2. 主从动圆锥齿轮的检验

（1）齿轮工作表面不得有明显的斑点、剥落缺损或阶梯形磨损，否则，应予以更换。

（2）主动圆锥齿轮轴前端的螺纹部分，其损伤不多于两牙，超过规定后，应予以更换或堆焊后重新加工。

（3）检测主动圆锥齿轮的轴颈尺寸，应符合要求，磨损后应予以更换或电镀修复。

（4）检测主动圆锥齿轮上的花键与凸缘齿槽的配合侧隙。可用百分表检查，原厂规定为 0～+0.20mm，许用配合侧隙为 0～+0.25mm，当键齿磨损导致其厚度减少 0.20mm 以上时，应予以更换。

（5）检查从动圆锥齿轮与差速器壳连接螺栓孔的磨损情况，若螺栓磨损，应予以更换；若螺栓孔磨损，应更换差速器壳或将孔铰削到修理尺寸，用相应加大的螺栓连接或换用新件。

3. 差速器的检验

（1）差速器壳若有裂纹应更换。

（2）检查从动圆锥齿轮内径与差速器左壳的配合间隙。

（3）检查十字轴与壳体及行星齿轮孔的配合间隙。

（4）检查差速器轴承与轴颈的配合间隙。

（5）检查半轴齿轮轴颈与差速器壳座孔的配合间隙。

（6）检查行星齿轮、半轴齿轮的磨损情况，检查半轴齿轮内的花键的磨损情况。

（7）差速器壳与行星齿轮、半轴齿轮垫片的接触面应光滑无沟槽，若有小的沟槽可用砂纸打磨，并更换齿轮垫片。

4.半轴套管的检验

（1）套管轴颈磨损超过规定值，应更换或采用电镀修复。

（2）端头螺纹部分的损伤不多于两牙，超过规定后，应予以更换或堆焊后重新加工。

（3）对套管进行探伤检查，如果有裂纹应予以报废。

（4）套管弯曲变形的检验如图 9-12 所示，要求套管中间两轴颈径向圆跳动误差不得大于 0.05mm。变形超过规定时，可采用冷压校正的方法。

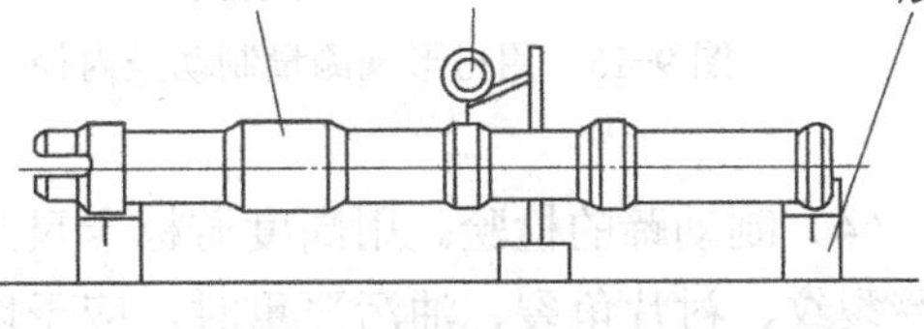

图 9-12　套管弯曲变形的检验

5. 半轴的检验

（1）半轴应进行探伤检查，可用磁力探伤法或浸油敲击法，如果有裂纹应予以更换。

（2）半轴中部未加工部分的径向圆跳动误差应不大于 1.3mm；花键外圆柱面的径向圆跳动误差应不大于 0.25mm（检查见图 9-13）；半轴凸缘内侧端面圆跳动误差不得大于 0.15mm（检查见图 9-14）。径向跳动超限时，应进行冷压校正；端面圆跳动超限时，可车削端面进行修正。

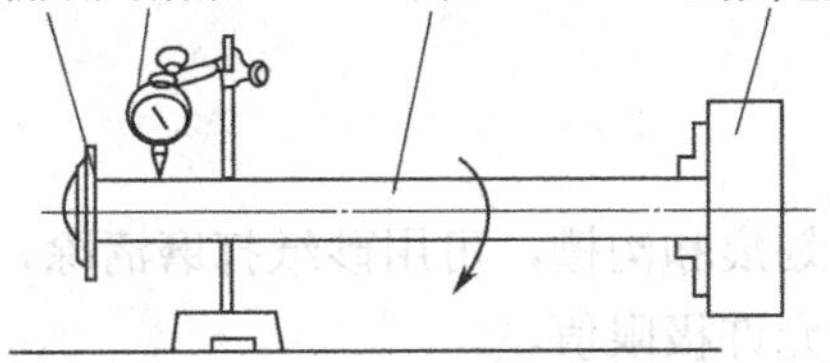

图 9-13　半轴变形的检测

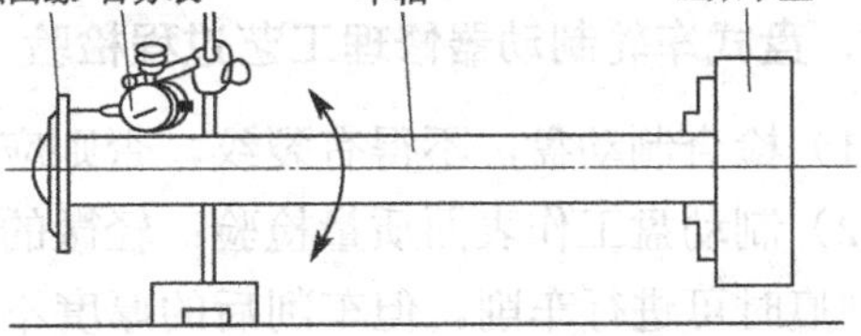

图 9-14　半轴凸缘平面垂直度的检测

（3）半轴花键的侧隙增大量较原厂规定不得大于 0.15mm。

9.3.6 汽车制动系统修理工艺过程检验

1．鼓式车轮制动器修理工艺过程检验

（1）制动鼓不得有任何形式的裂纹，否则换新。

（2）制动鼓圆度、圆柱度的检测。用弓形规进行检测（见图 9-15），制动鼓圆度误差不得大于 0.15mm，圆柱度误差不得大于 0.05 mm，沟槽深度不得大于 0.50mm。制动鼓内圆柱面直径不得超过规定的最大值。

（3）检查制动鼓内圆柱表面对旋转轴线的径向圆跳动（见图 9-16），其误差不得大于 0.10mm。超过规定值应进行镗削修理。

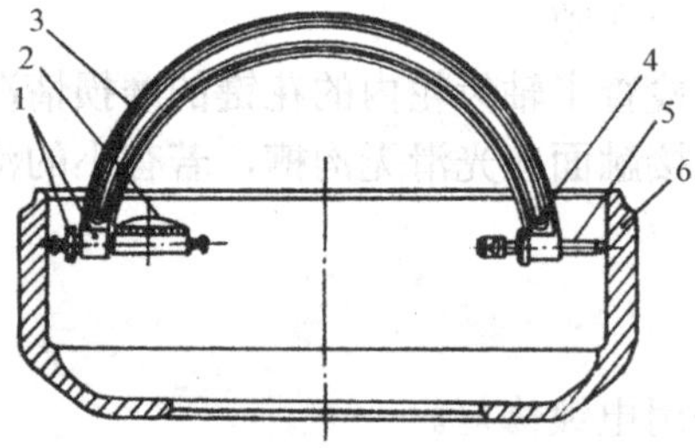

1—锁紧装置；2—百分表；3—弓形架；
4—锁紧螺母；5—测量调整杆；6—制动鼓

图 9-15　用弓形规测量制动鼓内径

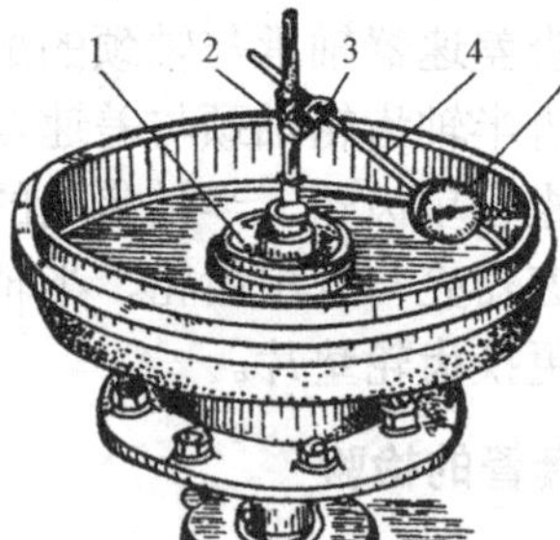

1—夹具；2—锁紧装置；3—中心杆；
4—支架；5—百分表

图 9-16　制动鼓径向圆跳动的检测

（4）制动蹄的检验。用高度游标卡尺测量铆钉头沉入深度，一般小于 0.50mm 时，或制动蹄裂纹、衬片龟裂、油污严重时，应予以更换。

（5）制动蹄片修复后，领从蹄式制动蹄初始贴合面积为 60%，双领蹄式制动蹄初始贴合面积不小于 75%；接触印迹应两端重，中间轻。

（6）检查制动凸轮轴与凸轮支架承孔的间隙，不能超过规定值。检查制动蹄轴与制动蹄轴承孔的配合间隙，应符合规定值。

（7）用弹簧测试仪检查制动蹄回位弹簧的性能，应符合规定值。

（8）调整制动器间隙。

2．盘式车轮制动器修理工艺过程检验

（1）检查制动盘，不得有裂纹，否则应更换。

（2）制动盘工作表面质量检验：轻微的锈斑、划痕和沟槽，可用砂纸打磨清除，严重磨损或划痕时可进行车削。但车削后的厚度不得小于允许极限值。

（3）检查制动块的厚度，不得小于使用极限值，否则换新的制动块。

3. 液压制动主缸和轮缸修理工艺过程检验

（1）检查制动主缸、轮缸缸体外部，若有渗漏、裂纹或气孔应更换。

（2）检查缸筒内表面，若有划痕、阶梯形磨损或锈蚀应换新，制动主缸的圆柱度误差超过0.02mm，主缸与活塞的配合间隙大于0.15mm时，应更换加大尺寸的活塞或更换壳体。

（3）复位弹簧的弹力必须符合该车型的使用要求，否则应换新。

9.3.7 前桥及转向系统修理工艺过程检验

以EQ1092型汽车为例。

1. 前轴的检验

1）前轴裂纹的检验

将前轴清洗干净后，用磁力探伤法或浸油敲击法进行检验。出现裂纹时，应更换前轴。

2）钢板弹簧座磨损的检验

用直尺、塞尺检验，如图9-17所示，钢板弹簧座的平面度误差不大于0.4mm，超过0.4mm时应进行修磨，或用刨削、铣削等方法进行加工，但钢板弹簧座的厚度减少量应不大于2mm，否则，应进行堆焊修复或换用新件；钢板弹簧座上U形螺栓孔及定位孔的磨损量应不大于1mm，否则，进行堆焊修理。

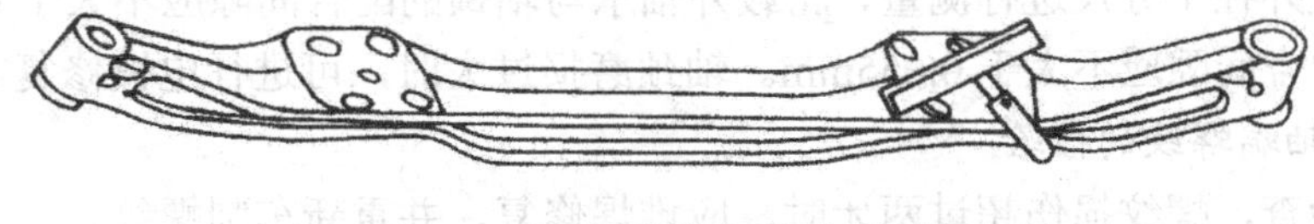

图9-17 钢板弹簧座平面度的检验

3）前轴变形的检验

（1）两钢板弹簧座之间变形的检验。用平尺或直尺、塞尺检验两钢板弹簧座位应在同一平面内，按图9-18所示进行检验，其平面度误差应不大于0.80mm。或用水平仪检验，将前轴固定于台钳或专用支架上，利用水平仪将一侧的钢板弹簧座调整成水平。然后再把水平仪放在另一弹簧座上进行检查，如图9-19所示。水珠若不在中间位置，表明两面钢板弹簧座之间存在明显的弯扭变形，应予以校正。

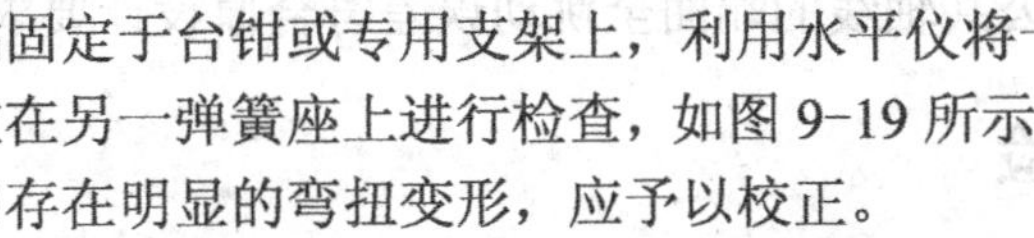

图9-18 用直尺、塞尺检验

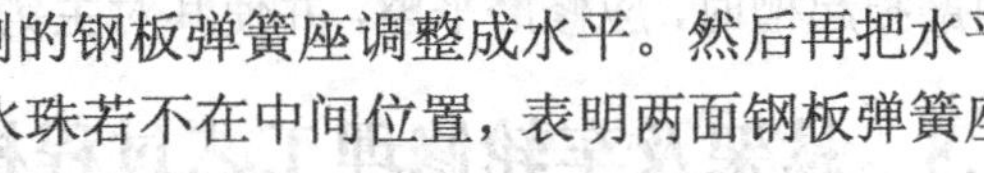

图9-19 利用水平仪检验

（2）钢板弹簧座与主销孔之间变形的检验。用试棒与角尺检验：按图9-20所示安放好试棒及角尺（角度与被测车型主销内倾角相同），如果试棒与角尺间存在间隙，表明前轴存在垂直方向上的弯曲变形。或用拉线检查：按图9-21所示，在前轴主销孔上端中间拉一细线，然后用直尺测量拉线到两钢板弹簧座的距离H，测得值应符合原设计规定，否则，表明前轴存在垂直方向上的弯曲变形。

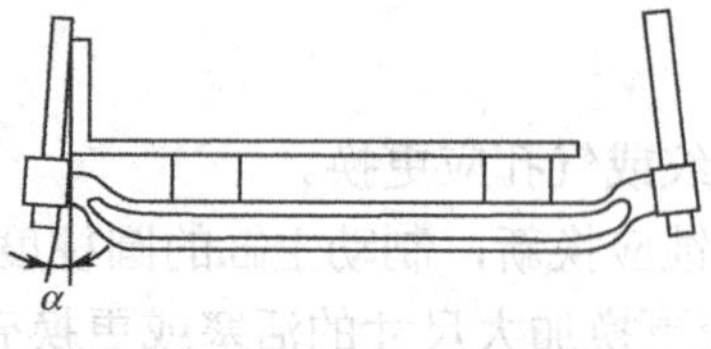

图 9-20　用试棒与角尺检验

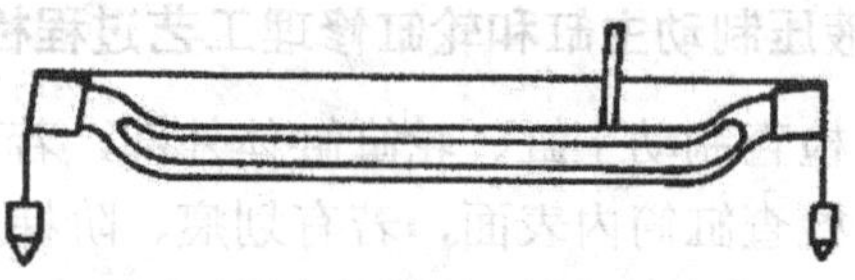

图 9-21　用拉线法检查

4）前轴主销孔的检验

用游标卡尺测量，前轴主销孔与主销的配合间隙应符合原设计规定，不符合要求时，可按修理尺寸法进行修理。

5）前轴主销孔上、下端面的检查

前轴主销孔上、下端面在使用过程中会发生磨损，其端面磨损沟槽应不大于 0.50mm，否则，应锪钻修平，前轴主销孔端面修理后，其厚度减少量应不大于 2mm，否则，应堆焊修复或换用新件。

2．转向节的检验

1）转向节裂纹的检验

用磁力探伤法或浸油敲击法检验，转向节不得有任何裂纹出现，否则，应换用新件。

2）转向节轴颈磨损的检验

用内径表及外径千分尺进行测量，轮毂外轴承与轴颈的配合间隙应不大于 0.040mm，内轴承与轴颈的配合间隙应不大于 0.055mm。轴颈磨损过大时，可进行电镀修复或换用新件。

3）转向节轴端螺纹的检验

用检视法检查，螺纹损伤超过两牙时，应堆焊修复，并重新车削螺纹。

4）主销衬套及主销的检验

用内、外径量具测量，主销衬套内孔磨损超过 0.07mm，或衬套与主销的配合间隙超过 0.20mm 时，应更换主销衬套。主销直径磨损超过 0.10mm 时，应更换主销。转向节主销孔两端面磨损起槽时，应修磨平整，并使其对主销孔公共轴线的端面全跳动误差符合原设计要求。

9.3.8　悬架及车轮修理工艺过程检验

1．钢板弹簧的检验

（1）检视钢板弹簧，若有裂纹、折断及厚度明显变薄等现象时须更换。

（2）钢板弹簧弹力的检验。通过检验其弧高的变化，判断钢板弹簧弹性减弱的程度。可在弹性试验器上检验有负荷与无负荷下弧高的减小量，简易的方法是采用样板或新片进行靠合试验，如果不符合技术标准规定，应进行校正或更换。要求左右钢板弹簧的总片数相等，总厚度差不大于 5mm，弧高差不大于 10mm。

2．减振器的检验

（1）防尘罩及贮油缸破裂、凹陷时，应予以焊修、校正或更换。油封磨损严重、密封环失效时均应更换。

（2）检测活塞杆磨损与弯曲变形。弯曲变形时应予以校正，磨损后其圆度、圆柱度误差超过 0.10mm 或杆端螺纹损伤超过两牙时，应更换。

（3）检测活塞及缸筒表面磨损。如果配合间隙大于 0.15mm 或严重拉伤时，应更换减振器总成。

（4）检查各阀片磨损或变形，检查弹簧弹力。

（5）修复后检测减振器性能。在减振器实验台上进行拉伸、压缩阻力试验，拉伸与压缩阻力应符合技术，或用手上、下往复推拉减振器 2～3 次，拉伸时应感到有沉重阻力，压缩时阻力较轻。

3．轮辋的检验

（1）轮辋变形的检验。检验轮辋的圆跳动。平式轮辋边缘 20mm 内的圆跳动公差为 2.50mm，轿车深式轮辋中线上的圆跳动公差与边缘附近的圆跳动公差为 2.00mm，变形超差时须更换。

（2）轮辋组件的平衡。轮辋、轮毂、制动鼓组件的动不平衡量不得大于规定值。轿车的轮辋组件的动不平衡量不得大于 400g·cm，车轮总成（包括轮胎）的动不平衡量不得大于 800～1000g·cm。

9.4 竣工验收

9.4.1 手动变速器总成竣工验收

1．磨合规范

（1）加注清洁润滑油，油温应不低于 15℃。

（2）由电动机或发动机等带动，在专用实验台上进行磨合。磨合分无负荷和有负荷磨合，先进行无负荷磨合，试验规范如下：

① 第一轴转速为 1000～1400r/min。

② 无负荷时间。各挡运行应为 10～15min，各挡磨合时间总和应不少于 1h。

③ 所加负载为最大传递转矩的 30%左右，运转 3～5mm（如果用驻车制动器当负荷，时间不超过 1min）。

磨合后，应放掉润滑油，用煤油、柴油各 50%的混合液清洗，然后换上规定牌号的齿轮油。

2．磨合后的技术要求

（1）不允许有自动脱挡、跳挡现象。

（2）变速器换挡应轻便灵活、迅速可靠。

（3）运转和换挡时不得有异常响声，变速杆应无明显抖动现象。

（4）所有密封装置不得有漏油现象。

如果不符合技术要求，应查明原因并排除。

9.4.2 转向桥及转向传动机构的调整和验收

（1）检查转向节主销衬套孔与主销配合间隙、前轴上端面与转向节上叉下平面的间隙是否符合技术要求。

（2）检查前轴与转向节装配松紧度。转向节与转向桥安装好后，用手拨动转向节时应转动灵活，无间隙感。用弹簧秤拉动转向节指轴的端部检查，所需拉力应符合要求（东风EQ1090E 型汽车为不大于 10N）。

（3）调整前轮最大转向角符合要求。

（4）调整轮毂轴承预紧度符合要求。

（5）调整前轮前束，使之符合制造厂规定。

（6）按顺序组装好横、直拉杆，按要求调整好球头销预紧度。

（7）检查转向盘自由行程。转向系统安装完毕后，转向盘应转动轻便、灵活，自由行程符合技术要求。

9.4.3 驱动桥总成竣工验收

1. 磨合试验

（1）加注清洁润滑油。

（2）由电动机或发动机带动，在专用实验台上进行磨合，无条件时也可在车上进行磨合。磨合分正、反转及无负荷和有负荷磨合，先进行无负荷磨合。

① 第一轴转速为 1400～1500r/min。

② 各项试验运行时间不少于 10min，运行总时间不应低于 1.5h，带负荷运行时间一般不超过 15min。

③ 有负荷磨合时，通过调整两侧的负载大小来检验差速器的工作情况。

磨合后，应放掉齿轮油，用煤油、柴油各 50%的混合液清洗，然后换上规定牌号的齿轮油。

2. 磨合验收技术要求

（1）在磨合试验过程中，轴承区的温升不应大于 25℃，手摸不应有过热的感觉。

（2）无异响（允许有均匀的啮合声，不允许有高低变化的响声和敲击声）。

（3）壳体及密封处不允许有漏油现象。

如果不符合技术要求，应查明原因并排除。

9.4.4 车身竣工验收

汽车车身主要是由若干冲压钣金件、型材、焊接组件或非金属材料成型件组合而成的。一般包括车前、车底、侧围、顶盖和后围等部件。结构复杂的汽车车身在修复后必须保证符合设计要求的形状和尺寸，以及足够的结构强度。轿车车身的修复一般采用的是整形法，通过收缩整形、撑拉、垫撬复位、焊、铆、挖补、黏结、涂装等方法，从而达到恢复原有形状、尺寸、结构强度及外观质量的目的。其工作程序一般如下：

（1）整形的验收。

（2）焊接、挖补、黏结、铆接及其修整的验收。

（3）装配与调修的验收。

（4）修补涂装的验收。

（5）内饰件及其他附件的修换的验收。

9.4.5　汽车制动性能检测

1．制动性能台试检验的主要检测项目

制动力；制动力平衡要求；车轮阻滞力；制动协调时间。

2．制动性能检测方法

（1）用反力式滚筒实验台检验。制动实验台滚筒表面应干燥，没有松散物质即油污。驾驶员将车辆驶上滚筒，位置摆正，变速器置于空挡，启动滚筒，使用制动，测取各轮制动力、每轴左右轮在制动力增长全过程中的制动力差、制动协调时间、车轮阻滞力和驻车制动力等参数值，并记录车轮是否抱死。

在测量制动时，为了获得足够的附着力以避免车轮抱死，允许在车辆上增加足够的附加质量和施加相当于附加质量的作用力（附加质量和作用力不计入轴荷）；也可采取防止车轮移动的措施（如加三角垫块或采取牵引等方法）。

（2）用平板制动实验台检验。制动实验台平板表面应干燥，没有松散物质或油污。驾驶员以 5～10km/h 的速度将车辆对正平板台并驶上平板，置变速器于空挡，急踩制动，使车辆停住，测得各轮制动力、每轴左右轮在制动力增长全过程中的制动力差、制动协调时间、车轮阻滞力和驻车制动力等参数值。

3．制动性能台试检验的技术要求

（1）制动性能台试检验车轴制动力的要求见表 9-6。

表 9-6　制动性能台试检验制动力要求

车辆类型	制动力总和与整车质量的百分比（%）		前轴制动力与轴荷的百分比（%）
	空载	满载	
汽车、汽车列车	≥60	≥50	汽车、汽车列车

注：空、满载状况下测试应满足此要求。

（2）制动力平衡要求。在制动力增长全过程中，左、右轮制动力差与该左、右轮中制动力大者比较，对于前轴不得大于 20%，对于后轴不得大于 24%。

（3）车轮阻滞力。汽车和无轨电车车轮阻滞力均不得大于该轴轴荷的 5%。

（4）驻车制动性能检验。当采用制动实验台检验车辆驻车制动的制动力时，车辆空载，乘坐一名驾驶员，使用驻车制动装置，驻车制动力的总和应不小于该车在测试状态下整车重

量的 20%。对总质量为整备质量 1.2 倍以下的车辆此值为 15%。

（5）机动车制动完全释放时间限制。机动车制动完全释放时间（从松开制动踏板到制动消除所需要的时间）对单车不得大于 0.8s。

9.4.6 汽车滑行性能检测

汽车的滑行性能通常是以汽车用规定的初速度空挡滑行减速到某一末速度时所通过的距离来评定。汽车的滑行性能是综合评价底盘各机构技术状况的标志。

（1）测试条件。发动机冷却水温度、机油温度及各总成油温应正常，汽车装备齐全；测试路面平直、附着良好。

（2）测试方法。驾驶汽车在（30±1）km/h 的稳定车速。在进入滑行区段后迅速踏下离合器踏板，同时脱入空挡，滑行至停车。测量自踏下离合器至车辆停止时汽车所通过的距离即滑行的距离，应不低于 230m。

注意：滑行期间，汽车应保持直线行驶，不允许用制动器。

第 10 章　诊断排除汽车底盘故障

学习目标

➢ 能对自动变速器报警灯报警进行故障人工自诊断和仪器自诊断
➢ 能诊断排除离合器、手动变速器和万向传动装置异响故障
➢ 能诊断排除前轮摆振与轮胎异常磨损故障
➢ 能诊断排除制动防抱死装置（ABS）失效故障

10.1　诊断排除自动变速器故障灯报警故障

自动变速器故障灯报警，表明自动变速器计算机已检测到其电子控制系统发生故障，其故障以代码形式存储在计算机存储器中，维修时可用特定的方法将故障代码从计算机内读出，以便有针对性地对相应元件和电路进行检测，快速地查找并排除故障。

读取故障码一般有三种方式：诊断座跨接方式、按键屏幕方式和计算机故障检测仪检测方式。其中按键屏幕方式只有一些高挡车才具备，另两种方式为常用方式。现以丰田（TOYOTA）车系自动变速器为例，使用诊断座跨接方式读取故障码操作介绍如下：

首先检查汽车蓄电池电压是否正常，以防电压过低导致计算机故障自诊断线路工作不正常。

（1）将点火开关置于“ON”位置。

（2）接下超速挡开关，即“OD/OFF”开关置于“ON”位置。

（3）用跨接线中专接诊断插座上“TE1”与“E1”脚（见图 10-1），此时应注意仪表板上的“OD/OFF”指示灯（见图 10-2）的闪烁情况。

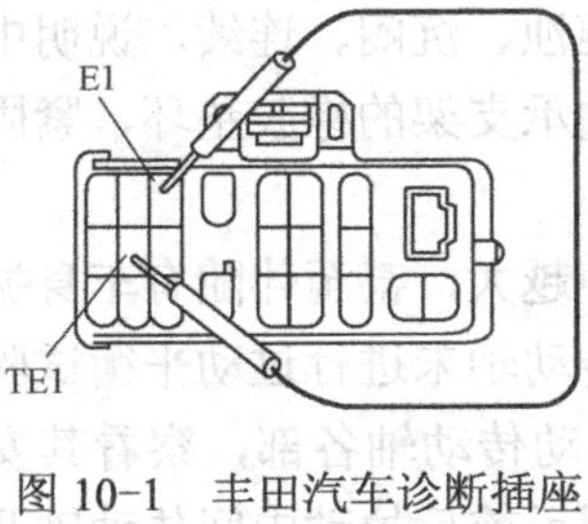

图 10-1　丰田汽车诊断插座

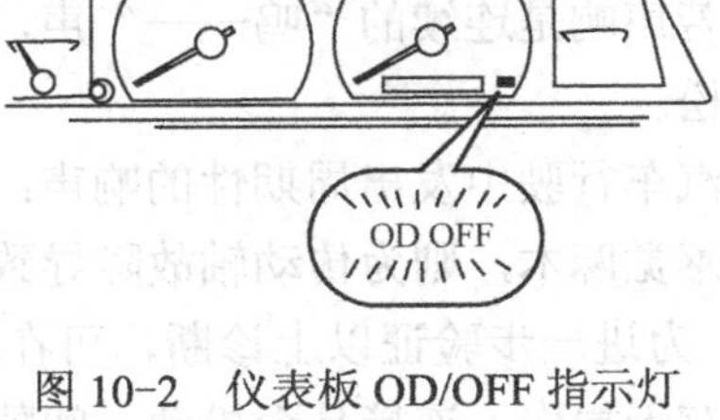

图 10-2　仪表板 OD/OFF 指示灯

（4）若“OD/OFF”灯以每秒闪烁两次的频率连续闪烁，表示系统正常。

（5）若系统有故障，则“OD/OFF”灯闪烁两位数组成的故障码，以亮、灭各 0.5s 闪烁一次闪烁出十位数，十位数闪烁之后间隔 1.5s，同样以亮、灭各 0.5s 闪烁一次闪烁出个位数，闪烁规律如图 10-3 所示。当内存中有几个故障码时，按故障代码的大小依次闪烁出来，两个故障码之间停顿 2.5s，当所有故障码全部闪烁出来后，停顿 4.5s，再重新开始闪烁，直到将跨接线从检测插座上取下为止。

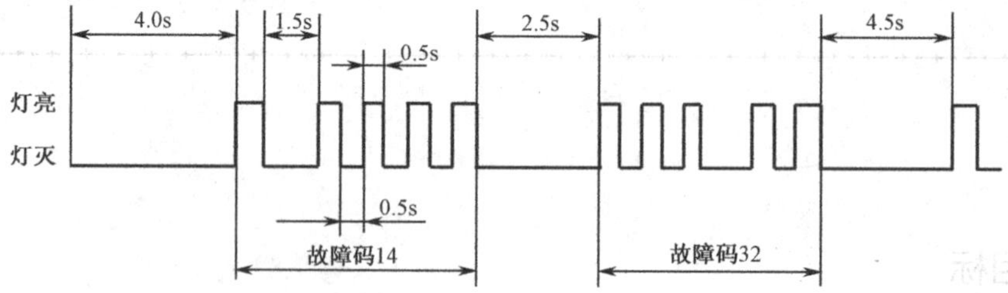

图 10-3　丰田车系发动机及自动变速器故障码波形图

10.2 诊断排除万向传动装置异响故障

（1）行驶中对油门和车速进行变换，如出现“咔啦、咔啦”的撞击声，多半是轴承磨损松旷或缺油。

（2）在起步时，出现“咣当”一声响或响声较杂乱，在缓坡上向后倒车时，出现“嘎巴、嘎巴”的断续声，一般是滚针折断、碎裂或丢失。

（3）行驶中，声响杂乱无规则，时而出现金属撞击声，说明传动轴万向节叉等速排列破坏。

（4）行驶中突然改变速度时，出现一种金属敲击声，一般是个别凸缘或万向节十字轴轴承磨损松旷。

（5）起步和变换车速时，有明显的撞击声，低速比高速时明显，多为中间支撑轴承内圈过盈配合松旷。

（6）起步或行驶中，始终有明显的“咔啦”异响，并伴有振抖，说明中间轴承支撑架固定螺栓松动。

（7）低速行驶时，出现清脆而有节奏的金属撞击声；脱挡滑行时，声响清晰存在，多为万向节轴承壳压紧过甚，使之转动不灵活。

（8）汽车行驶时，声响随车速增大而增大，若声响混浊、沉闷、连续，说明中间支撑轴承散架。若声响是连续的“呜——”声，检查中间支撑轴承支架的橡胶垫环、紧固螺栓是否过紧或过松。

（9）汽车行驶中发出周期性的响声；速度越高，响声越大，甚至伴随有车身振动，握转向盘的手感觉麻木，则为传动轴故障导致动平衡破坏或传动轴未进行过动平衡试验和校准。

（10）为进一步验证以上诊断，可在停车时检视并晃动传动轴各部，察看其安装是否正确，表面有无损伤，连接是否松动，间隙是否过松。若用手前后拉动中间传动轴凸缘，若有松旷，说明十字轴滚动轴承松旷，或变速器第二轴花键松旷，中间传动轴花键轴键齿松旷，中间传动轴后端螺母松动。

上述故障轻微时，可继续行驶，严重时应拆下检修。

10.3 诊断排除离合器异响故障

（1）发动机运转，出现“嚓、嚓”的摩擦声时，应先检查踏板自由行程，若无，但踏板放松后还能用力抬起少许，且异响随之消失，说明踏板回位弹簧过软或折断。若踏板不能抬起，则为调整不当。

（2）发动机怠速运转时，踩下踏板少许，听到有“沙沙”的响声，则为分离轴承响。应注入润滑油后再试，若响声消失或减弱，则是轴承缺油。若仍有响声，再踩下踏板少许并略微提高发动机转速，如有金属破碎声，甚至看到离合器下部有火星冒出，则为分离轴承损坏；如响声增大，则为轴承磨损严重。

（3）在踩下离合器踏板的过程中并无异响，但踩到底后出现金属敲击声，且随发动机转速升高而加重，但在中速稳定运转时声响明显减弱或消失，松抬踏板时响声并不重现，则是由传动销与压盘孔配合松旷或离合器盖驱动窗孔与压盘凸块松旷引起。

（4）在离合器处于刚接合或刚分离时察听，发出“喀哒”的碰声，则故障由摩擦片松动引起；接合时发出金属刮研声，甚至可以看出火花冒出，则故障由从动片铆钉露头引起。

（5）汽车启动时，出现金属摩擦声并伴有发抖现象，说明从动盘毂铆钉松动或钢片破裂。若在接合时出现一次撞击声，一般为从动盘花键孔与变速器输入轴花键齿配合松旷或减振弹簧折断。

（6）踩下离合器踏板时，响声在离合器前面，松开踏板后响声消失，则是曲轴后端孔内导向轴承损坏而产生异响；抬起离合器踏板时，响声在离合器后面，踩下踏板响声消失，则是变速器输入轴后轴承或变速器内有故障，需对变速器进一步进行检查。

10.4 诊断排除变速器异响故障

在判断变速器异响故障时，要根据响声特征、出现的条件和发响的部位来判断异响的原因，然后予以排除。

（1）变速器在空挡位置，发动机怠速运转，若听到“咯噔”声，踩下离合器踏板后响声消失，说明第一轴后轴承响。若听到均匀的噪声，在拉紧驻车制动器操纵杆后声响更大，踩下离合器踏板声响消失，说明常啮合齿轮啮合不良。

（2）在空挡位置异响并不明显，但在汽车起步或换挡的瞬间发出强烈的金属摩擦声，而在离合器完全接合后声响消失，说明第一轴前轴承损坏。

（3）低速行驶时，发出一种“咔啦”声，而车速提高后变为“嘎嘎”声，则是齿轮啮合不良或损坏，若在某挡运转有响声，一般是由该挡齿轮引起的。

（4）发动机不运转，将变速杆置于空挡，放松驻车制动器，在地沟里用手径向晃动第二轴凸缘，若其晃动量大，则说明第二轴后轴承松旷或损坏。

（5）变速器直接挡工作无异响，其他挡位均有异响，说明第二轴前轴承损坏。

（6）车速急剧变化，响声加大，而车速相对稳定，响声消失，说明是齿隙过大造成的；若响声是一种连续的“呜、呜”声，且随车速增大而增大，有时换挡困难，说明是齿轮间隙过小引起的。

（7）高速行驶时，有明显声响，突然加速时，响声很清晰，多为滑动齿轮花键配合松旷。

（8）在任何挡位、任何车速下均有“咝、咝”声，且伴有过热现象，说明变速器缺油或油质变坏。

变速器有异响故障时，应及时诊断检查，排除故障后方可运行，以免加剧变速器的磨损和损坏。

10.5 诊断排除轮胎异常磨损故障

1. 诊断程序

察看轮胎胎面的磨损有无规律，如呈现胎冠两肩磨损、中部磨损、单边磨损、锯齿状磨损、波浪状磨损等。根据磨损规律查找到相应的原因；若呈现无规律磨损，则为各部松旷、变形、使用不当或轮胎质量不佳等原因造成。

（1）察看轮胎的胎面，若胎面中部磨损严重，则为轮胎气压过高所致；若胎面两侧胎肩磨损严重，则为轮胎气压过低所致。用气压表检查轮胎气压以进一步验证。

（2）若胎面一侧磨损严重，则为前轮外倾不准或长期不换位造成。在轮胎定期换位的情况下，当胎面外侧肩部磨损严重时，为外倾过大所致。

（3）胎面外侧磨损严重，内侧磨损较轻，磨损痕迹从内向外横过胎面，则为前束过大或前梁在水平面内两端向前弯曲造成；反之，为前束过小或负前束造成。

（4）面对轮胎侧面，用手沿汽车横向反复推、拉轮胎顶部，并支起前桥用撬杠上下撬动前轮，检查转向节衬套与主销和轮毂轴承的松旷是否严重，若是则为故障原因。

（5）如果胎面呈现羽片状磨损，则为前束过大、过小所致。当前束过大时，左右前轮胎面上羽片的尖部指向汽车纵向中心线；过小为负前束时，会呈现羽片尖部背离汽车纵向中心线。呈现锯齿状磨损是由长期在超载情况下频繁使用制动而又未按期换位等原因造成的。

（6）胎面波浪状磨损，说明车轮旋转质量不平衡，车轮端面圆跳动太大或轮毂轴承、转向节、横拉杆、悬架等处松旷。呈现碟边状磨损的原因是车轮旋转质量不平衡、车辆径向圆跳动太大、前轮摆头或轮毂轴承、转向节、横拉杆、悬架等处松旷。

（7）支起前桥，将大型划针分别指向轮辋与轮胎，转动前轮，检查轮辋与轮胎是否偏摇或摆振严重。

（8）以上检查正常，需拆卸前桥，检查前梁有无弯扭变形。

2. 排除方法

（1）按标准充气。为保持轮胎缓和路面冲击的能力，充气标准可略低于最高气压。

（2）检查和调整前轮前束和外倾。

（3）检查与调整转向机构、前桥、悬架等间隙，检修或更换磨损零部件。

（4）检修车轮制动器，排除制动拖滞故障。

（5）对车轮与轮胎进行动平衡，必要时更换。

（6）使用时正确驾驶，合理装载。

10.6 诊断排除前轮摆振故障

1. 诊断程序

（1）查看前轮是否装用翻新轮胎，轮胎气压是否正常。

（2）如果前轮未装用翻新轮胎且气压正常，则检查前桥与转向系统各连接部位是否松旷。具体步骤如下：

① 检查转向盘与转向轴连接部位是否松旷。用一只手握紧转向盘沿转向轴轴线方向做上、下拉压动作，在转向盘面内做推拉动作。如果感到转向盘与转向轴之间松旷，则排除故障再试。如果正常，进行下一步检查。

② 轻轻地左右转动转向盘，在转向器垂臂不动的情况下，若转向盘转动量超过规定，则故障在转向器内。两手左右抓住转向盘，沿转向轴轴线方向做上下拉压动作。如果感到有明显的松旷量，则故障为转向器主动部分（如螺杆或蜗杆）轴承松旷；如果感觉不到松旷，则故障为转向器内主从动部分啮合部位松旷或垂臂轴承松旷。如果转向盘转动量正常，进行下一步检查。

③ 用力左右转动转向盘，用手分别握住直横拉杆各球关节处，如果感到有明显松旷量，说明球头销磨损松旷。如果正常，进行下一步检查。

④ 面对轮胎侧面，用手沿汽车横向反复推拉轮胎顶部，并支起前桥用撬杠撬动前轮下部，检查转向节衬套与主销及轮毂轴承是否有明显松旷量。同时视轮胎异常磨损情况检查和判断前束是否正常。

⑤ 检查转向器在车架上的固定是否松旷。

（3）如果前桥与转向系统无松旷之处，再检查前钢板弹簧 U 形螺栓、前钢板销与衬套等处是否松旷。对于独立悬架，检查各摆臂、杆系连接处是否松旷，减振器是否失效等。若不松旷，则检查左右两钢板的厚度、片数、弧高、长度和新旧程度是否相等。

（4）如果前悬架技术状况良好，可支起前桥，转动前轮，用大型划针检查前轮的径向跳动量和端面跳动量。若小型车超过 5 mm，其他车辆超过 8 mm，则为故障所在。如果正常，进行下一步检查。

（5）进行前轮平衡检验。前轮的径向跳动量、端面跳动量、不平衡度过大，是造成车轮在高速时强烈振动的主要原因。

（6）如果前轮的动平衡符合要求，用前束尺等工具检查前束值，若前束值过小或过大，则易造成前轮摆头。

（7）如果前束值也在规定范围内，检查前轮外倾、主销后倾是否正常。

（8）如果前轮定位正常，再检查转向系统与悬架的运动是否发生干涉。

（9）经上述检查无问题，则前轮摆头的原因可能是转向系统刚度不足，提高转向系统刚度，可提高抵抗前轮摆头的能力。

（10）检查故障是否在传动系统。前轮加垫安全塞块，支起后驱动桥，启动发动机，逐步换入高速挡，使驱动轮达到摆振速度，若出现车身与转向盘振抖，说明故障在传动系统。若转速提高无振抖，说明故障在前桥。

汽车在不平的道路上行驶时发生前轮摆头，这是由不平道路对前梁产生冲击进而使前轮绕主销角振动造成的。此时驾驶员通过改变车速、大幅度回转转向盘等方法，可使前轮摆头现象减弱或消失。

2. 排除方法

前轮摆振的主要故障是各部分间隙过大、松旷及变形。所以其故障排除方法就是调整松旷处、校正变形、更换新件。

（1）前轴变形后直接影响前轮定位的准确性，使用前轴检测仪检验前轴各项弯曲度，然后，使用前轴液压校正机进行校正。

（2）钢板弹簧座平面磨损厚度不得大于 2mm，定位孔磨损量不得大于 1mm，超限可堆焊修复。

（3）主销孔上下端面磨损起槽深度不大于 2mm，可用刨、锪修平，装合时增配“补偿垫片”进行调整，以保证转向节和主销孔上下端之间的间隙。磨损起槽深度超过 2mm 时，可用堆焊后加工修复。

（4）球头销的松紧度调整。将调整螺塞旋到底，使弹簧紧抵球座，退回 1/8～1/4 圈。调整完毕，转动球头销，应无阻力、无卡滞，球头销锥形端面应低于锥孔端面 1～2mm，否则应更换。

（5）车轮动不平衡，可在动平衡仪上检测并加平衡块校正。

（6）转向系统与悬架运动干涉和转向系统刚度不足，属生产厂家质量问题。

10.7 诊断排除汽车制动跑偏故障

（1）检查前轮左、右轮轮胎气压是否一致，按规定充气。

（2）如果轮胎气压一致，进行制动测试时，查看轮胎在路面上的拖印情况，拖印短或没有拖印的车轮即为制动有故障的车轮。

（3）查出有故障的车轮后，先检查该车轮制动管路是否漏油，轮胎气压是否充足，如果正常，检查制动间隙是否合乎规定，不符时予以调整；与此同时，结合排除轮缸里的空气。若仍无效，应拆下制动鼓，按原因逐一检查制动器各部件，特别是制动鼓的尺寸和精度等。

（4）若两侧车轮制动时拖印一致，应检查钢板弹簧是否折断或弹力不足。

（5）钢板弹簧正常，应检查前束是否符合要求，如果不符要求，进行调整。

（6）经上述检修后，制动仍跑偏，应检查车架或前轴的技术状况；如果出现忽左忽右的跑偏现象，则应检查是否有前束或直、横拉杆球头销是否松旷。

10.8 诊断排除制动防抱死装置（ABS）失效故障

制动防抱死系统的警告灯持续点亮时，说明系统有故障，应及时对系统进行故障诊断检查。诊断检查一般按初步检查、故障自诊断、快速检查、故障指示灯诊断四个步骤进行。诊断排除故障操作可按以下顺序进行。

1. 初步检查

（1）检验驻车制动是否完全释放。

（2）检查制动液液面是否在规定的范围内。

（3）检查 ABS 计算机导线插头、插座的连接是否良好，连接器及导线是否损坏。

（4）检查下列导线连接器和导线的连接或接触是否良好。

① 液压调节器上的电磁阀体连接器。

② 液压调节器上的主控制阀连接器。

③ 连接压力警告开关和压力控制开关的连接器。

④ 制动液液面指示开关连接器。

⑤ 四轮车速传感器的连接器。

⑥ 电动泵连接器。

（5）检查所有的继电器、熔丝是否完好，插接是否牢固。

（6）检查蓄电池容量和电压是否在规定范围内，检查蓄电池正负极导线的连接是否牢靠，连接处是否清洁。

（7）检查 ABS 计算机、液压控制装置等的搭铁端接触是否良好。

（8）检查车轮胎面纹槽的深度是否符合规定。

如果上述检查不能确定故障原因，接下来进行故障自诊断。

2. 故障自诊断

故障自诊断是指通过一定的程序和方法将 ABS 计算机存储的故障代码调出来，常用的方法包括人工调取故障码和用解码器调取故障码。人工调取故障码不需要专门设备，但不同汽车调取故障码的程序和方法往往不同，需要查询相关资料，并且有些汽车不提供人工调码方式。目前生产的汽车都配备 OBD—II，用解码器调取故障码快速准确，能提供故障码资料与维修帮助信息，并能进行相关的测试，所以这是目前普遍采用的方式。解码器调取故障码的具体操作参照相应的使用说明书。桑塔纳 2000 GSi 汽车使用大众系列专用解码器 V.A.G1552 进行故障自诊断的步骤如下。

（1）用诊断测试线连接好汽车诊断座和测试仪主机，仪器电源自动接通，屏幕显示如下：

```
                                                    HALP
INSERT   ADDRESS   WORD: XX
```

（2）打开点火开关，输入 ABS ECU 的地址码“03”，并按下仪器面板上的“Q”键予以确认。右上角显示“HELP”表示可按面板上的帮助键查询地址码。

（3）按方向键“→”进入功能选择菜单，屏幕显示如下：

HALP SELECT FUNCTION: XX

（4）输入功能代码“2”（读取故障码）按“Q”键确认，屏幕显示如下：

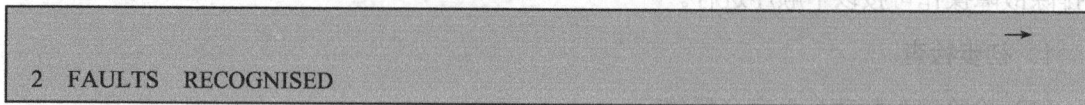

→ 2 FAULTS RECOGNISED

按方向键“→”显示故障码代号，再按“→”显示故障信息，直至全部信息读取完毕。

（5）记下读出的故障代码，退回到功能菜单选择功能“05”清除故障码。

（6）关闭点火开关，重新打开点火开关（有条件最好进行汽车制动路试）后再读，若开始读出有两个故障码，有一个消失，则可能该故障码是历史故障码（曾经发生过故障但目前无故障，有可能是维修后未清码，也可能是偶发性故障），而另一个故障码指示的故障可能真实存在，需对照电路图用万用表进行检查。

（7）选择功能“06”退出当前诊断系统，屏幕显示如步骤（1）。

除读取和清除故障码功能，还可进行数据流读取、执行元件动作测试、控制单元编码等操作。

3．快速检测

用数字万用表及相应仪器和工具对 ABS 故障码所指定的电路进行针对性的快速检测，对照维修资料数据，迅速查找到真正的故障点。

4．排除故障

5．清除故障代码

6．验证故障是否彻底排除

检查警告灯是否仍然持续点亮，如果警告灯仍然持续点亮，应确认是系统中仍有故障，还是故障已经排除而故障代码未被清除。警告灯不再持续点亮后，进行路试，进一步确认故障是否彻底排除，如果仍有故障，继续检修直至系统恢复正常为止。

第 11 章　汽车电器设备修理

学习目标

- 掌握蓄电池技术状况的检查方法，并能根据检查结果作相应处理
- 掌握发电机及其调节器的性能测试及修理方法和工艺
- 掌握启动机的性能检测方法，掌握启动机及其控制电路的检修方法
- 掌握空调系统的性能检测方法，能对手动空调系统进行检测

11.1　充电系统修理

11.1.1　蓄电池技术状况检测

蓄电池的技术状况检测包括其外观检查、静止电动电势检查、解液密度及其液面高度检查、蓄电池负荷测试、漏电检查及充电技术状况检查等项目。根据检测的结果，可以判定蓄电池的技术状况，从而对蓄电池进行维护修理或更换。

1．蓄电池外观检查

（1）检查蓄电池壳体是否有破裂，若有，则进行修补或更换蓄电池。

（2）检查壳体是否有脏污，桩头是否有松动或氧化现象。若有，则进行清洁，可用抹布蘸 10%的苏打水中碱水擦拭，再用清洁的抹布擦净；若是桩头有氧化现象，则可以用热水冲洗，再用清洁的抹布擦拭干净。

2．静止电动势检查

切断与蓄电池相连的所有用电设备，用数字式万用表测量蓄电池的静止电动势。若 12V 的标准电压的蓄电池，检测所得电压低于 12V，则说明蓄电池过量放电；若检测电压在 12.2～12.5V 之间，说明蓄电池部分放电；若检测电压在 12.5V 以上，则说明蓄电池电呈充足状态。若为刚充过电的蓄电池，则应先消除表面充电现象，可打开雾灯或大灯 30s 后，再关闭所有用电设备进行测试。

3．电解液液面高度及密度检测

1）电解液液面高度检查

（1）如图 11-1 所示，打开蓄电池加液孔盖，用一根内径 6～8mm，长度约 150mm 的玻璃管，垂直插入加液孔内，直至极板边缘为止。

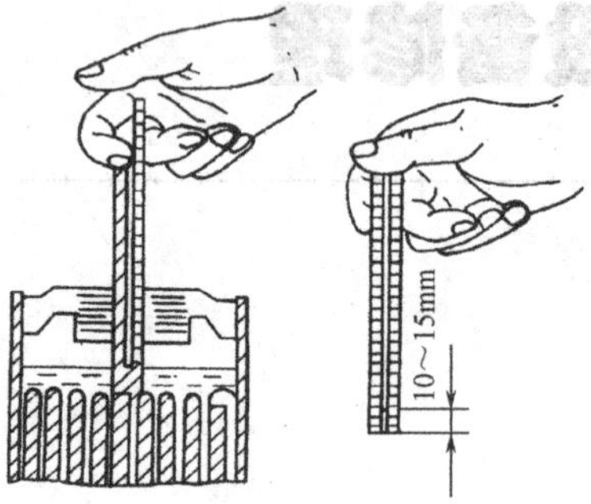

图 11-1　蓄电池液面高度检查

（2）用拇指将上口压紧，用食指和无名指将玻璃管夹出。玻璃管中液面高度即为蓄电池电解液液面高度。一般应在 10～15mm 之间。

（3）将吸出电解液倒入蓄电池原单格内。

（4）少维护蓄电池，电解液液面高度则可直接通过蓄电池壳体上的液面高度的上下限划线来观察。液面处于上下划线之间即为正常。

（5）免维护（MF）蓄电池，没有补充加注液口，当其观测孔呈现透明状态时，说明电解液液面过低，应更换蓄电池。

2）电解液密度检测

干式荷电、少维护蓄电池均设有测量相对密度的加液口，可用吸式密度计测得电解液相对密度。免维护蓄电池多数一般不能用这种密度计测量，但有的也可取下顶盖进行检测。很多免维护铅蓄电池设有内装式密度计，内部装有一颗能反光的绿色塑料小球，随其浮升的高度变化，从玻璃观察孔中可以看到代表不同状态的颜色。

（1）当绿球上升到笼子顶部（此时电解液相对密度为 1.22 以上），并与塑料杆的下端接触时，能看见绿色，这时可进一步对蓄电池做负载试验。

（2）当看不见绿色小点（变为模糊或成黑色）时，表明小球已经降到了笼子的底部，说明蓄电池存电不足（电解液相对密度比较低），故试验前必须先充电。直到出现绿色亮点，再做负载试验。

（3）当玻璃孔显示透明无色，说明电解液液面已下降到低于密度计的位置，当出现此现象时，必须更换蓄电池，不必再充电或做其他测试。同时应检查充电系统充电电压是否过高。

4．负荷测试

铅蓄电池性能的最佳测试方法是负荷测试。测试时为保证得到正确结果，要求蓄电池至少存电 75%以上，若电解液相对密度不到 1.22，开路电压达不到 12.4V，应先充足电，再做测试。

（1）新式高率放电计测试。新式高率放电计有可变电流式、不可变电流式两种，我国目前应用较多的是不可变电流式，如图 11-2 所示。测试时，用力将放电计触针刺入正负极，保持 15s，若蓄电池能保持在 9.6V 以上，说明该电池性能良好，但存电不足；若稳定在 11.6～10.6V，说明电池存电足；若迅速下降，则说明蓄电池已损坏。

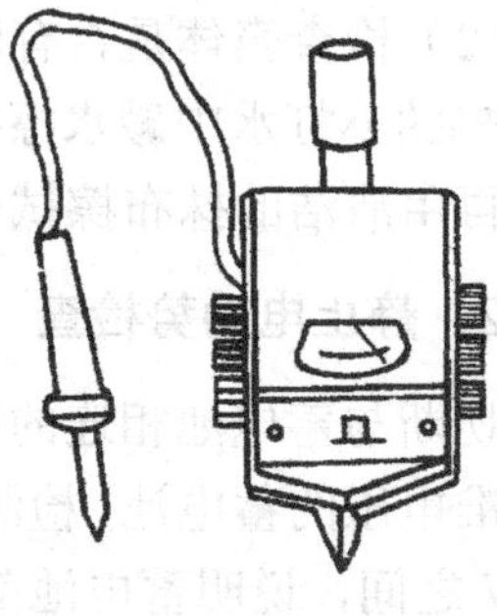
图 11-2　蓄电池高率放电计

（2）就车启动测试。在启动系统正常的情况下，也可用启动机作为试验负荷，进行就车启动测试，步骤如下：

① 取下分电器中央高压总火线，并将线头搭铁。

② 将数字式电压表接于蓄电池正负极上。

③ 接通启动机 15s，读取电位表读数，应不低于 9.6V（12V 的蓄电池）。

（3）3min 测试。3min 测试用来确定已放完电的蓄电池是否需要修理、报废或还能进行补充充电。可将蓄电池从车上拆下，以不超过 40A 的电流连续充电 3min（对 12V 蓄电池），在 3min 结束后，用数字式电压表测量蓄电池充电电压，若充电电压超过 15.5V，说明蓄电池有故障，应予以更换；若不超过 15.5V，可按补充充电值继续进行补充充电。

5．漏电测试

漏电测试用来判明当所有电路切断时，是否还有某些电器元件或部件在消耗蓄电池电能。方法有以下几种：

（1）刮火法、试灯法测试。切断所有用电设备，关好车门，拆下蓄电池搭铁线。用该导线对蓄电池搭铁接线柱刮火，若有火花，说明电路漏电。也可在拆下搭铁线后，用小功率试灯串入蓄电池负接线柱与搭铁线之间，若试灯亮，说明电路漏电。

（2）电压表或电流表测试。即使所有开关切断时汽车上有些电子器件也仍在消耗电能，但其电流值很小，如数字钟、电子调谐式收音机、发动机的控制模块、防盗控制模块、发电机二极管等。

为了检查这些电子器件在点火开关断开时消耗电能的情况，可用电压表或电流表进行测试，测试时，先拆下蓄电池搭铁线，将电压的正表笔接搭铁线，负表笔接蓄电池“-”极接线柱，如果数字式电压表显示值略小于蓄电池静止电动势 0.3～0.5V，则电路正常。也可用电流表串接在搭铁线与蓄电池“-”极接线柱之间，观看电流的精确读数，用于分析漏电状况。

（3）用欧姆表测试。从蓄电池上拆下搭铁线，将欧姆表表笔分别连接搭铁线与蓄电池正极引线，其电阻值应不小于 100Ω。否则，蓄电池漏电将过快。

6．充电技术状况测试

1）严重硫化的判断

蓄电池硫化后，内阻增大，充电时欧姆极化增大，按正常充电电流充电时，单池充电电压开始就高达 2.8V 以上，电液温度上升很快，电液密度基本不变，充电开始就冒气泡，则说明蓄电池硫化严重。

2）活性物质严重脱落的判断

活性物质严重脱落后，由于电液中沉淀物较多，因此，在充电时电液浑浊，充电终了现象提早出现，蓄电池输出容量减小。

3）严重短路的判断

蓄电池某单池的极板严重短路后，在充电过程中，充电电流增大，该单池的电液密度基本不变，无气泡产生，则说明有极板严重短路。

7．注意事项

（1）检修时要注意不将检修工具放置在蓄电池上，以免造成蓄电池短路而损坏蓄电池。

（2）给蓄电池补充液体时，除确认电解液有泄露外，一般只应补充蒸馏水。

（3）蓄电池充电应在通风良好的环境来进行，应严格执行充电的相关规范。

11.1.2 发电机性能测试与修理

1．发电机性能测试

发电机性能测试包括发电机是否发电测试和发电机整机检测、发电机的空载性能、负载性能及整流性能的测试。检测发电机是否发电可以用万用表或铁质旋具来检测，整流性能采用汽车专用示波器来检测，而其空载性能和负载性能必须在电器实验台上来进行。

1）检测发电机是否发电

（1）万用表检测。启动发动机，将发动机转速保持在1500～2000r/min运转，用万用表测量极柱上的电压，若电压在14V左右，则说明发电机发电性能良好；若电压远大于14V，则说明发电机电压过高；若电压为12V或低于12V，则说明发电机不发电。

（2）利用铁质旋具检测。发动机启动后，将铁质旋具靠近发电机壳体，若感觉到有磁吸引力，则说明发电机发电；若无则发电机不发电。

2）发电机整机检测

整机检测是指在发电机不解体的情况下，利用万用表来检查发电机各外部接线柱之间的电阻情况。检测时，使用数字式万用表的200Ω挡位或二极管检测挡位（测量电枢接线柱“+”与磁场“F”和搭铁接线柱之间电阻时用），检测的结果应与表11-1相符，否则说明发电机有故障。

表11-1　交流发电机各接线柱之间的电阻值

交流发电机型号		F与E间(Ω)	B与E间		N与E间	
			正向（Ω）	反向（Ω）	正向（Ω）	反向（Ω）
有刷	JF11、JF13、JF15、JF21	5～6	40～50	>10000	10	>10000
	JF12、JF22、JF23、JF25	19.5～21				
无刷	JFW14	3.5～3.8				
	JFW28	15～16				

3）发电机空载性能测试

发电机进行空载试性能检测时，将发电机总成安装在汽车电器实验台上，并按图11-3（a）接通电路，此时发电机不带负荷，由实验台的电动机带动旋转，并由蓄电池给发电机励磁。启动实验台，将发电机转速逐步提高转速到500～800r/min，断开蓄电池，使发电机自励。然后不断提高转速，观察实验台电压表的指示值随转速的变化规律，便得到发电机空载特性。一般情况下，当转速上升到空载试验的规定值时，发电机的电压应达到额定值。对于12V电压系统，当空载电压达到14V时，发电机转速不得大于1000r/min，否则，表明发电机有故障。

4）发电机负载性能测试

空载性能检测合格后，再进行负载性能检测。负载性能检测是在空载性能检测的基础上进行的，按图 11-3（b）接通电路，当发电机电压达到额定值时（对于 12V 电压系统的发电机额定电压为 14V），在提高发电机转速的同时，逐步给发电机加大负荷。观察电流表的指示值随转速的变化规律，便得到发电机输出特性。一般情况下，对于 12V 电压系统，当发电机的端电压达到额定值 14V、输出电流为 25A 时，发电机转速不得大于 2500r/min，否则，表明发电机有故障。

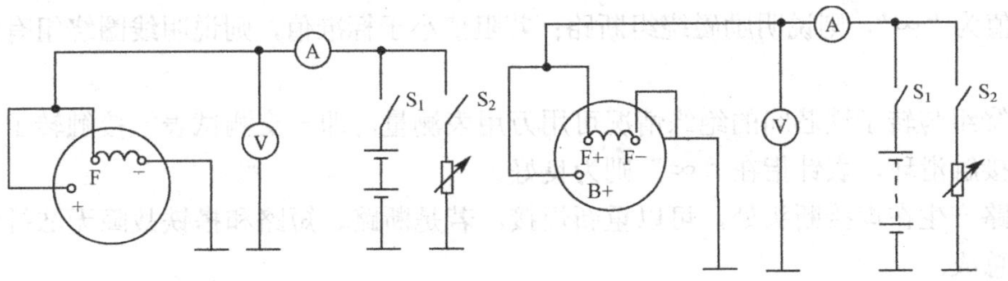

（a）发电机空载性能测试电路　　（b）发电机负载性能测试电路

图 11-3　发电机性能实验电路图

5）整流波形的试验

用示波器（通用型）测试交流发电机的整流波形，也可判断定子绕组和整流电路的故障。启动发动机，将示波器探针接在发电机电压输出接线柱上，检测电压波形。各种故障波形如图 11-4 所示。

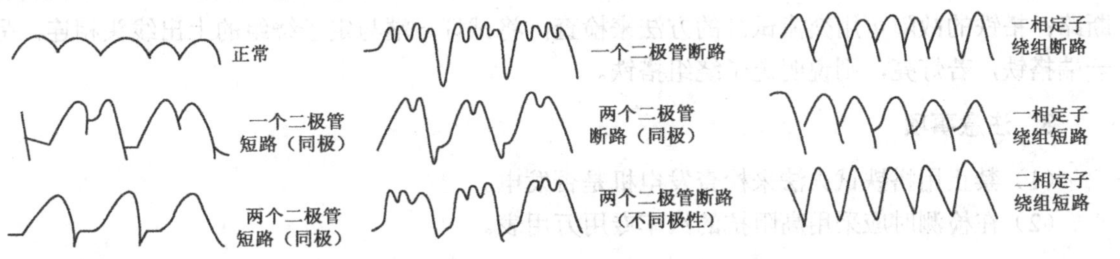

图 11-4　交流发电机的各种故障波形

2. 交流发电机的修理

将交流发电机解体后，可以进行下述检查和修理项目。

1）二极管的检测与更换

拆检二极管时，首先应将定子绕组与硅二极管之间的所有连线拆开，用万用表的二极管检测挡位逐个检查每个硅二极管的好坏。在测量后端上的三个二极管时，应将万用表的负测试表笔接在后端盖上，正测试表笔接在二极管的引线上，此时二极管承受正向电压；其阻值很小，应在 8～10Ω 之间；然后交换两测试表笔位置再进行一次测量，其反向阻值应是很大的，在 10kΩ 以上。若两次测得阻值为一大（10kΩ）一小（8～10Ω），则说明该二极管良好；若两次测得均为“∞”，则该二极管断路；若两次检测阻值均为“0”，则该二极管短路。

在拆装二极管时，严禁敲击，应在小压床或虎钳上使用专用工具拆装。新换的管子与承孔应为过盈配合，其配合过盈量一般为0.07～0.09mm。否则，应对承孔进行加工或在二极管上加垫薄钢皮。因为，若配合太松，易于脱出，造成故障；若配合太紧，则易使管子变形损伤。近年来，在汽车维修中，以换代修的发展趋势越来越明显，故当二极管损坏时，一般更换元件板总成甚至直接更换发电机总成而不进行修理。

2）励磁绕组的检查

励磁绕组的端头焊点易发生折断，可用万用表进行检查。可将两测试表笔分别接触两滑环，若阻值为“∞”，则说明励磁绕组断路；若阻值小于标准值，则说明线圈绕组有匝间短路故障。

励磁绕组与转子铁芯间的绝缘情况可用万用表测量，即一支测试表笔接触转子轴，另一支测试棒接触滑环，表针指在“∞”则为良好。

若断路产生在焊接断头处，可以重新焊接，若是断路、短路和搭铁故障无法排除时，可更换转子总成。

3）滑环与电刷的检修

当滑环表面有轻微烧蚀，可用“00”号砂布打磨；若烧蚀严重，圆柱度误差大于0.025mm，应用车床加工，滑环厚度小于1.5mm时，应予以更换。电刷的高度不得比标准尺寸低7mm，否则，应予以更换。

4）定子的检测与修理

定子绕组的故障一般包括短路、断路和搭铁。短路故障一般通过示波器检测发电机端电压的波形来判断；断路故障可用万用表测量定子绕组的两端的电阻值，若为“∞”，则说明有断路；搭铁的故障可用交流试灯的方法来检查，将试灯一端与定子绕组的上出线头相连，另一端搭铁，若灯亮，则说明定子绕组搭铁。

3．注意事项

（1）禁止用搭铁试火法来检查发电机是否发电。
（2）在检测时应采用高阻抗的汽车专用万用表。

11.1.3 发电机调节器检测与维修

由于现在使用的发电机电压调节器都采用不可拆式晶体管调节器或内装式（集成电路式）调节器，所以当调节器损坏时，只作检测更换而不作修理。

1．晶体管式调节器的检测

（1）静态电阻测试。使用万用表R×100挡测量晶体管调节器各接线柱之间的静态电阻，可判断调节器的技术状况。为了提高调节器精度，应采用数字万用表。

（2）动态试验。将晶体调节器接上外电路，通电后检查其开关能否工作，即可判明晶体调节器性能是否良好。

认清晶体管调节器接线柱符号，将0～50V/5A的直流可调电源和2W/12V（或3W/24V）的灯泡按图11-5所示电路连接。接通可调直流电源，逐渐升高电压，当电压为4～5V时（14V

调节器）指示灯泡亮，靠近正极端灯泡亮表明调节器为内搭铁式，靠近负极端灯泡亮表明调节器外搭铁式。

将不亮的灯泡拆去，继续升高电压，灯泡亮度会跟着增大，当电压升到接近调节电压时，灯泡会由亮转灭，再升高电压，灯泡也不亮，说明调节器性能良好。凡出现下述几种情况，说明调节器有故障。

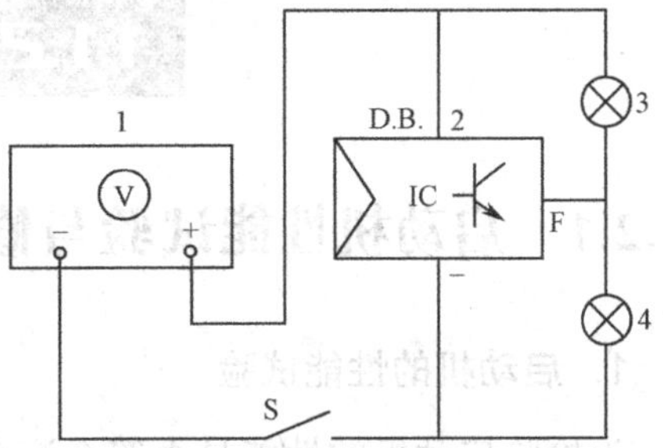

1—可调稳压电源；2—调节器；3、4—灯炮

图 11-5　测量晶体管调节器的性能电路

① 接通开关，升高电压，指示灯始终不亮，表明调节器内部已断路。

② 接通开关，升高电压，指示灯常亮，即使到达调节电压，指示灯也不灭，说明调节器内部短路。

2. 内装式电压调节器的检测

内装式（集成电路）调节器是装在发电机上的，可直接在汽车上对发电机的集成电路调节器进行检测，这种检测又称就车检测法。

检测时，用一个 10～20V 的可变直流电源，按如图 11-6 所示方法连接后，将 5A 电流表接在发电机“L”接线柱和蓄电池“+”极接线柱之间，将发电机“S（或 D+、F)”接线柱与可变直流电源的“+”极接线柱相接。测量时使可变直流电源从 10V 开始逐渐升高，同时观察电流表的指针变化。当电流表指针指在“0”位时，可变直流电源电压停止上升，这时可变直流电源电压值就是调节器的调节电压，此值应为 13.5～14.5V，否则，说明调节器有故障。

检测时也可用一只 12V，20W 的灯泡代替电流表（24V 电源应用 24V，20W 灯泡）测量时，按上述要求，测量出灯泡熄灭时的电压，此电压即为调节器调节电压。注意：测量时要拆下发电机“B”接线柱的导线，且不能让“B”接线柱搭铁。

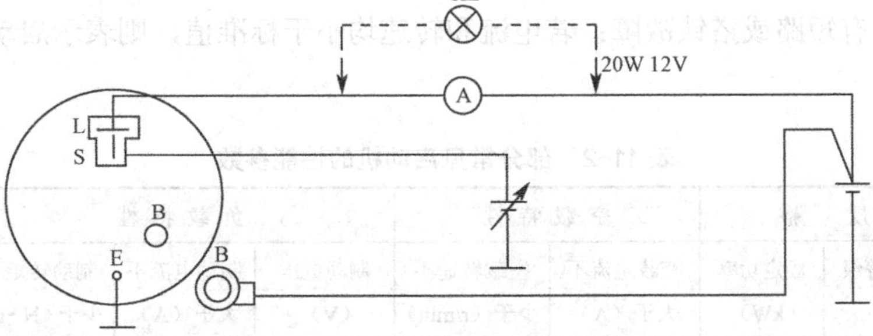

图 11-6　内装式调节器的检测

3. 注意事项

（1）电压调节器一般不作修理，当发现其有故障时，应及时更换。

（2）电压调节器的电压等极和搭铁极性必须与发电机一致。

11.2 启动系统修理

11.2.1 启动机性能试验与修理

1．启动机的性能试验

为检验启动机的性能是否符合汽车发动机使用要求， 一般需进行下述试验。

1）空载试验

为判断启动机内部有无电路和机械故障，可以通过测量启动机的空载电流和空载转速，并与标准值相比较，若不符合规定，则说明启动机有故障。

进行空载试验时，在汽车电器实验台上按图 11-7 所示连接好电路。然后接通启动机电路，启动机应能运转均匀，电刷下无火花，无运转异响。此时，记下电器实验台上电压表、电流表和转速表的读数，其值应与标准值（见表 11-2）相符。试验时，应注意启动时间的控制，每次试验时间不得超过 5s，以免启动机过热损坏。

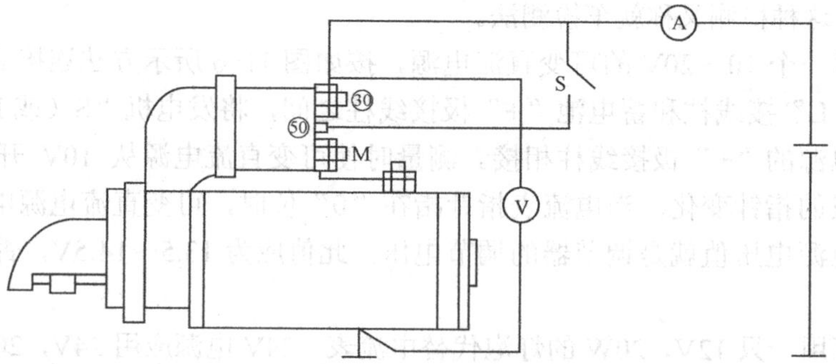

图 11-7　启动机空载试验电路

若试验中观察的电流大于规定值，而转速低于标准值，则说明启动机装配过紧或电枢绕组和励磁绕组内有短路或搭铁故障；若电流和转速均小于标准值，则表示启动机线路中接触不良现象。

表 11-2　部分常见启动机的性能参数

启动机型号	规　格		空载特性		负载特性			适用车型
	电压等级（V）	额定功率（kW）	空载电流不大于（A）	空载转速不少于（r/min）	制动电压（V）	制动电流不大于（A）	制动转矩不少于（N·m）	
QD114A	12	0.8	50	5 000	7.7	600	12.7	SC1010 JK1010
QD113E	12	0.6	55					TJ1010（华利）
QD1226F	12	0.8	50	6 000				TJ100（夏利）
QD1227	12	1.3	100	5 000	8	525	15.68	BJ2022

续表

启动机型号	规格		空载特性		负载特性			适用车型
	电压等级（V）	额定功率（kW）	空载电流不大于（A）	空载转速不少于（r/min）	制动电压（V）	制动电流不大于（A）	制动转矩不少于（N·m）	
QD1332	12	2.0	120	4 000	7.5	500	13.0	五十铃 N 系列
QD1229 QD1225	12	0.95				480	13.0	桑塔纳轿车
QD1237	12	1.4	75	2 900				北京切诺基
QD1239 QD1229	12	0.95	55	4 700				一汽奥迪
QD1277A	12	1.3	90	5 000	8	650	25.48	NJ1061

2）全制动试验

全制动试验应在空载试验的基础上进行，空载试验不合格的启动机不进行全制动试验。

全制动试验的目的是通过测量启动机在完全制动时所消耗的电流（制动电流）和制动力矩，以判断启动机主电路是否正常，并检查单向离合器是否打滑，其试验方法如下：

将启动机夹持在试验台上，使杠杆的一端夹住启动机驱动齿轮的三个齿，如图 11-8 所示，电路连接与空转试验相同。接通启动机电路，观察单向离合器是否打滑并迅速记下电流表、电压表、弹簧秤的读数，其值应符合规定值。若制动力矩小于标准值而电流大于标准值，则表明励磁绕组或电枢绕组中有短路和搭铁故障。若力矩和电流都小于标准值，表明线路中接触电阻过大。若驱动齿轮锁止而电枢轴有缓慢转动，则说明单向离合器有打滑现象。

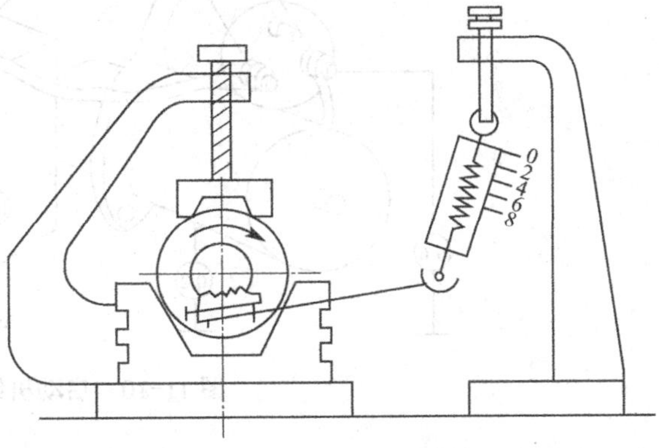

图 11-8 启动机全制动试验

试验时，为免损坏启动机及蓄电池，全制动试验应注意每次试验通电时间不要超过 5s。同时，工作人员应避开弹簧称夹具，防止发生人身事故。

3）电磁开关性能试验

（1）吸拉试验。将电池负极分别接到机壳和电机接线柱“M”上，正极接线柱接到“50”接线柱上，如图 11-9（a）所示，驱动齿轮应被强有力地吸拉出。

（2）保持试验。在上述试验正常吸拉出驱动齿轮的情况下，将电机接线柱“M”上的引线断开，其他不变，如图 11-9（b）所示。若驱动齿轮能保持在拉出位置，表明电磁开关保持线圈性能正常。

（3）复位试验。将蓄电池负极接到启动外壳上，蓄电池电极接到“M”接线柱上，接通电路，驱动齿轮在拉出位置应能进入原始位置，如图 11-9（c）所示。

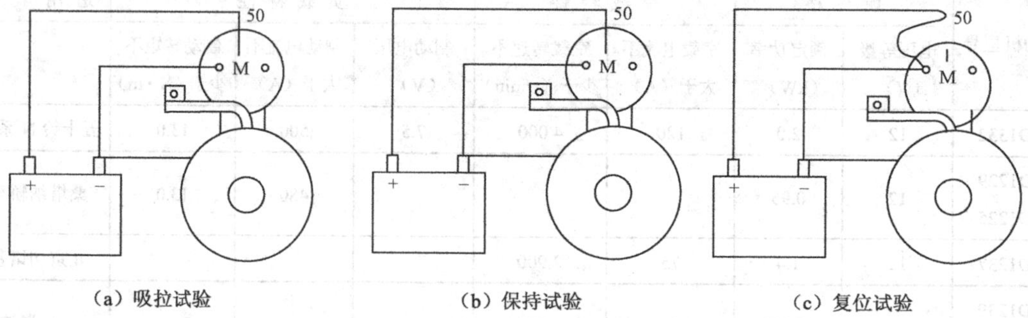

图 11-9　启动机电磁开关性能试验

4）启动机压降测试

将启动机安装到发动机上，接通启动机电路，测试各线路上的压降，应符合规定值，如图 11-10 所示。

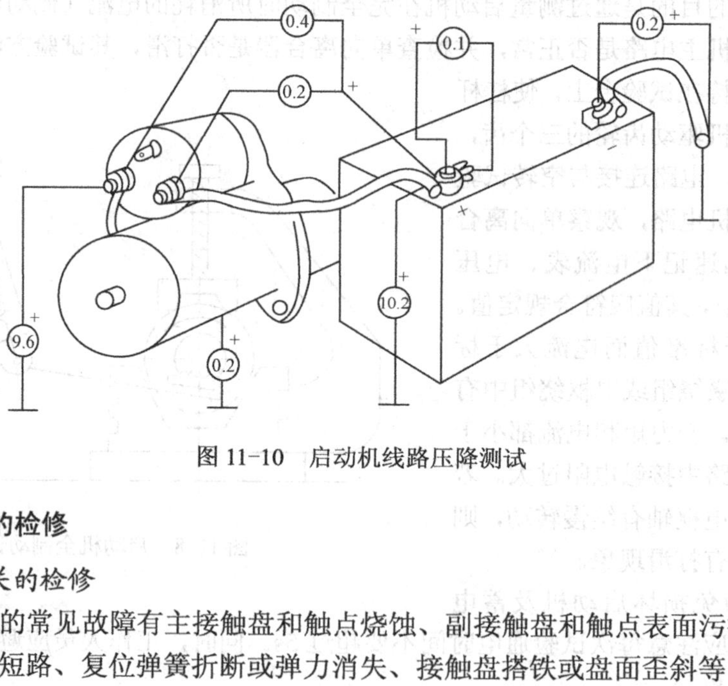

图 11-10　启动机线路压降测试

2．启动机的检修

1）电磁开关的检修

启动机开关的常见故障有主接触盘和触点烧蚀、副接触盘和触点表面污损或氧化、触接线柱绝缘垫破损短路、复位弹簧折断或弹力消失、接触盘搭铁或盘面歪斜等。

（1）就车检查。

① 当将点火钥匙转到启动位置时，若电磁开关内无任何响声，则一般为启动继电器烧蚀，并非启动电磁开关的故障。

② 当将点火钥匙转至启动位置时，电磁开关内虽有响声，但启动机不转。若短接起电磁开关上的蓄电池接线柱和启动机接线柱时，启动机能正常运转，则可以认为是主盘或其触点烧蚀。

③ 启动时，若电磁开关内有较强的“嗒嗒”声，但启动机不转，可检查电磁开关中的线

圈是否断路。有时蓄电池电力不足或启动电路导线接触不良时，也会有此声响，但冲击声略弱。

（2）保位线圈的检查。

如图 11-11（a）所示，从励磁绕组接线柱上拆下励磁绕组正极端后，用万用表检查电磁开关接线柱（“50”端子）与电磁开关壳体之间的电阻，应为“0”。否则，表示线圈断路，应更换电磁开关。

（3）吸拉线圈的检查。

如图 11-11（b）所示，从励磁绕组接线柱上拆下励磁绕组正极端，用万用表检查电磁开关与励磁绕组接线柱之间的电阻，应为“0”。否则，表示吸拉线圈断路，应更换电磁开关。

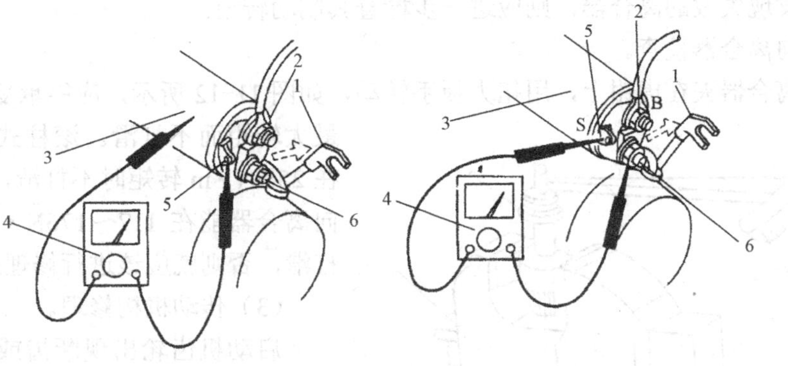

（a）保位线圈的检测　　（b）吸拉线圈的检测

1—励磁绕组的正极端子；2—启动机主接线柱（“30”端子）；3—电磁开关；4—万用表；
5—电磁开关接线柱（“50”端子）；6—励磁绕组接线柱

图 11-11　启动机电磁开关检测

（4）电磁开关修理。

① 接触盘或触点表面烧蚀者，可用“00”号细砂纸磨去蚀斑，使之露出金属光泽或换用新件。

② 触点未严重烧蚀者，可用气焊堆补缺损部分或直接更换开关总成。采用堆补方法修理时，应先将缺损部分用气焊堆补，然后用锉刀整修复原，最后用砂纸打光表面。锉修时，应注意保证每对触点均能与接触盘接触，接触面应在 75%以上。且堆补量不得过多，以保证在不启动时接触盘与触点间的间隙不小于 2.5mm。

③ 复位弹簧、接触盘弹簧折断及绝缘衬垫破损者，均需换用新件。

④ 若电磁开关的保持线圈断路，必须拆出线圈重绕或更换电磁开关总成；在现代维修中，大多数情况下会直接更换启动机总成。

2）传动机构的检修

传动机构的常见故障有驱动齿轮齿顶磨损或断齿、单向离合器轮毂花键与花键轴之间发卡、缓冲弹簧折断，以及单向离合器失效、咬死等。

（1）就车检查。

① 若每次启动时都伴有强烈的齿轮撞击声，则应检查驱动齿轮和飞轮齿圈端面上的齿顶是否已缺损或磨损。若撞击声虽不大，却连续不断，频率很高，齿轮不能啮入，则应检查缓冲弹簧是否变软或折断。

② 若启动时只有“嗡嗡”的高速旋转声，启动时与飞轮齿圈没有啮合，则应检查单向离合器和驱动齿轮组件能否在电枢轴上自由滑动，能否进入啮合位置。若不能自由滑动或滑不到啮合位置，应检查花键与轴是否有卡滞或弹簧断裂等故障。

③ 若发动机启动后，发动机仍带动启动机高速旋转，则应检查单向离合器。在拆下启动机后，用手按正向和反向转动驱动齿轮，若两个方向均不滑转，则说明单向离合器咬死，应立即更换。

④ 若启动时驱动齿轮能正常啮入，启动机高速运转，而发动机不转动，则应检查单向离合器是否打滑。可先用手正反转动驱动齿轮，若均能转动，则说明单向离合器失效。对于用手检查未发现失效的离合器，则应进一步检查其制动转矩。

（2）单向离合器检查。

将单向离合器夹在虎钳上，用扭力扳手转动，如图 11-12 所示，应能承受制动试验时的最大转矩而不打滑。滚柱式单向离合器能在 25.5N•m 转矩时不打滑，而摩擦片式单向离合器能在 117～176N•m 转矩之间不打滑，否则就应该进行修理或更换。

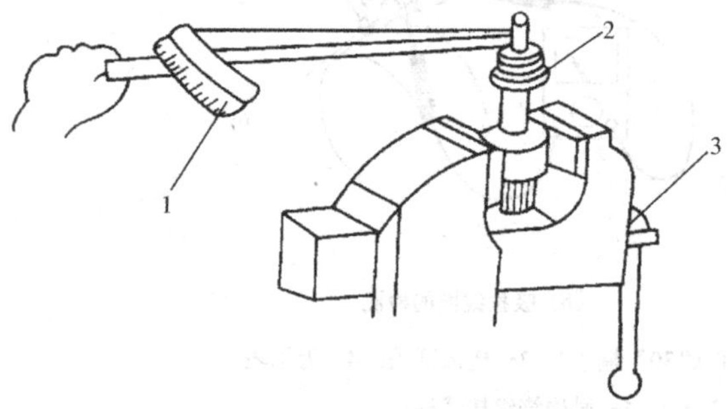

1—扭力板手；2—单向离合器；3—虎钳

图 11-12　检查单向离合器的正向传递转矩

（3）传动机构修理。

启动机齿轮出现断齿或有效齿长短于飞轮齿长时，必须换用新件。齿端变形或出现毛刺，可用油石修掉，若能保持各齿端面整齐、有倒角，仍可装复使用。遇到单向离合器打滑或咬死故障时，应拆散离合器组件，视情形决定修理或更换。

① 滚柱式单向离合器。检修时，先拆散单向离合器，检查滚柱有无磨损、弹簧有无折断。若有断损现象，应更换新件；壳体内圈若有油污，可用清洗剂擦净后中吹干，再重新装复。

② 摩擦片式单向离合器。若工作时轻微打滑，可拆开单向离合器，增加调整垫片的厚度以补偿其磨损量。如果严重打滑，摩擦片磨损过多，则应更换摩擦片或离合器总成。

③ 弹簧式单向离合器。驱动弹簧内径与套筒的过盈量应为 0.25～0.50mm，如果过盈量不够，易引起打滑。另外，应检查各滑动零件是否滑动自如，不得有发卡现象，若有，则进行更换。

3）直流电动机的检修

电动机的常见故障有电刷磨损、沾油和卡死在刷架中，励磁绕组断路、短路与搭铁，电枢绕组断路、搭铁、转子轴弯曲及换向器表面烧蚀等。

（1）就车检查。

检查电动机故障前，应首先检查电刷和换向器表面状态，消除电刷卡滞、表面油污等故障。在确认电刷能正常接触换向器表面之后，用存足电的蓄电池带动启动机。

① 若电动机转动无力、转速低，可认为励磁绕组短路。

② 若外电路接触火花很大，可认为励磁绕组或刷架有搭铁故障。

③ 若通电开始转动一瞬间有转动不均匀现象，可检查是否有电枢绕组断路和换向器表

面烧蚀等故障。

④ 若空转很好，却带不动发动机旋转，除检查电枢线圈的短路故障外，还应检查搭铁电刷的搭铁是否良好。

遇有上述故障，需拆开启动机进行下列检查。

（2）励磁绕组的检修。

① 断路故障。最常见的断路点是在机壳接线柱与绕组抽头之间的连接导线焊接处、各励磁绕组之间的接线处，在拆检的同时应注意观察。

② 搭铁故障。励磁绕组的搭铁故障多因绝缘层击穿或被碰伤所致，可用 220V 试灯检查，也可用万用表的电阻挡检查，如图 11-13 所示。

③ 短路故障。当励磁绕组存在匝间短路时，绕组表面有烧焦痕迹。对于无烧焦痕迹的绕组，可将其放在电枢感应仪上检查。励磁绕组的短路故障，如图 11-14 所示。存在短路故障的励磁绕组，感应仪通电 5min 后，会出现发热现象。

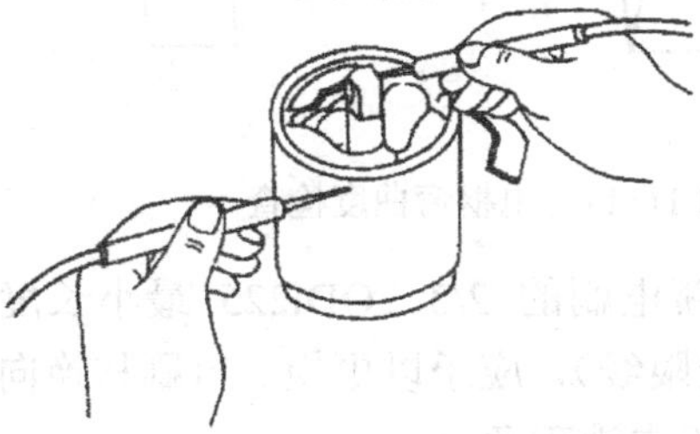

图 11-13 励磁绕组的搭铁故障检测

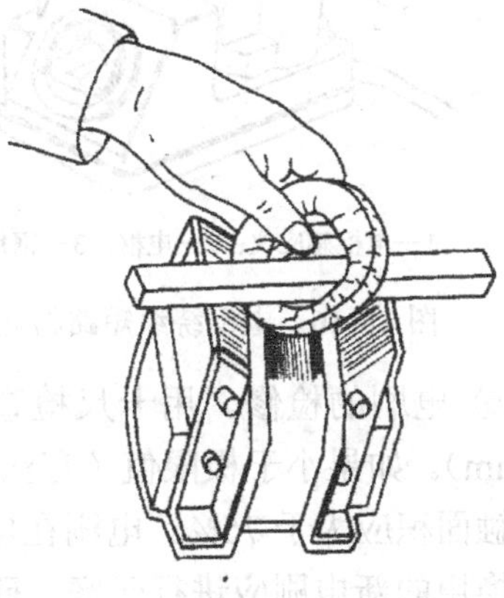

图 11-14 励磁绕组短路检测

当检测出励磁绕组有上述故障时，一般应更换启动机总成而不用修复。

（3）电枢的检查。

① 断路故障。首先应查看绕组端头与换向片的焊接点，若有脱焊及焊料熔化流失的痕迹，即可断定此处断路。若发现某换向片烧蚀严重，应注意检查此换向片嵌线槽处是否有焊料熔化痕迹。也可用万用表测量换向器上相邻两个铜条之间的电阻，其值应为“0”。否则，表示换向器铜条之间断路，应更换电枢。

② 搭铁故障。电枢绕组的搭铁故障可用 220V 试灯检查。用试灯的一支表笔接电枢铁芯，另一支表笔接换向片，若试灯亮如图 11-15 所示，说明存在搭铁故障。若两表笔同地接触两个换向器片时试灯不亮，则说明同时存在搭铁和断路故障。除上述方法外，也可用万用表测量换向器的每个铜条与电枢轴之间的电阻，应为“∞”，否则，表示换向器铜片间有短路，应更换电枢。

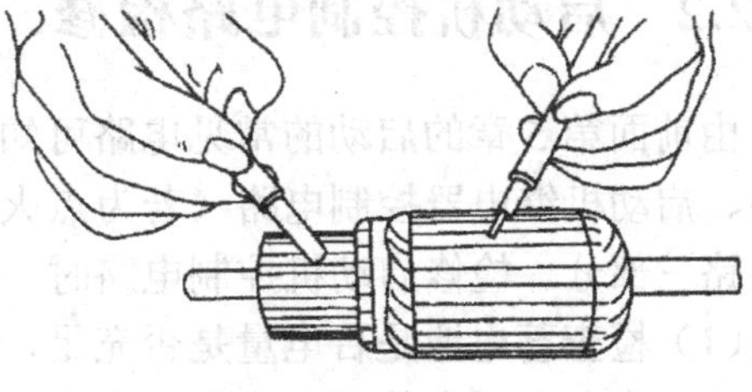

图 11-15 电枢搭铁故障检测

③ 匝间短路故障。首先应检查各线圈在铁芯两端的槽外部分有无变形及相互接触现象，在校正变形并确认无接触故障后，可将电枢放在电枢感应仪上检验，如图 11-16 所示。当测试仪通电后将钢片置于电枢铁芯上，并一边转动电枢一边移动钢片。当钢片在某一部位产生振动时，说明该处电枢绕组短路，应更换电枢。

④ 电枢轴弯曲与换向器偏心检查。当启动机存在“扫镗”或换向器处冒火花等现象时，应按图 11-17 所示方法检查电枢外圆表面和换向器表面的径向跳动。通常，电枢铁芯外圆表面跳动量不大于 0.15mm，换向器表面跳动量不大于 0.05mm。

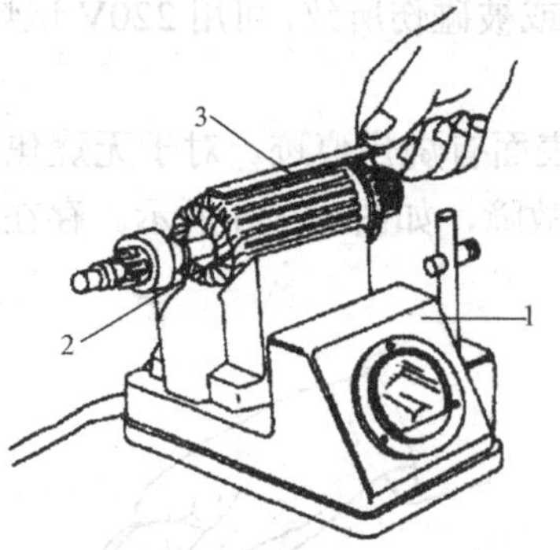

1—电枢感应仪；2—电枢；3—钢片

图 11-16　电枢绕组短路检测

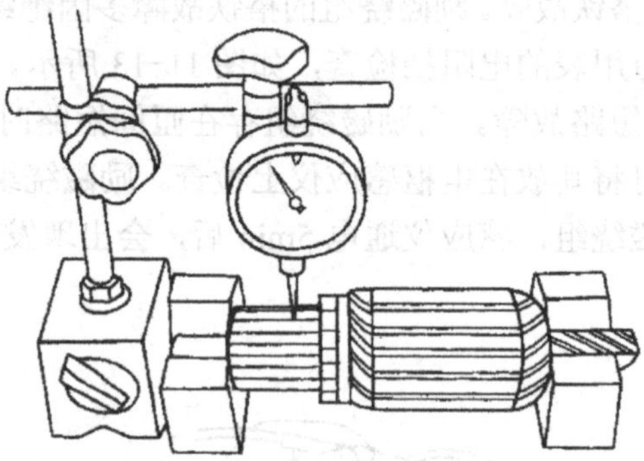

图 11-17　电枢弯曲度检查

⑤ 电刷的检修。用卡尺检查电刷长度，应不小于新电刷的 2/3（QD1225 最小长度为 11.5mm）。如果小于极限值（有些启动机电刷刻有使用极限线），应予以更换。电刷与换向器的接触面积应大于 75%。电刷在电刷架内应活动自如，无卡滞现象。

换用的新电刷应进行研磨。研磨的方法是在换向片上缠上“00”号细砂纸（砂面朝外），装上启动机端盖和需要研磨的电刷，用台钳夹住端盖，用手转动电枢进行研磨，使换向片与电刷的接触面积达到 75%以上。

电刷的弹簧拉力可用弹簧和测量，一般在 18～22N 之间。如果达不到规定值，应更换新的弹簧。

3. 注意事项

进行启动机性能实验时，应注意启动机每次启动时间不超过 5s，相邻两次启动时间应间隔 15s，以免损坏启动机。

11.2.2　启动机控制电路检修

由前面第 5 章的启动的常见电路可知，启动机的控制电路可分为三部分，即启动机电源电路、启动机继电器控制电路（若为点火开关直接控制，则开此部分）和启动机电磁开关控制电路三部分。检修启动机控制电路时，可按下述方法进行。

（1）检查蓄电池是否电量是否充足，若不足应及时充电。

关闭汽车上所有的用电设备，用万用表检测的静止电动势应在 12.5V 以上，否则，应及时充电。

（2）检查启动机控制电路是否有松动或发热现象。

检查启动电路中各导线的连接处和插接器是否有松动或发热现象，若有，则说明线路有接触不良现象，应及时排除。

（3）检查启动继电器是否工作正常。

当启动机不工作或转动无力时，采用跨接线将启动继电器的电源接线柱和启动机接线柱短接，若启动机运转正常，则说明启动继电器损坏或不工作。此时，应进一步检查启动继电器及其控制电路。

（4）检查启动机到启动继电器的连接线路是否正常。

若将启动继电器的电源与启动机接线柱短接后，启动机不工作，则应检查启动机与启动继电器间的连接导线是否有断路。或采用跨接线将蓄电池正极电源直接加到启动机电磁开关接线柱上，若启动机工作，则为启动机至启动继电器之间断路。若启动机仍不工作，则为启动机有故障。此时，应对启动机进行检修或更换启动机。

（5）注意事项。

在进行启动机电路检修时，所拆下的线头应小心放置，避免因产生搭铁而烧毁电路和电器元件。

11.3 空调系统修理

11.3.1 空调系统性能测试

1．检测程序

性能测试主要是为了检测制粉调制冷系统的制冷效率，其检测程序如下：

（1）把汽车停在阴凉处，拉紧手制动，塞上三角垫木。

（2）将空调歧管压力表的高压和低压两侧分别与压缩机对应的检修接头连起来。

（3）关闭汽车的所有门窗。

（4）启动发动机，使压缩机的转速维持在高速。

（5）将温度控制开关调整到最冷位置。

（6）把冷气的窗口全部打开。

（7）当车厢内的温度为 25～35℃时，对采用 R134a 制冷剂的制冷系统而言，歧管压力表读数应为高压 1370～1570kPa，低压 150～250kPa。

（8）测量冷气出口处的温度，用干湿球温度计检测相对湿度。

（9）观察观察窗，检查制冷剂的流动情况。

2．测试方法

1）测试压力

把歧管压力表的高压和低压分别接在压缩机的两检修阀或高、低管路的充、排气阀上，启动发动机，使压缩机转速维持在 2000r/min 左右，打开冷气开关把风量置于最高挡，把调温旋钮置于最冷处，使制冷系统运转 15min 以上，使各个部件有充分的时间以稳定其工作状态。在有冷气吹出的情况下，观察窗内应看不到有气泡产生。然后观察低压表的读数，当车厢温度为 24.30℃时，压力应为 105～310kPa。其压力的高低是由车厢里的空气温度决定的，车厢里温度高，其读数就偏高；车厢里温度低，其读数就偏低。如果低压表读数太低，说明系统中有的地方被堵塞或是制冷剂数量不足；如果太高，说明制冷系统中存在的空气或制冷剂数量太多，或是压缩机效率降低。高压压力的高低主要受周围空气温度的影响，其压力一般应为 1.4～1.5MPa。如果高压表的读数太低而且在观察窗里有气泡产生，则说明制冷剂数量不够；如果高压表的读数太高，可能是制冷剂太多或是制冷系统中存在空气，或冷凝器散热不好。

2）测试温度与湿度

检测高低压压力之后，再测定车厢内的降温效果，把干湿球温度计放在制冷系统的进气口处，把玻璃棒温度计放在冷气的出口处。

（1）测量车厢内空气的相对湿度。测量制冷系统进气口处（蒸发器进口）干湿球温度计的干球和湿球的温度，根据所测得的干球和湿球的温度值，利用湿空气曲线图（见图 5-22）求出蒸发器出气口处的温度的相对湿度。例如，设蒸发器进气口处的干球温度和湿球温度分别为 25℃和 19.5℃，则在图 5-22 中虚线的交叉点的相对湿度为 60%。

（2）测量制冷系统进气口和排气口的温度差。首先观测制冷系统排气口处的玻璃棒温度计的指示值，再观测制冷系统进气口处干湿球温度计的干球温度计指示值，两者之温差值即所求进气口与排气口的冷气温度差。

3．评定制冷性能

根据求出的空气相对湿度及进气口与排气口的冷气温度差，在标准性能曲线图（见图 5-23）上找出评定根据。如果这两个坐标值的交叉点在标准性曲线图上两条阴影线的包络范围之内，则表示制冷性能良好；如果交叉点在这个区域外，则说明制冷系统的制冷性能不良，还需要继续进行调整。

4．道路实验

汽车空调经过上述测试后，有条件的应进行道路实验。实验时，汽车应满载额定乘员，在晴天少云、有日光照射、外界气温不低于 30℃、风速不大于 3m/s、太阳辐射强度为（4.6±2.1）（$J/cm^2 \cdot min$）的条件下，在硬实、干燥、树荫少的公路上中速行驶，进行降温能力、保温性能、爬坡性能等与气温有密切关系的项目实验。

测量车内的气流分布与温度分布时，测量点应布置在相当于人坐着姿势的耳朵高度，但不会影响呼吸的部位。

做降温实验时，应先将汽车停放在阴凉处，门窗全开，人员下车，使车内的温度平衡，然后，人员迅速上车，起步、开冷气，开始记录车内温度。每隔 1～2min 记录一次，直到连续三次记录相差不多为止。

做空调打开与关闭的经济性对比实验时，要尽量做到使两种实验的外界工况条件相同。

开空调时，压缩机应正常运转。

11.3.2 手动空调系统检测

1. 人工经验法检测

空调系统检测时，可让汽车空调制冷系统运转，采用“一看、二听、三摸”的经验方法检查系统的运转是否正常。

1）看

（1）通过储液干燥器的观察窗，观察制冷剂是否适量。启动空调，检测时，让空调系统处于最大制冷状态，观察储液干燥器的观察窗。如果观察窗几乎透明，制冷剂流动稳定，发动机转速变化时可能会出现气泡，说明制冷剂是适量的。

（2）观察各接头处是否有油污和灰尘。如果有油污和灰尘，则制冷剂可能已泄漏。观察冷凝器表面是否脏污，散热片是否变形。

2）听

（1）听电磁离合器有无刺耳的噪声。如果有噪声，则可能是电磁线圈老化，吸力不足，通电后由于打滑而产生噪声，也可能是离合器片因磨损而造成间隙过大使离合器打滑。

（2）听压缩机是否有液击声。如果有液击声，可能是制冷剂过多或膨胀阀开度过大所致，应释放部分制冷剂或调整膨胀阀。

3）摸

（1）检查高压管路。

① 高压管路的表面一般比较热，如果某处特别热或进出口温差特别明显，说明这个地方可能发生堵塞。

② 用手感觉压缩机的进气管和排气管之间应该有明显的温差，正常时，前者发凉，而后者发烫。

③ 用手感觉比较冷凝器的进入管和排出管的温度，正常情况下，前者热一些，冷凝器上部温度比下部温度要高。

④ 用手摸储液干燥器，其前后的温度应该一致。

⑤ 用手摸压缩机输出管到膨胀阀输入端之间的制冷剂高温高压区，其温度应该均匀一致。

（2）检查低压管路。

低压管路比较凉，用手摸膨胀阀前后应有明显的温差，即前热后凉。膨胀阀出口到压缩机之间软管的温度应低而不结霜。空调在正常情况下应为结霜后即化，因此，用肉眼看到的只是化霜后结成的水珠。

（3）用手感觉车内出风口应有凉爽的感觉，车内外应保持 7～8℃的温差。

2. 仪器仪表检测

通过看、听、摸这些简单方法只能发现比较明显的不正常现象，对于一些复杂的故障，还要借助仪器和仪表对制冷系统进行测试。

1）空调检漏

检查整个系统各接头是否有泄漏。这里要特别注意压缩机主轴油封的泄漏问题。到目前为止，汽车空调压缩机的主轴油封泄漏制冷剂的问题还没有得到完全地解决。检测时可用电子检漏仪、卤素检漏仪或荧光检测法来检测。若无仪器，可以用荧光检漏或肥皂水来检测。

用电子检漏仪检测时，将电子检漏仪调整到最小挡，即将电子检漏仪的灵敏度调整为15克/年，因此，只要制冷剂泄漏就报警。如果小于15克/年，则认为是允许的，不会妨碍空调系统工作。检测时，将检漏仪探头预热伸入需要检测的部位，通过其产生的蜂鸣声的大小或仪表指针即可判断出泄露量的多少。

采用卤素检漏灯检测。使用时必须在通风良好的地方，且要注意不要吸入卤素火焰的蒸汽，以防吸入有害气体。检测时，将气瓶内充入丙烷气体，打开手轮，在点火处点着卤素灯，旋动调节手柄，使火焰伸出铜环约6mm，保持检漏灯直立，待铜环烧红后手持吸入管，使其端头对准各待检测部位检查，从火焰颜色的变化来判断泄露量的多少。当没有泄露时，火焰颜色为橙红色；当有微量泄露时，火焰为浅绿色；当泄漏量输出较多时，火焰呈浅蓝色；当泄露量很大时，火呈紫色。一般而言，泄露量越大，火焰颜色越深。

采用荧光检漏时，将荧光剂按一定比例加入空调系统中，运行20min后戴上专用的眼镜，用检漏灯照射空调系统，泄露点将呈黄绿色荧光。

当没有相关仪器设备时，也可以用肥皂水来进行检测。先向系统内充入氮气使压力达到10～10kg/cm^2，或使制冷剂的压力达到100～200kPa，将肥皂水涂抹在空调管路和各接头处，若某处发现产生肥皂泡，则说明此处有泄露。

2）歧管压力表检测

将歧管压力表的高、低压表分别接在压缩机的排气、吸气口的检修阀上，检查制冷系统的压力。运转压缩机，使发动机的转速保持2000r/min，然后观察歧管压力表的读数。若表的压力与标准值不符，则说明空调系统有故障。具体见第12章用歧管压力表检测与排除空调系统故障。

3）万用表检测

用万用表可以检查出空调控制电路故障，判断出电路是断路还是短路及各种控制开关的工作状况。

4）温度计检测

用温度计可以判断出冷凝器、蒸发器、储液干燥器是否有故障。蒸发器：正常情况下，蒸发器的表面温度在不结霜的前提下越低越好。冷凝器：正常情况下，冷凝器的入口温度为70℃，冷凝器出口温度为50℃左右。

3. 注意事项

（1）使用卤素检漏灯检漏时，应在通风良好的工作环境中进行，应避免吸入燃烧后的有害气体。

（2）歧管高、低压压力表连接时，应注意高、低压表不要接反，以免损坏压力表组。将表从空调中拆下时，应先泄压。

（3）在检修中，若需从高压侧充注制冷剂，则发动机不能启动。

（4）空调系统在拆卸更换部件时，应先用专用设备回收制冷剂。在充注制冷剂之前，应先进行检漏和抽真空。

（5）空调各管路在维修中应避免折弯，管路的位置应远离排气管或有尖锐边缘的部位。

（6）各部件安装和连接必须按规定的力矩拧紧。

11.3.3　空调压缩机的检测

1. 压缩机油面高度的检查

压缩机是高速旋转装置，其工作是否良好，取决于润滑是否充分，但过量的冷冻润滑油会阻碍制冷效果，所以当更换压缩机部件时或在修理之后必须检查压缩机内的油量，即检查油面高度。

按图 11-18 所示卸下压缩机油尺，通过加油塞孔，观看并旋转空调离合器前板，把油尺用棉纱擦干净，然后插到压缩机内，直到油尺端部顶到压缩机外壳为止。取出油尺，观察油尺浸入深度，当加油合适时，压缩机内油面应在 4～6 格之间，若过少则应补充，若多则放出多余部分。

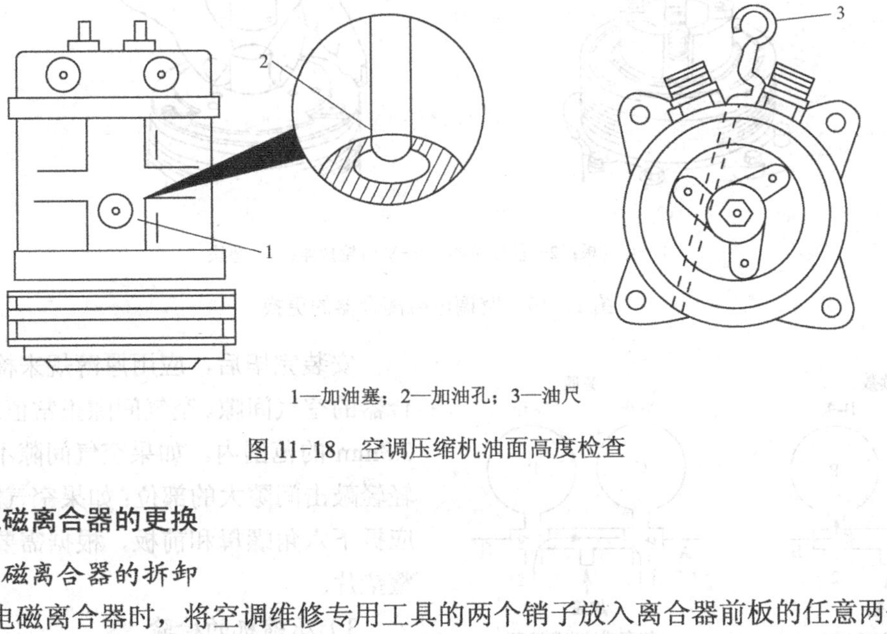

1—加油塞；2—加油孔；3—油尺

图 11-18　空调压缩机油面高度检查

2. 电磁离合器的更换

1）电磁离合器的拆卸

拆卸电磁离合器时，将空调维修专用工具的两个销子放入离合器前板的任意两个螺栓孔中，使离合器的前板固定，即可旋松并卸下螺母，如图 11-19（a）所示。利用拉器拉下离合器前板，并将键从轴上拆下，如图 11-19（b）所示。拆下轴承内卡环及外卡环，利用拉器将皮带轮总成拆下，如图 11-19（c）所示。从压缩机前端盖顶上的线夹内，拆下离合器线圈引出线，然后拆下离合器线圈。

2）电磁离合器的安装

安装离合器线圈时，应注意将线圈法兰凸出部分与前盖中的孔对齐，以防止线圈移动，并正确放置引线。利用压缩机后部的 4 个安装耳，把压缩机支撑住，将离合器总成和前端盖毂对正，把离合器总成装到轴上。先安装内轴承卡环，然后安装外轴承卡环。卡环的圆周有一平边和一斜边，应将平边朝向压缩机，斜边朝外。接着安装离合器调整垫片，并将前板安装到压缩机上。最后将压缩机轴键安装好，将前板键槽与压缩机轴键对准，轻轻敲击直到它落在离合器片上，并将紧固螺母以 34～41N·m 的力矩拧紧，如图 11-19（d）所示。

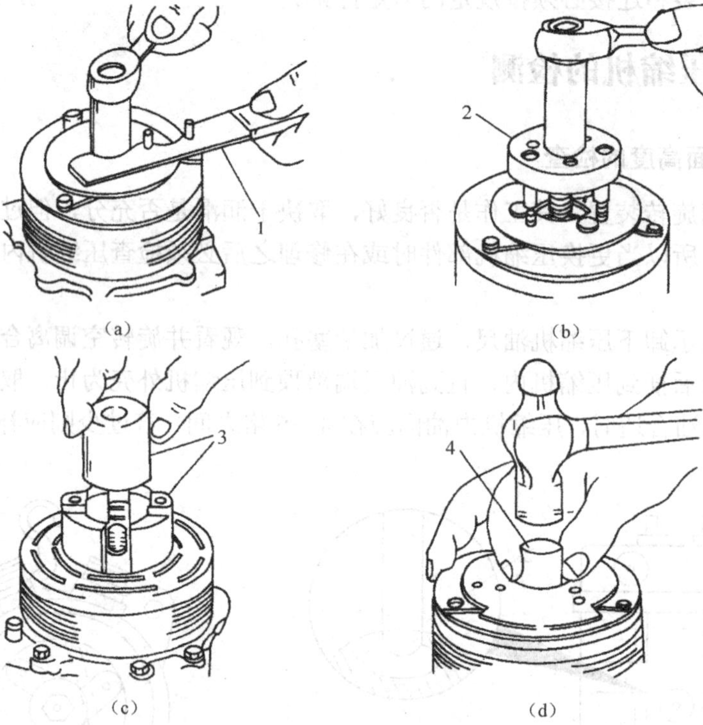

1—止动板；2—前板拉器；3—V 带轮拉器；4—垫块

图 11-19　空调电磁离合器的更换

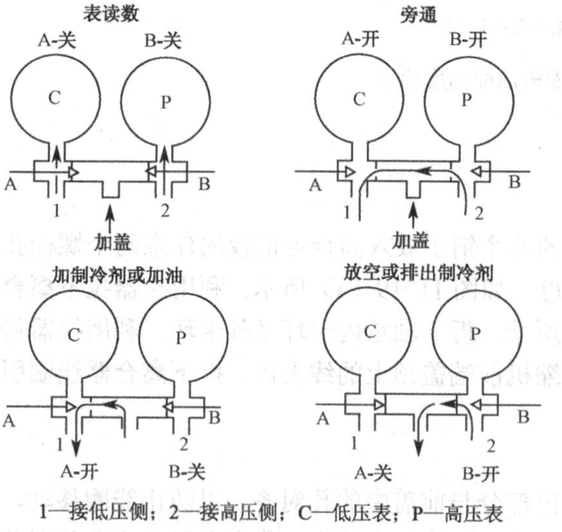

1—接低压侧；2—接高压侧；C—低压表；P—高压表

图 11-20　歧管高低压压力表的连接

安装完毕后，应用厚薄规来检查电磁离合器的空气间隙。空气间隙正常值应在 0.4～0.8mm 的范围内。如果空气间隙不均匀，可轻轻敲击间隙大的部位；如果空气间隙过小，应拆下六角螺母和前板，根据需要增、减调整垫片。

3）压缩机的检验

压缩机应在正常运转温度下进行试验，按图 11-20 所示安装好歧管高、低压压力表总成。顺时针转动吸气和排气维修阀的阀杆，慢慢地打开歧管压力表的充氟阀，通过制冷剂回收装置回收制冷剂。接着打开低压表手动阀，并关闭高压表阀，启动发动机，使压缩机工作，高压侧压力应能迅速达到 1.0～

1.4MPa。此时，将发动机熄火，压缩机停止转动，若能保持住压力，则说明压缩机排气阀工作正常；如果出现压力损失，则说明压缩机排气阀或缸盖密封有泄漏。

从压缩机上拆下维修阀，脱开离合器线圈接头，将套筒扳手套在压缩机轴的固定螺母上，让压缩机运转。在转动时，感到有不平稳状态或有卡住情况时，需要进行更换。

3. 维修注意事项

冷冻机油容易从空气取吸收水分，所以，应将储存冷冻机油的容器盖好，只有在使用时才打开。

第 12 章　诊断排除汽车电器设备故障

学习目标

- 掌握汽车灯光系统各种常见故障的诊断与排除的方法和步骤
- 掌握空调系统的各种常见故障现象和产生原因，能熟练使用各种仪器仪表和工具排除手动空调系统故障

12.1　诊断排除灯光系统故障

12.1.1　诊断排除汽车前照灯系统故障

汽车前照灯的故障一般有灯光不亮或灯光暗淡等。这些故障大多是由灯泡烧毁或工作不良、灯光线路中有断路、短路或接不良等原因造成的。一般可按下述程序进行诊断与排除。

（1）检查蓄电池电量是否充足，发电机是否发电。

（2）打开前照灯开关，观察前照灯工作情况。

① 若打开前照灯开关时，所有前照灯均不亮，则故障可能是前照灯灯泡烧毁或线路中断路或短路。此时，可按下述程序进行检查。

a. 检查前照灯熔丝是否烧断。若烧断则应更换熔丝。更换完熔丝后再打开前照灯，若熔丝又被烧断，则说明电路中有短路之处。此时，可采用试灯法或万用表检测法来确定短路部位，及时排除故障。

- 试灯法。用汽车的仪表照明灯泡焊接出两根引出导线制成试灯。断开前照灯导线与前照灯及前照灯开关连接处的插接器，将试灯的一端与蓄电池的正极相连，另一端与前照灯的插接器电源插孔相连，如果试灯亮，则说明有搭铁短路故障存在，此时，依次拆开从灯控开关到灯之间导线上的各个接点，若拆开某一插接器时试灯熄灭，则短路故障发生在此插接器与前次拆开插接器之间的导线上，应找出短路处，予以修复或更换导线。
- 万用表测量法。将万用表拨至电阻 R×1 挡，任选一表笔搭铁，另一表笔与前照灯的

插接器中电源插孔相连，如果万用表电阻值为零，则说明有搭铁短路故障存在，此时，依次检测前照灯线路中的各个插接器，当测至某一插接器时，万用表电阻值为“∞”，则短路故障发生在此插接器与前次拆开插接器之间的导线上，应找出短路处，予以修复或更换导线。

b．若熔丝正常，则拔下前照灯插接器，拆下前照灯灯泡，检查灯泡是否烧毁。若烧毁则应及时更换。若为整体式大灯，则此一步不做，直接进入下一步。

c．打开前照灯开关，用万用表检查前照灯插接器电源插孔的电压及搭铁插孔和搭铁情况，若正常，则说明此插接器与前照为接触不良，应及时更换；若无电压，则说明其电源电路或搭铁回路中有断路故障。需作进一步检查。

d．检查灯光继电器工作情况。拔下前照灯灯光继电器，用跨接线短接继电器触点插孔，若前照灯发亮，则为继电器损坏，应及时更换；若前照灯不亮，则作进一步检查。

e．检查前照灯开关。检查前照灯开关是否工常，若损坏修复或更换。

f．检查连接导线中是否有断路。检查时可用试灯法或万用表检测法来进行。

- 试灯法。将试灯一端的线接发动机的机体或蓄电池负极搭铁，接通前照灯开关，将试灯的另一端线与蓄电池到该灯之间连接导线上的各插接器中电源插孔依次相接，直到触及到某一点后灯不亮为止。则断路处即在试灯亮处和试灯不亮处之间。找出断路处接牢、包扎或更换导线。
- 万用表测量法。将万用表拨至直流电压合适挡位，使其负表笔搭铁，接通前照灯开关，用正表笔依次测量蓄电池到该灯之间连接导线上的各插接器中电源插孔电压，则断路之处在万用表有电压指示和无电压指示的两个被测点之间的这段电路中。找出断路处进行接牢、包扎，可更换导线。

② 若打开前照灯开关时，只有一侧灯光发亮，则应检查不亮侧灯泡是否被烧毁；若灯泡正常，则说明不亮侧灯泡的电路是断路。可采用试灯法或万用表法来进行检查。

③ 若打开前照灯开关时，远近光只有一个发亮，则应先检查前照灯双丝灯泡，查看是否烧毁。若灯泡正常，则应检查不亮侧灯泡至变光开关之间电路是否有断路。

④ 若打开前照灯开关时，前照灯灯光发暗，则说明电路有接触不良之处或前照灯灯泡不符合要求。应先检查前照灯灯泡或更换符合要求的新灯泡来进行检测，若灯光正常，则进一步检查其控制电路是否有接触不良之处。

12.1.2 诊断排除汽车转向灯系统故障

1．诊断排除转向灯全部不亮故障

打开转向灯开关，转向灯全不亮时，可按图 12-1 所示故障诊断程序来进行诊断和排除。

2．诊断排除转向灯单边发亮或单边亮度失常故障

打开转向灯开关，转向灯单边发亮或单边亮度失常时，多为此侧灯泡烧毁或搭铁线接触不良所致，接好搭铁线，故障即可排除。

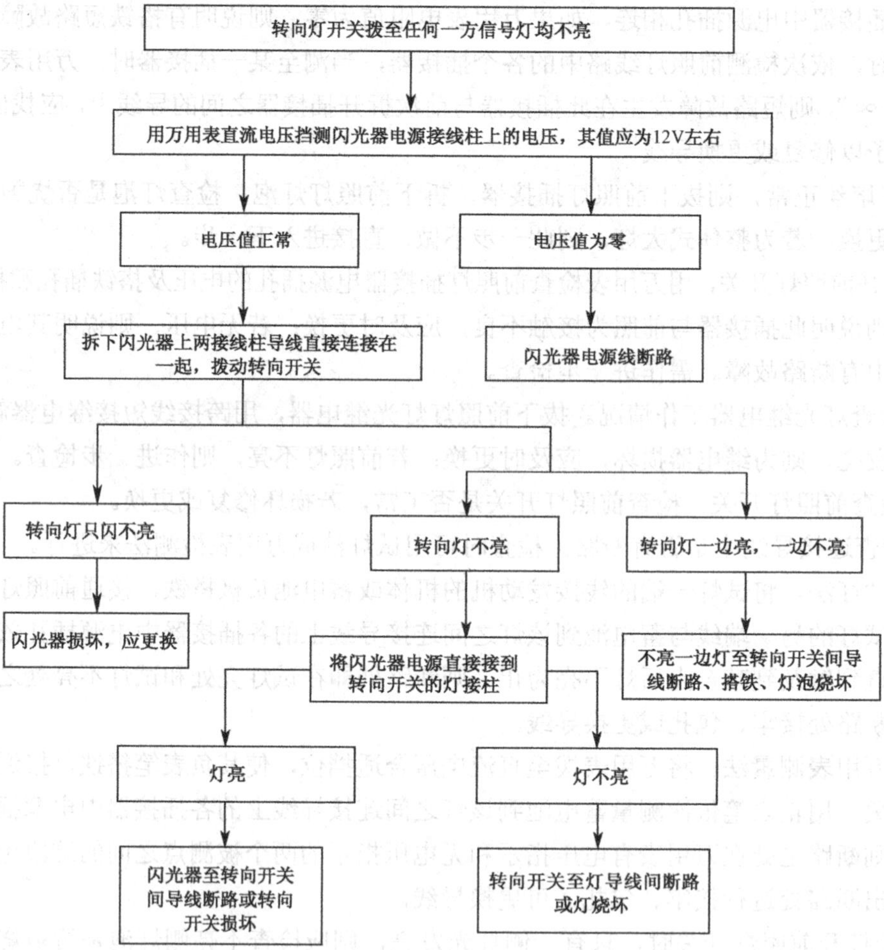

图 12-1　诊断排除转向灯全部不亮故障

3．诊断排除转向灯闪光频率不正常故障

当转向灯开关打开时，左右转向灯闪光频率不一致或同时闪光时频率不正常，则应重点检查闪光器、转向灯开关线束是否松动，转向灯灯泡功率是否符合规定，左右灯泡功率是否相同。

12.1.3　诊断排除汽车制动灯和倒车灯不亮故障

1．诊断排除汽车制动灯不亮故障

当踩下汽车制动踏板时，制动灯不亮，多是由灯泡烧毁或接触不良所致，可按下述程序进行故障诊断与排除。

（1）拆下制动灯灯泡，检查其是否被烧毁，若损坏则需更换。

（2）踩下制动踏板，用万用表检查制动灯线束插接器的电源与搭铁插孔之间电压，若为12V，则说明其电路正常，故障是由制动灯与制动灯座接触不良导致，应进行修复或更换制动灯座。若无电压，则作进一步检查。

（3）检查制动灯开关工作是否正常。踩下制动踏板，用万用表检查制动灯开关的接线柱之间电阻，其值应为“0”，即呈现导通状态。若阻值为“∞”，则说明开关损坏，应及时更换。

（4）若制动灯开关正常，则应进一步检查制动灯电路中有无断路现象，可用试灯法或万用表检测法来进行检测。

2．诊断排除倒车灯不亮故障

当汽车挂入倒挡时，其倒车灯不亮，多是由灯泡烧毁或接触不良所致，可按下述程序进行故障诊断与排除。

（1）拆下倒车灯灯泡，检查其是否被烧毁，若损坏则需更换。

（2）将车辆挂入倒挡，用万用表检查倒车灯线束插接器的电源与搭铁插孔之间电压，若为 12V，则说明其电路正常，故障是由制动灯与制动灯座接触不良导致，应进行修复或更换制动灯座。若无电压，则作进一步检查。

（3）检查倒车灯开关工作是否正常。将车辆挂入倒挡，用万用表检查倒挡开关的接线柱之间电阻，其值应为“0”，即呈现导通状态。若阻值为“∞”，则说明开关损坏，应及时更换。

（4）若倒车灯开关正常，则应进一步检查制动灯电路中有无断路现象，可用试灯法或万用表检测法来进行检测。

12.2 诊断排除手动空调系统故障

12.2.1 利用仪表检测诊断排除手动空调系统故障

汽车空调的故障一般可采用歧管高、低压压力表（又称双联表）来进行检测诊断，根据其高、低压表的显示值及汽车空调的故障现象，可以快速准确地判断出空调系统的故障，从而排除空调系统故障。检测时，启动发动机，将转速维持在 1500～2000r/min，将制冷温度设定在强冷状态下，将高低压压力表与空调上的维修接头相连，具体检测方法见表 12-1。

表 12-1　用歧管压力表检查排除制冷系统故障

歧管测试表显示状态	所见的症状	可能的故障原因	故 障 排 除
制冷剂不足 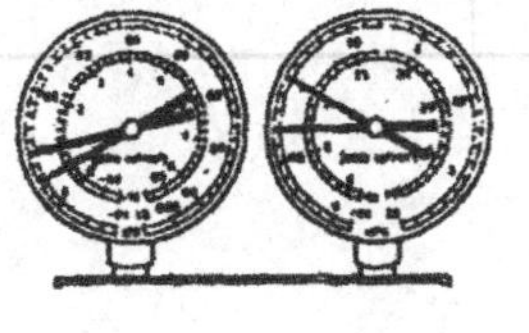	高、低压端压力均很低，在观察窗可持续见到气泡	（1）制冷装置有渗漏； （2）制冷剂不足或渗漏	（1）用测漏仪检测制冷剂渗漏，必要时修理； （2）添加适量制冷剂； （3）当制冷装置与歧管测试表连接，如果压力指示接近零时，找出渗漏并修理

续表

歧管测试表显示状态	所见的症状	可能的故障原因	故障排除
制冷不充分 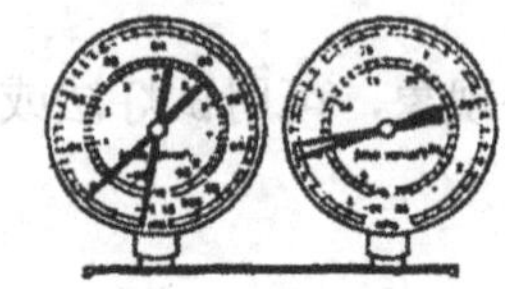	高、低压端的压力都偏低，从储液干燥器到膨胀阀的管子都结霜	干燥剂的污垢阻碍制冷剂流动	更换储液干燥器
不制冷（在某些情况下间断制冷） 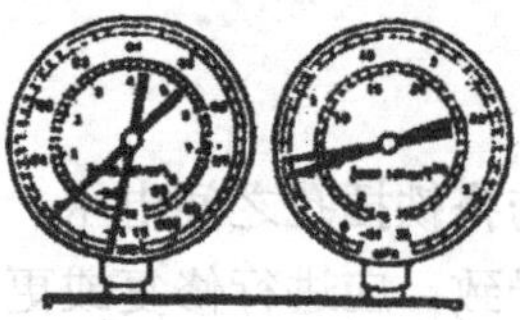	低压端出现真空，高压端的压力极低；在膨胀阀或干燥器前后的管子上结霜或结露	（1）制冷剂中的水分或污垢阻碍制冷剂流动； （2）制冷剂不循环； （3）感温包内气体泄漏	（1）通过用气体吹的方式，清洁膨胀阀中的污垢； （2）更换储液干燥器； （3）抽真空并加入适量的制冷剂； （4）如果感温包气体泄漏，则更换膨胀阀
制冷不足 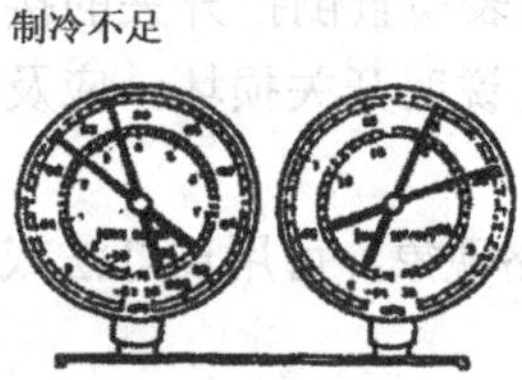	高、低压端的压力都太高；冷凝器进出口管均高温；发动机转速下降时，通过观察窗也见不到气泡	（1）制冷剂过量，不能充分发挥制冷效果； （2）冷凝器冷却不充分； （3）风扇电机故障	（1）清洗冷凝器； （2）检查电压和风扇电机转速； （3）如果上面两项均处于正常状态，检查制冷剂数量，注入适量的制冷剂
制冷不佳 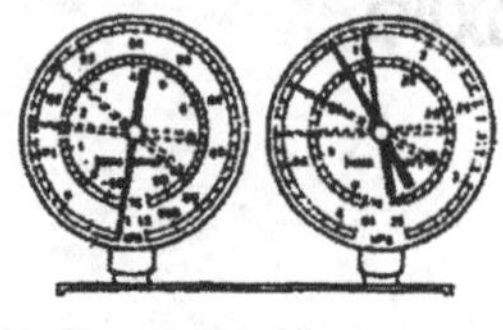	高、低压端的压力都太高，且快速波动；触摸时感到低压管道发热；从观察窗可以观察到气泡	空气进入制冷系统或抽真空不充分	（1）检查压缩机油是否不清洁或不够； （2）抽出空气并注入新的制冷剂
制冷不充分 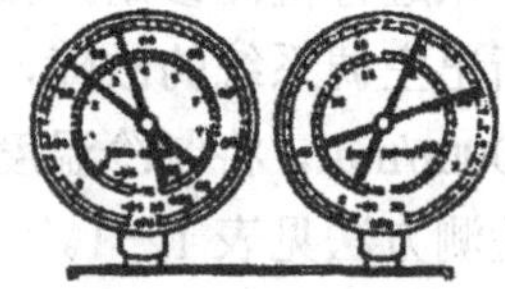	高、低压端的压力都太高；在低压端的管子上结霜或结大量的露	（1）膨胀阀有故障或热敏管安装不当； （2）在低压管中制冷剂过量或膨胀阀开口太宽	（1）检查热毛细管安装情况； （2）检查膨胀阀，如果有缺陷更换膨胀阀
不制冷 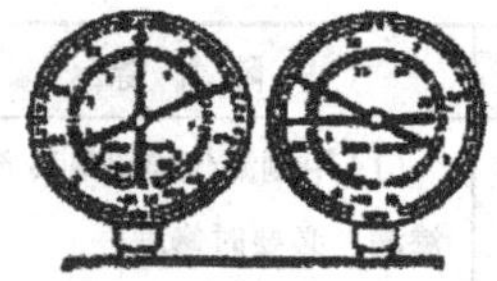	低压端压力太高；高压端压力太低	（1）压缩机内部泄漏； （2）压缩机故障或阀门泄漏或损坏	修理或更换压缩机

12.2.2 诊断排除汽车手动空调系统不制冷故障

当空调系统不制冷时，可按如图 12-2 所示的诊断程序来进行。

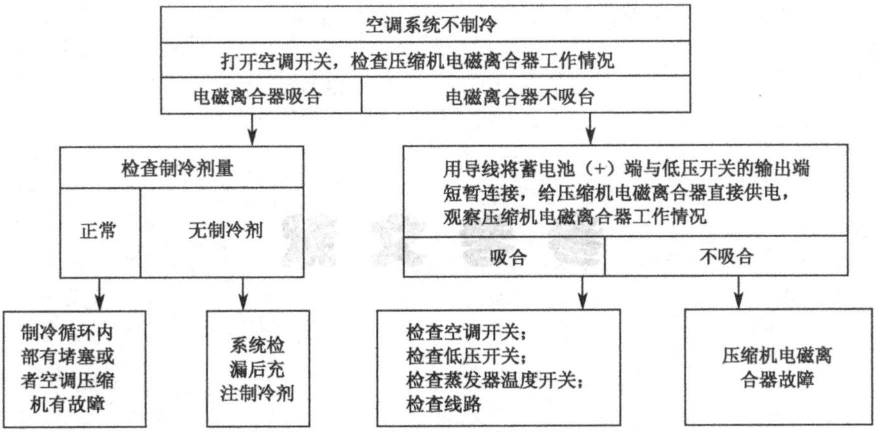

图 12-2　诊断排除汽车空调系统不制冷故障

12.2.3　诊断排除汽车手动空调系统制冷量不足故障

当空调系统制冷量不足时，可按如图 12-3 所示的诊断程序来进行。

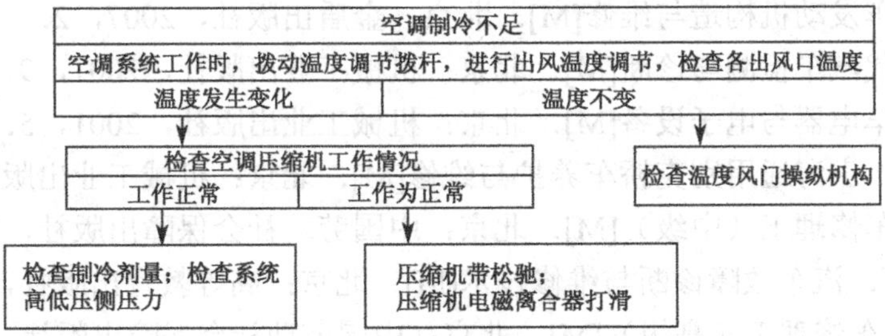

图 12-3　诊断排除制冷量不足故障

12.2.4　诊断排除汽车手动空调异响故障

当空调系统运行有异响时，可按如图 12-4 所示的故障诊断程序来进行诊断排除。

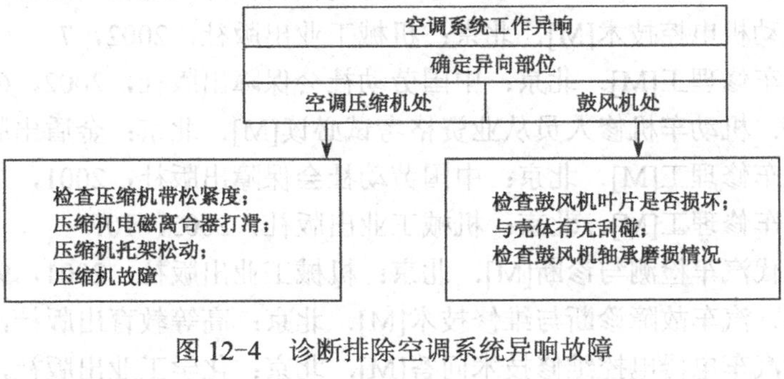

图 12-4　诊断排除空调系统异响故障

参考文献

[1] 上显平．汽车修理工（中级）[M]．北京：中国劳动社会保障出版社，2008，4.
[2] 高宏伟．汽车修理工（中级）考前辅导[M]．北京：机械工业出版社，2009，4.
[3] 赵捷．汽车修理工（中级）[M]．北京：中国劳动社会保障出版社，2001，6.
[4] 张凯良．汽车修理工（初级技能　中级技能　高级技能）[M]．北京：中国劳动社会保障出版社，2002，6.
[5] 孙志成．汽车发动机构造与维修[M]．北京：金盾出版社，2007，2.
[6] 刘仲国．现代汽车检测与诊断[M]．北京：机械工业出版社，2001，9.
[7] 曲金玉．汽车电器与电子设备[M]．北京：机械工业出版社，2001，5.
[8] 朱会田，等．上海通用别克轿车养护与维修[M]．北京：机械工业出版社，2002，11.
[9] 张吉国．汽车修理工（中级）[M]．北京：中国劳动社会保障出版社，2004，7.
[10] 闵永军，等．汽车故障诊断与维修技术[M]．北京：高等教育出版社，2004，7.
[11] 张吉国．汽车修理工（高级）[M]．北京：中国劳动社会保障出版社，2007，4.
[12] 祖国海．汽车修理工（高级）考前辅导[M]．北京：机械工业出版社，2009，5.
[13] 冀旺年，等．汽车空调构造与维修[M]．北京：电子工业出版社，2007，6.
[14] 曲金玉．汽车电器与电子设备[M]．北京：机械工业出版社，2001，5.
[15] 曹德芳．汽车维修[M]．北京：人民交通出版社，1998，12.
[16] 陈安平．汽车维修电工[M]．北京：中国劳动社会保障出版社，2003，12.
[17] 刘越琪．发动机电控技术[M]．北京：机械工业出版社，2002，7.
[18] 张凯良．汽车修理工[M]．北京：中国劳动社会保障出版社，2002，6.
[19] 杨智勇，等．机动车机修人员从业资格考试必读[M]．北京：金盾出版社，2008，5.
[20] 关文达．汽车修理工[M]．北京：中国劳动社会保障出版社，2001，7.
[21] 张吉国．汽车修理工[M]．北京：机械工业出版社，2005，10.
[22] 刘仲国．现代汽车检测与诊断[M]．北京：机械工业出版社，2001，9.
[23] 闵永军，等．汽车故障诊断与维修技术[M]．北京：高等教育出版社，2004，7.
[24] 张宪．现代汽车电器电控维修技术问答[M]．北京：化学工业出版社，2001，1.
[25] 李春明．汽车电器与电路[M]．北京：高等教育出版社，2003，9.
[26] 余云龙．汽车电工[M]．北京：机械工业出版社，2002，1.
[27] 鲁植雄．汽车电工（高级）[M]．北京：中国劳动社会保障出版社，2007，6.

[28] 朱会田，等．上海通用别克轿车养护与维修[M]．北京：机械工业出版社，2002，11．
[29] 迟日，等．上海别克轿车使用与维修手册[M]．北京：机械工业出版社，2000，8．
[30] 劳动和社会保障部教材办公室组织．汽车修理工（高级）[M]．北京：中国劳动社会保障出版社，2004，9．
[31] 劳动和社会保障部教材办公室组织．汽车修理工（初级　中级　高级）[M]．北京：中国劳动社会保障出版社，2003，3．
[32] 李天南．汽车维修电工基础知识[M]．北京：中国劳动社会保障出版社，2004，3．

反侵权盗版声明

举报电话：（010）88254396；（010）88258888

传　　真：（010）88254397

E-mail：　dbqq@phei.com.cn

通信地址：北京市万寿路 173 信箱

电子工业出版社总编办公室

邮　　编：100036